증권투자권유
대행인

2

자격시험 안내

1. 증권투자권유대행인의 정의

투자자를 상대로 증권(집합투자증권 및 파생상품 등은 제외) 및 MMF를 자동으로 매수하는 CMA의 매매를 권유하거나 투자자문계약, 투자일임계약 또는 신탁계약의 체결을 권유하는 업무를 수행하는 인력

2. 응시자격

금융회사 종사자, 학생, 일반인 등

3. 시험과목 및 문항수

시험과목		세부 교과목	문항수
제1과목	금융투자상품 및 증권시장	금융투자상품	10
		유가증권시장 · 코스닥시장	10
		채권시장	6
		기타 증권시장	4
소 계			30
제2과목	증권투자	증권분석의 이해	15
		투자관리	10
소 계			25
제3과목	투자권유	증권 관련 법규	10
		영업실무	10
		직무윤리	10
		투자권유와 투자자분쟁예방	10
		투자권유사례분석	5
소 계			45
시험시간		120분	100 문항

4. 시험 합격기준

　60% 이상(과목별 40점 미만 과락)

■ 한국금융투자협회는 금융투자전문인력의 자격시험을 관리·운영하고 있습니다.
　금융투자전문인력 자격은 「자본시장과 금융투자업에 관한 법률」 등에 근거하고 있으며,
　「자격기본법」에 따른 민간자격입니다.

■ 자격시험 안내, 자격시험접수, 응시료 및 환불 규정 등에 관한 자세한 사항은
　한국금융투자협회 자격시험접수센터 홈페이지(https://license.kofia.or.kr)를 참조해
　주시기 바랍니다.
　(자격시험 관련 고객만족센터: 02-1644-9427, 한국금융투자협회: 02-2003-9000)

contents

part 02

금융소비자
보호법

part 03

영업실무

part 01

자본시장과 금융투자업에 관한 법률/금융위원회규정

securities investment solicitor

chapter 01

총설

자본시장법 개관

1 법제정 기본철학

(1) 열거주의에서 포괄주의로 전환

❶ 「자본시장과 금융투자업에 관한 법률」(이하 '자본시장법'이라 한다)은 금융투자상품의 종류를 구체적으로 나열하는 열거주의에서 금융투자상품의 개념을 추상적으로 정의하는 포괄주의로 규제체계를 전환함

❷ 자본시장법은 원금손실 가능성(투자성)이 있는 금융상품을 금융투자상품으로 정의하고, 이에 해당되면 자본시장법의 규제대상에 포함시키는 포괄주의를 채택함

(2) 기관별 규제에서 기능별 규제로 전환

❶ 구 증권거래법, 구 간접투자자산운용업법, 구 선물거래법은 각각 기관별 규제체계를 채택했기 때문에, 각 기관들이 동일한 금융서비스를 제공하더라도 다른 규제를 적용받는 경우가 발생함

❷ 이러한 규제차익을 방지하기 위해 자본시장법은 경제적 실질이 동일한 금융서비스를 동일하게 규제하는 기능별 규제체계를 채택함

❸ 금융서비스는 투자자, 금융투자상품 및 금융투자업의 유형에 따라 구분됨

　ㄱ. 투자자 : 일반투자자, 전문투자자

　ㄴ. 금융투자상품 : 증권(지분증권, 채무증권, 수익증권, 파생결합증권, 투자계약증권, 증권예탁증권)과 파생상품(장내 및 장외 파생상품)

　ㄷ. 금융투자업 : 투자매매업, 투자중개업, 집합투자업, 투자자문업, 투자일임업, 신탁업

❹ 각 유형의 조합이 달라지면 금융서비스의 경제적 실질도 달라질 수 있기 때문에 이를 구분하여 차등 규제함

(3) 업무범위의 확장

❶ 엄격히 제한되어 있던 금융투자업 간 겸업을 허용하고, 열거주의로 제한하던 부수업무의 범위를 포괄주의로 전환함

　→ 증권회사의 경우 선물업 및 집합투자업을 추가적으로 겸영 가능하게 됨

　→ 투자권유대행인 제도를 도입하여 판매망을 확충함

❷ 금융투자업자는 고객의 이익을 저해시키는 이해상충이 발생하지 않도록 필요한 준법감시 및 내부통제 체계를 갖추도록 함

❸ 감독당국은 투자자의 피해를 최소화하기 위해 투자권유대행인의 자격 제한, 금융투자업자의 배상책임 부여 등 안전장치를 마련함

(4) 원칙중심 투자자 보호 제도 도입

자본시장법은 투자자 보호를 위해 모든 금융투자업자에게 적용되는 공통 영업행위 규칙과 금융투자업자별 특성을 고려하여 세분화된 업자별 영업행위 규칙으로 구분하여 규정하고 있다.

❶ 공통 영업행위 규칙

표 1-1 공통 영업행위 규칙

기본사항	투자권유	기타
• 신의성실의무(§37) • 상호제한(§38) • 명의대여 금지(§39) • 다른 금융업무 영위(§40) • 부수업무 영위(§41) • 업무위탁 범위(§42-43) • 이해상충 관리(§44-45)	• 투자권유 준칙(§50) • 투자권유대행인 등록(§51-52)	• 직무 관련 정보이용 금지(§54) • 손실보전 금지(§55) • 약관 보고 및 신고(§56) • 수수료 부과기준 공시(§58) • 자료의 기록·유지(§60) • 소유증권 예탁(§61) • 금융투자업 폐지 공고(§62) • 임직원 투자제한(§63)

❷ 업자별 영업행위 규칙

표 1-2 업자별 영업행위 규칙

투자매매업자·투자중개업자	집합투자업자	신탁업자
• 매매형태 명시(§66) • 자기계약 금지(§67) • 최선집행의무(§68) • 자기주식 취득제한(§69) • 임의매매 금지(§70) • 불건전 영업행위 금지(§71) • 신용공여 제한(§72) • 매매명세 통지(§73) • 예탁금·예탁증권 보관(§74-75) **투자자문업자·투자일임업자** • 선관 충실의무(§96) • 서류교부의무(§97) • 불건전 영업행위 금지(§98) • 투자일임보고서 교부(§99) • 유사투자자문업 신고(§101)	• 선관충실의무(§79) • 자산운용 지시·실행(§80) • 자산운용 제한(§81) • 자기집합투자증권 취득제한(§82) • 금전차입 제한(§83) • 이해관계인 거래제한(§84) • 불건전 영업행위 금지(§85) • 성과보수 제한(§86) • 의결권 행사 원칙(§87) • 자산운용보고 공시(§88-91) • 환매연기·감사 부적정의견 통지(§92) • 파생상품 부동산 운용 특례(§93-94) • 청산(§95)	• 선관충실의무(§102) • 신탁재산의 제한(§103) • 신탁고유재산 구분(§104) • 신탁재산 운용 제한(§105) • 여유자금 운용(§106) • 불건전 영업행위 금지(§108) • 신탁계약 체결(§109) • 수익증권 발행·매수(§110-111) • 의결권 행사 원칙(§112) • 장부·서류 열람·공시(§113) • 신탁재산 회계처리(§114) • 회계감사인 손해배상책임(§115) • 합병·청산(§116-117)

2 제도적 의의 및 기대효과

(1) 자본시장의 유연성 및 효율성 제고

❶ 자본시장법이 포괄주의 규제체계를 채택함에 따라 이전보다 다양한 유형의 증권이 발행될 수 있게 됨

❷ 이에 따라 자본시장을 통한 기업의 자금조달 수단이 다양해지고 투자자의 투자선택의 폭도 넓어짐

❸ 또한 이전보다 다양한 파생상품의 출현이 가능해져 기업의 다양한 경영과정에서 발생할 수 있는 위험을 효율적으로 헤지할 수 있게 됨

❹ 종합적으로 살펴보면, 자본시장의 자율성 제고와 이로 인한 자본시장의 자금중개효율화를 가져올 것으로 기대됨

(2) 자본시장의 지속가능성 제고

❶ 원칙중심의 영업행위 규칙은 금융투자업자가 투자자를 공정하게 대우할 의무를 부과함

❷ 금융투자업자가 투자자를 공정하게 대우할수록 자본시장의 신뢰도는 높아지고 투자자의 적극적인 투자를 유도할 수 있음

❸ 이러한 투자자의 적극적인 참여는 자본시장을 통한 기업의 자금조달 참여를 확대시킴

❹ 이렇게 증권의 발행과 유통이 확장될수록 자본시장에 유통되는 자금도 커져 자본시장의 지속가능성이 커짐

(3) 종합적인 금융투자서비스 제공 가능

❶ 금융투자업 겸업이 자유롭게 허용됨에 따라 국내 금융투자회사도 금융선진국처럼 종합적인 금융투자서비스 제공이 가능해짐

❷ 예를 들면, 고객은 한 회사 내에서 투자매매업, 투자중개업, 집합투자업, 투자자문업, 투자일임업, 신탁업에 속하는 금융서비스를 모두 이용할 수 있음

❸ 이에 따라 금융투자회사는 여러 회사를 설립하지 않고도 다양한 금융투자서비스를 한번에 고객에게 제공할 수 있고, 투자자는 다양한 금융투자서비스를 여러 회

사를 거치지 않고도 한 금융투자회사를 통해서 한번에 이용할 수 있게 됨

❹ 결과적으로 금융투자회사는 영업비용을 절감할 수 있고, 투자자는 거래비용을 절약할 수 있음

❺ 이를 경제학적으로 범위의 경제(economies of scale)가 존재한다고 말함

❻ 또한 금융투자회사가 다양한 금융투자업을 영위할 수 있게 됨에 따라 이전보다 대형화가 용이해짐

(4) 금융투자업자의 규제차익 유인 최소화

❶ 기능별 규제체계는 업자별 규제격차를 이용해 규제를 회피하고자 하는 규제차익 행위를 최소화하는 데 효과적임

❷ 포괄주의 규제체계는 규제회피를 목적으로 새로운 금융투자상품이 출현하지 못하도록 사전적으로 방지하는 데 효과적임

section 02 감독기관 및 관계기관

1 감독기관

(1) 금융위원회(Financial Services Commission : FSC)

❶ 개요 : 금융위원회(이하 '금융위'라고 한다)는 「금융위원회의 설치 등에 관한 법률」(이하 '금융위설치법'이라 한다)에 따라 금융산업의 선진화와 금융시장의 안정을 도모하고, 건전한 신용질서와 공정한 금융거래 관행(慣行)을 확립하며, 금융소비자를 보호하기 위해 설치됨

ㄱ. 국무총리 소속 중앙행정기관으로 금융정책, 외국환업무 취급기관의 건전성 감독 및 금융감독에 관한 업무를 독립적으로 수행

ㄴ. 위원장은 국무총리의 제청으로 국회의 인사청문을 거쳐 대통령이 임명하며,

부위원장은 위원장의 제청으로 대통령이 임명

ㄷ. 위원장은 국무위원은 아니나 국무회의에 출석하여 발언 가능

❷ 조직

ㄱ. 금융위는 합의제 행정기관인 위원회와 위원회의 사무를 처리하기 위한 사무처로 조직

ㄴ. 위원회에는 금융위와 증권선물위원회가 있으며, 금융위는 9명, 증권선물위원회는 5명으로 구성

ㄷ. 금융위는 위원장, 부위원장, 상임위원 2인, 비상임위원 5인으로 구성

ㄹ. 금융위의 상임위원 2인은 위원장이 추천하는 금융전문가, 비상임위원 중 4인은 당연직으로 기획재정부 차관, 금융감독원 원장, 예금보험공사 사장 및 한국은행 부총재, 나머지 1인은 대한상공회의소 회장이 추천하는 경제계 대표

ㅁ. 증권선물위원회는 금융위 부위원장이 위원장을 겸임, 위원 4인 중 1인은 상임, 나머지 3인은 비상임

ㅂ. 증권선물위원회 위원은 금융, 증권, 파생상품 또는 회계 분야에 관한 경험이 있는 고위공무원, 15년 이상의 경력이 있는 법률학·경제학·경영학 또는 회계학 교수, 그 밖에 금융, 증권, 파생상품 또는 회계 분야에 관한 학식과 경험이 풍부한 자여야 함

❸ 운영

ㄱ. 금융위 회의는 3명 이상의 위원의 요구가 있거나 위원장이 소집하면 개최되며, 의안은 3명 이상의 찬성이 있거나 위원장 단독으로 제의될 수 있음

ㄴ. 의결은 재적위원 과반수의 출석과 출석위원 과반수의 찬성이 있어야 하며, 특수관계(자기, 배우자, 4촌 이내의 혈족, 2촌 이내의 인척 또는 자기가 속한 법인과 이해관계 등)가 있는 위원은 심의·의결에서 제척

ㄷ. 위원에게 공정한 심의·의결을 기대하기 어려운 사정이 있다는 기피신청이 제기될 경우 위원장의 직권으로 금융위 의결을 거치지 아니하고 기피여부를 결정할 수 있고, 위원 스스로도 특수관계에 있거나 기피사유에 해당하는 경우 그 사항의 심의·의결 회피 가능

ㄹ. 금융위는 의사록을 작성하고 이를 공개하여야 하며, 의결하는 경우에는 의결서를 작성하고 의결에 참여한 위원은 그 의결서에 이름을 쓰고 도장을 찍거나 서명하여야 함

ㅁ. 금융위는 심의에 필요하다고 인정할 때에는 금융감독원 부원장, 부원장보 및 그 밖의 관계 전문가 등으로부터 의견을 들을 수 있음

ㅂ. 위원장은 내우외환, 천재지변 또는 중대한 금융 경제상의 위기로 긴급조치가 필요한 경우로서 금융위를 소집할 시간적 여유가 없을 때에는 금융위의 권한 내에서 필요한 조치를 할 수 있으며 지체 없이 금융위의 회의를 소집하고 그 내용을 보고하여야 함

④ 소관사무

ㄱ. 금융에 관한 정책 및 제도에 관한 사항

ㄴ. 금융기관 감독 및 검사 · 제재에 관한 사항

ㄷ. 금융기관의 설립, 합병, 전환, 영업 양수 · 도 및 경영등의 인 · 허가에 관한 사항

ㄹ. 자본시장의 관리 · 감독 및 감시 등에 관한 사항

ㅁ. 금융 중심지의 조성 · 발전에 관한 사항

ㅂ. 금융 관련 법령 및 규정의 제 · 개정 및 폐지에 관한 사항

ㅅ. 금융 및 외국환업무 취급기관의 건전성 감독에 관한 양자 · 다자 간 협상 및 국제협력에 관한 사항

ㅇ. 외국환업무 취급기관의 건전성 감독에 관한 사항 등

⑤ 금융감독원에 대한 지도 · 감독

ㄱ. 금융위는 금융감독원의 업무 · 운영 · 관리에 대한 지도와 감독

ㄴ. 금융위는 금융감독원의 정관 변경, 예산 및 결산, 그 밖에 금융감독원을 지도 · 감독하기 위하여 필요한 사항을 심의 · 의결

(2) 증권선물위원회(Securities & Futures Commission : SFC)

❶ 개요 : 증권선물위원회(이하 '증선위'라고 한다)는 금융위설치법에 의해 자본시장 및 기업회계와 관련한 주요 업무를 수행하기 위하여 설치된 의결기구

❷ 소관업무

ㄱ. 자본시장의 불공정거래 조사

ㄴ. 기업회계의 기준 및 회계감리에 관한 업무

ㄷ. 금융위 소관사무 중 자본시장의 관리 · 감독 및 감시 등과 관련된 주요 사항에 대한 사전심의

ㄹ. 자본시장의 관리·감독 및 감시 등을 위하여 금융위로부터 위임받은 업무 등

❸ 금융감독원에 대한 지도·감독 : 소관의 업무에 관하여 금융감독원을 지도·감독

(3) 금융감독원(Financial Supervisory Service : FSS)

❶ 개요 : 금융감독원(이하 '금감원'이라 한다)은 금융위 및 증선위의 지도·감독을 받아 금융기관에 대한 검사·감독업무를 수행하기 위하여 설치

❷ 조직과 예산

ㄱ. 금감원은 원장 1명, 부원장 4명 이내, 부원장보 9명 이내와 감사 1명을 두며, 임직원은 원장이 임면

ㄴ. 원장은 금융위의 의결을 거쳐 금융위 위원장의 제청으로 대통령이, 부원장은 원장의 제청으로 금융위가, 부원장보는 원장이 각각 임명

ㄷ. 원장·부원장·부원장보 및 감사의 임기는 3년으로 하며, 한 차례만 연임할 수 있으며 그 임기는 임명된 날부터 기산

ㄹ. 금감원은 무자본 특수법인으로, 정부, 한국은행, 예금보험공사 등의 출연금, 금융회사가 지급하는 감독분담금, 기타수입으로 경비를 충당

❸ 소관업무

ㄱ. 금융기관의 업무 및 재산상황에 대한 검사

ㄴ. 검사결과에 관련한 제재

ㄷ. 금융위, 증선위, 사무처에 대한 업무지원

ㄹ. 금융민원 해소 및 금융분쟁 조정

❹ 검사대상

ㄱ. 「은행법」에 따른 인가를 받아 설립된 은행

ㄴ. 자본시장법에 따른 금융투자업자, 증권금융회사, 종합금융회사 및 명의개서 대행회사

ㄷ. 「보험업법」에 따른 보험회사

ㄹ. 「상호저축은행법」에 따른 상호저축은행과 그 중앙회

ㅁ. 「신용협동조합법」에 따른 신용협동조합 및 그 중앙회

ㅂ. 「여신전문금융업법」에 따른 여신전문금융회사 및 겸영여신업자

ㅅ. 「농업협동조합법」에 따른 농협은행

ㅇ. 「수산업협동조합법」에 따른 수산업협동조합중앙회의 신용사업부문

ㅈ. 다른 법령에서 금감원이 검사를 하도록 규정한 기관

ㅊ. 그 밖에 금융업 및 금융 관련 업무를 하는 자로서 대통령령으로 정하는 자

2 금융투자업 관계기관

(1) 한국거래소 시장감시위원회

❶ 개요 : 시장감시위원회는 유가증권·코스닥·파생상품·코넥스 시장에서의 시세조종 등 불공정거래를 감시하기 위해 자본시장법에 의해 설립된 자율규제기관

❷ 업무

ㄱ. 불공정거래행위를 사전적으로 예방하기 위해 실시간으로 시장을 연계하여 감시하고 있으며, 이상거래종목 적출, 풍문 수집, 지분변동 신고 등 시장에 대한 상시감시체계를 구축

ㄴ. 사후적으로 이상거래가 발생한 경우에는 이를 정밀 심리하는 등 필요한 조치를 통해 피해확산 방지 및 투자자 보호

ㄷ. 금융투자회사의 회원 의무이행 및 업무 관련 규정의 준수상황을 감리하고, 투자과정에서 발생할 수 있는 회원사와 투자 자간 분쟁을 조정

(2) 한국금융투자협회

❶ 개요 : 한국금융투자협회(이하 '협회'라 한다)는 회원 상호 간의 업무질서 유지 및 공정한 거래질서 확립, 투자자 보호 및 금융투자업의 건전한 발전을 목적으로 설립

❷ 업무

ㄱ. 회원 간의 건전한 영업질서 유지 및 투자자 보호를 위한 자율규제업무

ㄴ. 회원의 영업행위와 관련된 분쟁의 자율조정업무

ㄷ. 투자권유자문인력, 조사분석인력, 투자운용인력 등 주요 직무 종사자의 등록 및 관리에 관한 업무

ㄹ. 증권시장에 상장되지 아니한 주권의 장외매매거래에 관한 업무

ㅁ. 금융투자업 관련 제도의 조사·연구에 관한 업무

ㅂ. 투자자 교육 및 이를 위한 재단의 설립·운영에 관한 업무

ㅅ. 금융투자업 관련 연수업무

❸ 회원

ㄱ. 금융위의 인가를 받거나 금융위에 등록한 투자매매업자, 투자중개업자, 집합
투자업자, 투자자문업자, 투자일임업자, 신탁업자, 종합금융투자사업자, 겸
영금융투자업자

ㄴ. 금융투자업과 관련된 업무를 영위하는 자(일반사무관리회사, 집합투자기구평가회사,
채권평가회사 등)

(3) 한국예탁결제원

❶ 개요 : 한국예탁결제원(이하 '예탁결제원'이라 한다)은 증권의 집중예탁과 계좌 간 대
체, 매매거래에 따른 결제업무 및 유통의 원활을 위하여 설립

❷ 업무

ㄱ. 증권등의 집중예탁업무

ㄴ. 증권등의 계좌 간 대체업무

ㄷ. 증권시장에서의 증권의 매매거래에 따른 증권인도와 대금지급 및 결제이
행·불이행 결과의 거래소에 대한 통지에 관한 업무

ㄹ. 증권시장 밖에서의 증권등의 매매거래에 따른 증권등의 인도와 대금의 지급
에 관한 업무

ㅁ. 외국 예탁결제기관과의 계좌 설정을 통한 증권등의 예탁, 계좌 간 대체 및
매매거래에 따른 증권등의 인도와 대금의 지급에 관한 업무

ㅂ. 증권등의 보호예수업무등

❸ 예탁결제원이 증권시장의 매매거래에 따른 증권인도 및 대급지급을 수행

❹ 규정

ㄱ. 증권등 예탁 및 예탁증권등 관리를 위한 예탁업무규정

ㄴ. 증권등의 매매거래에 따른 결제업무 수행을 위한 결제업무규정

(4) 증권금융회사

❶ 개요 : 증권금융회사는 자기자본 500억 원 이상의 주식회사로 금융위 인가를 받아
설립할 수 있으며, 현재 한국증권금융(주)가 유일하게 인가받은 증권금융회사임

❷ 업무

ㄱ. 금융투자상품의 매도·매수, 증권의 발행·인수 또는 그 청약의 권유·청

약·청약의 승낙과 관련하여 투자매매업자 또는 투자중개업자에 대하여 필요한 자금 또는 증권을 대여하는 업무

　　ㄴ. 증권시장 및 파생상품시장에서의 매매거래에 필요한 자금 또는 증권을 거래소를 통하여 대여하는 업무

　　ㄷ. 증권을 담보로 하는 대출업무 등

(5) 금융투자상품거래청산회사

금융투자상품거래청산회사는 자본시장법에 따라 금융위로부터 청산업 인가업무 단위의 전부나 일부를 택하여 금융투자상품거래청산업 인가를 받은 회사이다.

금융투자상품거래청산업은 금융투자업자 및 청산대상업자를 상대방으로 하여 청산대상업자가 청산대상거래를 함에 따라 발생하는 채무를 채무인수, 경개(更改), 그 밖의 방법으로 부담하는 것을 영업으로 하는 것을 말한다.

청산대상업자는 금융투자업자, 국가, 한국은행, 겸영금융투자업자, 주요 금융기관 등의 전문투자자, 외국 정부, 조약에 따라 설립된 국제기구, 외국 중앙은행, 외국 금융투자업자, 그 밖에 금융투자상품 거래에 따른 결제위험 및 시장 상황 등을 고려하여 정하는 자이다.

청산대상거래는 장외파생상품의 거래, 증권의 장외거래 중 환매조건부매매·증권의 대차거래·채무증권의 거래(환매조건부매매 및 증권의 대차거래에 따른 거래는 제외), 수탁자인 투자중개업자와 위탁자인 금융투자업자 등 청산대상업자 간의 상장증권(채무증권은 제외)의 위탁매매거래를 말한다.

(6) 신용평가회사

자본시장법에서의 '신용평가업'이란 금융투자상품, 기업·집합투자기구, 그 밖에 대통령령으로 정하는 자에 대한 신용상태를 평가(신용평가)하여 그 결과에 대하여 기호, 숫자 등을 사용하여 표시한 등급(신용등급)을 부여하고 그 신용등급을 발행인, 인수인, 투자자, 그 밖의 이해관계자에게 제공하거나 열람하게 하는 행위를 영업으로 하는 것을 말한다.

금융법규 체계의 이해

1   금융법규 체계

(1) 우리나라 금융법규 체계는 국회에서 제개정되는 법, 대통령인 시행령, 국무총리령인 시행규칙, 금융위가 제개정하는 감독규정, 금감원이 제개정하고 금융위에 보고하는 시행세칙으로 이루어져 있다.

(2) 그 외에도 법원의 판례, 비조치의견서, 법규유권해석, 행정지도, 실무해석·의견, 모범규준, 업무해설서, 검사매뉴얼 등이 금융법규를 보완하고 있다.

(3) 우리나라 금융법규는 은행, 금융투자, 보험, 서민금융 등 금융권역별로 나누어져 있기 때문에, 동일한 금융서비스에 대해서도 금융권역별로 다르게 적용할 때가 있다.

(4) 금융위와 금감원이 소관하는 공통 금융법규 일부와 자본시장법 및 감독규정은 다음과 같다.

❶ 공통 금융법규 일부

ㄱ. 금융위의 설치 등에 관한 법률

ㄴ. 금융산업의 구조개선에 관한 법률

ㄷ. 금융실명거래 및 비밀보장에 관한 법률

ㄹ. 금융지주회사법

ㅁ. 기업구조조정촉진법

ㅂ. 기업구조조정투자회사법

ㅅ. 신용정보의 이용 및 보호에 관한 법률

ㅇ. 예금자보호법

ㅈ. 외국환거래법

ㅊ. 특정금융거래정보의 보고 및 이용 등에 관한 법률

ㅋ. 공공기관의 정보공개에 관한 법률 및 관련규정

ㅌ. 근로자퇴직급여보장법

ㅍ. 전자금융거래법

ㅎ. 금융회사의 지배구조에 관한 법률

ㄲ. 공공기관의 개인정보보호에 관한 법률

ㄸ. 공중 등 협박목적을 위한 자금조달행위의 금지에 관한 법률

ㄸ. 채권의 공정한 추심에 관한 법률

❷ 자본시장 관련 법률

ㄱ. 자본시장법

ㄴ. 증권 관련 집단소송법

ㄷ. 공사채등록법

ㄹ. 전자단기사채 등의 발행 및 유통에 관한 법률

ㅁ. 공인회계사법

ㅂ. 자산유동화에 관한 법률

ㅅ. 주식회사의 외부감사에 관한 법률

❸ 자본시장 및 금융투자업 관련 감독규정

ㄱ. 금융투자업규정

ㄴ. 증권의 발행 및 공시 등에 관한 규정

ㄷ. 자본시장조사 업무규정

ㄹ. 단기매매차익 반환 및 불공정거래 조사·신고 등에 관한 규정

ㅁ. 불공정거래 신고 및 포상 등에 관한 규정

ㅂ. 자산유동화업무감독규정

ㅅ. 외부감사 및 회계 등에 관한 규정

ㅇ. 회계 관련 부정행위 신고 및 포상 등에 관한 규정

2	법규 유권해석과 비조치의견서

(1) 개요

❶ 법규 유권해석 : 금융회사가 금융위가 소관하는 금융법규 등과 관련된 사안에 대해 법규적용 여부를 명확하게 확인하기 위하여 요청하는 경우 관련 금융법규를 유권으로 해석하는 것을 말함

❷ 비조치의견서 : 금융회사 등이 수행하려는 행위에 대해 금융감독원장이 법령 등에 근거하여 향후 제재 등의 조치를 취할지 여부를 회신하는 문서

<비조치의견서 적용 경우>
ㄱ. 당해 행위에 적용할 법령 등의 공백이 있는 경우
ㄴ. 법령 제·개정 당시에는 예상하지 못했던 상황이 발생하여 당해 행위에 적용할 수 있는지 불명확한 경우
ㄷ. 법령 등의 당초 취지에 비추어 당해 행위에 법령 등을 문리적인 해석에 따라 적용하는 것이 불합리한 경우
ㄹ. 금융당국이 공문 등을 통해 한 의사표명에 따른 행위가 법령 등에 따라 제재조치를 받을 우려가 있는 경우
❸ 금융이용자도 법령해석·법제처 의견서를 신청할 수 있도록 자격을 부여받음

(2) 절차

(3) 비조치의견서의 효력

❶ 금융감독원장은 해당 행위가 법령등에 위반되지 않는다는 비조치의견서를 회신하는 경우 해당 행위에 대해서는 사후에 회신내용의 취지에 부합하지 않는 법적 조치를 취하지 아니함

❷ 그러나 다음의 경우에는 이미 회신한 비조치의견서의 내용과 다른 법적 조치를 취할 수 있음

ㄱ. 신청인이 요청서에 기재한 내용 또는 제출한 자료의 내용이 사실과 다른 경우

ㄴ. 신청인이 중요한 자료를 제출하지 아니한 사실이 발견된 경우

ㄷ. 신청인이 요청서에 기재한 내용과 상이한 행위를 한 경우

ㄹ. 관련 법령등이 변경된 경우

ㅁ. 판단의 기초가 되는 사실관계의 변동, 그 밖의 사정변경으로 인하여 기존의 의견을 유지할 수 없는 특별한 사유가 있는 경우

❸ 비조치의견서를 회신할 때 사후에 비조치의견서의 회신내용과 다른 법적 조치를 취할 수 있음을 명시하여야 함

3   행정지도

(1) 개요

금융위 및 금감원이 금융 관련 법규 등에 의한 소관업무를 수행하기 위해 금융회사 등의 임의적 협력에 기초하여 지도 · 권고 · 지시 · 협조요청 등을 하는 것을 말한다.

(2) 행정지도의 원칙 및 방식

❶ 행정지도는 금융 관련 법규상 목적에 부합되는 필요한 최소한도에 그쳐야 하며 행정지도를 받은 금융회사 등의 의사에 반하여 부당하게 강요하거나 행정지도 불이행 사유로 해당 금융회사 등에게 불이익한 조치를 하지 아니함

❷ 행정지도시 취지, 내용, 행하는 자의 신분을 명시토록 하고 있으며, 행정지도는 문서가 원칙이나 구두로 하는 경우에도 동 사항을 서면으로 교부하여 줄 것을 요구할 수 있음

❸ 행정지도를 한 경우 그 내용을 원칙적으로 공개함

(3) 의견수렴 및 의견제출

❶ 행정지도 시 금융회사 등의 의견을 수렴하고 이를 최대한 반영하도록 노력하되, 긴급을 요하거나 중대한 영향을 미치지 않는 경우에는 생략할 수 있음

❷ 행정지도를 받은 금융회사등은 행정지도의 방식, 내용 등에 관하여 의견을 제출할 수 있음

4   그 외 기타

(1) 실무해석 · 의견

금융법규의 내용 및 업무 현안에 관한 질의에 대하여 금융위 및 금감원의 실무부서가 제시한 비공식적인 해석 또는 의견

(2) 모범규준

금융위, 금감원, 금융회사가 공동으로 상호 준수할 것으로 약속하는 모범이 되는 규준으로, 이를 준수하지 않을 경우 그 사유에 대하여 설명할 의무를 부담

(3) 해설서 · 매뉴얼

법규 · 제도 · 절차와 관련된 업무해설서와 금융회사의 재무상황에 대한 검사와 관련된 매뉴얼

chapter 02

금융투자상품 및 금융투자업

금융투자상품

1 정의

자본시장법에서 '금융투자상품'이란 이익을 얻거나 손실을 회피할 목적으로 현재 또는 장래의 특정 시점에 금전, 그 밖의 재산적 가치가 있는 것(이하 '금전 등'이라 한다)을 지급하기로 약정함으로써 취득하는 권리로서, 그 권리를 취득하기 위하여 지급하였거나 지급하여야 할 금전 등의 총액(판매수수료 등 제외)이 그 권리로부터 회수하였거나 회수할 수 있는 금전 등의 총액(해지수수료 등 포함)을 초과하게 될 위험(이하 '투자성'이라 한다)이 있는 것을 말한다.

(1) 투자성 판단

투자성이란 원금손실 가능성을 의미하는 것으로, 엄밀하게 따지면 금융상품의 권리를 취득하기 위하여 지급하였거나 지급하여야 할 금전 등의 총액(투자금액)이 그 권리로부터 회수하였거나 회수할 수 있는 금전 등의 총액(회수금액)을 초과하게 될 위험을 의미

❶ 투자금액 산정 시 제외항목 : 투자자가 지급하는 판매수수료 및 보수, 보험계약에 따른 사업비, 위험보험료 등은 투자금액에 불포함
❷ 회수금액 산정 시 포함항목 : 투자자가 중도해지 등에 따라 지급하는 환매, 해지 수수료, 각종 세금, 발행인, 거래상대방이 채무불이행으로 지급하지 않은 미지급 액 등은 회수금액에 포함

(2) 금융투자상품 불인정 대상

원화로 표시된 양도성예금증서(CD), 수탁자에게 신탁재산의 처분권한이 부여되지 아니한 관리형신탁의 수익권은 금융투자상품에서 제외

❶ 원화표시 CD : 유통과정에서 손실이 발생할 위험(투자성)이 존재하지만, 만기가 짧아 금리변동에 따른 가치 변동이 크지 않으며, 사실상 예금에 준하여 취급되기 때문임
❷ 관리형신탁의 수익권 : 자산의 신탁 시점과 해지 시점의 가격 변동에 따른 투자성 을 갖게 되나, 실질적으로는 신탁업자가 처분권한을 갖지 않는 점을 고려함
　ㄱ. 위탁자(신탁계약에 따라 처분권한을 가지고 있는 수익자 포함)의 지시에 따라서만 신탁 재산의 처분이 이루어지는 신탁
　ㄴ. 신탁계약에 따라 신탁재산에 대하여 보존행위 또는 그 신탁재산의 성질을 변 경하지 아니하는 범위에서 이용·개량 행위만을 하는 신탁
❸ 주식매수선택권(스톡옵션) : 주식매수선택권은 임직원의 성과에 대한 보상으로 자기회사 주식을 매수할 수 있는 선택권을 부여하는 것으로 그 취득 시 금전 등 의 지급이 없고 유통 가능성도 없다는 점을 고려

2 분류

(1) 증권과 파생상품의 구분

금융투자상품은 추가 지급의무 부과여부에 따라 증권과 파생상품으로 구분됨

❶ 증권 : 취득과 동시에 어떤 명목으로든 추가적인 지급의무를 부담하지 아니하는 금융투자상품
❷ 파생상품 : 취득 이후에 추가적인 지급의무를 부담할 수 있는 금융투자상품
  ‒ 파생상품은 정형화된 시장에서 거래되는지 여부에 따라 장내파생상품과 장외파생상품으로 또다시 구분
❸ 예외 적용 : 워런트와 같이 기초자산에 대한 매매를 성립시킬 수 있는 권리를 포함한 금융투자상품의 경우 추가 지급의무가 있더라도 증권으로 구분

(2) 금융투자상품 구분 방법

3 증권

(1) 종류

투자자가 취득과 동시에 지급한 금전 등 외에 어떠한 명목으로든지 추가로 지급의무 (투자자가 기존자산에 대한 매매를 성립시킬 수 있는 권리를 행사함으로써 부담하게 되는 지급의무 제외)를 부담하지 아니하는 내국인 또는 외국인이 발행한 금융투자상품으로 그 특성에 따라 채무증권, 지분증권, 수익증권, 투자계약증권, 파생결합증권, 증권예탁증권으로 분류

(2) 채무증권

❶ 정의 : 발행인에 의하여 원금이 보장되나 유통과정에서 원금손실이 발생할 수 있는 증권임

  ㄱ. 국채증권, 지방채증권, 특수채증권, 사채권, 기업어음증권, 그 밖에 이와 유사한 것으로 지급청구권이 표시된 것이 채무증권에 포함

  ㄴ. 사적인 금전채권도 지급청구권이 표시되어 있으나 유통성이 없으므로 채무증권으로 인정하지 않음

❷ 종류

  ㄱ. 국채 : 「공공자금관리기금법」 제2조에 따른 공공자금관리기금의 부담으로 기획재정부장관이 발행하는 채무증권

  ㄴ. 지방채 : 「지방재정법」에 따라 지방자치단체의 장이 공유재산의 조성 등 소관 재정투자사업과 그에 직접적으로 수반되는 경비의 충당, 재해예방 및 복구사업, 천재지변으로 발생한 예측할 수 없었던 세입결함의 보전, 지방채의 차환 등을 위한 자금을 조달하기 위해 발행하는 채무증권

  ㄷ. 특수채 : 법률에 의해 설립된 법인(산업은행, 기업은행 등)이 직접 발행하는 채권

  ㄹ. 사채권 : 「상법」 제469조 제2항 제3호에 따른 사채의 경우에는 자본시장법 제4조 제7항 제1호에 해당하는 '이자연계 파생결합채권'(발행과 동시에 투자자가 지급한 금전 등에 대한 이자, 그 밖의 과실에 대하여만 해당 기초자산의 가격, 이자율, 지표, 단위 또는 이를 기초로 하는 지수 등의 변동과 연계된 증권)만 인정

  ㅁ. 기업어음 : 기업이 자금조달을 위해 발행한 약속어음

(3) 지분증권

❶ 정의 : 법률에 의하여 직접 설립된 법인이 발행한 출자증권, 상법상 합자회사 · 유한책임회사 · 유한회사 · 합자조합 · 익명조합의 출자지분, 그 밖에 이와 유사한 것으로서 출자지분 또는 출자지분을 취득할 권리가 표시된 증권

❷ 특성

  ㄱ. 주권 등 지분증권은 발행인이 원본을 보장하지 않고, 출자 회수 시에 투자원본의 손실이 발생할 수 있으므로 증권에 해당

  ㄴ. 신주인수권이 표시된 증권 또는 증서의 경우 실질적으로는 출자지분이 표시된 것으로 볼 수 없으나, 주권에 대한 인수권을 표시하는 것이므로 지분증권

으로 분류

ㄷ. 합명회사의 지분, 합자회사의 무한책임사원 지분 등도 손실발생 가능성이 있
  으므로 금융투자상품에 해당된다고 볼 수 있으나, 무한책임사원 지분의 특성
  에 비추어 볼 때 이를 금융투자상품에 포함시키는 것은 타당하지 않으므로
  지분증권의 범위에서 제외

(4) 수익증권

금전신탁의 수익증권, 투자신탁의 수익증권, 그 밖에 이와 유사한 것으로서 신탁의
수익권이 표시된 것으로, 「주택저당증권유동화회사법」이나 「한국주택금융공사법」에
의한 주택저당증권, 「자산유동화법」상 유동화전문회사가 발행하는 수익증권 등이 해당

(5) 투자계약증권

특정 투자자가 그 투자자와 타인(다른 투자자 포함) 간의 공동사업에 금전 등을 투자하
고 주로 타인이 수행한 공동사업의 결과에 따른 손익을 귀속받는 계약상의 권리가 표
시된 증권. 증선위는 2022. 4. 20. ㈜뮤직카우가 발행한 음악 저작권료 참여청구권이
자본시장법 상 투자계약증권에 해당한다고 판단하였으며, 이는 투자계약증권을 최초로
인정한 사례.

(6) 파생결합증권

기초자산의 가격·이자율·지표·단위 또는 이를 기초로 하는 지수등의 변동과 연계
하여 미리 정하여진 방법에 따라 지급금액 또는 회수금액이 결정되는 권리가 표시된
증권

주가연계증권(ELS), 주가연계워런트(ELW), 파생연계증권(DLS), 신용연계증권(CLN), 재
해연계증권(CAT Bond) 등이 파생결합증권에 해당

❶ 파생결합증권의 기초자산 종류
  ㄱ. 금융투자상품
  ㄴ. 통화(외국의 통화 포함)
  ㄷ. 일반상품(농산물·축산물·수산물·임산물·광산물·에너지에 속하는 물품 및 이를 원료로
    하여 제조·가공한 물품, 그 밖에 이와 유사한 것)

ㄹ. 신용위험(당사자 또는 제3자의 신용등급의 변동, 파산 또는 채무재조정 등으로 인한 신용의 변동)

ㅁ. 그 밖에 자연적·환경적·경제적 현상 등에 속하는 위험으로서 합리적이고 적정한 방법에 의하여 가격·이자율·지표·단위의 산출이나 평가가 가능한 것

❷ 파생결합증권 제외대상

ㄱ. 발행과 동시에 투자자가 지급한 금전 등에 대한 이자, 그 밖의 과실에 대하여만 해당 기초자산의 가격·이자율·지표 또는 이를 기초로 하는 지수 등의 변동과 연계된 증권(이자연계 파생결합채권)

ㄴ. 옵션 파생상품의 권리(제5조 제1항 각 호 외의 부분 단서에서 정하는 금융투자상품은 제외)

ㄷ. 사채 발행 당시 객관적이고 합리적인 기준에 따라 미리 정하는 사유가 발생하는 경우 주식으로 전환되거나 그 사채의 상환과 이자지급 의무가 감면된다는 조건이 붙은 것으로서 제165조의11 제1항(신종사채의 발행)에 따라 주권상장법인이 발행하는 사채

ㄹ. 「은행법」 제33조 제1항 제2호(상각형 조건부자본증권), 제3호(은행주식 전환형 조건부지불증권), 제4호(은행지주회사주식 전환형 조건부자본증권)

ㅁ. 「금융지주회사법」 제15조의2 제1항 제2호(상각형 조건부자본증권), 제3호(전환형 조건부자본증권)

ㅂ. 「보험업법」 제114조의2 제1항 제1호(상각형 조건부자본증권), 제2호(보험회사주식 전환형 조건부자본증권), 제3호(금융지주회사주식 전환형 조건부자본증권)

ㅅ. 「상법」 제469조 제2항 제2호(교환사채 또는 상환사채), 제513조(전환사채) 및 제516조의2(신주인수권부사채)에 따른 사채

ㅇ. 그 밖에 ㄱ부터 ㅅ까지와 유사한 것으로서 대통령령으로 정하는 금융투자상품

(7) 증권예탁증권

채무증권·지분증권·수익증권·투자계약증권·파생결합증권을 예탁받은 자가 그 증권이 발행된 국가 외의 국가에서 발행한 것으로서 그 예탁받은 증권에 관련된 권리가 표시된 증권으로 국내 증권예탁증권(KDR), 외국 증권예탁증권(GDR, ADR 등)이 해당

4　파생상품

(1) 정의

파생상품은 증권과는 달리 금전 등의 지급 시기가 장래의 일정 시점이고, 투자원금 이상의 손실이 발생할 수 있는 계약상의 권리를 말한다.

(2) 분류

❶ 파생상품시장 거래 여부 : 정형화된 파생상품시장에서의 거래 여부에 따라 장내 파생상품과 장외파생상품으로 구분

　ㄱ. 장내파생상품 : 한국거래소(KRX)의 파생상품시장 또는 해외 정형화된 파생상 품거래소에서 거래되는 파생상품

　ㄴ. 장외파생상품 : 장내파생상품이 아닌 파생상품

❷ 거래구조에 따른 분류

　ㄱ. 선도 : 기초자산이나 기초자산의 가격·이자율·지표·단위 또는 이를 기초 로 하는 지수 등에 의하여 산출된 금전 등을 장래의 특정 시점에 인도할 것 을 약정하는 계약

　ㄴ. 옵션 : 당사자의 어느 한쪽의 의사표시에 의하여 기초자산이나 기초자산의 가격·이자율·지표·단위 또는 이를 기초로 하는 지수 등에 의하여 산출된 금전 등을 수수하는 거래를 성립시킬 수 있는 권리를 부여하는 계약

　ㄷ. 스왑 : 장래의 일정기간 동안 미리 정한 가격으로 기초자산이나 기초자산의 가격·이자율·지표·단위 또는 이를 기초로 하는 지수 등에 의하여 산출된 금전 등을 교환할 것을 약정하는 계약

❸ 파생상품의 범위에서 제외 : 해당 금융투자상품의 유통 가능성, 계약당사자, 발행 사유 등을 고려하여 증권으로 규제하는 것이 타당한 것으로서 아래의 어느 하나 에 해당하는 금융투자상품은 파생상품의 범위에서 제외

　ㄱ. 증권 및 장외파생상품에 대한 투자매매업의 인가를 받은 금융투자업자가 발 행하는 증권 또는 증서로서 기초자산(증권시장이나 해외 증권시장에서 매매되는 증권, 금융투자상품, 통화(외국통화 포함), 일반상품, 신용위험 등)의 가격·이자율·지표·단 위 또는 이를 기초로 하는 지수 등의 변동과 연계하여 미리 정하여진 방법에

따라 그 기초자산의 매매나 금전을 수수하는 거래를 성립시킬 수 있는 권리가 표시된 증권 또는 증서

ㄴ. 상법 제420조의2에 따른 신주인수권증서 및 같은 법 제516조의5에 따른 신주인수권증권

금융투자업

금융투자업은 그 경제적 실질에 따라 투자매매업, 투자중개업, 집합투자업, 투자자문업, 투자일임업 및 신탁업으로 분류

1 투자매매업

❶ 정의 : 누구의 명의로 하든지 자기의 계산으로 금융투자상품의 매매, 증권의 발행·인수 또는 그 청약의 권유, 청약, 청약의 승낙을 영업으로 하는 것

❷ 적용 배제

ㄱ. 투자신탁 수익증권, 투자성 있는 예금·보험 및 특정 파생결합증권을 발행하는 경우를 제외하고 자기가 증권을 발행하는 경우

ㄴ. 투자매매업자를 상대방으로 하거나 투자중개업자를 통하여 금융투자상품을 매매하는 경우

ㄷ. 국가·지방자치단체가 공익을 위하여 관련 법령에 따라 금융투자상품을 매매하는 경우

ㄹ. 한국은행이 공개시장조작을 하는 경우

ㅁ. 특정 전문투자자 간에 환매조건부 매매를 하는 경우

ㅂ. 외국 투자매매업자가 일정 요건을 갖추고 국외에서 파생결합증권을 발행하는 경우

ㅅ. 외국 투자매매업자가 국외에서 투자매매업자 또는 투자중개업자를 상대로

투자매매업을 하거나 국내 거주자(투자매매업자는 제외)를 상대로 투자권유 또는 투자광고를 하지 아니하고 국내 거주자의 매매주문을 받아 그 자를 상대 방으로 투자매매업 또는 투자중개업을 하는 행위

2 투자중개업

❶ 정의 : 누구의 명의로 하든지 타인의 계산으로 금융투자상품의 매매, 그 중개나 청약의 권유, 청약, 청약의 승낙 또는 증권의 발행·인수에 대한 청약의 권유, 청 약, 청약의 승낙을 영업으로 하는 것
❷ 적용 배제
ㄱ. 투자권유대행인이 투자권유를 대행하는 경우
ㄴ. 거래소가 증권시장 및 파생상품시장을 개설·운영하는 경우
ㄷ. 협회가 장외 주식중개시장(K-OTC)을 개설·운영하는 경우
ㄹ. 외국 투자중개업자가 국외에서 투자매매업자 또는 투자중개업자를 상대로 투자중개업을 하거나 국내 거주자(투자매매업자 또는 투자중개업자는 제외)를 상대 로 투자권유 또는 투자광고를 하지 아니하고 국내 거주자의 매매주문을 받아 그 자를 상대방으로 투자중개업을 하는 행위

3 집합투자업

❶ 정의 : ① 2인 이상의 투자자(과거에는 '2인 이상에게 투자권유를 하여'라고 정하고 있었으나 '2인 이상의 투자자로부터 모은'으로 개정되어 수익자가 1인인 사모단독펀드 설정을 제한)로부터 모은 금전 등 또는 국가재정법에 따른 기금관리주체 등으로부터 위탁받은 금전 등을, ② 투자자 또는 기금관리주체 등으로부터 일상적인 운용지시를 받지 아니 하고, ③ 재산적 가치가 있는 투자대상 자산을 취득·처분, 그 밖의 방법으로 운 용하고, ④ 그 결과를 투자자 또는 기금관리주체 등에게 배분하여 귀속시키는 것
❷ 적용 배제 : ① 다른 법률에 의한 펀드 중 사모펀드, ② 투자자예탁금을 예치· 신탁, ③ 종합금융투자사업자의 종합투자계좌업무, ④ 종합재산신탁 등의 효율 적 운용을 위하여 예외적으로 신탁재산 중 금전을 공동으로 운용, ⑤ 투자목적회

사, ⑥ 종합금융회사 어음관리계좌(CMA), ⑦ 법인세법에 따른 프로젝트 파이낸싱 법인, ⑧ 지주회사, ⑨ 가맹사업(franchise), ⑩ 다단계판매사업, ⑪ 사업 영위자가 통상의 인적·물적 시설을 갖추고 투자자로부터 모은 금전 등으로 사업을 하여 그 결과를 배분(특정 사업결과를 배분하는 경우 제외), ⑫ 비영리목적의 계, ⑬ 종중 등의 비영리 사업, ⑭ 비영리법인 등의 정관 범위 내에서의 사업, ⑮ 투자자 전원의 합의에 따라 운용·배분, 기업인수목적회사가 일정한 요건을 갖추어 그 사업목적에 속하는 행위를 하는 경우, ⑯ 그 밖에 전문적 운용자의 존재 여부, 투자자의 투자동기, 운용결과의 예정 배분 시기, 투자자 재산의 분리 필요성 등을 고려하여 금융위가 인정하는 경우

4 투자자문업

❶ 정의 : 금융투자상품, 그 밖에 대통령령으로 정하는 투자대상 자산(이하 '금융투자상품등'이라 한다)의 가치 또는 금융투자상품에 대한 투자판단(종류, 종목, 취득·처분, 취득·처분의 방법·수량·가격 및 시기 등에 대한 판단)에 관하여 자문에 응하는 것을 영업으로 하는 것

❷ 적용 배제
  ㄱ. 불특정 다수인을 대상으로 발행·송신되고, 불특정 다수인이 수시로 구입·수신할 수 있는 간행물·출판물·통신물·방송 등을 통하여 조언을 하는 경우(유사투자자문업)
  ㄴ. 역외영업 특례 적용에 해당하는 역외 투자자문업
  ㄷ. 따로 대가 없이 다른 영업에 부수하여 금융투자상품의 가치나 금융투자상품에 대한 투자판단에 관한 자문에 응하는 경우
  ㄹ. 집합투자기구평가회사, 채권평가회사, 공인회계사, 감정인, 신용평가업자, 변호사, 변리사, 세무사, 그 밖에 해당 법령에 따라 자문용역을 제공하고 있는 자가 해당 업무와 관련된 분석정보 등을 제공하는 경우
  ㅁ. 외국 투자자문업자가 국외에서 국가, 한국은행, 한국투자공사, 법률에 따라 설립된 기금 및 그 기금을 관리·운용하는 법인을 상대로 투자권유 또는 투자광고를 하지 아니하고 그 자를 상대방으로 투자자문업을 하는 경우

❶ 정의 : 투자자로부터 금융투자상품등에 대한 투자판단의 전부 또는 일부를 일임 받아 투자자별로 구분하여 그 투자자의 재산상태나 투자목적 등을 고려하여 금 융투자상품등을 취득·처분, 그 밖의 방법으로 운용하는 것을 영업으로 하는 것

❷ 적용 배제

ㄱ. 투자중개업자가 투자자의 매매주문을 받아 이를 처리하는 과정에서 투자판 단의 전부 또는 일부를 위임받을 필요가 있는 다음의 경우

a. 투자자가 금융투자상품의 매매거래일(하루에 한정)과 그 매매거래분의 총매 매 수량이나 총매매 지정금액을 지정한 경우로서 투자자로부터 그 지정범 위에서 금융투자상품의 수량·가격 및 시기에 대한 투자판단의 일임을 받 는 경우

b. 투자자가 여행·질병등으로 일시적으로 부재하는 중에 금융투자상품의 가격폭락 등 불가피한 사유가 있는 경우로서 투자자로부터 약관 등에 따 라 미리 금융투자상품의 매도권한을 일임받은 경우 등(자본시장법 시행령 제7 조 제3항 제2호)

c. 투자자가 금융투자상품의 매매, 그 밖의 거래에 따른 결제나 증거금의 추 가 예탁 또는 법 제72조에 따른 신용공여와 관련한 담보비율 유지의무나 상환의무를 이행하지 아니한 경우로서 투자자로부터 약관 등에 따라 금융 투자상품의 매도권한(파생상품인 경우에는 이미 매도한 파생상품의 매수권한을 포함) 을 일임받은 경우

d. 투자자가 투자중개업자가 개설한 계좌에 금전을 입금하거나 해당 계좌에 서 금전을 출금하는 경우에는 따로 의사표시가 없어도 자동으로 법 제229 조 제5호에 따른 단기금융집합투자기구의 집합투자증권등을 매수 또는 매도하거나 환매를 조건으로 증권을 매수 또는 매도하기로 하는 약정을 미리 해당 투자중개업자와 체결한 경우로서 투자자로부터 그 약정에 따라 해당 집합투자증권 등을 매수 또는 매도하는 권한을 일임받거나 환매를 조건으로 증권을 매수 또는 매도하는 권한을 일임받은 경우

ㄴ. 외국 투자일임업자가 국외에서 국가, 한국은행, 한국투자공사, 법률에 따라

설립된 기금 및 그 기금을 관리·운용하는 법인을 상대로 투자권유 또는 투자광고를 하지 아니하고 그 자를 상대방으로 투자일임업을 하는 경우

6 신탁업

❶ 정의 : 신탁 설정자(위탁자)와 신탁을 인수하는 자(수탁자)의 특별한 신임관계에 기하여 위탁자가 특정의 재산권을 수탁자에게 이전하거나 기타의 처분을 하고 수탁자로 하여금 일정한 자(수익자)의 이익을 위하여 또는 특정의 목적을 위하여 그 재산권을 관리, 처분하게 하는 신탁을 영업으로 하는 것
❷ 적용 배제 : 「담보부사채신탁법」에 따른 담보부사채에 관한 신탁업, 「저작권법」에 따른 저작권신탁관리업

7 전담중개업무(프라임 브로커)

❶ 정의 : 전담중개업무란 일반 사모집합투자기구 등에 대하여 다음 각 호의 어느 하나에 해당하는 업무를 효율적인 신용공여와 담보관리 등을 위하여 일정 방법에 따라 연계하여 제공하는 업무를 말하며, 종합금융투자사업자가 아니면 전담중개업무를 영위할 수 없음(법 제77조의3 제1항).
ㄱ. 증권의 대여 또는 그 중개·주선이나 대리업무
ㄴ. 금전의 융자, 그 밖의 신용공여
ㄷ. 일반 사모집합투자기구 등의 재산의 보관 및 관리
ㄹ. 그 밖에 일반 사모집합투자기구 등의 효율적인 업무 수행을 지원하기 위하여 필요한 업무로서 대통령령으로 정하는 업무
❷ 종합금융투자사업자는 일반 사모집합투자기구 등에 대하여 전담중개업무를 제공하는 경우에는 미리 해당 일반 사모집합투자기구 등과 다음 각 호의 사항을 포함하는 내용에 관한 계약을 체결하여야 함
ㄱ. 전담중개업무와 관련된 종합금융투자사업자와 일반 사모집합투자기구 등의 역할 및 책임에 관한 사항
ㄴ. 종합금융투자사업자가 일반 사모집합투자기구 등의 재산을 제3자에 대한 담

보, 대여, 그 밖에 대통령령으로 정하는 방법으로 이용하는 경우 그 이용에 관한 사항

ㄷ. 종합금융투자사업자가 ㄴ.에 따라 이용한 일반 사모집합투자기구 등의 재산 현황 등에 관한 정보를 일반 사모집합투자기구 등에게 제공하는 절차 및 방법

ㄹ. 그 밖에 대통령령으로 정하는 사항

❸ 종합금융투자사업자는 이 법 또는 다른 금융 관련 법령에도 불구하고 다음 각 호의 업무를 영위할 수 있음

ㄱ. 기업에 대한 신용공여 업무

ㄴ. 그 밖에 해당 종합금융투자사업자의 건전성, 해당 업무의 효율적 수행에 이바지할 가능성 등을 고려하여 종합금융투자사업자에만 허용하는 것이 적합한 업무로서 대통령령으로 정하는 것

8 온라인소액투자중개업

❶ 정의 : 온라인소액투자중개업자란 온라인상에서 누구의 명의로 하든지 타인의 계산으로 채무증권, 지분증권, 투자계약증권의 모집 또는 사모에 관한 중개(이하 '온라인소액투자중개'라 한다)를 영업으로 하는 투자중개업자를 말하며, 증권형 크라우드펀딩업자로 불리기도 함

❷ 인가 : 온라인소액투자중개업자가 금융위에 등록한 경우 자본시장법 제12조(금융투자업의 인가)에 따른 인가를 받은 것으로 보며, 주요 등록요건은 다음과 같음

ㄱ. 「상법」에 따른 주식회사 또는 지점 또는 영업소를 설치한 외국 온라인소액투자중개업자

ㄴ. 5억 원 이상의 자기자본을 갖출 것

ㄷ. 사업계획이 타당하고 건전할 것

ㄹ. 투자자의 보호가 가능하고 그 영위하고자 하는 업을 수행하기에 충분한 인력과 전산설비, 그 밖의 물적 설비를 갖출 것

❸ 영업행위 규제

ㄱ. 온라인소액투자중개업자는 자신이 온라인소액투자중개를 하는 증권을 자기의 계산으로 취득하거나, 증권의 발행 또는 그 청약을 주선 또는 대리하는 행위 금지

ㄴ. 온라인소액투자중개업자는 온라인소액투자중개를 통하여 증권을 발행하는 자의 신용 또는 투자 여부에 대한 투자자의 판단에 영향을 미칠 수 있는 자문이나 온라인소액증권발행인의 경영에 관한 자문에 응할 수 없음

ㄷ. 온라인소액투자중개업자는 투자자가 청약의 내용, 투자에 따르는 위험, 증권의 매도 제한, 증권의 발행조건과 온라인소액증권발행인의 재무상태가 기재된 서류 및 사업계획서의 내용을 충분히 확인하였는지의 여부를 투자자의 서명 등 대통령령으로 정하는 방법으로 확인하기 전에는 그 청약의 의사 표시를 받아서는 안 됨

ㄹ. 온라인소액투자중개업자는 온라인소액증권발행인의 요청에 따라 투자자의 자격 등을 합리적이고 명확한 기준에 따라 제한할 수 있음

ㅁ. 온라인소액투자중개업자는 투자자가 청약의 의사를 표시하지 아니한 상태에서 투자자의 재산으로 증권의 청약을 하여서는 안 됨

ㅂ. 온라인소액투자중개업자는 온라인소액증권발행인에 관한 정보의 제공, 청약주문의 처리 등의 업무를 수행할 때 특정한 온라인소액증권발행인 또는 투자자를 부당하게 우대하거나 차별하여서는 안 됨

ㅅ. 온라인소액투자중개업자는 증권의 청약기간이 만료된 경우에는 증권의 청약 및 발행에 관한 내역을 지체 없이 투자자에게 통지해야 함

ㅇ. 온라인소액투자중개업자는 다음 각 호의 행위를 제외하고는 증권의 청약을 권유하는 일체의 행위 금지

   a. 투자광고를 자신의 인터넷 홈페이지에 게시하거나 투자광고가 게시된 인터넷 홈페이지 주소 등을 제공하는 행위

   b. 온라인소액증권발행인이 게재하는 내용을 자신의 인터넷 홈페이지에 게시하는 행위

   c. 자신의 인터넷 홈페이지를 통하여 자신이 중개하는 증권 또는 그 온라인소액증권발행인에 대한 투자자들의 의견이 교환될 수 있도록 관리하는 행위

   d. 사모의 방식으로 증권의 청약을 권유하는 경우 온라인소액증권발행인이 게재하는 내용을 특정 투자자에게 전송하는 행위

❹ 투자광고의 특례 : 온라인소액투자중개업자 또는 온라인소액증권발행인은 온라인소액투자중개업자가 개설한 인터넷 홈페이지 이외의 수단을 통해서 투자광고를 하는 행위를 금지

⑤ 투자한도

  ㄱ. 소득 등 대통령령으로 정하는 요건을 갖춘 자

    a. 최근 1년간 동일 온라인소액증권발행인에 대한 누적투자금액 : 1천만 원 이하

    b. 최근 1년간 누적투자금액 : 2천만 원 이하

  ㄴ. 위 ㄱ호 요건을 갖추지 못한 자

    a. 최근 1년간 동일 온라인소액증권발행인에 대한 누적투자금액 : 500만 원 이하

    b. 최근 1년간 누적투자금액 : 1천만 원 이하

section 03 투자자

금융상품에 관한 전문성 및 소유자산 규모 등에 비추어 투자에 따른 위험 감수능력이 있는지 여부를 기준으로 전문투자자와 일반투자자로 구분

1 전문투자자

전문투자자는 금융투자상품에 관한 전문성 및 소유자산 규모 등에 비추어 투자에 따른 위험감수 능력이 있는 투자자를 말하며 개념상 절대적 전문투자자와 상대적 전문투자자로 구분

(1) 절대적 전문투자자 : 국가, 한국은행, 금융기관(은행, 보험, 금융투자업자, 증권금융, 종합금융, 자금중개, 금융지주, 여신전문금융, 상호저축은행 및 동 중앙회, 산림조합중앙회, 새마을금고연합회, 신협중앙회 및 이에 준하는 외국 금융기관), 기타 기관(예금보험공사, 한국자산관리공사, 한국주택금융공사, 한국투자공사, 협회, 예탁결제원, 한국거래소, 금감원, 집합투자기구, 신용보증기금, 기술신용보증기금 및 이에 준하는 외국인), 외국정부·외국중앙은행·국제기구 등

(2) 상대적 전문투자자 : 일반투자자 대우를 받겠다는 의사를 금융투자업자에게 서면으로 통지한 경우 일반투자자로 간주

❶ 주권상장법인, 지방자치단체, 기타 기관(기금 관리·운용법인, 공제사업 영위법인, 지방자치단체, 해외주권상장 국내법인 및 이에 준하는 외국인) 및 자발적 전문투자자(이에 준하는 외국인) 등이 상대적 전문투자자에 해당

❷ 주권상장법인 등이 장외파생상품 거래를 하는 경우에는 별도 의사를 표시하지 아니하면 일반투자자 대우로, 전문투자자 대우를 받기 위해서는 그 내용을 서면으로 금융투자업자에게 통지하여야 함

❸ 상대적 전문투자자는 일반투자자로 대우받기를 원할 경우 또는 장외파생상품 거래를 위해 전문투자자로 대우받기를 원할 경우 그 내용을 서면으로 금융투자업자에게 통지하여야 함

❹ 금융투자업자는 정당한 사유 없이 상대적 전문투자자에 해당하는 주권상장법인 및 기타 기관 등의 서면 요청을 거부할 수 없음

(3) 자발적 전문투자자 : 일정 요건을 갖춘 법인 및 개인이 전문투자자로 대우받고자 할 경우 금융위에 신고하여야 하며, 금융위 확인 후 2년간 전문투자자 대우를 받을 수 있다.

❶ 지정신청일 전일 기준 금융투자상품 잔고가 100억 원 이상(외부감사 대상법인의 경우 50억 원 이상)인 법인 또는 단체

❷ 다음의 투자경험 요건과 그 외 요건을 충족(ㄱ+ㄴ 또는 ㄱ+ㄷ 또는 ㄱ+ㄹ)하는 개인(영 제10조 제3항 제17호)

ㄱ. (투자경험) 최근 5년 중 1년 이상의 기간 동안 금융위가 정하여 고시하는 금융투자상품[1]을 월말 평균잔고 기준으로 5천만 원 이상 보유한 경험이 있을 것

ㄴ. (소득기준) 본인의 직전년도 소득액이 1억 원 이상이거나 본인과 그 배우자의 직전년도 소득액의 합계금액이 1억5천만 원 이상일 것

ㄷ. (자산기준) 총자산에서 거주 부동산·임차보증금 및 총부채(거주주택을 담보로

---

1 ① 법 제4조 제3항에 따른 사채권(A등급 이하) 및 기업어음증권(A2등급 이하)
   ② 법 제4조 제4항에 따른 지분증권
   ③ 법 제4조 제7항에 따른 파생결합증권
   ④ 법 제9조 제21항에 따른 집합투자증권(단, 법 제9조 제19항에 따른 사모집합투자기구의 집합투자증권 및 제229조 제1호의 증권집합투자기구의 집합투자증권에 한함)

받은 부채는 제외) 금액을 차감한 금액이 5억 원 이상

　ㄹ. (전문성) 해당 분야에서 1년 이상 종사한 ① 회계사·감평사·변호사·변리사·세무사, ② 투자운용인력, 재무위험관리사 등 시험 합격자, ③ 금융투자업 주요 직무 종사자(1년 이상 등록이력이 있는 투자자산운용사, 금융투자분석사)

❸ 이에 준하는 외국인

2　　**일반투자자**

금융투자상품에 관한 전문성 및 소유자산 규모 등에 비추어 투자에 따른 위험 감수 능력이 없는 투자자를 말하며, 절대적 일반투자자와 상대적 일반투자자로 구분

❶ 절대적 일반투자자 : 전문투자자(절대적 또는 상대적)가 아닌 투자자
❷ 상대적 일반투자자 : 상대적 전문투자자로서 일반투자자 대우를 받겠다는 의사를 금융투자업자에게 서면으로 통지한 자

chapter 03

금융투자업자에 대한 규제 · 감독

section 01 **금융투자업 인가 · 등록 개요**

1 진입규제 원칙

자본시장법이 경제적 실질이 동일한 금융기능을 동일하게 규율하는 기능별 규제체계를 갖춤에 따라 금융투자업, 금융투자상품, 투자자를 경제적 실질에 따라 재분류하고 이를 토대로 금융기능을 분류하여 금융투자업 인가 부여 또는 등록 승인

(1) 인가대상 금융투자업

❶ 투자매매업 : 누구의 명의로 하든지 자기의 계산으로 금융 투자상품을 매도·매수, 증권의 발행·인수 또는 그 청약의 권유·청약·청약의 승낙을 업으로 하는 것

ㄱ. 지분증권의 가격·지수를 기초로 하는 파생결합증권, 지분증권 가격·지수 외의 것을 기초로 하면서 이자뿐 아니라 원본까지도 이에 연동된 파생결합증 권을 발행하는 것은 투자매매업에 해당

ㄴ. 다만, 파생결합증권을 금융투자업자의 인수, 중개 등을 통해 발행하는 경우 (투자매매업자를 상대방으로 하거나 투자중개업자를 통하여 금융투자상품을 매매하는 경우)에 는 발행 가능(금융투자업에 해당하지 않음)

❷ 투자중개업 : 누구의 명의로 하든지 타인의 계산으로 금융투자상품을 매도·매 수, 그 청약의 권유·청약·청약의 승낙 또는 증권의 발행·인수에 대한 청약의 권유·청약·청약의 승낙을 업으로 하는 것

❸ 집합투자업 : 2인 이상의 투자자로부터 모은 금전 등을 투자자 등으로부터 일상 적인 운용지시를 받지 아니하면서 자산을 취득·처분 그 밖의 방법으로 운용하 고 그 결과를 투자자에게 배분하여 귀속시키는 업(단, 일반사모집합투자업은 예외)

❹ 신탁업 : 신탁법에 의한 신탁을 영업으로 하는 업

(2) 등록대상 금융투자업

❶ 투자자문업 : 금융투자상품의 가치 또는 투자판단에 관하여 자문을 하는 업

❷ 투자일임업 : 투자자로부터 금융투자상품에 대한 투자판단의 전부 또는 일부를 일임받아 투자자별로 구분하여 자산을 취득·처분 그 밖의 방법으로 운용하는 업 – 투자중개업자가 그 대가를 받지 않고 불가피하게 투자판단을 일임받는 경우는 투자일임업으로 보지 않음

❸ 온라인소액투자중개업 : 투자중개업 중 온라인상에서 누구의 명의로 하든지 타인 의 계산으로 일정한 자가 발행하는 채무증권, 지분증권, 투자계약증권의 모집 또 는 사무에 관한 중개를 영업으로 하는 업

❹ 일반사모집합투자업 : 집합투자업 중 일반사모집합투자기구를 통한 집합투자를 영업으로 하는 업

2 금융투자업 영위 주체

자본시장법에 따라 금융투자업 인가를 받거나 등록을 승인받아야 금융투자업을 영 위할 수 있다.

금융투자업 인가 심사

1 금융투자업 인가 절차

2 　금융투자업 인가요건

(1) 법인격 요건

상법에 따른 주식회사, 대통령령이 정하는 금융기관 및 외국금융투자업자로서 지점 또는 영업소를 설치한 자

(2) 자기자본 요건

금융투자업자의 손실흡수력을 나타내는 자기자본이 인가업무 단위별로 5억 원 이상 으로서 대통령령으로 정하는 금액 이상이어야 한다.

표 3-1 **인가업무 단위 및 최저자기자본(자본시장법 제15조 제1항 및 제16조 제3항 관련)** (단위 : 억 원)

인가업무 단위	금융투자업의 종류	금융투자상품의 범위	투자자의 유형	최저 자기자본
1-1-1	투자매매업	증권	일반투자자 및 전문투자자	500
1-1-2	투자매매업	증권	전문투자자	250
1-11-1	투자매매업	채무증권	일반투자자 및 전문투자자	200
1-11-2	투자매매업	채무증권	전문투자자	100
1-111-1	투자매매업	국채증권, 지방채증권 및 특수채증권	일반투자자 및 전문투자자	75
1-111-2	투자매매업	국채증권, 지방채증권 및 특수채증권	전문투자자	37.5
1-12-1	투자매매업	지분증권(집합투자증권은 제외한다)	일반투자자 및 전문투자자	250
1-12-2	투자매매업	지분증권(집합투자증권은 제외한다)	전문투자자	125
1-13-1	투자매매업	집합투자증권	일반투자자 및 전문투자자	50
1-13-2	투자매매업	집합투자증권	전문투자자	25
11-1-1	투자매매업(인수업은 제외한다)	증권	일반투자자 및 전문투자자	200
11-1-2	투자매매업(인수업은 제외한다)	증권	전문투자자	100

인가업무 단위	금융투자업의 종류	금융투자상품의 범위	투자자의 유형	최저 자기자본
11-11-1	투자매매업(인수업은 제외한다)	채무증권	일반투자자 및 전문투자자	80
11-11-2	투자매매업(인수업은 제외한다)	채무증권	전문투자자	40
11-111-1	투자매매업(인수업은 제외한다)	국채증권, 지방채증권 및 특수채증권	일반투자자 및 전문투자자	30
11-111-2	투자매매업(인수업은 제외한다)	국채증권, 지방채증권 및 특수채증권	전문투자자	15
11-112-1	투자매매업(인수업은 제외한다)	사채권	일반투자자 및 전문투자자	40
11-112-2	투자매매업(인수업은 제외한다)	사채권	전문투자자	20
11-12-1	투자매매업(인수업은 제외한다)	지분증권(집합투자증권은 제외한다)	일반투자자 및 전문투자자	100
11-12-2	투자매매업(인수업은 제외한다)	지분증권(집합투자증권은 제외한다)	전문투자자	50
11-13-1	투자매매업(인수업은 제외한다)	집합투자증권	일반투자자 및 전문투자자	20
11-13-2	투자매매업(인수업은 제외한다)	집합투자증권	전문투자자	10
11r-1r-1	투자매매업(인수업은 제외한다)	제181조 제1항 제1호에 따른 증권	일반투자자 및 전문투자자	60
12-112-1	투자매매업(인수업만 해당한다)	사채권	일반투자자 및 전문투자자	60
12-112-2	투자매매업(인수업만 해당한다)	사채권	전문투자자	30
1-2-1	투자매매업	장내파생상품	일반투자자 및 전문투자자	100
1-2-2	투자매매업	장내파생상품	전문투자자	50
1-21-1	투자매매업	장내파생상품(주권을 기초자산으로 하는 것만 해당한다)	일반투자자 및 전문투자자	50
1-21-2	투자매매업	장내파생상품(주권을 기초자산으로 하는 것만 해당한다)	전문투자자	25
1-3-1	투자매매업	장외파생상품	일반투자자 및 전문투자자	900
1-3-2	투자매매업	장외파생상품	전문투자자	450

인가업무 단위	금융투자업의 종류	금융투자상품의 범위	투자자의 유형	최저 자기자본
1-31-1	투자매매업	장외파생상품(주권을 기초자산으로 하는 것만 해당한다)	일반투자자 및 전문투자자	450
1-31-2	투자매매업	장외파생상품(주권을 기초자산으로 하는 것만 해당한다)	전문투자자	225
1-32-1	투자매매업	장외파생상품(주권 외의 것을 기초자산으로 하는 것만 해당한다)	일반투자자 및 전문투자자	450
1-32-2	투자매매업	장외파생상품(주권 외의 것을 기초자산으로 하는 것만 해당한다)	전문투자자	225
1-321-1	투자매매업	장외파생상품(통화·이자율을 기초자산으로 하는 것만 해당한다)	일반투자자 및 전문투자자	180
1-321-2	투자매매업	장외파생상품(통화·이자율을 기초자산으로 하는 것만 해당한다)	전문투자자	90
1a-1-2	투자매매업	법 제8조의2제5항 및 이 영 제7조의3 제1항에 따른 매매체결대상상품	전문투자자	300
2-1-1	투자중개업	증권	일반투자자 및 전문투자자	30
2-1-2	투자중개업	증권	전문투자자	15
2r-1-2	투자중개업	증권	전문투자자	5
2-11-1	투자중개업	채무증권	일반투자자 및 전문투자자	10
2-11-2	투자중개업	채무증권	전문투자자	5
2-12-1	투자중개업	지분증권(집합투자증권은 제외한다)	일반투자자 및 전문투자자	10
2-12-2	투자중개업	지분증권(집합투자증권은 제외한다)	전문투자자	5
2-13-1	투자중개업	집합투자증권	일반투자자 및 전문투자자	10
2-13-2	투자중개업	집합투자증권	전문투자자	5
2-2-1	투자중개업	장내파생상품	일반투자자 및 전문투자자	20
2-2-2	투자중개업	장내파생상품	전문투자자	10
2-21-1	투자중개업	장내파생상품(주권을 기초자산으로 하는 것만 해당한다)	일반투자자 및 전문투자자	10
2-21-2	투자중개업	장내파생상품(주권을 기초자산으로 하는 것만 해당한다)	전문투자자	5

인가업무 단위	금융투자업의 종류	금융투자상품의 범위	투자자의 유형	최저 자기자본
2-3-1	투자중개업	장외파생상품	일반투자자 및 전문투자자	100
2-3-2	투자중개업	장외파생상품	전문투자자	50
2-31-1	투자중개업	장외파생상품(주권을 기초자산으로 하는 것만 해당한다)	일반투자자 및 전문투자자	50
2-31-2	투자중개업	장외파생상품(주권을 기초자산으로 하는 것만 해당한다)	전문투자자	25
2-32-1	투자중개업	장외파생상품(주권 외의 것을 기초 자산으로 하는 것만 해당한다)	일반투자자 및 전문투자자	50
2-32-2	투자중개업	장외파생상품(주권 외의 것을 기초 자산으로 하는 것만 해당한다)	전문투자자	25
2-321-1	투자중개업	장외파생상품(통화·이자율을 기초 자산으로 하는 것만 해당한다)	일반투자자 및 전문투자자	20
2-321-2	투자중개업	장외파생상품(통화·이자율을 기초 자산으로 하는 것만 해당한다)	전문투자자	10
2a-1-2	투자중개업	법 제8조의2제5항 및 이 영 제7조의3 제1항에 따른 매매체결대상상품	전문투자자	200
2i-11-2i	투자중개업	채무증권	전문투자자	30
3-1-1	집합투자업	법 제229조 제1호부터 제5호까지의 규정에 따른 집합투자기구	일반투자자 및 전문투자자	80
3-11-1	집합투자업	법 제229조 제1호·제5호에 따른 집 합투자기구	일반투자자 및 전문투자자	40
3-12-1	집합투자업	법 제229조 제2호에 따른 집합투자 기구	일반투자자 및 전문투자자	20
3-13-1	집합투자업	법 제229조 제3호에 따른 집합투자 기구	일반투자자 및 전문투자자	20
4-1-1	신탁업	법 제103조 제1항 제1호부터 제7호 까지의 규정에 따른 신탁재산	일반투자자 및 전문투자자	250
4-1-2	신탁업	법 제103조 제1항 제1호부터 제7호 까지의 규정에 따른 신탁재산	전문투자자	125
4-11-1	신탁업	법 제103조 제1항 제1호에 따른 신탁 재산	일반투자자 및 전문투자자	130
4-11-2	신탁업	법 제103조 제1항 제1호에 따른 신탁 재산	전문투자자	65
4-12-1	신탁업	법 제103조 제1항 제2호부터 제7호 까지의 규정에 따른 신탁재산	일반투자자 및 전문투자자	120

인가업무 단위	금융투자업의 종류	금융투자상품의 범위	투자자의 유형	최저 자기자본
4-12-2	신탁업	법 제103조 제1항 제2호부터 제7호 까지의 규정에 따른 신탁재산	전문투자자	60
4-121-1	신탁업	법 제103조 제1항 제4호부터 제6호 까지의 규정에 따른 신탁재산	일반투자자 및 전문투자자	100
4-121-2	신탁업	법 제103조 제1항 제4호부터 제6호 까지의 규정에 따른 신탁재산	전문투자자	50

비고

1. 제7조 제1항의 파생결합증권의 발행은 1-1-1 또는 1-1-2의 금융투자업인가를 받은 자가 1-3-1 또는 1-3-2의 금융투자업인가를 받은 경우만 해당한다.
2. 1-11-1, 1-11-2, 1-111-1, 1-111-2, 1-12-1, 1-12-2, 1-13-1, 1-13-2, 11-11-1, 11-11-2, 11-111-1, 11-111-2, 11-112-1, 11-112-2, 11-12-1, 11-12-2, 11-13-1, 11-13-2, 12-112-1, 12-112-2, 2-11-1, 2-11-2, 2-12-1, 2-12-2, 2-13-1, 2-13-2 및 2i-11-2i의 경우에는 해당 증권과 관련된 증권예탁증권을 포함한다.
3. 11r-1r-1은 제181조에 따른 환매조건부매매만 해당한다.
4. 2r-1-2는 환매조건부매매를 중개하는 경우에만 해당하며, 전문투자자는 제7조 제3항 제3호 각 목의 자를 말한다.
5. 1a-1-2 및 2a-1-2는 법 제78조에 따른 업무만 해당한다.
6. 2i-11-2i는 제179조에 따른 업무만 해당하며, 전문투자자는 같은 조 제1항 제1호 각 목의 자를 말한다.
7. 2-1-1, 2-1-2, 2-12-1 및 2-12-2는 법 제78조에 따른 업무는 제외하며, 2-1-1, 2-1-2, 2-11-1 및 2-11-2는 이 영 제179조에 따른 업무는 제외한다.
8. 집합투자업자가 자기가 운용하는 집합투자기구의 집합투자증권을 매매하는 경우에는 11-13-1 및 11-13-2의 최저자기자본은 해당 최저자기자본의 2분의 1로 한다.
9. 법 제8조 제9항 각 호의 어느 하나에 해당하는 자에 대하여 법 제12조 제2항 제2호에 따른 자기자본을 적용할 때 해당 법령에서 요구하는 자본금(이에 준하는 금액을 포함한다)을 제외한 금액을 기준으로 한다.
10. 삭제 〈2015.10.23.〉
11. 삭제 〈2015.10.23.〉
12. 자기자본을 산정하는 경우에는 최근 사업연도말일 이후 인가신청일까지의 자본금의 증감분을 포함하여 계산한다
13. 1a-1-2 및 2a-1-2의 투자자의 유형은 제78조 제1항 제2호에 따른 다자간매매체결회사의 거래참가자인 전문투자자를 말한다.
14. 법 제249조의3에 따라 전문사모집합투자업을 등록한 자가 3-1-1, 3-11-1, 3-12-1, 3-13-1의 금융투자업 인가를 받으려는 경우 이 표에 따른 자기자본은 이 표에서 요구하는 최저자기자본에서 10억 원을 차감하여 산정한다.

(3) 인력에 관한 요건

❶ 임원의 자격 : 다음 중 어느 하나에 해당하지 않아야 함

ㄱ. 미성년자, 피성년후견인 또는 피한정후견인

ㄴ. 파산선고를 받은 자로서 복권되지 아니한 자

ㄷ. 금고 이상의 실형의 선고를 받거나 지배구조법 또는 금융관계법령에 따라 벌금 이상의 형을 선고받고 그 집행이 종료되거나 집행이 면제된 날부터 5년이

경과되지 아니한 자

ㄹ. 금고 이상의 형의 집행유예의 선고를 받고 그 유예기간 중에 있는 자

ㅁ. 금융관계법령에 따라 영업의 허가·인가·등록 등이 취소되거나 「금융산업의 구조개선에 관한 법률」 제10조 제1항에 따라 적기시정조치를 받거나 「금융산업의 구조개선에 관한 법률」 제14조 제2항에 따른 행정처분을 받을 금융회사의 임직원 또는 임직원이었던 사람(그 조치를 받게 된 원인에 대하여 직접 또는 이에 상응하는 책임이 있는 자로서 대통령령으로 정하는 자로 한정한다)으로서 해당 조치가 있었던 날부터 5년이 지나지 아니한 자

ㅂ. 지배구조법 또는 금융관계법령에 따라 임직원제재조치(퇴임 또는 퇴직한 임직원의 경우 해당 조치에 상응하는 통보를 포함한다)를 받은 사람으로서 조치의 종류별로 5년을 초과하지 아니하는 범위에서 대통령령으로 정하는 기간이 지나지 아니한 자

ㅅ. 해당 금융투자업자의 공익성 및 건전경영과 신용질서를 해칠 우려가 있는 경우로서 대통령령으로 정하는 자

❷ 최소 전문인력 요건

ㄱ. 집합투자업 및 신탁업 : 각 필요업무에 2년 이상 종사한 경력이 있는 전문인력 요건을 충족하여야 함

ㄴ. 집합투자증권의 투자매매업자·투자중개업자(집합투자업자가 자기가 운용하는 집합투자기구의 집합투자증권을 매매하거나 중개하는 경우를 제외) : 투자권유자문인력을 5인 이상(전문투자자만을 대상으로 하는 투자매매업자·투자중개업자인 경우 또는 상장지수집합투자기구의 집합투자증권만을 대상으로 하는 투자매매업자·투자중개업자인 경우에는 3인 이상) 갖추어야 함

(4) 물적시설에 관한 요건

투자자의 보호가 가능하고 그 영위하고자 하는 금융투자업을 영위하기에 충분한 전산설비, 그 밖의 물적 설비를 갖출 것

(5) 사업계획

사업계획이 다음 사항을 충족시킬 수 있을 만큼 건전하고 타당할 것

표 3-2 최소 전문인력 요건

구분 코드	전문인력의 종류	최소보유 인원수(명)
3-1-1	증권운용전문인력	5
	부동산운용전문인력	3
3-11-1	증권운용전문인력	4
3-12-1	증권운용전문인력	2
	부동산운용전문인력	3
3-13-1	증권운용전문인력	3
3-14-1	증권금융전문인력 또는 부동산운용전문인력	1
	일반 사모집합투자기구 운용전문인력 또는 증권금융전문인력 또는 부동산운용전문인력	2
4-1-1	증권운용전문인력	5
	부동산운용전문인력	3
4-1-2	증권운용전문인력	3
	부동산운용전문인력	2
4-11-1	증권운용전문인력	3
4-11-2	증권운용전문인력	2
4-12-1 및 4-121-1	증권운용전문인력	3
	부동산운용전문인력	2
4-12-2 및 4-121-2	증권운용전문인력	2
	부동산운용전문인력	1

❶ 수지전망이 타당하고 실현 가능성이 있을 것

❷ 위험관리와 금융사고 예방 등을 위한 적절한 내부통제장치가 마련되어 있을 것

❸ 투자자 보호에 적절한 업무방법을 갖출 것

❹ 법령을 위반하지 아니하고 건전한 금융거래질서를 해칠 염려가 없을 것

(6) 대주주에 대한 요건

대주주(외국 금융투자업자, 은행, 보험의 국내지점의 경우 당해 외국 금융투자업자, 은행, 보험의 본점) 및 신청인이 충분한 출자능력, 건전한 재무상태 및 사회적 신용을 갖출 것

❶ 심사대상 대주주의 범위 : 최대주주, 주요 주주, 최대주주의 특수관계인인 주주, 최대주주가 법인인 경우 그 법인의 최대주주(사실상의 지배자 포함) 및 대표자

❷ 대주주 요건 : 대주주의 형태(금융기관, 내국법인, 내국 개인, 외국법인, 사모투자전문회사 또는 투자목적회사)에 따라 별도의 요건 규정(세부적인 요건은 금융위가 정함)

❸ 대주주 요건의 완화 : 겸영 금융투자업자의 경우와 금융투자업자가 다른 회사와 합병·분할·분할합병을 하는 경우에는 금융위가 그 요건을 완화할 수 있음

(7) 대통령령으로 정하는 건전한 재무상태와 사회적 신용을 갖출 것

(8) 이해상충 방지체계 요건

금융투자업자는 다양한 업무를 겸영함에 따라 발생할 수 있는 이해상충 방지를 위한 장치를 구비하여야 한다.

3　인가요건 유지 의무

금융투자업자는 인가·등록을 받은 이후에도 인가·등록 요건을 계속 유지할 필요

(1) 위반 시 제재

금융투자업자가 인가요건을 유지하지 못할 경우 금융위의 인가가 취소될 수 있음

(2) 자기자본 요건

매 회계연도말 기준 자기자본이 인가업무 단위별 최저 자기자본의 70% 이상을 유지하여야 하며, 다음 회계연도말까지 자본보완이 이루어지는 경우 요건을 충족한 것으로 간주

(3) 대주주 요건

❶ 대주주의 출자능력(자기자본이 출자금액의 4배 이상), 재무건전성, 부채비율(300%) 요건은 출자 이후인 점을 감안하여 인가요건 유지의무에서 배제

❷ 최대주주의 경우 최근 5년간 5억 원 이상의 벌금형만을 적용

❸ 금산법에 의하여 부실금융기관으로 지정된 금융기관의 최대주주·주요 주주 또는 그 특수관계인이 아닐 것

section 03 | 금융투자업 등록 심사

1 | 금융투자업 등록절차

2 | 금융투자업 등록요건

(1) 법인격 요건

상법에 따른 주식회사, 대통령령으로 정하는 금융기관 및 외국 투자자문업자(또는 외국 투자일임업자)로서 투자자문업(또는 투자일임업)의 수행에 필요한 지점, 그 밖의 영업소를 설치한 자

(2) 자기자본 요건

등록업무 단위별로 일정 수준 이상의 자기자본을 갖출 것(둘 이상의 등록업무 단위를 영위할 경우 각각의 최저 자기자본을 합산) (시행령 별표3)

표 3-3 **등록업무 단위 및 최저 자기자본** (단위 : 억 원)

등록업무 단위	금융투자업의 종류	투자대상 자산의 범위	투자자의 유형	최저 자기자본
3-14-1	일반 사모집합 투자업	법 제229조 제1호부터 제5호까지의 규정에 따른 집합투자기구	법 제249조의2에 따른 적격투자자	10
5-1-1	투자자문업	증권, 장내파생상품, 장외파생상품 및 제6조의2 각 호에 따른 투자대상 자산	일반투자자 및 전문투자자	2.5
5-21-1	투자자문업	집합투자증권, 파생결합증권, 환매조건부매매, 제6조의2 제3호에 따른 투자대상 자산, 파생결합증권과 유사한 증권으로서 금융위원회가 정하여 고시하는 재무증권	일반투자자 및 전문투자자	1
6-1-1	투자일임업	증권, 장내파생상품, 장외파생상품 및 제6조의2 각 호에 따른 투자대상 자산	일반투자자 및 전문투자자	15
6-1-2	투자일임업	증권, 장내파생상품, 장외파생상품 및 제6조의2 각 호에 따른 투자대상 자산	전문투자자	5

비고

1. 법 제8조 제9항 각 호의 어느 하나에 해당하는 자에 대하여 법 제18조 제2항 제2호(3-14-1의 업무단위에 대해서는 법 제249조의3 제2항 제2호를 말한다)에 따른 자기자본을 적용할 때 해당 법령에서 요구하는 자본금(이에 준하는 금액을 포함한다)을 제외한 금액을 기준으로 한다.
2. 자기자본을 산정하는 경우에는 최근 사업연도 말일 이후 등록신청일까지의 자본금의 증감분을 포함하여 계산한다.

(3) 인력에 관한 요건

❶ 임원의 자격 : 인가대상 금융투자업의 임원에 대한 요건과 동일함

❷ 금융투자전문인력을 확보할 것 : 투자자문업의 경우 1인 이상, 투자일임업의 경우 2인 이상을 확보해야 하며, 둘 다 영위할 경우 각각의 인력을 모두 확보해야 함(총 3인 이상)

(4) 대주주에 관한 요건

투자자문·일임업을 등록하고자 하는 회사의 대주주는 다음의 요건에 적합할 것

❶ 최근 5년간 자본시장법, 금융 관련 법령 등을 위반하여 벌금형 이상에 상당하는 형사처벌을 받은 사실이 없을 것

❷ 최근 5년간 채무불이행 등으로 건전한 신용질서를 해친 사실이 없을 것

❸ 금산법에 따라 부실금융기관으로 지정되었거나 자본시장법 등에 따라 영업의 허

가 · 인가 등이 취소된 금융기관의 대주주 또는 특수관계인이 아닐 것

❹ 그 밖에 금융위가 정하는 건전한 금융거래질서를 해친 사실이 없을 것 등

(5) 대통령으로 정하는 건전한 재무상태와 사회적 신용을 갖출 것

(6) 이해상충 방지체계 요건

금융투자업자는 다양한 업무를 겸영함에 따라 발생할 수 있는 이해상충 방지를 위한 장치를 구비하여야 한다.

section 04 ┃ 건전성 규제

1 회계처리

(1) 회계처리기준

금융투자업자의 회계처리는 한국채택국제회계기준에 따르며, 한국채택국제회계기준에서 정하지 않은 사항은 금융투자업규정 및 시행세칙에 따라야 하며, 투자중개업자는 투자자의 예탁재산과 투자중개업자의 자기재산을 구분계리하여야 한다.

❶ 자본시장법 제33조에 따른 업무보고서 재무제표 중 재무상태표 및 포괄손익계산서의 표준 양식과 계정과목별 처리내용 및 외국환계정의 계리기준은 금융감독원장이 정한다. 금융투자업자는 분기별로 가결산을 실시하여야 함

❷ 신탁부문은 기업회계기준 제5004호 '신탁업자의 신계계정'에 따라 고유부문과 분리하여 독립된 계정으로 회계처리

ㄱ. 감독원장이 정하는 바에 따라 재무상태 및 경영성과를 적정하게 표시하여야 함

ㄴ. 신탁재산의 건전성 유지에 필요한 준비금(신탁위험충당금과 신탁사업적립금) 등을 충실히 적립하여 회계처리의 공정성과 객관성을 유지하여야 함

(2) 적용기준

❶ 별도의 규정이 있는 것을 제외하고는 종속회사와 연결되지 아니한 금융투자업자의 재무제표를 대상으로 함

❷ 기준이 되는 계정과목별 금액은 금융투자업자가 작성한 재무제표가 외부감사인이 수정한 재무제표와 일치하지 아니하는 경우에는 외부감사인의 수정 후 재무제표를 기준으로 산정함

❸ 금융투자업자가 실질적으로 자신의 계산과 판단으로 운용하는 금전 기타 재산을 제3자의 명의로 신탁한 경우에는 그 금전 기타의 재산을 당해 금융투자업자가 소유하고 있는 것으로 봄

2 자산건전성 분류

(1) 자산건전성의 분류

❶ 금융투자업자는 매분기마다 자산 및 부채에 대한 건전성을 '정상', '요주의', '고정', '회수의문', '추정손실'의 5단계로 분류하여야 하며, 매 분기 말 현재 '고정'이하로 분류된 채권에 대하여 적정한 회수예상가액을 산정하여야 함

❷ 감독원장은 금융투자업자의 자산건전성 분류 및 대손충당금 등 적립의 적정성을 점검하고 부적정하다고 판단되는 경우 이의 시정을 요구할 수 있다. 금융투자업자는 '회수의문' 또는 '추정손실'로 분류된 자산을 조기에 상각하여 자산의 건전성을 확보하여야 함

❸ 금융투자업자는 자산건전성 분류기준의 설정 및 변경, 동 기준에 따른 자산건전성 분류 결과 및 대손충당금 등 적립 결과를 감독원장에게 보고하여야 함

(2) 충당금의 적립기준

대출채권, 가지급금과 미수금, 미수수익, 채무보증, 지급의무가 발생하였으나 아직 대지급하지 아니한 채무보증액 중 대지급 후에는 대출채권으로 분류될 금액, 그 밖에 금융투자업자가 건전성 분류가 필요하다고 인정하는 자산에 대하여 한국채택국제회계기준에 따라 대손충당금을 적립하고 동 대손충당금 적립액이 ① '정상'분류자산의 100분의 0.5, ② '요주의'분류자산의 100분의 2, ③ '고정'분류자산의 100분의 20, ④ '회수

의문'분류자산의 100분의 75, ⑤ '추정손실'분류자산의 100분의 100의 합계액에 미달하는 경우 그 미달액을 대손준비금으로 적립하여야 한다. 다만, 정형화된 거래로 발생하는 미수금과 '정상'으로 분류된 대출채권 중 콜론, 환매조건부매수, 한국채택국제회계기준에 따라 당기손익인식 금융자산이나 매도가능 금융자산으로 지정하여 공정가치로 평가한 금융자산에 대하여는 대손충당금을 적립하지 아니할 수 있다.

(3) 적용 특례

채권중개전문회사 및 다자간매매체결회사에 관하여는 자산건전성 분류 및 대손충당금 등의 적립기준에 관한 규정을 적용하지 아니한다.

---

3 순자본비율 규제

(1) 의의 및 중요성

❶ 기본 의의 : 금융투자업자의 자기자본 규제인 순자본비율(영업용순자본비율) 제도의 의의는 급변하는 시장환경하에서 금융투자업자의 재무건전성을 도모함으로써 궁극적으로는 투자자를 보호하는 데 있음

ㄱ. 진입 확대, 겸업화, 국제화의 진전으로 금융투자업 안팎의 경쟁이 심화되고 파생금융상품의 증가로 새로운 리스크요인이 증대되는 등 금융투자업자의 리스크가 증대되고 있음

ㄴ. 금융투자업자의 파산을 사전에 예방하고, 파산이 일어나는 경우에도 고객과 채권자의 재산이 안전하게 변제될 수 있도록 유도하는 것이 자본시장과 금융투자산업의 안정을 도모하는 데 중요한 의의를 지님

❷ 중요성 : 순자본비율 제도는 감독당국의 주요 감독수단일 뿐만 아니라 금융투자업자의 경영활동에도 매우 중요한 제도임

ㄱ. 적기시정조치의 기준비율

a. 금융투자업자는 자본적정성 유지를 위해 순자본비율 100% 이상 유지되도록 하여야 함

b. 순자본비율이 일정 수준에 미달하는 금융투자업자에 대하여는 단계별로 경영개선조치를 취함

① 순자본비율 50% 이상~100% 미만 : 경영개선 권고

② 순자본비율 0% 이상~50% 미만 : 경영개선 요구

③ 순자본비율 0% 미만 : 경영개선 명령

ㄴ. 금융투자업자의 체계적인 리스크 관리 촉진

　　a. 금융투자업자가 보유한 각종 포지션에 대해 리스크를 인식하고 측정하게 함과 아울러 그에 필요한 자기자본을 유지하도록 하고 있음

　　b. 간접적으로는 금융투자업자가 스스로 체계적인 리스크 관리를 하도록 촉진하는 역할을 함

ㄷ. 금융투자업자 자산운용의 자율성 제고

　　개별적인 자산운용에 대한 사전 규제를 배제함에 따라 사업자의 자율적 판단에 따른 자산운용이 가능하며 나아가 금융투자업자의 전문화·차별화도 가능해지게 됨

(2) 기본구조

❶ 기본개념 : 금융투자업자가 파산할 경우 고객 및 이해관계자에게 손실을 입히지 않기 위해서는 '위험손실을 감안한 현금화 가능자산의 규모'가 '상환의무 있는 부채의 규모'보다 항상 크게 유지되어야 함(C≥D ⇔ A≥B ⇔ α≥0)

❷ 기본원칙

ㄱ. 순자본비율의 기초가 되는 금융투자업자의 자산, 부채, 자본은 연결 재무제표에 계상된 장부가액(평가성 충당금을 차감한 것)을 기준으로 함

ㄴ. 시장위험과 신용위험을 동시에 내포하는 자산에 대하여는 시장위험액과 신

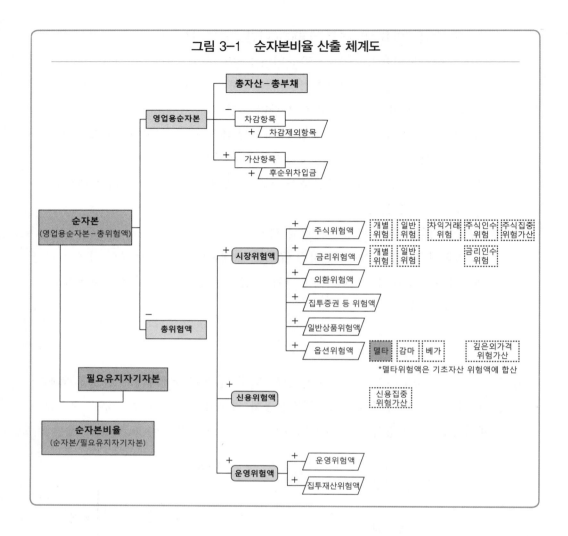

그림 3-1 순자본비율 산출 체계도

용위험액을 모두 산정함

ㄷ. 영업용순자본 차감항목에 대하여는 원칙적으로 위험액을 산정하지 않음

ㄹ. 영업용순자본의 차감항목과 위험액 산정대상 자산 사이에 위험회피효과가 있는 경우에는 위험액 산정대상 자산의 위험액을 감액할 수 있음

ㅁ. 부외자산과 부외부채에 대해서도 위험액을 산정하는 것을 원칙으로 함

(3) 세부 산정방식

❶ 영업용순자본 : 기준일 현재 금융투자업자의 순자산 가치로서 순재산액(자산-부채)에서 현금화 곤란 자산을 차감하고 보완자본을 가산하여 계산

$$영업용순자본 = 자산 - 부채 - 차감항목 + 가산항목$$

ㄱ. 영업용순자본의 계산은 기본적으로 재무상태표상 순재산액(자산-부채)에서 출발함

ㄴ. 차감항목 : 재무상태표상 자산 중 즉시 현금화하기 곤란한 자산

ㄷ. 가산항목 : 재무상태표에서 부채로 계상되었으나 실질적인 채무이행 의무가 없거나 실질적으로 자본의 보완적 기능을 하는 항목 등

❷ 총위험액 : 금융투자업자가 영업을 영위함에 있어 직면하게 되는 손실을 미리 예측하여 계량화한 것으로 다음 산식에 의하여 계산함

$$총위험액 = 시장위험액 + 신용위험액 + 운영위험액$$

❸ 필요 유지 자기자본 : 금융투자업자가 영위하는 인가업무 또는 등록업무 단위별로 요구되는 자기자본을 합계한 금액

❹ 순자본비율

$$순자본비율 = \frac{영업용순자본 - 총위험액}{필요 \ 유지 \ 자기 \ 자본}$$

(4) 특수관계인 관련 사항

특수관계인에 대한 금전 또는 증권에 관한 청구권과 특수관계인이 발행한 증권은 전액 영업용순자본에서 차감한다. 이는 금융투자업자가 계열회사 등 이해관계자와의 과도한 거래로 인해 이해관계자들의 재무불안이 금융투자업자의 재무불안으로 직접 이어지는 것을 구조적으로 차단하기 위한 것이다.

(5) 산정 및 보고시기

❶ 산정주기 : 금융투자업자는 최소한 일별로 순자본비율(또는 영업용순자본비율)을 산정해야 함

ㄱ. 순자본비율(영업용순자본비율)과 산출내역은 매월말 기준으로 1개월 이내에 업

무보고서를 통하여 금감원장에게 제출해야 함

ㄴ. 반기별(단, 최근 사업연도말일을 기준으로 자산총액이 1천억 원 이상이고, 장외파생상품에 대한 투자매매업 또는 증권에 대한 투자매매업을 경영하는 금융투자업자의 경우 분기별)로 순자본비율(영업용순자본비율)에 대한 외부감사인의 검토보고서를 첨부하여 금감원장에게 업무보고서를 제출해야 함

❷ 보고시기 : 순자본비율이 100%(영업용순자본비율의 경우 150%) 미만이 된 경우에는 지체 없이 금감원장에게 보고하여야 함

4 레버리지 규제

❶ 레버리지 규제는 당기순손실 등 경영실적이 저조하면서 외부차입비중이 높아 부실우려가 있는 경영부진 회사에 대한 선제적 경영개선을 유도하기 위해, 증권사 및 선물사에 대해 레버리지 비율을 일정 수준 이하로 유지하도록 요구

❷ 레버리지 비율은 개별 재무상태표상의 자기자본 대비 총자산의 비율로 계산되며 구체적인 산정방식을 금감원장이 정함

5 경영실태평가 및 적기시정조치

(1) 개요

경영실태평가는 금융감독당국이 사전적으로는 금융투자회사에 대하여 바람직한 경영지표를 제시하여 건전경영을 유도하고, 사후적으로는 감독상의 보상과 제재를 통하여 책임경영을 도모하려는 취지로 도입

(2) 경영실태평가

❶ 금융투자업자(전업투자자문 · 일임업자 제외)의 경영 및 재무건전성을 판단하기 위하여 재산과 업무상태 및 위험을 종합적 · 체계적으로 분석 평가하는 경영실태평가는 감독원장이 검사 등을 통하여 실시하며 평가대상 금융투자업자의 금융투자업의 종류에 따라 공통부문(① 자본적정성, ② 수익성, ③ 내부통제)과 업종부문(① 유동성,

② 안전성 등)으로 구분하여 평가하고, 그 결과를 감안하여 종합평가

❷ 경영실태평가는 금융투자업자 본점, 해외 현지법인 및 해외지점을 대상으로 하며 1등급(우수), 2등급(양호), 3등급(보통), 4등급(취약), 5등급(위험)의 5단계 등급으로 구분

(3) 적기시정조치

❶ 경영개선 권고 : 금융위는 금융투자업자가 ① 순자본비율이 100% 미만인 경우, ② 경영실태평가 결과 종합평가등급이 3등급(보통) 이상으로서 자본적정성 부문의 평가등급을 4등급(취약) 이하로 판정받은 경우, ③ 거액의 금융사고 또는 부실채권의 발생으로 ① 또는 ②의 기준에 해당될 것이 명백하다고 판단되는 경우, ④ 2년 연속 적자이면서 레버리지 비율이 900%를 초과하는 경우(1종 금융투자업자에 한함), ⑤ 레버리지 비율이 1,100%를 초과하는 경우(1종 금융투자업자[1]에 한함)에는, ① 인력 및 조직운용의 개선, ② 경비절감, ③ 점포관리의 효율화, ④ 부실자산의 처분, ⑤ 영업용순자본감소행위의 제한, ⑥ 신규업무 진출의 제한, ⑦ 자본금의 증액 또는 감액, ⑧ 특별대손충당금의 설정 등의 조치를 권고하여야 함

금융투자업자는 순자본비율이 100%에 미달하게 되는 경우에는 지체 없이 순자본비율을 감독원장에게 보고하고 순자본비율이 100% 이상에 이를 때까지 매달 순자본비율(영업용순자본비율)을 다음달 20일까지 감독원장에게 보고하여야 함

❷ 경영개선 요구 : 금융위는 금융투자업자가 ① 순자본비율이 50% 미만인 경우, ② 경영실태평가 결과 종합평가등급을 4등급(취약) 이하로 판정받은 경우, ③ 거액의 금융사고 또는 부실채권의 발생으로 ① 또는 ②의 기준에 해당될 것이 명백하다고 판단되는 경우, ④ 2년 연속 적자이면서 레버리지 비율이 1,100%를 초과하는 경우(1종 금융투자업자에 한함), ⑤ 레버리지 비율이 1,300%를 초과하는 경우(1종 금융투자업자에 한함)에는, ① 고위험자산보유제한 및 자산처분, ② 점포의 폐쇄, 통합 또는 신설제한, ③ 조직의 축소, ④ 자회사의 정리, ⑤ 임원진 교체 요구, ⑥ 영업의 일부정지, ⑦ 합병·제3자 인수·영업의 전부 또는 일부의 양도·금융지주회사의 자회사로의 편입에 관한 계획수립 등의 조치를 이행하도록 요

---

1 "1종 금융투자업자"란 법 제8조에 따른 금융투자업자 중 투자매매업자 또는 투자중개업자를 말한다. 다만, 집합투자업을 영위하면서 투자매매업 또는 투자중개업 중 집합투자증권에 대한 영업만을 인가받은 투자매매업자 또는 투자중개업자는 제외한다.

구하여야 함

❸ 경영개선 명령 : 금융위는 금융투자업자가 ① 순자본비율이 0%(영업용순자본비율의 경우 100%) 미만인 경우, ② 부실금융기관에 해당하는 경우에는, ① 주식의 일부 또는 전부소각, ② 임원의 직무집행 정지 및 관리인 선임, ③ 합병, 금융지주회사의 자회사로의 편입, ④ 영업의 전부 또는 일부의 양도, ⑤ 제3자의 당해 금융투자업 인수, ⑥ 6개월 이내의 영업정지, ⑦ 계약의 전부 또는 일부의 이전 등의 조치를 이행하도록 명령하여야 함. 다만, 영업의 전부정지·전부양도, 계약의 전부 이전 및 주식의 전부소각의 조치는 순자본비율이 0%(영업용순자본비율의 경우 100%) 미만인 금융투자업자로서 건전한 신용질서나 투자자의 권익을 현저히 해할 우려가 있다고 인정되는 경우와 부실금융기관에 해당하는 경우에 한함

❹ 적기시정조치의 유예 : 금융위는 금융투자업자가 경영개선 권고, 경영개선 요구, 경영개선 명령의 요건에 해당하는 경우라도 자본의 확충 또는 자산의 매각 등으로 단기간 내에 적기시정조치의 요건에 해당되지 아니하게 될 수 있다고 판단되는 경우에는 일정기간 동안 조치를 유예할 수 있음

(4) 경영개선 계획의 제출 및 평가등

적기시정조치를 받은 금융투자업자는 당해 조치일로부터 2개월의 범위 내에서 당해 조치권자가 정하는 기한 내에 당해 조치의 내용이 반영된 경영개선 계획을 감독원장에게 제출하여야 한다. 적기시정조치를 받은 금융투자업자가 제출한 경영개선 계획에 대하여는 금융위가 각각 당해 경영개선 계획을 제출받은 날로부터 1개월 이내에 승인여부를 결정하여야 한다.

경영개선 계획의 이행기간은 ① 경영개선 권고를 받은 경우 경영개선 계획의 승인일로부터 6개월 이내, ② 경영개선 요구를 받은 경우 경영개선 계획의 승인일로부터 1년 이내, ③ 경영개선 명령을 받은 경우에는 금융위가 정한다.

경영개선 계획의 승인을 받은 금융투자업자는 매 분기 말부터 10일 이내에 동 계획의 분기별 이행실적을 감독원장에게 제출하고, 감독원장은 경영개선 계획의 이행실적이 미흡하거나 관련 제도의 변경 등 여건 변화로 인하여 이행이 곤란하다고 판단되는 경우에는 동 계획의 수정요구 또는 일정기간 내의 이행 촉구 등 필요한 조치를 취할 수 있다.

(5) 긴급조치

금융위는 ① 발행한 어음 또는 수표가 부도로 되거나 은행과의 거래가 정지 또는 금지되는 경우, ② 유동성이 일시적으로 급격히 악화되어 투자자예탁금 등의 지급불능 사태에 이른 경우, ③ 휴업 또는 영업의 중지 등으로 돌발사태가 발생하여 정상적인 영업이 불가능하거나 어려운 경우에는, ① 투자자예탁금 등의 일부 또는 전부의 반환명령 또는 지급정지, ② 투자자예탁금 등의 수탁금지 또는 다른 금융투자업자로의 이전, ③ 채무변제행위의 금지, ④ 경영개선명령조치, ⑤ 증권 및 파생상품의 매매 제한 등의 조치를 할 수 있다.

6 위험관리

(1) 개요

❶ 금융투자회사는 리스크의 평가 및 관리를 최우선 과제로 인식하고 독립적인 리스크 평가와 통제를 위한 리스크 관리체제를 구축해야 함
❷ 금융감독당국도 리스크 중심의 감독(risk-based supervision)체제를 구축하여 금융투자회사의 리스크 관리 감독을 강화하고 있음

(2) 위험관리체제 구축

금융투자업자는 각종 거래에서 발생하는 제반 위험을 적시에 인식 · 평가 · 감시 · 통제하는 등 위험관리를 위한 체제를 갖추고, 위험을 효율적으로 관리하기 위하여 부서별, 거래별 또는 상품별 위험부담한도 · 거래한도 등을 적절히 설정 · 운영하여야 한다. 또한, 금융투자업자는 주요 위험 변동 상황을 자회사와 연결하여 종합적으로 인식하고 감시하여야 한다.

금융투자업자의 이사회는 ① 경영전략에 부합하는 위험관리 기본방침 수립, ② 금융투자업자가 부담 가능한 위험 수준의 결정, ③ 적정투자한도 또는 손실허용한도 승인, ④ 위험관리지침의 제정 및 개정에 관한 사항을 심의 · 의결함. 다만 효율적인 위험관리를 위하여 필요하다고 인정되는 경우 이사회 내에 위험관리를 위한 위원회를 두고 그 업무를 담당하게 할 수 있다. 특히 장외파생상품에 대한 투자매매업의 인가를 받은 금융투자업자 또는 인수업을 포함한 투자매매업의 인가를 받은 금융투자업자는 경영상

발생할 수 있는 위험을 실무적으로 종합관리하고 이사회와 경영진을 보조할 수 있는 전담조직을 두어야 한다.

(3) 위험관리지침 마련

금융투자업자는 위험을 관리하기 위하여 순자본비율(영업용순자본비율) 및 자산부채비율의 수준, 운용자산의 내용과 위험의 정도, 자산의 운용방법, 고위험 자산의 기준과 운용한도, 자산의 운용에 따른 영향, 콜차입 등 단기차입금 한도, 내부적인 보고 및 승인체계, 위반에 대한 내부적인 징계내용 및 절차 등에 관한 기본적인 사항, 위험관리조직의 구성 및 운영에 관한 사항 등을 정한 위험관리지침을 마련하고, 이를 준수하여야 한다.

이와 같은 위험관리지침에는 ① 자산 및 집합투자재산의 운용시 발생할 수 있는 위험의 종류, 인식, 측정 및 관리체계에 관한 내용, ② 금융투자업자 또는 집합투자기구가 수용할 수 있는 위험 수준의 설정에 관한 내용, ③ 개별 자산 또는 거래가 금융투자업자 또는 집합투자기구에 미치는 영향의 평가에 관한 내용, ④ 위험관리지침의 내용을 집행하는 조직에 관한 내용, ⑤ 위험관리지침 위반에 대한 처리절차, ⑥ 장부 외 거래기록의 작성·유지에 관한 사항 등이 포함되어야 한다.

(4) 외국환업무 취급 금융투자업자의 위험관리

❶ 외국환업무 취급 금융투자업자는 국가별위험, 거액신용위험, 시장위험 등 외국환거래에 따르는 위험의 종류별로 관리기준을 자체적으로 설정·운용하고, 그 관리기준을 설정·변경하거나 동 기준을 초과하여 외국환거래를 취급하고자 할 경우에는 위험관리조직의 결정을 거쳐야 함

❷ 외환파생상품 거래 위험관리

　ㄱ. 외국환업무 취급 금융투자업자는 '외환파생상품거래위험관리기준'을 자체적으로 설정·운영하여야 함

　ㄴ. 위 ㄱ.에 따른 외환파생상품거래위험관리기준은 감독원장이 다음의 사항을 고려하여 정하는 사항을 포함하여야 함

　　a. 외국환업무 취급 금융투자업자는 '외환파생상품'(「외국환거래규정」 제1-2조 제20-2호의 외환파생상품 중 통화선도(outright forward), 통화옵션 및 외환스왑(FX swap)에 한함) 거래를 체결할 경우 거래상대방(기업투자자에 한함)에 대하여 그 거래가

영 제186조의2 제1호에 따른 위험회피 목적인지 여부를 확인할 것

    b. 외국환업무 취급 금융투자업자는 거래상대방별로 거래한도를 설정하여야 하며 다른 외국환업무 취급기관과 이미 체결된 외환파생상품 거래잔액을 감안하여 운영할 것

  ㄷ. 감독원장은 외국환업무 취급 금융투자업자의 건전성을 위하여 필요한 경우 외국환업무 취급 금융투자업자에 대하여 외환파생상품거래위험관리기준의 변경 및 시정을 요구할 수 있음

7   외환건전성

(1) 외화유동성비율

외국환업무 취급 금융투자업자는 외화자산 및 외화부채를 각각 잔존만기별로 구분하여 관리하고 ① 잔존만기 3개월 이내 부채에 대한 잔존만기 3개월 이내 자산의 비율 : 100분의 80 이상, ② 외화자산 및 외화부채의 만기 불일치비율(잔존만기 7일 이내의 경우에는 자산이 부채를 초과하는 비율 100분의 0 이상, 잔존만기 1개월 이내의 경우에는 부채가 자산을 초과하는 비율 100분의 10 이내)을 유지하여야 한다. 다만, 총자산에 대한 외화부채의 비율이 100분의 1에 미달하는 외국환업무 취급 금융투자업자에 대하여는 적용하지 아니한다.

(2) 외국환포지션 한도

❶ 외국환포지션 중 종합포지션은 각 외국통화별 종합매입초과포지션의 합계액과 종합매각초과포지션의 합계액 중 큰 것으로 하고, 선물환포지션은 각 외국통화별 선물환매입초과포지션의 합계에서 선물환매각초과포지션의 합계를 차감하여 산정함

❷ 포지션 한도

  ㄱ. 종합매입초과포지션은 각 외국통화별 종합매입초과포지션의 합계액 기준으로 전월말 자기자본의 100분의 50에 상당하는 금액을, 종합매각초과포지션은 각 외국통화별 종합매각초과포지션의 합계액 기준으로 전월말 자기자본의 100분의 50에 상당하는 금액을 한도로 함

  ㄴ. 선물환매입초과포지션은 각 외국통화별 선물환매입초과포지션의 합계액 기

준으로 전월 말 자기자본의 100분의 50에 상당하는 금액을, 선물환매각초과포지션은 각 외국통화별 선물환매각초과포지션의 합계액 기준으로 전월말 자기자본의 100분의 50에 상당하는 금액을 한도로 함

ㄷ. 위 ㄱ.과 ㄴ.의 자기자본은 다음과 같으며 미달러화로 환산한 금액을 기준으로 함. 이 경우 적용되는 대미달러 환율은 감독원장이 정함(전년도 외국환포지션 한도 산정 시 적용환율과 전년도 평균 매매기준율을 평균한 환율로 하되, 전년도 외국환포지션 한도를 산정하지 아니한 경우에는 전년도 평균 매매기준율을 적용하며, 외국환포지션한도 산정 시 미달러화 1천 달러 미만은 절상함)

a. 법 제12조 제2항 제1호 가목에 해당하는 금융투자업자의 경우는 납입자본금·적립금 및 이월이익잉여금의 합계액을 말함

b. 외국 금융투자업자 지점의 경우는 영업기금·적립금 및 이월이익잉여금의 합계액을 말함

❸ 별도한도의 인정

ㄱ. 금감원장은 이월이익잉여금의 환위험을 회피하기 위한 외국환매입분에 대하여 별도한도를 인정받고자 하는 외국 금융투자업자의 지점과 외국환포지션 한도의 초과가 필요하다고 인정되는 외국환업무 취급 금융투자업자에 대하여는 위 ❷에서 정한 외국환포지션 한도 외에 별도한도를 인정할 수 있음

ㄴ. 위 ㄱ.에 따른 별도한도의 인정기간은 2년 이내로 함

(3) 한도관리

외국환업무 취급 금융투자업자는 외국환포지션 한도 준수 여부를 매 영업일 잔액을 기준으로 확인하고, 외국환포지션 한도를 위반한 경우에는 위반한 날로부터 3영업일 이내에 금감원장에게 이를 보고하여야 한다. 다만, ① 자본금 또는 영업기금의 환위험을 회피하기 위한 외국환 매입분, ② 외국 금융투자업자 지점이 이월이익잉여금 환위험을 회피하기 위해 별도한도로 인정받은 외국환 매입분은 외국환포지션 한도관리대상에서 제외

(1) 업무보고서 제출

금융투자업자는 매 사업연도 개시일부터 3개월간·6개월간·9개월간 및 12개월간의 업무보고서를 작성하여 그 기간 경과 후 45일 이내에 금융위에 제출하여야 한다.

(2) 결산서류의 제출

금융투자업자는 외감법에 따라 회계감사를 받은 ① 감사보고서, ② 재무제표 및 부속명세서, ③ 수정재무제표에 따라 작성한 순자본비율보고서 또는 영업용순자본비율보고서 및 자산부채비율보고서, ④ 해외점포의 감사보고서, 재무제표 및 부속명세서를 금융감독원장이 요청할 경우에 제출하여야 한다. 금융투자업자는 회계감사인의 감사보고서의 내용이 회계연도 종료일 현재로 작성하여 제출한 업무보고서의 내용과 다른 경우에는 그 내역 및 사유를 설명하는 자료를 감사보고서와 함께 즉시 제출하여야 한다.

(3) 경영공시

금융투자업자는 상장법인의 공시의무 사항의 발생, 부실채권 또는 특별손실의 발생, 임직원이 형사처벌을 받은 경우, 그 밖에 다음의 경우에는 금융위에 보고하고, 인터넷 홈페이지 등을 이용하여 공시하여야 한다.

❶ 「독점규제 및 공정거래에 관한 법률」 제2조 제2호에서 정하는 동일 기업집단별 (동일 기업집단이 아닌 경우 개별 기업별)로 금융투자업자의 직전 분기 말 자기자본의 100분의 10에 상당하는 금액을 초과하는 부실채권의 발생
❷ 금융사고 등으로 금융투자업자의 직전 분기말 자기자본의 100분의 2에 상당하는 금액을 초과하는 손실이 발생하였거나 손실이 예상되는 경우(단, 10억원 이하 제외)
❸ 민사소송의 패소 등의 사유로 금융투자업자의 직전 분기말 자기자본의 100분의 1에 상당하는 금액을 초과하는 손실이 발생한 경우(단, 10억원 이하 제외)
❹ 적기시정조치, 인가 또는 등록의 취소 등의 조치를 받은 경우
❺ 회계기간 변경을 결정한 경우
❻ 상장법인이 아닌 금융투자업자에게 재무구조·채권채무관계·경영환경·손익구

조 등에 중대한 변경을 초래하는 사실이 발생하는 경우

9 대주주와의 거래 제한

(1) 대주주 및 특수관계인 발행 증권의 소유 제한

❶ 대주주 발행 증권 소유 제한 : 금융투자업자는 대주주가 발행한 증권을 소유할 수 없음. 다만, 다음의 경우 금융위가 정하는 기간까지 소유할 수 있음

　ㄱ. 담보권의 실행 등 권리행사에 필요한 경우

　ㄴ. 안정조작 또는 시장조성을 하는 경우

　ㄷ. 대주주가 변경됨에 따라 이미 소유하고 있는 증권이 대주주가 발행한 증권으로 되는 경우

　ㄹ. 인수와 관련하여 해당 증권을 취득하는 경우

　ㅁ. 관련 법령에 따라 사채보증 업무를 할 수 있는 금융기관 등이 원리금의 지급을 보증하는 사채권을 취득하는 경우

　ㅂ. 특수채증권을 취득하는 경우 등

❷ 계열회사 발행 증권 등 소유 제한 : 금융투자업자는 그 계열회사(금융투자업자의 대주주 제외)가 발행한 주식, 채권 및 약속어음을 자기자본의 8%를 초과하여 소유할 수 없음. 다만, 담보권 실행 등 권리행사, 시장조성 안정조작, 계열회사가 아닌 자가 계열회사가 되는 경우, 인수, 보증사채 특수채증권, 경영참여목적의 출자 등, 차익거래 투자위험회피거래, 자기자본 변동 등의 사유로 인한 한도 초과 등의 경우에는 금융위가 정하는 기간까지 소유할 수 있음

❸ 대주주 신용공여 제한 : 금융투자업자는 대주주 및 대주주의 특수관계인에 대하여 신용공여가 금지되며, 대주주 및 대주주의 특수관계인은 금융투자업자로부터 신용공여를 받는 것이 금지됨. 다만, 다음의 경우 신용공여 허용

　ㄱ. 임원에 대한 제한적 신용공여, 해외현지법인에 대한 채무보증, 담보권 실행 등 권리행사 등

　ㄴ. 신용공여 : 금전 증권 등 경제적 가치가 있는 재산의 대여, 채무이행 보증, 자금 지원적 성격의 증권 매입, 담보제공, 어음배서, 출자이행약정 등

❹ 계열회사 발행 증권 예외 취득 : 금융투자업자는 계열회사 발행 증권을 한도 내에

서 예외적으로 취득하거나, 대주주 및 대주주의 특수관계인에 대하여 예외적으로 신용공여를 하는 경우에는 재적이사 전원의 찬성에 의한 이사회 결의를 거쳐야 함

다만, 단일거래금액(일상적인 거래로서 약관에 따른 거래금액 제외)이 자기자본의 10/10,000과 10억 원 중 적은 금액의 범위인 경우에는 이사회 결의 불필요

금융투자업자는 대주주 또는 그 계열회사 발행 증권의 예외적인 취득 등을 한 경우에는 그 내용을 금융위에 보고하고, 인터넷 홈페이지 등을 통하여 공시하여야 함

또한 예외적인 취득 등과 관련한 보고사항을 종합하여 분기마다 금융위에 보고하고 인터넷 홈페이지를 통해 공시하여야 함

금융위는 금융투자업자 또는 그 대주주에게 자료제출을 명할 수 있으며, 금융투자업자에게 대주주 발행증권의 신규 취득 등을 제한할 수 있음

(2) 대주주의 부당한 영향력 행사 금지

❶ 금융투자업자의 대주주(대주주의 특수관계인 포함)는 자신의 이익을 얻을 목적으로 금융투자업자에 대한 미공개 정보의 제공 요구, 인사 경영에 부당한 영향력 행사, 위법행위 요구 등을 하는 것이 금지됨

❷ 금융위는 금융투자업자 또는 대주주(대주주의 특수관계인 포함)에게 필요한 자료의 제출을 명할 수 있음

---

section 05 영업행위 규칙

자본시장법은 금융투자업자에 대한 영업행위 규칙을 공통 영업행위 규칙과 금융투자업자별 영업행위 규칙으로 구분하여 규정하고 있다. 공통 영업행위 규칙은 모든 금융투자업자에게 적용되는 규칙이고, 금융투자업자별 영업행위 규칙은 업자별 특성을 고려하여 세분화된 규칙이다.

1 공통 영업행위 규칙

(1) 신의성실의무 등

❶ 금융투자업자는 신의성실의 원칙에 따라 공정하게 금융투자업을 영위하여야 함
❷ 금융투자업자는 정당한 사유 없이 투자자의 이익을 해하면서 자기 또는 제3자의
  이익을 추구해서는 아니 됨

(2) 상호 규제

금융투자업자가 아닌 자가 금융투자업자로 오인될 수 있는 문자를 상호에 사용하는
것을 금지함

❶ 금융투자업자가 아닌 자의 사용금지 문자 : 금융투자(financial investment)
❷ 증권 대상 투자매매업자 및 투자중개업자가 아닌 자의 사용금지 문자 : 증권(securities)
❸ 파생상품 대상 투자매매업자 및 투자중개업자가 아닌 자의 사용금지 문자 : 파생
  (derivatives), 선물(futures)
❹ 집합투자업자가 아닌 자의 사용금지 문자 : 집합투자(collective investment, pooled
  investment), 투자신탁(investment trust, unit trust), 자산운용(asset management)
❺ 투자자문업자가 아닌 자의 사용금지 문자 : 투자자문(investment advisory)
  ☞ 「부동산투자회사법」에 따른 부동산투자자문회사는 '투자자문' 사용 가능
❻ 투자일임업자가 아닌 자의 사용금지 문자 : 투자일임(discretionary investment)
❼ 신탁업자가 아닌 자의 사용금지 문자 : 신탁(trust)

(3) 명의대여 금지

금융투자업자는 자기의 명의를 대여하여 타인에게 금융투자업을 영위하게 하여서는
아니됨

(4) 겸영 제한

❶ 금융투자업자는 다른 금융업무를 겸영하고자 하는 경우 그 업무를 영위하기 시
  작한 날부터 2주 이내에 이를 금융위에 보고하여야 함

❷ 겸영대상 업무

ㄱ. 금융 관련 법령에서 인가·등록등을 요하는 금융업무(모든 금융투자업자) : 보험대리점·보험중개사업무, 일반사무관리회사업무, 외국환업무 및 외국환중개업무, 퇴직연금사업자업무, 담보부사채신탁업무, 자산관리회사업무(부동산 투자회사법), 기업구조조정전문회사업무, 중소기업창업투자회사업무, 신기술사업금융업

ㄴ. 금융 관련 법령에서 금융투자업자가 영위할 수 있도록 한 업무(모든 금융투자업자) : 전자자금이체업무

ㄷ. 국가·공공단체 업무 대리 및 투자자예탁금의 자금이체업무(투자매매업자 및 투자중개업자)

ㄹ. 그 밖에 다음에 해당하는 금융업무(투자자문업, 투자일임업만 경영하는 금융투자업자는 제외함)

    a. 「자산유동화에 관한 법률」에 따른 자산관리자업무 및 유동화전문회사업무의 수탁업무

    b. 투자자 계좌에 속한 증권·금전등에 대한 제3자 담보권의 관리업무

    c. 사채모집 수탁업무

    d. 기업금융업무 관련 대출업무 및 프로젝트 파이낸싱 관련 대출업무 : 증권 투자매매업자

    e. 증권의 대차거래 및 그 중개·주선·대리업무 : 증권 투자매매·중개업자

    f. 지급보증업무 : 증권 및 장외파생상품 투자매매업자

    g. 원화표시 양도성 예금증서 및 대출채권 등 채권의 매매와 그 중개·주선·대리업무 : 채무증권 투자매매·중개업자

    h. 대출의 중개·주선·대리업무

    i. 금지금의 매매·중개업무

    j. 퇴직연금사업자로서 퇴직연금수급권을 담보로 한 대출업무

(5) 부수업무 영위

❶ 금융투자업자는 금융투자업에 부수하는 업무를 영위하고자 하는 경우 영위하기 시작한 날부터 2주 이내에 금융위에 보고하여야 함

❷ 제한·시정명령 : 금융위는 부수업무 신고 내용이 경영건전성을 저해하거나, 투

자자 보호에 지장을 초래하거나 금융시장의 안전성을 저해하는 경우에는 그 부수업무의 영위를 제한하거나 시정을 명할 수 있음

(6) 업무위탁

❶ 규제 개요

　ㄱ. 금융투자업자는 영위 업무(금융투자업, 겸영업무, 부수업무)의 일부를 제3자에게 위탁할 수 있음

　ㄴ. 금융투자업의 본질적 업무(인가·등록을 한 업무와 관련된 필수업무)를 위탁하는 경우에는 위탁받는 자가 당해 업무 수행에 필요한 인가·등록한 자이어야 함(외국업자의 경우 해당 국가에서 인가·등록한 자)

　ㄷ. 준법감시인 및 위험관리책임자의 업무 등 내부통제업무는 위탁이 금지됨

❷ 본질적 업무

　ㄱ. 투자매매업 : 계약 체결·해지, 매매호가 제시, 주문의 접수·전달·집행, 인수, 인수증권의 가치분석, 인수증권 가격 결정 및 청약사무수행·배정업무

　ㄴ. 투자중개업 : 계약 체결·해지, 일일정산, 증거금 관리 및 거래종결, 주문의 접수·전달·집행·확인

　ㄷ. 집합투자업 : 집합투자기구 설정·설립, 집합투자재산 운용·운용지시, 집합투자재산 평가

　ㄹ. 투자자문·일임업 : 계약 체결·해지, 투자조언·투자일임

　ㅁ. 신탁업 : 신탁계약 및 집합투자재산 보관·관리계약 체결·해지, 신탁재산 및 집합투자재산 보관·관리, 신탁재산 운용(신탁재산에 속하는 지분증권의 의결권 행사를 포함)

❸ 재위탁의 제한 : 원칙적으로 재위탁은 금지되나, 단순업무 및 외화자산 운용·보관업무는 위탁자의 동의를 받아 재위탁할 수 있음

❹ 기타 업무위탁 관련 규제

　ㄱ. 금융투자업자는 제3자에게 업무를 위탁하는 경우 위탁계약을 체결하여야 하며, 실제 업무 수행일의 7일 전(단, 본질적 업무에 해당하지 아니하는 업무에 대해서는 업무수행일로부터 14일 이내)까지 금융위에 보고하여야 함

　ㄴ. 금융투자업자는 업무위탁을 한 내용을 계약서류 및 투자설명서(집합투자업자의 경우 제124조 제2항 제3호에 따른 간이투자설명서를 포함한다. 제64조, 제86조 및 제93조에서

도 동일)에 기재하여야 하며, 사후에 그 내용을 변경한 경우 투자자에게 통보
하여야 함

ㄷ. 금융투자업자는 위탁업무의 범위 내에서 투자자의 금융투자상품 매매 등에
관한 정보를 제공할 수 있음

(7) 이해상충 관리

❶ 규제체계

ㄱ. 일반 규제 : 신의성실의무, 투자자의 이익을 해하면서 자기 또는 제3자의 이
익도모 금지, 직무 관련 정보이용 금지, 선관주의의무

☞ 선관주의의무는 자산관리업자(집합투자업, 신탁업, 투자자문·일임업)에게만 적
용됨

ㄴ. 직접 규제 : 선행매매 금지, 과당매매 금지, 이해관계인과의 투자자 재산(집합
투자재산, 신탁재산, 투자일임재산) 거래 제한등

ㄷ. 정보교류 차단장치(Chinese Wall) : 사내·외 정보차단벽 간 정보제공, 임직원
겸직, 사무공간·전산설비 공동이용 등 정보교류 금지

❷ 이해상충 관리의무

ㄱ. 금융투자업자는 금융투자업의 영위와 관련하여 금융투자업자와 투자자 간,
특정 투자자와 다른 투자자 간 이해상충을 방지하기 위해 이해상충발생 가능
성을 파악·평가하고, 내부통제기준이 정하는 방법·절차에 따라 이를 적절
히 관리하여야 함

ㄴ. 이해상충이 발생할 가능성이 있다고 인정되는 경우에는 투자자에게 그 사실
을 미리 알리고, 이해상충이 발생할 가능성을 내부통제 기준에 따라 투자자
보호에 문제가 없는 수준으로 낮춘 후에 거래를 하여야 함

ㄷ. 금융투자업자는 이해상충이 발생할 가능성을 낮추는 것이 곤란하다고 판단
되는 경우에는 거래를 하여서는 아니 됨

(8) 정보교류 차단장치

❶ 내부 정보교류 차단장치 설치 범위

차이니즈월 규제체계 변경 경과

과거	(법령) 교류차단 **대상정보**	(법령) 차이니즈월 **설치대상** 부문	(법령) 교류차단 관련 **행위 제한**	(신설)
↓	↓	↓	↓	↓
변경	(법령) 교류차단 **대상정보❶**	(내부통제기준) 차이니즈월 설치대상 부문 및 교류차단 관련 **행위 제한**		(법령) 내부통제 **이행·관리❷**

❶ 회사가 이해상충 우려가 없다고 판단하는 경우 스스로 차단대상 정보에서 제외 가능(예외정보를 내부통제기준에 미리 반영하여 공시하도록 함)
❷ 내부통제기준에 대한 정기적 점검, 임직원 교육, 책임자 지정, 공시 등의 사항

❷ 내부 정보교류 차단장치 주요 내용

ㄱ. 미공개중요정보, 투자자의 금융투자상품 매매 또는 소유 현황에 관한 정보로서 불특정 다수인이 알 수 있도록 공개되기 전의 정보, 집합투자재산, 투자일임재산 및 신탁재산의 구성내역과 운용에 관한 정보로서 불특정 다수인이 알 수 있도록 공개되기 전의 정보 등의 정보교류는 원칙적으로 금지

ㄴ. 정보교류 차단을 위해 필요한 기준 및 절차, 정보교류 차단의 대상이 되는 정보의 예외적 교류를 위한 요건 및 절차, 정보교류 차단 업무를 독립적으로 총괄하는 임원 또는 금융위가 정하여 고시하는 총괄·집행책임자의 지정·운영, 정보교류 차단을 위한 상시적 감시체계의 운영, 내부통제기준 중 정보교류 차단과 관련된 주요 내용의 공개 등을 포함한 내부통제기준 수립의무

2 투자권유 영업행위 규제

(1) 공통규제

❶ 투자권유 : 특정 투자자를 상대로 금융투자상품의 매매, 투자자문계약·투자일임계약·신탁계약(관리형신탁 및 투자성 없는 신탁계약 제외)의 체결을 권유하는 것

❷ 적합성 원칙

   ☞ 자본시장법상 적합성 원칙, 적정성 원칙, 설명의무 등의 규제는 상당수가 「금융소비자 보호에 관한 법률」(이하 '금융소비자보호법'이라 한다)로 이관되었으나, 금융투자업자에 관한 내용을 중심으로 금융소비자보호법의 내용을 살펴보기로 함

   ㄱ. 금융투자업자는 금융소비자가 일반금융소비자인지 전문금융소비자인지를 확인하여야 함

   ㄴ. 고객파악 의무(Know Your Customer Rule) : 금융투자업자는 일반금융소비자에게 투자권유를 하기 전에 면담 등을 통하여 투자자의 투자목적·재산상황·투자경험 등의 정보를 파악하고, 투자자로부터 서명 등의 방법으로 확인을 받아 유지·관리하여야 하며, 확인받은 내용을 일반금융소비자에게 제공하여야 함

   ㄷ. 적합성 원칙(Suitability) : 금융투자업자는 일반금융소비자에게 투자권유를 하는 경우 그 일반금융소비자의 투자목적 등에 비추어 적합하지 아니하다고 인정되는 투자권유를 하여서는 아니 됨

❸ 적정성 원칙

   ㄱ. 금융투자업자는 일반금융소비자에게 투자권유를 하지 아니하고 자본시장법에 따른 파생상품 및 파생결합증권, 사채(社債) 중 일정한 사유가 발생하는 경우 주식으로 전환되거나 원리금을 상환해야 할 의무가 감면될 수 있는 사채, 자본시장법 시행령에 따른 고난도금융투자상품, 고난도투자일임계약 및 고난도금전신탁계약 등을 판매하려는 경우에는 면담·질문 등을 통하여 그 일반금융소비자의 일반금융소비자의 연령, 금융상품에 대한 이해도, 기대이익 및 기대손실 등을 고려한 위험에 대한 태도 등의 정보를 파악하여야 함

   ㄴ. 금융투자업자는 일반금융소비자의 투자목적 등에 비추어 해당 파생상품등이

그 일반투자자에게 적정하지 아니하다고 판단되는 경우에는 그 사실을 알리고, 일반투자자로부터 서명 등의 방법으로 확인을 받아야 함

❹ 설명의무

ㄱ. 금융투자업자는 일반금융소비자에게 투자권유를 하는 경우에는 금융투자상품의 내용 등을 투자자가 이해할 수 있도록 설명하여야 하며, 금융소비자가 이해하였음을 서명 등의 방법으로 확인하여야 함

☞ 설명하여야 할 내용 : 금융투자상품의 내용, 투자 위험, 금융소비자가 부담해야 하는 수수료, 계약의 해지·해제, 증권의 환매(還買) 및 매매 등에 관한 사항

ㄴ. 금융투자업자는 설명을 함에 있어 투자자의 합리적인 투자판단이나 해당 금융투자상품의 가치에 중대한 영향을 미칠 수 있는 중요사항을 거짓으로 또는 왜곡(불확실한 사항에 대하여 단정적 판단을 제공하거나 확실하다고 오인하게 할 소지가 있는 내용을 알리는 행위를 말한다)하여 설명하거나 중요한 사항에 대한 설명을 누락하여서는 아니 됨

ㄷ. 금융투자업자는 설명의무(확인의무 제외) 위반으로 인해 발생한 일반금융소비자의 손해를 배상할 책임이 있음. 이 경우 일반금융소비자 손실액 전부를 손해액으로 추정(손해액 산정의 입증책임의 전환)

❺ 부당권유의 금지

ㄱ. 거짓의 내용을 알리는 행위 및 불확실한 사항에 대하여 단정적 판단을 제공하거나 확실하다고 오인하게 될 소지가 있는 내용을 알리는 행위 금지

ㄴ. 투자자에게 투자권유의 요청을 받지 않고 방문·전화등 실시간 대화의 방법을 이용하여 장외파생상품의 투자권유를 하는 행위 금지(unsolicited call 금지)

ㄷ. 계약의 체결권유를 받은 금융소비자가 이를 거부하는 취지의 의사를 표시하였는데도 계약의 체결권유를 계속하는 행위 금지. 다만, 1개월 경과 후 투자권유 및 다른 종류의 금융투자상품에 대한 투자권유는 가능

ㄹ. 금융상품 내용의 일부에 대하여 비교대상 및 기준을 밝히지 아니하거나 객관적인 근거 없이 다른 금융상품과 비교하여 해당 금융상품이 우수하거나 유리하다고 알리는 행위 금지

ㅁ. 금융상품의 가치에 중대한 영향을 미치는 사항을 미리 알고 있으면서 금융소비자에게 알리지 아니하는 행위 금지

❻ 투자권유준칙

ㄱ. 금융투자업자는 투자권유를 함에 있어 임직원이 준수하여야 할 구체적인 기준 및 절차(투자권유준칙)를 정하여야 함. 파생상품 등에 대하여는 일반투자자의 투자목적 등을 고려하여 투자자 등급별로 차등화된 투자권유준칙을 마련하여야 함

ㄴ. 협회는 금융투자업자가 공통으로 사용할 수 있는 표준투자권유준칙을 정할 수 있음

ㄷ. 금융투자업자는 투자권유준칙을 제정하거나 변경한 경우 인터넷 홈페이지 등을 통하여 이를 공시하여야 함

(2) 투자권유대행인

❶ 자격

ㄱ. 투자권유자문인력·투자운용인력 시험에 합격한 자 또는 보험모집에 종사하고 있는 보험설계사·중개사·대리점 등록요건을 갖춘 자(집합투자증권의 투자권유로 제한)로서 협회가 정한 교육을 이수한 자, 1사 전속(다른 금융투자업자에 의해 금융위에 등록된 자가 아닐 것), 등록이 취소된 경우 그 등록이 취소된 날로부터 3년 경과자

ㄴ. 금융투자업자는 투자권유대행인에게 투자권유를 위탁하는 경우 위탁받은 자를 금융위에 등록하여야 함. 금융위는 등록업무를 협회에 위탁

❷ 투자권유대행인의 금지행위

ㄱ. 위탁한 금융투자업자를 대리하여 계약을 체결하는 행위

ㄴ. 투자자로부터 금전·증권등의 재산을 수취하는 행위

ㄷ. 투자권유대행업무를 제3자에게 재위탁하는 행위

ㄹ. 둘 이상의 금융투자업자와 투자권유 위탁계약을 체결하는 행위

ㅁ. 보험설계사가 소속 보험회사가 아닌 보험회사와 투자권유 위탁계약을 체결하는 행위 등

❸ 투자권유대행인은 투자권유를 대행함에 있어 금융투자업자의 명칭, 금융투자업자를 대리하여 계약을 체결할 권한이 없다는 사실, 투자자로부터 금전·재산 등을 수취할 수 없다는 사실 등을 투자자에게 알려야 하며, 자신이 투자권유대행인이라는 사실을 나타내는 표지를 게시하거나 증표를 내보여야 함

❹ 금융투자업자는 투자권유대행인이 투자권유를 대행함에 있어 법령을 준수하고 건전한 거래질서를 해하는 일이 없도록 성실히 관리하여야 하며, 이를 위한 투자권유대행 기준을 제정하여야 함. 투자권유대행인이 투자권유를 대행함에 있어서 투자자에게 손해를 끼친 경우 민법상의 사용자의 배상책임이 준용됨

❺ 투자권유대행인의 금지사항 및 고지사항 : 투자권유대행인은 법령에서 정하는 행위 외에 ① 금융투자상품의 매매, 그 밖의 거래와 관련하여 투자자에게 일정 한도를 초과하여 직접 또는 간접적인 재산상의 이익을 제공하면서 권유하는 행위, ② 금융투자상품의 가치에 중대한 영향을 미치는 사항을 사전에 알고 있으면서 이를 투자자에게 알리지 아니하고 당해 금융투자상품의 매수 또는 매도를 권유하는 행위, ③ 위탁계약을 체결한 금융투자업자가 이미 발행한 주식의 매수 또는 매도를 권유하는 행위, ④ 투자목적, 재산상황 및 투자경험 등을 감안하지 아니하고 투자자에게 지나치게 빈번하게 투자권유를 하는 행위, ⑤ 자기 또는 제3자가 소유한 금융투자상품의 가격 상승을 목적으로 투자자에게 당해 금융투자상품의 취득을 권유하는 행위, ⑥ 투자자가 불공정거래를 하고자 함을 알고 그 매매, 그 밖의 거래를 권유하는 행위, ⑦ 금융투자상품의 매매, 그 밖의 거래와 관련하여 투자자의 위법한 거래를 은폐하여 주기 위하여 부정한 방법을 사용하도록 권유하는 행위를 할 수 없음

또한, 투자권유대행인은 투자권유를 대행함에 있어서 투자자에게 법령에서 정하는 사항 외에 ① 금융투자상품의 매매, 기타 거래에 관한 정보는 금융투자업자가 관리하고 있다는 사실, ② 투자권유대행인의 금지사항을 미리 알려야 함

❻ 검사 · 조치
ㄱ. 투자권유대행인은 투자권유대행과 관련하여 업무 및 재산상황에 대하여 금융감독원장의 검사를 받아야 함
ㄴ. 금융위는 투자권유대행인의 등록요건 미유지, 법률 위반 등에 대하여 등록을 취소하거나 6개월 이내의 투자권유대행업무 정지를 할 수 있음

(3) 직무 관련 정보의 이용 금지 등

❶ 직무 관련 정보의 이용 금지 : 금융투자업자는 직무상 알게 된 정보로서 외부에 공개되지 아니한 정보를 정당한 사유 없이 자기 또는 제3자의 이익을 위하여 이용하여서는 아니됨

❷ 손실보전 등의 금지 : 금융투자업자 및 그 임직원은 금융투자상품의 거래와 관련하여 사전 손실보전 약속 또는 사후 손실보전, 사전 이익보장 또는 사후 이익제공을 하여서는 아니됨

다만, 손실의 보전·이익의 보장이 허용된 신탁상품, 그 밖에 정당한 사유가 있는 경우를 제외함

(참고 법령해석) 손익의 분배 또는 손익의 순위를 달리 정하는 일반 사모집합투자기구를 운용하는 집합투자업자가 고유재산으로 당해 집합투자기구 후순위 수익권의 전부 또는 일부를 취득할지라도, 위와 같은 사정만으로 손실보전 등의 금지에 반하지 아니함(금융위원회 2020. 3. 2. 자 법령해석)

(4) 약관

❶ 금융투자업자의 신고, 공시

ㄱ. 금융투자업자는 금융투자업 영위와 관련하여 약관을 제정·변경하고자 하는 경우 미리 금융위에 신고하여야 함. 다만, 보고 또는 신고된 약관과 동일하거나 유사한 내용으로 약관을 제정·변경하는 경우, 표준약관의 제정·변경에 따라 약관을 제정·변경하는 경우, 변경명령에 따라 약관을 제정·변경하는 경우, 법령의 제정·개정에 따라 약관을 제정·변경하는 경우에는 제정·변경 후 7일 이내에 금융위 및 협회에 보고하여야 함

ㄴ. 금융투자업자는 약관을 제정·변경한 경우 공시하여야 함

❷ 협회의 표준약관 제정, 변경

협회는 표준약관을 제정·변경고자 하는 경우에는 미리 금융위에 신고하여야 함. 다만, 전문투자자만을 대상으로 하는 표준약관을 제정·변경한 경우에는 제정·변경 후 7일 이내에 금융위에 보고하여야 함

❸ 금융위의 약관 변경 명령

금융위는 약관이 법령에 위반되거나 투자자 이익을 침해할 우려가 있는 경우에는 금융투자업자 또는 협회에 약관의 변경을 명할 수 있음

(5) 수수료

❶ 금융투자업자는 투자자로부터 받는 수수료의 부과기준 및 절차에 관한 사항을

정하여 공시하여야 함

❷ 금융투자업자는 수수료 부과기준을 정함에 있어 정당한 사유 없이 투자자를 차별하여서는 아니 됨

❸ 금융투자업자는 수수료 부과기준 및 절차를 협회에 통보하여야 하며, 협회는 금융투자업자별로 비교·공시하여야 함

(6) 자료의 기록·유지

금융투자업자는 업무 관련 자료를 종류별로 일정한 기간 동안 기록·유지하여야 하며(영업·재무 관련 자료 10년, 내부통제자료 5년 등), 자료가 멸실되거나 위조·변조가 되지 않도록 적절한 대책을 수립·시행하여야 한다.

(7) 소유증권 예탁

금융투자업자(겸영업자 제외)는 고유재산으로 소유하는 증권 및 원화CD를 예탁결제원에 예탁하여야 한다. 다만, 해당 증권의 유통 가능성, 다른 법령에 따른 유통방법이 있는지 여부, 예탁의 실행 가능성 등을 고려하여 대통령령으로 정하는 경우에는 예탁결제원에 예탁하지 아니할 수 있음. 외화증권의 경우에는 외국 보관기관에 예탁할 수 있다.

(8) 금융투자업 폐지 공고

금융투자업자는 금융투자업을 폐지하거나 지점·영업소의 영업을 폐지하는 경우에는 폐지 30일 전에 일간신문에 공고하여야 하며, 알고 있는 채권자에게는 각각 통지하여야 한다.

금융투자업자는 인가대상 또는 등록대상 금융투자업 전부의 폐지를 승인받거나 금융투자업 인가 또는 등록이 취소된 경우 그 금융투자업자가 행한 거래를 종결시켜야 하며, 거래를 종결시키는 범위에서는 금융투자업자로 간주

(9) 임직원의 금융투자상품 매매

❶ 금융투자업자의 임직원(겸영 금융투자업자(증권금융회사 제외)의 경우 금융투자업 직무 수행 임직원에 한함)은 자기 계산으로 특정 금융투자상품을 매매하는 경우 자기의 명의로 하나의 투자중개업자(투자중개업자의 임직원은 그가 소속된 투자중개업자에 한함)를 통하여 하나의 계좌로 매매하여야 하며, 매매명세를 분기별 (주요 직무종사자

의 경우 월별)로 소속 회사에 통지하여야 함

❷ 특정 금융투자상품의 범위 : 상장 지분증권 또는 협회중개시장 거래 지분증권(집합투자증권 및 우리사주조합 명의로 취득하는 주식제외), 상장 증권예탁증권, 주권 관련 사채권(상장 지분증권·증권예탁증권 관련), 파생결합증권(상장 지분증권·증권예탁증권 관련), 장내파생상품, 장외파생상품(상장 지분증권·증권예탁증권 관련)

❸ 금융투자업자는 임직원의 금융투자상품 매매와 관련하여 불공정행위 또는 이해상충 방지를 위해 임직원에 따라야 할 적절한 기준 및 절차를 정하여야 하며, 분기별로 확인하여야 함

(10) 손해배상책임

❶ 금융투자업자는 법령·약관·집합투자규약·투자설명서를 위반하거나 그 업무를 소홀히 하여 투자자에게 손해를 발생시킨 경우 배상책임이 있음

❷ 투자매매업·중개업과 집합투자업 겸영에 따른 이해상충과 관련된 불건전 영업행위로 인한 손해에 대하여는 그 금융투자업자가 상당한 주의를 다하였음을 증명하거나, 투자자가 거래 시 그 사실을 안 경우에는 배상책임을 지지 않음

❸ 금융투자업자가 손해배상책임을 지는 경우, 관련 임원에게도 귀책사유가 있는 경우에는 금융투자업자와 연대하여 손해를 배상할 책임이 있음

(11) 외국 금융투자업자의 특례

❶ 외국 금융투자업자의 지점·영업소에 대하여 자본시장법을 적용하는 경우 영업기금 및 관련 전입금은 자본금으로 보고, 자본금·적립금·이월이익잉여금 합계액은 자기자본으로 보며, 국내 대표자는 임원으로 간주

❷ 외국 금융투자업자의 지점·영업소는 영업기금과 부채액의 합계액에 상당하는 자산을 국내에 두어야 함

❸ 외국 금융투자업자의 지점·영업소가 청산·파산하는 경우 국내 자산은 국내 채무 변제에 우선 충당하여야 함

chapter 04

투자매매업자 및 투자중개업자에 대한 영업행위규제

개요

금융투자업자 중 투자매매업자 및 투자중개업자에 대해서는 공통영업행위규칙 외에 투자매매업 또는 투자중개업을 영위하면서 발생할 수 있는 이해상충을 방지하여 투자자 피해를 최소화하고 건전한 영업질서를 유지하기 위해 매매행태 명시, 자기계약 금지, 시장매매 의무, 자기주식 취득제한, 임의매매 금지, 불건전 영업행위 금지, 신용공여 제한, 매매명세 통지, 예탁금 예금증권 보관 등을 규제하고 있다.

매매 또는 중개업무 관련 규제

1 매매형태의 명시

투자매매업자 또는 투자중개업자는 투자자로부터 금융투자상품의 매매에 관한 청약 또는 주문을 받는 경우에는 사전에 그 투자자에게 자기가 투자매매업자인지 투자중개 업자인지를 밝혀야 한다(법 제66조).

이는 당해 매매에서 금융투자업자가 거래의 중개에 따른 수수료를 수취하는 중개인 인지, 아니면 투자자와의 거래에 따른 손익을 추구하는 협상의 상대방인지 그 역할을 사전에 투자자에게 분명하게 알림으로써 투자자가 합리적 판단을 할 수 있는 기회를 제공하고자 하는 취지이며, 이를 알리는 방법상의 제한은 없다.

매매형태 명시의무를 위반하여 투자자의 주문을 받은 투자매매업자 또는 투자중개 업자는 1년 이하의 징역 또는 3천만 원 이하의 벌금에 처할 수 있다(법 제446조 제11호).

2 자기계약의 금지

투자매매업자 또는 투자중개업자는 금융투자상품에 관한 같은 매매에 있어서 자신 이 본인이 됨과 동시에 상대방의 투자중개업자가 될 수 없다(법 제67조). 다만, ① 투자매 매업자 또는 투자중개업자가 증권시장 또는 파생상품시장을 통하여 매매가 이루어지 도록 한 경우 또는 ② 그 밖에 투자자 보호 및 건전한 거래질서를 해할 우려가 없는 경 우로서 대통령령으로 정하는 경우, 즉 ㉠ 투자매매업자 또는 투자중개업자가 자기가 판매하는 집합투자증권을 매수하는 경우, ㉡ 투자매매업자 또는 투자중개업자가 다자 간매매체결회사를 통하여 매매가 이루어지도록 한 경우, ㉢ 종합금융투자사업자가 금 융투자상품의 장외매매가 이루어지도록 한 경우 또는 ㉣ 그 밖에 공정한 가격 형성과 매매, 거래의 안정성과 효율성 도모 및 투자자의 보호에 우려가 없는 경우로서 금융위 가 정하여 고시하는 경우에는 그러하지 아니한다.

고객으로부터 금융투자상품의 매매를 위탁받은 투자중개업자가 고객의 대리인이 됨 과 동시에 그 거래 상대방이 될 수 없다는 의미이며, 이 외에 투자자 보호나 건전한 거

래질서를 해칠 우려가 없는 경우도 예외로 인정한다는 의미

자기계약금지를 위반하여 고객과 거래한 투자매매업자 또는 투자중개업자는 1년 이하의 징역 또는 3천만 원 이하의 벌금에 처할 수 있다(법 제446조 제12호).

3 최선집행의무

투자매매업자 또는 투자중개업자는 금융투자상품의 매매(대통령령으로 정하는 거래는 제외)에 관한 투자자의 청약 또는 주문을 처리하기 위하여 대통령령으로 정하는 바에 따라 최선의 거래조건으로 집행하기 위한 기준(이하 '최선집행기준'이라 한다)을 마련하고 이를 공표하여야 한다.

❶ 최선집행기준이 적용되지 않는 거래는 ① 증권시장에 상장되지 아니한 증권의 매매, ② 장외파생상품의 매매, ③ 증권시장에 상장된 증권 또는 장내파생상품의 어느 하나에 해당하는 금융투자상품 중 복수의 금융투자상품시장에서의 거래 가능성 및 투자자 보호의 필요성 등을 고려하여 총리령으로 정하는 금융투자상품의 매매

❷ 최선집행기준이 적용되지 않는 금융투자상품은 ① 채무증권, ② 지분증권(주권은 제외한다), ③ 수익증권, ④ 투자계약증권, ⑤ 파생결합증권, ⑥ 증권예탁증권(주권과 관련된 증권예탁증권은 제외), ⑦ 장내파생상품

❸ 최선집행기준에는 ① 금융투자상품의 가격, ② 투자자가 매매체결과 관련하여 부담하는 수수료 및 그 밖의 비용, ③ 그 밖에 청약 또는 주문의 규모 및 매매체결의 가능성 등을 고려하여 최선의 거래조건으로 집행하기 위한 방법 및 그 이유 등이 포함되어야 함. 다만, 투자자가 청약 또는 주문의 처리에 관하여 별도의 지시를 하였을 때에는 그에 따라 최선집행기준과 달리 처리할 수 있음

투자매매업자 또는 투자중개업자는 최선집행기준에 따라 금융투자상품의 매매에 관한 청약 또는 주문을 집행하여야 한다. 투자자의 청약 또는 주문을 집행한 후 해당 투자자가 그 청약 또는 주문이 최선집행기준에 따라 처리되었음을 증명하는 서면 등을 요구하는 경우에는 금융위가 정하여 고시하는 기준과 방법에 따라 해당 투자자에게 제공하여야 한다.

투자매매업자 또는 투자중개업자는 3개월마다 최선집행기준의 내용을 점검하여야

하는데, 이 경우 최선집행기준의 내용이 청약 또는 주문을 집행하기에 적합하지 아니한 것으로 인정되는 때에는 이를 변경하고, 변경의 이유를 포함하여 그 변경 사실을 공표하여야 한다. 최선집행기준의 공표 또는 그 변경 사실의 공표는 ① 투자매매업자 또는 투자중개업자의 본점과 지점, 그 밖의 영업소에 게시하거나 비치하여 열람에 제공하는 방법 또는 ② 투자매매업자 또는 투자중개업자의 인터넷 홈페이지를 이용하여 공시하는 방법으로 하여야 한다.

투자매매업자 또는 투자중개업자는 금융투자상품의 매매에 관한 청약 또는 주문을 받는 경우에는 미리 문서, 전자문서, 또는 팩스로 최선집행기준을 기재 또는 표시한 설명서를 투자자에게 교부하여야 한다. 다만, 이미 해당 설명서 또는 변경내용이 기재 또는 표시된 설명서를 교부한 경우에는 그러하지 아니하다.

최선의 거래조건의 구체적인 내용, 최선집행기준의 공표의 방법과 제2항에 따른 청약·주문의 집행 방법 및 최선집행기준의 점검·변경 및 변경 사실의 공표 방법 등에 관하여 필요한 사항은 대통령령으로 정하도록 하고 있다.

4 자기주식의 예외적 취득

투자매매업자는 투자자로부터 그 투자매매업자가 발행한 자기주식으로서 증권시장(다자간매매체결회사에서의 거래를 포함)의 매매 수량단위 미만의 주식에 대하여 매도의 청약을 받은 경우에는 이를 증권시장 밖에서 취득할 수 있다(법 제69조). 이 경우 취득한 자기주식은 취득일로부터 3개월 이내에 처분하여야 한다.

5 임의매매의 금지

투자매매업자 또는 투자중개업자는 투자자나 그 대리인으로부터 금융투자상품의 매매의 청약 또는 주문을 받지 아니하고는 투자자로부터 예탁받은 재산으로 금융투자상품의 매매를 할 수 없다(법 제70조).

이러한 임의매매는 투자자로부터 매매에 대한 위탁 또는 위임이 있는 일임매매와 구분하여야 한다.

임의매매를 한 투자매매업자 또는 투자중개업자는 5년 이하의 징역 또는 2억 원 이하의 벌금에 처할 수 있다(법 제444조 제7호).

section 03 | 불건전 영업행위의 금지

1 개요

투자매매업자 또는 투자중개업자는 영업의 영위와 관련하여 투자자 보호 또는 건전한 거래질서를 해칠 우려가 있는 행위를 할 수 없으며, 이를 위반한 금융투자업자 및 그 임직원은 손해배상책임과 행정조치뿐만 아니라 형사벌칙의 대상이 된다.

자본시장법은 이러한 불건전 영업행위 중 그 정도가 중하고 대표적인 유형을 직접 열거(법 제71조)하여 그 위반행위에 대하여 5년 이하의 징역 또는 2억 원 이하의 벌금에 처하도록 하고 있으며(법 제444조 제8호), 시행령 등 하위규정에서 그 밖의 불건전 영업행위를 정할 수 있도록 위임하는 동시에 그 하위규정의 위반행위에 대해서는 5천만 원 이하의 과태료를 부과하도록 하고 있다(법 제449조 제29호).

2 선행매매의 금지

투자중개업자 또는 투자매매업자는 투자자로부터 금융투자상품의 가격에 중대한 영향을 미칠 수 있는 매수 또는 매도의 청약이나 주문을 받거나 받게 될 가능성이 큰 경우 고객의 주문을 체결하기 전에 자기의 계산으로 매수 또는 매도하거나 제3자에게 매수 또는 매도를 권유하는 행위(front-running)를 할 수 없다(법 제71조 제1호).

다음의 경우에는 선행매매에 해당되지 않는다(시행령 제68조 제1항 제1호).

(1) 투자자의 매매주문에 관한 정보를 이용하지 않았음을 입증하는 경우

(2) 증권시장과 파생상품시장 간의 가격차이를 이용한 차익거래, 그 밖에 이에 준하는 거래로서 투자자의 정보를 의도적으로 이용하지 아니하였다는 사실이 객관적으로 명백한 경우

3   조사분석자료 공표 후 매매금지

투자매매업자 또는 투자중개업자는 특정 금융투자상품의 가치에 대한 주장이나 예측을 담고 있는 자료(조사분석자료)를 투자자에게 공표함에 있어서 그 조사분석자료의 내용이 사실상 확정된 때부터 공표 후 24시간이 경과하기 전까지 그 조사분석자료의 대상이 된 금융투자상품을 자기의 계산으로 매매(scalping)할 수 없다(법 제71조 제2호).

이는 투자자의 투자판단에 영향을 미치는 자료를 생성하는 자(투자매매업자 또는 투자중개업자)가 그를 이용하여 금융투자상품 매매를 하는 행위를 막기 위한 것이다.

다음의 어느 하나에 해당되는 경우에는 적용 예외(시행령 제68조 제1항 제2호)

(1) 조사분석자료의 내용이 직접 또는 간접으로 특정 금융투자상품의 매매를 유도하는 것이 아닌 경우

(2) 조사분석자료의 공표로 인한 매매유발이나 가격 변동을 의도적으로 이용하였다고 볼 수 없는 경우

(3) 공표된 조사분석자료의 내용을 이용하여 매매하지 아니하였음을 증명하는 경우

(4) 해당 조사분석자료가 이미 공표한 조사분석자료와 비교하여 새로운 내용을 담고 있지 아니한 경우

4   조사분석자료 작성자에 대한 성과보수 금지

조사분석자료의 작성을 담당하는 자에 대해서는 일정한 기업금융업무와 연동된 성과보수를 지급할 수 없다(법 제71조 제3호).

성과보수 연동이 금지되는 기업금융업무는 조사분석자료의 왜곡 가능성이 높은 다음의 업무를 말한다(시행령 제68조 제2항).

(1) 인수업무

(2) 모집·사모·매출의 주선업무

(3) 기업의 인수 및 합병의 중개·주선 또는 대리업무

(4) 기업의 인수·합병에 관한 조언업무

(5) 경영참여형 사모집합투자기구 집합투자재산 운용업무

(6) 프로젝트금융의 자문 또는 주선업무, 자문 또는 주선에 수반되는 프로젝트금융

5 모집·매출과 관련된 조사분석자료의 공표·제공 금지

투자매매업자 또는 투자중개업자는 주권 등 일정한 증권의 모집 또는 매출과 관련된
계약을 체결한 날부터 그 증권이 최초로 증권시장에 상장된 후 40일 이내에 그 증권에
대한 조사분석자료를 공표하거나 특정인에게 제공할 수 없다(법 제71조 제4호).
☞ 대상증권 : 주권, 전환사채, 신주인수권부사채, 교환사채(주권, CB 또는 BW와 교환을 청
    구할 수 있는 것만 해당 및 이들과 관련된 증권예탁증권(법 제71조 제4호 및 시행령 제68조 제4항)

6 투자권유대행인·투자권유자문인력 이외의 자의 투자권유 금지

투자매매업자 또는 투자중개업자는 투자권유대행인 또는 투자권유자문인력이 아닌
자에게 투자권유를 하도록 할 수 없다(법 제71조 제5호).
투자권유대행인은 자기의 직원이 아닌 자로서 금융투자업자가 투자권유를 위탁하는
자를 말하며, 투자권유자문인력은 금융투자업자의 직원 중 투자권유자문인력을 말한다.
따라서 금융투자업자는 투자권유를 외부에 위탁하는 경우에는 투자권유대행인, 내부
직원으로 하여금 하도록 하는 경우에는 투자권유자문인력에게만 권유를 하도록 하여야
한다는 의미한다.

7 일임매매의 금지

투자매매업자 또는 투자중개업자는 투자자로부터 금융투자상품에 대한 투자판단의
전부 또는 일부를 일임받아 투자자별로 구분하여 금융투자상품의 취득·처분, 그 밖의
방법으로 운용하는 행위, 즉 일임매매를 할 수 없다(법 제71조 제6호).
다만, 투자일임업의 형태로 하는 경우와 법 제7조 제4항(투자중개업자가 투자자의 매매주

문을 받아 이를 처리하는 과정에서 금융투자상품에 대한 투자판단의 전부 또는 일부를 일임받을 필요가 있는 경우로서 일정한 경우(시행령 제7조 제2항)에는 투자일임업으로 보지 않음)에서 예외적으로 투자일임업으로 보지 않는 경우에는 적용하지 아니한다.

8 기타 불건전영업행위의 금지

이러한 불건전영업행위 외에 투자자 보호 또는 건전한 거래질서를 해할 우려가 있는 행위로서 시행령에서 정하는 다음의 행위도 금지된다(법 제71조 제7호, 시행령 제68조 제5항).

(1) 투자매매업자 또는 투자중개업자에게 서면으로 일반투자자와 같은 대우를 받겠다고 통지한 전문투자자의 요구에 정당한 사유 없이 동의하지 아니하는 행위

다만, 전문투자자 중 국가, 한국은행, 국내 금융회사, 예금보험공사등(시행령 제10조 제3항 제1호 내지 제11호), 외국정부, 조약에 의한 국제기구, 외국중앙은행 등은 제외

(2) 일반투자자 중 금융소비자보호법 제17조 제2항 또는 제18조 제1항에 따라 투자목적·재산상황 및 투자경험 등의 정보를 파악한 결과 판매 상품이 적합하지 않거나 적정하지 않다고 판단되는 사람 또는 65세 이상인 사람을 대상으로 금융투자상품(금융위원회가 정하여 고시하는 금융투자상품은 제외)을 판매하는 경우 다음 각 목의 어느 하나에 해당하는 행위

❶ 판매과정을 녹취하지 않거나 투자자의 요청에도 불구하고 녹취된 파일을 제공하지 않는 행위
❷ 투자자에게 권유한 금융투자상품의 판매과정에서 금융투자상품의 매매에 관한 청약 또는 주문(이하 "청약등"이라 한다)을 철회할 수 있는 기간(이하 "숙려기간"이라 한다)에 대해 안내하지 않는 행위
❸ 투자권유를 받고 금융투자상품의 청약등을 한 투자자에게 2영업일 이상의 숙려기간을 부여하지 않는 행위
❹ 숙려기간 동안 투자자에게 투자에 따르는 위험, 투자원금의 손실가능성, 최대 원금손실 가능금액 및 그 밖에 금융위가 정하여 고시하는 사항을 고지하지 않거나 청약등을 집행하는 행위
❺ 숙려기간이 지난 후 서명, 기명날인, 녹취 또는 그 밖에 금융위가 정하여 고시하

는 방법으로 금융투자상품의 매매에 관한 청약등의 의사가 확정적임을 확인하지 않고 청약등을 집행하는 행위

❻ 청약등을 집행할 목적으로 투자자에게 그 청약등의 의사가 확정적임을 표시해 줄 것을 권유하거나 강요하는 행위

(3) 투자자(투자자가 법인, 그 밖의 단체인 경우에는 그 임직원을 포함) 또는 거래상대방(거래상대방이 법인, 그 밖의 단체인 경우에는 그 임직원을 포함) 등에게 업무와 관련하여 금융위가 정하여 고시하는 기준을 위반하여 직접 또는 간접으로 재산상의 이익을 제공하거나 이들로부터 재산상의 이익을 제공받는 행위

(4) 증권의 인수업무 또는 모집·사모·매출의 주선업무와 관련하여 다음의 어느 하나에 해당하는 행위

❶ 발행인이 법 제119조 제3항에 따른 증권신고서(법 제122조 제1항에 따른 정정신고서와 첨부서류를 포함한다)와 법 제123조 제1항에 따른 투자설명서(법 제124조 제2항 제2호에 따른 예비투자설명서 및 법 제124조 제2항 제3호에 따른 간이투자설명서를 포함한다) 중 중요사항에 관하여 거짓의 기재 또는 표시를 하거나 중요사항을 기재 또는 표시하지 아니하는 것을 방지하는 데 필요한 적절한 주의를 기울이지 아니하는 행위

❷ 증권의 발행인·매출인 또는 그 특수관계인에게 증권의 인수를 대가로 모집·사모·매출 후 그 증권을 매수할 것을 사전에 요구하거나 약속하는 행위

❸ 인수(모집·사모·매출의 주선 포함)하는 증권의 배정을 대가로 그 증권을 배정받은 자로부터 그 증권의 투자로 인하여 발생하는 재산상의 이익을 직접 또는 간접으로 분배받거나 그 자에게 그 증권의 추가적인 매수를 요구하는 행위

❹ 인수하는 증권의 청약자에게 증권을 정당한 사유 없이 차별하여 배정하는 행위

❺ 그 밖에 투자자의 보호나 건전한 거래질서를 해칠 염려가 있는 행위로서 금융위가 정하여 고시하는 행위

(5) 금융투자상품의 가치에 중대한 영향을 미치는 사항을 미리 알고 있으면서 이를 투자자에게 알리지 아니하고 해당 금융투자상품의 매수나 매도를 권유하여 해당 금융투자상품을 매도하거나 매수하는 행위

(6) 투자자가 법 제174조(미공개 중요정보 이용행위 금지), 제176조(시세조종행위등의 금지), 제178조(부정거래행위등의 금지)를 위반하여 매매, 그 밖의 거래를 하려는 것을 알고 그 매

매, 그 밖의 거래를 위탁받는 행위

(7) 금융투자상품의 매매, 그 밖의 거래와 관련하여 투자자의 위법한 거래를 감추어 주기 위하여 부정한 방법을 사용하는 행위

(8) 금융투자상품의 매매, 그 밖의 거래와 관련하여 결제가 이행되지 아니할 것이 명백하다고 판단되는 경우임에도 정당한 사유 없이 그 매매, 그 밖의 거래를 위탁받는 행위

(9) 투자자에게 해당 투자매매업자 · 투자중개업자가 발행한 자기주식의 매매를 권유하는 행위

(10) 투자자로부터 집합투자증권(증권시장에 상장된 집합투자증권은 제외한다)을 매수하거나 그 중개 · 주선 또는 대리하는 행위. 다만 집합투자증권의 원활한 환매를 위하여 필요한 경우 등 자본시장법 제235조 제6항 단서에 따라 매수하는 경우는 제외함.

(11) 손실보전 금지 및 불건전영업행위 금지 등을 회피할 목적으로 하는 행위로서 장외파생상품거래, 신탁계약, 연계거래등을 이용하는 행위

(12) 채권자로서 그 권리를 담보하기 위하여 백지수표나 백지어음을 받는 행위등

(13) 집합투자증권의 판매업무와 집합투자증권의 판매업무 외의 업무를 연계하여 정당한 사유 없이 고객을 처벌하는 행위

(14) 종합금융투자사업자가 시행령 제77조의6 제2항을 위반하여 같은 조 제1항 제2호에 따른 단기금융업무를 하는 행위

(15) 종합금융투자사업자가 시행령 제77조의6 제3항을 위반하여 같은 조 제1항 제3호에 따른 종합투자계좌업무를 하는 행위

(16) 그 밖에 투자자의 보호나 건전한 거래질서를 해칠 염려가 있는 행위로서 금융위가 정하여 고시하는 행위

신용공여에 관한 규제

1 개요

신용공여라 함은 증권과 관련하여 금전의 융자 또는 증권 대여의 방법으로 투자자에게 신용을 공여하는 것을 말하며(법 제72조 제1항), 그 종류로는 청약자금대출, 신용거래융자와 신용거래대주, 예탁증권담보융자가 있다.

신용공여행위는 투자매매업자 또는 투자중개업자의 고유업무는 아니지만, 증권과 관련된 경우에는 예외적으로 허용

다만, 투자매매업자 또는 투자중개업자의 자산의 건전성, 투기 방지 등을 위하여 신용공여의 구체적인 기준, 담보비율 및 징수방법 등에 대하여 광범위한 규제를 마련하고 있다.

2 신용공여의 기준과 방법

(1) 투자매매업자 또는 투자중개업자는 다음의 어느 하나에 해당하는 방법으로만 투자자에게 신용을 공여할 수 있다(시행령 제69조).

❶ 해당 투자매매업자 또는 투자중개업자에게 증권 매매거래계좌를 개설하고 있는 자에 대하여 증권의 매매를 위한 매수대금을 융자하거나 매도하려는 증권을 대여하는 방법

❷ 해당 투자매매업자 또는 투자중개업자에 계좌를 개설하여 전자등록주식 등을 보유하고 있거나 증권을 예탁하고 있는 자에 대하여 그 전자등록증 또는 증권을 담보로 금전을 융자하는 방법

(2) 구체적인 기준과 담보비율 및 징수방법은 다음과 같이 금융위규정으로 정한다.

❶ 신용공여약정의 체결 등 : 투자매매업자 또는 투자중개업자가 신용공여를 하고자 하는 경우에는 투자자와 신용공여에 관한 약정을 체결하여야 하고, 이 경우 투자

자 본인의 기명날인 또는 서명을 받거나 본인임을 확인하여야 함.

❷ 신용공여의 회사별 한도 : 투자매매업자 또는 투자중개업자의 총 신용공여 규모는 자기자본의 범위 이내로 하되, 신용공여 종류별로 투자매매업자 또는 투자중개업자의 구체적인 한도는 금융위원장이 따로 결정할 수 있음

❸ 담보의 징구

ㄱ. 청약자금대출 : 투자매매업자 또는 투자중개업자는 청약자금을 대출할 때에 청약하여 배정받은 증권을 담보로 징구하여야 함. 다만 당해 증권이 교부되지 아니한 때에는 당해 증권이 교부될 때까지 그 납입영수증으로 갈음할 수 있음

ㄴ. 신용거래융자 및 신용거래대주 : 투자매매업자 또는 투자중개업자는 신용거래융자를 함에 있어서는 매수한 주권 또는 상장지수집합투자기구의 집합투자증권을, 신용거래대주를 함에 있어서는 매도대금을 담보로 징구하여야 함

ㄷ. 예탁증권담보융자 : 투자매매업자 또는 투자중개업자가 예탁증권을 담보로 융자를 할 때는 예탁증권을 담보로 징구하되, 가치산정이 곤란하거나 담보권의 행사를 통한 대출금의 회수가 곤란한 증권을 담보로 징구하여서는 아니 됨

❹ 담보비율 : 투자매매업자 또는 투자중개업자는 투자자의 신용상태 및 종목별 거래상황 등을 고려하여 신용공여금액의 100분의 140 이상에 상당하는 담보를 징구하여야 함. 다만, 매도되었거나 환매청구된 예탁증권을 담보로 하여 매도금액 또는 환매금액 한도 내에서 융자를 하는 경우에는 그러하지 아니함

❺ 담보로 제공된 증권의 평가 : 신용공여와 관련하여 담보 및 보증금으로 제공되는 증권의 평가는 ① 청약 주식 : 취득가액으로 함. 다만, 당해 주식이 증권시장에 상장된 후에는 당일 종가, ② 상장주권 또는 상장지수집합투자기구의 집합투자증권 : 당일 종가, ③ 상장채권 및 공모 파생결합증권(주가연계증권에 한함) : 2 이상의 채권평가회사가 제공하는 가격정보를 기초로 투자매매업자 또는 투자중개업자가 산정한 가격, ④ 집합투자증권 : 당일에 고시된 기준 가격으로 함

매도되거나 또는 환매 신청된 증권을 담보로 하여 투자매매업자 또는 투자중개업자가 투자자에게 금전을 융자하는 경우에는 당해 증권의 매도 가격 또는 융자일에 고시된 기준 가격을 담보 평가금액으로 함. 다만, 담보를 평가함에 있어 권리발생이 확정된 증권을 담보로 제공하고 있는 경우에는 당해 권리도 담보로 봄

❻ 임의상환방법 : 투자매매업자 또는 투자중개업자는 ① 채무상환, ② 추가 담보납입, ③ 수수료납입을 하지 않았을 때 그 다음 영업일에 투자자 계좌에 예탁된 현금을 투자자의 채무변제에 우선 충당하고, 담보증권, 그 밖의 증권의 순서로 필요한 수량만큼 임의처분하여 투자자의 채무변제에 충당할 수 있음

나아가 투자매매업자 또는 투자중개업자는 투자자와 사전에 합의가 있는 경우 채권회수가 현저히 위험하다고 판단되는 때에는 투자자에 대하여 담보의 추가납부를 요구하지 아니하거나 추가로 담보를 징구하지 아니하고 필요한 수량의 담보증권, 그 밖에 예탁한 증권을 임의로 처분할 수 있음. 이 경우 투자매매업자 또는 투자중개업자는 처분내역을 지체 없이 투자자에게 내용증명우편, 통화내용 녹취 또는 투자자와 사전에 합의한 방법 등 그 통지사실이 입증될 수 있는 방법에 따라 통지하여야 함

한편, 투자매매업자 또는 투자중개업자가 증권시장에 상장된 증권을 처분하는 경우에는 증권시장에서 시가결정에 참여하는 호가에 따라 처분해야 함. 다만, 비상장주권, 비상장채권, 집합투자증권, 그 밖에 투자매매업자 또는 투자중개업자가 처분할 수 없는 증권을 처분하고자 하는 경우 그 처분방법은 협회가 정함. 처분대금은 처분제비용, 연체이자, 이자, 채무원금의 순서로 충당함

❼ 신용거래등의 제한 : 투자자가 신용거래에 의해 매매할 수 있는 증권은 증권시장에 상장된 주권(주권과 관련된 증권예탁증권을 포함한다) 및 상장지수집합투자증권으로 함. 다만, ① 거래소가 투자경고종목, 투자위험종목 또는 관리종목으로 지정한 증권, ② 거래소가 매매호가 전 예납조치 또는 결제 전 예납조치를 취한 증권에 대해서는 신규의 신용거래를 할 수 없음. 투자자별 신용공여한도, 신용공여 기간, 신용공여의 이자율 및 연체이자율 등은 신용공여 방법별로 투자매매업자 또는 투자중개업자가 정함. 투자매매업자 또는 투자중개업자는 상환기일이 도래한 신용공여가 있는 투자자에 대하여는 신용공여금액의 상환을 위한 주문수탁 이외의 매매주문의 수탁이나 현금 또는 증권의 인출을 거부할 수 있음

❽ 신용공여 관련 조치 : 금융위는 신용공여 상황의 급격한 변동, 투자자 보호 또는 건전한 거래질서유지를 위하여 필요한 경우에는 ① 투자매매업자 또는 투자중개업자별 총 신용공여 한도의 변경, ② 신용공여의 방법별 또는 신용거래의 종목별 한도의 설정, ③ 투자매매업자 또는 투자중개업자가 징구할 수 있는 담보의 제한, ④ 신용거래의 중지 또는 매입증권의 종목제한 조치를 취할 수 있고, 천재지

변, 전시, 사변, 경제사정의 급변, 그 밖에 이에 준하는 사태가 발생하는 경우에는 투자매매업자 또는 투자중개업자에 대하여 신용공여의 일부 또는 전부를 중지하게 할 수 있음

3 인수증권에 대한 신용공여의 제한

투자매매업자는 증권의 인수일부터 3개월 이내에 투자자에게 그 증권을 매수하게 하기 위하여 그 투자자에게 금전의 융자, 그 밖의 신용공여를 할 수 없다(법 제72조 제1항 단서).

4 위반 시 제재

신용공여에 관한 규제를 위반한 투자매매업자 또는 투자중개업자에 대해서는 형사상의 제재는 없고, 회사 및 임직원에 대한 금융위의 행정조치의 대상이 된다(법 별표 1 제80호).

section 05 투자자 재산보호를 위한 규제

1 개요

투자중개업자 또는 투자매매업자가 파산하는 경우 투자자들이 이들에게 예탁하거나 보관을 의뢰한 금전 또는 증권이 파산재단에 속하게 되는 경우 투자자를 보호하기 위하여 사전에 예탁금 및 예탁증권을 별도로 보관하도록 하고 있다.

(1) 투자자예탁금 별도 예치

투자자예탁금은 투자자로부터 금융투자상품의 매매, 그 밖의 거래와 관련하여 예탁받은 금전을 의미하며, 투자매매업자 또는 투자중개업자는 이를 고유재산과 구분하여 증권금융회사에 예치하거나 신탁업자에 신탁하여야 한다.

투자자예탁금을 신탁업자에 신탁할 수 있는 금융투자업자는 은행, 한국산업은행, 중소기업은행, 보험회사이며, 신탁법 제2조에도 불구하고 자기계약을 할 수 있다.

투자매매업자 또는 투자중개업자는 증권금융회사 또는 신탁업자('예치기관')에게 투자자예탁금을 예치 또는 신탁하는 경우에는 그 투자자예탁금이 투자자의 재산이라는 점을 명시하여야 한다(법 제74조 제3항).

(2) 상계 또는 압류의 금지

누구든지 예치기관에 예치 또는 신탁한 투자자예탁금을 상계(相計)·압류(가압류를 포함)하지 못하며, 투자자예탁금을 예치 또는 신탁한 투자매매업자 또는 투자중개업자('예치 금융투자업자')는 시행령으로 정하는 경우 외에는 예치기관에 예치 또는 신탁한 투자자예탁금을 양도하거나 담보로 제공할 수 없다(법 제74조 제4항).

예치 금융투자업자는 다음의 어느 하나에 해당하는 경우 예외적으로 투자자예탁금을 양도하거나 담보로 제공할 수 있다(시행령 제72조).

❶ 예치 금융투자업자가 다른 회사에 흡수합병되거나 다른 회사와 신설합병함에 따라 그 합병에 의하여 존속되거나 신설되는 회사에 예치기관에 예치 또는 신탁한 투자자예탁금을 양도하는 경우

❷ 예치 금융투자업자가 금융투자업의 전부나 일부를 양도하는 경우로서 양도내용에 따라 양수회사에 예치기관에 예치 또는 신탁한 투자자예탁금을 양도하는 경우

❸ 법 제40조 제4호에 따른 자금이체업무와 관련하여 금융위가 정하여 고시하는 한도 이내에서 금융위가 정하여 고시하는 방법에 따라 예치 금융투자업자가 은행이나 예치기관에 예치 또는 신탁한 투자자예탁금을 담보로 제공하는 경우

❹ 그 밖에 투자자의 보호를 해칠 염려가 없는 경우로서 금융위가 정하여 고시하는 경우

(3) 투자자예탁금의 우선지급

❶ 예치 금융투자업자는 다음의 어느 하나에 해당하게 된 경우에는 예치기관에 예치 또는 신탁한 투자자예탁금을 인출하여 투자자에게 우선하여 지급하여야 함(법 제74조 제5항)

  ㄱ. 인가 취소, 해산 결의, 파산선고
  ㄴ. 투자매매업 또는 투자중개업 전부 양도·전부 폐지가 승인된 경우 및 전부의 정지명령을 받은 경우
  ㄷ. 그 밖에 위의 경우에 준하는 사유가 발생한 경우

❷ 이 경우 그 예치 금융투자업자는 사유 발생일부터 2개월(불가피한 경우 금융위의 확인을 받아 1개월 연장 가능) 이내에 그 사실과 투자자예탁금의 지급시기·지급장소, 그 밖에 투자자예탁금의 지급과 관련된 사항을 둘 이상의 일간신문에 공고하고, 인터넷 홈페이지 등을 이용하여 공시하여야 함(법 제74조 제5항 및 시행령 제73조)

❸ 한편, 예치기관이 인가취소, 파산등 예치 금융투자업자의 우선지급사유와 동일한 사유에 해당되게 된 경우에는 예치 금융투자업자에게 예치 또는 신탁받은 투자자예탁금을 우선하여 지급하여야 함(법 제74조 제6항)

(4) 기타

❶ 예치기관은 예치 또는 신탁받은 투자자예탁금을 자기재산과 구분하여 신의에 따라 성실하게 관리하여야 함

❷ 예치기관은 다음의 어느 하나에 해당하는 방법으로 투자자예탁금을 운용하여야 함
  ㄱ. 국채증권 또는 지방채증권의 매수
  ㄴ. 정부·지방자치단체 또는 은행 등 대통령령으로 정하는 금융기관이 지급을 보증한 채무증권의 매수
  ㄷ. 그 밖에 투자자예탁금의 안정적 운용을 해할 우려가 없는 것으로 증권 또는 원화로 표시된 양도성 예금증서를 담보로 한 대출, 한국은행 또는 체신관서에의 예치, 특수채증권의 매수 등

❸ 그 밖에 투자자예탁금의 범위, 예치 또는 신탁의 시기·주기·비율·방법, 인출

및 관리 등을 위하여 필요한 세부사항은 금융위가 정함

3 투자자 예탁증권의 예탁

투자매매업자 또는 투자중개업자는 금융투자상품의 매매, 그 밖의 거래에 따라 보관하게 되는 투자자 소유의 증권(원화표시 CD, 금융위가 정하는 증권 포함)을 예탁결제원에 지체없이 예탁하여야 한다(법 제75조).

chapter 05

증권 발행시장 공시제도

증권신고서제도

1 개요

불특정 다수인을 상대로 증권시장 밖에서 증권을 새로이 발행하거나 이미 발행된 증권을 분매하는 경우 해당 증권에 관한 사항과 증권의 발행인에 관한 사항을 투자자에게 알리기 위한 제도이다.

발행공시제도는 투자자에게 교부되는 투자설명서와 투자자에게 제공되는 정보의 진실성을 확보하기 위한 증권신고서제도로 구성된다.

2 모집 또는 매출의 개념 – 대상 행위

(1) 적용대상

법상 발행공시 규제의 대상이 되는 행위는 증권과 관련된 모든 발행 또는 매도가 아니라 일정한 요건에 해당되는 모집 또는 매출만 해당된다.

(2) 모집 또는 매출의 의의

❶ 모집이라 함은 일정한 방법에 따라 산출한 50인 이상의 투자자에게 새로 발행되는 증권 취득의 청약을 권유하는 것(법 제9조 제7항)

❷ 매출이라 함은 증권시장 밖에서 일정한 방법에 따라 산출한 50인 이상의 투자자에게 이미 발행된 증권 매도의 청약을 하거나 매수의 청약을 권유하는 것(법 제9조 제9항)

(3) 50인 산정방법

50인을 산출하는 경우에는 청약의 권유를 하는 날 이전 6개월 이내에 해당 증권과 같은 종류의 증권에 대하여 모집이나 매출에 의하지 아니하고 청약의 권유를 받은 자를 합산하되, 다음의 어느 하나에 해당하는 자는 제외(시행령 제11조 제1항)

❶ 다음의 어느 하나에 해당하는 전문가
　　ㄱ. 국가, 한국은행등 전문투자자(시행령 제10조 제1항 제1호부터 제4호)
　　ㄴ. 「공인회계사법」에 따른 회계법인
　　ㄷ. 「신용정보의 이용 및 보호에 관한 법률」에 따른 신용평가업자
　　ㄹ. 발행인에게 회계, 자문등의 용역을 제공하고 있는 공인회계사·감정인·변호사·변리사·세무사 등 공인된 자격증을 가지고 있는 자
　　ㅁ. 그 밖에 발행인의 재무상황이나 사업내용 등을 잘 알 수 있는 전문가로서 금융위가 정하여 고시하는 자
❷ 다음의 어느 하나에 해당하는 연고자
　　ㄱ. 발행인의 최대주주(법 제9조 제1항 제1호에 따른 최대주주)와 발행주식 총수의 100분의 5 이상을 소유한 주주

ㄴ. 발행인의 임원(「상법」 제401조의2 제1항의 업무집행지시자 포함) 및 「근로자복지기본법」에 따른 우리사주조합원

ㄷ. 발행인의 계열회사와 그 임원

ㄹ. 발행인이 주권비상장법인(주권을 모집하거나 매출한 실적이 있는 법인은 제외)인 경우에는 그 주주

ㅁ. 외국 법령에 따라 설립된 외국 기업인 발행인이 종업원의 복지증진을 위한 주식매수제도 등에 따라 국내 계열회사의 임직원에게 해당 외국 기업의 주식을 매각하는 경우에는 그 국내 계열회사의 임직원

ㅂ. 발행인이 설립 중인 회사인 경우에는 그 발기인

ㅅ. 그 밖에 발행인의 재무상황이나 사업내용 등을 잘 알 수 있는 연고자로서 금융위가 정하여 고시하는 자

(4) 간주모집

청약의 권유를 받는 자의 수가 50인 미만으로서 증권의 모집에 해당되지 아니할 경우에도 해당 증권이 발행일부터 1년 이내에 50인 이상의 자에게 양도될 수 있는 경우로서 증권의 종류 및 취득자의 성격 등을 고려하여 금융위가 정하여 고시하는 전매기준에 해당하는 경우에는 모집으로 간주. 단, 금융위가 정하는 전매제한조치를 취한 경우에는 모집에 해당하지 않는다.

(5) 청약 권유

발행시장 공시와 관련하여 '청약의 권유'란 권유받는 자에게 증권을 취득하도록 하기 위하여 신문·방송·잡지 등을 통한 광고, 안내문·홍보전단 등 인쇄물의 배포, 투자설명회의 개최, 전자통신 등의 방법으로 증권 취득청약의 권유 또는 증권 매도청약이나 매수청약의 권유 등 증권을 발행 또는 매도한다는 사실을 알리거나 취득의 절차를 안내하는 활동을 말한다.

다만, 인수인의 명칭과 증권의 발행금액 및 발행가액을 포함하지 아니하는 등 금융위가 정하여 고시하는 기준에 따라 다음 각 목의 사항 중 전부나 일부에 대하여 광고 등의 방법으로 단순히 그 사실을 알리거나 안내하는 경우는 제외

❶ 발행인의 명칭

❷ 발행 또는 매도하려는 증권의 종류와 발행 또는 매도 예정금액

❸ 증권의 발행이나 매도의 일반적인 조건

❹ 증권의 발행이나 매출의 예상 일정

❺ 그 밖에 투자자 보호를 해칠 염려가 없는 사항으로서 금융위가 정하여 고시하는 사항

3 적용 면제증권

법상의 증권 중 국채증권, 지방채증권, 대통령령으로 정하는 법률에 따라 직접 설립된 법인이 발행한 채권, 그 밖에 다른 법률에 따라 충분한 공시가 행하여지는 등 투자자 보호가 이루어지고 있다고 인정되는 증권으로서 대통령령으로 정하는 증권에 대해서는 증권신고서에 관한 규정이 적용되지 않는다(법 제118조 및 시행령 제119조).

이 중에서 대통령령이 정하는 법률에 따라 직접 설립된 법인이 발행한 채권은 특수채를 말하는 것으로 한국은행법, 한국산업은행법 등 시행령 제119조 제1항에 열거된 33개 법률에 의하여 직접 설립된 법인만 해당된다.

또한, 투자자 보호가 이루어지고 있다고 인정되는 증권으로서 대통령령으로 정하는 증권이라 함은 다음의 증권을 말한다.

❶ 국가 또는 지방자치단체가 원리금의 지급을 보증한 채무증권

❷ 국가 또는 지방자치단체가 소유하는 증권을 미리 금융위와 협의하여 매출의 방법으로 매각하는 경우의 그 증권

❸ 「지방공기업법」 제68조 제1항부터 제6항까지의 규정에 따라 발행되는 채권 중 도시철도의 건설 및 운영과 주택건설사업을 목적으로 설립된 지방공사가 발행하는 채권

❹ 「국제금융기구에의 가입조치에 관한 법률」 제2조 제1항에 따른 국제금융기구가 금융위와의 협의를 거쳐 기획재정부 장관의 동의를 받아 발행하는 증권

❺ 「한국주택금융공사법」에 따라 설립된 한국주택금융공사가 채권유동화계획에 의하여 발행하고 권리금 지급을 보증하는 주택저당증권 및 학자금 대출증권

❻ 「전자단기사채등의 발행 및 유통에 관한 법률」 제2조 제2호에 따른 전자단기사채등으로서 만기가 3개월 이내인 증권

4   신고대상 모집 또는 매출 금액

(1) 일정한 방법에 따라 산정한 모집가액 또는 매출가액 각각의 총액이 일정한 금액 (10억 원) 이상인 경우에는 발행인이 그 모집 또는 매출에 관한 신고서를 금융위에 제출하여 수리되지 아니하면 이를 할 수 없다.

❶ 모집 또는 매출하려는 증권의 모집가액 또는 매출가액과 해당 모집일 또는 매출일부터 과거 1년간(같은 기간 동안 같은 종류의 증권에 대한 모집 또는 매출의 신고가 행하여진 경우에는 그 신고 후의 기간을 말함)에 이루어진 같은 종류 증권의 모집 또는 매출로서 그 신고서를 제출하지 아니한 모집가액 또는 매출가액[소액출자자(그 증권의 발행인과 인수인은 제외)가 제78조에 따른 장외거래 방법에 따라 증권을 매출하는 경우에는 해당 매출가액은 제외] 각각의 합계액이 10억 원 이상인 경우

'소액출자자'란 해당 법인이 발행한 지분증권총수의 100분의 1에 해당하는 금액과 3억 원 중 적은 금액 미만의 지분증권을 소유하는 자(사업보고서 제출대상법인의 경우에는 지분증권 총수의 100분의 10 미만의 지분증권을 소유하는 자를 말함)를 말한다. 다만, 그 법인의 최대주주 및 그 특수관계인은 소액출자자로 보지 아니한다.

❷ 6개월간의 행위를 합산하여 모집 또는 매출을 결정하는 경우에는 그 합산의 대상이 되는 모든 청약의 권유 각각의 합계액이 10억 원 이상인 경우

(2) 소액공모 공시제도

증권신고서 제출의무가 없는 모집 또는 매출의 경우에도 발행인은 투자자 보호를 위하여 재무상태에 관한 사항등 일정한 사항을 공시하는 등의 조치를 취해야 한다(법 제130조).

❶ 증권의 모집 또는 매출 전에 발행인(투자신탁의 수익증권이나 투자익명조합의 지분증권인 경우에는 그 투자신탁이나 투자익명조합을 말하며, 사업보고서 제출대상법인 및 외국법인등은 제외)의 재무상태와 영업실적을 기재한 서류를 금융위에 제출할 것. 이 경우 해당 서류(집합투자증권인 경우는 제외)는 금융위가 정하여 고시하는 바에 따라 회계감사인의 회계감사를 받거나 공인회계사의 확인과 의견표시를 받은 것이어야 함

☞ 여기에서 외국법인등이란 외국 정부, 외국 지방자치단체, 외국의 법령에 따라 설립되어 공익사업을 영위하는 외국공공단체로서 외국 정부 또는 외국 지

방자치단체가 지분을 보유하고 있는 외국 공공단체, 「국제금융기구에의 가입조치에 관한 법률」 제2조 제1항 각 호의 어느 하나에 해당하는 국제금융기구를 말함

❷ 청약의 권유를 하는 경우에는 모집 또는 매출에 관한 사항, 발행인에 관한 사항, 청약기간, 납부기간등을 인쇄물 등에 기재하거나 표시할 것

❸ 증권의 모집 또는 매출의 개시일 3일 전까지 청약의 권유방법과 청약권유에 관해 인쇄물 등에 기재하거나 표시한 내용을 금융위에 제출할 것. 증권의 모집 또는 매출을 시작한 후 청약의 권유방법이나 인쇄물 등에 기재하거나 표시한 내용을 변경한 경우에도 동일

❹ 투자매매업자, 투자중개업자, 은행 또는 증권금융과 청약증거금관리계약을 체결하고 계좌를 개설할 것

❺ 증권의 모집 또는 매출이 끝난 경우에는 지체 없이 그 모집 또는 매출 실적에 관한 결과를 금융위에 보고할 것

❻ 결산에 관한 다음의 서류를 매 사업연도 경과 후 90일 이내에 금융위에 제출할 것. 다만, 사업보고서 제출대상법인, 외국법인등, 모집 또는 매출한 증권의 상환 또는 소각을 완료한 법인 및 보증사채권만을 발행한 법인의 경우에는 그러하지 아니함

ㄱ. 대차대조표와 그 부속 명세서

ㄴ. 손익계산서와 그 부속 명세서

ㄷ. 이익잉여금처분계산서 또는 결손금처리계산서

ㄹ. 회계감사인의 감사보고

❼ 발행인 및 같은 종류의 증권에 대하여 충분한 공시가 이루어지고 있는 등 대통령령으로 정한 사유에 해당하는 때에는 매출에 관한 증권신고서를 제출하지 아니할 수 있음. 다음의 경우가 이에 해당함. ① 발행인이 사업보고서 제출대상법인으로서 최근 1년간 사업보고서·반기보고서 및 분기보고서를 기한 내에 제출하였을 것, ② 발행인이 최근 1년간 공시위반으로 자본시장법 제429조에 따른 과징금을 부과받거나 이 영 제138조·제175조에 따른 조치를 받은 사실이 없을 것, ③ 최근 2년 이내에 매출하려는 증권과 같은 종류의 증권에 대한 증권신고서가 제출되어 효력이 발생한 사실이 있을 것, ④ 증권시장에 상장하기 위한 목적의 매출이 아닐 것, ⑤ 투자매매업자 또는 투자중개업자를 통하여 매출이 이루어질

것, ⑥ 그 밖에 금융위가 정하여 고시하는 요건을 충족하는 경우임

5 신고의무자

증권신고서의 제출의무자는 언제나 해당 증권의 발행인이다. 다만, 증권예탁증권을 발행함에 있어서는 그 기초가 되는 증권을 발행하였거나 발행하고자 하는 자를 말한다 (법 제9조 제10항).

6 신고서의 수리

원칙적으로 신고서의 효력이 발생한 후 투자설명서를 사용하여 청약의 권유를 하여야 하나, 신고서 제출 시 예비투자설명서 또는 간이투자설명서를 첨부하여 제출한 경우에는 이를 이용한 청약의 권유행위는 가능하다.

7 효력발생

(1) 금융위는 제출된 증권신고서를 수리 전과 수리 후 효력발생 전까지 심사할 수 있고, 심사결과 수리를 거부하거나 정정요구를 할 수 있다.

증권신고서의 형식을 제대로 갖추지 아니한 경우 또는 그 증권신고서 중 중요사항에 관하여 거짓의 기재 또는 표시가 있거나 중요사항이 기재 또는 표시되지 아니한 경우를 제외하고는 그 수리를 거부할 수 없다(법 제120조 제2항).

(2) 금융위가 증권별로 정해진 효력발생기간 동안 별도의 조치하지 않는 한, 증권신고서는 효력이 발생된다.

효력발생의 의미는 금융위가 제출된 신고서 및 첨부서류에 근거하여 심사한 결과, 형식상 또는 내용상 문제가 없다는 의미로서 그 증권신고서의 기재사항이 진실 또는 정확하다는 것을 인정하거나 정부에서 그 증권의 가치를 보증 또는 승인하는 효력을 가지지 아니한다.

8	거래의 제한

증권신고의 효력이 발생하지 아니한 증권의 취득 또는 매수의 청약이 있는 경우에 그 증권의 발행인·매출인과 그 대리인은 그 청약의 승낙을 할 수 없다(법 제121조).

일괄신고추가서류를 제출하여야 하는 경우 그 일괄신고추가서류가 제출되지 아니한 경우에도 그 증권의 발행인·매출인과 그 대리인은 그 증권에 관한 취득 또는 매수의 청약에 대한 승낙을 할 수 없다.

9	증권발행실적보고서

증권신고의 효력이 발생한 증권의 발행인은 금융위가 정하여 고시하는 방법에 따라 그 발행실적에 관한 보고서를 금융위에 제출하여야 한다.

10	특수한 신고서제도

(1) 일괄신고서제도

❶ 일괄신고서 제도는 같은 종류의 증권을 지속적으로 발행하는 회사가 향후 일정 기간 동안 발행예정인 증권을 일괄하여 신고하고, 실제 발행 시 추가서류의 제출 만으로 증권신고서를 제출한 것과 동일한 효과를 갖도록 하여 증권의 발행 또는 매도를 원활하게 할 수 있도록 하는 제도임

❷ 일괄신고서를 금융위에 제출하여 수리된 경우에는 그 기간 중에 그 증권을 모집 하거나 매출할 때마다 제출하여야 하는 신고서를 따로 제출하지 아니하고 그 증 권을 모집하거나 매출할 수 있음. 이 경우 그 증권(개방형집합투자증권 및 금적립계좌는 제외)을 모집하거나 매출할 때마다 일괄신고추가서류를 제출하여야 함

❸ 일괄신고 제출 가능 증권(시행령 제121조 제1항)
  ㄱ. 주권
  ㄴ. 자본시장법 제71조 제4호 나목에 따른 주권 관련 사채권 및 이익참가부사채권
      ☞ 주권 관련 사채권 : 전환사채권(CB), 신주인수권부사채권(BW) 및 교환사

채권(EB ; 주권, CB 또는 BW와 교환을 청구할 수 있는 EB만 해당)

ㄷ. 위 ㄴ.의 사채권을 제외한 사채권

ㄹ. 고난도금융투자상품이 아닌 파생결합증권

ㅁ. 고난도금융투자상품 중 오랫동안 반복적으로 발행된 것으로서 기초자산의 구성 및 수익구조가 금융위가 정하여 고시하는 기준에 부합하는 파생결합증권

ㅂ. 개방형 집합투자증권

☞ 환매금지형집합투자기구가 아닌 집합투자기구의 집합투자증권과 이에 준하는 것으로서 외국의 법령에 따라 외국에서 발행된 외국 집합투자증권

(2) 정정신고서제도

❶ 이미 제출한 증권신고서(일괄신고 추가서류 포함)의 기재사항을 정정하고자 하는 경우 또는 금융위(금감원장)로부터 정정요구를 받은 경우 제출하는 증권신고서를 정정신고서라 함. 정정신고서가 제출된 경우에는 그 정정신고서가 수리된 날에 당초 제출한 증권신고서가 수리된 것으로 봄(법 제122조 제5항)

❷ 금융위는 증권신고서의 형식을 제대로 갖추지 아니한 경우 또는 그 증권신고서 중 중요사항에 관하여 거짓의 기재 또는 표시가 있거나 중요사항이 기재 또는 표시되지 아니한 경우와 중요사항의 기재나 표시내용이 불분명하여 투자자의 합리적인 투자판단을 저해하거나 투자자에게 중대한 오해를 일으킬 수 있는 경우에는 그 증권신고서에 기재된 증권의 취득 또는 매수의 청약일 전일까지 그 이유를 제시하고 그 증권신고서의 기재내용을 정정한 신고서의 제출을 요구할 수 있음

금융위(금감원장)의 정정요구가 있는 경우 그 증권신고서는 그 요구를 한 날로부터 수리되지 아니한 것으로 보며, 정정요구를 받은 후 3개월 내에 발행인이 정정신고서를 제출하지 아니하는 경우에는 해당 증권신고서를 철회한 것으로 봄(제122조 제6항)

(3) 철회신고서제도

증권의 발행인은 증권신고를 철회하고자 하는 경우에는 그 증권신고서에 기재된 증권의 취득 또는 매수의 청약일 전일까지 철회신고서를 금융위에 제출할 수 있다(법 제120조 제4항).

1 청약권유대상자에서 제외되는 자

(1) 전문가로서 제외되는 자

발행인의 재무상황이나 사업내용 등을 잘 알 수 있는 전문가 중 제외되는 자는 다음의 어느 하나에 해당하는 자를 말한다(공시규정 제2−1조 제2항).

❶ 「중소기업창업지원법」에 따른 중소기업창업투자회사
❷ 기타 시행령 및 규정상의 전문가와 유사한 자로서 발행인의 재무내용이나 사업성을 잘 알 수 있는 특별한 전문가라고 감독원장이 정하는 자

(2) 발행인의 연고자 중 제외되는 자

발행인의 재무상황이나 사업내용 등을 잘 알 수 있는 연고자로서 제외되는 자는 다음의 어느 하나에 해당하는 자를 말한다.

❶ 발행인(설립 중인 회사 제외)의 제품을 원재료로 직접 사용하거나 발행인(설립 중인 회사 제외)에게 자사제품을 원재료로 직접 공급하는 회사 및 그 임원
❷ 발행인(설립 중인 회사 제외)과 대리점계약 등에 의하여 발행인의 제품 판매를 전업으로 하는 자 및 그 임원
❸ 발행인이 협회 등 단체의 구성원이 언론, 학술 및 연구등 공공성 또는 공익성이 있는 사업을 영위하기 위하여 공동으로 출자한 회사(설립 중인 회사 포함)인 경우 해당 단체의 구성원
❹ 발행인이 지역상공회의소, 지역상인단체, 지역농어민단체 등 특정지역 단체의 구성원이 그 지역의 산업폐기물 처리, 금융·보험서비스 제공, 농수축산물의 생산·가공·판매등의 공동사업을 영위하기 위하여 공동으로 출자한 회사(설립 중인 회사 포함)인 경우 해당 단체의 구성원
❺ 발행인이 동창회, 종친회 등의 단체 구성원이 총의에 의하여 공동의 사업을 영위

하기 위하여 공동으로 출자한 회사(설립 중인 회사 포함)인 경우 해당 단체의 구성원

❻ 자본시장법 제159조 제1항에 따른 사업보고서 제출대상법인이 아닌 법인('사업보고서 미제출법인')의 주주가 그 사업보고서 미제출법인의 합병, 주식의 포괄적 교환·이전, 분할 및 분할합병의 대가로 다른 사업보고서 미제출법인이 발행한 증권을 받는 경우 그 주주

❼ 기타 시행령 및 규정상의 연고자와 유사한 자로서 발행인의 재무내용이나 사업성을 잘 알 수 있는 특별한 연고자라고 감독원장이 정하는 자

2 전매 가능성 판단기준

(1) 증권별 전매 가능성 기준(공시규정 제2-2조·제2-2조의2 제1항)

❶ 지분증권 : 지분증권(지분증권과 관련된 증권예탁증권을 포함)의 경우에는 같은 종류의 증권이 모집 또는 매출된 실적이 있거나 증권시장(코넥스시장 제외)에 상장된 경우. 분할 또는 분할합병(「상법」 제530조의12에 따른 물적분할의 경우 제외)으로 인하여 설립된 회사가 발행하는 증권은 분할되는 회사가 발행한 증권과 같은 종류의 증권으로 봄

❷ 지분증권(기업어음 증권 제외) 이외의 증권 : 지분증권이 아닌 경우에는 50매 이상으로 발행되거나 발행 후 50매 이상으로 권면분할되어 거래될 수 있는 경우, 다만 「공사채등록법」 등에 따른 등록 발행의 경우에는 매수가 아닌 거래단위를 기준으로 적용

❸ 전환권 등의 권리가 부여된 증권 : 전환권, 신주인수권 등 증권에 부여된 권리의 목적이 되는 증권이 위의 ❶ 또는 ❷에 해당되는 경우

❹ 기업어음증권 : 다음 요건의 어느 하나에 해당하는 경우

ㄱ. 50매 이상으로 발행되는 경우

ㄴ. 기업어음의 만기가 365일 이상인 경우

ㄷ. 기업어음이 영 제103조에 따른 특정금전신탁에 편입되는 경우

ㄹ. 자본시장법 제4조 제7항에 따른 파생결합증권이 영 제103조 제1호에 따른 특정금전신탁에 편입되는 경우

(2) 전매제한조치

증권을 발행함에 있어 다음의 어느 하나에 해당하는 경우에는 전매기준에 해당되지 않는 것으로 본다(공시규정 제2-2조·제2-2조의2 제2항).

❶ 증권을 발행한 후 지체 없이 한국예탁결제원('예탁결제원')에 예탁(공사채등록법에 따른 등록을 포함)하고 그 예탁일부터 1년간 해당 증권(증권에 부여된 권리의 행사로 취득하는 증권을 포함)을 인출하거나 매각하지 않기로 하는 내용의 예탁계약을 예탁결제원과 체결한 후 그 예탁계약을 이행하는 경우 또는 「금융산업의 구조개선에 관한 법률」에 따라 정부 또는 예금보험공사가 부실금융기관에 출자하여 취득하는 지분증권에 대하여 취득일부터 1년 이내에 50인 이상의 자에게 전매되지 않도록 필요한 조치를 취하는 경우(제12조 제1항)

❷ 50매 미만으로 발행되는 경우에는 증권의 권면에 발행 후 1년 이내 분할금지특약을 기재하는 경우

❸ 전환권 등이 부여된 경우에는 권리행사금지기간을 발행 후 1년 이상으로 정하는 경우

❹ 다음 요건을 모두 충족하는 채무증권(기업어음은 제외)의 경우

ㄱ. 다음 a부터 d까지에 해당하는 자(이하 '적격기관투자자'라 함)가 발행인 또는 인수인으로부터 직접 취득하고, 감독원장이 정하는 바에 따라 적격기관투자자 사이에서만 양도·양수될 것. 단, 제5호의 유동화증권을 발행하기 위하여 자산유동화전문회사에 양도하는 경우에는 그러하지 아니함

   a. 영 제10조 제1항 제1호부터 제4호까지의 자(영 제10조 제2항 제11호, 같은 조 제3항 제5호부터 제8호까지에 해당하는 자는 제외)

   b. 주권상장법인, 영 제10조 제3항 제12호·제13호 및 같은 항 제16호에 해당하는 자

   c. 「중소기업진흥에 관한 법률」에 따른 중소기업진흥공단

   d. a.부터 c.까지의 적격기관투자자에 준하는 외국인

ㄴ. 직전 사업연도말 총자산이 2조 원 이상인 기업이 발행한 증권이 아닐 것. 단, 원화표시채권 또는 외화표시채권을 발행하는 경우에는 그러하지 아니함

❺ 다음 요건을 모두 충족하는 유동화증권('자산유동화에 관한 법률'에서 정하는 방법으로 발행된 증권)의 경우

ㄱ. 위 각 요건을 충족하는 채무증권이 유동화자산의 100분의 80 이상일 것

ㄴ. 적격기관투자자가 발행인 또는 인수인으로부터 직접 취득하고, 감독원장이 정하는 바에 따라 적격기관투자자 사이에서만 양도·양수될 것

❻ 기업어음 및 파생결합증권이 특정금전신탁에 편입되는 경우 : 발행인이 특정금전신탁의 위탁자를 합산하여 50인 이상(영 제11조 제1항 제1호 및 제2호에 해당하는 자는 제외)이 될 수 없다는 뜻을 인수계약서와 취득계약서에 기재하고, 발행인 또는 기업어음, 파생결합증권을 인수한 금융투자업자가 그러한 발행조건의 이행을 담보할 수 있는 장치를 마련한 경우

❼ 단기사채(「주식·사채등의전자등록에관한법률」 제2조 제1호 나목에 따른 권리로서 같은 법 제59조 각 호의 요건을 모두 갖추고 전자등록된 것을 말함)로서 만기가 3개월 이내인 경우

❽ 「근로복지기본법」에 따라 우리사주조합원이 우리사주조합을 통해 취득한 주식을 같은 법 제43조에 따른 수탁기관(이하 이 조에서 '수탁기관'이라 함)에 예탁하고 그 예탁일로부터 1년간 해당 주식(주식에 부여된 권리의 행사로 취득하는 주식을 포함)을 인출하거나 매각하지 않기로 하는 내용의 예탁계약을 수탁기관과 체결한 후 그 예탁계약을 이행하는 경우

❾ 온라인소액투자중개를 통해 지분증권을 모집한 발행인이 일정한 요건을 모두 충족하는 경우

❿ 국내 환류 가능성이 있는 해외발행증권에 해당되는 경우에는 발행 당시 또는 발행일로부터 1년 이내에 해당 증권을 거주자에게 양도할 수 없다는 뜻을 해당 증권의 권면, 인수계약서, 취득계약서 및 청약권유문서에 기재하고, 발행인 또는 인수한 금융투자업자가 취득자로부터 그러한 발행조건을 확인·서명한 동의서를 징구하고, 해당 동의서의 이행을 담보할 수 있는 장치를 강구한 경우

(3) 보호예수된 증권의 인출사유

예탁결제원은 전매제한조치를 위해 예탁된 증권에 대하여 다음의 어느 하나에 해당하는 사유가 발생하는 경우 발행인의 신청에 의하여 해당 증권의 인출을 허용할 수 있다. 이 경우 예탁결제원 또는 수탁기관은 사유가 종료되는 대로 해당 증권이나 전환권 등 권리의 행사에 따라 취득한 증권을 지체 없이 재예탁하도록 하여야 한다.

❶ 통일규격증권으로 교환하기 위한 경우

❷ 전환권, 신주인수권 등 증권에 부여된 권리행사를 위한 경우

❸ 회사의 합병, 분할, 분할합병, 또는 주식의 포괄적 교환·이전에 따라 다른 증권으로 교환하기 위한 경우

❹ 액면 또는 권면의 분할 또는 병합에 따라 새로운 증권으로 교환하기 위한 경우

❺ 전환형 조건부자본증권을 주식으로 전환하기 위한 경우

❻ 기타 상기 사유와 유사한 것으로서 감독원장이 인정하는 경우

3 효력발생시기의 특례

(1) 금융위가 따로 정하는 효력발생시기(공시규정 제2-3조 제1항)

❶ 일괄신고서의 정정신고서는 수리된 날부터 3일이 경과한 날에 그 효력이 발생. 다만, 일괄신고서의 정정신고서가 수리된 날부터 3일이 경과한 날이 당초의 일괄신고서의 효력이 발생하는 날보다 먼저 도래하는 경우에는 당초의 일괄신고서의 효력이 발생하는 날에 그 효력이 발생함

❷ 사업보고서, 반기보고서, 분기보고서 또는 신고서를 제출한 사실이 있는 법인이 신고서의 기재사항 중 영 제125조의 발행인에 관한 사항이 이미 제출한 사업보고서·반기보고서 및 분기보고서 또는 신고서와 동일한 내용의 신고서를 제출하는 경우 무보증사채권(보증사채권 또는 담보부사채권을 제외한 사채권을 말함)의 발행을 위한 신고서는 수리된 날부터 5일, 보증사채권, 담보부사채권의 발행을 위한 신고서는 수리된 날부터 3일이 경과한 날에 각각 그 효력이 발생함. 다만, 「관공서의 공휴일에 관한 규정」 제2조에 따른 휴일은 그 기간에 산입하지 아니함

❸ 사채권의 발행을 위하여 신고서를 제출한 자가 사채거래수익률 등의 변동으로 인한 발행가액의 변경 또는 발행이자율의 변경을 위하여 정정신고서를 제출하는 경우에는 정정신고서가 수리된 다음 날에 그 효력이 발생함. 다만, 당초의 효력 발생기간이 경과하기 전에 정정신고서가 수리되어 그 효력이 발생하게 되는 경우에는 당초의 신고서의 효력이 발생하는 날에 그 효력이 발생함

❹ 자본시장법 제4조 제7항 제1호에 해당하는 증권의 모집 또는 매출을 위하여 신고서를 제출한 자가 시장상황의 변동 등으로 동 증권의 지급금액 결정방식을 변경하기 위하여 정정신고서를 제출하는 경우에는 정정신고서를 수리한 날부터 3

일이 경과한 날에 그 효력이 발생함. 다만, 공휴일은 효력발생기간에 산입하지 아니하며 당초 효력발생기간이 경과하기 전에 정정신고서가 수리되어 그 효력이 발생하게 되는 경우에는 당초의 신고서의 효력이 발생하는 날에 그 효력이 발생함

❺ 집합투자기구 간 합병을 위해 신고서를 제출하는 경우로서 수익자총회일의 2주 전부터 합병계획서 등을 공시하는 경우에는 그 신고서가 수리된 날부터 3일이 경과한 날에 그 효력이 발생함

❻ 금적립계좌 발행을 위하여 제출한 일괄신고서가 효력이 발생한 후에 제출하는 정정신고서는 수리된 날에 그 효력이 발생함

(2) 효력발생기간에 영향을 미치지 아니하는 정정신고서

❶ 신고서를 제출한 자가 다음의 어느 하나의 사유로 정정신고서를 제출하는 경우에는 당초의 신고서 효력 발생일에 영향을 미치지 아니함

ㄱ. 증권시장에 상장하기 위하여 지분증권(지분증권과 관련된 증권예탁증권을 포함)을 모집 또는 매출하는 경우로서 모집 또는 매출할 증권수를 당초에 제출한 신고서의 모집 또는 매출할 증권수의 100분의 80 이상과 100분의 120 이하에 해당하는 증권수로 변경하는 경우

ㄴ. 초과배정옵션계약을 추가로 체결하거나 초과배정 수량을 변경하는 경우

ㄷ. 공개매수의 대가로 교부하기 위하여 신주를 발행함에 있어서 발행예정주식수가 변경되는 경우

ㄹ. 채무증권(주권 관련 사채권은 제외)을 모집 또는 매출하는 경우로서 모집가액 또는 매출가액의 총액을 당초에 제출한 신고서의 모집가액 또는 매출가액의 총액의 100분의 80 이상과 100분의 120 이하에 해당하는 금액으로 변경하는 경우

❷ 사소한 문구 수정등 투자자의 투자판단에 크게 영향을 미치지 아니하는 경미한 사항을 정정하기 위하여 정정신고서를 제출하는 경우에도 당초의 효력발생일에 영향을 미치지 아니함

❸ 국제금융기구가 원화표시채권을 발행하기 위하여 증권신고서를 제출하는 경우에는 증권신고서가 수리된 날부터 5일이 경과한 날에 효력이 발생함

(3) 효력발생기간을 계산함에 있어 금융위가 신고서를 수리하면 접수된 날에 수리된 것으로 간주

금융위가 신고서를 수리한 때에는 신고서를 제출한 발행인에게 이를 서면으로 통지한다.

4 증권분석기관

(1) 증권분석기관의 의의

증권분석기관이란 모집가액 또는 매출가액의 적정성등 증권의 가치를 평가하는 기관으로서 다음의 어느 하나에 해당하는 자를 말한다(공시규정 제2-5조 제1항).

❶ 인수업무, 모집·사모·매출의 주선업무를 수행하는 자
❷ 신용평가업자
❸ 「공인회계사법」에 따른 회계법인
❹ 채권평가회사

(2) 증권분석기관의 평가제한

증권분석기관이 공모를 하려는 법인과 다음의 어느 하나의 관계가 있는 경우에는 평가를 할 수 없다(공시규정 제2-5조 제3항).

❶ 증권분석기관이 해당 법인에 그 자본금의 100분의 3 이상을 출자하고 있는 경우 및 그 반대의 경우
❷ 증권분석기관에 그 자본금의 100분의 5 이상을 출자하고 있는 주주와 해당 법인에 100분의 5 이상을 출자하고 있는 주주가 동일인이거나 영 제8조에 따른 특수관계인인 경우. 다만, 그 동일인이 영 제11조 제1항 제1호 가목 및 나목에 따른 전문투자자로서 증권분석기관 및 해당 법인과 ❺의 관계에 있지 아니한 경우에는 예외
❸ 증권분석기관의 임원이 해당 법인에 그 자본금의 100분의 1 이상을 출자하고 있거나 해당 법인의 임원이 증권분석기관에 100분의 1 이상을 출자하고 있는 경우
❹ 증권분석기관 또는 해당 법인의 임원이 해당 법인 또는 증권분석기관의 주요 주주의 특수관계인인 경우

❺ 동일인이 증권분석기관 및 해당 법인에 대하여 임원의 임면 등 법인의 주요 경영 사항에 대하여 사실상 영향력을 행사하는 관계가 있는 경우

(3) 분석업무의 제한

감독원장은 증권분석기관이 다음의 어느 하나에 해당하는 경우 증권분석기관에 대하여 일정한 기간을 정하여 증권분석업무를 제한할 수 있다(공시규정 제2-5조 제4항).

❶ 공정한 평가에 필요한 적절한 주의의무를 기울이지 아니하였거나 평가내용 중 허위의 표시 또는 중요 사실에 대한 오해를 유발할 수 있는 표시를 한 경우로서 감독원장이 인정하는 경우
❷ 증권분석기관의 임직원이 평가와 관련하여 지득한 기밀을 누설 또는 업무 외에 이용한 사실이 있는 경우로서 감독원장이 인정하는 경우

(4) 증권분석기관의 평가의견의 생략

소액공모를 하는 경우 또는 모집설립의 경우로서 다음의 어느 하나에 해당하는 경우에는 증권분석기관의 평가의견을 생략할 수 있다(공시규정 제2-5조 제4항).

❶ 「은행법」에 따라 금융위의 금융기관 신설을 위한 예비인가를 받은 경우
❷ 「금융지주회사법」에 따라 금융위의 금융지주회사 신설을 위한 예비인가를 받은 경우
❸ 회사 설립 시에 발행하는 지분증권 중 상당 부분(최대주주로서 설립 시 총지분의 100분의 25 이상을 취득하는 경우를 말함)을 정부 또는 지방자치단체가 취득할 예정인 경우
❹ 특별법에 따라 정부로부터 영업인가 또는 허가를 받은 경우
❺ 그 밖에 사업의 내용 등에 비추어 국민경제 발전을 위하여 필요하다고 금감원장이 인정하는 경우

5 안정조작의 기준 가격

금융위가 정하는 평균 거래 가격이란 다음의 가격을 말한다(공시규정 제2-21조 제1항).

❶ 증권시장에서 거래가 형성된 증권은 다음 각 방법에 따라 산정된 가격의 산술평

균가격

ㄱ. 안정조작기간의 초일 전일부터 과거 20일(동 기간 중에 배당락, 권리락 또는 행사 가격 조정 등으로 인하여 매매기준 가격의 조정이 있는 경우로서 배당락, 권리락 또는 행사 가격 조정 등이 있은 날부터 안정조작기간의 초일 전일까지의 기간이 7일 이상이 되는 경우에는 그 기간)간 공표된 매일의 증권시장에서 거래된 최종시세 가격을 실물거래에 의한 거래량을 가중치로 하여 가중산술평균한 가격

ㄴ. 안정조작기간의 초일 전일부터 과거 7일간 공표된 매일의 증권시장에서 거래된 최종시세 가격을 실물거래에 의한 거래량을 가중치로 하여 가중산술평균한 가격

❷ 증권시장에서 거래가 형성되지 아니한 주식은 해당 법인의 자산상태·수익성 기타의 사정을 참작하여 금감원장이 정하는 가격

section 03 | 투자설명서제도

1 개요

모집 또는 매출에 대한 증권신고서는 최종적으로 투자자에게 청약의 권유문서이자 투자권유문서인 투자설명서를 교부하기 위한 심사청구서류라고 할 수 있다.

따라서 투자자에게 실제로 교부되는 것은 증권신고서가 아니라 투자설명서이며, 투자설명서는 증권신고서의 제출 및 효력발생이라는 진행단계에 따라 간이투자설명서, 예비투자설명서, 투자설명서등의 형태로 이용된다.

2 　투자설명서의 작성 및 공시

(1) 작성

투자설명서에는 증권신고서(일괄신고추가서류 포함)에 기재된 내용과 다른 내용을 표시하거나 그 기재사항을 누락할 수 없다. 다만, 기업경영등 비밀유지와 투자자 보호와의 형평 등을 고려하여 기재를 생략할 필요가 있는 사항으로서 군사기밀이나, 발행인의 기업비밀에 해당되는 것으로서 금융위의 확인을 받은 사항에 대하여는 그 기재를 생략할 수 있다(법 제123조 제2항).

(2) 공시

❶ 발행인은 증권을 모집하거나 매출하는 경우 투자설명서 및 간이투자설명서(모집 또는 매출하는 증권이 집합투자증권인 경우로 한정)를 증권신고의 효력이 발생하는 날(일괄신고추가서류를 제출하여야 하는 경우에는 그 일괄신고추가서류를 제출하는 날)에 금융위에 제출하여야 하며, 이를 총리령으로 정하는 장소에 비치하고 일반인이 열람할 수 있도록 하여야 함(법 제123조 제1항)

❷ 발행인은 투자설명서 및 간이투자설명서를 해당 증권의 발행인의 본점, 금융위, 거래소, 청약사무취급장소에 비치 및 공시하여야 함

(3) 개방형집합투자증권 및 파생결합증권에 대한 특례

개방형 집합투자증권 및 파생결합증권(금적립계좌를 말함)의 발행인은 다음의 구분에 따라 투자설명서 및 간이투자설명서를 금융위에 추가로 제출하여야 하며, 금융위·거래소등 총리령으로 정하는 장소에 비치하고 일반인이 열람할 수 있도록 하여야 한다. 다만, 그 개방형 집합투자증권 및 파생결합증권(금적립계좌)의 모집 또는 매출을 중지한 경우에는 제출·비치 및 공시를 하지 아니할 수 있다(법 제123조 제3항).

❶ 투자설명서 및 간이투자설명서를 제출한 후 1년마다(시행규칙 제13조 제2항) 1회 이상 다시 고친 투자설명서 및 간이투자설명서를 제출할 것

❷ 변경등록을 한 경우 변경등록의 통지를 받은 날부터 5일 이내에 그 내용을 반영한 투자설명서 및 간이투자설명서를 제출할 것

3 　정당한 투자설명서의 교부의무

(1) 교부의무

❶ 누구든지 증권신고의 효력이 발생한 증권을 취득하고자 하는 자(전문투자자, 서면으로 수령거부의사를 밝힌 자 등 제외)에게 투자설명서(집합투자증권의 경우 투자자가 제123조에 따른 투자설명서의 교부를 별도로 요청하지 아니하는 경우에는 간이투자설명서를 말함)를 미리 교부하지 아니하면 그 증권을 취득하게 하거나 매도할 수 없음

❷ 이 경우 투자설명서가 전자문서의 방법에 따르는 때에는 다음의 요건을 모두 충족하는 때에 이를 교부한 것으로 간주
   ㄱ. 전자문서에 의하여 투자설명서를 받는 것을 전자문서를 받을 자("전자문서수신자")가 동의할 것
   ㄴ. 전자문서수신자가 전자문서를 받을 전자전달매체의 종류와 장소를 지정할 것
   ㄷ. 전자문서수신자가 그 전자문서를 받은 사실이 확인될 것
   ㄹ. 전자문서의 내용이 서면에 의한 투자설명서의 내용과 동일할 것

❸ 투자설명서의 교부가 면제되는 자
   ㄱ. 전문투자자등 일정한 전문가
   ㄴ. 투자설명서를 받기를 거부한다는 의사를 서면, 전화·전신·모사전송, 전자우편 및 이와 비슷한 전자통신, 그 밖에 금융위가 정하여 고시하는 방법으로 표시한 자
   ㄷ. 이미 취득한 것과 같은 집합투자증권을 계속하여 추가로 취득하려는 자. 다만, 해당 집합투자증권의 투자설명서의 내용이 직전에 교부한 투자설명서의 내용과 같은 경우만 해당함

(2) 투자설명서의 사용방법

누구든지 증권신고의 대상이 되는 증권의 모집 또는 매출, 그 밖의 거래를 위하여 청약의 권유등을 하고자 하는 경우에는 다음의 어느 하나에 해당하는 방법에 따라야 한다.

❶ 증권신고의 효력이 발생한 후 투자설명서를 사용하는 방법
❷ 증권신고서가 수리된 후 신고의 효력이 발생하기 전에 예비투자설명서(신고의 효

력이 발생되지 아니한 사실을 덧붙여 적은 투자설명서)를 사용하는 방법

❸ 증권신고서가 수리된 후 신문·방송·잡지등을 이용한 광고, 안내문·홍보전단 또는 전자전달매체를 통하여 간이투자설명서(투자설명서에 기재하여야 할 사항 중 그 일부를 생략하거나 중요한 사항만을 발췌하여 기재 또는 표시한 문서, 전자문서, 그 밖에 이에 준하는 기재 또는 표시를 말함)를 사용하는 방법

❹ 집합투자증권의 경우 간이투자설명서만을 가지고 사용할 수 있으나, 투자자가 제123조에 따른 투자설명서의 사용을 별도로 요청하는 경우에는 그러하지 아니함. 집합투자증권의 간이투자설명서를 교부하거나 사용하는 경우에는 투자자에게 제123조에 따른 투자설명서를 별도로 요청할 수 있음을 알려야 함

chapter 06

증권 유통시장 공시제도

정기공시

1 제출대상

　주권상장법인과 다음의 법인은 사업보고서, 반기보고서, 분기보고서(이하 '사업보고서 등'이라 한다)를 일정한 기한 내에 금융위와 거래소에 제출하여야 한다(법 제159조, 제160조, 시행령 제167조).

❶ 다음의 어느 하나에 해당하는 증권을 증권시장에 상장한 발행인

　　ㄱ. 주권 외의 지분증권[집합투자증권과 자산유동화계획에 따른 유동화전문회사등(「자산유동화에 관한 법률」 제3조에 따른 유동화전문회사 등을 말함)이 발행하는 출자지분은 제외]

ㄴ. 무보증사채권(담보부사채권과 제362조 제8항에 따른 보증사채권을 제외한 사채권)

ㄷ. 전환사채권·신주인수권부사채권·이익참가부사채권 또는 교환사채권

ㄹ. 신주인수권이 표시된 것

ㅁ. 증권예탁증권(주권 또는 위의 증권과 관련된 증권예탁증권만 해당)

ㅂ. 파생결합증권

❷ ❶ 외에 다음의 어느 하나에 해당하는 증권을 모집 또는 매출(소액공모 제외)한 발행인(주권상장법인 또는 ❶에 따른 발행인으로서 해당 증권의 상장이 폐지된 발행인을 포함)

ㄱ. 주권

ㄴ. ❶의 어느 하나에 해당하는 증권

❸ ❶ 및 ❷ 외에 「주식회사의 외부감사에 관한 법률」 제2조에 따른 외부감사대상 법인으로서 ❷의 어느 하나에 해당하는 증권별로 금융위가 정하여 고시하는 방법에 따라 계산한 증권의 소유자 수가 500인 이상인 발행인(증권의 소유자 수가 500인 이상이었다가 500인 미만으로 된 경우로서 300인 미만으로 되지 아니하는 발행인을 포함)

2 제출면제

사업보고서등 제출대상법인에 포함되나 파산, 그 밖의 사유로 인해 사업보고서등 제출이 사실상 불가능하거나 실효성이 없는 경우로서 다음의 어느 하나에 해당되는 법인의 경우 사업보고서등 제출이 면제된다(법 제159조 제1항 단서).

❶ 파산으로 인하여 사업보고서의 제출이 사실상 불가능한 경우

❷ 「상법」등에 따라 해산사유가 발생한 법인으로서 최근 사업연도의 사업보고서의 제출이 사실상 불가능한 경우

❸ 주권상장법인등 일정한 증권을 상장한 발행인의 경우에는 상장의 폐지요건에 해당하는 발행인으로서 해당 법인에게 책임이 없는 사유로 사업보고서의 제출이 불가능하다고 금융위의 확인을 받은 경우

❹ 일정한 증권을 모집 또는 매출한 법인의 경우에는 같은 증권별로 각각의 증권마다 소유자 수가 모두 25인 미만인 경우로서 금융위가 인정한 경우. 다만, 그 소유자의 수가 25인 미만으로 감소된 날이 속하는 사업연도의 사업보고서는 제출하여야 함

❺ 주주수 500인 기준에 해당된 발행인의 경우에는 영 제167조 제1항 제2호 각 목의 어느 하나에 해당하는 증권으로서 각각의 증권마다 소유자의 수가 모두 300인 미만인 경우. 다만, 그 소유자의 수가 300인 미만으로 감소된 날이 속하는 사업연도의 사업보고서는 제출하여야 함

3 제출기한

사업보고서등 제출대상법인의 경우 사업보고서는 사업연도 경과 후 90일 내, 반기보고서와 분기보고서의 경우 반기 및 분기 종료일부터 45일 내에 금융위와 거래소에 제출하여야 한다.

최초로 사업보고서를 제출하여야 하는 법인은 사업보고서 제출대상법인에 해당하게 된 날부터 5일(사업보고서의 제출기간 중에 사업보고서 제출대상법인에 해당하게 된 경우에는 그 제출기한으로 제출하면 됨) 이내에 그 직전 사업연도의 사업보고서를 금융위와 거래소에 제출하여야 한다(법 제159조 제3항). 다만, 그 법인이 증권신고서등을 통하여 이미 직전 사업연도의 사업보고서에 준하는 사항을 공시한 경우에는 직전 사업연도의 사업보고서를 제출하지 아니할 수 있다.

4 기재사항

사업보고서 제출대상법인은 그 회사의 목적, 상호, 사업내용, 임원보수(「상법」, 그 밖의 법률에 따른 주식매수선택권을 포함하되, 그 사업연도에 임원에게 지급된 보수총액), 임원 개인별 보수와 그 구체적인 산정기준 및 방법(임원 개인에게 지급된 보수가 5억 원 이내의 범위에서 대통령령으로 정하는 금액 이상인 경우에 한함), 보수총액기준 상위 5명의 개인별 보수와 그 구체적인 산정기준 및 방법(개인에게 지급된 보수가 5억 원 이내의 범위에서 대통령령으로 정하는 금액 이상인 경우에 한정), 재무에 관한 사항과 시행령에서 정하는 사항을 기재하여야 한다.

금융위가 정하는 서식에 따라 기재사항을 기재하여 하며, 시행령에서 정한 다음의 사항을 포함하여야 한다.

❶ 대표이사와 제출업무를 담당하는 이사의 서명

❷ 회사의 개요

❸ 이사회등 회사의 기관 및 계열회사에 관한 사항

❹ 주주에 관한 사항

❺ 임원 및 직원에 관한 사항

❻ 회사의 대주주(그 특수관계인을 포함) 또는 임직원과의 거래내용

❼ 재무에 관한 사항과 그 부속명세

❽ 회계감사인의 감사의견

❾ 그 밖에 투자자에게 알릴 필요가 있는 사항으로서 금융위가 정하여 고시하는 사항

5 연결재무제표 등에 관한 특례

사업보고서를 제출하여야 하는 법인 중 「주식회사의 외부감사에 관한 법률 시행령」에 따라 연결재무제표 작성대상법인의 경우에는 사업보고서 기재사항 중 재무에 관한 사항과 그 부속명세, 그 밖에 금융위가 정하여 고시하는 사항은 연결재무제표를 기준으로 기재하되 그 법인의 재무제표를 포함하여야 하며, 회계감사인의 감사의견은 연결재무제표와 그 법인의 재무제표에 대한 감사의견을 기재하여야 한다(시행령 제168조 제4항).

그러나 최근 사업연도말 현재의 자산총액이 2조 원 미만인 법인 중 한국회계기준원이 제정한 회계처리기준으로서 국제회계기준에 따라 채택한 기준("한국채택국제회계기준")을 적용하지 아니하는 법인은 그 법인의 재무제표를 기준으로 재무에 관한 사항과 그 부속명세, 그 밖에 금융위가 정하여 고시하는 사항을 기재하고, 그 법인의 재무제표에 대한 회계감사인의 감사의견을 기재한 사업보고서를 사업연도 종료일부터 90일 내에 제출할 수 있다.

이 경우 그 사업연도의 종료 후 90일이 지난 날부터 30일 이내에 연결재무제표를 기준으로 한 재무에 관한 사항과 그 부속명세, 그 밖에 금융위가 정하여 고시하는 사항과 연결재무제표에 대한 회계감사인의 감사의견을 보완하여 제출하여야 한다(시행령 제168조 제5항).

사업보고서 제출대상법인이 「주식회사의 외부감사에 관한 법률」에 따라 기업집단결합재무제표를 작성하여야 하는 기업집단의 소속회사인 경우에는 기업집단결합재무제

표를 사업연도 종료 후 6개월 이내에 금융위와 거래소에 제출하여야 한다.

6 사업보고서등의 제출에 관한 특례

외국법인등의 경우에는 다음의 기준 및 방법에 따라 제출의무를 면제하거나 제출기한을 달리하는등 그 적용을 달리할 수 있다(법 제165조).

❶ 다음의 어느 하나에 해당하는 외국법인등에 대하여는 사업보고서에 관한 규정의 적용을 면제

ㄱ. 외국 정부

ㄴ. 외국 지방자치단체

ㄷ. 외국의 법령에 따라 설립되어 공익사업을 영위하는 외국 공공단체로서 외국 정부 또는 외국 지방자치단체가 지분을 보유하고 있는 외국 공공단체

ㄹ. 「국제금융기구에의 가입조치에 관한 법률」 제2조 제1항 각 호의 어느 하나에 해당하는 국제금융기구

❷ 외국법인등은 사업보고서를 법에서 정하는 기간이 지난 후 30일 이내에 제출할 수 있고, 반기보고서 및 분기보고서는 법에서 정하는 기간이 지난 후 15일 이내에 제출할 수 있음

그러나 외국법인등이 사업보고서등에 상당하는 서류를 해당 국가에 제출한 경우에는 그 날부터 10일(주요 사항 보고서의 경우에는 5일) 이내에 사업보고서등을 제출하거나 해당 국가에서 제출한 사업보고서등에 상당하는 서류에 금융위가 정하여 고시하는 요약된 한글번역문을 첨부하여 제출할 수 있음

금융위는 외국법인등의 종류·성격, 외국 법령등을 고려하여 외국법인등의 사업보고서등의 구체적인 기재내용, 첨부서류 및 서식등을 달리 정할 수 있다.

「중소기업기본법」 제2조에 따른 중소기업이 발행한 주권을 매매하는 코넥스시장에 상장된 주권을 발행한 법인의 경우에는 반기·분기보고서의 제출의무가 면제된다.

section 02 주요 사항 보고제도

1 개요

자본시장법에서는 공시의무자의 부담을 완화하기 위하여 공적인 규제가 필요한 항목을 종전 주요 경영사항 신고 중 회사존립, 조직재편성, 자본증감 등의 사항과 특수공시사항으로 최소화하여 그 사유발생 다음날까지 금융위에 주요 사항 보고서(법 제161조)로 제출하도록 하는 한편, 그 외의 공시사항에 대해서는 거래소가 운영하는 자율공시제도인 수시공시제도(법 제391조 제2항 제3호)로 이원화하였다.

이에 따라 수시공시사항에 대해서는 거래소와 사업보고서 제출대상법인 간의 자율공시사항으로서 거래소의 공시규정에서 정하는 바에 따르게 되었고, 위반시에도 법적인 제재는 불가능하게 되었다.

2 제출대상

주요 사항 보고서 제도는 정기적으로 제출되는 사업보고서, 반기보고서, 분기보고서를 보완하기 위한 제도이기 때문에 제출대상은 사업보고서 제출대상과 동일하다. 즉, 주권상장법인 외의 법인 역시 보고의무를 부담할 수 있음에 유의해야 한다.

3 주요 사항 보고서 제출사유 및 제출기한

주요 사항 보고 사유에 해당하는 사항이 발생한 경우에는 그 사실이 발생한 날의 다음날까지(제6호의 경우에는 그 사실이 발행한 날부터 3일 이내)에 금융위에 주요 사항 보고서를 제출하여야 한다(법 제161조).

❶ 발행한 어음 또는 수표가 부도로 되거나 은행과의 당좌거래가 정지 또는 금지된 때

❷ 영업활동의 전부 또는 중요한 일부가 정지되거나 그 정지에 관한 이사회 등의 결정이 있은 때

❸ 「채무자 회생 및 파산에 관한 법률」에 따른 회생절차개시의 신청이 있은 때

❹ 이 법,「상법」, 그 밖의 법률에 따른 해산사유가 발생한 때

❺ 자본증가 또는 자본감소에 관한 이사회의 결의가 있은 때

❻ 「상법」 제360조의2(주식의 포괄적 교환), 제360조의15(주식의 포괄적 이전), 제522조(합병) 및 제530조의2(분할, 분할합병)에 규정된 사실이 발생한 때

❼ 다음에 해당되는 중요한 영업 또는 자산을 양수하거나 양도할 것을 결의한 때

　ㄱ. 양수·양도하려는 영업부문의 자산액이 최근 사업연도말 현재 자산총액의 100분의 10 이상인 양수·양도

　ㄴ. 양수·양도하려는 영업부문의 매출액이 최근 사업연도말 현재 매출액의 100분의 10 이상인 양수·양도

　ㄷ. 영업의 양수로 인하여 인수할 부채액이 최근 사업연도말 현재 부채총액의 100분의 10 이상인 양수

　ㄹ. 양수·양도하려는 자산액이 최근 사업연도말 현재 자산총액의 100분의 10 이상인 양수·양도. 다만, 일상적인 영업활동으로서 상품·제품·원재료를 매매하는 행위등 금융위가 정하여 고시하는 자산의 양수·양도는 제외

❽ 자기주식을 취득(자기주식의 취득을 목적으로 하는 신탁계약의 체결을 포함) 또는 처분(자기주식의 취득을 목적으로 하는 신탁계약의 해지를 포함)할 것을 결의한 때

❾ 그 밖에 그 법인의 경영·재산 등에 관하여 중대한 영향을 미치는 사항으로서 다음의 사실이 발생한 때

　ㄱ.「기업구조조정 촉진법」 제2조 제3호에 따른 주채권은행으로부터 같은 법 제7조 제1항 또는 제2항에 따른 조치를 받은 때

　ㄴ. 제167조 제1항 제2호 각 목의 어느 하나에 해당하는 증권에 관하여 중대한 영향을 미칠 소송이 제기된 때

　ㄷ. 해외 증권시장에 주권의 상장 또는 상장폐지가 결정되거나, 상장 또는 상장폐지된 때 및 자본시장법 제437조 제1항에 따른 외국 금융투자감독기관 또는 자본시장법 제406조 제1항 제2호에 따른 외국 거래소 등으로부터 주권의 상장폐지, 매매거래정지, 그 밖의 조치를 받은 때

　ㄹ. 전환사채권, 신주인수권부사채권 또는 교환사채권의 발행에 관한 결정이 있

은 때

ㅁ. 그 밖에 그 법인의 경영·재산등에 관하여 중대한 영향을 미치는 사항으로서 금융위가 정하여 고시하는 사실이 발생한 때

수시공시제도

1   개요

투자자들의 정확한 투자판단을 위해 기업에 관한 중요한 변화가 발생하는 경우 이를 지체 없이 거래소에 신고하게 되는 수시공시제도가 운영되는데, 기업의 신고가 있는 경우 거래소는 이를 지체 없이 금융위에 송부하여야 한다(법 제392조 제3항). 거래소는 주권상장법인의 공시에 관한 규정의 제정과 관련 서식의 제·개정 등 공시제도의 운영을 담당한다(법 제391조). 거래소는 주권 등 상장법인의 기업내용 등의 신고·공시 및 관리를 위하여 유가증권시장공시규정, 코스닥시장공시규정 등을 마련하고 있다(법 제391조 제1항). 동 규정상 수시공시의 하부적 유형으로 주요 경영사항의 신고·공시, 자율공시, 조회공시 등이 있다.

2   수시공시의 유형

(1) 주요 경영사항의 신고·공시

주권상장법인은 거래소의 공시규정이 정하는 주요 경영사항에 해당하는 사실 또는 결정이 있는 경우에는 그 내용을 사유발생 당일 혹은 사유발생 다음날까지 거래소에 신고하여야 한다. 이를 자율규제기관(거래소)이 기업으로 하여금 의무적으로 공시하도록 한다는 점에서 의무공시라고 부르기도 한다.

(2) 자율공시

자율공시(혹은 자진공시)는 문자 그대로 기업의 자율적인 판단 및 책임하에 공시하는 것을 말한다. 상장기업이 주요 경영사항 외에 투자판단에 중대한 영향을 미칠 수 있거나 투자자에게 알릴 필요가 있다고 판단되는 사항의 발생 또는 결정이 있는 때에는 그 내용을 거래소에 신고할 수 있으며, 이 경우 그 신고는 사유발생일 다음날까지 하여야 하는 것을 의미한다.

기업은 일반적으로 불리한 정보는 가급적 드러내지 않은 채 유리한 정보를 널리 알리고자 하는 속성을 가지고 있어 주로 불리한 정보를 의무공시하는 한편 유리한 정보는 자율공시하는 경향이 있다. 따라서 기업에 유리한 사실만 공시해 기업의 홍보 수단으로 사용할 경우 투자자로부터 신뢰를 잃을 우려도 있다. 일단 자율공시를 하기만 하면 그 법적 효과는 주요 경영사항 공시와 동일하다.

(3) 조회공시

조회공시는 증권의 공정한 거래와 투자자 보호를 위하여 기업의 주요 경영사항 또는 그에 준하는 사항에 관한 풍문 또는 보도(풍문 등)의 사실 여부나 당해 기업이 발행한 주권 등의 가격이나 거래량에 현저한 변동(시황)이 있는 경우 거래소가 상장기업에게 중요한 정보의 유무에 대한 답변을 요구하고 당해 기업은 이에 응하여 공시하도록 하는 제도이다(법 제391조 제2항 제3호). 조회공시대상이 풍문 또는 보도와 관련한 경우에는 요구 시점이 오전인 때에는 당일 오후까지, 오후인 때에는 다음날 오전까지 답변하여야 하며, 시황급변과 관련한 경우에는 요구받은 날로부터 1일 이내에 다음날까지 답변하여야 한다.

3	공정공시

공정공시제도는 상장기업이 증권시장을 통해 공시되지 아니한 중요정보를 금융투자상품투자분석가(애널리스트) · 기관투자자 등 특정인에게 선별적으로 제공(selective disclosure)하고자 하는 경우 모든 시장참가자들이 동 정보를 알 수 있도록 그 특정인에게 제공하기 전에 증권시장을 통해 공시하도록 하는 제도이다.

공정공시제도는 근본적으로 수시공시제도를 보완하기 위하여 마련된 것이다. 따라서 공정공시를 이행하였다고 해서 다른 수시공시의무가 무조건적으로 면제되는 것은 아니다.

chapter 07

기업의 인수합병(M&A) 관련 제도

개관

　기업의 매수·합병(M&A)에 대해서는 자본시장법 이외에도 수많은 법률들이 관련되지만, 자본시장법은 M&A과정에서의 투자자 보호, 공격과 방어에 있어서의 공정한 경쟁을 보장하기 위해 필요한 공시제도를 규정하고 있는 것이 특징이다. 즉, 자본시장법은 기업의 경영권이 누구에게 귀속되어야 하는가와 무관하게 그 과정에서 공격자와 방어자 모두에게 적용되는 공시제도만을 규정하고 있다.

　한편, 종전 증권거래법에서 규정하고 있던 자기주식 취득 및 처분제도는 주요 사항 보고서 제도로, 합병등신고서 제도는 주요 사항 보고서 및 증권신고서 제도로 흡수·변경되었으며, 자본시장법상 M&A 관련 공시제도는 공개매수제도, 5% 보고제도 및 의결권 대리행사 권유제도가 있다.

1 개요

공개매수(tender offer or take-over bid)제도는 증권시장 밖에서 불특정 다수를 대상으로 이루어지는 주식등의 장외 매수에 대해 매수절차, 방법 등을 규정하고 그 내용을 공시하도록 하는 제도이다. 이는 경영권에 영향을 미칠 수 있는 주식등의 장외매수에 대해 경영권 경쟁의 공정성을 확보하고 매수 대상회사의 모든 주주에게 매도의 기회를 동등하게 부여하여 주주평등을 도모하는 데 그 목적이 있다. 자본시장법은 공개매수와 관련하여 공개매수 강제 및 공개매수 시 공개매수신고서 제출의무등을 규정하고 있다.

2 의의 및 적용대상

(1) 공개매수 의의

공개매수란 불특정 다수인에 대하여 의결권 있는 주식등의 매수(다른 증권과의 교환을 포함)의 청약을 하거나 매도(다른 증권과의 교환을 포함)의 청약을 권유하고 증권시장 및 다자간매매체결회사(이와 유사한 시장으로서 해외에 있는 시장을 포함) 밖에서 그 주식등을 매수하는 것을 말한다(법 제133조 제1항).

증권시장에서의 경쟁매매 외의 방법에 의한 주식등의 매수로서 매도와 매수 쌍방당사자 간의 계약, 그 밖의 합의에 따라 종목, 가격과 수량 등을 결정하고, 그 매매의 체결과 결제를 증권시장을 통하는 방법으로 하는 주식등의 매수의 경우(이른바 '블록딜')에는 증권시장 밖에서 행하여진 것으로 간주한다(법 제133조 제4항 및 시행령 제144조).

(2) 공개매수 의무

주식등을 6개월 동안 증권시장 밖에서 10인 이상의 자로부터 매수등을 하고자 하는 자는 그 매수등을 한 후에 본인과 그 특별관계자가 보유하게 되는 주식등의 수의 합계가 그 주식등의 총수의 100분의 5 이상이 되는 경우(본인과 그 특별관계자가 보유하는 주식등의 수의 합계가 그 주식등의 총수의 100분의 5 이상인 자가 그 주식등의 매수 등을 하는 경우를 포함)에는 공개매수를 하여야 한다(법 제133조 제3항).

(3) 적용대상 증권

의결권 있는 주식 및 그와 관계있는 다음의 증권이 공개매수 대상이 된다.

❶ 주권상장법인이 발행한 증권으로서 다음의 어느 하나에 해당하는 증권
  ㄱ. 주권
  ㄴ. 신주인수권이 표시된 것
  ㄷ. 전환사채권
  ㄹ. 신주인수권부사채권
  ㅁ. 위의 ㄱ.부터 ㄹ.까지의 증권과 교환을 청구할 수 있는 교환사채권
  ㅂ. 위의 ㄱ.부터 ㅁ.까지의 증권을 기초자산으로 하는 파생결합증권(권리의 행사로 그 기초자산을 취득할 수 있는 것만 해당)
❷ 주권상장법인 외의 자가 발행한 증권으로서 다음의 어느 하나에 해당하는 증권
  ㄱ. 위 ❶의 증권과 관련된 증권예탁증권
  ㄴ. 위 ❶의 증권이나 위 ㄱ. 증권과 교환을 청구할 수 있는 교환사채권
  ㄷ. ❶의 증권과 위의 ㄱ. 및 ㄴ. 증권을 기초자산으로 하는 파생결합증권(권리의 행사로 그 기초자산을 취득할 수 있는 것만 해당)

(4) 공개매수 의무자

공개매수 해당 여부를 판단하기 위한 지분의 계산은 특정인에 한정되지 않고, 그 특정인(본인)과 일정한 관계가 있는 자(특별관계자)까지 확대하고 있는바, 특별관계자라 함은 특수관계인과 공동보유자를 말한다(시행령 제141조 제1항).

❶ 특수관계인은 다음의 어느 하나에 해당하는 자를 말함(「금융회사의 지배구조에 관한 법률 시행령」 제3조)
  ㄱ. 본인이 개인인 경우
    a. 배우자(사실상의 혼인관계에 있는 자를 포함)
    b. 6촌 이내의 혈족
    c. 4촌 이내의 인척

d. 양자의 생가의 직계존속

e. 양자 및 그 배우자와 양가(養家)의 직계비속

f. 혼인 외의 출생자의 생모

g. 본인의 금전, 그 밖의 재산에 의하여 생계를 유지하는 자 및 본인과 생계를 함께 하는 자

h. 본인이 단독으로 또는 그와 위의 a부터 g까지의 관계에 있는 자와 합하여 법인이나 단체에 100분의 30 이상을 출자하거나, 그 밖에 임원의 임면 등 법인이나 단체의 중요한 경영사항에 대하여 사실상의 영향력을 행사하고 있는 경우에는 해당 법인이나 단체와 그 임원(본인이 단독으로 또는 그와 위의 a부터 i까지의 관계에 있는 자와 합하여 임원의 임면 등의 방법으로 그 법인 또는 단체의 중요한 경영사항에 대하여 사실상의 영향력을 행사하고 있지 아니함이 본인의 확인서등을 통하여 확인되는 경우에는 그 임원은 제외)

i. 본인이 단독으로 또는 그와 위의 a부터 h까지의 관계에 있는 자와 합하여 법인이나 단체에 100분의 30 이상을 출자하거나, 그 밖에 임원의 임면 등 법인이나 단체의 중요한 경영사항에 대하여 사실상의 영향력을 행사하고 있는 경우에는 해당 법인이나 단체와 그 임원(본인이 단독으로 또는 그와 위의 a부터 h까지의 관계에 있는 자와 합하여 임원의 임면 등의 방법으로 그 법인 또는 단체의 중요한 경영사항에 대하여 사실상의 영향력을 행사하고 있지 아니함이 본인의 확인서 등을 통하여 확인되는 경우에는 그 임원은 제외)

ㄴ. 본인이 법인이나 단체인 경우

a. 임원

b. 계열회사 및 그 임원

c. 단독으로 또는 위 ㄱ의 어느 하나의 관계에 있는 자와 합하여 본인에게 100분의 30 이상을 출자하거나, 그 밖에 임원의 임면 등 본인의 중요한 경영사항에 대하여 사실상의 영향력을 행사하고 있는 개인(그와 위 ㄱ의 a부터 i까지의 어느 하나의 관계에 있는 자를 포함) 또는 법인(계열회사는 제외), 단체와 그 임원

d. 본인이 단독으로 또는 본인과 위의 a부터 c까지의 관계에 있는 자와 합하여 법인이나 단체에 100분의 30 이상을 출자하거나, 그 밖에 임원의 임면 등 법인이나 단체의 중요한 경영사항에 대하여 사실상의 영향력을 행사하

고 있는 경우에는 해당 법인, 단체와 그 임원(본인이 임원의 임면 등의 방법으로 그 법인 또는 단체의 중요한 경영사항에 대하여 사실상의 영향력을 행사하고 있지 아니함이 본인의 확인서 등을 통하여 확인되는 경우에는 그 임원은 제외)

❷ 공동보유자는 본인과 합의나 계약 등에 따라 다음의 어느 하나에 해당하는 행위를 할 것을 협의한 자를 말함(시행령 제141조 제2항)

　ㄱ. 주식등을 공동으로 취득하거나 처분하는 행위

　ㄴ. 주식등을 공동 또는 단독으로 취득한 후 그 취득한 주식을 상호양도하거나 양수하는 행위

　ㄷ. 의결권(의결권의 행사를 지시할 수 있는 권한을 포함)을 공동으로 행사하는 행위

❸ 한편, 특수관계인이 소유하는 주식등의 수가 1,000주 미만이거나 공동보유자에 해당하지 아니함을 증명하는 경우에는 공개매수 및 5% 보고제도를 적용할 때 특수관계인으로 보지 아니함(시행령 제141조 제3항)

매수등의 목적, 유형, 그 밖에 다른 주주의 권익침해 가능성등을 고려하여 다음에 해당되는 매수등의 경우에는 공개매수 외의 방법으로 매수등을 할 수 있다(법 제133조 제3항 단서, 시행령 제143조).

❶ 소각을 목적으로 하는 주식등의 매수 등

❷ 주식매수청구에 응한 주식의 매수

❸ 신주인수권이 표시된 것, 전환사채권, 신주인수권부사채권 또는 교환사채권의 권리행사에 따른 주식등의 매수 등

❹ 파생결합증권의 권리행사에 따른 주식등의 매수 등

❺ 특수관계인으로부터의 주식등의 매수 등

❻ 그 밖에 다른 투자자의 이익을 해칠 염려가 없는 경우로서 금융위가 정하여 고시하는 주식등의 매수 등

4 　절차

(1) 공개매수의 공고

공개매수를 하고자 하는 자는 공개매수신고서 제출에 앞서 공개매수에 관한 다음의 사항을 「신문등의 진흥에 관한 법률」에 따른 일반 일간신문 또는 경제분야의 특수 일간신문 중 전국을 보급지역으로 하는 둘 이상의 신문에 공고하여야 한다(법 제134조 제1항, 시행령 제145조).

❶ 공개매수를 하고자 하는 자
❷ 공개매수할 주식등의 발행인
　ㄱ. 증권예탁증권의 경우에는 그 기초가 되는 주식등의 발행인
　ㄴ. 교환사채권의 경우에는 교환의 대상이 되는 주식등의 발행인
　ㄷ. 파생결합증권의 경우에는 그 기초자산이 되는 주식등의 발행인
❸ 공개매수의 목적
❹ 공개매수할 주식등의 종류 및 수
❺ 공개매수기간·가격·결제일 등 공개매수조건
❻ 매수자금의 명세, 그 밖에 투자자 보호를 위하여 필요한 다음의 사항
　ㄱ. 공개매수자와 그 특별관계자의 현황
　ㄴ. 공개매수 사무취급자에 관한 사항
　ㄷ. 공개매수의 방법
　ㄹ. 공개매수대상 회사의 임원이나 최대주주와 사전협의가 있었는지와 사전협의가 있는 경우에는 그 협의내용
　ㅁ. 공개매수가 끝난 후 공개매수대상 회사에 관한 장래 계획
　ㅂ. 공개매수공고 전에 해당 주식 등의 매수 등의 계약을 체결하고 있는 경우에는 그 계약사실 및 내용
　ㅅ. 공개매수신고서 및 공개매수설명서의 열람장소

(2) 공개매수신고서의 제출

공개매수공고일에 금융위와 거래소에 공개매수기간, 가격, 결제일 등 공개매수조건을 기재한 공개매수신고서를 제출하고, 신고서 사본은 공개매수대상 회사에 송부한다.

(3) 발행인의 의견표명

❶ 공개매수신고서 사본의 송부 및 공고

ㄱ. 공개매수자는 공개매수신고서를 제출하거나 정정신고서를 제출한 경우 지체 없이 그 사본을 공개매수할 주식등의 발행인에게 송부하여야 함(법 제135조, 제136조 제6항)

ㄴ. 공개매수자가 정정신고서를 제출한 경우에는 지체 없이 그 사실과 정정한 내용(공개매수공고에 포함된 사항에 한함)을 공고하여야 함(법 제136조 제5항)

❷ 발행인의 의견표명 방법

ㄱ. 공개매수신고서가 제출된 주식등의 발행인은 다음의 방법에 따라 그 공개매수에 관한 의견을 표명할 수 있음

a. 광고·서신(전자우편을 포함), 그 밖의 문서에 의하여야 함

b. 공개매수에 대한 발행인의 찬성·반대 또는 중립의 의견에 관한 입장과 그 이유가 포함되어야 하며, 의견표명 이후에 그 의견에 중대한 변경이 있는 경우에는 지체 없이 위의 방법으로 그 사실을 알려야 함

ㄴ. 발행인이 의견을 표명한 경우에는 그 내용을 기재한 문서를 지체 없이 금융위와 거래소에 제출하여야 함(법 제138조, 시행령 제149조)

(4) 공개매수의 실시

❶ 공개매수기간

ㄱ. 공개매수기간은 공개매수신고서의 제출일로부터 20일 이상 60일 이내이어야 함(시행령 제146조 제3항)

ㄴ. 정정신고서를 제출하는 경우 공개매수기간의 종료일은 다음과 같음

a. 그 정정신고서를 제출한 날이 공고한 공개매수기간 종료일 전 10일 이내에 해당하는 경우에는 그 정정신고서를 제출한 날부터 10일이 경과한 날

b. 그 정정신고서를 제출한 날이 공고한 공개매수기간 종료일 전 10일 이내에 해당하지 아니하는 경우에는 그 공개매수기간이 종료하는 날

❷ 공개매수설명서의 작성

ㄱ. 공개매수자(공개매수 사무취급자 포함)는 공개매수를 하고자 하는 경우에는 그 공개매수에 관한 설명서('공개매수설명서')를 작성하여 공개매수공고일에 금융위와 거래소에 제출하여야 하며, 이를 공개매수 사무취급자의 본점과 지점 그

밖의 영업소, 금융위 및 거래소에 비치하고 일반인이 열람할 수 있도록 하여야 함(법 제137조 제1항, 규칙 제16조)

ㄴ. 공개매수설명서에는 공개매수신고서에 기재된 내용과 다른 내용을 표시하거나 그 기재사항을 누락할 수 없음

❸ 공개매수설명서의 교부

ㄱ. 공개매수자는 공개매수할 주식등을 매도하고자 하는 자에게 공개매수설명서를 미리 교부하지 아니하면 그 주식등을 매수할 수 없음

ㄴ. 공개매수설명서가 전자문서의 방법에 따르는 때에는 다음의 요건을 모두 충족하는 때에 이를 교부한 것으로 간주

　a. 전자문서에 의하여 공개매수설명서를 받는 것을 전자문서수신자가 동의할 것

　b. 전자문서수신자가 전자문서를 받을 전자전달매체의 종류와 장소를 지정할 것

　c. 전자문서수신자가 그 전자문서를 받은 사실이 확인될 것

　d. 전자문서의 내용이 서면에 의한 공개매수설명서의 내용과 동일할 것

❹ 공개매수기간 중 별도 매수의 금지

ㄱ. 공개매수자(그 특별관계자 및 공개매수 사무취급자를 포함)는 공개매수공고일부터 그 매수기간이 종료하는 날까지 그 주식등을 공개매수에 의하지 아니하고는 매수등을 하지 못함(법 제140조)

ㄴ. 그러나 공개매수에 의하지 아니하고 그 주식등의 매수등을 하더라도 다른 주주의 권익침해가 없는 경우로서 다음의 경우에는 공개매수에 의하지 아니하고 매수등을 할 수 있음

　a. 해당 주식등의 매수등의 계약을 공개매수공고 전에 체결하고 있는 경우로서 그 계약체결 당시 법 제133조 제1항에 따른 공개매수의 적용대상에 해당하지 아니하고 공개매수공고와 공개매수신고서에 그 계약사실과 내용이 기재되어 있는 경우

　b. 공개매수 사무취급자가 공개매수자와 그 특별관계자 외의 자로부터 해당 주식등의 매수등의 위탁을 받는 경우

❺ 전부매수의무

ㄱ. 공개매수자는 공개매수신고서에 기재한 매수조건과 방법에 따라 응모한 주

식등의 전부를 공개매수기간이 종료하는 날의 다음 날 이후 지체 없이 매수하여야 함(법 제141조)

ㄴ. 다만, 다음의 어느 하나에 해당하는 조건을 공개매수공고에 게재하고 공개매수신고서에 기재한 경우에는 그 조건에 따라 응모한 주식등의 전부 또는 일부를 매수하지 아니할 수 있음

    a. 응모한 주식등의 총수가 공개매수 예정주식등의 수에 미달할 경우 응모주식등의 전부를 매수하지 아니한다는 조건

    b. 응모한 주식등의 총수가 공개매수 예정주식등의 수를 초과할 경우에는 공개매수 예정주식등의 수의 범위에서 비례배분하여 매수하고 그 초과 부분의 전부 또는 일부를 매수하지 아니한다는 조건

ㄷ. 공개매수자가 공개매수를 하는 경우 그 매수 가격은 균일하여야 함

(5) 공개매수의 철회

❶ 공개매수 철회의 사유 : 공개매수자는 공개매수공고일 이후에는 공개매수를 철회할 수 없으나, 대항공개매수(공개매수기간 중 그 공개매수에 대항하는 공개매수)가 있는 경우, 공개매수자가 사망·해산·파산한 경우, 그 밖에 투자자 보호를 해할 우려가 없는 경우로서 다음의 경우 공개매수기간의 말일까지 철회할 수 있음(법 제139조 및 시행령 제150조)

ㄱ. 공개매수자가 발행한 어음 또는 수표가 부도로 되거나 은행과의 당좌거래가 정지 또는 금지된 경우

ㄴ. 공개매수대상 회사에 다음의 어느 하나의 사유가 발생한 경우에 공개매수를 철회할 수 있다는 조건을 공개매수공고 시 게재하고 이를 공개매수신고서에 기재한 경우로서 그 기재한 사유가 발생한 경우

    a. 합병, 분할, 분할합병, 주식의 포괄적 이전 또는 포괄적 교환

    b. 중요한 영업이나 자산의 양도·양수

    c. 해산 및 파산

    d. 발행한 어음이나 수표의 부도

    e. 은행과의 당좌거래의 정지 또는 금지

    f. 주식등의 상장폐지

    g. 천재지변·전시·사변·화재, 그 밖의 재해등으로 인하여 최근 사업연도

자산총액의 100분의 10 이상의 손해가 발생한 경우

❷ 철회방법 : 공개매수자가 공개매수를 철회하고자 하는 경우에는 철회신고서를 금융위와 거래소에 제출하고, 그 내용을 공고하여야 하며, 그 사본을 공개매수를 철회할 주식등의 발행인에게 송부하여야 함

❸ 응모주주의 철회 : 공개매수대상 주식 등의 매수의 청약에 대한 승낙 또는 매도의 청약을 한 자(응모주주)는 공개매수기간 중에는 언제든지 응모를 취소할 수 있음. 이 경우 공개매수자는 응모주주에 대하여 그 응모의 취소에 따른 손해배상 또는 위약금의 지급을 청구할 수 없음

(6) 공개매수결과보고서의 제출

공개매수자는 공개매수가 종료한 때에 지체 없이 공개매수로 취득한 공개매수자의 보유 주식 등의 수, 지분율 등을 기재한 공개매수결과보고서를 금융위와 거래소에 제출하여야 한다(법 제143조).

section 03 주식등의 대량보유상황 보고제도

1 개요

주식등의 대량보유상황 보고제도는 주권상장법인의 주식등을 발행주식 총수의 5% 이상 보유하게 되는 경우와 보유지분의 변동 및 보유목적의 변경등 M&A와 관련된 주식등의 보유상황을 공시하도록 하는 제도로서 일반적으로 5% Rule 또는 5% 보고제도라고 한다.

주식등의 대량보유상황 보고제도는 유통시장에서 주식등의 가격 및 거래등에 영향을 미칠 수 있는 주식등의 대량취득·처분에 관한 정보를 신속하게 공시함으로써 시장의 투명성을 제고하는 한편, 기존 대주주에게 적대적인 M&A 시도를 공시하도록 하여 기업지배권 시장의 공정한 경쟁을 유도하는 데 그 목적이 있다.

2 　적용대상

보고대상증권은 '주식등'으로 공개매수의 '주식등'의 개념과 동일(법 제147조)하며, 보고의무자는 본인과 특별관계자를 합하여 주권상장법인의 주식등을 5% 이상 보유하게 된 자 또는 보유하고 있는 자이다(법 제147조).

3 　보고사유

(1) 신규 보고와 변동 보고

❶ 새로 5% 이상을 보유하게 되는 경우 — 신규 보고(법 제147조 제1항)

❷ 5% 이상 보유자가 보유비율의 1% 이상이 변동되는 경우 — 변동 보고(법 제147조 제1항)

　☞ 주식등의 대량보유상황·보유목적 또는 그 변동내용을 보고하는 날 전일까지 새로 변동내용을 보고하여야 할 사유가 발생한 경우 새로 보고하여야 하는 변동내용은 당초의 대량보유상황, 보유목적 또는 그 변동내용을 보고할 때 이를 함께 보고하여야 함(법 제147조 제3항)

❸ 신규 보고 및 변동 보고자의 보유목적(단순·일반투자목적과 경영참가목적 간)의 변경, 보유주식등에 대한 신탁·담보계약, 그 밖의 주요 계약 내용(해당 계약의 대상인 주식등의 수가 그 주식등의 총수의 1% 이상인 경우만 해당)의 변경, 보유형태(소유와 소유 외의 보유 간에 변경이 있는 경우로서 그 보유형태가 변경되는 주식등의 수가 그 주식등의 총수의 1% 이상인 경우만 해당)의 변경 — 변경 보고(법 제147조 제4항 및 시행령 제155조)

(2) 보고의무의 면제

다음의 경우에 해당되는 경우 변동보고의무 면제(법 제147조 제1항, 시행령 제153조 제5항)

❶ 보유 주식등의 수가 변동되지 아니한 경우

❷ 주주가 가진 주식수에 따라 배정하는 방법으로 신주를 발행하는 경우로서 그 배정된 주식만을 취득하는 경우

❸ 주주가 가진 주식수에 따라 배정받는 신주인수권에 의하여 발행된 신주인수권증

서를 취득하는 것만으로 보유주식등의 수가 증가하는 경우

④ 자본감소로 보유주식등의 비율이 변동된 경우

⑤ 신주인수권이 표시된 것(신주인수권증서는 제외), 신주인수권부사채권·전환사채권 또는 교환사채권에 주어진 권리행사로 발행 또는 교환되는 주식등의 발행 가격 또는 교환 가격 조정만으로 보유주식등의 수가 증가하는 경우

4 보고내용

(1) 보고의무자는 그 보유상황, 보유목적(발행인의 경영권에 영향을 주기 위한 목적 여부를 말함), 그 보유주식등에 관한 주요 계약내용과 다음의 사항을 보고하여야 한다(법 제147조 제1항 및 시행령 제153조 제2항).

❶ 대량보유자와 그 특별관계자에 관한 사항

❷ 보유주식등의 발행인에 관한 사항

❸ 변동사유

❹ 취득 또는 처분 일자·가격 및 방법

❺ 보유형태

❻ 취득에 필요한 자금이나 교환대상물건의 조성내역(차입인 경우에는 차입처를 포함)

❼ 위의 ❶부터 ❻까지의 사항과 관련된 세부사항으로서 금융위가 정하여 고시하는 사항

(2) 보유목적이 발행인의 경영권에 영향을 주기 위한 것이 아닌 경우와 '특례적용 전문투자자'의 경우에는 보고 시 약식보고서에 의할 수 있다(법 제147조 제1항 후단 및 시행령 제154조 제3항).

❶ 보유목적이 회사의 경영에 영향을 주기 위한 것이라 함은 다음의 어느 하나에 해당하는 것을 위하여 회사나 그 임원에 대하여 사실상 영향력을 행사(「상법」, 그 밖의 다른 법률에 따라 「상법」 제363조의2·제366조에 따른 권리를 행사하거나 이를 제3자가 행사하도록 하는 것을 포함)하는 것을 말함(시행령 제154조 제1항)

☞ 상법 제 363조의2(주주제안권), 제366조(소수주주에 의한 임시주총 소집청구)

ㄱ. 임원의 선임·해임 또는 직무의 정지(다만, 「상법」 제385조제2항(같은 법 제415조에서

준용하는 경우를 포함한다) 또는 제402조에 따른 권리를 행사하는 경우에는 적용하지 않는다)

ㄴ. 이사회등 회사의 기관과 관련된 정관의 변경(다만, 제2항 각 호의 어느 하나에 해당하는 자 또는 그 밖에 금융위원회가 정하여 고시하는 자가 투자대상기업 전체의 지배구조 개선을 위해 사전에 공개한 원칙에 따르는 경우에는 적용하지 않는다)

ㄷ. 회사의 자본금의 변경(다만, 「상법」 제424조에 따른 권리를 행사하는 경우에는 적용하지 않는다)

ㄹ. 회사의 합병, 분할과 분할합병

ㅁ. 주식의 포괄적 교환과 이전

ㅂ. 영업전부의 양수·양도 또는 금융위가 정하여 고시하는 중요한 일부의 양수·양도

ㅅ. 자산 전부의 처분 또는 금융위가 정하여 고시하는 중요한 일부의 처분

ㅇ. 영업전부의 임대 또는 경영위임, 타인과 영업의 손익 전부를 같이하는 계약, 그 밖에 이에 준하는 계약의 체결, 변경 또는 해약

ㅈ. 회사의 해산

> **(참고)** 스튜어드십 코드 도입 활성화 등 기관투자자들의 주주활동을 보장, 장려하는 경우 경영참여 목적으로 해석될 여지를 없애기 위해서, 회사 및 임원의 위법행위 대응을 위한 상법상 소수주주권의 행사, 공적연기금 등이 투자대상기업 전체의 지배구조 개선을 위하여 사전에 공개한 원칙에 따라 상법상 회사의 기관과 관련된 정관 변경 추진, 회사의 배당 결정과 관련된 주주의 활동, 단순한 의견 전달 또는 대외적인 의사표시 등은 '경영에 영향을 주는 것'에 해당하지 않도록 자본시장법 시행령을 개정하였음

보유목적이 "경영권에 영향을 주기 위한 것이 아닌 경우" 중에서도 (1) 주식 등의 수와 관계없이 법률에 따라 보장되는 권리(의결권, 신주인수권, 이익배당청구권 등)만을 행사하기 위한 경우에는 "단순투자 목적"으로 분류하여 최소한의 공시의무를 부과하고, (2) 임원보수, 배당 관련 주주제안 등 경영권 영향 목적은 없으나 적극적인 유형의 주주활동의 경우("일반투자 목적")에는 상대적으로 단순투자 목적에 비하여 강한 공시의무를 부과하는 등 분류를 세분화(시행령 제154조제3항).

보유목적 유형		보고사항	보고기한*
경영권 영향 목적 ○		**[일반투자자]** (i) 보유상황, (ii) 보유 목적, (iii) 보유주식 등 관련 주요계약내용, (iv) 대량보유자 및 그 특별관계자, (v) 발행인에 관한 사항, (vi) 변동 사유, (vii) 취득 또는 처분 일자·가격 및 방법, (viii) 보유 형태, (ix) 취득에 필요한 자금이나 교환대상물건의 조성내역 등	보유상황 변동일로부터 5일
		[특례 적용 전문투자자] 일반투자자의 단순투자 시 보고사항과 동일	상동
경영권 영향 목적 ×	일반투자 목적	**[일반투자자]** 일반투자자의 단순투자 시 보고사항 중 (i), (ii), (iii), (iv), (v), (vii), (ix)	보유상황 변동일로부터 10일
		[특례 적용 전문투자자] 일반투자자의 단순투자 시 보고사항 중 (i), (ii), (iv), (v)	보유상황 변동이 있었던 달의 다음 달 10일
	단순투자 목적	**[일반투자자]** 일반투자자의 단순투자 시 보고사항 중 (i), (ii), (iv), (v), (vii) 및 보유기간 동안 단순투자 목적 외의 행위 하지 않겠다는 확인	보유상황 변동이 있었던 달의 다음 달 10일
		[특례 적용 전문투자자] 일반투자자의 단순투자 시 보고사항 중 (i), (ii), (iv), (v) 및 보유기간 동안 단순투자 목적 외의 행위 하지 않겠다는 확인	보유상황 변동이 있었던 분기의 다음 달 10일

* 공휴일, 「근로자의 날 제정에 관한 법률」에 따른 근로자의 날, 토요일은 기간계산 시 산입하지 않음(법 제147조 제1항 및 시행령 제153조 제1항)

5   보고기준일

주식등의 대량보유자가 주식등의 보유상황이나 변동내용을 보고하여야 하는 경우 보고기한 계산의 기산일을 보고기준일(시행령 제153조 제3항)이라 하며 다음의 어느 하나에 해당되는 날이다.

❶ 주권비상장법인이 발행한 주권이 증권시장에 상장된 경우에는 그 상장일
❷ 흡수합병인 경우에는 합병을 한 날, 신설합병인 경우에는 그 상장일
❸ 증권시장에서 주식등을 매매한 경우에는 그 계약체결일
❹ 증권시장 외에서 주식등을 취득하는 경우에는 그 계약체결일

❺ 증권시장 외에서 주식등을 처분하는 경우에는 대금을 받는 날과 주식등을 인도하는 날 중 먼저 도래하는 날

❻ 유상증자로 배정되는 신주를 취득하는 경우에는 주금납입일의 다음날

❼ 주식등을 차입하는 경우에는 그 차입계약을 체결하는 날, 상환하는 경우에는 해당 주식등을 인도하는 날

❽ 주식등을 증여받는 경우에는 「민법」에 따른 효력발생일, 증여하는 경우에는 해당 주식등을 인도하는 날

❾ 상속으로 주식등을 취득하는 경우로서 상속인이 1인인 경우에는 단순승인이나 한정승인에 따라 상속이 확정되는 날, 상속인이 2인 이상인 경우에는 그 주식등과 관계되는 재산분할이 종료되는 날

❿ 위 ❶부터 ❾까지의 외의 사유로 인하여 보고하여야 하는 경우에는 「민법」·「상법」 등 관련 법률에 따라 해당 법률행위등의 효력이 발생하는 날

6 보유지분 산정방법

주식등의 보유비율 산정 시 보유주식등의 수와 주식등의 총수산정은 다음의 방법에 따른다(법 제147조 제2항).

(1) 주식등의 수는 다음의 구분에 따라 계산한 수로 함(시행규칙 제17조)

❶ 주권인 경우 : 그 주식의 수

❷ 신주인수권이 표시된 것인 경우 : 신주인수권의 목적인 주식의 수(신주인수권의 목적인 주식의 발행가액 총액 및 발행 가격이 표시되어 있는 경우에는 해당 발행가액 총액을 해당 발행 가격으로 나누어 얻은 수를 말함)

❸ 전환사채권인 경우 : 권면액을 전환에 의하여 발행할 주식의 발행 가격으로 나누어 얻은 수. 이 경우 1 미만의 단수는 계산하지 아니함

❹ 신주인수권부사채권인 경우 : 신주인수권의 목적인 주식의 수

❺ 교환사채권인 경우 : 다음의 어느 하나에 해당하는 수

　ㄱ. 교환대상 증권이 ❶부터 ❹까지, ❻ 및 ❼에 따른 증권인 경우에는 교환대상 증권별로 ❶부터 ❹까지, ❻ 및 ❼에서 정하는 수

ㄴ. 교환대상 증권이 교환사채권인 경우에는 교환대상이 되는 교환사채권을 기준으로 하여 교환대상 증권별로 제 ❶부터 ❹까지, ❻ 및 ❼에서 정하는 수

❻ 파생결합증권인 경우 : 다음 어느 하나에 해당하는 수

ㄱ. 기초자산이 되는 증권이 ❶부터 ❺까지 및 ❼에 따른 증권인 경우에는 기초자산이 되는 증권별로 ❶부터 ❺까지 및 ❼에서 정하는 수

ㄴ. 기초자산이 되는 증권이 파생결합증권인 경우에는 기초자산이 되는 파생결합증권을 기준으로 하여 기초자산이 되는 증권별로 ❶부터 ❺까지 및 ❼에서 정하는 수

❼ 증권예탁증권인 경우 : 그 기초가 되는 증권별로 ❶부터 ❻까지에서 정하는 수

(2) 주식등의 대량보유 여부를 판단할 때 주식등의 총수는 의결권 있는 발행주식 총수와 대량보유를 하게 된 날에 본인과 그 특별관계자가 보유하는 주식등[주권, 교환사채권의 교환대상이 되는 주권(자기주식은 제외), 파생결합증권의 기초자산이 되는 주권(자기주식은 제외) 및 증권예탁증권의 기초가 되는 주권은 제외]의 수를 합하여 계산한 수로 한다.

(3) 주식매수선택권을 부여받은 경우에는 주식등의 수와 주식등의 총수에 해당 주식매수선택권의 행사에 따라 매수할 의결권 있는 주식(자기주식을 포함)을 각각 더하여야 한다.

7 냉각기간

5% 보고 시 보유목적을 발행인의 경영권에 영향을 주기 위한 것으로 보고하는 자는 그 보고하여야 할 사유가 발생한 날부터 보고한 날 이후 5일까지 그 발행인의 주식등을 추가로 취득하거나 보유주식 등에 대하여 그 의결권을 행사할 수 없다(법 제150조 제2항).

또한, 이를 위반하여 추가로 취득한 주식등에 대해서는 의결권의 행사가 금지되며, 금융위는 6개월 내의 기간을 정하여 추가 취득분에 대해 처분명령을 할 수 있다(법 제150조 제3항).

section 04 의결권 대리행사 권유제도

1 개요

의결권 대리행사 권유제도는 회사의 경영진이나 주주 기타 제3자가 주주총회에서 다수의 의결권을 확보할 목적으로 기존 주주에게 의결권 행사의 위임을 권유하는 경우 권유절차, 권유방법 등을 규정하고 그 내용을 공시하도록 하는 제도이다.

의결권 대리행사 권유제도는 원래 주주의 주주총회 대리참석의 용이성을 제고하고 주주총회의 원활한 성립을 지원하는 제도였으나 최근에는 기업지배권 경쟁(Proxy contest)을 위한 수단으로 주로 활용됨에 따라 피권유자의 합리적인 의사결정을 지원하여 공정한 기업지배권 경쟁을 유도하는 기능을 수행하고 있다.

2 적용범위

(1) 적용대상자

상장주권(그 상장주권과 관련된 증권예탁증권을 포함)에 대하여 다음의 어느 하나에 해당하는 행위를 하고자 하는 자('의결권 권유자')(법 제152조 제1항 및 제2항)

❶ 자기 또는 제3자에게 의결권의 행사를 대리시키도록 권유하는 행위
❷ 의결권의 행사 또는 불행사를 요구하거나 의결권 위임의 철회를 요구하는 행위
❸ 의결권의 확보 또는 그 취소 등을 목적으로 주주에게 위임장 용지를 송부하거나, 그 밖의 방법으로 의견을 제시하는 행위

(2) 적용제외 및 적용 특례

❶ 다음의 어느 하나에 해당하는 경우에는 이 법에 의한 의결권대리행사 권유로 보지 않음(시행령 제161조)

ㄱ. 해당 상장주권의 발행인(그 특별관계자를 포함)과 그 임원(그 특별관계자를 포함) 외의 자가 10인 미만의 상대방('의결권 피권유자')에게 그 주식의 의결권 대리행사

의 권유를 하는 경우

ㄴ. 신탁, 그 밖의 법률관계에 의하여 타인의 명의로 주식을 소유하는 자가 그 타인에게 해당 주식의 의결권 대리행사의 권유를 하는 경우

ㄷ. 신문·방송·잡지등 불특정 다수인에 대한 광고를 통하여 대리행사 권유에 해당하는 행위를 하는 경우로서 그 광고내용에 해당 상장주권의 발행인의 명칭, 광고의 이유, 주주총회의 목적사항과 위임장 용지, 참고서류를 제공하는 장소만을 표시하는 경우

❷ 국가기간산업등 국민경제상 중요한 산업을 영위하는 상장법인으로서 다음의 요건을 모두 충족하는 법인 중에서 금융위가 관계 부처장관과의 협의와 국무회의에의 보고를 거쳐 지정하는 법인(공공적 법인)의 경우에는 그 공공적 법인만이 그 주식의 의결권 대리행사의 권유를 할 수 있음(법 제152조 제3항, 시행령 제162조)

ㄱ. 경영기반이 정착되고 계속적인 발전 가능성이 있는 법인일 것

ㄴ. 재무구조가 건실하고 높은 수익이 예상되는 법인일 것

ㄷ. 해당 법인의 주식을 국민이 광범위하게 분산 보유할 수 있을 정도로 자본금 규모가 큰 법인일 것

3 권유방법

(1) 위임장용지·참고서류의 교부

의결권 권유자는 의결권 피권유자에게 의결권 대리행사 권유 이전이나 그 권유와 동시에 다음의 어느 하나에 해당하는 방법으로 위임장 용지 및 참고서류를 교부하여야 한다(법 제152조 제1항, 시행령 제160조).

❶ 의결권 권유자가 의결권 피권유자에게 직접 내어주는 방법

❷ 우편 또는 모사전송에 의한 방법

❸ 전자우편을 통한 방법(의결권 피권유자가 전자우편을 통하여 위임장 용지 및 참고서류를 받는다는 의사표시를 한 경우만 해당)

❹ 주주총회 소집 통지와 함께 보내는 방법(의결권 권유자가 해당 상장주권의 발행인인 경우만 해당)

❺ 인터넷 홈페이지를 이용하는 방법

(2) 위임장용지 · 참고서류의 비치 및 열람

의결권 권유자는 의결권 피권유자에게 위임장 용지 및 참고서류를 제공하는 날의 2일(공휴일, 근로자의 날, 토요일은 제외)전까지 위임장 용지 및 참고서류를 금융위와 거래소에 제출하고 다음의 장소에 비치하여 일반인이 열람할 수 있도록 하여야 한다(법 제153조, 시행규칙 제18조).

❶ 주권상장법인의 본점과 지점, 그 밖의 영업소
❷ 명의개서대행회사
❸ 금융위
❹ 거래소

(3) 발행인의 의견표명

의결권 대리행사 권유대상이 되는 상장주권의 발행인은 의결권 대리행사의 권유에 대하여 의견을 표명한 경우에는 그 내용을 기재한 서면을 지체 없이 금융위와 거래소에 제출하여야 한다(법 제155조).

4 　의결권대리행사의 권유

❶ 참고서류에는 의결권대리행사의 권유의 개요, 주주총회의 각 목적사항 및 의결권대리행사를 권유하는 취지를 기재하되 항목별로는 적절한 표제를 붙여야 함(공시규정 제 3 – 15조 제1항)
❷ 권유자 및 그 대리인등에 관한 사항은 다음의 어느 하나에 해당하는 사항을 기재하여야 함(공시규정 제3 – 15조 제2항)
　　ㄱ. 권유자 및 그 특별관계자의 성명, 권유자와 특별관계자가 소유하고 있는 주식의 종류 및 수
　　ㄴ. 권유자의 대리인 성명, 그 대리인이 소유하고 있는 주식의 종류 및 수
　　ㄷ. 피권유자의 범위
　　ㄹ. 권유자 및 그 대리인과 회사와의 관계
❸ 주주총회의 목적사항의 기재와 관련하여 권유자가 해당 상장주권의 발행회사, 그 임원 또는 대주주가 아닌 경우 또는 주주총회 목적사항에 반대하고자 하는 자

인 경우에는 주주총회의 목적사항의 제목만 기재할 수 있음(상세한 내용은 공시규정 제3-15조 제3항 참조)

5 발행인과 의결권 권유자와의 관계

발행인이 아닌 의결권 권유자는 발행인이 의결권 대리행사의 권유를 하는 경우에는 그 발행인에 대하여 ① 발행인이 아닌 의결권 권유자에 대하여 주주명부(제316조에 따른 실질주주명부를 포함)의 열람·등사를 허용하는 행위나 ② 발행인이 아닌 의결권 권유자를 위하여 그 의결권 권유자의 비용으로 위임장 용지 및 참고서류를 주주에게 송부하는 행위를 요구할 수 있으며, 발행인은 요구받은 날부터 2일(대통령령으로 정하는 날은 제외) 이내에 이에 응하여야 한다.

chapter 08

장외거래 및 주식 소유제한

1 개요

자본시장법은 증권시장 및 파생상품시장 외에서 금융투자상품을 매매, 그 밖의 거래를 하는 경우 그 매매, 그 밖의 거래방법 및 결제의 방법 등 필요한 사항을 시행령에 위임하고 있다(법 제166조).

법 제166조에 따라 거래소시장 및 다자간매매체결회사 외에서 증권이나 장외파생상품을 매매하는 경우에는 협회를 통한 비상장주권의 장외거래 및 채권중개전문회사를 통한 채무증권의 장외거래를 제외하고는 단일의 매도자와 매수자 간에 매매하는 방법으로 하여야 한다(시행령 제177조).

한편, '08년 리먼브러더스 도산 사태 이후 장외파생상품 거래의 위험성이 재인식됨에 따라 금융투자업자의 장외파생상품 영업기준이 강화되고, 투자자 보호를 위해 장외파생상품 사전심의제가 운영되고 있다(법 제166조의2).

2 비상장주권의 장외거래

(1) 협회가 증권시장에 상장되지 아니한 주권의 장외매매거래에 관한 업무를 수행하거나 종합금융투자사업자가 증권시장에 상장되지 아니한 주권의 장외매매거래에 관한 업무를 수행하는 경우에는 아래의 기준을 준수하여야 한다(시행령 제178조).

❶ 동시에 다수의 자를 각 당사자로 하여 당사자가 매매하고자 제시하는 주권의 종목, 매수하고자 제시하는 가격('매수호가') 또는 매도하고자 제시하는 가격('매도호가')과 그 수량을 공표할 것
❷ 주권의 종목별로 금융위가 정하여 고시하는 단일의 가격 또는 당사자 간의 매도호가와 매수호가가 일치하는 경우에는 그 가격으로 매매거래를 체결시킬 것
❸ 매매거래대상 주권의 지정·해제기준, 매매거래방법, 결제방법 등에 관한 업무기준을 정하여 금융위에 보고하고, 이를 일반인이 알 수 있도록 공표할 것
❹ 금융위가 정하여 고시하는 바에 따라 재무상태·영업실적 또는 자본의 변동등 발행인의 현황을 공시할 것

(2) 협회 또는 종합금융투자사업자 외의 자는 증권시장 및 다자간매매체결회사 외에서 (1)의 방법으로 주권 매매의 중개업무를 하여서는 아니 된다.

3 채권장외거래

(1) 채권중개전문회사

전문투자자만을 대상으로 채무증권에 대한 투자중개업 인가를 받은 투자중개업자('채권중개전문회사')가 증권시장 외에서 채무증권 매매의 중개업무를 하는 경우에는 다음의 기준을 준수하여야 한다(시행령 제179조).

❶ 채무증권 매매의 중개는 매매의 중개대상이 되는 채무증권에 관하여 다음의 어느 하나에 해당하는 자 간의 매매의 중개일 것

 ㄱ. 전문투자자(시행령 제10조 제2항 제1호부터 제17호까지의 자 및 같은 조 제3항 제1호부터 제13호까지의 자)

 ㄴ. 「우체국 예금·보험에 관한 법률」에 따른 체신관서

 ㄷ. 그 밖에 금융위가 정하여 고시하는 자

❷ 동시에 다수의 자를 각 당사자로 하여 당사자가 매매하고자 제시하는 채무증권의 종목, 매수호가 또는 매도호가와 그 수량을 공표할 것

❸ 채무증권의 종목별로 당사자 간의 매도호가와 매수호가가 일치하는 가격으로 매매거래를 체결시킬 것

❹ 업무방법 등이 금융위가 정하여 고시하는 기준을 충족할 것

(2) 채권전문자기매매업자

채권을 대상으로 하여 투자매매업을 하는 자가 소유하고 있는 채권에 대하여 매도호가 및 매수호가를 동시에 제시하는 방법으로 해당 채권의 거래를 원활하게 하는 역할을 수행하는 자로서 금융위가 지정하는 자('채권전문자기매매업자')는 ① 매도호가와 매수호가를 동시에 제시하는 채권 또는 ② 해당 채권전문자기매매업자가 투자자에게 매도한 채권에 대하여 투자자의 매매에 관한 청약이 있는 경우에 해당 채권전문자기매매업자가 정한 투자자별 한도 이내에서 이에 응하여야 한다(시행령 제180조).

채권전문자기매매업자의 지정과 지정취소의 기준, 채권전문자기매매업자의 의무사항, 채권전문자기매매업자에 대한 지원사항, 그 밖에 채권전문자기매매업자에 관하여 필요한 사항은 금융위가 정하여 고시한다.

4   환매조건부매매

투자매매업자가 일반투자자등(시행령 제7조 제3항 제3호 각 목의 어느 하나에 해당하지 아니하는 자)과 환매조건부매매(대고객 환매조건부매매)를 하는 경우에는 다음의 기준을 준수하여야 한다(시행령 제181조).

한편, '환매조건부매매'란 증권을 일정기간 후에 환매수할 것을 조건으로 매도하는

'환매조건부매도'와 증권을 일정기간 후에 환매도할 것을 조건으로 매수하는 '환매조건부매수'를 말한다(시행령 제81조 제1항 제1호, 제85조 제3호).

❶ 국채증권, 지방채증권, 특수채증권, 그 밖에 금융위가 정하여 고시하는 증권을 대상으로 할 것

❷ 금융위가 정하여 고시하는 매매 가격으로 매매할 것

❸ 환매수 또는 환매도하는 날을 정할 것. 이 경우 환매조건부매수를 한 증권을 환매조건부매도하려는 경우에는 해당 환매조건부매도의 환매수를 하는 날은 환매조건부매수의 환매도를 하는 날 이전으로 하여야 함

❹ 환매조건부매도를 한 증권의 보관·교체 등에 관하여 금융위가 정하여 고시하는 기준을 따를 것

일반투자자 및 전문투자자를 대상으로 ❶에 규정된 증권에 대한 투자매매업(인수업은 제외)을 인가 받은 겸영금융투자업자(금융위가 정하여 고시하는 자는 제외)는 일반투자자등을 상대로 환매조건부매수업무를 영위할 수 없다(시행령 제181조 제2항).

금융기관등(시행령 제7조 제3항 제3호 각목의 어느 하나에 해당하는 자) 상호 간에 투자중개업자를 통하여 환매조건부매매(기관간 환매조건부매매)를 한 경우에는 금융위가 정하여 고시하는 방법에 따라 그 대상증권과 대금을 동시에 결제하여야 한다. 다만, 금융위가 고시하는 경우에는 그 대상증권과 대금을 동시에 결제하지 않을 수 있다(시행령 제181조 제3항).

5 증권 대차거래

투자매매업자 또는 투자중개업자는 증권의 대차거래 또는 그 중개·주선이나 대리업무를 하는 경우에는 다음의 기준을 준수하여야 한다(시행령 제182조).

(1) 대차거래기준

❶ 금융위가 정하여 고시하는 방법에 따라 차입자로부터 담보를 받을 것. 다만, 증권의 대여자와 차입자가 합의하여 조건을 별도로 정하는 대차거래로서 투자매매업자 또는 투자중개업자가 필요하다고 인정하는 대차거래의 중개(대차중개 제외)의 경우에는 담보를 받지 아니할 수 있음

❷ 금융위가 정하여 고시하는 방법에 따라 그 대상증권의 인도와 담보의 제공을 동시에 이행할 것. 다만, 외국인 간의 대차거래의 경우에는 예외

❸ 증권의 대차거래 내역을 협회를 통하여 당일에 공시할 것

(2) 투자매매업자 또는 투자중개업자는 대차중개(금융위가 정하여 고시하는 대차거래 형식의 중개)의 방법으로 대차거래의 중개를 할 수 있다. 한편, 투자매매업자 또는 투자중개업자 외의 자로서 법에 따라 설립되거나 인가를 받은 자가 증권의 대차거래 또는 그 중개주선 또는 대리업무를 하는 경우에는 (1)의 ❶~❸을 준용하며, 금융위가 정하여 고시하는 대차거래 형식의 중개의 방법으로 대차거래의 중개를 할 수 있다.

(3) 담보비율·관리, 대차거래의 공시방법 등에 관하여 필요한 사항은 금융위가 정하여 고시한다.

6 기업어음증권 장외거래

투자매매업자 또는 투자중개업자는 기업어음증권을 매매하거나 중개·주선 또는 대리하는 경우에는 다음의 기준을 준수하여야 한다(시행령 제183조). 이 경우 기업어음증권이란 은행(「은행법」 제2조의 은행과 「은행법」 제5조에서 금융기관으로 보는 신용사업 부문과 산업은행, 중소기업은행을 말함)이 기업의 위탁에 따라 내어준 것으로서 '기업어음증권'이라는 문자가 인쇄된 어음용지를 사용하는 것을 말한다(시행령 제4조).

❶ 둘 이상의 신용평가업자로부터 신용평가를 받은 기업어음증권일 것
❷ 기업어음증권에 대하여 직접 또는 간접의 지급보증을 하지 아니할 것

기타 기업어음증권의 매매 등의 방법, 신용평가 방법 등에 관하여 필요한 사항은 금융위가 정한다.

전자 단기사채 등의 장외거래에 관해서는 위 ❶ 및 ❷를 준용한다.

7   기타의 장외거래

(1) 해외시장 거래

❶ 일반투자자(금융위가 정하여 고시하는 전문투자자를 포함)는 해외 증권시장(증권시장과 유사한 시장으로 해외에 있는 시장을 말함, 시행령 제2조 제1호)이나 해외 파생상품시장에서 외화증권 및 장내파생상품의 매매거래(외국 다자간매매체결회사에서의 거래를 포함)를 하려는 경우에는 투자중개업자를 통하여 매매거래를 하여야 함(시행령 제184조). 이 경우 해외파생상품시장은 파생상품시장과 유사한 시장으로 해외에 있는 시장과 다음의 거래를 포함함(시행령 제184조 제1항)

ㄱ. 런던금속거래소의 규정에 따라 장외에서 이루어지는 금속거래

ㄴ. 런던귀금속시장협회의 규정에 따라 이루어지는 귀금속거래

ㄷ. 미국선물협회의 규정에 따라 장외에서 이루어지는 외국환거래

ㄹ. 선박운임선도거래업자협회의 규정에 따라 이루어지는 선박운임거래

ㅁ. 일본 금융상품거래법에 따라 장외에서 이루어지는 외국환거래

ㅂ. 유럽연합의 금융상품시장지침에 따라 장외에서 이루어지는 외국환거래

ㅅ. 그 밖에 국제적으로 표준화된 조건이나 절차에 따라 이루어지는 거래로서 금융위가 정하여 고시하는 거래(대륙간 거래소의 규정에 따라 장외에서 이루어지는 에너지 거래)

❷ 투자중개업자가 일반투자자로부터 해외 증권시장 또는 해외 파생상품시장에서의 매매거래를 수탁하는 경우에는 외국 투자중개업자등에 자기계산에 의한 매매거래 계좌와 별도의 매매거래 계좌를 개설하여야 함

❸ 해외 증권시장과 해외 파생상품시장에서의 매매주문의 수탁, 결제, 체결결과 및 권리행사 등의 통지, 그 밖에 투자매매업자 · 투자중개업자의 외화증권 및 장내파생상품의 국내 거래에 관하여 필요한 사항은 금융위가 정함

(2) 그 밖에 증권의 장외거래

❶ 투자매매업자가 아닌 자는 보유하지 아니한 채권을 증권시장 및 다자간매매체결회사 외에서 매도할 수 없음(시행령 제185조 제1항)

❷ 투자매매업자는 투자자로부터 증권시장 및 다자간매매체결회사의 매매수량 단

위 미만의 상장주권에 대하여 증권시장 및 다자간매매체결회사 외에서 매매주문을 받은 경우에는 이에 응하여야 함. 다만, 그 투자매매업자가 소유하지 아니한 상장주권에 대하여 매수주문을 받은 경우에는 이에 응하지 아니할 수 있음(시행령 제185조 제2항)

❸ 위 ❶ 및 ❷에서 규정한 사항 외에 증권시장 및 다자간매매체결회사 외에서의 증권 등의 매매와 결제방법, 그 밖에 필요한 사항은 증권 등의 종류와 매매, 그 밖의 거래의 형태 등에 따라 금융위가 정하여 고시하는 방법에 따름

8 장외파생상품의 매매

❶ 투자매매업자 또는 투자중개업자는 장외파생상품을 대상으로 하여 투자매매업 또는 투자중개업을 하는 경우에는 다음의 기준을 준수하여야 함(법 제166조의2)

ㄱ. 장외파생상품의 매매 및 그 중개·주선 또는 대리의 상대방이 일반투자자인 경우에는 그 일반투자자가 위험회피 목적의 거래를 하는 경우에 한할 것

　　이 경우 투자매매업자 또는 투자중개업자는 일반투자자가 장외파생상품 거래를 통하여 회피하려는 위험의 종류와 금액을 확인하고, 관련 자료를 보관하여야 함

　　한편 '위험회피 목적의 거래'란 위험회피를 하려는 자가 보유하고 있거나 보유하려는 자산·부채 또는 계약등("위험회피 대상")에 대하여 미래에 발생할 수 있는 경제적 손실을 부분적 또는 전체적으로 줄이기 위한 거래로서 계약 체결 당시 ① 위험회피 대상을 보유하고 있거나 보유할 예정일 것, ② 장외 파생거래 계약기간 중 장외파생거래에서 발생할 수 있는 손익이 위험회피 대상에서 발생할 수 있는 손익의 범위를 초과하지 아니할 것 이라는 요건을 충족하는 거래를 말함(시행령 제186조의2)

ㄴ. 장외파생상품의 매매에 따른 위험액(시장위험액, 신용위험액 및 운영위험액의 합계) 이 금융위가 정하는 한도를 초과하지 아니할 것

ㄷ. 영업용순자본에서 총위험액을 차감한 금액을 법 제15조, 제20조, 제117조의 4 제8항 또는 제249조의3 제8항에서 요구하는 인가업무 또는 등록업무 단위 별 자기자본(각 해당 조항에서 대통령령으로 정하는 완화된 요건을 말함)을 합계한 금액 으로 나눈 값이 100분의 150에 미달하는 경우(겸영금융투자업자의 경우에는 금융위

가 정하여 고시하는 경우를 말함)에는 그 미달상태가 해소될 때까지 새로운 장외파
생상품의 매매를 중지하고, 미종결거래의 정리나 위험회피에 관련된 업무만
을 수행할 것

ㄹ. 장외파생상품의 매매를 할 때마다 파생상품업무책임자의 승인을 받을 것
다만, 금융위가 정하는 기준을 충족하는 계약으로서 거래당사자 간에 미
리 합의된 계약조건에 따라 장외파생상품을 매매하는 경우는 제외

ㅁ. 월별 장외파생상품(파생결합증권 포함)의 매매, 그 중개·주선 또는 대리의 거래
내역을 다음 달 10일까지 금융위에 보고할 것

❷ 장외파생상품 거래의 매매에 따른 위험관리, 그 밖에 투자자를 보호하기 위하여
필요한 사항은 금융위가 정함

❸ 금감원장은 투자매매업자 및 투자중개업자의 장외파생상품의 매매등과 관련하
여 기준 준수 여부를 감독하여야 함

❹ 장외거래의 청산의무 : 금융투자업자는 다른 금융투자업자(외국 금융투자업자 포함)
와 청산의무거래(장외파생상품의 매매 및 그 밖의 장외거래를 말하며 그 거래에 따른 채무의 불
이행이 국내 자본시장에 중대한 영향을 줄 우려가 있는 경우로 한정)를 하는 경우 금융투자상
품거래청산회사(영 제186조의3 3항에 의거 금융위원회가 승인한 외국금융투자상품거래청산회사
포함)에게 청산의무거래에 따른 자기와 거래상대방의 채무를 채무인수, 경개 그
밖의 방법으로 부담하게 하여야 함

❺ 차액결제거래

ㄱ. 투자매매업자 또는 투자중개업자가 다음 모두 해당하는 장외파생상품 거래
(이하 '차액결제거래'라 함)를 하는 경우에는 증거금을 징구하여야 함. 이 경우 증
거금은 대용증권으로 대신할 수 있음

a. 장래의 일정기간 동안 미리 정한 가격으로 기초자산이나 기초자산의 가
격·이자율·지표·단위 또는 이를 기초로 하는 지수 등에 의하여 산출된
금전등을 교환할 것을 약정하는 계약

b. 주식, 주가지수, 통화(외국 통화 포함), 일반상품 등 기초자산 가격 변화와 연
계하여 계약 체결 당시 약정가격과 계약에 따른 약정을 소멸시키는 반대
거래 약정가격 간의 차액을 현금으로 결제할 것

c. 기초자산 가격 변화의 일정배율(음의 배율을 포함한다)로 연계될 것

d. 전문투자자와의 거래일 것

ㄴ. ㄱ의 증거금은 위 a에 따른 기초자산의 가액에 투자자의 신용상태 및 종목별 거래상황 등을 고려하여 정한 비율에 상당하는 금액(100분의 40 이상)으로 함

ㄷ. 투자매매업자 또는 투자중개업자는 차액결제거래 취급 규모를 신용공여 한도에 포함하여 자기자본의 100% 이내로 관리해야 함

ㄹ. 투자매매업자 또는 투자중개업자는 협회가 정하는 바에 따라 매일 당일의 차액결제거래 잔고 등을 협회에 제출하여야 함

❻ 장외파생상품의 투자요건 : 개인인 전문투자자가 위험회피 목적의 거래가 아닌 장외파생상품 거래를 하려는 경우에는 최근 5년 중 1년 이상의 기간 동안 지분증권, 파생상품, 고난도파생결합증권의 금융투자상품을 월말 평균잔고 기준으로 3억 원 이상 보유한 경험이 있을 것

공공적 법인의 주식 소유제한

1 공공적 법인의 개념

자본시장법상 '공공적 법인'이라 함은 국가기간산업 등 국민경제상 중요한 산업을 영위하는 법인으로서 다음 각 호의 요건을 모두 충족하는 법인 중에서 금융위가 관계부처장관과의 협의와 국무회의에의 보고를 거쳐 지정하는 상장법인을 말한다(법 제152조 제3항, 시행령 제162조).

❶ 경영기반이 정착되고 계속적인 발전 가능성이 있는 법인일 것
❷ 재무구조가 건실하고 높은 수익이 예상되는 법인일 것
❸ 해당 법인의 주식을 국민이 광범위하게 분산 보유할 수 있을 정도로 자본금 규모가 큰 법인일 것

2   주식 소유제한 내용

누구든지 공공적 법인이 발행한 주식을 누구의 명의로 하든지 자기의 계산으로 다음의 기준을 초과하여 소유할 수 없다. 이 경우 의결권 없는 주식은 발행주식 총수에 포함되지 아니하며, 그 특수관계인의 명의로 소유하는 때에는 자기의 계산으로 취득한 것으로 본다(법 제167조).

❶ 그 주식이 상장된 당시에 발행주식 총수의 100분의 10 이상을 소유한 주주는 그 소유비율
❷ 위 ❶에 따른 주주 외의 자는 발행주식 총수의 100분의 3 이내에서 정관이 정하는 비율

다만, 소유비율 한도에 관하여 금융위의 승인을 받은 경우에는 그 소유비율 한도까지 공공적 법인이 발행한 주식을 소유할 수 있다(법 제167조 제2항).

상기 기준을 초과하여 사실상 주식을 소유하는 자는 그 초과분에 대하여는 의결권을 행사할 수 없으며, 금융위는 그 기준을 초과하여 사실상 주식을 소유하고 있는 자에 대하여 6개월 이내의 기간을 정하여 그 기준을 충족하도록 시정할 것을 명할 수 있다(법 제167조 제3항).

section 03   외국인의 증권 소유제한

1   외국인의 증권 또는 장내파생상품 거래의 제한

외국인은 국내에 6개월 이상 주소 또는 거소를 두지 아니한 개인을 말하며, 외국법인등은 다음의 어느 하나에 해당하는 자를 말한다(법 제9조 제16항, 법 제168조 제1항, 시행령 제13조).

❶ 외국 정부

❷ 외국 지방자치단체

❸ 외국 공공단체

❹ 외국 법령에 따라 설립된 외국 기업

❺ 조약에 따라 설립된 국제기구

❻ 외국 법령에 따라 설정·감독하거나 관리되고 있는 기금이나 조합

❼ 외국 정부, 외국 지방자치단체가 또는 외국 공공단체에 의하여 설정·감독하거나 관리되고 있는 기금이나 조합

❽ 조약에 따라 설립된 국제기구에 의하여 설정·감독하거나 관리되고 있는 기금이나 조합

외국인 또는 외국법인등에 의한 증권 또는 장내파생상품의 매매, 그 밖의 거래에 관하여는 다음의 기준 및 방법에 따라 그 취득한도등을 제한할 수 있다(법 제168조 제1항).

❶ 외국인 또는 외국법인등은 금융위가 정하여 고시하는 경우를 제외하고는 누구의 명의로든지 자기의 계산으로 다음에서 정한 취득한도를 초과하여 공공적 법인이 발행한 지분증권을 취득할 수 없음. 이 경우 한도초과분의 처분, 취득한도의 계산기준·관리 등에 관하여 필요한 사항은 금융위가 정함

ㄱ. 종목별 외국인 또는 외국법인등의 1인 취득한도 : 해당 공공적 법인의 정관에서 정한 한도

ㄴ. 종목별 외국인 및 외국법인등의 전체 취득한도 : 해당 종목의 지분증권 총수의 100분의 40

❷ 금융위는 증권시장(다자간매매체결회사에서의 거래 포함) 및 파생상품시장의 안정과 투자자 보호를 위하여 필요하다고 인정하는 경우에는 위의 취득한도 제한 외에 증권 또는 장내파생상품(파생상품시장에서 거래되는 것만 해당)에 대하여 업종별, 종류별 또는 종목별·품목별 취득한도를 정할 수 있음

외국인 또는 외국법인등에 의한 공공적 법인의 주식 취득에 관하여는 위의 제한에 추가하여 그 공공적 법인의 정관이 정하는 바에 따라 따로 이를 제한할 수 있다(법 제168조 제2항).

외국인에 대한 한도 제한을 위반하여 주식을 취득한 자는 그 주식에 대한 의결권을 행사할 수 없으며, 금융위는 위 ❶ 또는 ❷를 위반하여 증권 또는 장내파생상품을 매

매한 자에게 6개월 이내의 기간을 정하여 그 시정을 명할 수 있다.

2 외국인의 상장증권 등의 거래 시 준수사항

외국인 또는 외국법인등은 상장증권 또는 장내파생상품을 매매하거나 그 밖의 거래를 하려는 경우에는 다음의 기준을 준수하여야 한다(시행령 제188조).

❶ 상장증권, 상장이 예정된 증권을 취득 또는 처분하기 위하여 매매거래 계좌를 개설하는 경우 : 금융위가 정하여 고시하는 방법 및 절차에 따라 본인의 인적 사항 등의 확인을 거쳐 개설할 것
❷ 상장증권을 매매하는 경우
  ㄱ. 금융위가 정하여 고시하는 경우를 제외하고는 증권시장(다자간매매체결회사에서의 거래를 포함)을 통하여 매매할 것
  ㄴ. 매매거래 계좌의 개설, 매수증권의 보관, 국내 대리인의 선임, 매매내역의 보고 등에 관하여 금융위가 정하여 고시하는 기준을 충족할 것
❸ 장내파생상품을 매매하는 경우에는 매매거래 계좌의 개설, 매매내역의 보고 등에 관하여 금융위가 고시하는 기준을 충족할 것
❹ 상장증권을 매매 외의 방식으로 거래하는 경우에는 그 거래내역의 신고 등에 관하여 금융위가 정한 신고기준 등을 충족할 것

chapter 09

불공정거래행위에 대한 규제

section 01 ## 총칙

증권 불공정거래는 자본시장법에서 요구하는 각종 의무를 이행하지 않고 주식을 거래하거나 거래 상대방을 속여 부당한 이득을 취하는 일체의 증권거래 행위로서 시세조종(주가조작), 미공개정보 이용(내부자거래), 부정거래행위, 시장질서 교란행위, 단기매매차익 거래, 주식소유 및 대량보유 보고의무 위반, 신고·공시의무 위반이 이에 해당된다.

미공개정보 이용(내부자거래) 규제

1 개요

내부자거래 규제란 협의로는 상장회사의 내부자 등이 당해 회사의 미공개 중요정보를 당해 회사의 증권거래에 이용하는 것을 금지하는 미공개 중요정보 이용행위의 금지를 의미하나, 광의로는 미공개 시장정보의 이용행위 규제와 내부자 등의 미공개 중요정보의 사적 이용행위를 예방할 수 있는 제반 공시제도를 포함한다. 자본시장법상의 내부자거래 규제는 미공개 중요정보 이용행위의 금지, 공개매수 관련 정보 이용행위 금지, 대량취득·처분 관련 정보 이용행위 금지, 단기매매차익반환제도, 임원 및 주요주주의 특정 증권등 상황보고제도·장내파생상품 대량보유 보고제도로 구성된다.

내부자거래 규제는 증권 및 파생상품시장에서의 정보의 비대칭을 야기하는 행위를 사전적 또는 사후적으로 방지하기 위한 제도이다. 즉, 증권 거래자 사이에 내부정보의 사적 이용을 금지하고 그에 대한 공시의무를 강화함으로써 정보의 비대칭으로 시장의 신뢰가 훼손되는 것을 예방하는 데 그 목적이 있다. 우리나라의 내부자거래 규제는 이사 등 회사 관계자를 중심으로 규제되어 왔으며 자본시장법도 회사 관계자를 주된 규제대상으로 하고 있으나 규제대상 증권 및 내부자의 범위 등이 확대되어 규제의 실효성이 제고되었다.

한편, 회사의 내부에서 생성되지 않은 정보의 경우에는 내부정보가 아니므로 규제대상에서 제외되는 것을 방지하기 위해 자본시장법은 시장정보라 하더라도 시장 참여자 간에 정보의 격차가 발생하고 투자자들의 투자판단에 영향을 미쳐 주가 변동을 초래할 수 있는 공개매수 관련 정보의 이용행위(법 제174조 제2항) 및 대량취득처분 관련 정보의 이용행위(법 제174조 제3항)를 금지하고 있다.

2 | 미공개 중요정보 이용행위의 금지

(1) 적용대상

내부자거래 규제의 적용대상 법인은 '상장법인'(증권시장에 상장된 증권을 발행한 법인 및 6개월 내 상장이 예정된 법인)(법 제9조 제15항, 법 제174조 제1항)이다.

(2) 규제대상

내부자거래 규제의 대상증권은 다음의 '특정 증권등'이다(법 제172조 제1항). 이 경우 특정 증권등에는 당해 법인이 발행한 증권에 한정되지 않고 당해 법인과 관련한 증권을 기초자산으로 하는 금융투자상품이 포함되어 국내 기업이 외국에서 발행한 증권예탁증권(DR)과 ELS, ELW 등과 같은 파생결합증권은 물론, call option, put option 등 파생상품의 매매도 당해 법인과 관련한 증권만을 기초자산으로 하는 경우 규제대상에 포함된다.

❶ 상장법인이 발행한 증권(다음의 증권 제외)
　　ㄱ. CB, BW, PB 및 EB 이외의 채무증권
　　ㄴ. 수익증권
　　ㄷ. 파생결합증권(❹에 해당하는 파생결합증권은 제외)
❷ ❶의 증권과 관련된 증권예탁증권
❸ 상장법인 외의 자가 발행한 것으로서 ❶ 또는 ❷의 증권과 교환을 청구할 수 있는 교환사채권
❹ ❶부터 ❸까지의 증권만을 기초자산으로 하는 금융투자상품

(3) 규제대상자

내부자거래 규제대상자는 다음의 ❶~❸의 어느 하나에 해당하는 자(다음의 ❶~❷의 어느 하나에 해당하지 않게 된 날부터 1년이 경과하지 아니한 자를 포함)를 말한다. 자본시장법은 종전 증권거래법상 규제대상자에 공정거래법상 계열회사 임직원, 주요 주주, 당해 법인과 계약체결을 교섭 중인 자, 당해 법인의 임직원, 대리인이 법인인 경우 그 법인의 임직원 및 대리인 등을 추가하여 규제범위를 확대하였다. 이 경우 임원은 상법 제401조의2 제1항에 따른 업무집행지시자를 포함한다(법 제172조 제1항). 미공개중요정보의 2차·3

차 수령자의 이용행위나 목적성 없이 시세에 영향을 주는 행위 등과 같은 '시장질서 교란행위'를 금지하고 위반 시 과징금 부과규정이 있다(법 제178조의2, 제429조의2).

❶ 내부자
ㄱ. 그 법인(그 계열회사를 포함) 및 그 법인의 임직원·대리인으로서 그 직무와 관련하여 미공개 중요정보를 알게 된 자
ㄴ. 그 법인(그 계열회사를 포함)의 주요 주주로서 그 권리를 행사하는 과정에서 미공개 중요정보를 알게 된 자

❷ 준내부자
ㄷ. 그 법인에 대하여 법령에 따른 허가·인가·지도·감독, 그 밖의 권한을 가지는 자로서 그 권한을 행사하는 과정에서 미공개 중요정보를 알게 된 자
ㄹ. 그 법인과 계약을 체결하고 있거나 체결을 교섭하고 있는 자로서 그 계약을 체결·교섭 또는 이행하는 과정에서 미공개 중요정보를 알게 된 자
ㅁ. ㄴ부터 ㄹ까지의 어느 하나에 해당하는 자의 대리인(이에 해당하는 자가 법인인 경우에는 그 임직원 및 대리인을 포함)·사용인, 그 밖의 종업원(ㄴ부터 ㄹ까지의 어느 하나에 해당하는 자가 법인인 경우에는 그 임직원 및 대리인)으로서 그 직무와 관련하여 미공개 중요정보를 알게 된 자

❸ 정보수령자 : ㄱ부터 ㄹ까지의 어느 하나에 해당하는 자(ㄱ부터 ㄹ까지의 어느 하나의 자에 해당하지 아니하게 된 날부터 1년이 경과하지 아니한 자를 포함)로부터 미공개 중요정보를 받은 자

(4) 규제대상행위

규제대상행위는 업무 등과 관련된 미공개 중요정보를 특정 증권등의 매매, 그 밖의 거래에 이용하거나 타인에게 이용하게 하는 행위. 즉, 증권의 매매거래 자체가 금지되는 것이 아니라 미공개 중요정보의 이용행위가 금지되는 것이다.

여기에서 미공개 중요정보란 투자자의 투자판단에 중대한 영향을 미칠 수 있는 정보로서 해당 법인(해당 법인으로부터 공개권한을 위임받은 자를 포함) 또는 그 법인의 자회사(그 자회사로부터 공개권한을 위임받은 자를 포함)가 다음의 어느 하나에 해당하는 방법으로 공개하고 해당 사항에 따라 정한 기간이나 시간이 지나는 방법으로 불특정 다수인이 알 수 있도록 공개하기 전의 것을 말한다.

❶ 법령에 따라 금융위 또는 거래소에 신고되거나 보고된 서류에 기재되어 있는 정보 : 그 내용이 기재되어 있는 서류가 금융위 또는 거래소가 정하는 바에 따라 비치된 날부터 1일

❷ 금융위 또는 거래소가 설치·운영하는 전자전달매체를 통하여 그 내용이 공개된 정보 : 공개된 때부터 3시간

❸ 「신문등의 진흥에 관한 법률」에 따른 일반 일간신문 또는 경제분야의 특수 일간신문 중 전국을 보급지역으로 하는 둘 이상의 신문에 그 내용이 게재된 정보 : 게재된 날의 다음 날 0시부터 6시간. 다만, 해당 법률에 따른 전자간행물의 형태로 게재된 경우에는 게재된 때부터 6시간

❹ 「방송법」에 따른 방송 중 전국을 가시청권으로 하는 지상파방송을 통하여 그 내용이 방송된 정보 : 방송된 때부터 6시간

❺ 「뉴스통신진흥법에 관한 법률」에 따른 연합뉴스사를 통하여 그 내용이 제공된 정보 : 제공된 때부터 6시간

3 공개매수 관련 정보의 이용행위 금지

(1) 규제대상자

주식등의 공개매수와 관련하여 다음의 어느 하나에 해당하는 자(❶부터 ❺까지에 해당하지 않게 된 날부터 1년이 경과하지 아니한 자를 포함)(법 제174조 제2항). 자본시장법은 미공개중요정보 이용행위 규제의 경우에서와 같이 종전 증권거래법상 규제대상자에 공정거래법상 계열회사 임직원, 주요 주주, 당해 법인과 계약체결을 교섭 중인 자, 당해 법인의 임직원, 대리인이 법인인 경우 그 법인의 임직원 및 대리인 등을 추가하여 규제범위를 확대하였다. 한편, 임원에는 상법 제401조의2 제1항에 따른 업무집행지시자 등이 포함된다(법 제172조 제1항).

❶ 공개매수 예정자(그 계열회사 포함) 및 공개매수 예정자의 임직원·대리인으로서 그 직무와 관련하여 공개매수의 실시 또는 중지에 관한 미공개 정보를 알게 된 자

❷ 공개매수 예정자(그 계열회사 포함)의 주요 주주로서 그 권리를 행사하는 과정에서 공개매수의 실시 또는 중지에 관한 미공개 정보를 알게 된 자

❸ 공개매수 예정자에 대하여 법령에 따른 허가·인가·지도·감독, 그 밖의 권한을

가지는 자로서 그 권한을 행사하는 과정에서 공개매수의 실시 또는 중지에 관한 미공개 정보를 알게 된 자

❹ 공개매수 예정자와 계약을 체결하고 있거나 체결을 교섭하고 있는 자로서 그 계약을 체결·교섭 또는 이행하는 과정에서 공개매수의 실시 또는 중지에 관한 미공개 정보를 알게 된 자

❺ ❷부터 ❹까지의 어느 하나에 해당하는 자의 대리인(이에 해당하는 자가 법인인 경우에는 그 임직원 및 대리인을 포함)·사용인, 그 밖의 종업원(❷부터 ❹까지의 어느 하나에 해당하는 자가 법인인 경우에는 그 임직원 및 대리인)으로서 그 직무와 관련하여 공개매수의 실시 또는 중지에 관한 미공개 정보를 알게 된 자

❻ 공개매수 예정자 또는 ❶부터 ❺까지의 어느 하나에 해당하는 자(❶부터 ❺까지의 어느 하나의 자에 해당하지 아니하게 된 날부터 1년이 경과하지 아니한 자를 포함)로부터 공개매수의 실시 또는 중지에 관한 미공개 정보를 받은 자

(2) 규제대상 행위

규제대상 행위는 주식등에 대한 공개매수의 실시 또는 중지에 관한 미공개 정보를 그 주식등과 관련된 특정 증권등의 매매, 그 밖의 거래에 이용하거나 타인에게 이용하게 하는 행위이다. 다만, 정보이용이 부득이 한 경우, 즉 공개매수 예정자가 공개매수를 목적으로 거래하는 경우에는 예외(법 제174조 제2항)

여기에서 공개매수의 실시 또는 중지에 관한 미공개정보란 공개매수의 실시 또는 중지에 관한 정보로서 공개매수 예정자(그로부터 공개권한을 위임받은 자를 포함)가 법령이 정한 방법으로 불특정 다수인이 알 수 있도록 공개하기 전의 것을 말하며, 공개 여부의 판단 기준 및 특정 증권등의 범위는 미공개 중요정보 이용행위 규제의 경우와 같고(시행령 제201조 제2항), 공개매수 및 주식등의 개념은 공개매수 규제(법 제133조)의 경우와 동일

---

4 **대량취득 및 처분 관련 정보 이용행위 금지**

(1) 규제대상자

주식등의 대량·취득처분과 관련하여 다음의 어느 하나에 해당하는 자(❶부터 ❺까지의 어느 하나의 자에 해당하지 아니하게 된 날부터 1년이 경과하지 아니한 자 포함)(법 제174조 제3항). 주

식등의 대량취득·처분정보 이용규제는 자본시장법에 새로 도입된 제도로서 자본시장법은 기업의 지배권 변동 및 투자자의 투자판단에 중대한 영향을 미칠 수 있는 대량거래 정보를 공개매수 뿐 아니라 경영권에 영향을 미칠 수 있는 대량취득·처분으로 확대하여 규제의 실효성을 강화하였다. 한편, 임원에는 상법 제401조의2 제1항에 따른 업무집행지시자 등이 포함된다(법 제172조 제1항).

❶ 대량취득·처분을 하려는 자(그 계열회사 포함) 및 대량취득·처분을 하려는 자의 임직원·대리인으로서 그 직무와 관련하여 대량취득·처분의 실시 또는 중지에 관한 미공개 정보를 알게 된 자

❷ 대량취득·처분을 하려는 자(그 계열회사 포함)의 주요 주주로서 그 권리를 행사하는 과정에서 대량취득·처분의 실시 또는 중지에 관한 미공개 정보를 알게 된 자

❸ 대량취득·처분을 하는 자에 대하여 법령에 따른 허가·인가·지도·감독, 그 밖의 권한을 가지는 자로서 그 권한을 행사하는 과정에서 대량취득·처분의 실시 또는 중지에 관한 미공개 정보를 알게 된 자

❹ 대량취득·처분을 하려는 자와 계약을 체결하고 있거나 체결을 교섭하고 있는 자로서 그 계약을 체결·교섭 또는 이행하는 과정에서 대량취득·처분의 실시 또는 중지에 관한 미공개 정보를 알게 된 자

❺ ❷부터 ❹까지의 어느 하나에 해당하는 자의 대리인(이에 해당하는 자가 법인인 경우에는 그 임직원 및 대리인 포함)·사용인, 그 밖의 종업원(❷부터 ❹까지의 어느 하나에 해당하는 자가 법인인 경우에는 그 임직원 및 대리인)으로서 그 직무와 관련하여 대량취득·처분의 실시 또는 중지에 관한 미공개 정보를 알게 된 자

❻ 대량취득·처분을 하는 자 또는 ❶부터 ❺까지의 어느 하나에 해당하는 자(❶부터 ❺까지의 어느 하나의 자에 해당하지 아니하게 된 날부터 1년이 경과하지 아니한 자 포함)로부터 대량취득·처분의 실시 또는 중지에 관한 미공개 정보를 알게 된 자

(2) 규제대상 행위

주식등의 대량취득·처분의 실시 또는 중지에 관한 미공개정보를 그 주식등과 관련된 특정 증권등의 거래에 이용하거나 이용하는 행위가 금지된다. 여기에서 대량취득·처분의 실시 또는 중지에 관한 미공개정보란 대량취득·처분의 실시 또는 중지에 관한 정보로서 대량취득·처분을 할 자(그로부터 공개권한을 위임받은 자를 포함)가 법령이 정한 방

법으로 불특정 다수인이 알 수 있도록 공개하기 전의 것을 말하며, 공개 여부의 판단기준 및 특정 증권등의 범위는 미공개 중요정보 이용행위 규제의 경우와 같고(시행령 제201조 제5항), 주식등의 개념은 공개매수 규제(법 제133조)의 경우와 동일하다.

한편, 주식등의 대량취득·처분은 다음에서 정하는 요건을 모두 충족하는 주식등의 취득·처분을 말한다(법 제174조 제3항, 시행령 제201조 제4항).

❶ 회사나 그 임원에 대하여 사실상 영향력을 행사할 목적(시행령 제154조 제1항에 규정된 목적을 말함)의 취득

❷ 금융위가 정하는 고시하는 비율 이상의 대량취득·처분일 것

❸ 그 취득·처분이 5% 보고대상에 해당할 것

5	내부자의 단기매매차익 반환제도

(1) 반환대상자

단기매매차익 반환제도는 일정 범위의 내부자에 대해 미공개 중요정보의 이용여부와 관계없이 특정 증권등의 단기매매거래에 따른 이익을 회사에 반환하도록 하여 내부자의 미공개 중요정보 이용행위를 예방하는 제도이다.

자본시장법은 단기매매차익 반환대상자를 주권상장법인의 주요 주주, 임원(상법 제401조의2 제1항에 따른 업무집행지시자 등 포함) 및 직원으로 규정(법 제172조 제1항). 다만, 직원의 경우 다음의 어느 하나에 해당하는 자로서 증권선물위원회가 직무상 제174조 제1항의 미공개중요정보를 알 수 있는 자로 인정한 자에 한한다(시행령 제194조).

❶ 그 법인에서 주요사항보고 대상에 해당하는 사항의 수립·변경·추진·공시, 그 밖에 이에 관련된 업무에 종사하고 있는 직원

❷ 그 법인의 재무·회계·기획·연구개발에 관련된 업무에 종사하고 있는 직원

(2) 반환대상 – 특정 증권등의 단기매매차익

주권상장법인의 특정 증권등을 매수한 후 6개월 이내에 매도하거나 특정 증권등을 매도한 후 6개월 이내에 매수하여 얻은 이익('단기매매차익'이라 함)(법 제172조 제1항). 이 경우 단기매매차익의 산정방법은 다음과 같다(시행령 제195조).

한편, 특정 증권등의 범위는 미공개 중요정보 금지 대상증권과 동일하다.

❶ 해당 매수(권리 행사의 상대방이 되는 경우로서 매수자의 지위를 가지게 되는 특정 증권등의 매도를 포함) 또는 매도(권리를 행사할 수 있는 경우로서 매도자의 지위를 가지게 되는 특정 증권등의 매수를 포함) 후 6개월(초일을 산입) 이내에 매도 또는 매수한 경우에는 매도단가에서 매수단가를 뺀 금액에 매수수량과 매도수량 중 적은 수량('매매일치수량')을 곱하여 계산한 금액에서 해당 매매일치수량분에 관한 매매거래수수료와 증권거래세액 및 농어촌특별세액을 공제한 금액을 이익으로 계산하는 방법. 이 경우 그 금액이 0원 이하인 경우에는 이익이 없는 것으로 봄

❷ 해당 매수 또는 매도 후 6개월 이내에 2회 이상 매도 또는 매수한 경우에는 가장 시기가 빠른 매수분과 가장 시기가 빠른 매도분을 대응하여 ❶에 따른 방법으로 계산한 금액을 이익으로 산정하고, 그 다음의 매수분과 매도분에 대하여는 대응할 매도분이나 매수분이 없어질 때까지 같은 방법으로 대응하여 ❶에 따른 방법으로 계산한 금액을 이익으로 산정하는 방법. 이 경우 대응된 매수분이나 매도분 중 매매일치수량을 초과하는 수량은 해당 매수 또는 매도와 별개의 매수 또는 매도로 보아 대응의 대상으로 함

ㄱ. ❶ 및 ❷에 따라 이익을 계산하는 경우 매수 가격·매도 가격은 특정 증권등의 종류 및 종목에 따라 다음에서 정하는 가격으로 계산(시행령 제195조 제2항)

　a. 매수 특정 증권등과 매도 특정 증권등이 종류는 같으나 종목이 다른 경우 : 매수 후 매도하여 이익을 얻은 경우에는 매도한 날의 매수 특정 증권등의 최종 가격을 매도 특정 증권등의 매도 가격으로 하고, 매도 후 매수하여 이익을 얻은 경우에는 매수한 날의 매도 특정 증권등의 최종 가격을 매수 특정 증권등의 매수 가격으로 함

　b. 매수 특정 증권등과 매도 특정 증권등이 종류가 다른 경우 : 지분증권 외의 특정 증권등의 가격은 증선위가 정하여 고시하는 방법에 따라 지분증권으로 환산하여 계산한 가격으로 함

ㄴ. 매수 특정 증권등과 매도 특정 증권등이 종류가 다른 경우 그 수량의 계산은 증선위가 정하여 고시하는 방법에 따라 계산된 수량으로 산정함

ㄷ. 단기매매차익 산정 시 매수 또는 매도 후 특정 증권등의 권리락·배당락 또는 이자락, 그 밖에 이에 준하는 경우로서 증선위가 정하여 고시하는 사유가 있는 경우에는 이를 고려하여 환산한 가격 및 수량을 기준으로 이익을 계산

함(시행령 제195조 제4항)

ㄹ. 단기매매차익 계산의 구체적인 기준과 방법 등 필요한 세부사항은 증선위가 정함

(3) 단기매매차익 반환의 예외

임직원 또는 주요 주주로서 행한 매도 또는 매수의 성격, 그 밖의 사정 등을 고려하여 정한 다음의 경우 및 주요 주주가 매도·매수한 시기 중 어느 한 시기에 있어서 주요 주주가 아닌 경우에는 적용하지 아니한다(법 제172조 제6항 및 시행령 제198조).

❶ 법령에 따라 불가피하게 매수하거나 매도하는 경우
❷ 정부의 허가·인가·승인 등이나 문서에 의한 지도·권고에 따라 매수하거나 매도하는 경우
❸ 안정조작이나 시장조성을 위하여 매수·매도 또는 매도·매수하는 경우
❹ 모집·사모·매출하는 특정 증권등의 인수에 따라 취득하거나 인수한 특정 증권등을 처분하는 경우
❺ 주식매수선택권의 행사에 따라 주식을 취득하는 경우
❻ 이미 소유하고 있는 지분증권, 신주인수권이 표시된 것, 전환사채권 또는 신주인수권부사채권의 권리행사에 따라 주식을 취득하는 경우
❼ 증권예탁증권의 예탁계약 해지에 따라 증권을 취득하는 경우
❽ 교환사채권 또는 교환사채권의 권리행사에 따라 증권을 취득하는 경우
❾ 모집·매출하는 특정 증권등의 청약에 따라 취득하는 경우
❿ 「근로자복지기본법」 제36조부터 제39조까지 또는 제44조에 따라 우리사주조합원에게 우선 배정된 주식의 청약에 따라 취득하는 경우(그 취득한 주식을 같은 법 제43조에 따라 수탁기관에 예탁한 경우에 한함)
⓫ 주식매수청구권의 행사에 따라 주식을 처분하는 경우
⓬ 공개매수에 응모함에 따라 주식 등을 처분하는 경우
⓭ 「국민연금법」에 따른 국민연금기금, 「공무원연금법」에 따른 공무원연금기금, 「사립학교교직원연금법」에 따른 사립학교교직원연금기금의 관리나 운용을 위한 매매로서 다음 각 목의 요건을 모두 갖춘 경우
ㄱ. 발행인의 경영권에 영향을 주기 위한 것(영 제154조 제1항이 정하는 것을 말한다)이

아닐 것

ㄴ. 미공개중요정보의 이용을 방지하기 위하여 다음의 요건을 모두 갖춘 것으로 증권선물위원회가 의결로써 인정하는 경우. 이 경우 증권선물위원회는 내부 통제기준의 적정성, 내부통제기준에 대한 준수 내용 등을 종합적으로 고려하여야 함

   a. 의결권 행사 및 이와 관련된 업무를 전담하는 부서(이하 수탁자책임 부서라 한다)와 특정증권등의 운용 관련 업무를 수행하는 부서(이하 운용부서라 한다) 간 독립적 구분

   b. 수탁자책임 부서와 운용 부서 간 사무공간 및 전산설비 분리

   c. 수탁자책임 부서가 업무 과정에서 알게 된 정보를 운용부서 또는 외부 기관에 부당하게 제공하는 행위의 금지 및 이를 위반한 임직원에 대한 처리 근거 마련

   d. 수탁자책임 부서가 운용부서 또는 외부 기관과 의결권 행사 또는 이와 관련된 업무에 관한 회의를 하거나 통신을 한 경우 그 회의 또는 통신에 관한 기록의 작성 및 유지

   e. a부터 d까지의 사항을 포함하는 내부통제기준의 마련

❶❹ 그 밖에 미공개 중요정보를 이용할 염려가 없는 경우로서 증선위가 인정하는 경우

(4) 단기매매차익에 대한 공시

증선위는 단기매매차익의 발생사실을 알게 된 경우에는 해당 법인에 이를 통보하여야 한다. 이 경우 그 법인은 통보받은 내용을 인터넷 홈페이지 등을 이용하여 공시하여야 한다(법 제172조 제3항).

(5) 투자매매업자에 대한 준용

단기매매차익 반환제도는 주권상장법인이 모집·사모·매출하는 특정 증권등을 인수한 투자매매업자에 대하여 당해 투자매매업자가 인수계약을 체결한 날부터 3개월 이내에 매수 또는 매도하여 그 날부터 6개월 이내에 매도 또는 매수하는 경우(인수증권 처분의 경우 제외)에 준용한다.

다만, 투자매매업자가 안정조작이나 시장조성을 위하여 매매하는 경우에는 해당 안정조작이나 시장조성기간 내에 매수 또는 매도하여 그 날부터 6개월 이내에 매도 또는 매수

하는 경우(당해 안정조작 또는 시장조성을 위한 경우 제외)에 준용(법 제172조 제7항, 시행령 제199조)

이 경우 안정조작이란 투자매매업자가 모집 또는 매출의 청약기간 종료일 전 20일부터 그 청약기간의 종료일까지의 기간 동안 증권의 가격을 안정시켜 증권의 모집 또는 매출을 원활하도록 하는 매매를 말하며, 시장조성이란 투자매매업자가 일정한 방법에 따라 모집 또는 매출한 증권의 수요·공급을 그 증권이 상장된 날부터 1개월 이상 6개월 이하의 범위에서 인수계약으로 정한 기간 동안 조성하는 매매를 말한다(법 제176조 제3항).

6   임원 및 주요 주주의 특정 증권등 소유상황 보고

주권상장법인의 임원 또는 주요 주주는 임원 또는 주요 주주가 된 날부터 5일(공휴일, 근로자의 날, 토요일은 제외) 이내에 누구의 명의로 하든지 자기의 계산으로 소유하고 있는 특정 증권등의 소유상황을, 그 특정 증권등의 소유상황에 변동이 있는 경우에는 그 변동이 있는 날부터 5영업일까지 그 내용을 각각 증선위와 거래소에 보고하여야 한다(법 제173조 및 시행령 제200조).

(1) 보고대상자

특정 증권등의 소유상황 보고제도는 내부정보 접근 가능성이 큰 내부자에 대해 특정 증권등의 소유상황을 공시하도록 하여 미공개 중요정보의 사적 이용행위를 예방하는 제도이다. 자본시장법은 보고대상자를 주권상장법인의 임원(상법 제401조의2 제1항에 따른 업무집행지시자 등 포함) 및 주요 주주로 규정(법 제173조 제1항)하고 있다.

(2) 보고방법

❶ 임원 또는 주요 주주가 된 날부터 5영업일 이내에 누구의 명의로든 자기의 계산으로 소유하고 있는 특정 증권등의 소유상황을, 그 특정 증권등의 소유상황에 변동이 있는 경우에는 누적변동수량이 1,000주 이상이거나, 누적취득(처분) 금액이 1천만 원 이상인 경우 그 변동이 있는 날부터 5영업일까지 증선위와 거래소에 보고

❷ 보고서 기재사항(시행령 제200조 제2항)은 다음과 같고, 보고서의 서식과 작성방법 등에 관하여 필요한 사항은 증선위가 정하여 고시함(시행령 제200조 제5항)

ㄱ. 보고자

ㄴ. 해당 주권상장법인

ㄷ. 특정 증권등의 종류별 소유현황 및 그 변동에 관한 사항

❸ 소유상황 보고 기준일(시행령 제200조 제3항)

ㄱ. 주권상장법인의 임원이 아니었던 자가 해당 주주총회에서 임원으로 선임된 경우 : 그 선임일

ㄴ. 「상법」 제401조의2 제1항 각 호의 자인 경우 : 해당 지위를 갖게 된 날

ㄷ. 주권상장법인이 발행한 주식의 취득 등으로 해당 법인의 주요 주주가 된 경우 : 그 취득등을 한 날

ㄹ. 주권비상장법인이 발행한 주권이 증권시장에 상장된 경우 : 그 상장일

ㅁ. 주권비상장법인의 임원(「상법」 제401조의2 제1항 각 호의 자를 포함) 또는 주요 주주가 합병, 분할합병 또는 주식의 포괄적 교환·이전으로 주권상장법인의 임원이나 주요 주주가 된 경우 : 그 합병, 분할합병 또는 주식의 포괄적 교환·이전으로 인하여 발행된 주식의 상장일

❹ 변동상황 보고 변동일(시행령 제200조 제4항)

ㄱ. 증권시장(다자간매매체결회사에서의 거래 포함, 이하 이 조에서 같음)이나 파생상품시장에서 특정 증권등을 매매한 경우에는 그 결제일

ㄴ. 증권시장이나 파생상품시장 외에서 특정 증권등을 매수한 경우에는 대금을 지급하는 날과 특정 증권등을 인도받는 날 중 먼저 도래하는 날

ㄷ. 증권시장이나 파생상품시장 외에서 특정 증권등을 매도한 경우에는 대금을 수령하는 날과 특정 증권등을 인도하는 날 중 먼저 도래하는 날

ㄹ. 유상증자로 배정되는 신주를 취득하는 경우에는 주금납입일의 다음날

ㅁ. 특정 증권등을 차입하는 경우에는 그 특정 증권등을 인도받는 날, 상환하는 경우에는 그 특정 증권등을 인도하는 날

ㅂ. 특정 증권등을 증여받는 경우에는 그 특정 증권등을 인도받는 날, 증여하는 경우에는 그 특정 증권등을 인도하는 날

ㅅ. 상속으로 특정 증권등을 취득하는 경우로서 상속인이 1인인 경우에는 단순승인이나 한정승인에 따라 상속이 확정되는 날, 상속인이 2인 이상인 경우에는 그 특정 증권등과 관계되는 재산분할이 종료되는 날

ㅇ. ㄱ부터 ㅅ까지 외의 경우에는 「민법」·「상법」 등 관련 법률에 따라 해당 법

률행위 등의 효력이 발생하는 날

7 장내파생상품의 대량보유 보고

(1) 장내파생상품의 대량보유 보고

동일 품목의 장내파생상품(일반상품, 금융위가 정하여 고시하는 기준과 방법에 따른 주가지수를 기초자산으로 하는 것으로서 파생상품시장에서 거래되는 것에 한함)을 금융위가 정하여 고시하는 수량 이상 보유(누구의 명의로든지 자기의 계산으로 소유하는 경우)하게 된 자는 그 날부터 5일(공휴일, 근로자의 날, 토요일은 제외) 이내에 그 보유 상황 등을 금융위와 거래소에 보고하여야 하며, 그 보유 수량이 금융위가 정하여 고시하는 수량 이상으로 변동된 경우에는 그 변동된 날부터 5일(공휴일, 근로자의 날, 토요일은 제외) 이내에 그 변동 내용을 금융위와 거래소에 보고하여야 한다(법 제173조의2 제1항 및 시행령 제200조의2).

❶ 보고내용은 다음과 같으며, 보고의 방법 및 절차 등에 관하여 필요한 사항은 금융위가 정하여 고시함

　ㄱ. 대량보유자 및 그 위탁을 받은 금융투자업자에 관한 사항

　ㄴ. 해당 장내파생상품거래의 품목 및 종목

　ㄷ. 해당 장내파생상품을 보유하게 된 시점, 가격 및 수량

　ㄹ. 위의 내용과 관련된 사항으로서 금융위가 정하는 사항

❷ 금융위와 거래소에 보고하여야 할 자가 위탁자인 경우에는 금융투자업자로 하여금 대신하여 보고하게 할 수 있으며, 장내파생상품의 대량보유 상황이나 그 변동 내용을 보고하는 날 전날까지 새로 변동 내용을 보고하여야 할 사유가 발생한 경우에는 새로 보고하여야 하는 변동 내용을 당초의 대량보유 상황이나 그 변동 내용을 보고할 때 함께 보고하여야 함

(2) 파생상품 관련 정보의 누설 금지 등

다음의 어느 하나에 해당하는 자로서 파생상품시장에서의 시세에 영향을 미칠 수 있는 정보를 업무와 관련하여 알게 된 자와 그 자로부터 그 정보를 전달받은 자는 그 정보를 누설하거나, 장내파생상품 및 그 기초자산의 매매나 그 밖의 거래에 이용하거나, 타인으로 하여금 이용하게 할 수 없다(법 제173조의2 제2항).

❶ 장내파생상품의 시세에 영향을 미칠 수 있는 정책을 입안·수립 또는 집행하는 자
❷ 장내파생상품의 시세에 영향을 미칠 수 있는 정보를 생성·관리하는 자
❸ 장내파생상품의 기초자산의 중개·유통 또는 검사와 관련된 업무에 종사하는 자

8　위반에 대한 제재

(1) 형사책임

다음의 어느 하나에 해당하는 자는 1년 이상의 유기징역 또는 그 위반행위로 얻은 이익 또는 회피한 손실액의 3배 이상 5배 이하에 상당하는 벌금에 처한다. 다만, 그 위반행위로 얻은 이익 또는 회피한 손실액이 없거나 산정하기 곤란한 경우 또는 그 위반행위로 얻은 이익 또는 회피한 손실액의 5배에 해당하는 금액이 5억 원 이하인 경우에는 벌금의 상한액을 5억 원으로 한다(법 제443조 제1항).

❶ 상장법인의 업무 등과 관련된 미공개 중요정보를 특정 증권등의 매매, 그 밖의 거래에 이용하거나 타인에게 이용하게 한 자
❷ 주식등에 대한 공개매수의 실시 또는 중지에 관한 미공개 정보를 그 주식등과 관련된 특정 증권등의 매매, 그 밖의 거래에 이용하거나 타인에게 이용하게 한 자
❸ 주식등의 대량취득·처분의 실시 또는 중지에 관한 미공개 정보를 그 주식등과 관련된 특정 증권등의 매매, 그 밖의 거래에 이용하거나 타인에게 이용하게 한 자

(2) 손해배상책임

❶ (1)의 ❶~❸ 해당하는 자는 해당 특정 증권등의 매매, 그 밖의 거래를 한 자가 그 매매, 그 밖의 거래와 관련하여 입은 손해를 배상할 책임을 짐(법 제175조)
❷ 이에 따른 손해배상청구권은 청구권자가 그 위반한 행위가 있었던 사실을 안 날부터 2년간 또는 그 행위가 있었던 날부터 5년간 이를 행사하지 아니한 경우에는 시효로 인하여 소멸함

(3) 과징금

불공정거래행위에 아래와 같이 과징금을 병과할 수 있다.

❶ (1)의 ❶~❸ 해당하는 자에게는 그 위반행위로 얻은 이익 또는 회피한 손실액의 2배에 상당하는 금액 이하의 과징금을 부과할 수 있다(법 제429조의2 제1항 본문).

❷ 다만, 위반행위와 관련된 거래로 얻은 이익 또는 이로 인하여 회피한 손실액이 없거나 산정하기 곤란한 경우에는 40억 원 이하의 과징금을 부과할 수 있다(법 제429조의2 제1항 단서).

section 03 시세조종행위 규제

1   개요

시세조종행위란 협의로는 증권시장 및 파생상품시장에서 시장기능에 의하여 자연스럽게 형성되어야 할 가격이나 거래동향을 인위적으로 변동시킴으로써 부당이득을 취하는 행위를 말한다. 시세조종행위는 증권시장 및 파생상품시장의 가격 결정 기능과 공정한 거래질서를 훼손하여 투자자의 신뢰를 저해함으로써 자본시장의 기능을 파괴할 수 있다.

이에 자본시장법은 협의의 시세조종행위는 물론, 합리성이 결여된 비경제적 매매주문 또는 매매성황을 오인케 하거나 중요사실에 대한 허위의 표시 등 증권시장 및 파생상품시장의 시장기능을 저해하는 일련의 행위를 유형화하여 엄격히 금지하는 한편, 증권시장과 파생상품시장 간 현·선연계 시세조종행위 및 파생결합증권과 그 기초자산인 증권 간 연계 시세조종행위 등 새로운 유형의 시세조종행위에 대한 법적 규제를 강화하였다.

2   규제대상

(1) 위장매매에 의한 시세조종

누구든지 상장증권 또는 장내파생상품의 매매에 관하여 그 매매가 성황을 이루고 있는 듯이 잘못 알게 하거나, 그 밖에 타인에게 그릇된 판단을 하게 할 목적으로 다음의 어느 하나에 해당하는 행위 및 그 행위를 위탁하거나 수탁할 수 없다(법 제176조 제1항).

❶ 통정매매
  ㄱ. 자기가 매도하는 것과 같은 시기에 그와 같은 가격 또는 약정수치로 타인이 그 증권 또는 장내파생상품을 매수할 것을 사전에 그 자와 서로 짠 후 매도하는 행위
  ㄴ. 자기가 매수하는 것과 같은 시기에 그와 같은 가격 또는 약정수치로 타인이 그 증권 또는 장내파생상품을 매도할 것을 사전에 그 자와 서로 짠 후 매수하는 행위
❷ 가장매매 : 그 증권 또는 장내파생상품의 매매를 함에 있어서 그 권리의 이전을 목적으로 하지 아니하는 거짓으로 꾸민 매매를 하는 행위

(2) 현실매매에 의한 시세조종

누구든지 상장증권 또는 장내파생상품의 매매를 유인할 목적으로 그 증권 또는 장내파생상품의 매매가 성황을 이루고 있는 듯이 잘못 알게 하거나 그 시세(증권시장 또는 파생상품시장에서 형성된 시세, 다자간매매체결회사가 상장주권의 매매를 중개함에 있어서 형성된 시세, 상장되는 증권에 대하여 증권시장에서 최초로 형성되는 시세를 말함)를 변동시키는 매매 또는 그 위탁이나 수탁을 하는 행위를 할 수 없다(법 제176조 제2항 제1호).

(3) 허위표시 등에 의한 시세조종

누구든지 상장증권 또는 장내파생상품의 매매를 유인할 목적으로 다음의 행위를 할 수 없다(법 제176조 제2항 제2호 및 제3호).

❶ 그 증권 또는 장내파생상품의 시세가 자기 또는 타인의 시장 조작에 의하여 변동한다는 말을 유포하는 행위
❷ 그 증권 또는 장내파생상품의 매매를 함에 있어서 중요한 사실에 관하여 거짓의 표시 또는 오해를 유발시키는 표시를 하는 행위

(4) 가격 고정 또는 안정조작행위

❶ 누구든지 상장증권 또는 장내파생상품의 시세를 고정시키거나 안정시킬 목적으

로 그 증권 또는 장내파생상품에 관한 일련의 매매 또는 그 위탁이나 수탁을 하는 행위를 할 수 없음(법 제176조 제3항)

❷ 가격 고정 또는 안정조작행위 금지의 예외

ㄱ. 모집 또는 매출되는 증권의 발행인 또는 소유자와 인수계약을 체결한 투자매매업자가 일정한 방법(시행령 제204조)에 따라 그 증권의 모집 또는 매출의 청약기간의 종료일 전 20일부터 그 청약기간의 종료일까지의 기간 동안 증권의 가격을 안정시킴으로써 증권의 모집 또는 매출을 원활하도록 하기 위한 매매거래('안정조작')를 하는 경우

ㄴ. 투자매매업자가 일정한 방법(시행령 제205조)에 따라 모집 또는 매출한 증권의 수요·공급을 그 증권이 상장된 날부터 1개월 이상 6개월 이내에서 인수계약으로 정한 기간 동안 조성하는 매매거래('시장조성')를 하는 경우

ㄷ. 모집 또는 매출되는 증권 발행인의 임원 등이 투자매매업자에게 안정조작을 위탁하는 경우

ㄹ. 투자매매업자가 안정조작을 수탁하는 경우

ㅁ. 모집 또는 매출되는 증권의 인수인이 투자매매업자에게 시장조성을 위탁하는 경우

ㅂ. 투자매매업자가 시장조성을 수탁하는 경우

(5) 현·선연계 시세조종행위

누구든지 상장증권 또는 장내파생상품의 매매와 관련하여 다음의 어느 하나에 해당하는 행위를 할 수 없다(법 제176조 제4항).

❶ 현·선연계 시세조종

ㄱ. 장내파생상품 매매에서 부당한 이익을 얻거나 제3자에게 부당한 이익을 얻게 할 목적으로 그 장내파생상품의 기초자산의 시세를 변동 또는 고정시키는 행위

ㄴ. 장내파생상품의 기초자산의 매매에서 부당한 이익을 얻거나 제3자에게 부당한 이익을 얻게 할 목적으로 그 장내파생상품의 시세를 변동 또는 고정시키는 행위

❷ 현·현연계 시세조종 : 증권의 매매에서 부당한 이익을 얻거나 제3자에게 부당한

이익을 얻게 할 목적으로 그 증권과 연계된 증권('연계증권')의 시세를 변동 또는 고정시키는 행위

ㄱ. 전환사채권이나 신주인수권부사채인 경우 연계증권(시행령 제207조 제1호)

    a. 그 전환사채권이나 신주인수권부사채권과 교환을 청구할 수 있는 교환사채권

    b. 지분증권

    c. 그 전환사채권 또는 신주인수권부사채권을 기초자산으로 하는 파생결합증권

    d. 그 전환사채권 또는 신주인수권부사채권과 관련된 증권예탁증권

ㄴ. 교환사채권인 경우 연계증권(시행령 제207조 제2호)

    a. 교환대상이 되는 전환사채권 또는 신주인수권부사채권

    b. 교환대상이 되는 지분증권

    c. 교환대상이 되는 파생결합증권

    d. 교환대상이 되는 증권예탁증권

ㄷ. 지분증권인 경우 연계증권(시행령 제207조 제3호)

    a. 전환사채권 또는 신주인수권부사채권

    b. 그 지분증권과 교환을 청구할 수 있는 교환사채권

    c. 그 지분증권을 기초자산으로 하는 파생결합증권

    d. 지분증권과 관련된 증권예탁증권

    e. 그 지분증권 외의 지분증권

ㄹ. 파생결합증권인 경우 연계증권(시행령 제207조 제4호)

    a. 기초자산이 되는 전환사채권 또는 신주인수권부사채권

    b. 기초자산이 되는 교환사채권(전환사채권, 신주인수권부사채권, 지분증권, 증권예탁증권과 교환을 청구할 수 있는 것에 한함)

    c. 지분증권

    d. 증권예탁증권

ㅁ. 증권예탁증권인 경우 연계증권(시행령 제207조 제5호)

    a. 기초자산이 되는 전환사채권 또는 신주인수권부사채권

    b. 기초자산이 되는 교환사채권(전환사채권, 신주인수권부사채권, 지분증권, 파생결합증권과 교환을 청구할 수 있는 것에 한함)

c. 기초자산이 되는 지분증권

d. 기초자산이 되는 파생결합증권

3 위반 시 제재

(1) 형사책임

시세조종금지에 위반한 자에 대해서는 1년 이상의 유기징역 또는 그 위반행위로 얻은 이익 또는 회피한 손실액의 3배 이상 5배 이하에 상당하는 벌금에 처한다. 다만, 그 위반행위로 얻은 이익 또는 회피한 손실액이 없거나 산정하기 곤란한 경우 또는 그 위반행위로 얻은 이익 또는 회피한 손실액의 5배에 해당하는 금액이 5억 원 이하인 경우에는 벌금의 상한액을 5억 원으로 한다(법 제443조 제1항).

(2) 손해배상책임

시세조종행위 금지를 위반한 자는 그 위반행위로 인하여 형성된 가격에 의하여 해당 상장증권 또는 장내파생상품의 매매를 하거나 위탁을 한 자가 그 매매 또는 위탁으로 인하여 입은 손해를 배상할 책임을 진다(법 제177조).

section 04 부정거래행위 규제

1 개요

증권시장에서 발생하는 불공정행위 수법은 매우 다양하며 새로운 유형의 불공정거래 행위가 계속 등장하고 있어 자본시장법은 포괄적으로 부정거래행위를 금지하고 있다.

누구든지 금융투자상품의 매매(증권의 경우 모집·사모·매출을 포함), 그 밖의 거래와 관련하여 다음의 어느 하나에 해당하는 행위를 할 수 없다(법 제178조 제1항).

❶ 부정한 수단, 계획 또는 기교를 사용하는 행위
❷ 중요사항에 관하여 거짓의 기재 또는 표시를 하거나 타인에게 오해를 유발시키지 아니하기 위하여 필요한 중요사항의 기재 또는 표시가 누락된 문서, 그 밖의 기재 또는 표시를 사용하여 금전, 그 밖의 재산상의 이익을 얻고자 하는 행위
❸ 금융투자상품의 매매, 그 밖의 거래를 유인할 목적으로 거짓의 시세를 이용하는 행위

누구든지 금융투자상품의 매매, 그 밖의 거래를 할 목적이나 그 시세의 변동을 도모할 목적으로 풍문의 유포, 위계(僞計)의 사용, 폭행 또는 협박을 할 수 없다(법 제178조 제2항).

3 위반 시 제재

(1) 형사벌칙

부정거래행위 금지에 위반한 자에 대해서는 1년 이상의 유기징역 또는 그 위반행위로 얻은 이익 또는 회피한 손실액의 3배 이상 5배 이하에 상당하는 벌금에 처한다. 다만, 그 위반행위로 얻은 이익 또는 회피한 손실액이 없거나 산정하기 곤란한 경우 또는 그 위반행위로 얻은 이익 또는 회피한 손실액의 5배에 해당하는 금액이 5억 원 이하인 경우에는 벌금의 상한액을 5억 원으로 한다(법 제443조 제1항).

(2) 손해배상책임

부정거래행위 금지에 위반한 자는 그 위반행위로 인하여 금융투자상품의 매매, 그 밖의 거래를 한 자가 그 매매, 그 밖의 거래와 관련하여 입은 손해를 배상할 책임을 진다(법 제179조).

section 05 시장질서 교란행위 규제

1 정보이용형 교란행위

기존 미공개중요정보이용 금지조항(법 제174조)은 2차 이상 정보수령자, 상장법인 등의 외부정보(시장정보, 정책정보 이용 등)를 규제할 수 없었으나, 2015년 7월부터 시장질서 교란행위 규제가 도입되면 2차 이상의 다차 정보수령자의 미공개정보이용, 외부정보 이용, 해킹 등 부정한 방법으로 지득한 정보이용 등이 규제되고 있다.

다음의 자가 상장증권, 장내파생상품 또는 이를 기초자산으로 하는 파생상품의 매매, 그 밖의 거래에 미공개정보를 이용하거나 타인에게 이용하게 하는 행위(법 제178조의2 제1항)

❶ 내부자 등으로부터 나온 미공개(중요)정보인 점을 알면서 이를 받거나 전득(轉得)한 자

❷ 직무와 관련하여 미공개정보를 생산하거나 알게 된 자

❸ 해킹, 절취, 기망, 협박 등 부정한 방법으로 정보를 알게 된 자

❹ ❷와 ❸의 자들로부터 나온 정보인 점을 알면서 이를 받거나 전득한 자

2 시세관여형 교란행위

기존 시세조종행위 금지조항(법 제176조)이나 부정거래행위 금지조항(법 제178조)은 매매유인이나 부당이득 목적 등이 없으면 규제하기 어려웠으나, 2015년 7월부터 시장질서 교란행위 규제가 도입되면서 비록 매매유인이나 부당이득을 얻을 목적 등이 없다고 할 지라도 허수성 주문을 대량으로 제출하거나, 가장성 매매, 통정성 매매, 풍문유포 등을 하여 시세에 부당한 영향을 주거나 줄 우려가 있다고 판단되면 해당 행위자에게 과징금을 부과할 수 있게 되었다.

상장증권 또는 장내파생상품에 관한 매매등과 관련하여 다음 중 어느 하나에 해당하는 행위(❶~❸의 경우는 시세에 부당한 영향을 주거나 줄 우려가 있어야 함)(법 제178조의2 제2항)

❶ 거래 성립 가능성이 희박한 호가를 대량으로 제출하거나 호가를 제출한 후 해당 호가를 반복적으로 정정·취소

❷ 권리이전을 목적으로 하지 않고 거짓으로 꾸민 매매

❸ 손익이전 또는 조세회피 목적으로 타인과 서로 짜고 하는 매매

❹ 풍문을 유포하거나 거짓으로 계책을 꾸며 상장증권 등의 수급상황이나 가격에 대하여 오해를 유발하거나 가격을 왜곡할 우려가 있는 행위

3   과징금 부과(행정책임)

시장질서 교란행위에 대해서는 5억 원 이하의 과징금을 부과할 수 있으며, 위반행위와 관련된 거래로 얻은 이익 등의 1.5배가 5억 원을 넘는 경우에는 그 금액 이하의 과징금을 부과할 수 있다(법 제429조의2). 다만, 위반행위와 관련된 거래로 얻은 이익 또는 이로 인하여 회피한 손실액이 없거나 산정하기 곤란한 경우에는 40억 원 이하의 과징금을 부과할 수 있다.

chapter 10

금융기관 검사 및 제재에 관한 규정

1 규정 개요

(1) 검사의 목적

검사대상기관의 업무운영과 관련한 공정성을 확보하고 사회적 책임의 이행을 유도하며 건전경영을 통하여 금융기관 이용자를 보호하여 국민경제 발전에 기여함에 있다.

(2) 검사의 주요 기능

❶ 업무 및 재산 운영에 대한 비교·검증·분석·평가기능 수행
❷ 현장 정보를 바탕으로 한 정책결정의 효과적 지원 수행(피드백 기능)
❸ 업무처리의 공정성 확보 및 사고예방기능 수행

금감원의 검사대상기관은 「금융위설치법」 제38조에 따른 검사대상기관으로 다음의 기관을 말한다.

❶ 은행법에 따른 인가를 받아 설립된 은행
❷ 자본시장법에 따른 금융투자업자, 증권금융회사, 종합금융회사 및 명의개서대행 회사
❸ 보험업법에 따른 보험사업자
❹ 상호저축은행법에 따른 상호저축은행과 그 중앙회
❺ 신용협동조합법에 따른 신용협동조합 및 그 중앙회
❻ 여신전문금융업법에 따른 여신전문금융회사 및 겸영여신업자
❼ 농업협동조합법에 따른 농협은행
❽ 수산업협동조합법에 따른 수협은행
❾ 다른 법령에서 금감원이 검사를 하도록 규정한 기관
❿ 기타 금융업 및 금융 관련 업무를 영위하는 자로서 대통령령이 정하는 자

금감원장은 금융기관의 업무 및 재산상황 또는 특정 부문에 대한 검사를 실시(검사규정 제8조)

❶ 관계법령에 의하여 금융위가 금감원장으로 하여금 검사를 하게 할 수 있는 금융기관에 대하여는 따로 정하는 경우를 제외하고는 금감원장이 검사를 실시
❷ 검사의 종류는 정기검사와 수시검사로 구분하고, 검사의 실시는 현장검사 또는 서면검사의 방법으로 행함.
❸ 감독원장은 매년 당해 연도의 검사업무의 기본방향과 당해 연도 중 검사를 실시한 금융기관, 검사의 목적과 범위 및 검사실시기간 등이 포함된 검사계획을 금융위에 보고하여야 함.

(1) 검사의 사전통지

금감원장은 현장검사를 실시하는 경우에는 검사목적 및 검사기간 등이 포함된 검사 사전예고통지서를 당해 금융기관에 검사착수일 1주일 전(종합검사의 경우 1개월 전)까지 통지하여야 한다. 다만, 검사의 사전통지에 따라 검사목적 달성이 어려워질 우려가 있는 다음 어느 하나에 해당하는 경우에는 그러하지 아니하다.

❶ 사전에 통지할 경우 자료·장부·서류 등의 조작·인멸, 대주주의 자산은닉 우려 등으로 검사목적 달성에 중요한 영향을 미칠 것으로 예상되는 경우
❷ 검사 실시 사실이 알려질 경우 투자자 및 예금자 등의 심각한 불안 초래 등 금융 시장에 미치는 악영향이 클 것으로 예상되는 경우
❸ 긴급한 현안사항 점검 등 사전통지를 위한 시간적 여유가 없는 불가피한 경우
❹ 기타 검사목적 달성이 어려워질 우려가 있는 경우로서 감독원장이 정하는 경우

(2) 검사방법

현장 검사는 검사대상기관에 실제로 임하여 필요한 사항을 조사하는 반면, 서면검사는 장부, 서류를 제출받아 그 내용을 조사·검토하는 것으로 종합검사는 대부분 현장 검사의 방법으로 실시

(3) 검사절차

검사절차는 주로 사전조사(자료 파악 등) → 검사 실시(관련 문서 징구, 관련자 진술 청취 등) → 결과보고(위법·부당사항 적출내용 보고) → 검사결과조치(경영유의, 문책 등) → 사후관리(시정사항 이행보고 등)의 순에 의한다.

금감원장은 금융기관에 대한 검사결과를 검사서에 의해 당해 금융기관에 통보하고 필요한 조치를 취하거나 당해 금융기관의 장에게 이를 요구할 수 있다(검사규정 제14조).

검사결과 조치는 금융위 심의·의결을 거쳐 조치하되 금감원장 위임사항은 금감원장이 직접 조치하며, 금융투자업자 또는 그 임직원에 대한 과태료 부과, 자본시장법에 의한 조치·명령 등은 증선위의 사전 심의를 거쳐 조치한다.

6 제재절차

(1) 심의회의 설치(검사규정 제34조)

금감원장은 제재에 관한 사항을 심의하기 위하여 제재심의위원회를 설치·운영. 다만, 금감원장이 필요하다고 인정하는 때에는 심의회의 심의를 생략할 수 있다.

(2) 검사결과 적출된 지적사항에 대하여는 심사·조정 또는 심의회의 심의를 거쳐 금융위에 제재를 건의하거나 금감원장이 조치한다(검사규정 제33조).

(3) 사전통지 및 의견진술 등(검사규정 제35조)

❶ 금감원장이 제재조치를 하는 때에는 위규행위 사실, 관련 법규, 제재 예정내용 등을 제재대상자에게 구체적으로 사전 통지하고 상당한 기간을 정하여 구술 또는 서면에 의한 의견진술 기회를 주어야 함. 다만, 당해 처분의 성질상 의견청취가 현저히 곤란하거나 명백히 불필요하다고 인정될 만한 상당한 이유가 있는 등 행정절차법 제21조에서 정한 사유가 있는 경우에는 사전통지를 아니할 수 있음
❷ 금감원장은 사전통지를 하는 때에는 「행정절차법」 제21조에 따를 것임을 표시하여야 함
❸ 금융업 관련법 등에서 의견청취방법을 청문 등으로 별도로 정하고 있는 때에는 그 정한 바에 따름

(4) 불복절차(검사규정 제36조)

금융기관 또는 그 임직원에 대하여 제재를 하는 경우에 금감원장은 그 제재에 관하여 이의신청·행정심판·행정소송의 제기, 기타 불복을 할 수 있는 권리에 관한 사항을 제재대상자에게 알려주어야 한다.

(5) 이의신청(검사규정 제37조)

❶ 제재를 받은 금융기관 또는 그 임직원은 당해 제재처분 또는 조치요구가 위법 또는 부당하다고 인정하는 경우에는 금융위 또는 금감원장에게 이의를 신청할 수 있음. 다만, 과징금·과태료 등 금융 관련 법규에서 별도의 불복절차가 마련되어 있는 경우에는 그에 따름

❷ 당해 금융기관의 장으로부터 특정한 조치가 예정된 직원은 당해 자율 처리 필요사항이 위법·부당하다고 인정하는 경우에는 당해 금융기관의 장을 통하여 금융위 또는 금감원장에게 이의를 신청할 수 있음

❸ 금감원장은 금융기관 또는 그 임직원의 이의신청에 대하여 다음과 같이 처리

　ㄱ. 금융위의 제재사항에 대하여는 당해 처분의 취소·변경 또는 이의신청의 기각을 금융위에 건의. 다만, 이의신청이 이유 없다고 인정할 명백한 사유가 있는 경우에는 금감원장이 이의신청을 기각할 수 있음

　ㄴ. 금감원장의 제재처분 또는 조치요구사항에 대하여는 이유가 없다고 인정하는 경우에는 이를 기각하고, 이유가 있다고 인정하는 경우에는 당해 처분을 취소 또는 변경할 수 있음

❹ 이의신청 처리결과에 대하여는 다시 이의신청할 수 없음

❺ 금감원장은 증거서류의 오류·누락, 법원의 무죄판결 등으로 그 제재가 위법 또는 부당함을 발견하였을 때에는 직권으로 재심하여 조치를 취할 수 있음

(6) 제재내용의 이사회 등 보고(검사규정 제38조)

금융기관의 장은 제재조치를 받은 경우 금감원장이 정하는 바에 따라 이사회 앞 보고 또는 주주총회 부의 등 필요한 절차를 취하여야 한다.

7 내부통제

금융기관은 금융사고의 예방등을 위하여 다음 내용을 포함한 내부통제제도를 자체 실정에 맞게 수립·운영하여야 한다(검사규정 제39조).

❶ 영업점 주변에서의 피탈사고와 도난사고 방지를 위한 자체경비 강화 대책

❷ 어음·수표, 예금증서 등의 중요 증서와 현금, 중요 인장, 채권서류 등에 대한 보

관 관리

8 자체감사 등

금융기관은 부당영업행위 및 금융사고의 예방 등을 위하여 연간 감사계획을 수립하여 자체감사를 실시하여야 하며, 금감원장이 요구하는 경우 연간 또는 분기 감사계획을 제출하여야 한다(검사규정 제40조).

9 금융사고

금융기관은 그 소속 임직원이나 소속 임직원 이외의 자가 위법·부당한 행위를 함으로써 당해 금융기관 또는 금융거래자에게 손실을 초래하게 하거나 금융질서를 문란하게 한 경우에는 이를 즉시 금감원장에게 보고하여야 한다(검사규정 제41조).

❶ 금융기관은 금융사고에 관련이 있는 소속 임직원에 대하여 지체 없이 책임소재를 규명하고 소정 절차에 따라 징계등 필요한 조치를 취하여야 하며, 금융사고 보고를 고의로 지연하거나 숨긴 자에 대하여도 금융사고에 관련이 있는 임직원에 준하여 처리

❷ 금융사고 보고의 대상 및 보고시기와 관련한 사항은 금감원장이 따로 정함

10 주요 정보사항 보고

금융기관은 다음에 해당하는 정보사항을 금감원장에게 보고하여야 한다(검사규정 제42조).

❶ 민사소송에서 패소확정되거나, 소송물 가액이 최직근 분기말 현재 자기자본의 100분의 1(자기자본의 100분의 1이 10억 원 미만인 경우에는 10억 원) 또는 100억 원을 초과하는 민사소송에 피소된 경우

❷ 금융사고에는 해당되지 아니하나 금융기관이 보고할 필요가 있다고 판단하는 중요한 사항 또는 사건

chapter 11

자본시장조사 업무규정

❶ 종전 증권거래법 등에 의한 증권선물조사업무규정은 자본시장법 제정에 따라 자본시장조사 업무규정으로 변경

❷ 법률적으로 조사는 자본시장법령 또는 금융위의 규정이나 명령에 위반된 불공정거래가 있는지의 여부 및 공익 또는 투자자 보호를 위하여 필요하다고 인정되는 사항을 조사하여 필요한 조치를 취하는 업무로 정의(광의)

☞ 그러나 일반적으로 조사업무는 시장기능에 의해 자유롭게 형성되어야 할 증권의 가격이나 거래동향에 의도적으로 관여하여 이득을 취하거나 손실을 회피하는, 소위 시세조종등 불공정거래에 대한 조사라는 의미로 해석(협의)

불공정거래에 대한 조사는 원칙적으로 당사자의 동의와 협조를 전제로 한 청문적 성격의 행정상 임의조사의 성격을 띠지만, 시세조종 등에 대한 조사와

같이 압수·수색 등 강제조사의 성격이 함께 혼재된 특수한 성격을 갖기도 함

2 조사의 주요 대상

❶ 미공개정보 이용행위
❷ 시세조종등 불공정거래행위
❸ 내부자의 단기매매차익 취득
❹ 상장법인의 공시의무 위반
❺ 상장법인 임원등의 특정 증권등 및 변동상황 보고의무 위반 등
❻ 주식의 대량보유등의 보고(5% Rule)(법 제147조)

3 조사의 실시

(1) 조사대상

금융위는 아래의 어느 하나에 해당하는 경우에는 조사를 실시할 수 있다.

❶ 금융위 및 금감원의 업무와 관련하여 위법행위의 혐의사실을 발견한 경우
❷ 한국거래소로부터 위법행위의 혐의사실을 이첩받은 경우
❸ 각 급 검찰청의 장으로부터 위법행위에 대한 조사를 요청받거나 그 밖의 행정기
관으로부터 위법행위의 혐의사실을 통보받은 경우
❹ 위법행위에 관한 제보를 받거나 조사를 의뢰하는 민원을 접수한 경우
❺ 기타 공익 또는 투자자 보호를 위하여 조사의 필요성이 있다고 인정하는 경우

(2) 면제대상

금융위는 아래의 어느 하나에 해당하는 경우에는 조사대상에 해당함에도 불구하고
조사를 실시하지 아니할 수 있다.

❶ 당해 위법행위에 대한 충분한 증거가 확보되어 있고 다른 위법행위의 혐의가 발
견되지 않는 경우
❷ 당해 위법행위와 함께 다른 위법행위의 혐의가 있으나 그 혐의내용이 경미하여

조사의 실익이 없다고 판단되는 경우

❸ 공시자료, 언론보도등에 의하여 널리 알려진 사실이나 풍문만을 근거로 조사를 의뢰하는 경우

❹ 민원인의 사적인 이해관계에서 당해 민원이 제기된 것으로 판단되는 등 공익 및 투자자 보호와 직접적인 관련성이 적은 경우

❺ 당해 위법행위에 대한 제보가 익명 또는 가공인 명의의 진정·탄원·투서 등에 의해 이루어지거나 그 내용이 조사단서로서의 가치가 없다고 판단되는 경우

❻ 당해 위법행위와 동일한 사안에 대하여 검찰이 수사를 개시한 사실이 확인된 경우

4 조사결과 조치

(1) 형사벌칙 대상 행위

금융위는 조사결과 발견된 위법행위로서 형사벌칙의 대상이 되는 행위에 대해서는 관계자를 고발 또는 수사기관에 통보하여야 한다(조사규정 제24조).

(2) 시정명령(조사규정 제27조)

금융위는 다음의 위법행위가 발견된 경우 해당 법률에서 정한 시정명령 또는 처분명령을 할 수 있다.

❶ 법 제133조 제1항 또는 제134조 제2항의 규정에 위반한 주식등의 매수

❷ 법 제147조 제1항 또는 제3항의 규정에 따른 보고의무 위반

❸ 법 제167조 제1항 및 제2항의 규정에 위반한 공공적법인의 주식취득

❹ 법 제168조 제1항 또는 제2항의 규정에 위반한 주식의 취득

(3) 과태료부과, 단기매매차익 발생사실의 통보 등(조사규정 제26조 및 제28조)

(4) 상장법인 및 피검사기관에 대한 조치(조사규정 제29조 및 제30조)

1년 이내의 범위에서 증권의 발행제한, 임원에 대한 해임권고, 인가·등록취소 등

(5) 과징금부과(조사규정 제25조)

금융위는 자본시장법 제429조의 규정에 의한 과징금의 부과대상에 해당하는 경우에는 과징금을 부과할 수 있다.

☞ 주요 사항 보고서의 과징금 기준금액 및 주가 변동률 산정 시 공시위반사항 외의 다른 요소가 주가에 개입되지 않도록 산정대상기간을 종전 공시의무발생일 전후 3개월간 → 공시의무발생일(거짓기재·기재누락의 경우 제출일) 전후 15거래일간으로 단축(2010. 4. 26 조사규정 별표 제2호 개정)

01 자본시장법상 금융투자상품에 대한 설명으로 적절하지 않은 것은?

① 주가연계증권(ELS)은 파생상품에 속한다.

② 금융투자상품 중 취득 이후에 추가적인 지급의무를 부담하는 것은 파생상품으로 분류된다.

③ 특정 투자자가 그 투자자와 타인 간의 공동사업에 금전 등을 투자하고 주로 타인이 수행한 공동사업의 결과에 따른 손익을 귀속받는 계약상의 권리가 표시된 것을 투자계약증권이라 한다.

④ 금융투자상품 중 원본을 손실한도액으로 하는 것은 증권으로 분류한다.

02 자본시장법상 투자매매업자 또는 투자중개업자의 불건전영업행위 금지에 대한 설명으로 적절하지 않은 것은?

① 일반적으로 가격에 중대한 영향을 미칠 수 있는 고객의 주문을 체결하기 전에 자기의 계산으로 매수 또는 매도를 해서는 아니 된다.

② 조사분석자료가 이미 공표된 자료와 비교하여 새로운 내용을 담고 있지 아니한 경우에는 내용이 사실상 확정된 때부터 공표 후 24시간 이내라도 대상 금융투자상품을 자기의 계산으로 매매할 수 있다.

③ 조사분석자료의 작성을 담당하는 자에 대해서는 일정한 기업금융업무와 연동된 성과보수를 지급할 수 있다.

④ 일반적으로 투자매매업자 또는 투자중개업자는 일임매매를 할 수 없지만 예외적으로 투자일임업의 형태로 하는 것은 가능하다.

해설

01 ① 주가연계증권(ELS), 주가연계워런트(ELW), 파생연계증권(DLS), 신용연계증권(CLN), 재해연계증권(CAT Bond) 등은 파생결합증권으로 증권에 해당한다.

02 ③ 조사분석자료의 작성을 담당하는 자에 대해서는 일정한 기업금융업무와 연동된 성과보수를 지급할 수 없다.

03 다음 중 자본시장법상 적정성 원칙의 적용대상이 되는 파생상품등에 해당하지 않는 것은?

① 파생결합증권(원금보장형 제외)

② 집합투자재산의 50%를 초과하여 파생결합증권에 운용하는 집합투자기구의 집합투자증권

③ 파생상품

④ 파생상품 매매에 따른 위험평가액이 펀드 자산총액의 5%를 초과하여 투자할 수 있는 집합투자기구의 집합투자증권

04 다음 중 자본시장법상 미공개 중요정보 이용금지 규제대상에 해당하지 않는 것은?

① 직무와 관련하여 미공개 중요정보를 알게 된 해당 법인 임직원

② 권리행사 과정에서 미공개 중요정보를 알게 된 해당 법인 주주

③ 해당 법인과 계약 체결을 하고 있는 자로서 계약 체결 과정에서 미공개 중요정보를 알게 된 자

④ 회사 내부자로부터 미공개 중요정보를 받은 자

05 다음 중 '금융소비자 보호에 관한 법률'상 전문금융소비자에게 적용되는 투자권유원칙을 설명한 것으로 옳은 것은?

① 고객 파악 의무 ② 적합성 원칙

③ 설명의무 ④ 부당권유의 금지

해설

03 ④ 적정성 원칙 적용대상이 되는 "파생상품 등"에는 파생상품, 파생결합증권, 집합투자재산의 50%를 초과하여 파생결합증권에 운용하는 집합투자기구의 집합투자증권, 파생상품 매매에 따른 위험평가액이 펀드자산 총액의 10%를 초과하여 투자할 수 있는 집합투자기구의 집합투자증권 등이 이에 해당된다.

04 ② 미공개 중요정보 이용금지규정은 주요 주주, 즉 해당 법인의 10% 이상 보유주주 및 법인의 주요 경영사항에 대하여 사실상 영향력을 행사하고 있는 주주를 규제대상으로 하고 있다.

05 ④ 부당권유의 금지 규정은 일반금융소비자(투자자) 뿐만 아니라 전문금융소비자(투자자)에게도 적용되는 투자권유 규제이다.

06 다음 중 공개매수에 대한 설명으로 옳은 것은?

① 공개매수는 의결권이 있는 주식 등을 전제로 하므로 의결권이 없는 주식에 대해서는 의무공개매수 규정이 적용되지 않는다.

② 적용대상증권인 '주식 등'에는 주권, 신주인수권증권, 신주인수권부사채 등이 포함되나, 전환사채 및 교환사채는 포함되지 않는다.

③ 공개매수 해당 여부 판단 시 본인과 특수관계인이 보유한 지분을 합산하되, 공동보유자의 지분은 합산하지 않는다.

④ 공개매수자는 공개매수공고일 이후라도 철회신고서 제출로써 언제든지 공개매수를 철회할 수 있다.

07 다음 중 불공정거래행위에 대한 설명으로 옳은 것은?

① 내부자거래 금지규정 적용대상은 상장법인 및 6개월 내 상장예정법인으로, 6개월 내 우회상장 예정법인은 대상이 아니다.

② 임원·주요 주주 소유상황보고가 면제되는 경미한 변동의 기준은 변동수량 1천주 미만, 그 취득 및 처분금액 1천만 원 미만이다.

③ 단기매매차익반환의무는 상장법인의 주요 주주 및 모든 임직원이 부담한다.

④ 차입한 상장증권으로 결제하고자 하는 매도는 공매도에 해당하지 않는다.

해설

06 ① 적용대상증권에 전환사채권과 교환사채권도 포함되고, 공개매수 해당 여부 판단 시 본인과 특별관계자의 지분을 합산하며, 특별관계자란 특수관계인과 공동보유자를 말한다. 원칙적으로 공개매수공고일 이후 공개매수 철회는 금지된다.

07 ② 자본시장법 개정으로 6개월 이내에 상장법인과의 합병, 주식의 포괄적 교환, 그 밖에 대통령령으로 정하는 기업결합 방법에 따라 상장되는 효과가 있는 비상장법인도 내부자거래 금지규정 적용대상에 포함하게 되었고, 단기매매차익반환의무 대상 직원은 직무상 미공개중요정보를 알 수 있는 직원으로 한정되었으며, 소유하지 아니한 상장증권의 매도뿐 아니라 차입한 상장증권으로 결제하고자 하는 매도도 공매도에 해당한다. 다만, 차입할 상장증권으로 결제하고자 하는 매도는 일정요건 하에 허용되는 공매도이다.

08 다음 중 증권의 모집으로 보는 전매기준에 해당하지 않는 것은?

① 지분증권의 경우에는 같은 종류의 증권이 모집 또는 매출된 실적이 있거나 증권시장에 상장된 경우

② 지분증권이 아닌 경우에는 발행 후 50매 이상으로 권면분할되어 거래될 수 있는 경우

③ 전환권이 부여된 전환사채권에 부여된 권리의 목적이 되는 증권이 증권시장에 상장되어 있는 경우

④ 50매 미만으로 발행되는 경우 증권의 권면에 발행 후 1년 이내 분할금지특약을 기재한 경우

09 다음 중 투자매매업자·투자중개업자가 장외파생상품을 대상으로 영업을 하는 경우 적용되는 사항에 대한 설명으로 적절하지 않은 것은?

① 장외파생상품의 매매에 따른 위험액이 금융위원회가 정하여 고시하는 한도를 초과하여서는 아니 된다.

② 위험액은 시장위험액·신용위험액·운영위험액을 합산하여 산정한다.

③ 겸영금융투자업자 이외의 투자매매업·투자중개업자의 경우 위험액이 자기자본의 100분의 100을 초과하여서는 아니 된다.

④ 원칙적으로 장외파생상품의 매매거래 시마다 해당 업무를 관장하는 파생상품 업무책임자의 승인을 받아야 한다.

10. 자본시장법상 종합금융투자사업자에 대한 설명으로 가장 거리가 먼 것은?

① 종합금융투자사업자란 투자매매업자 또는 투자중개업자 중 금융위원회로부터 종합금융투자사업자의 지정을 받은 자이다.

② 종합금융투자사업자는 상법에 따른 주식회사이어야 한다.

③ 종합금융투자사업자는 5조 원 이상의 자기자본을 갖추고 있어야 한다.

④ 종합금융투자사업자는 기업에 대한 신용공여 업무를 영위할 수 있다.

해설

08 ④ 전매기준에 해당되지 아니하는 것으로 보는 경우이다.

09 ③ 자기자본의 100분의 30을 초과하여서는 아니 된다.

10 ③ 자기자본 3조 원 이상이어야 한다.

11 **자본시장법상 금융투자업에 대한 설명으로 가장 거리가 먼 것은?**

① 누구의 명의로 하든지 자기의 계산으로 증권의 발행·인수를 영업으로 하는 것은 투자매매업에 해당한다.

② 자기가 투자신탁의 수익증권을 발행하는 경우는 투자매매업에 해당한다.

③ 투자권유대행인이 투자권유를 대행하는 경우에는 투자중개업에 해당하므로 개인에게 적용되는 인가요건을 충족하여야 한다.

④ 금융투자상품에 대한 투자판단에 관한 자문에 응하는 것을 영업으로 하는 것은 투자자문업에 해당한다.

12 **'금융소비자 보호에 관한 법률'상 금융상품판매업자등의 분류에 해당하지 않는 것은?**

① 금융상품직접판매업자   ② 금융상품판매대리·중개업자

③ 금융상품자문업자   ④ 금융상품일임업자

13 **'금융소비자 보호에 관한 법률'상 금융상품의 유형에 대한 분류에 해당하는 것으로 가장 거리가 먼 것은?**

① 보장성 상품   ② 투자성 상품

③ 예금성 상품   ④ 대부업 상품

해설

11 ③ 투자권유대행인의 투자권유는 투자중개업의 적용을 배제한다. 또한 인가는 법인에만 해당하고 개인인가요건이란 것은 존재하지 아니 한다.

12 ④ 금소법상 금융상품판매업자등은 금융상품직접판매업자, 금융상품판매대리·중개업자, 금융상품자문업자를 통칭하는 명칭임

13 ④ 금소법상 금융상품 유형은 보장성 상품, 투자성 상품, 예금성 상품, 대출성 상품으로 구분

정답 01 ① | 02 ③ | 03 ④ | 04 ② | 05 ④ | 06 ① | 07 ② | 08 ② | 09 ③ | 10 ③ | 11 ③ | 12 ④ | 13 ④

part 02

금융소비자
보호법

securities investment solicitor

chapter 01

금융소비자보호법 제정 배경

section 01 **제정 배경**

한국은 2008년 국내외 금융위기 등을 겪으면서 금융소비자의 권익을 신장함과 동시에 금융산업에 대한 국민적 신뢰 제고를 위한 통합적이고 집약적인 금융규제체계를 마련하고자 적극적인 모색을 추진하였다. 특히, 키코사태, 파워인컴펀드사태, DLF·라임 사모펀드 사태 등이 연달아 발생하여 금융소비자보호 강화 필요성에 대한 국민적 관심이 더욱 고조되었다고 할 것이다.

외국의 사례를 보더라도 금융소비자를 우선적으로 보호하려는 경향으로 금융정책의 패러다임이 금융소비자보호 중심으로 변화·발전하는 것은 사실이다. 영국과 일본 등 주요국은 이미 각 업권 통합법 성격의 금융소비자보호 법체계를 이미 마련해 놓았고 미국, 영국 등은 별도의 금융소비자보호기구를 설치해 운영 중에 있는 것이 그 반증일 것이다.

「금융소비자보호에 관한 법률(이하 '금융소비자보호법')」은 2020년 3월 5일 본회를 통과한 후 1년이 경과한 2021년 3월 25일부로 시행되었다. 다만, 금융상품자문업 관련 규정 및 금융회사의 내부통제기준 마련 등 일부사항은 6개월 추가 유예되어 2021년 9월 25일 시행되었다.

금융소비자보호법 제정 과정을 살펴보면, 우선 최초 발의는 2008년 금융위기가 촉발의 계기가되었다고 해도 과언은 아니다. 당시 금융투자로 손해를 본 금융소비자를 두텁게 그리고 세심하게 보호하자는 논의에 불을 붙였고 마침내 2011년 처음 법안(박선숙 의원 대표발의)이 국회에 발의되었다.

이후 정부안을 포함해 총 14개의 제정법안이 발의되어 논의를 이어갔으나 난항을 겪다가 2019년 발생한 DLF 및 라임사모펀드 사태를 계기로 금융소비자보호법에 대한 제정 논의가 본격적으로 진행되었고, 이러한 논의 끝에 2019년 말 5개 금융소비자보호법 제정안과 「자본시장 및 금융투자업에 관한 법률(이하 '자본시장법')」 등 6개 관련 법안을 통합하여 국회 정무위원장이 대안을 발의하였고 이 법안으로 국회를 최종 통과하게 되었다.

chapter 02

금융소비자보호법 개관

금융소비자보호법 시행 후 주요 제도 변화

표 2-1 금융소비자보호법 시행 전후 비교

구분		시행 전	시행 후
사전 규제	6大 판매규제	자본시장법 등 일부 금융업법	원칙적으로 모든 금융상품
	소비자보호 내부통제기준	법령상 규율 없음	기준 마련 의무 부과
사후 제재	금전적 제재	과태료 최대 5천만 원	징벌적 과징금 신설 과태료 최대 1억 원
	형벌	3년 이하 징역, 1억 원 이하 벌금	5년 이하 징역, 2억 원 이하 벌금
신설된 소비자 권리	청약철회권	투자자문업 · 보험 有	일부 상품에 한정 (단위형 고난도펀드 등)
	위법계약해지권	없음	일부 상품에 한정 (계속적 계약＋해지시 재산상 불이익 발생)
	자료열람요구권	금융투자업 有 (금융투자업규정)	소송, 분쟁조정 시 자료 열람 요구 가능
사후 구제	소액분쟁 시 금융회사의 분쟁조정 이탈 금지	없음	신설
	분쟁조정 중 소 제기 시 법원의 소송중지		
	손해배상 입증책임 전환		설명의무 위반 시 고의 · 과실 존부 입증에 적용
	판매제한명령권		재산상 현저한 피해 우려가 명백한 경우 발동

금융소비자보호법의 구성은 우선 법률은 총 8개 장(章), 69개 조항으로 구성되어 있다. 동법 시행령은 법률에서 정한 장(章) 구분을 그대로 따라 51개 조항으로 마련되어 있으며 마지막으로 「금융소비자보호에 관한 감독규정(이하 '감독규정')」은 총 35개 조항으로 마련되어 있다.

표 2-2 **금융소비자보호법 구성 및 요약**

1장. 총칙(§1~§6)	• 금융상품 · 전문금융소비자의 정의(§2) • 금융상품의 유형(§3) 및 금융회사 등의 업종 구분(§4)
2장. 기본 권리 · 책무 (§7~§10)	• 금융소비자의 기본권(§7), 금융소비자 · 국가 · 금융상품판매업자 등의 책무(§8 · 9 · 10)
3장. 등록요건 (§11 · 12)	• 법상 등록되지 않은 자의 금융상품 판매 · 자문 금지(§11) • 상품별 · 업종별 등록요건(§12, 독립자문업자 등록요건 법제화)
4장. 영업행위 준수사항 (§13~§28)	• 내부통제기준 마련 의무 부과(§16) • 방문판매 및 전화권유판매 시 준수사항(§16의2) • 금융상품 유형별 영업행위 준수사항(§17~§22, 6大 판매규제 등) • 업종별 준수사항(§24~§28, 대리중개업자 · 자문업자 영업행위 준칙, 소비자 자료요구권 등)
5장. 금융소비자 보호 (§29~§47)	• 금융교육(§30 · 31) · 금융상품 비교공시 · 소비자보호실태평가(§32) • 분쟁조정 제도(§33~§43, 위원회 구성 · 법원 소송중지 · 조정이탈금지 제도 등) • 손해배상책임(§44 · 45) · 청약철회권(§46) · 위법계약해지권(§47)
6장. 감독 및 처분 (§48~§64)	• 판매제한명령제 운영에 관한 사항(§49) • 징벌적 과징금(§57~§64) 부과 기준 및 절차
7장. 보칙(§65 · 66) 8장. 벌칙(§67~§69)	• 업무위탁에 관한 사항, 과태료, 양벌규정 등

금융소비자보호법의 내용상 주요 체계

> ◇ '동일기능 – 동일규제' 원칙이 적용될 수 있도록 금융상품 및 판매업 등의 유형을 재분류

1 금융상품

금융소비자보호법은 금융업과 관련한 각종 현행 법률 등에 규정된 모든 금융상품과 서비스를 '투자성 상품', '예금성 상품', '보장성 상품' 및 '대출성 상품'으로 다시 분류하였다. 구분방법은 다음과 같다.

표 2-3 금융상품 구분

구분	개념	대상
투자성	자본시장법상 금융투자상품 및 이와 유사한 것으로서 대통령령으로 정하는 것	펀드 등 금융투자상품, 신탁계약, 투자일임계약
예금성	은행법상 예금 및 이와 유사한 것으로서 대통령령으로 정하는 것	예·적금 등
보장성	보험업법상 보험상품 및 이와 유사한 것으로서 대통령령으로 정하는 것	보험상품 등
대출성	은행법상 대출 및 이와 유사한 것으로서 대통령령으로 정하는 것	대출상품, 신용카드 등

2 금융상품판매업자등

금융상품을 판매하는 자는 '금융상품직접판매업자(금융회사)', '금융상품판매대리·중개업자' 그리고 '금융상품자문업자"로 그 유형을 재분류하였다.

'투자성 상품' 판매를 취급하는 금융상품직접판매업자와 관련하여 특히 주의해야 할 사항은 자본시장법상 집합투자업자도 직접판매업을 영위하는 경우에는 금융상품직접판매업자에 해당한다는 점이다.

이는 금융소비자보호법을 보면 금융관계 현행법상 금융상품판매업에 해당하는 업무에 대하여 인가, 허가 또는 등록한 경우 외에도 해당 금융관계 현행법상 인허가를 받거나 등록하지 아니한 경우라도 해당 판매업을 영위하도록 규정한 경우에는 "금융상품판매업자"에 해당된다고 규정하고 있기 때문이다(법 §2.3호).

특히 '금융상품판매업'에서 적용제외하는 근거가 대통령령에 있으나 "자본시장법 제7조 제6항 제3호에 따른 일반 사모집합투자업자가 자신이 운용하는 사모집합투자기구의 집합투자증권을 판매하는 경우"에는 적용제외 사유로 들지 않고 있기 때문에 일반 사모집합투자업자는 금융상품판매업자에 해당되고 현재 자본시장법상 집합투자업자는 모두 일반 사모집합투자업자에 해당되기 때문에 원칙적으로 모든 집합투자업자가 금융상품직접판매에 해당된다 할 것이다.

표 2-4 | 금융상품판매업자등 구분

구분	개념	대상(예시)
직접 판매업자	자신이 직접 계약의 상대방으로서 금융상품에 관한 계약체결을 영업으로 하는 자 ※ 투자성 상품의 경우 자본시장법에 따른 '투자중개업자'를 포함	－금융투자업자(증권회사·선물회사 등) 및 겸영금융투자업자 －은행, 보험, 저축은행 등 －신협중앙회 공제사업부문, P2P사업자, 대부업자, 증권금융 등* －신용협동조합 등**
판매대리· 중개업자	금융회사와 금융소비자의 중간에서 금융상품 판매를 중개하거나 금융회사의 위탁을 받아 판매를 대리하는 자	투자권유대행인, 보험설계·중개사, 보험대리점, 카드·대출모집인 등
자문업자	금융소비자가 본인에게 적합한 상품을 구매할 수 있도록 자문을 제공	－투자자문업자(자본시장법) －독립자문업자(금소법)

* 금융소비자법 시행령에서 규정
** 금융소비자보호에 관한 감독규정에서 규정

section 04 금융소비자보호법의 위치

금융투자회사와 그 임직원은 업무수행과 관련하여 금융소비자보호법을 확인함에 있어 자본시장과 금융투자업을 규율하는 기존의 자본시장법과의 적용상 순위에 대하여 혼란을 가질 수 있을 것이다. 그 내용을 보면 우선 금융소비자보호법은 금융소비자를 대상으로 하는 금융상품 판매와 금융소비자 보호에 관한 일반법적 효력을 가진다고 할 것이다. 다시 말해 금융소비자 보호에 관해 다른 법률에서 특별히 정한 경우를 제외하면 금융소비자보호법이 적용된다.

예를 들어, 투자성 상품의 판매와 관련된 사항이 일부 자본시장법에서 정해진 내용이 있다면 자본시장법상 해당 내용에 한해 금융소비자보호법과 관해서는 특별법 지위에 있다고 할 것이다. 즉 자본시장법 내용이 우선 적용될 것이다.

section 05　금융소비자보호법의 적용예외

금융소비자보호법도 금융관계 현행법 중 법 취지 및 규제 실질에 따라 법적용이 어려운 사항이 있다. 이러한 점을 감안하여 「부동산투자회사법」, 「선박투자회사법」, 「문화산업진흥 기본법」, 「산업발전법」, 「벤처투자 촉진에 관한 법률」, 「여신전문금융업법」 등 개별 법률에 따라 사모의 방법으로 금전 등을 모아 운용·배분하는 상품에 대해서는 금융소비자보호법을 적용을 하지 않는다는 것을 규정함으로써 예외사항을 입법적으로 해결하였다.

section 06　전문금융소비자 분류

금융소비자보호법은 현행 자본시장법상 전문투자자 범위를 기본 토대로 전문금융소비자 범위를 정하되 투자성·보장성·대출성·예금성 상품의 개별 특성을 감안하여 각각 전문금융소비자 범위를 보완하는 방법으로 규정하였다.
- 투자성 상품 중 장외파생상품 거래의 경우 주권상장법인, 해외 증권시장에 상장된 주권을 발행한 국내법인, 개인전문투자자 등은 일반금융소비자로 대우 받다가 자

신이 전문금융소비자와 같은 대우를 받겠다는 의사를 서면으로 표시한 주권상장
법인에 한하여 전문금융소비자로 취급할 수 있다(☞자본시장법을 그대로 계수함).
- 대출성 상품의 경우 상시근로자 5인 이상의 법인·조합·단체, 겸영여신업자 그리
고 자산의 취득 또는 자금의 조달 등 특정목적을 위해 설립된 법인(PFV 등 SPC)도 전
문금융소비자로 포함된다.
- 판매대리·중개업자의 경우 예금성 상품을 제외하고 각각 상품별로 전문금융소비
자로 포함되었다.
- 대부업자의 경우에는 예금성 상품을 제외하고 투자성 상품, 보장성 상품, 대출성
상품에서 모두 전문금융소비자로 신규 포함된 사실에 유의할 필요가 있다.

표 2-5   **전문금융소비자 유형**

투자성 상품	보장성 상품	대출성 상품	예금성 상품
국가 / 한국은행 / 금융회사 / 주권상장법인			
지방자치단체			
금감원, 신보, 기보, 수출입은행, 한국투자공사, 거래소, 금융공공기관			
신협·농협·수협·산림조합·새마을금고 각 중앙회, 신협 단위조합, 금융권 협회			
금융지주회사, 집합투자업자, 집합투자기구, 증권금융회사, 단기금융회사, 자금중개회사, P2P업자			
법률상 기금 관리·운용 공공기관, 법률상 공제사업 영위 법인·조합·단체			
외국정부, 국제기구, 외국 중앙은행, 외국에 상장된 국내법인			
투자성 상품 판매대리중개업자	보장성 상품 판매대리중개업자	대출성 상품 판매대리중개업자	–
적격투자 단체 및 개인	보험요율 산출기관	상시근로자 5인 이상의 법인·조합·단체	법인 등 단체
	보험 관계 단체	겸영여신업자	성년 (제외 : 피성년후견인 / 피한정후견인 / 65세 이상의 고령자)
	단체보험· 기업성보험· 퇴직연금 가입자	자산취득 또는 자금의 조달 등 특정목적을 위해 설립된 법인	
대부업자	대부업자	대부업자	

1 금융소비자의 권리와 책무

금융소비자보호법은 투자정보 등에서 약자에 해당되는 금융소비자의 권익 보호를 위해 금융소비자의 기본적 권리를 규정하는 한편, 금융소비자 스스로 역량 강화를 위해 기본적 책무도 아울러 규정하고 있다.

- **(권리)** ① 금융상품판매업자등의 위법한 영업으로 인한 재산상 손해로부터 보호받고 신속·공정한 절차에 따라 적절한 보상을 받을 권리, ② 금융상품의 선택·소비에 필요한 정보제공, 금융교육을 받을 권리, ③ 소비생활 관련 국가·지자체의 정책에 의견 반영 권리 등
- **(책무)** ① 금융시장의 구성 주체로서 금융상품의 올바른 선택, 금융소비자의 권리를 정당하게 행사할 책무, ② 금융소비자 스스로 필요한 지식·정보를 습득하도록 노력할 책무

2 국가 및 금융상품판매업자등의 책무

금융소비자보호법은 금융소비자의 기본적 권리가 실현될 수 있도록 국가와 금융상품판매업자등의 책무를 규정하고 있다.

- **(국가)** ① 금융소비자의 권익 증진에 필요한 시책을 수립·실시할 책무, ② 관련 법령을 제·개정 및 폐지할 책무, ③ 필요한 행정조직을 정비·운영 개선할 책무
- **(금융상품판매업자등)** ① 국가의 금융소비자 권익 증진 시책에 적극 협력할 책무, ② 금융소비자의 합리적 선택·이익을 침해할 우려가 있는 거래조건·거래방법을 사용하지 않을 책무, ③ 금융소비자에게 금융상품 정보를 성실·정확하게 제공할 책무, ④ 금융소비자의 개인정보를 성실하게 취급할 책무

6대 판매원칙

◇ 기능별 규제체계를 기반으로 일부 상품에만 적용 중인 판매행위 원칙을 원칙적으로 全금융상품에 확대 적용함
　① 적합성 원칙, ② 적정성 원칙, ③ 설명의무, ④ 불공정영업행위, ⑤ 부당권유금지, ⑥ 광고규제

1 적합성 원칙

판매업자등은 일반금융소비자의 재산상황, 금융상품 취득·처분 경험 등에 비추어 부적합한 금융상품 계약체결의 권유를 할 수 없다(법 §17).

과거 금융투자상품 및 변액보험에만 도입되어 있었으나, 이러한 규제를 대출성 상품, 대통령령으로 정하는 보장성 상품 등으로 적용을 확대하였다.

2 적정성 원칙

판매업자등은 일반금융소비자가 자발적으로 구매하려는 금융상품이 소비자의 재산 등*에 비추어 부적정할 경우 이를 고지·확인하여야 한다(법 §18).

* 재산상황, 투자경험(투자성 상품), 신용 및 변제계획(대출성 상품) 등

과거 자본시장법상 파생상품, 파생결합증권 등에 대해서만 도입되어 있었으나 대출성 상품과 일부 보장성 상품으로 확대되었다.

3 설명의무

판매업자등은 금융상품 계약 체결을 권유하거나 일반금융소비자가 설명을 요청시 상품의 중요한 사항을 설명하여야 한다(법 §18).

금융상품 유형별로 필수 설명사항을 세부적으로 규율하고, 이를 일반금융소비자가

이해할 수 있도록 설명을 의무화하였다.

즉, 자본시장법·은행법·보험업법·여전법 등 현행 주요 금융업법에 도입되어 있는 설명의무를 금융소비자보호법으로 통합·이관하였다고 볼 수 있다.

4 불공정영업행위 금지

판매업자등이 금융상품 판매 시 우월적 지위를 이용하여 금융소비자의 권익을 침해하는 행위가 금지된다(법 §20).

불공정영업행위 유형

① 대출과 관련하여 다른 금융상품 계약을 강요하는 행위

② 대출과 관련하여 부당한 담보를 요구하는 행위

③ 대출과 관련하여 제3자의 연대보증을 요구하는 행위

④ 업무와 관련하여 편익을 요구하는 행위

⑤ 연계·제휴서비스를 부당하게 축소·변경하는 행위 등

특히, 대출성 상품과 관련하여 대출 실행 후 3년 경과 시 중도상환수수료를 부과하는 것도 금지사항으로 포함되었다. 은행·보험 등 업권에서는 일부내용을 규정하고 있었으나, 동 금지사항을 정비하여 全판매채널(직접판매, 대리·중개, 자문)에 적용하도록 하였다.

5 부당권유행위 금지

판매업자등이 금융상품 계약 체결의 권유 시 금융소비자가 오인할 수 있는 허위 사실 등을 알리는 행위가 금지된다(법 §21).

부당권유행위 유형

① 불확실한 사항에 대한 단정적 판단을 제공하는 행위

② 금융상품의 내용을 사실과 다르게 알리는 행위

---

③ 금융상품의 가치에 중대한 영향을 미치는 사항을 알리지 않는 행위

④ 객관적 근거 없이 금융상품을 비교하는 행위

⑤ 내부통제기준에 따른 직무수행 교육을 받지 않은 자로 하여금 계약체결 권유와 관련된 업무를 하게 하는 행위 등

금융투자 또는 보험 등 업권에서 일부내용을 규정하고 있었으나, 동 금지사항을 정비하여 全판매채널에 적용하도록 하였다.

<table>
<tr><td>6</td><td>광고규제</td></tr>
</table>

판매업자등이 금융상품 또는 판매업자등의 업무에 관한 광고 시 필수적으로 포함해야 하는 사항과 금지행위 등을 금융소비자보호법에 규정하였다(법 §22).

기존 자본시장법 · 은행법 · 보험업법 · 여전법 등에서 개별적으로 규정하거나, 별도 광고규제가 없었던 것을 금융소비자보호법으로 통합 · 이관하여 규정한데 의미가 있다.

광고규제 관련 필수 포함사항 및 금지행위

• 필수 포함사항

① 금융상품 설명서 및 약관을 읽어볼 것을 권유하는 내용

② 금융상품판매업자등의 명칭, 금융상품의 내용

③ 보장성 상품 : 보험료 인상 및 보장내용 변경 가능 여부

④ 투자성 상품 : 운용실적이 미래수익률을 보장하지 않는다는 사항 등

• 금지행위

① 보장성 상품 : 보장한도, 면책사항 등을 누락하거나 충분히 고지하지 않는 행위

② 투자성 상품 : 손실보전 또는 이익보장이 되는 것으로 오인하게 하는 행위

③ 대출성 상품 : 대출이자를 일단위로 표시하여 저렴한 것으로 오인하게 하는 행위

---

chapter 03

금융소비자보호법
주요내용

◇ 금융소비자보호법은 개별 금융 관련법에 산재되어 있던 금융상품 판매에 관한 사항을 일률적으로 규율하는 법인바, 이하에서는 자본시장에 관한 '투자성 상품' 관련 내용을 중심으로 기술함

section 01 투자성 상품 및 대출성 상품

1 투자성 상품

금융소비자보호법은 투자성 상품으로 ① 자본시장법에 따른 금융투자상품, ② 투자일임계약, ③ 신탁계약(관리형 신탁 및 투자성 없는 신탁은 제외)으로 분류하고 있고 있다.

다만, 금융소비자보호법상 투자성 상품으로 나열된 "연계투자"는 「온라인투자연계금융업 및 이용자보호에 관한 법률」 제2조 제1호에 따른 연계투자로 금융투자업자의 상품판매와 관련해서는 해당사항이 없음을 유의하여야 한다.

참고로 "연계투자"란 온라인플랫폼을 통하여 특정 차입자에게 자금을 제공할 목적으로 투자한 투자자의 자금을 투자자가 지정한 해당 차입자에게 대출 등의 방법으로 자금을 공급하고 그에 따른 원리금수취권을 투자자에게 제공하는 것을 말하며 시중에서는 P2P투자로 알려져 있다.

2 대출성 상품

금융소비자보호법상 대출성 상품으로는 대표적으로 은행의 신용대출이나, 주택담보대출이 있으나, 금융투자업자에 해당하는 판매업자등과 관련해서는 자본시장법령 및 금융투자업규정에서 규정하고 있는 ① 신용거래융자·신용대주, ② 증권담보대출, ③ 청약자금대출 등 신용공여 상품이 대표적이다.

이외에도 금융투자업자가 금융소비자에게 어음할인·매출채권매입(각각 금융소비자에게 금전의 상환을 청구할 수 있는 계약에 한정)·대출·지급보증 또는 이와 유사한 것으로 금전 또는 그 밖의 재산적 가치가 있는 것을 제공하고 장래에 금전등 및 그에 따른 이자 등의 대가를 받기로 하는 계약은 모두 대출성 상품에 포섭할 수 있도록 광범위하게 규정하였다.

다만, 6대 판매원칙 중 하나인 적정성 원칙과 관련하여 대출성 상품도 적용대상으로 규정되었는데 모든 대출성 상품이 적용되는 것은 아니고 증권 등 재산을 담보로 계약을 체결하는 대출성 상품만 적정성 원칙을 적용하는 것으로 규정된 점을 유의하여야 한다.

1 적합성 원칙

1) 개요

금융상품판매업자등은 투자권유 또는 자문업무를 하는 경우 먼저 해당 금융소비자가 일반금융소비자인지 전문금융소비자인지 확인해야 한다.

그 다음으로 임직원은 면담, 질문 등을 통하여 일반금융소비자의 금융상품 취득 또는 처분의 목적, 재산상황, 취득 또는 처분 경험 등의 정보를 고려한 투자성향을 파악하고 투자성향에 적합하지 아니하다고 인정되는 때에는 계약체결을 권유해서는 안 된다.

이때, 파악된 정보 등은 일반금융소비자의 확인을 받아 유지·관리하며, 확인받은 내용을 일반금융소비자에게 지체없이 제공하여야 한다.

표 3 – 1 금융상품별 파악해야 하는 일반금융소비자 정보 내용

투자성 상품	대출성 상품

1) 금융상품 취득·처분 목적
2) 재산상황
  (부채를 포함한 자산 및 소득에 관한 사항)
3) 금융상품의 취득·처분 경험
4) 소비자의 연령
5) 금융상품에 대한 이해도
6) 기대이익(손실) 등을 고려한 위험에 대한 태도
	1) 재산상황
	  (부채를 포함한 자산 및 소득에 관한 사항)
	2) 신용* 및 변제계획
	3) 소비자의 연령
	4) 계약체결의 목적(대출 限)

* 신용정보법에 따른 신용정보 또는 자본시장법에 따른 신용등급으로 한정

금융상품판매업자등이 일반금융소비자에게 해당 상품이 적합한지 여부를 판단할 때에는 금융상품 유형별 적합성 판단 기준에 따라야 한다.

다만, 분양된 주택의 계약 또는 주택조합 조합원의 추가 부담금 발생에 따른 중도금지급 목적 대출, 주택 재건축·재개발에 따른 이주비 확보 목적 대출, 환매조건부채권 등 원금손실 위험이 현저히 낮은 투자성 상품은 금융상품판매업자등의 자체 기준에 따라 평가가 가능하다.

표 3-2 금융상품별 적합성 판단기준

구분	판단 기준
투자성 상품	일반금융소비자의 정보를 파악한 결과 손실에 대한 감수능력이 적정한 수준일 것
대출성 상품	일반금융소비자의 정보를 파악한 결과 상환능력이 적정한 수준일 것

2) 적용대상

자본시장법상 온라인소액투자중개대상증권,「온라인투자연계금융업 및 이용자보호에 관한 법률」상 연계투자계약 등을 제외한 투자성 상품이 모두 적용되는 것이 원칙이다.

《참 고》
- 모든 대출성 상품과 보장성 상품 중 변액보험과 보험료 또는 공제료 일부를 자본시장법에 따른 금융투자상품 취득·처분 또는 그 밖의 방법으로 운용할 수 있도록 하는 보험 또는 공제는 적합성 원칙이 적용
  - 예금성 상품은 금융소비자보호법상 근거는 있으나 동법 시행령으로 구체적인 적용대상을 정하지 않았으므로 적용되는 구체적인 예금성 상품은 없다고 할 것임

3) 적용특례

판매업자등이 자본시장법상 일반 사모펀드 판매 시에는 원칙적으로 적합성 원칙 적용이 면제되지만 자본시장법상 적격투자자 중 일반금융소비자가 요청할 경우에는 적합성 원칙을 적용하도록 되어 있다.

이때, 일반금융소비자는 ① 서면 교부, ② 우편 또는 전자우편, ③ 전화 또는 팩스, ④ 휴대전화 문자서비스 또는 이에 준하는 전자적 의사표시 방법으로 금융상품판매업자등에게 적합성 원칙을 적용해 줄 것을 요청해야 한다.

금융투자판매업자등도 일반금융소비자에게 적합성 원칙을 적용받을 수 있다는 사실을 계약체결의 권유를 하기 전에 위와 같이 서면 교부, 전자우편 등의 방법으로 미리 알려야 한다는 점을 유의하여야 한다.

2 | 적정성 원칙

1) 개요

금융상품판매업자등은 위험성의 정도가 높은 투자성 상품 또는 대출성 상품에 대해서는 계약체결의 권유가 없는 경우에도 해당 일반금융소비자에게 적정한지를 살펴보고 적정성 여부를 해당 일반금융소비자에게 알리도록 하여 일반금융소비자 보호를 강화하였다.

앞서 살펴본 적합성 원칙은 금융상품판매업자등의 계약체결의 권유가 있는 경우에만 적용되는 반면에 적정성 원칙은 소비자가 자발적으로 계약체결 의사를 밝힌 경우에도 적용되는 것이 차이다.

적정성 원칙을 적용하는 방법으로 금융상품판매업자등은 면담, 질문 등을 통하여 일반금융소비자의 금융상품 취득 또는 처분의 목적, 재산상황, 취득 또는 처분 경험 등의 정보를 고려한 투자성향을 파악하고 적정성 판단기준에 따라 해당 상품이 해당 일반금융소비자에게 적정하지 않다고 판단되는 경우 이를 해당 일반금융소비자에게 알리고 이를 확인을 받아야 한다. 이때 금융상품판매업자등은 적정성 판단결과와 그 이유를 기재한 서류 및 해당 상품의 설명서를 함께 제공하도록 되어 있다.

2) 적용대상

적정성 원칙이 적용되는 상품은 아래와 같다. 다만 유의해야 할 점은 대출성 상품의 경우 금융소비자보호법 시행령에 따르면 증권, 지식재산권 등의 재산을 담보로 계약을 체결하는 대출성 상품에 한해 적정성 원칙을 적용하도록 되어 있기 때문에 금융투자업계의 경우 앞서 설명한 ① 신용거래융자·신용대주, ② 증권담보대출, ③ 청약자금대출 등 신용공여 상품이 주로 적용될 것이다.

다만, 증권시장에서 매도계약이 체결된 증권을 담보로 계약을 체결하는 대출성 상품(대표적으로 매도주식담보대출)은 담보의 안정성을 감안하여 적정성 원칙을 적용하지 않는다.

표 3-3　적정성 원칙 대상상품

구분	대상상품
투자성 상품	① 파생상품 : 장내파생상품 및 장외파생상품(금소법 시행령 제12조 제1항 제2호 가목) ② 파생결합증권(단, 금적립 계좌등은 제외)(금소법 시행령 제12조 제1항 제2호 가목) ③ 사채(社債) 중 일정한 사유가 발생하는 경우 주식으로 전환되거나 원리금을 상환해야 할 의무가 감면될 수 있는 사채(「상법」 제469조 제2항, 제513조 또는 제516조의2에 따른 사채는 제외)(조건부 자본증권)(금소법 시행령 제12조 제1항 제2호 나목) ④ 고난도금융투자상품, 고난도금전신탁계약, 고난도투자일임계약(금소법 시행령 제12조 제1항 제2호 다목) ⑤ 파생형 집합투자증권(레버리지・인버스 ETF 포함). 다만, 금소법 감독규정 제11조 제1항 단서에 해당되는 인덱스 펀드는 제외(금융소비자보호 감독규정 제11조 제1항 제1호) ⑥ 집합투자재산의 50%를 초과하여 파생결합증권에 운용하는 집합투자기구의 집합투자증권(금융소비자보호 감독규정 제11조 제1항 제2호) ⑦ 위 적정성 원칙 대상상품 중 어느 하나를 취득・처분하는 금전신탁계약의 수익증권(이와 유사한 것으로서 신탁계약에 따른 수익권이 표시된 것도 포함)(금융소비자보호 감독규정 제11조 제1항 제3호)
대출성 상품	자본시장법 제72조에 따른 신용공여(신용거래융자, 신용거래대주, 증권담보융자 등) 등 대출성 상품, 다만 증권시장에서 매도계약이 체결된 증권을 담보로 계약을 체결하는 대출성 상품은 제외

3) 적용특례

적정성 원칙도 자본시장법상 일반 사모펀드 판매 시에는 원칙적으로 적용되지 않지만 자본시장법상 적격투자자 중 일반금융소비자가 이를 요청할 경우에는 적정성 원칙을 적용하도록 하고 있다.

이때, 일반금융소비자는 ① 서면 교부, ② 우편 또는 전자우편, ③ 전화 또는 팩스, ④ 휴대전화 문자서비스 또는 이에 준하는 전자적 의사표시 방법으로 금융상품판매업자등에 적정성 원칙 적용을 요청해야 하며, 반대로 금융투자판매업자등도 일반금융소비자에게 적정성 원칙을 적용받을 수 있다는 사실을 계약체결의 권유를 하기 전에 서면 교부, 전자우편 등의 방법으로 미리 알려야 한다.

3 설명의무

1) 개요

금융상품판매업자등은 일반금융소비자에게 계약체결을 권유하거나 일반금융소비자가 설명을 요청하는 경우에는 금융상품에 관한 중요한 사항(일반금융소비자가 특정 사항에 대한 설명만을 원하는 경우 해당 사항에 한정)을 이해할 수 있도록 설명해야 한다.

다만, 종전 자본시장법과 동일하게 위험감수능력과 관련지식을 갖춘 것으로 보는 전문금융소비자에 대해서는 설명의무가 면제된다.

실무적인 쟁점사항으로 본인이 아닌 대리인에게 설명하는 경우, 전문금융소비자 여부는 본인 기준으로 판단하고 설명의무 이행 여부는 대리인을 기준으로 판단하는 것이 합리적인 것으로 판단된다.

2) 설명사항

금융상품판매업자등이 설명해야 하는 중요한 사항은 다음과 같다.

금융소비자보호법은 일반금융소비자가 원하는 경우 중요 사항 중 특정 사항만을 설명할 수 있는 것으로 규정하고, 이에 따라 금융소비자보호법 제19조 제1항에서 중요 사항을 정하고 있고 이러한 사항에 대해서는 모두 설명의무를 이행*하도록 해 금융소비자보호 공백을 최소화하고 있다.

* 금융상품 설명의무의 합리적 이행을 위한 가이드라인(금융위·금감원 2021.7.14)

3) 설명서

설명서에는 금융소비자보호법 제19조 제1항 각 호의 구분에 따른 사항이 포함되어야 하며 중요한 내용은 부호, 색채 등으로 명확하게 표시하는 등 일반금융소비자가 쉽게 이해할 수 있도록 작성되어야 한다.

다만, 자본시장법 제123조 제1항에 따른 투자설명서 또는 간이투자설명서를 제공하는 경우에는 해당내용에 대해서는 제외가 가능하다.

아울러, 금융소비자보호법은 설명한 사람이 설명한 내용과 실제 설명서 내용이 같다

표 3-4　금융상품에 관한 중요한 사항

구분	중요한 사항
투자성 상품	① 투자성 상품의 내용 ② 투자에 따르는 위험 ③ 투자성 상품의 위험등급(금융상품판매업자가 정함) ④ 금융소비자가 부담해야 하는 수수료, 계약의 해지·해제 ⑤ 증권의 환매 및 매매 ⑥ 금융소비자보호 감독규정(별표 3)에서 정하는 사항 　1) 계약기간 　2) 금융상품의 구조 　3) 기대수익(객관적·합리적인 근거가 있는 경우에 한정). 이 경우 객관적·합리적인 근거를 포함하여 설명해야 한다. 　4) 손실이 발생할 수 있는 상황(최대 손실이 발생할 수 있는 상황을 포함) 및 그에 따른 손실 추정액. 이 경우, 객관적·합리적인 근거를 포함하여 설명해야 한다. 　5) 위험등급에 관한 다음의 사항 　　가) 해당 위험등급으로 정해진 이유 　　나) 해당 위험등급의 의미 및 유의사항 　6) 계약상 만기에 이르기 전에 일정 요건이 충족되어 계약이 종료되는 금융상품의 경우 그 요건에 관한 사항
대출성 상품	① 금리 및 변동 여부, 중도상환수수료(금융소비자가 대출만기일이 도래하기 전 대출금의 전부 또는 일부를 상환하는 경우에 부과하는 수수료를 의미한다.) 부과 여부·기간 및 수수료율 등 대출성 상품의 내용 ② 상환방법에 따른 상환금액·이자율·시기 ③ 담보권 설정에 관한 사항, 담보권 실행사유 및 담보권 실행에 따른 담보목적물의 소유권 상실 등 권리변동에 관한 사항 ④ 대출원리금, 수수료 등 금융소비자가 대출계약을 체결하는 경우 부담하여야 하는 금액의 총액 ⑤ 그밖에 금소법 시행령 및 금융소비자보호 감독규정에서 정한 사항
공통사항	① 각 금융상품과 연계되거나 제휴된 금융상품 또는 서비스 등이 있는 경우 　1) 연계·제휴서비스등의 내용 　2) 연계·제휴서비스등의 이행책임에 관한 사항 ② 청약철회의 기한, 행사방법, 효과에 관한 사항 ③ 그 밖에 금소법 시행령 및 금융소비자보호 감독규정에서 정한 사항

는 사실을 서명 등을 통해 확인해야 하는 의무를 규정했고 설명서 교부 방법도 서면, 우편 또는 전자우편 외에 휴대전화 문자메시지 또는 이에 준하는 전자적 의사표시를 추가하여 온라인매체를 많이 사용하는 최근 시대현상을 반영하였다.

　설명서 교부와 관련하여 특히 유의해야 할 사항은 금융소비자보호법은 금융상품판매업자등에게 금융소비자의 의사와 관계없이 설명서 교부 의무를 부과하고 있다는 점이다.

그러나, 자본시장법에서는 공모 집합투자증권의 투자설명서 또는 간이설명서, 사모 집합투자증권의 핵심상품설명서 및 고난도 금융투자상품·고난도 투자일임계약·고난도 금전신탁계약에 대한 요약설명서의 경우는 투자자가 원하지 않을 경우에는 해당 설명서를 교부하지 않을 수 있는 것으로 되어 있는 점은 유의해야 한다(자본시장법 시행령 제68조 제5항 제2의 3호 나목, 같은법 시행령 제132조 제2호).

금융소비자보호법에서 설명서를 교부하지 않아도 되는 일부 예외 사항을 두고 있는데 ① 기존 계약과 동일한 내용으로 계약을 갱신하는 경우, ② 기본계약을 체결하고 그 계약내용에 따라 계속적·반복적으로 거래를 하는 경우 등이 있으며 계속적·반복적 거래의 경우로는 주식 등에 대한 매매거래계좌를 설정하는 등 금융투자상품을 거래하기 위한 기본계약을 체결하고 그 계약내용에 따라 계속적·반복적으로 거래하는 것을 들 수 있다.

투자성 상품과 관련한 설명서는 다음과 같다.

표 3-5 **투자성 상품에 대한 각종 설명서 내역**

구 분		설 명 서		고난도금융투자상품
공모	집합투자증권 外	투자설명서 (금소법 시행령 §14①, 자본시장법 §123①)	금소법상 설명서[1]	요약설명서 (자본시장법 시행령 §68⑤2의3)[2]
	집합투자증권	투자설명서 또는 간이투자설명서 (금소법 시행령 §14①, 자본시장법 §123①)		
기타	사모펀드	사모펀드 핵심상품설명서 (자본시장법 §249의4②~④)	금소법상 설명서	
	일임, 신탁	금소법상 설명서 (금소법 시행령 §14①)		고난도 상품에 대한 요약설명서

1) 자본시장법상 투자설명서 또는 간이투자설명서에 기재된 내용은 금소법상 설명서에서 제외 가능
2) 공모펀드의 경우 간이투자설명서 교부 시, 사모펀드의 경우에는 핵심상품설명서 제공 시에는 고난도 상품 요약설명서 교부의무 면제

4 불공정영업행위 금지

1) 개요

금융상품판매업자등이 금융상품 판매 시 우월적 지위를 이용하여 부당한 금융상품 거래를 유발시키는 등 금융소비자의 권익침해를 제한하는 것이 목적으로 주로 대출성 상품과 관련한 규제로 인식된다.

적용대상은 금융소비자, 즉 일반금융소비자 및 전문금융소비자도 모두 해당된다는 점을 유의해야 한다.

2) 불공정영업행위 유형

금융소비자보호법이 규정하고 있는 불공정영업행위는 다음과 같다.

❶ 대출성 상품에 관한 계약체결과 관련하여 금융소비자의 의사에 반하여 다른 금융상품의 체결을 강요하는 행위(일명 "꺾기 규제")

❷ 대출성 상품에 관한 계약체결과 관련하여 부당하게 담보를 요구하거나 보증을 요구하는 행위

❸ 금융상품판매업자등 또는 그 임직원이 업무와 관련하여 편익을 요구하거나 보증을 요구하는 행위

❹ 대출성 상품과 관련하여,
  - 자기 또는 제3자의 이익을 위하여 금융소비자에게 특정 대출 상환방식을 강요하는 행위
  - 대출계약 성립일로부터 3년 이내 상환, 타 법령상에 중도상환수수료 부과를 허용하는 등의 경우를 제외하고 수수료·위탁금·중도상환수수료를 부과하는 행위
  - 개인에 대한 대출과 관련하여 제3자의 연대보증을 요구하는 경우(금융소비자보호법 시행령 등에서 정한 예외사항은 제외)

❺ 연계·제휴서비스등이 있는 경우 연계·제휴서비스등을 부당하게 축소하거나 변경하는 행위. 다만, 연계·제휴서비스등을 불가피하게 축소하거나 변경하더라도

금융소비자에게 그에 상응하는 다른 연계·제휴서비스등을 제공하는 경우와 금융상품판매업자등의 휴업·파산·경영상의 위기 등에 따른 불가피한 경우에는 제외

- 시행령 등에서 정하는 세부적인 행위유형은 다음과 같음
  - 다음 방법 중 2개 이상의 방법으로 연계·제휴서비스등을 축소·변경한다는 사실을 축소·변경하기 6개월 전부터 매월 고지하지 않은 경우

    〈고지방법〉
    1. 서면교부
    2. 우편 또는 전자우편
    3. 전화 또는 팩스
    4. 휴대전화 문자메시지 또는 이에 준하는 전자적 의사표시

  - 연계·제휴서비스등을 정당한 이유 없이 금융소비자에게 불리하게 축소하거나 변경하는 행위. 다만, 연계·제휴서비스등이 3년 이상 제공된 후 그 연계·제휴서비스등으로 인해 해당 금융상품의 수익성이 현저히 낮아진 경우는 제외

3) 투자성 상품관련 유의해야 하는 불공정영업행위 유형

금융상품판매업자등은 특히, 대출성 상품 계약을 빌미로 중소기업 등에게 투자성 상품 등을 끼워 판매하는 "꺾기 규제"를 유의해야 한다. 그 유형은 다음과 같다.

❶ 금융소비자에게 제3자의 명의를 사용하여 다른 금융상품(투자성 상품, 보장성 상품 등)의 계약을 체결할 것을 강요하는 행위
❷ 금융소비자에게 다른 금융상품직접판매업자를 통해 다른 금융상품에 관한 계약을 체결할 것을 강요하는 행위
❸ 금융소비자가 「중소기업기본법」에 따른 중소기업인 경우 그 대표자 또는 관계인 [중소기업의 대표자·임원·직원 및 그 가족(민법상 배우자 및 직계혈족)]에게 다른 금융상품의 계약체결을 강요하는 행위
❹ 대출성 상품에 관한 계약을 체결하고 최초로 이행된 전·후 1개월 내에 다음의 구분에 따른 다른 금융상품에 대한 계약체결을 하는 행위(꺾기 규제)

– 투자성 상품의 경우 판매한도 1%는 금융상품직접판매업자에게 지급되는 "월지급액"을 기준으로 계산함(※ 예 : 1억 2천만원 대출시 매월 적립식 펀드매수금액이 100만원을 초과시 불공정영업행위에 해당될 수 있음)

표 3-6 **금융상품 꺾기 규제 요약**

판매제한 금융상품	취약차주*	그 밖의 차주** (투자성 상품의 경우 개인에 한정)
일부 투자성 상품 (펀드, 금전신탁, 일임계약에 한정)	금지	1% 초과 금지
보장성 상품	금지	1% 초과 금지
예금성 상품	1% 초과 금지	규제 없음

* **(취약차주)** 중소기업 및 그 기업의 대표자, 개인신용평점이 하위 10%에 해당하는 사람, 피성년후견인 또는 피한정후견인
** **(그 밖의 차주)** 취약차주에 해당되지 않는 차주

– 유의할 점을 자본시장법 제72조 제1항에 따른 신용공여는 주식담보대출의 특성상 금융투자회사가 차주에 비해 우월적 지위에 있지 않다는 점을 감안해 꺾기 규제와 관련한 대출성 상품의 종류에는 포함되지 않음. 따라서 금융투자회사가 취급하는 신용거래융자 등과 관련하여 다른 금융상품과 꺾기 규제는 별도로 없음(감독규정 §14⑤ 제1호 라목)

4) 기타 유의해야 할 불공정영업행위 유형

❶ 금융상품판매업자 또는 그 임원·직원이 업무와 관련하여 직·간접적으로 금융소비자 또는 이해관계자로부터 금전, 물품 또는 편익 등을 부당하게 요구하거나 제공받는 행위
❷ 금융소비자가 계약해지를 요구하는 경우에 계약해지를 막기 위해 재산상 이익의 제공, 다른 금융상품으로의 대체권유 또는 해지 시 불이익에 대한 과장된 설명을 하는 행위
❸ 금융소비자가 청약을 철회하겠다는 이유로 금융상품에 관한 계약에 불이익을 부과하는 행위. 다만, 같은 금융상품직접판매업자에 같은 유형의 금융상품에 관한 계약에 대하여 1개월 내 2번 이상 청약의 철회의사를 표시한 경우는 제외함

5 부당권유행위 금지

1) 개요

금융상품판매업자등이 금융상품 계약의 체결을 권유할 때 금융소비자가 오인할 우려가 있는 허위의 사실, 단정적인 판단 등을 제공하여 금융소비자의 올바른 판단 형성에 방해가 없도록 하여야 한다.

이때, 적용 대상은 금융소비자로 일반금융소비자 및 전문금융소비자 모두 보호하도록 되어 있다.

2) 부당권유행위 유형

금융소비자보호법이 규정하고 있는 부당권유행위의 유형은 다음과 같다.

❶ 불확실한 사항에 대하여 단정적 판단을 제공하거나 확실하다고 오인하게 할 소지가 있는 내용을 알리는 행위
❷ 금융상품의 내용을 사실과 다르게 알리는 행위
❸ 금융상품의 가치에 중대한 영향을 미치는 사항을 미리 알고 있으면서 금융소비자에게 알리지 아니하는 행위
❹ 금융상품 내용의 일부에 대하여 비교대상 및 기준을 밝히지 아니하거나 객관적인 근거 없이 다른 금융상품과 비교하여 해당 금융상품이 우수하거나 유리하다고 알리는 행위

3) 투자성 상품관련 유의해야 하는 부당권유행위 유형

❶ 투자성 상품의 경우 금융소비자로부터 계약의 체결권유를 해줄 것을 요청받지 아니하고 방문·전화 등 실시간 대화의 방법을 이용하는 행위(일명 불초청 권유 금지). 다만, 금융소비자 보호 및 건전한 거래질서를 해칠 우려가 없는 행위로 투자권유 전에 금융소비자의 개인정보 취득경로, 권유하려는 금융상품의 종류·내용 등을 금융소비자에게 미리 안내하고, 해당 금융소비자가 투자권유를 받을 의사를 표시한 경우에는 아래의 상품을 제외하고는 투자권유를 할 수 있다(금융소비자

보호법 시행령 제16조 제1항 제1호).

ㄱ. 일반금융소비자의 경우 : 고난도금융투자상품, 고난도투자일임계약, 고난도 금전신탁계약, 사모펀드, 장내파생상품, 장외파생상품

ㄴ. 전문금융소비자의 경우 : 장외파생상품

❷ 투자성 상품의 경우 계약의 체결권유를 받은 금융소비자가 이를 거부하는 취지의 의사를 표시하였는데도 계약의 체결권유를 계속하는 행위(일명 재권유 금지)

− 다음과 같은 경우에는 재권유 금지 예외를 적용함

1. 투자성 상품에 대한 계약의 체결권유를 받은 금융소비자가 이를 거부하는 취지의 의사를 표시한 후 1개월이 지난 경우에는 해당 상품을 재권유할 수 있음

2. 다른 유형의 투자성 상품은 재권유 금지대상이 아니며 투자성 상품의 유형은 다음과 같이 구분함

   1) 자본시장법에 따른 금융투자상품

      가. 수익증권

      나. 장내파생상품

      다. 장외파생상품

      라. 증권예탁증권

      마. 지분증권

      바. 채무증권

      사. 투자계약증권

      아. 파생결합증권

   2) 자본시장법에 따른 신탁계약

      가. 자본시장법 제103조 제1항 제1호의 신탁재산에 대한 신탁계약

      나. 자본시장법 제103조 제1항 제2호부터 제7호까지의 신탁재산에 대한 신탁계약

   3) 자본시장법에 따른 투자자문계약 또는 투자일임계약

      가. 자본시장법에 따른 장내파생상품에 관한 계약

      나. 자본시장법에 따른 장외파생상품에 관한 계약

      다. 자본시장법에 따른 증권에 관한 계약

   4) 장외파생상품의 경우 기초자산 및 구조가 다른 경우 다른 유형으로 구

분함

    가. (기초자산) 금리, 통화, 지수 등

    나. (구조) 선도, 스왑, 옵션 등

❸ 투자성 상품에 관한 계약의 체결을 권유하면서 일반금융소비자가 요청하지 않은 다른 대출성 상품을 안내하거나 관련 정보를 제공하는 행위

    - 예를 들면 금융상품판매업자등이 주식 위탁매매를 권유하면서 일반금융소비자에게 먼저 신용거래융자 이용을 권유할 수 없음. 이때 적용대상은 일반금융소비자에 한정되므로 전문금융소비자에 대해서는 신용공여 관련사항을 먼저 안내할 수 있음

❹ 투자성 상품의 가치에 중대한 영향을 미치는 사항을 알면서 그 사실을 금융소비자에 알리지 않고 그 금융상품의 매수 또는 매도를 권유하는 행위

❺ 자기 또는 제3자가 소유한 투자성 상품의 가치를 높이기 위해 금융소비자에게 해당 투자성 상품의 취득을 권유하는 행위

❻ 금융소비자가 자본시장법 제174조(미공개중요정보 이용행위), 제176조(시세조종행위 등) 또는 제178조(부정거래행위 등)에 위반되는 매매, 그 밖의 거래를 하고자 한다는 사실을 알고 그 매매, 그 밖의 거래를 권유하는 행위

4) 기타 유의해야 하는 부당권유행위 유형

금융소비자보호법에 특별히 신설된 부당권유행위에 대해서 주의할 필요가 있는데 그 유형은 다음과 같다.

❶ 적합성 원칙을 적용함에 있어서 일반금융소비자의 금융상품 취득 또는 처분목적, 재산상황 또는 취득 또는 처분 경험 등의 투자성향 정보를 조작하여 권유하는 행위

❷ 금융상품판매업자등이 적합성 원칙(법§17)을 적용받지 않고 권유하기 위해 일반금융소비자로부터 계약 체결의 권유를 원하지 않는다는 의사를 서면 등으로 받는 행위

❸ 내부통제기준에 따른 직무수행 교육을 받지 않은 자로 하여금 계약체결 권유와 관련된 업무를 하게 하는 행위

    - 금융상품판매업자등의 내부통제기준에 금융상품에 대한 계약체결의 권유를

담당하는 임직원에 대한 직무윤리, 상품지식 등을 함양하는 직무교육체계(자체교육 또는 전문교육기관 이용 등)를 수립하고 해당 교육을 이수한 임직원에 대해서만 판매업무를 수행하도록 해 판매임직원 역량 강화 및 소비자보호 환경 마련

6 광고규제

1) 개요

금융소비자보호법은 금융상품 또는 금융상품판매업자등의 업무에 관한 광고 시 필수 포함사항 및 금지행위 등을 규정하고 광고주체를 제한하는 등의 규제로 허위·과장 광고로부터 금융소비자 보호하고자 한다.

유의할 것은 광고의 대상은 금융상품 뿐 아니라 금융상품판매업자등의 수행하는 업무로서 금융상품판매업자등이 제공하는 각종 서비스가 될 수 있다.

2) 광고주체

금융소비자보호법은 광고주체로 원칙적으로 금융상품직접판매업자, 금융상품판매대리·중개업자, 금융상품자문업자, 금융상품판매업자등을 자회사·손자회사로 하는 금융지주회사, 자본시장법에 따른 증권의 발행인 또는 매출인(해당 증권에 관한 광고에 한정), 각 금융협회 그리고 집합투자업자 등이 해당된다.

유의할 점은 집합투자업자도 집합투자증권을 제조하는 등 자본시장법상 광고주체로 기능을 해왔던 내용이 금융소비자보호법에도 그대로 계수되었다는 점이다.

3) 광고주체 제한

금융소비자보호법상 광고규제의 특징적인 점은 광고주체를 제한하는 것인데 특히 투자성 상품의 경우 금융상품판매대리·중개업자는 금융상품뿐 아니라 금융상품판매업자등의 업무에 관한 광고도 수행할 수 없다.

투자성 상품과 관련된 금융상품판매대리·중개업자는 자본시장법상 투자권유대행인에 해당되는데 이들은 금융상품직접판매업자에 1사 전속으로 소속되어 활동하는 개인

이므로 별다른 투자광고의 필요성이 없었을 뿐 아니라, 만약 허용하더라도 개인이 활동하는 업무특성상 광고규제가 원활하게 작동되지 않는 등의 문제점을 감안한 조치로 자본시장법상 특성이 그대로 계수되었다고 볼 수 있다.

4) 광고방법 및 절차

- **(광고방법)** 광고주체는 글자의 색깔·크기 또는 음성의 속도 등이 금융소비자(일반 또는 전문)가 금융상품의 내용을 오해하지 않도록 명확하고 공정하게 전달하며 금융상품으로 인해 얻는 이익과 불이익을 균형 있게 전달해야 한다.
  - 또한 광고주체가 금융상품 등에 대한 광고를 하는 경우에는 「금융회사의 지배구조에 관한 법률」 제25조 제1항에 따른 준법감시인(준법감시인이 없는 경우에는 감사)의 심의를 받아야 한다.
- **(광고 포함사항)** 다음의 내용을 광고에 포함하여야 한다.
  - 금융상품에 관한 계약을 체결하기 전에 금융상품 설명서 및 약관을 읽어 볼 것을 권유하는 내용
  - 투자성 상품의 경우 금융상품의 명칭, 수수료, 투자에 따른 위험(원금손실발생 가능성, 원금손실에 대한 소비자의 책임), 과거 운용실적을 포함하여 광고하는 경우에는 그 운용실적이 미래의 수익률을 보장하는 것이 아니라는 사항, 금융상품의 이자, 수익 지급시기 및 지급제한 사유 등
- **(금지사항)** 특히, 투자성 상품에 관한 광고 시 다음의 행위를 하여서는 안 된다.
  - 손실보전 또는 이익보장이 되는 것으로 오인하게 하는 행위
  - 수익률이나 운용실적을 표시하는 경우 수익률이나 운용실적이 좋은 기간의 수익률이나 운용실적만을 표시하는 경우

5) 광고심사

협회는 금융상품판매업자등의 광고규제 준수 여부를 확인하고 그 결과에 대한 의견을 해당 금융상품판매업자등에게 통보할 수 있다.

투자성 상품의 경우 한국금융투자협회가 이를 수행하고 있으며 앞서 설명한 바와 같이 금융상품 판매·대리업자는 광고행위를 할 수 없으며 이에 따라 협회도 관련하여 광고심사를 하지 않고 있다.

1 개요

금융소비자보호법은 같은 법 또는 관련법률에 따른 금융상품판매대리 · 중개업자가 아닌 자에게 금융상품에 대한 권유 또는 계약의 대리 · 중개를 하지 못하도록 하고 금지 행위를 정함으로써 금융소비자를 보다 두텁게 보호하고 있다(금융소비자보호법 제24조~제 26조, 금융소비자보호법 시행령 제23조~제24조).

2 금지행위

투자성 상품과 관련하여 금융상품판매대리 · 중개업자(투자권유대행인)에 대한 주요한 금지행위는 다음과 같다.
- 금융소비자로부터 투자금 등 계약의 이행으로서 급부를 받는 행위
- 금융상품판매대리 · 중개업자가 대리 · 중개하는 업무를 제3자에게 하게 하거나 그러한 행위에 관하여 수수료 · 보수나 그 밖의 대가를 지급하는 행위
- 금융상품직접판매업자로부터 정해진 수수료 외의 금품, 그 밖의 재산상 이익을 요구하거나 받는 행위
- 금융상품직접판매업자를 대신하여 계약을 체결하는 행위
- 자본시장법에 따른 투자일임재산이나 같은 법에 따른 신탁재산을 각각의 금융소비자별 또는 재산별로 운용하지 않고 모아서 운용하는 것처럼 투자일임계약이나 신탁계약의 계약체결등(계약의 체결 또는 계약 체결의 권유를 하거나 청약을 받는 것)을 대리 · 중개하거나 광고하는 행위
- 금융소비자로부터 금융투자상품을 매매할 수 있는 권한을 위임받는 행위
- 투자성 상품에 관한 계약의 체결과 관련하여 제3자가 금융소비자에 금전을 대여하도록 대리 · 중개하는 행위

투자성 상품과 관련하여 금융상품판매대리·중개업자(투자권유대행인)가 금융소비자에게 알려야 하는 고지의무 등은 다음과 같다.

- 금융상품판매대리·중개업자가 대리·중개하는 금융상품직접판매업자의 명칭 및 업무 내용
- 하나의 금융상품직접판매업자만을 대리하거나 중개하는 금융상품판매대리·중개업자인지 여부
- 금융상품판매대리·중개업자 자신에게 금융상품계약을 체결할 권한이 없다는 사실
- 금융소비자보호법 제44조와 제45조에 따른 손해배상책임에 관한 사항
- 금융소비자의 금융상품 매매를 대신할 수 없다는 사실
- 자신이 금융상품판매대리·중개업자라는 사실을 나타내는 표지를 게시하거나 증표를 금융소비자에게 보여 줄 것

section 04　방문(전화권유)판매 규제

1　개요

방문판매란 방문판매(방문판매 등에 관한 법률 제2조 제1호에 따른 것) 및 전화권유판매(방문판매 등에 관한 법률 제2조 제3호에 따른 것) 방식으로 금융상품을 판매하는 것을 말하고 이 법에서는 금융상품판매업자 등과 그 임직원이 이러한 방식으로 금융상품을 판매하는 경우에 적용되는 규제를 말한다.

1) 방문전화권유)판매 시 불초청권유금지

법상 원칙적으로는 금융상품판매업자 등이 금융소비자로부터 계약의 체결을 해줄 것을 요청받지 아니하고 방문·전화 등 실시간 대화의 방법을 이용하는 행위를 부당권유행위로 규정하고 있다.

그러나, 현재 시장의 거래실질을 감안하여 투자권유를 하기 전에 금융소비자의 개인정보 취득경로, 권유하려는 금융상품의 종류·내용 등을 금융소비자에게 미리 안내(사전안내)하고, 해당 금융소비자가 투자권유를 받을 의사를 표시한 경우에는 초청을 받은 권유로 보도록 하였다.

다만, 상품의 위험정도와 금융소비자의 유형을 감안하여 사전안내가 불가한 투자성상품과 금융소비자 유형을 아래와 같이 분류하고 있다.

❶ 일반금융소비자의 경우 : 고난도금융투자상품, 고난도투자일임계약, 고난도금전신탁계약, 사모펀드, 장내파생상품, 장외파생상품
❷ 전문금융소비자의 경우 : 장외파생상품

2) 방문판매원등에 대한 명부작성 등

금융상품판매업자 등은 방문판매 및 전화권유판매 방식으로 영업을 하려는 경우 방문판매 및 전화권유판매를 하려는 임직원(이하 "방문판매원등"이라 한다)의 명부를 작성해야 한다. 명부에는 방문판매원 등의 성명·소속 전화번호가 포함되어야 한다.

또한, 홈페이지를 운영하는 경우 금융소비자가 그 홈페이지를 통하여 특정 방문판매원 등이 그 금융상품판매업자 등에게 소속되어 있음을 쉽게 확인할 수 있도록 하여야 한다.

3) 방문전화권유)판매 관련 준수사항

• 금융상품판매업자 등은 금융소비자가 요청하면 언제든지 금융소비자로 하여금 방문판매 및 전화권유판매를 하려는 임직원의 신원을 확인할 수 있도록 하여야 한

다. 또한 방문판매 및 전화권유판매로 금융상품을 판매하려는 경우에는 금융소비자에게 미리 해당 방문 또는 전화가 판매를 권유하기 위한 것이라는 점과 방문판매 및 전화권유판매를 하려는 임직원의 성명 또는 명칭, 판매하는 금융상품의 종류 및 내용을 밝혀야 한다.

- 금융상품판매업자 등은 일반금융소비자에게 자신에게 연락금지요구권이 있음과 행사방법 및 절차를 알려야 한다. 만약 방문판매원등이 그 내용을 구두로만 알린 경우에는 알린 날로부터 1개월 이내에 그 내용을 서면, 전자우편, 휴대전화 문자메시지 및 그 밖에 금융위원회가 정하는 방법으로 추가로 알려야 한다. 금융상품판매업자 등은 일반금융소비자가 이 권리를 행사하면 즉시 따라야 하며, 이때 개인인 금융소비자가 연락금지요구에 따라 발생하는 금전적 비용이 부담하지 않도록 조치해야 한다.

- 금융상품판매업자 등은 야간(오후 9시부터 다음날 오전 8시까지)에 금융상품을 소개하거나 계약체결을 권유할 목적으로 연락하거나 방문하여서는 아니 된다. 다만 금융소비자가 요청한 경우에는 예외로 한다.

4) 방문전화권유)판매 관련 전속관할

- 방문판매 및 유선·무선·화상통신·컴퓨터 등 정보통신기술을 활용한 비대면 방식을 통한 금융상품 계약과 관련된 소(訴)는 제소 당시 금융소비자 주소를, 주소가 없는 경우에는 거소를 관할하는 지방법원의 전속관할로 한다. 다만, 제소 당시 금융소비자의 주소 또는 거소가 분명하지 아니한 경우에는 「민사소송법」의 관계 규정을 준용한다.

5) 방문전화권유)판매규제 위반 시 벌칙

- (벌금) 금융상품판매업자 등과 그 방문판매원등의 성명 또는 명칭, 판매하려는 금융상품의 종류 및 내용 등을 거짓으로 밝힌 자는 1천만 원 이하의 벌금에 처한다.
- (과태료) 아래의 경우에는 1천만 원 이하의 과태료를 부과한다.
  - 연락금지를 요구한 일반금융소비자에게 금융상품을 소개하거나 계약체결을 권유할 목적으로 연락한 자
  - 야간(오후 9시 이후부터 다음 날 오전 8시까지)에 금융상품을 소개하거나 계약체결을

권유할 목적으로 금융소비자를 방문하거나 연락한 자

- (과태료) 아래의 경우에는 5백만 원 이하의 과태료를 부과한다.
  - 금융상품판매업자 등이 명부를 작성하지 않거나 신원확인에 응하지 않아 방문판매원등의 신원을 확인 할 수 없도록 한 경우 또는 방문판매원등의 성명 등을 밝히지 아니한 경우에는 500만 원 이하의 과태료를 부과한다.

section 05 **금융소비자 권익강화 제도**

1 계약서류 제공의무

1) 개요

금융상품직접판매업자 및 금융상품자문업자는 금융소비자(일반 또는 전문)와 금융상품 또는 금융상품자문에 관한 계약을 체결하는 경우 금융소비자에게 계약서류를 지체없이 교부하도록 하여 금융소비자 권익을 보장하고 있다(금융소비자보호법 제23조).

- (계약서류) 금융소비자보호법에서 정하는 계약서류의 종류에는 ① 금융상품 계약서, ② 금융상품의 약관, ③ 금융상품 설명서(금융상품판매업자만 해당)
- (계약서류 제공의무 예외) 자본시장법에 따른 온라인소액투자중개업자로서 같은 법에 따라 계약서류가 제공된 경우에는 금융소비자보호법상 계약서류 제공의무 면제
  - 아울러, 금융소비자 보호에 관한 감독규정에 따라 아래와 같은 경우 계약서류 제공의무 면제
    1. 기본계약을 체결하고 그 계약내용에 따라 계속적·반복적으로 거래하는 경우
    2. 기존계약과 동일한 내용으로 계약을 갱신하는 경우
    3. 법인인 전문금융소비자와 계약을 체결하는 경우(설명서에 한하여 제공의무 면제)

2) 계약서류 제공방법

금융상품직접판매업자 및 금융상품자문업자가 계약서류를 제공하는 때에는 다음 각 호의 방법으로 제공하여야 한다. 다만, 금융소비자가 다음 각 호의 방법 중 특정 방법으로 제공해 줄 것을 요청하는 경우에는 그 방법으로 제공해야 한다.

〈교부방법〉
1. 서면교부
2. 우편 또는 전자우편
3. 휴대전화 문자메시지 또는 이에 준하는 전자적 의사표시　　　　　.

아울러, 판매업자등이 유의해야 할 점은 계약서류가 법령 및 내부통제기준에 따른 절차를 거쳐 제공된다는 사실을 해당 계약서류에 포함하여 교부해야 한다는 사실이다.

3) 계약서류 제공사실 증명

판매업자등은 계약서류의 제공 사실에 관하여 금융소비자와 다툼이 있는 경우에는 금융상품직접판매업자 및 금융상품자문업자가 이를 증명해야 한다.

2 　자료의 기록 및 유지 · 관리 등

1) 개요

금융상품판매업자등은 금융상품판매업등의 업무와 관련한 자료를 기록하고 유지 · 관리하며 금융소비자(일반 또는 전문)의 요구에 응해 열람하게 함으로써 금융소비자의 권리구제 등을 지원하여야 한다.
특히, 금융상품판매업자등은 자료의 기록, 유지 및 관리를 위해 적절한 대책을 수립 · 시행하여야 한다.

2) 자료의 종류

금융상품판매업자등이 유지 · 관리해야 하는 자료는 다음과 같다.

1. 계약체결에 관한 자료
2. 계약의 이행에 관한 자료
3. 금융상품등에 관한 광고 자료
4. 금융소비자의 권리행사에 관한 다음 각 목의 자료
   가. 금융소비자의 자료 열람 연기·제한 및 거절에 관한 자료
   나. 청약의 철회에 관한 자료
   다. 위법계약의 해지에 관한 자료
5. 내부통제기준의 제정 및 운영 등에 관한 자료
6. 업무 위탁에 관한 자료
7. 제1호부터 제6호까지의 자료에 준하는 것으로서 금융위원회가 정하여 고시하는 자료

3) 유지·관리 기간

금융상품판매업자등은 원칙적으로 10년 간 유지·관리하되 내부통제기준의 제정 및 운영 등에 관한 자료는 5년으로 한다.

4) 열람요구

금융소비자는 분쟁조정 또는 소송의 수행 등 권리구제를 위한 목적으로 금융상품판매업자 등이 기록 및 유지·관리하는 자료의 열람(사본의 제공 또는 청취를 포함한다)을 요구할 수 있다.

금융상품판매업자 등은 금융소비자로부터 열람을 요구받았을 때에는 해당 자료의 유형에 따라 요구받은 날부터 6영업일 이내에 해당 자료를 열람할 수 있도록 하여야 한다. 이 경우 해당 기간 내에 열람할 수 없는 정당한 사유가 있을 때에는 금융소비자에게 그 사유를 알리고 열람을 연기할 수 있으며, 그 사유가 소멸하면 지체 없이 열람하게 하여야 한다.

특히, 법은 위와 같은 금융소비자의 열람요구권에 반하는 특약으로 일반금융소비자에게 불리한 것은 무효로 규정하고 있다.

5) 열람제공

금융상품판매업자등은 금융소비자로부터 자료열람의 요구를 받은 날로부터 8일 이내에 금융소비자가 해당 자료를 열람하도록 해야 한다.

그러나, 해당 기간 내에 열람할 수 없을 때에는 정당한 사유를 금융소비자에게 알리고 열람을 연기할 수 있으며 그 사유가 해소되면 지체 없이 열람하게 해야 한다.

이때, 금융상품판매업자등은 실비를 기준으로 수수료 또는 우송료를 금융소비자에게 청구할 수 있도록 규정되어 있다.

6) 열람제한

금융소비자보호법은 열람을 제한하거나 거절할 수 있는 요건으로 다음의 5가지 사례를 들고 있다. 이때 금융상품판매업자등은 금융소비자에게 그 사유를 알리고 열람을 제한하거나 거절할 수 있다.

1. 법령에 따라 열람을 제한하거나 거절할 수 있는 경우
2. 다른 사람의 생명·신체를 해칠 우려가 있거나 다른 사람의 재산과 그 밖의 이익을 부당하게 침해할 우려가 있는 경우
3. 해당 금융회사의 영업비밀(「부정경쟁방지 및 영업비밀보호에 관한 법률」제2조 제2호에 따른 영업비밀)이 현저히 침해될 우려가 있는 경우
4. 개인정보의 공개로 인해 사생활의 비밀 또는 자유를 부당하게 침해할 우려가 있는 경우
5. 열람하려는 자료가 열람목적과 관련이 없다는 사실이 명백한 경우

3 청약의 철회

1) 개요

청약철회권은 일반금융소비자가 금융상품 등 계약의 청약을 한 후 일정기간 내에 청약과정 등에 하자가 없음에도 불구하고 일반금융소비자에게 청약철회권을 부여하는 제도이다(금융소비자보호법 제46조, 금융소비자보호법 시행령 제37조).

따라서, 일반금융소비자가 청약철회로 인한 불이익이 없이 해당 계약에서 탈퇴할 수 있는 기회를 제공함으로써 일반금융소비자의 권익향상에 기여하고자 한다.

2) 청약의 철회

❶ 투자성 상품 : 일반금융소비자는 투자성 상품 중 청약철회가 가능한 상품에 한하여 다음의 어느 하나에 해당되는 날로부터 7일(금융상품판매업자등과 일반금융소비자 간에 해당기간 보다 긴 기간으로 약정한 경우에는 그 기간) 내에 청약의 철회를 할 수 있음
1. 계약서류를 제공 받은 날
2. 계약 체결일

- (청약철회의 효력 발생) 일반금융소비자가 금융상품판매업자등에게 청약철회의 의사를 서면, 전자우편, 휴대전화 문자메시지 등의 방법으로 발송한 때 청약철회의 효력이 발생하며, 일반금융소비자가 서면 등을 발송한 때에는 지체없이 그 발송사실을 해당 금융상품판매업자등에게 알려야 함
- (청약철회권 배제) 투자성 상품에 관한 계약의 경우 일반금융소비자가 예탁한 금전등(금전 또는 그 밖의 재산적 가치가 있는 것을 포함)을 지체 없이 운용하는 데 동의한 경우에는 청약철회권을 행사하지 못함

  ☞ 실무상 유의사항으로 금융상품판매업자등은 해당 일반금융소비자에게 "투자자가 지체 없이 운용하는 데 동의하는 경우 7일 간 청약철회권 행사를 할 수 없다"는 사실 등을 설명하고 투자자가 직접 서명, 기명날인, 녹취 등의 방법으로 동의(확인)하는 회사와 투자자 간 개별약정 방식으로 진행해야 함(약관·계약서·집합투자규약 등에 "투자자가 지체 없이 운용하는데 동의(확인)합니다" 등의 문구를 미리 넣어 작성해 놓고 이를 투자자에게 교부하는 방식으로 투자자의 동의 의사를 확인할 경우 약관규제법 위반 소지)

- (금전등의 반환) 금융상품판매업자등은 청약의 철회를 접수한 날로부터 3영업일 이내에 이미 받은 금전·재화 및 해당 상품과 관련하여 수취한 보수·수수료 등을 반환
- 청약철회가 가능한 투자성 상품
  1. 고난도금융투자상품(일정 기간에만 금융소비자를 모집하고 그 기간이 종료된 후에 금융

소비자가 지급한 금전등으로 자본시장법에 따른 집합투자를 실시하는 것만 해당)

2. 고난도투자일임계약, 고난도금전신탁계약

3. 비금전신탁

❷ 대출성 상품 : 금융투자회사와 관련해서는 자본시장법 제72조 제1항에 따른 신용공여가 대표적인 청약철회의 대상이며 일반금융소비자는 다음의 어느 하나에 해당되는 날로부터 14일(금융상품판매업자등과 일반금융소비자 간에 해당기간보다 긴 기간으로 약정한 경우에는 그 기간) 내에 청약의 철회를 할 수 있음

1. 계약서류를 제공 받은 날

2. 계약 체결일

☞ 실무적으로는 금융투자회사와 관련된 대출성 상품은 자본시장법 제72조 제1항에 따른 신용공여이며 그 중에 일반금융소비자와 관련해서는 신용거래(신용거래융자 또는 신용거래대주)가 주로 청약철회권의 대상이 될 것임

이때, 신용거래(신용거래융자 또는 신용거래대주)시 청약철회권 행사기간(14일)을 기산하는 시점은 금융투자회사와 일반금융소비자 간에 신용거래의 계약체결일 또는 신용거래 계약서류를 제공 받은 날임(계약체결일 이후 신용거래융자 또는 신용거래대주가 실행된 날이 아님)

금융위 신속처리반 회신

신용거래*는 계약체결 후 금전지급일이 소비자의 선택에 따라 달라지는 특성이 있어 금소법 제46조 제1항 제3호 각 목 외 부분의 "금전 등의 지급이 늦게 이루어진 경우"가 적용되기 어렵습니다.

* 자본시장법 제72조 제1항에 따른 신용공여

– (청약철회권 배제) 다만, 담보로 제공한 증권이 자본시장법에 따라 처분된 경우에는 청약철회권을 행사할 수 없음

– (청약철회의 효력 발생) 일반금융소비자가 금융상품판매업자등에게 청약철회의 의사를 서면, 전자우편, 휴대전화 문자메시지 등의 방법으로 발송하고, 금융상품판매업자등에게 이미 공급받은 금전등을 회사에 반환한 때에 비로소 청약철회의 효력이 발생하는 점을 유의. 또한 일반금융소비자가 서면 등을 발송한 때에는 지체 없이 그 발송사실을 해당 금융상품판매업자등에게 알려

야 함

- (금전등의 반환) 금융상품판매업자등은 일반금융소비자로부터 금전등을 반환받은 날로부터 3영업일 이내에 신용공여와 관련하여 투자자로부터 받은 수수료를 포함하여 이미 받은 금전등을 반환하고, 반환이 늦어진 기간에 대해서는 해당 금융상품의 계약에서 정해진 연체이자율을 금전·재화·용역의 대금에 곱한 금액을 일 단위로 계산하여 지급하여야 함
  - ☞ 실무적으로는 금융투자회사는 고객으로부터 받은 수수료(증권 매매수수료 등은 제외) 등을 고객에게 반환하며, 반대로 고객은 금융투자회사에 대출원금, 이자, 인지대 등을 반환해야 함

3) 청약철회권 관련 추가적인 소비자 보호 장치

금융상품판매업자등은 청약이 철회된 경우 투자자에 대하여 청약의 철회에 따른 손해배상 또는 위약금 등 금전 지급을 청구할 수 없으며, 청약의 철회에 대한 특약으로서 투자자에게 불리한 것은 무효로 금융소비자보호법은 규정하고 있다.

또한, 금융상품판매업자등은 청약이 철회된 경우 투자자에 대하여 청약의 철회에 따라 금전(이자 및 수수료를 포함)을 반환하는 경우에는 투자자가 지정하는 입금계좌로 입금해야 한다.

| **4** | **금융분쟁의 조정** |

1) 개요

금융소비자 및 그 밖의 이해관계인은 금융과 관련하여 분쟁이 있을 때에는 금융감독원장에게 분쟁조정을 신청할 수 있으며, 분쟁의 당사자가 조정안에 대해 수락할 경우 재판상 화해와 동일한 효과를 볼 수 있다(금융소비자보호법 제33조~제43조, 금융소비자보호법 시행령 제32조~제34조).

2) 시효중단 효과

금융소비자보호법에 따라 분쟁조정이 신청된 경우 시효중단의 효력이 있음을 유의

해야 한다. 다만, 합의권고를 하지 아니하거나 조정위원회에 회부하지 아니할 때에는 시효중단 효력은 없으나, 이때에도 1개월 이내에 재판상의 청구, 파산절차참가, 압류 또는 가압류, 가처분을 한 때에는 시효는 최초의 분쟁조정의 신청으로 인하여 중단된 것으로 본다.

3) 분쟁조정 관련 주요 신규제도

금융소비자보호법에 따른 분쟁조정 신청 시 아래와 같은 제도가 신규로 도입되어 금융소비자 권익이 한층 강화되었다.

❶ 소송중지제도 : 분쟁조정 신청 전·후에 소가 제기되면, 법원은 조정이 있을 때까지 소송절차를 중지할 수 있고, 법원이 소송절차를 중지하지 않으면 조정위원회가 조정절차를 중지해야 함
  - 조정위원회가 조정이 신청된 사건과 동일 원인으로 다수인이 관련되는 동종·유사 사건 소송이 진행중일 경우, 조정절차를 중지할 수 있음
❷ 소액사건 조정이탈금지제도 : 금융회사는 일반금융소비자가 신청한 소액(권리가액 2천만원 이내) 분쟁 사건에 대하여 조정안 제시 전까지 소 제기 불가
❸ 분쟁조정위원회 객관성 확보 : 분쟁조정위원회 회의시 구성위원은 위원장이 회의마다 지명하는데, 이때 분쟁조정위원회의 객관성·공정성 확보를 위해 소비자단체와 금융업권 추천 위원은 동수(同數)로 지명

5 　손해배상책임

1) 개요

금융소비자보호법은 금융상품판매업자등의 손해배상책임을 규정하면서 금융소비자의 입증책임을 완화하고 금융상품판매대리·대리업자와 관련된 손해에 대하여 금융상품직접판매업자에게도 손해배상책임을 부과함으로써 금융소비자 보호에 대한 실효성을 더욱 제고하였다(금융소비자보호법 제44조~제45조).

2) 입증책임 전환

금융소비자보호법은 설명의무를 위반하여 금융소비자(일반 또는 전문)에게 손해를 입힌 경우에 금융상품판매업자등에게 손해배상책임을 부과하고 있다.

이때, 금융소비자는 금융상품판매업자등의 설명의무 위반사실, 손해발생 등의 요건만 입증하면 되고, 반면에 금융상품판매업자등은 자신에게 고의 또는 과실이 없음을 입증하지 못하면 손해배상책임을 면할 수 없다.

☞ 민법상 손해배상청구시 가해자의 ① 고의·과실, ② 위법성, ③ 손해, ④ 위법성과 손해와의 인과관계 등을 입증하여야 하나, 설명의무 위반에 한정하여 입증책임을 전환함으로써 소비자 피해구제를 강화(신용정보법·공정거래법 등 입법례를 감안하여 '고의·과실' 요건에 한정)

3) 금융상품직접판매업자의 사용자책임

금융소비자보호법은 금융상품판매대리·중개업자등이 판매과정에서 소비자에 손해를 발생시킨 경우, 금융상품직접판매업자에게도 손해배상책임을 부과하고 있다.

다만, 금융상품직접판매업자가 손해배상책임을 면하기 위해서는 금융상품판매대리·중개업자에 대한 선임과 업무 감독에 대해 적절한 주의를 하고 손해 방지를 위한 노력을 한 사실을 입증하여야 한다.

section 06 판매원칙 위반시 제재 강화

1 위법계약 해지권

1) 개요

위법계약해지권이란 금융소비자(일반 또는 전문)는 판매규제를 위반한 계약에 대해 일정기간 내에 해당 계약을 해지할 수 있는 권리를 말한다.

금융소비자에게 해지 수수료·위약금 등 불이익 없이 위법한 계약으로부터 탈퇴할 수 있는 기회를 제공함으로써 금융상품판매업자등의 위법행위를 억제하고 금융소비자의 권익도 강화하고자 하는 취지에서 신규로 도입되었다(금융소비자보호법 제47조, 금융소비자보호법 시행령 제38조).

2) 행사요건

금융소비자는 금융상품판매업자등이 ① 5대 판매규제를 위반하여 ② 금융상품 계약을 체결한 경우 ③ 일정 기간 내에 계약해지 요구 가능하다. 자세히 살펴보면 다음과 같다.

❶ 판매규제 위반 : 적합성원칙, 적정성원칙, 설명의무, 불공정영업행위금지, 부당권유행위금지를 위반한 경우(광고규제 위반은 제외)

❷ 적용상품 : 계속적 거래가 이루어지고 금융소비자가 해지 시 재산상 불이익이 발생하는 금융상품으로 투자일임계약, 금전신탁계약, 금융상품자문계약 등이 해당됨
 - 또한, 금융소비자보호법은 "계약의 체결로 자본시장법 제9조 제22항에 따른 집합투자규약이 적용되는 경우에는 그 적용기간을 포함한다"라고 규정하여 수익증권, 즉 펀드를 계속적 계약에 포함하고 있음

❸ 적용제외상품 : ① P2P업자와 체결하는 계약, ② 자본시장법상 원화표시 양도성 예금증서, ③자본시장법상 표지어음

❹ 해지요구 기간 : 계약체결일로부터 5년 이내 범위의 기간 내에 해지요구가 가능하되, 금융소비자가 위법사실을 인지한 경우에는 위법사실을 안 날로부터 1년 이내의 기간

3) 행사방법

금융소비자는 금융상품직접판매업자 또는 자문업자에게 ① 금융상품 명칭과 ② 법위반사실이 기재된 계약해지요구서를 제출함으로써 신청할 수 있다.

4) 수락통지 등

금융상품판매업자등은 10일 이내 금융소비자의 해지요구에 대한 수락여부를 통지하여야 하며 금융상품판매업자등이 해지요구를 거절할 경우 거절사유도 함께 통지하여야 한다.

이때, 금융상품판매업자등이 정당한 사유 없이 해지 요구를 따르지 않는 경우 금융소비자가 일방적으로 해지하는 것도 가능하도록 되어 있다.

〈정당한 사유〉
1. 금융소비자가 위반사실에 대한 근거자료를 제시하지 않거나 거짓으로 제시한 경우
2. 계약체결 당시에는 위반사항이 없었으나 계약 후에 발생한 사정변경을 이유로 위반사항을 주장하는 경우
3. 금융소비자의 동의를 받아 위반사항을 시정한 경우
4. 금융상품판매업자등이 계약의 해지 요구를 받은 날부터 10일 이내에 법 위반사실이 없음을 확인하는 데 필요한 객관적·합리적인 근거자료를 금융소비자에 제시한 경우
   - 다만, 10일 이내에 금융소비자에 제시하기 어려운 경우에는 다음 각 목의 구분에 따름
      가. 계약의 해지를 요구한 금융소비자의 연락처나 소재지를 확인할 수 없거나 이와 유사한 사유로 법 제47조 제1항 후단에 따른 통지기간 내 연락이 곤란한 경우 : 해당 사유가 해소된 후 지체 없이 알릴 것
      나. 법 위반사실 관련 자료 확인을 이유로 금융소비자의 동의를 받아 법 제47조 제1항 후단에 따른 통지기한을 연장한 경우 : 연장된 기한까지 알릴 것
5. 금융소비자가 금융상품판매업자등의 행위에 법 위반사실이 있다는 사실을 계약을 체결하기 전에 알았다고 볼 수 있는 명백한 사유가 있는 경우

5) 위법계약해지의 효력

금융상품판매업자등이 금융소비자의 해지요구를 수락하거나 금융소비자가 금융소비자보호법에 따라 해지하는 경우, 해당 계약은 장래에 대하여 효력이 상실된다는 점을 유의하여야 한다. 따라서 금융상품판매업자등의 원상회복 의무는 없다.

금융소비자의 해지요구권 등에 따라 해당 계약이 종료된 경우 금융상품판매업자등은 금융소비자에 대해 해지 관련 비용(수수료, 위약금 등)을 요구할 수 없다.

2 판매제한명령

1) 개요

금융상품의 판매과정에서 소비자 피해가 가시화되거나 확대되는 것을 미연에 방지하여 소비자 피해를 최소화하기 위해 금융위원회에 해당 금융상품에 대해 판매제한 또는 금지를 명하는 제도를 도입하였다(금융소비자보호법 제49조, 금융소비자보호법 시행령 제40조).

2) 명령권 발동요건

금융소비자보호법 및 동법 시행령은 다양한 유사사태에 유연하게 대처할 수 있도록 명령권 발동요건을 포괄적으로 규정한 것이 특징이다.

> **금융소비자보호법 제49조(금융위원회의 명령권)**
> ② 금융위원회는 금융상품으로 인하여 금융소비자의 재산상 현저한 피해가 발생할 우려가 있다고 명백히 인정되는 경우로서 대통령령으로 정하는 경우에는 그 금융상품을 판매하는 금융상품판매업자에 대하여 해당 금융상품 계약 체결의 권유 금지 또는 계약 체결의 제한·금지를 명할 수 있다.

> **금융소비자보호법 시행령 제49조(금융위원회의 명령권)**
> ② 법 제49조 제2항에서 "대통령령으로 정하는 경우"란 투자성 상품, 보장성 상품 또는 대출성 상품에 관한 계약 체결 및 그 이행으로 인해 금융소비자의 재산상 현저한 피해가 발생할 우려가 있다고 명백히 인정되는 경우를 말한다.

3) 명령권 행사절차

❶ 사전고지 : 금융위원회는 명령대상자에게 명령의 필요성 및 판단근거, 명령 절차 및 예상시기, 의견제출 방법을 사전 고지할 것

❷ 의견제출 : 금융위원회는 명령 발동 전 명령대상자에 금융위의 명령에 대해 의견을 제출할 수 있는 충분한 기간을 보장할 것

❸ 대외공시 : 금융위원회는 금융소비자 보호 차원에서 명령 발동 후 지체없이 그 내용을 홈페이지에 게시할 것

〈공시사항〉

1. 해당 금융상품 및 그 금융상품의 과거 판매기간
2. 관련 금융상품의 명칭
3. 판매제한명령권의 내용·유효기간 및 사유(법령 위반 관련성)
4. 판매제한명령권 발동시점 이전에 체결된 계약의 효력에 영향을 미치지 않는다는 사실
5. 판매제한명령 이후 이행현황을 주기적으로 확인한다는 사실
6. 기타 금융소비자보호에 관한 사항, 공시로 인한 불이익 등

4) 판매제한·금지명령 중단

금융위원회는 이미 금융소비자의 재산상 피해발생 우려를 제거하거나 신규 판매행위를 중단한 경우, 판매제한명령권 필요성 및 대상자가 입는 불이익을 고려하여 판매제한명령권 행사를 중단할 수 있다.

이때, 금융위원회는 판매제한·금지명령을 한 사실을 지체 없이 홈페이지에 게시해야 한다.

3 징벌적 과징금

1) 개요

징벌적 과징금 제도의 신규도입 목적은 위법행위로 인해 발생한 수입의 환수 등을 통해 위법행위 의욕을 사전에 제거하는 등 규제의 실효성을 확보하기 위함이다.

징벌적 과징금은 금융상품직접판매업자 또는 금융상품자문업자가 주요 판매원칙을 위반할 경우 위반행위로 인한 수입 등의 50%까지 부과될 수 있다(금융소비자보호법 제57조).

2) 적용되는 위반행위

징벌적 과징금이 부과되는 위법행위로는 설명의무 위반, 불공정영업행위, 부당권유행위, 광고규제 등이 적용된다.

따라서, 적합성 원칙·적정성 원칙 위반은 징벌적 과징금 대상이 아님을 유의해야 한다.

3) 부과대상

금융상품직접판매업자 또는 금융상품자문업자가 부과대상이다.

유의할 점은 1사 전속 금융상품판매대리·중개업자 또는 금융상품직접판매업자에서 근무하는 임직원의 위반행위에 대해서는 그 금융상품직접판매업자에 대하여 과징금을 부과할 수 있다. 다만, 이 경우에도 금융상품직접판매업자가 적절한 주의와 감독을 게을리 하지 아니한 사정이 입증되는 경우에는 그 금액을 감경하거나 면제될 수 있다.

4) 부과방법

부과방법은 상품 유형별로 다음과 같다.

징벌적 과징금 산정방법

보장성	대출성	투자성	예금성	
보험료	대출액	투자액	예치금	×50%

과징금 상한 (수입등×50%)

× 부과기준율 : 위반행위의 고의성, 소비자 피해규모, 시장 파급효과, 위반횟수 등 고려

± 가중·감경 : 내부통제기준 이행 등 위반행위 예방 노력, 객관적 납부능력 등 고려

- 투자성 상품은 투자액, 대출성 상품은 대출금 등으로 규정하여 거래규모가 클수록 제재강도가 높아지도록 규정
- 다만 수입금액이 없거나 산정이 곤란한 경우에는 10억원 이내 범위에서 과징금 부과 가능

4 과태료

1) 개요

금융소비자보호법은 금융상품판매업자등의 위반행위 유형별로 과태료 상한액을 규정하고 개별 위반행위의 과태료 기준금액을 시행령으로 구체화하였다(금융소비자보호법 제69조, 금융소비자보호법 시행령 제51조).

2) 부과사유

6대 판매원칙 위반, 내부통제기준 미수립, 계약서류 제공의무 위반 등을 과태료 부과사유로 규정하였다. 특히, 적합성·적정성 원칙 위반행위에 대해 과거 자본시장법 등과 달리 과태료(3천만원) 부과 규정을 신설한 점을 유의하여야 한다.

3) 부과대상

과태료 부과대상을 '위반한 자'로 규정하여, 과징금과 달리 금융상품대리·중개업자에게도 직접 부과가 가능하다. 특히, 관리책임이 있는 금융상품대리·중개업자(재위탁이 허용된 경우) 또는 금융상품직접판매업자에 대한 과태료 부과도 가능한 점을 유의해야 한다.

☞ 실무적으로는 금융투자업의 경우 금융상품대리·중개업자(투자권유대행인)이 다른 금융상품대리·중개업자에게 재위탁하는 경우는 없기 때문에 관리책임이 있는 금융상품대리·중개업자에 대한 과태료 부과 사례는 없음

표 4-1　금융소비자보호법상 과징금과 과태료 비교

구분	과징금	과태료
부과 목적	• 부당이득 환수로 징벌적 목적	• 의무위반에 부과(행정처분)
부과 대상	• 금융상품직접판매업자 　(원칙적으로 소속 임직원, 대리·중개업자 　위반행위시에도 책임) • 금융상품자문업자	• 규정 위반자 　(부과대상에 제한없음)
부과 사유	① 설명의무 위반 ② 불공정영업행위금지 위반 ③ 부당권유금지 위반 ④ 광고규제 위반	1억 원	① 내부통제기준 미수립 ② 설명의무 위반 ③ 불공정영업행위금지 위반 ④ 부당권유금지 위반 ⑤ 광고규제 위반 ⑥ 계약서류제공의무 위반 ⑦ 자문업자 영업행위준칙 위반 ⑧ 자료유지의무 위반 ⑨ 검사거부·방해·기피
법정 한도액		업무정지처분에 갈음 한 과징금의 경우 → 업무정기기간(6월내) 동안 얻을 이익	3천만 원	① 적합성·적정성 원칙 위반 ② 판매대리·중개업자 금지의무 　및 고지의무 위반
			1천만 원	①변동보고의무 위반

※ 음영(　　)은 6대 판매원칙 위반 부분

01 금융소비자보호법에서 규정하고 있는 소비자보호장치가 아닌 것은?

① 위법계약해지권

② 소액사건 분쟁조정이탈금지

③ 징벌적과징금

④ 손해배상금액 추정

02 투자성 상품의 경우 청약철회권이 적용되지 않는 상품은 무엇인가?

① 파생결합증권

② 고난도 투자일임계약

③ 고난도 금전신탁계약

④ 부동산신탁계약

03 금융소비자보호법에 따른 전문금융소비자의 내용과 다른 것은?

① 국가, 한국은행, 금융회사를 제외한 주권상장법인 등은 장외파생상품 거래시 전문금융소비자와 같은 대우를 받겠다는 의사를 회사에 서면통지한 경우에 전문금융소비자 대우를 받는다.

② 투자권유대행인은 투자성 상품과 관련하여 전문금융소비자이다.

③ 대출성 상품의 경우 상시근로자 10인 이상 법인도 전문금융소비자이다.

④ 대부업자는 대출성 상품에는 전문금융소비자이지만 투자성 상품에는 일반금융소비자이다.

해설

01 ④ 손해배상금액 추정 조항은 자본시장법에 규정되어 있고 금융소비자보호에 관한 법률에는 설명의무 위반에 대하여 고의 또는 과실이 없음을 금융상품판매업자등에게 지우는 입증책임전환 조항이 신설되어 있음

02 ① 금융소비자보호에 관한 법률상 청약철회권 적용대상 상품은 고난도 투자일임계약, 고난도 금전신탁계약, 非금전신탁계약 그리고 일정기간에만 모집하고 그 기간이 종료된 후에 집합투자를 실시하는 고난도 금융투자상품(단위형 펀드 : ELF, DLF 등)이므로 파생결합증권은 해당되지 않음

03 ④ 금융소비자보호법상 대부업자는 대출성 상품, 투자성 상품, 보장성 상품에 대하여 전문금융소비자로 분류됨

04 금융소비자보호법에서 정하고 있는 부당권유행위 금지와 관련한 내용이 틀린 것은?

① 증권에 대해서도 금융소비자부터 요청받지 아니하고 방문 또는 전화 등 실시간 대화의 방법으로 계약의 권유를 할 수 없다.

② 보호받을 수 있는 대상은 일반금융소비자와 전문금융소비자이다.

③ 적합성 원칙을 적용받지 않고 권유하기 위해 일반금융소비자로부터 투자권유 불원 의사를 서면 등으로 받는 행위를 하여서는 아니 된다.

④ 투자성 상품에 관한 계약체결을 권유하면서 일반금융소비자가 요청하지 않은 다른 대출성 상품을 안내하거나 관련정보를 제공해서는 아니 된다.

05 금융소비자보호법에서 정하고 있는 내용과 상이한 것은?

① 청약철회에 대한 특약으로 투자자에게 불리한 것은 무효이다.

② 위법계약해지의 효력은 소급하여 무효이다.

③ 금융소비자의 자료열람요구에도 법령이 정한 경우 또는 다른 사람의 생명·신체를 해칠 우려가 있는 등의 사유가 있을 때는 제한할 수 있다.

④ 금융감독원 분쟁조정위원회 회의 시 구성위원은 소비자 단체와 금융업권 추천위원이 각각 동수(同數)로 지명된다.

해설

04 ① 금융소비자보호법에도 과거 자본시장법과 동일하게 증권 또는 장내파생상품은 불초청권유금지 조항에 대하여 적용 예외됨(불초청권유 : 금융소비자로부터 계약의 체결권유를 해줄 것을 요청받지 아니하고 방문·전화 등 실시간 대화의 방법으로 권유하는 행위)

05 ② 금융소비자보호법상 위법계약해지권의 도입취지는 해지수수료 등의 불이익이 없이 위법한 계약으로부터 신속하게 탈퇴할 수 있는 기회를 부여하고 이후에 손해배상 등의 책임을 물을 수 있기 때문에 위법계약해지는 장래에 대해서만 효력이 있음

06 금융소비자보호법에 따라 방문판매원등이 금융소비자에게 미리 사전안내하고 해당 금융소비자가 응한 경우 방문(전화권유)판매를 할 수 있으나 투자성 상품 및 금융소비자 유형별로는 방문판매원등의 사전연락이 금지된 경우도 있다. 사전연락금지에 대한 기술이 잘못된 것은?

① 고난도금융투자상품 대상 방문판매 목적으로 일반금융소비자에게 사전연락을 할 수 없다.

② 전문금융소비자에게는 장내파생상품을 방문판매하기 위하여 사전연락을 할 수 있다.

③ 장외파생상품을 방문판매하기 위하여 일반금융소비자에게 사전연락을 할 수 없다.

④ 장외파생상품을 방문판매하기 위하여 전문금융소비자에게 사전연락을 할 수 있다.

해설

06 ④ 장외파생상품의 경우에는 일반금융소비자이든 전문금융소비자이든 구분 없이 방문판매원등이 먼저 금융소비자에게 연락해서 방문판매의 뜻을 전달하는 것이 금지되어 있음

정답 01 ④ | 02 ① | 03 ④ | 04 ① | 05 ② | 06 ④

part 03

영업실무

chapter 01

투자권유와 고객관리

투자권유

1 개요

금융소비자보호에 관한 법률(이하 '금융소비자보호법'이라 한다) 및 관련 규정 등에 따라 금융회사는 금융소비자를 대상으로 금융상품 등을 판매하려는 경우 즉, 투자를 권유하려는 경우 준수하여야 할 구체적인 절차 및 기준 등을 정하여야 한다.

이에 각 금융업권별로 조금씩 다르기는 하겠지만 은행연합회, 금융투자협회 등에서 소속 업권의 금융회사에서 적용해야 하는 절차와 기준 등을 제정하여 시행하고 있는 바, 본 교재에서는 목적에 맞게 금융투자협회의 '표준투자권유준칙'을 중심으로 살펴보도록 한다.

자본시장과 금융투자업에 관한 법률(이하 "자본시장법"이라고 한다) 제9조 제4항에서는 투자권유를 '특정 금융소비자를 대상으로 금융상품의 매매 또는 투자자문계약, 투자일임계약, 신탁계약의 체결을 권유하는 것'으로 정의하고 있고 금융투자협회가 제정한 표준투자권유준칙에서도 이러한 정의를 따른다.

금융회사의 임직원 등은 실질적인 투자권유 또는 판매를 하는 경우 다음의 기본적인 사항을 인지하고 준수하여야 한다.

❶ 임직원 등은 관계법령등을 준수하고, 신의성실의 원칙에 따라 공정하게 업무를 수행하여야 한다.

❷ 임직원 등은 금융소비자가 합리적인 투자판단과 의사결정을 할 수 있도록 투자에 따르는 위험 및 거래의 특성과 주요 내용을 명확히 설명하여야 한다.

❸ 임직원 등은 금융소비자 자신의 판단과 책임에 따라 스스로 투자에 관한 의사결정을 하여야 하고, 그에 대한 결과가 금융소비자 본인에게 귀속됨을 금융소비자에게 알려야 한다.

❹ 임직원 등은 정당한 사유 없이 금융소비자의 이익을 해하면서 자기가 이익을 얻거나 회사 또는 제3자가 이익을 얻도록 하여서는 아니 된다.

위의 기본원칙을 숙지하고 이제 투자권유 단계에 따른 절차들을 알아보자.

2 투자권유 전 실행절차

1) 방문목적 및 투자권유 희망 여부 확인

금융회사의 임직원 등은 금융소비자가 방문하는 경우 방문의 목적 및 투자권유를 희망하는지 확인하여야 한다.

금융소비자가 투자권유를 희망하지 않는 경우 금융회사의 임직원 등은 투자를 권유할 수 없다는 사실을 안내하여야 하고 투자권유에 해당하는 행위를 할 수 없다. 다만, 금융상품의 매매 또는 계약체결의 권유가 수반되지 않고, 금융소비자의 요청에 따라 객관적인 정보만을 제공하는 경우에는 투자권유로 보기 어려우며, 투자권유를 희망하지 않는 금융소비자는 '투자자 정보 확인서'를 작성할 필요가 없다.

2) 금융소비자 유형의 확인

금융소비자의 방문목적과 투자권유 희망 여부를 확인했다면 금융소비자보호법 제17조 제1항에 따라 금융소비자가 일반 금융소비자인지 전문 금융소비자인지 여부를 확인해야 한다.

전문 금융소비자란 금융소비자보호법 제2조 제9호에서 '금융상품에 관한 전문성 또는 소유자산규모 등에 비추어 금융상품 계약에 따른 위험감수능력이 있는 금융소비자'로 정의하고 있으며 여기에는 국가, 한국은행, 대통령령으로 정하는 금융회사, 주권상장법인 등(자본시장법 제9조 제15항 제3항)이 포함된다. 또한 투자성 상품의 경우 상기 자 외에 '대부업 등의 등록 및 금융이용자 보호에 관한 법률'에 따른 대부업자, 투자권유대행인 등이 포함되며, 대출성 상품인 경우에는 상기 자 외에 상시근로자 5인 이상 법인, 겸영여신업자, 대출상품 금융상품판매대리·중개업자, 특정 자산의 취득 또는 자금의 조달 등 특정 목적을 위해 설립된 법인 등 금융위원회가 정하여 고시하는 자가 포함된다.

전문 금융소비자 중 대통령령으로 정하는 자 중 일반금융소비자로 전환할 수 있는 전문금융소비자가 일반금융소비자와 같은 대우를 받겠다는 의사를 금융상품 판매업자 등에게 서면으로 통지하는 경우 해당 금융상품 판매업자 등은 정당한 사유가 있는 경우를 제외하고는 이에 동의하여야 하며, 이 경우 해당 전문 금융소비자는 일반 금융소비자로 본다.

반면, 주권상장법인이 금융회사와 장외파생상품 거래를 하는 경우 원칙적으로 일반 금융소비자로 보되, 해당 법인이 전문 금융소비자와 같은 대우를 받겠다는 의사를 금융회사에 서면으로 통지하는 경우에는 전문 금융소비자로 본다.

금융소비자의 유형 확인 결과 전문 금융소비자인 경우에는 각 회사별로 정해진 절차에 따라 전문 금융소비자 등록 또는 투자권유 단계 등으로 진행하면 된다.

---

3 투자권유를 희망하지 않는 금융소비자에 대한 금융투자상품 판매

1) 투자권유를 받지 않는 금융소비자에 대한 보호의무

금융소비자가 투자권유를 희망하지 않아 투자자 정보를 제공하지 않는 경우 금융회사의 임직원 등은 투자권유를 할 수 없음을 안내하여야 하고 원금손실 가능성, 투자에 따른 손익은 모두 금융소비자에게 귀속된다는 사실 등 투자에 수반되는 주요 유의사항을 알려야 한다.

만일 해당 금융소비자가 '적정성 원칙 대상 상품'의 거래를 희망하는 경우에는 관계 법령에 따라 해당 거래가 제한된다는 사실을 안내하여야 한다.

금융소비자가 판매직원의 투자권유 없이 특정 상품에 대한 청약을 하는 경우, 금융회사의 임직원 등은 금융소비자로부터 '투자권유 희망 및 투자자 정보 제공 여부 확인서' 등을 통해 투자권유를 희망하지 않는다는 내용 등을 확인하여 이를 수령하고 판매절차를 진행할 수 있으나 이 경우 금융소비자에게 다음의 두 가지 사항을 충분히 이해할 수 있도록 설명하여야 한다.

❶ 확인서의 취지 : 확인서는 금융소비자가 판매직원의 투자권유 없이 특정 상품에 대한 투자를 희망하는 경우 판매자는 금융소비자보호법상 적합성 원칙이 적용되지 않는다는 사실을 고지하기 위하여 사용된다는 내용을 금융소비자에게 설명하여야 한다.

❷ 유의사항 : 아래의 유의사항을 금융소비자가 충분히 이해할 수 있도록 설명하여야 한다.

ㄱ. 금융소비자가 투자권유를 희망하지 않는다는 확인서를 작성하는 경우 판매직원은 금융소비자보호법상 적합성 원칙과 설명의무 적용대상에서 제외되며, 판매직원의 관련 법 위반에 대해 금융소비자의 권리를 주장할 수 없다는 사실

ㄴ. 설명의무의 경우 금융소비자가 요청할 경우에는 판매직원에게 설명의무가 적용된다는 사실

ㄷ. 위의 사실 등으로 인하여 향후 판매회사와 체결한 계약 내용 등에 대한 피해 발생으로 분쟁 또는 소송이 발생하는 경우 금융소비자가 작성한 확인서로 인해 불리하게 작용될 수 있으므로 그 확인서의 법적 의미와 그 위험 내용을 충분히 이해한 후 서명여부 등 확인서 작성을 신중하게 결정해야 한다는 사실

한편, 금융회사의 임직원 등이 금융소비자에게 투자권유를 하여 금융투자상품을 취득하도록 하였음에도 금융소비자보호법 제17조에서 규정하고 있는 적합성 원칙 적용을 회피하기 위하여 금융소비자에게 투자 권유를 희망하지 않는다는 확인서를 받거나

녹취를 통해 투자권유가 없는 것으로 서류를 갖추어 놓는 행위는 금융소비자보호법 감독규정 제15조 제4항 제5호에 따른 부당권유행위에 해당한다.

금융소비자보호법에서는 부당권유행위에 대해 아래와 같이 강력하게 제재하고 있으므로 이러한 행위가 발생하지 않도록 특히 유의하여야 한다.

- 위법계약해지권 행사 대상
- 관련 계약으로 얻은 수입의 50% 이내 범위의 과징금 대상
- 1억 원 이하의 과태료 부과대상
- 고의 또는 과실로 인한 손해배상책임 부담
- 6개월 이내의 업무정지, 기관 및 임직원 제재 대상

또한 투자자가 특정종목과 비중 등 구체적으로 운용대상을 지정하는 특정금전신탁을 제외하고는 일임·금전신탁계약의 경우 투자권유를 희망하지 않거나 투자자 정보를 제공하지 않는다는 확인 후에 계약을 체결하는 것은 맞춤성 계약의 특성에 맞지 않을 뿐만 아니라 금융투자업규정 제4−77조 제5호 및 제4−93조 제26조를 위반할 소지가 있으므로 관련 계약을 체결할 때에는 규정의 준수 여부 등을 반드시 확인하도록 한다.

금융회사의 임직원 등은 금융소비자에 대한 투자권유 여부와 상관없이 금융소비자가 자본시장법 제120조 제1항에 따라 증권신고의 효력이 발생한 증권에 투자하고자 하는 경우에는 자본시장법 시행령 제132조에 따라 전문투자자 등 투자설명서의 교부가 면제되는 투자자를 제외하고는 판매 전에 해당 투자설명서를 금융소비자에게 교부하여야 한다.

다만, 예외적으로 집합투자증권의 경우에는 금융소비자가 투자설명서 교부를 별도로 요청하지 아니하는 경우 간이투자설명서 교부로 갈음할 수 있으며, 이 경우 금융소비자에게 투자설명서를 별도로 요청할 수 있음을 알려야 한다.

금융소비자가 투자자문업자로부터 투자자문을 받고 그 결과에 따른 금융투자상품 등의 구매를 아래의 어느 하나의 방법으로 요청하는 경우 해당 금융투자상품등을 판매하는 금융투자회사는 적합성 원칙의 적용 및 설명의무와 설명서 교부를 생략할 수 있다.

- 투자자가 투자자문업자로부터 적합성 원칙, 설명의무 이행 및 설명서를 교부받았음을 확인하는 증빙서류를 제출하는 경우
- 투자자문계약과 결합된 금융투자사회의 판매계좌(자문결합계좌)를 통해 투자자문 결과에 따른 금융투자상품등의 구매의사가 전달되는 경우

2) 적정성 원칙 대상 상품에 대한 적용

금융회사의 임직원 등이 투자권유를 하지 않더라도 금융소비자를 대상으로 적정성 원칙 대상 상품을 판매하려는 경우에는 금융소비자보호법 제18조 제1항에 따라 면담, 질문 등을 통하여 그 금융소비자의 금융상품 취득 및 처분목적, 재산상황, 취득 및 처분경험 등 투자자 정보를 파악하여야 한다. 즉 앞서 설명한 바와 같이 금융소비자가 본인의 투자자 정보를 제공하지 않는 경우에는 적정성 원칙 대상 상품에 대한 가입이 제한된다.

'적정성 원칙 적용대상 상품'이란 금융소비자보호법 시행령 제12조 제1항 제2호 각 목의 금융투자상품 및 제3호 각 목의 대출성 상품을 말하는 것으로 아래의 상품을 의미한다.

- 장내파생상품 및 장외파생상품
- 금(金)적립 계좌 등을 제외한 파생결합증권
- 사채(社債) 중 일정한 사유가 발생하는 경우 주식으로 전환되거나 원리금을 상환해야 할 의무가 감면될 수 있는 사채(「상법」 제469조 제2항, 제513조 또는 제516조의 2에 따른 사채는 제외) (조건부 자본증권)
- 고난도금융투자상품, 고난도금전신탁계약, 고난도투자일임계약
- 파생형 집합투자증권(레버리지·인버스 ETF 포함) 다만, 금융소비자보호법 감독규정 제11조 제1항 단서에 해당되는 인덱스 펀드는 제외
- 집합투자재산의 50%를 초과하여 파생결합증권에 운용하는 집합투자기구의 집합투자증권
- 위 적정성 원칙 대상상품 중 어느 하나를 취득·처분하는 금전신탁계약의 수익증권(이와 유사한 것으로서 신탁계약에 따른 수익권이 표시된 것도 포함)

투자자 정보를 파악하여 해당 적정성 원칙 대상 상품이 금융소비자에게 적정하지 않다고 판단되는 경우에는 해당 상품의 내용, 해당 투자에 따르는 위험 및 해당 투자가 투자자 정보에 비추어 적정하지 않다는 사실을 금융소비자보호법 시행령 제11조 제6항에 따른 방법(서면교부, 우편, 전자우편, 전화, 팩스, 휴대전화 문자메시지, 이에 준하는 전자적 의사표시)으로 금융소비자에게 알리고 서명(전자서명법 제2조 제2호에 따른 전자서명 포함), 기명날인, 녹취 또는 금융소비자보호법 시행령 제11조 제2항에 따른 전자적 수단 등의 방법으로 확

인을 받아야 한다. 또한 금융소비자보호법 시행령 제14조 제4항에 따라 적정성 판단결과와 그 이유를 기재한 서류 및 금융상품에 관한 설명서를 서면 등으로 금융소비자에게 제공하여야 한다.

4 투자권유를 희망하는 금융소비자에 대한 금융투자상품 판매

1) 투자자 정보 파악 및 투자자 성향분석 등

(1) 취약투자자 여부 확인

취약투자자란 고령자, 은퇴자, 미성년자, 주부, 투자경험이 없는 자 등 상대적으로 투자의 위험성에 대한 인지도가 낮다고 판단되는 금융소비자를 말하며, 이에 해당하는 경우 금융회사의 임직원 등은 금융소비자 본인이 '취약투자자'를 선택할 수 있음을 안내하고, '취약투자자 유의사항'을 설명한 후 금융소비자로부터 '취약투자자 유의사항 설명 확인서'를 수령하여야 한다.

(2) 투자자 성향 분석

❶ 투자자 정보 확인서 작성 및 투자자 성향 분류 : 금융회사의 임직원 등은 투자권유를 희망하는 금융소비자를 대상으로 금융상품의 투자권유를 할 때마다 투자자 성향 분석을 실시해야 하는데, 면담·질문 등을 통하여 투자자 정보를 '투자자 정보 확인서'에 따라 파악하고, 투자자로부터 서명 등의 방법으로 확인을 받아 이를 유지·관리하여야 한다.

투자자 정보 확인서는 '표준투자권유준칙 별표'를 활용할 수 있는데, 여기에는 투자자의 투자에 대한 일반적인 태도를 나타내는 '일반적인 투자자 성향' 파악을 위한 항목과 현재 투자의 목적, 투자예정기간 등 투자자금의 성향을 확인하는 항목이 포함된다. 투자자 정보는 금융소비자가 자필로 작성하는 방법은 물론, 판매직원이 면담과정에서 파악한 정보를 컴퓨터 등에 입력하고 이를 출력하여 금융소비자에게 확인받는 방법도 가능하다.

온라인 펀드 거래 시

금융회사는 금융소비자가 본인의 투자성향 및 투자하고자 하는 상품의 위험도를 온라인 상으로 확인할 수 있도록 시스템을 구축하여야 한다.

- 온라인 투자자들 중 투자성향이 확인된 투자자에 대해서는 자신의 투자성향에 적합한 펀드에 대해 우선적으로 투자여부를 판단할 수 있도록 해당 투자자의 투자성향에 부합하는 펀드에 관한 정보를 먼저 제공하고, 투자자가 다른 펀드에 관한 정보를 희망하는 경우 다른 펀드에 관한 정보를 제공하는 것이 바람직함
- 단, 투자권유를 희망하지 않는 경우 투자자가 회사의 투자권유 없이 투자한다는 사실을 인지하고 투자할 수 있도록 온라인 화면을 구축하여야 함
- 파생상품 펀드의 경우 적정성의 원칙에 따라 투자자정보를 파악하고, 투자자가 적정하지 않은 상품 거래를 원할 경우 경고 등을 하여야 함
- 회사는 온라인으로 판매하는 펀드가 멀티클래스 펀드인 경우, 클래스별 수수료 및 보수의 차이점을 비교하여 표시하여야 함
- 온라인 펀드 판매를 위해 추천펀드를 제시하고자 하는 경우에는 추천펀드의 선정주기·선정절차·선정기준 등을 구체적으로 명시하거나 추천펀드별로 정량적 또는 정성적 근거를 기재할 필요가 있음
- 회사가 온라인, 오프라인 판매 중인 펀드를 인터넷 홈페이지, 모바일 시스템, 홈트레이딩 시스템 등 온라인 매체를 통해 게시하는 경우 한글로 된 종류(클래스) 명칭을 표시할 필요가 있음

금융회사의 임직원 등은 확인한 투자자정보의 내용 및 '표준투자권유준칙 별표'에 따라 분류된 투자자 성향을 금융소비자에게 지체없이 제공해야 한다. 투자자 성향 파악을 위한 배점기준 등은 회사별로 자율적으로 정할 수 있으며, 그 유형 역시 회사의 판단에 따라 분류할 수 있다. 표준투자권유준칙에서는 유형분류에 대해 다음과 같이 예를 들고 있다.

제1방식	제2방식	제3방식	제4방식	제5방식
☐ 고위험 – 　고수익형 ☐ 중위험 – 　중수익형 ☐ 저위험 – 　저수익형	☐ 파생상품형 ☐ 주식선호영 ☐ 성장형 ☐ 이자·배당형	☐ 위험선호형 ☐ 적극형 ☐ 성장형 ☐ 안정성장형 ☐ 위험회피형	☐ 매우 높은 위험 　선호형 ☐ 높은 위험선호형 ☐ 다소 높은 위험 　선호형 ☐ 보통위험선호형 ☐ 낮은위험선호형 ☐ 매우 낮은 위험 　선호형	☐ 공격투자형 ☐ 주식선호형 ☐ 주식펀드선호형 ☐ 고수익채권형 ☐ 혼합투자형 ☐ 안정투자선호형 ☐ 이자소득형

❷ 대리인을 통한 투자자 성향 분석 : 금융회사의 임직원 등은 원칙적으로 금융소비자 본인으로부터 투자자 정보를 파악하여야 하지만, 금융소비자의 대리인이 그 자신과 금융소비자의 실명확인증표 및 위임장 등 대리권을 증빙할 수 있는 서류 등을 지참하는 경우 대리인으로부터 금융소비자 본인의 정보를 파악할 수 있다. 이때 회사는 위임의 범위에 투자자정보 작성 권한이 포함되어 있는지를 확인하여야 한다. 여기에서 대리인은 '임의대리인'을 의미하는 것으로 법정대리인인 경우 관련 법령 또는 법원 명령 등 법정대리권의 발생근거에 따라 대리권의 확인방법이 달라질 수 있다.

　예를 들어 부모가 미성년 자녀의 법정대리인으로서 회사에서 투자권유를 받는 경우 자녀에 대한 친권이 존재한다는 사실을 증명할 수 있는 서류를 제출하여 법정대리권이 있음이 확인되면 별도로 자녀에 대한 투자자정보 작성권한이 있는지 여부를 확인할 필요는 없다.

❸ 투자자 정보의 파악 간소화 대상 : 단기금융 집합투자기구(MMF)의 집합투자증권, 국채증권, 지방채증권, 특수채증권 및 이에 준하는 것으로 위험이 높지 않은 금융투자상품만을 거래하는 금융소비자 및 환매조건부매매(RP)를 하는 금융소비자에 대해서는 투자목적, 재산상황, 투자경험의 투자자정보만을 간략하게 파악할 수 있도록 별도의 투자자정보 확인서를 활용할 수 있다. 만일 동일한 금융소비자에 대해 펀드와 같은 일반 금융상품을 투자권유하려고 하는 경우는 일반적인 투자자 정보 확인서를 수령하는 등 일반 절차를 준수하여야 한다.

❹ 장외파생상품의 거래 : 금융소비자가 장외파생상품을 거래하고자 하는 경우에는 투자권유 여부와 상관없이 '장외파생상품 투자자정보 확인서'를 이용하여 투자자 정보를 파악하여야 한다.

　장외파생상품 투자자정보 확인서는 '법인 및 개인사업자용'과 '개인용' 등 두 가지 양식으로 구분하여 마련하되, 회사가 자체적으로 '투자자 정보 확인서'와 '장외파생상품 투자자 정보 확인서'를 하나의 양식으로 통합하여 사용도 가능하다.

❺ 투자자 정보의 유효기간 : 금융회사가 투자자 정보 유효기간을 설정하고 이에 대하여 금융소비자가 동의한 경우 금융소비자가 별도의 변경 요청이 없는 한 투자자 정보를 파악한 날로부터 12~24개월 동안 투자자 정보가 변경되지 않은 것으로 간주할 수 있다.

　판매회사의 임직원 등은 금융소비자에게 투자자 정보의 유효기간을 설명하고,

투자자 정보가 변경되면 회사에 변경내용을 통지하도록 안내하여야 하며, 회사가 이미 투자자 정보를 알고 있는 금융소비자에게 투자권유를 하는 때에는 투자자 정보 유효기간 경과 여부를 확인하고 유효기간이 경과한 경우에는 투자자 정보를 다시 파악하여야 한다.

다만, 투자자 정보의 유효기간에도 예외 사항이 있는데 투자일임계약이 체결된 경우에는 금융소비자의 재무상태 및 투자목적 등 변경 여부를, 금전신탁계약(특정금전신탁 제외)이 체결된 경우에는 재무상태 등 변경 여부를 연 1회 이상 확인하여야 하며, 매 분기 1회 이상 금융소비자의 재무상태, 투자목적 등의 변경이 있는 경우 이를 회신하여 줄 것으로 서면, 전자우편, 인터넷 또는 모바일 시스템, 그 밖에 이와 비슷한 전자통신의 방법 등으로 통지하여야 한다.

2) 투자권유

(1) 개요

금융회사는 금융소비자의 투자자 성향을 특정 유형별로 분류한 경우 회사가 정한 투자자 성향분류와 나중에 살펴보게 될 금융투자상품 위험도 평가분류를 참조하여 투자권유의 적합성 여부를 판단할 수 있는 기준, 즉 적합성 판단기준을 정해야 하는데, 각 회사는 통상 이 두 가지 항목을 조합하여 '투자자 성향별 적합한 금융투자상품표'를 만들게 된다.

금융회사 임직원 등은 이 기준에 따라 금융소비자에게 적합하지 않다고 인정되는 투자권유를 해서는 안 되며, 이미 투자자 정보를 알고 있는 금융소비자를 대상으로 투자권유를 하는 경우에는 기존 투자자성향과 그 의미에 대해 설명하고 금융소비자의 이해를 돕기 위해 위에서 설명한 '투자자성향별 적합한 금융투자상품투자권유표'를 활용하는 것이 바람직하다.

또한 금융소비자가 보유 자산에 대한 위험회피 목적의 투자 또는 적립식 투자 등 해당 투자를 통하여 투자에 수반되는 위험을 낮추거나 회피할 수 있다고 판단되는 경우에는 '투자자성향별 적합한 금융투자상품투자권유표'의 금융투자상품 위험도 분류기준보다 완화된 기준을 적용하여 투자권유할 수 있다.

(2) 투자성향에 적합하지 않은 상품의 투자권유

금융소비자보호법 제17조 제3항에 따라 임직원 등은 금융소비자가 본인에게 적합하지 않은 것으로 판단되는 금융투자상품에 투자하고자 하는 경우 해당 금융투자상품을 투자권유하여서는 아니 되며, 이는 금융소비자가 원하는 경우라도 적용된다. 이를 우회하기 위하여 '투자권유 희망 및 투자자 정보 제공 여부 확인서' 또는 '투자성향에 적합하지 않은 투자성 상품 거래확인서' 등을 악용하는 것은 앞서 설명한 바와 같이 부당권유행위에 해당한다. 예를 들어 투자자에게 부적합한 상품을 투자권유하여 금융투자상품을 취득하게 하였음에도 불구하고 투자자로부터 투자권유를 희망하지 않았음을 표기하게 하거나, 투자자의 최종 투자의사 확인 전에 미리 '투자성향에 적합하지 않은 투자성 상품거래 확인서'를 받아두는 행위 등이 부당권유행위에 해당되어 금지된다.

만일 금융소비자가 금융회사 임직원 등의 투자권유 없이 본인의 투자자 성향보다 위험도가 높은 금융투자상품을 스스로 청약하는 경우에는 "투자성향에 적합하지 않은 투자성 상품 거래 확인" 내용이 포함된 확인서를 받아 판매절차를 진행할 수 있다.

이 경우 금융회사 임직원 등은 금융소비자에게 투자자성향과 금융투자상품의 위험수준을 확인시켜주고 해당 투자가 금융소비자에게 적합하지 않다는 사실을 명확히 알려주어야 하며, 확인서 작성 시 확인서의 작성 취지 및 향후 금융소비자에게 불리하게 작용할 수 있으므로 신중한 작성이 필요하다는 점 등을 안내하여야 한다.

또한, 판매 상품이 적합하지 않거나, 적정하지 않다고 판단되는 금융소비자를 대상으로 금융상품을 판매하는 경우 판매과정을 녹취하고 금융소비자가 요구하는 경우 해당 녹취 파일을 제공하여야 하며, 금융소비자가 금융투자상품의 매수 계약 체결 여부를 충분히 검토할 수 있도록 판매과정에서 2영업일 이상의 숙려기간을 부여하여야 한다.

(3) 계약체결 전 적합성 보고서 제공

판매 임직원 등이 신규 일반 금융소비자(개인, 법인 모두 포함)이거나, 만 65세 이상의 고령투자자 및 만 80세 이상의 초고령투자자를 대상으로 공모와 사모 형태를 불문하고 E(D)LS, E(D)LF, E(D)LT를 투자권유하려는 경우 금융소비자가 올바른 투자판단을 할 수 있도록 추천사유 및 유의사항 등을 기재한 '적합성 보고서'를 계약체결 이전에 제공하여야 한다.

'적합성 보고서'의 주요 항목은 투자정보 확인서 조사결과, 고객의 투자성향 및 투자권유 상품, 투자권유 사유 및 핵심 유의사항으로 각 회사별로 표준투자권유준칙의 별표를 참조하여 만들 수 있다.

(4) 고령투자자에 대한 투자권유

금융회사는 회사별로 적정한 수준의 '고령투자자에 대한 금융투자상품 판매 시 보호기준'을 의무적으로 만들어야 하며, 여기에는 해당 기준을 적용할 고령투자자의 정의, 고령투자자 보호에 관한 일반적인 기준, 고령투자자 보호 관련 내부통제 강화 및 초고령자에 대한 추가 보호방안에 관한 사항이 포함되어야 한다.

금융회사 임직원 등은 만 65세 이상의 고령투자자에게 금융투자상품(투자자 보호 및 건전한 거래질서를 해칠 우려가 없는 것으로서 금융위원회가 정하여 고시하는 금융상품은 제외)을 판매하려는 경우 앞서 설명한 일반적인 '적합성 판단기준'에 더하여 회사별로 설정한 '고령투자자에 대한 금융투자상품 판매 시 보호기준'을 준수하여야 하며, 판매과정을 녹취하고 금융소비자가 요청하는 경우 해당 녹취 파일을 제공해야 할 의무가 있고, 판매과정에서 2영업일 이상의 숙려기간을 부여함으로써 고령투자자에 대한 보호를 강화하여야 한다. 동 기준에서 정하는 고령투자자 보호에 관한 일반적인 기준에는 영업점의 전담창구 마련, 본사전담부서 및 전담인력의 지정, "투자권유 유의상품"의 지정 및 투자권유 시 사전확인, 상품의 개발 · 판매 시 고령 투자자 판매 위험 분석, 녹취제도 및 숙려제도 등을 마련하고 운용하는 것이 포함된다.

아울러 고령투자자 보호를 위한 내부통제활동에는 고령 투자자에 대한 판매절차를 내규로 마련하고, 임직원 등을 대상으로 교육을 실시해야 하며, 내규 준수 여부 등에 대한 정기점검 실시, 가족 등 조력자의 연락처 확인, 고령투자자 대상 마케팅 활동에 대한 내부통제 강화 등의 조치를 실시하여야 한다.

한편 초고령자로 분류되는 만 80세 이상의 투자자에 대해서는 보다 강화된 조치가 필요하므로, 일반적인 고령투자자 보호기준을 준수하는 것은 물론 투자권유 유의상품 판매를 자제하여야 한다.

다만, 이 사항은 회사별로 달리 정할 수 있으므로 초고령투자자에게 투자권유 유의상품의 판매가 허용되는 경우에는 가족 등의 조력을 받을 수 있도록 안내하여야 하고, '해피콜'을 통해 사후 모니터링을 실시하여야 한다.

(5) 장외파생상품의 투자권유

금융회사의 임직원 등은 장외파생상품의 매매 및 그 중개 · 주선 또는 대리의 상대방이 법에 따른 일반 금융소비자인 경우에는 투자권유 여부와 상관없이 그 금융소비자가 보유하고 있거나 보유하려는 자산·부채 또는 계약 등(이하 "위험회피대상"이라 한다)에 대하여 미래에 발생할 수 있는 경제적 손실을 부분적 또는 전체적으로 줄이기 위한 거래를 하는 경우로서 다음의 요건을 모두 충족하는 경우에 한하여 거래를 할 수 있다.

- 위험회피대상을 보유하고 있거나 보유할 예정일 것
- 장외파생상품에 대한 약정거래 기간 중 해당 거래에서 발생할 수 있는 손익이 위험회피대상에서 발생할 수 있는 손익의 범위를 초과하지 아니할 것

이 경우 임직원 등은 금융소비자가 장외파생상품 거래를 통하여 회피하려는 위험의 종류와 금액을 확인하고, 관련 자료를 보관하여야 한다.

금융회사는 아래의 표를 참조하여 장외파생상품에 대한 별도의 적합성 기준을 마련하여야 하며, 임직원 등이 장외파생상품에 대한 투자권유를 하는 경우 해당 기준에 따라 적합하지 않다고 인정되는 투자권유를 해서는 안 된다.

구분		장외파생상품에 대한 투자 경험		
		1년 미만	1년 이상 ~ 3년 미만	3년 이상
개인	만 65세 이상	금리스왑 옵션매수	금리스왑, 통화스왑 옵션매수, 옵션매도 선도거래	기타 위험회피 목적의 모든 장외파생상품
	만 65세 미만	금리스왑, 통화스왑 옵션매수, 옵션매도 선도거래	기타 위험회피 목적의 모든 장외파생상품	
법인 및 개인 사업자	주권 비상장법인, 개인 사업자	금리스왑, 통화스왑 옵션매수, 옵션매도, 선도거래		기타 위험회피 목적의 모든 장외파생상품
	주권 상장 법인	금리스왑, 통화스왑 옵션매수, 옵션매도 선도거래	기타 위험회피 목적의 모든 장외파생상품	

* 장외파생상품의 경우 '주의', '경고', '위험' 등 3단계로 분류하며, 각 위험도에 해당하는 금융투자상품의 예시는 "회사참고사항 16-1"을 참조할 것
* '경고'위험도에 해당하는 장외파생상품 투자에 적합한 투자자 중 위험관리능력, 장외파생상품 투자경험, 상품에 대한 지식 등이 충분하다고 인정되는 투자자는 기타 위험회피 목적의 모든 장외파생상품에 투자할 수 있음

(6) 투자권유 시 유의사항

임직원 등은 투자권유 시 다음의 행위가 금지된다.

❶ 금융투자상품의 내용을 사실과 다르게 알리는 행위

❷ 불확실한 사항에 대하여 단정적 판단을 제공하거나 확실하다고 오인하게 할 소지가 있는 내용을 알리는 행위

❸ 투자자로부터 투자권유의 요청을 받지 아니하고 방문·전화 등 실시간 대화의 방법을 이용하는 행위. 다만, 아래의 경우를 제외하고 투자권유를 하기 전에 금융소비자의 개인정보 취득경로, 권유하려는 금융상품의 종류 및 내용 등을 금융소비자에게 미리 안내하고, 해당 금융소비자가 투자권유를 받을 의사를 표시한 경우에는 허용

- 일반금융소비자의 경우 : 고난도 금융투자상품, 고난도 투자일임계약, 고난도 금전신탁계약, 사모펀드, 장내파생상품, 장외파생상품
- 전문금융소비자의 경우 : 장외파생상품

❹ 투자권유를 받은 투자자가 이를 거부하는 취지의 의사를 표시하였음에도 불구하고 투자권유를 계속하는 행위. 다만, 다음의 각 행위는 제외된다.

- 투자권유를 받은 투자자가 이를 거부하는 취지의 의사표시를 한 후 1개월이 지난 후에 다시 투자권유를 하는 행위
- 다른 종류의 금융투자상품에 대하여 투자권유를 하는 행위. 이 경우 다음의 각 금융투자상품 및 계약의 종류별로 서로 다른 종류의 금융투자상품에 해당하는 것으로 봄

  ① 금융투자상품 : 채무증권, 지분증권, 집합투자증권, 투자계약증권, 파생결합증권, 증권예탁증권, 장내파생상품, 장외파생상품

  ② 투자자문계약 또는 투자일임계약
    - 증권에 대한 투자자문계약 또는 투자일임계약
    - 장내파생상품에 대한 투자자문계약 또는 투자일임계약
    - 장외파생상품에 대한 투자자문계약 또는 투자일임계약

  ③ 신탁계약
    - 자본시장법 제103조 제1항 제1호의 신탁재산에 대한 신탁계약
    - 자본시장법 제103조 제1항 제2호부터 제7호까지의 신탁재산에 대한 신탁계약

- 다음의 금융투자상품은 다른 유형의 금융투자상품으로 본다.
  ① 기초자산의 종류가 다른 장외파생상품

② 선도, 스왑, 옵션 등 금융투자상품의 구조가 다른 장외파생상품

❺ 투자성 상품에 관한 계약의 체결을 권유하면서 투자자가 요청하지 않은 다른 대출성 상품을 안내하거나 관련 정보를 제공하는 행위

❻ 금융상품의 가치에 중대한 영향을 미치는 사항을 미리 알고 있으면서 투자자에게 알리지 아니하는 행위 또는 투자성 상품의 가치에 중대한 영향을 미치는 사항을 알면서 그 사실을 투자자에 알리지 않고 그 금융상품의 매수 또는 매도를 권유하는 행위

❼ 금융상품 내용의 일부에 대하여 비교대상 및 기준을 밝히지 아니하거나 객관적인 근거 없이 다른 금융상품과 비교하여 해당 금융상품이 우수하거나 유리하다고 알리는 행위

❽ 자기 또는 제3자가 소유한 투자성 상품의 가치를 높이기 위해 투자자에게 해당 투자성 상품의 취득을 권유하는 행위

❾ 투자자가 자본시장법상 미공개정보 이용행위 금지, 시세조정 행위 등의 금지, 부정거래행위 등의 금지에 위반되는 매매, 그 밖의 거래를 하고자 한다는 사실을 알고 그 매매, 그 밖의 거래를 권유하는 행위

❿ 투자자의 사전 동의없이 신용카드를 사용하도록 유도하거나 다른 대출성 상품을 권유하는 행위

⓫ 금융소비자보호법상 적합성원칙을 적용받지 않고 권유하기 위해 투자자로부터 계약 체결의 권유를 원하지 않는다는 의사를 서면 등으로 받는 행위

⓬ 관계법령 등 및 회사가 정한 절차에 따르지 아니 하고 금전·물품·편익 등의 재산상 이익을 제공하거나 제공받는 행위

임직원 등은 투자자 성향 및 금융투자상품의 특성을 고려하여 장기투자가 유리하다고 판단되는 경우 그 투자자에게 해당 금융투자상품에 대한 장기투자를 권유할 수 있고, 금융소비자의 투자자산이 특정 종목의 금융투자상품에만 편중되지 아니 하도록 분산하여 투자할 것을 권유할 수 있다.

임직원 등이 투자자에게 포트폴리오 투자를 권유하는 경우에는 그 임직원 등이 금융투자협회에 등록된 금융투자전문인력(펀드투자권유자문인력, 증권투자권유자문인력, 파생상품투자권유자문인력)으로서의 업무범위에 해당하는 금융투자상품으로 구성된 포트폴리오만을 권유할 수 있다.

일반투자자에게 금융투자업규정 제4-20조에 따른 계열회사 또는 계열회사에 준하

는 회사인 집합투자업자가 운용하는 펀드를 투자권유하는 경우, 집합투자업자가 회사와 계열회사 등에 해당한다는 사실을 고지하여야 하고, 계열회사 등이 아닌 집합투자업자가 운용하는 유사한 펀드를 함께 투자권유하여야 한다.

유사한 펀드란

① 일반투자자에게 투자권유한 계열회사 등의 펀드와 금융투자상품 위험도 분류 기준에 따른 위험수준이 같거나 낮을 것
② 일반투자자에게 투자권유한 계열회사 등의 펀드와 같은 종류의 펀드일 것. 다만, 증권집합투자기구 및 단기금융집합투자기구 이외의 종류일 경우 회사가 같은 종류의 펀드를 갖추지 못했을 때에는 다른 종류로 할 수 있음

　금융회사의 임직원 등은 위의 ① 및 ②의 조건을 충족하는 펀드 중에서 주된 투자대상 자산·투자지역(국내·해외) 등을 고려하여 투자권유하여야 하며 해당 펀드의 향후 전망, 운용 안정성, 판매전략 등을 감안하여 달리 투자권유할 수 있다. 투자권유가 없는 온라인 판매의 경우에도 투자자가 투자판단에 참고할 수 있도록 계열회사 펀드임을 표시하여야 한다.

(7) 확인서 수령 관련 유의사항

투자성향에 맞지 않는 금융투자상품 매매 또는 투자권유를 희망하지 않는다는 의사표시(투자권유불원 등)는 지점장 등 회사별 규정에 따른 영업점의 책임자를 거쳐 확인하여야 하며, 금융소비자가 온라인을 통해 거래한 경우에는 회사가 정하는 내부통제기준에 따라 사후확인 절차 등을 거칠 수 있다.

또한 금융회사는 투자성향에 맞지 않는 금융투자상품 또는 투자권유를 희망하지 않는 투자자에게 판매한 금융투자상품 현황 및 관련 민원 현황 등을 회사 내부통제기준에 따라 주기적으로 파악 및 점검하고 내부적인 보고 절차를 준수하여야 한다.

3) 설명 의무

(1) 개요

금융회사의 임직원 등은 금융소비자보호법 제19조에 따라 금융소비자에게 투자권유를 하는 경우 금융투자상품의 내용, 투자에 따르는 위험, 금융투자상품의 투자성에 관

한 구조와 성격, 투자자가 부담하는 수수료에 관한 사항, 조기상환조건이 있는 경우 그에 관한 사항, 계약의 해제·해지에 관한 사항 등(이하 "투자설명사항"이라 한다)을 금융소비자가 이해할 수 있도록 설명하고, 설명한 내용을 금융소비자가 이해하였음을 서명, 기명날인, 녹취 등의 방법으로 확인받아야 한다.

설명의무의 이행은 단순 확인 방식으로는 이행할 수 없으며, 자필 또는 육성으로 진술하는 방식으로 이행해야 하는데 여기에는 금융소비자는 본인이 이해하는 상품의 특성, 최대 위험 등을, 임직원 등은 금융소비자의 상품 이해수준 및 설명내용 등을 포함하여야 한다.

금융소비자에게 제공해야 하는 설명서에는 금융소비자에게 설명한 내용과 실제 설명서의 내용이 같다는 사실에 대해 설명한 사람의 서명이 있어야 하는 것이 원칙이지만, 대출성 상품에 관한 계약 및 전자금융거래법에 따른 전자적 장치를 이용한 자동화 방식을 통해서만 서비스가 제공되는 계약은 예외로 한다.

(2) 설명 차등화

판매직원 등이 설명의무를 이행 시 해당 금융투자상품의 복잡성 및 위험도 등 상품 측면과 금융소비자의 투자경험 및 인식능력 등 금융소비자 측면을 고려하여 설명의 정도를 달리할 수 있다. 즉 모든 금융소비자에 대하여 동일한 수준으로 기계적으로 설명할 필요는 없다. 설명의 정도는 금융투자상품의 성격 및 투자자의 지식·경험에 따라 달라질 수 있다. 따라서, 신규 상품, 구조가 복잡한 상품이나 위험상품을 판매하는 경우 또는 금융지식이 부족한 금융소비자나 취약 투자자에 대하여는 일반적인 경우보다 설명이 좀 더 필요할 수 있으나, 동일 또는 유사 상품에 대한 투자 경험이 있거나 해당 상품에 대한 지식수준이 높은 금융소비자등에게는 보다 간단한 설명이 가능하다.

예를 들어, 해당 회사에 동일한 유형의 상품에 투자한 기록이 남아있거나 금융소비자가 다른 회사에서 동일한 유형의 상품에 투자한 경험 등을 이유로 간략한 설명 등을 희망하는 경우에는 해당 상품의 구조와 위험성에 대한 간단한 질문을 통해 파악된 금융소비자의 이해수준에 맞게 설명의 정도를 간략히 할 수 있다.

계속적 거래가 발생되는 단순한 구조의 상장증권(예: 주식, 채권, ETF 등) 및 장내파생상품(예: 선물옵션) 등을 거래소시장에서 거래하는 경우에는 실질적으로 매 투자권유 시마다 거래의 방법 및 위험성 등을 설명할 수 없으므로, 최초 계좌개설 또는 투자권유 시 설명의무를 이행하는 것도 가능하다.

또한 종합금융투자업을 승인받은 금융투자회사에서 자기신용으로 발행하는 확정금리형 상품인 발행어음의 경우에도 이자율, 만기. 상환방식(일부 상환이 불가능한 경우 그 사실) 및 중도상환 시 적용이자율 등 주요사항에 관한 설명이 필요하며 예금자보호가 적용되지 않는다는 사실, 발행회사의 신용위험, 발행회사 신용등급을 확인할 수 있는 방법 등에 관한 위험사항도 역시 설명의 대상이다.

임직원 등이 금융소비자에게 투자설명서 혹은 간이투자설명서를 사용하여 펀드 투자를 권유하는 경우에는 투자설명사항 중 집합투자기구의 종류(클래스)와 관련하여 '판매수수료 부과방식–판매경로–기타 펀드 특성'에 따라 3단계로 구분되는 종류(클래스) 명칭을 설명하여야 한다.

상기 절차에 따라 설명하였음에도 불구하고 금융소비자가 주요 손익구조 및 손실위험을 이해하지 못하는 경우에는 투자권유를 계속하여서는 아니 된다.

(3) 설명서의 제공

금융회사의 임직원 등은 다음의 어느 하나에 해당하는 경우를 제외하고 금융소비자에게 설명하기 전에 설명서를 서면교부, 우편 또는 전자우편, 휴대전화 문자메시지 또는 이에 준하는 전자적 의사표시를 통해 교부하여야 할 의무가 있다.

다만, 집합투자증권의 발행인이 작성한 자본시장법 제123조 제1항에 따른 투자설명서 및 간이투자설명서를 제공한 경우에는 해당 내용을 제외할 수 있다.

❶ 증권신고의 효력이 발생한 증권을 취득하고자 하는 금융소비자가 서면, 전화·전신·모사전송, 전자우편 및 이와 비슷한 전자통신, 그 밖에 금융위원회가 정하여 고시하는 방법으로 설명서의 수령을 거부하는 경우

❷ 금융소비자가 이미 취득한 것과 같은 집합투자증권을 계속하여 추가로 취득하려는 때에 해당 집합투자증권의 투자설명서 내용이 직전에 교부한 투사설명서의 내용과 같은 경우

❸ 기본계약을 동일한 내용으로 갱신하는 경우 또는 기본계약을 체결하고 그 계약 내용에 따라 계속적·반복적으로 거래를 하는 경우

(4) 외화증권 등 및 조건부자본증권에 대한 설명의무

외화증권이나 해외상품에 투자를 권유할 경우에는 환율이나 해당 국가의 경제상황

등 추가적인 변수에 따라 투자 성과의 변동성이 높게 나타나기 때문에 더 세심한 설명을 해야 할 필요성이 있다. 또한, 조건부자본증권 투자를 권유하는 경우에는 일반적인 무보증 회사채와 다르기 때문에 설명에 유의할 필요성이 있다. 금융소비자가 이러한 사항에 대해 충분히 이해하고 투자할 수 있도록 금융회사의 임직원 등은 해당 상품에 대해서 다음과 같은 사항을 설명해야 한다.

가. 외화증권 투자를 권유하는 경우에 추가적으로 설명을 해야 할 사항

❶ 투자대상 국가 또는 지역의 경제·시장 상황 등의 특징

❷ 투자에 따른 일반적 위험 외에 환율 변동 위험, 해당 국가의 거래제도·세제 등 제도의 차이

❸ 금융소비자가 직접 환위험 헤지를 하는 경우 시장 상황에 따라 헤지 비율 미조정 시 손실이 발생할 수 있다는 사실

나. 해외자산에 투자하는 집합투자기구의 집합투자증권을 투자권유하는 경우에 추가적으로 설명을 해야 할 사항

❶ 투자대상 국가 또는 지역의 경제여건 및 시장 현황에 따른 위험

❷ 집합투자기구 투자에 따른 일반적 위험 외에 환율 변동 위험, 해당 집합투자기구의 환위험 헤지 여부, 환헤지 비율의 최대치가 설정된 목표 환헤지 비율, 환헤지 대상 통화, 주된 환헤지 수단 및 방법

❸ 환위험 헤지가 모든 환율 변동 위험을 제거하지는 못하며, 투자자가 직접 환위험 헤지를 하는 경우 시장 상황에 따라 헤지 비율 미조정 시 손실이 발생할 수 있다는 사실

❹ 모자형 집합투자기구의 경우 투자자의 요청에 따라 환위험 헤지를 하는 자펀드와 환위험 헤지를 하지 않는 자펀드 간의 판매비율 조절을 통하여 환위험 헤지 비율을 달리(예 : 20%, 40%, 60%)하여 판매할 수 있다는 사실

다. 해외자산에 투자하는 신탁계약을 투자권유하는 경우에 추가적으로 설명을 해야 할 사항

❶ 투자대상 국가 또는 지역 및 투자대상 자산별 투자비율

❷ 투자대상 국가 또는 지역의 경제·시장상황 등의 특징

❸ 신탁계약 체결에 따른 일반적 위험 외에 환율 변동 위험, 해당 신탁계약의 환위험 헤지 여부 및 헤지 정도

④ 과거의 환율 변동 추이가 미래의 환율 변동을 전부 예측하지는 못하며, 통화 간 상관관계는 미래에 변동할 수 있다는 사실

⑤ 환위험 헤지가 모든 환율 변동 위험을 제거하지는 못하며, 투자자가 직접 환위험 헤지를 하는 경우 시장 상황에 따라 헤지 비율 미조정 시 손실이 발생할 수 있다는 사실

라. 조건부자본증권에 투자권유하는 경우에 추가적으로 설명을 해야 할 사항

❶ 일정한 사유가 발생하면 원리금이 전액 상각되거나 보통주로 전환되는 특약이 있다는 사실

❷ 상각·전환의 사유 및 효과

❸ (이자지급제한에 관한 특약이 있는 경우) 특정한 사유 발생 시 또는 발행인의 재량에 따라 이자가 지급되지 않을 수 있다는 사실

❹ (만기가 장기이거나 발행인의 임의만기연장 특약이 있는 경우) 장기간 현금화가 불가능하거나 유동성이 보장되지 않을 수 있다는 사실

❺ (중도상환 조건이 있는 경우) 만기가 짧아질 수 있다는 사실

❻ 사채의 순위

(5) 금융투자상품의 위험도(위험등급) 분류 및 설명

금융소비자보호법 제19조 제1항 제1호 나목 3)에서는 일반금융소비자에게 판매되는 투자성 상품의 경우 대통령령으로 정하는 기준에 따라 금융상품을 판매하는 회사가 정하는 위험등급을 금융소비자에게 설명하도록 의무화하고 있다.

금융소비자보호법 시행령 제13조 제2항에서는 해당 투자성 상품을 연계투자 및 자본시장법 제103조 제1항 제2호부터 제7호까지의 규정에 따른 신탁계약을 제외한 모든 투자성상품으로 명기함으로써 지분증권, 채무증권, 집합투자증권, 파생결합증권, 파생상품, 신탁계약, 일임계약 등을 포함하는 것으로 정의하고 있다.

이에 따라 금융투자상품을 판매하는 회사는 투자성 상품을 판매하기 전에 표준투자권유준칙의 '투자성 상품 위험등급 산정 가이드라인'을 참고하여 금융상품별로 위험등급을 산정할 수 있으며, 이때에는 금융소비자보호법 감독규정 제12조에 따라 기초자산의 변동성, 신용등급, 상품구조의 복잡성, 최대 원금손실 가능액, 환매·매매의 용이성, 환율의 변동성 및 그 밖에 원금손실 위험에 영향을 미치는 사항을 고려하여야 한다.

만일 판매회사가 정한 위험등급과 금융상품 제조회사가 정한 위험등급이 다를 경우 판매회사는 금융상품 제조회사와 위험등급의 적정성에 대해 협의하여야 하고, 금융상품 제조회사의 위험등급을 사용하는 것이 보다 적절하다고 판단되는 경우 해당 위험등급을 사용할 수 있으나 이때에는 판매회사가 별도로 정한 자체적인 기준에 따라 금융상품 제조회사가 정한 위험등급의 적정성을 확인하는 절차 및 방식 등을 준수해야 한다.

판매회사가 금융상품 제조회사의 위험등급을 사용하는 경우 판매회사는 제조회사가 위험등급을 산정할 때 사용한 기초자료, 판단 근거 등을 금융상품 제조회사에 요구할 수 있고, 금융상품 제조회사는 불가피한 사유가 없는 한 이에 응하여야 한다.

판매회사는 금융상품 제조회사가 사용한 기초자료로부터 표준투자권유준칙에서 정하고 있는 기준대로 금융상품 제조회사가 위험등급을 적정하게 산정하였는지 여부를 검증하여야 한다.

또한 판매회사는 기존 상품에 대한 위험등급 산정의 적정성을 검증하려는 경우 기존 상품의 적정성 검증 시기, 표본 선정 방법, 검증결과 처리 등과 관련한 내용을 내부통제기준에 반영하고 이를 준수하여야 한다.

금융투자상품의 위험도는 투자자 성향 분류 단계 및 실제 투자자 성향 분포를 감안하여 최소 6단계 이상으로 분류하며, 1등급을 가장 높은 위험으로 하되 그 수가 커질수록 위험도가 낮아질 수 있도록 구성한다.

위험등급은 해당 금융상품을 판매하는 시점에 1회 산출하는 것을 원칙으로 하되, 수시 판매 및 환매가 가능한 상품의 경우 연 1회(예 : 개방형 펀드의 경우 결산시점) 등급을 재산정한다. 다만, 재산정 주기가 도래하지 않더라도 시장상황 급변 등으로 특정 위험요소가 현실화될 가능성이 높아지거나 기타 현재 사용 중인 위험등급이 시장상황의 변화를 제대로 반영하지 못한다고 판단되는 경우 위험등급을 재산정할 수 있다.

한편, 판매회사는 투자성 금융상품의 위험등급 분류를 할 때 외부기관이 작성한 위험도 평가기준 등을 고려할 수 있다.

회사는 금융소비자가 해당 금융투자상품의 위험도를 쉽게 이해할 수 있도록 당해 회사의 금융투자상품 위험도 분류표를 상담창구에 비치하고, 투자권유 시 이를 활용하여 다른 금융투자상품과의 비교 등의 방법을 통해 상대적인 위험 수준을 설명하여야 한다.

금융투자상품 위험도 분류표는 금융투자상품의 위험도에 따라 3가지 색상(적색, 황색, 녹색)으로 구분하여 금융투자상품의 위험도에 대한 투자자의 직관적인 이해도를 높여야 한다.

판매회사는 위험등급에 대한 설명의무를 이행함에 있어 위험등급의 의미와 유의사항, 해당 위험등급으로 정해진 사유를 함께 설명함으로써 금융소비자가 그 위험등급이 의미하는 바를 정확히 이해할 수 있도록 하여야 한다.

장외파생상품에 대한 위험도 분류는 일반금융소비자 대상으로는 헤지 목적 거래만 허용되는 점을 감안하여 별도의 산정기준을 적용할 수 있다.

장외파생상품 위험도 분류 예시

① 주의 : 금리스왑, 옵션매수(원금 초과 손실이 가능하나, 손실 범위가 제한적인 상품)
② 경고 : 통화스왑, 옵션매도, 선도거래(손실 범위가 무제한이나, 구조가 단순한 상품)
③ 위험 : ①과 ②를 제외한 그 밖의 장외파생상품(손실 범위가 무제한이고, 구조가 복잡한 상품)

포트폴리오 투자의 경우, 이를 구성하는 개별 금융투자상품의 위험도를 투자금액 비중으로 가중 평균한 포트폴리오 위험도를 사용할 수 있다. 다만, 포트폴리오의 구성, 운용전략 및 위험도 책정 등을 회사의 전문조직에서 결정하는 경우 이에 따르도록 한다. 포트폴리오 투자의 권유 시 투자자의 투자목적, 투자경험 및 지식수준 등에 비추어 과도하게 위험도가 높은 금융투자상품을 포트폴리오에 편입하지 않도록 주의할 필요가 있다. 예를 들어 투자자가 중간 정도의 위험-수익을 선호하는 투자자 성향으로 분석되었고, 선물·옵션에 대한 투자경험이나 지식수준이 없음에도 불구하고, 선물·옵션을 포트폴리오에 편입시켜 투자권유를 하는 경우에는 부적합한 투자권유가 될 수도 있다.

(6) 설명의무 이행 시 유의사항

임직원 등은 투자설명을 함에 있어서 금융소비자의 합리적인 투자판단 또는 해당 금융투자상품의 가치에 중대한 영향을 미칠 수 있는 중요사항을 거짓 또는 왜곡하여 설명하거나 누락하여서는 아니 된다.

위험등급에 관한 설명의무를 이행할 때에는 위험등급의 의미와 유의사항, 해당 위험등급으로 정해진 사유를 함께 설명함으로써 금융소비자가 그 위험등급이 의미하는 바를 정확하게 이해할 수 있도록 하여야 한다.

또한 판매직원 등은 금융소비자가 추후에도 금융투자상품에 대하여 문의할 수 있도록 자신의 성명, 직책, 연락처 및 콜센터 또는 상담센터 등의 이용방법을 알려야 한다.

5 방문을 통한 금융투자상품의 판매

1) 개요

방문판매란 금융회사 영업점 외의 장소에서 금융소비자에게 투자성 상품 및 대출성 상품의 계약 체결의 권유를 하거나, 계약의 청약을 받아 계약을 체결하는 등 판매하는 것을 말한다.

이때 영업점 외의 장소에는 전화 연락이 포함되며, 영업점 외의 장소에서 계약 체결을 권유한 이후 금융소비자를 영업점으로 내방하게 하거나, 온라인 매체를 통하여 계약을 체결하게 하는 경우를 모두 포함한다.

금융상품에 대한 방문판매 규제의 관리감독권한은 '방문판매에 관한 법률(이하 "방문판매법"이라고 한다)'이 2021.12.8. 개정되면서 기존의 공정거래위원회에서 금융위원회로 이관되었고, 금융위원회는 '방문판매 모범규준'을 제정하여 금융상품의 방문판매 업무와 관련하여 판매회사의 임직원 등이 준수하여야 할 기준과 절차를 정해놓았다.

방문판매 모범규준은 법인과 전문투자자를 포함한 모든 금융소비자를 대상으로 하여, 방문·유선·화상 등 실시간 대화의 방법으로 금융상품의 권유 또는 계약의 체결을 하는 경우 적용되며, 이 중 전문투자자에 대해서는 일부 절차에 대해 간소화를 하였다.

금융투자회사의 임직원 등이 방문판매를 하기 위해서는 금융투자협회가 주관하는 방문판매인력 사전 교육을 이수하여야 하며, 연 1회 직무교육을 이수하여야 한다.

2) 절차

(1) 방문판매 전 사전안내

판매 임직원 등은 방문판매의 대상이 되는 금융소비자를 대상으로 방문판매를 위한 사전안내를 실시하여야 하며, 여기에는 금융소비자의 개인정보에 대한 취득 경로·판매 임직원 등의 소속과 성명 및 판매하고자 하는 상품의 종류·방문판매 등을 실시할 예정시간 및 장소가 포함된다. 일부 금융투자회사에서는 위와 같이 절차를 완료한 이후 해당 내용을 요약한 문자메시지 전송 등의 방법을 통해 다시 한번 금융소비자의 승인 및 주의 환기를 하기도 한다.

금융소비자의 개인정보 취득경로에 대한 안내는 임직원 등이 방문판매를 먼저 권유하는 경우 반드시 금융소비자에게 알려야 하는 사항이며, 이와는 반대로 금융소비자가 먼저 방문을 요청하는 경우에는 금융소비자의 개인정보에 대한 취득 경로 안내를 하지 않아도 된다.

금융소비자를 대상으로 방문판매 사전안내를 실시할 때에는 판매하고자 하는 상품의 종류가 포함되는데, 금융소비자의 유형에 따라 사전안내가 금지되어 있는 상품, 즉 금융소비자의 요청이 없는 경우 판매 임직원 등이 먼저 안내할 수 없는 상품(사전안내 불가상품)이 있다.

상대방이 일반금융소비자인 경우에는 고난도금융투자상품(고난도 투자일임계약, 고난도 금전신탁계약 포함), 사모펀드, 장내 및 장외 파생상품은 사전안내를 할 수 없으며, 상대방이 전문금융소비자인 경우 장외파생상품에 대해서는 사전안내를 할 수 없다.

그럼에도 불구하고 상대방인 금융소비자가 사전안내 불가상품에 대해 방문이나 전화를 통해 권유나 계약체결을 요청하는 경우 판매 임직원 등은 해당 상품이 사전안내 불가 상품에 해당된다는 사실을 안내하여 금융소비자의 주의를 환기하고, 금융소비자가 해당 상품에 대해 권유를 요청하였음을 '방문판매 요청확인서' 수령 등 회사가 정한 절차에 따라 확인받은 후 방문판매 등의 절차를 진행하여야 한다.

(2) 방문판매 실시

사전안내를 완료한 이후 실제 방문판매를 할 때 판매 임직원 등은 금융소비자를 대상으로 '방문판매 개시안내'를 실시하여야 한다. 개시안내에는 방문하는 판매 임직원 등의 소속 및 성명, 방문목적, 권유하고자 하는 상품, 연락금지요구권 행사방법 및 절차가 포함된다.

개시안내가 완료되고 나면, 판매 임직원 등은 금융소비자에게 본인의 소속을 증명하고 본인이 보유하고 있는 자격에 따른 취급가능한 상품의 범위를 알려야 한다. 또한, 금융분쟁 발생 시 금융소비자의 권리구제 등 활용 목적으로 방문판매 과정이 녹취된다는 사실을 안내하고 금융소비자의 동의를 받은 후 녹취를 진행하여야 한다.

이후의 판매과정은 앞서 설명한 바와 동일하게 [금융소비자의 투자자성향 파악 및 '투자자성향 분석결과 확인서' 제공 – 적합한 상품 권유 – 해당 상품의 투자설명서 사전 교부 − 설명서를 활용한 설명의무 이행 − 금융소비자의 이해 여부 및 계약체결 여부 확인]의 절차를 거치면 된다.

(3) 계약의 체결

금융소비자가 금융상품 계약체결을 하려는 경우 판매 임직원 등이 직접 방문한 경우에는 금융소비자가 작성한 관련 계약서류를 받고, 전화 등 실시간 대화의 방법으로 방문판매를 한 경우에는 관련 계약서류에 대한 금융소비자의 구두 진술사항을 녹취하고 판매 임직원 등이 관련 서류에 기록하는 방법을 사용할 수 있다.

계약의 체결이 완료되는 경우 상품에 대한 계약서류를 임의조작이 불가능한 형태로 서면, 우편, 이메일 등을 통해 금융소비자에게 지체없이 제공[1]되어야 하며, 판매 임직원 등은 금융소비자에게 계약서류의 수령 여부 등을 확인하여야 한다.

3) 방문판매 시 유의사항

금융회사의 임직원 등이 방문판매를 통해 금융상품을 투자권유하거나 판매하는 경우 아래의 사항에 대해 숙지하고 이를 준수하여야 하며, 회사는 내부통제기준에 따라 점검하고 위반행위가 있는 경우 조치를 취하여야 한다.

(1) 기본 금지행위

❶ 본인이 권유 또는 계약을 체결할 수 있는 대상상품 이외의 금융상품에 대한 권유 또는 계약을 체결하는 일체의 행위

❷ 고객을 대리하여 계약을 체결하거나, 고객으로부터 매매권한을 위탁받는 행위

❸ 고객의 정보를 개별적으로 저장하거나, 사후적으로 변조하는 행위

❹ 고객으로부터 현금 수취를 하는 행위

❺ 고객의 개인정보를 고객이 동의한 범위 외의 목적으로 무단 열람하거나 활용하는 행위

❻ (청약철회 대상상품일 경우) 청약의 철회에 대한 사항을 안내하지 않거나, 고객이 이를 행사하지 못하도록 서면 등을 발송하는 것을 방해하는 행위

---

1 계약서류의 제공과 관련하여 만일 금융소비자와 다툼이 있는 경우 회사는 계약서류의 제공사실, 계약체결 사실 및 그 시기를 증명해야 한다.

❼ 방문판매등 관련 계약의 권유를 받은 고객이 거부 의사를 표시하였는데도 계속 권유하는 행위

❽ 야간(오후 9시~다음날 오전 8시)에 고객에게 방문 판매등을 하는 행위(고객이 요청하는 경우 제외)

❾ 전화권유 수신거부의사를 밝힌 고객에게 전화를 통해 계약의 체결을 권유하는 행위

(2) 대출성 상품

투자성 상품에 관한 계약의 체결을 권유하면서 금융소비자가 요청하지 않았음에도 불구하고 대출성 상품을 먼저 안내하거나 관련 정보를 제공하는 행위는 금지된다.

(3) 재산상 이익의 제공 행위 금지

재산상 이익이란 금융상품의 계약과 관련하여 거래 상대방에게 '경제적 가치가 3만원을 초과하는 물품, 식사, 신유형상품권, 20만원을 초과하는 경조사비 및 조화, 화환 등'을 말한다.

❶ 상품판매를 유인하거나 상품판매를 조건으로 회사에서 정한 기준을 초과하여 금전, 상품권, 투자성 상품 등을 제공하는 행위

❷ 판매회사의 변경 또는 변경에 따른 이동액을 조건으로 하여 재산상 이익을 제공하는 행위

❸ 판매상품의 가격이나 수수료를 임의로 할인하는 행위

❹ 판매상품의 가격이나 수수료의 일부 또는 전부를 부담하거나 부담하기로 약속하는 행위

❺ 대출성 상품의 경우 대출원금 또는 발생이자 등에 대해 일부 또는 전부를 부담하거나 부담하기로 약속하는 행위

❻ 퇴직연금의 경우 3만원을 초과하여 금전등을 제공하는 행위(해당 여부는 사용자 및 가입자 각각에 대해 개별적으로 적용한다)

(4) 개인정보보호

❶ 업무수행 과정에서 취득한 고객 정보를 고객의 동의 없이 방문판매등의 목적 이

외의 용도로 사용하거나, 어떠한 형태로든 외부에 유출하는 행위 금지

❷ 고객정보가 포함된 서류에 대해 필요 이상의 복사본을 만들거나 방치하는 행위 금지 및 불필요한 서류인 경우 지체없이 폐기

❸ 고객의 서명 또는 비밀번호 입력이 필요한 경우 반드시 고객이 직접 하도록 안내

6 그 밖의 투자권유 유의사항

1) 계약서류의 제공

판매 임직원 등은 금융소비자와 계약을 체결한 경우 금융소비자보호법령 등에서 정하고 있는 계약서류를 서면, 우편 또는 전자우편, 휴대전화 문자메시지 또는 이에 준하는 전자적 의사표시의 방법 중 하나로 금융소비자에게 지체없이 제공하여야 하며, 금융소비자가 해당 방법 중 특정 방법으로 제공해 줄 것을 요청하는 경우에는 그 방법으로 제공해야 한다. 또한 금융소비자에게 계약서류를 제공하는 경우 해당 계약서류가 법령 및 내부통제기준에 따른 절차를 거쳐 제공된다는 사실을 해당 계약서류에 적어야 한다.

금융회사가 계약서류를 전자 우편 또는 이에 준하는 전자적 의사표시로 제공하는 경우에는 금융소비자가 전자금융거래법에 따른 전자적 장치를 통해 계약서류를 확인하는 데 필요한 소프트웨어, 안내자료 등을 제공해야 하며, 계약서류를 전자 우편, 휴대전화 문자메시지 또는 이에 준하는 전자적 의사표시로 제공하는 경우에는 해당 계약서류가 위조·변조되지 않도록 기술적 조치를 취해야 한다.

2) 청약의 철회

금융회사는 금융소비자가 투자성 상품 중 청약철회가 가능한 대상상품(고난도 금융투자상품, 고난도 투자일임계약, 고난도 금전신탁계약, 비금전신탁)에 대해 계약서류를 제공받은 날 또는 계약체결일로부터 7일(금융회사와 금융소비자간 해당 기간보다 더 긴 기간으로 약정한 경우에는 해당 기간) 내에 서면, 전자우편, 휴대전화 문자메시지 등의 방법으로 동 계약의 청약에 대한 철회 의사를 표시하는 경우 이를 수락하여야 하고, 고난도투자일임계약 또는 고난도 금전신탁계약에 대해서 청약철회기간을 산정할 때에는 숙려기간을 제외하고 계

산한다.

다만, 금융소비자가 예탁한 금전 등을 지체없이 운용하는 데 동의한 경우에는 청약의 철회가 적용되지 않으므로 회사는 해당 사실을 금융소비자에게 충분히 설명하고 금융소비자의 서명, 기명날인, 녹취 등의 방법으로 확인을 받아야 한다.

청약철회가 가능한 투자성 상품의 경우 철회의 효력은 금융소비자가 서면 등을 발송한 때 효력이 발생하므로 금융소비자는 서면 등을 발송한 때에는 지체없이 발송사실을 금융회사에 알려야 한다.

청약철회가 가능한 대출성 상품인 신용공여(금융소비자보호법 제72조 제1항에 따른 신용거래, 주식담보대출, 청약자금대출을 말한다)의 경우 금융소비자의 청약철회 가능 기간은 계약서류를 제공 받은 날 또는 계약 체결일로부터 14일(금융회사와 금융소비자간 해당 기간보다 더 긴 기간으로 약정한 경우에는 해당 기간) 이내이며, 다만 담보로 제공된 증권이 법에 따라 처분된 경우에는 예외로 한다. 이때 청약철회는 금융소비자가 청약 철회의 의사를 표시하기 위하여 서면 등을 발송하고 회사로부터 이미 공급받은 금전 등을 회사에 반환한 때 그 효력이 발생하는데, 금융소비자의 청약 철회 의사표시 이외에 금전 등의 반환이 수반된다는 점에서 투자성 상품의 청약철회와 다르다.

투자성 상품의 청약철회와 마찬가지로 금융소비자는 청약 철회의사를 표시한 서면 등을 발송한 경우 지체없이 회사에 그 사실을 알려야 한다.

금융회사는 청약 철회를 접수한 날(대출성 상품인 경우에는 금융소비자로부터 금전 등을 반환받은 날)로부터 3영업일 이내에 이미 받은 금전 등을 금융소비자가 지정하는 입금계좌로 반환해야 하는데, 반환이 늦어지는 경우 해당 기간에 대해서는 계약에서 정해진 연체이자율을 금전 등에 곱한 금액을 일 단위로 계산하여 지급하여야 한다.

대출성 상품의 청약 철회가 발생한 경우 금융회사가 금융소비자에게 반환해야 할 금액에는 고객으로부터 받은 수수료(증권 매매 수수료 등은 제외)가 포함되며, 금융소비자가 회사에게 반환해야 할 금액에는 대출원금과 이자 및 인지대 등이 포함된다. 이때 청약의 철회가 완료되면 회사는 신용정보원 등에 연락하여 해당 금융소비자에 대한 대출기록 삭제 요청을 하여야 한다.

금융소비자보호법 제46조에 따라 금융회사는 청약이 철회된 경우 금융소비자를 대상으로 이로 인한 손해배상 또는 위약금 등 금전 지급을 청구할 수 없으며 청약 철회에 대한 특약으로서 금융소비자에게 불리한 것은 무효로 본다.

3) 위법 계약의 해지

금융소비자는 금융소비자보호법 제47조에 따라 아래와 같은 경우 해당 금융상품에 대한 위법을 사유로 계약의 해지를 요청할 수 있다.

❶ 금융회사가 금융상품의 계약체결과 관련하여 금융소비자보호법 제17조부터 제 21조에서 규정하고 있는 적합성 원칙, 적정성 원칙, 설명의무, 불공정영업행위 금지, 부당권유행위 금지를 위반하였을 것
❷ 해당 계약의 형태가 계속적이고, 계약기간 종료 전 금융소비자가 계약을 해지하는 경우 그 계약에 따라 금융소비자의 재산에 불이익이 발생할 것

금융소비자는 금융상품 계약이 위의 조건을 모두 충족한 위법계약임을 안 날로부터 1년 이내에 해당 계약의 해지를 요구할 수 있는데, 유의해야 할 점은 '안 날로부터 1년' 이라는 위법계약해지 요청가능기한은 해당 계약의 체결일로부터 5년 이내의 범위 내에 있어야 한다는 점이다. 즉, 계약을 체결한 날로부터 5년이 경과하여 위법 계약을 인지한 경우에는 위법계약 해지를 요청할 수 없다.

금융회사는 금융소비자의 해지를 요구받은 날로부터 10일 이내에 수락여부를 통지하여야 하는데, 다음과 같은 경우에는 금융소비자의 요구를 거절할 수 있고, 거절의 통지를 한 경우에는 거절사유를 함께 통지하여야 한다.

❶ 위반사실에 대한 근거를 제시하지 않거나 거짓으로 제시한 경우
❷ 계약 체결 당시에는 위반사항이 없었으나 금융소비자가 계약 체결 이후의 사정 변경에 따라 위반사항을 주장하는 경우
❸ 금융소비자의 동의를 받아 위반사항을 시정한 경우
❹ 계약의 해지 요구를 받은 날로부터 10일 이내에 법 위반사실이 없음을 확인하는 데 필요한 객관적 · 합리적 근거자료를 금융소비자에게 제시한 경우
  예외적으로 10일을 경과하여 통지할 수 있는 경우가 있는데 이는 해지를 요구한 금융소비자의 연락처나 소재지 등을 확인할 수 없는 등 통지기간 내 연락이 곤란한 경우 또는 금융소비자의 동의를 받아 통지기한을 연장한 경우로서 해당 사유가 해소되는 즉시 통지하면 된다.
❺ 금융소비자가 회사의 행위에 금융소비자보호법 위반사실이 있다는 사실을 계약을 체결하기 전에 이미 알고 있었다고 볼 수 있는 명백한 사유가 있는 경우

금융회사는 금융소비자의 위법계약에 대한 해지를 수락하여 해당 계약이 해지된 경우 동 계약의 효력은 해지 시점부터 무효화되므로 원상회복의무는 없고 금융회사는 이와 관련한 수수료, 위약금 등의 비용을 요구할 수 없다.

4) 손실보전 등의 금지행위

금융투자상품의 매매, 그 밖의 거래와 관련하여 다음의 손실보전 등의 행위가 금지된다. 다만, 신노후생활연금신탁, 연금신탁, 퇴직일시금신탁의 상품 가입 시 법에 따라 손실의 보전 또는 이익의 보장을 하는 경우, 그 밖에 건전한 거래질서를 해할 우려가 없는 경우로서 정당한 사유가 있는 경우를 제외한다.

❶ 투자자가 입을 손실의 전부 또는 일부를 보전하여 줄 것을 사전에 약속하는 행위
❷ 투자자가 입은 손실의 전부 또는 일부를 사후에 보전하여 주는 행위
❸ 투자자에게 일정한 이익을 보장할 것을 사전에 약속하는 행위
❹ 투자자에게 일정한 이익을 사후에 제공하는 행위

5) 투자매매업자 및 투자중개업자의 금지행위

(1) 과당매매의 권유 금지

금융소비자의 투자목적, 재산상황 및 투자경험 등을 고려하지 아니하고 일반투자자에게 빈번한 금융투자상품의 매매거래 또는 과도한 규모의 금융투자상품의 매매거래를 권유하여서는 안 되며, 이 경우 특정 거래가 빈번한 거래인지 또는 과도한 거래인지 여부는 다음의 사항을 감안하여 판단한다.

❶ 금융소비자가 부담하는 수수료의 총액
❷ 금융소비자의 재산상태 및 투자목적에 적합한지 여부
❸ 금융소비자의 투자지식이나 경험에 비추어 해당 거래에 수반되는 위험을 잘 이해하고 있는지 여부
❹ 개별 매매거래 시 권유내용의 타당성 여부

(2) 자기매매를 위한 권유 금지

임직원은 자기 또는 제3자가 소유한 금융투자상품의 가치를 높이기 위해 금융소비자에게 특정 금융투자상품의 취득을 권유하여서는 안 된다.

(3) 부당한 권유 금지

❶ 금융투자상품의 가치에 중대한 영향을 미치는 사항을 미리 알고 있으면서 이를 투자자에게 알리지 아니 하고 해당 금융투자상품의 매수나 매도를 권유하여 해당 금융투자상품을 매도하거나 매수하여서는 안 된다.

❷ 투자자에게 회사가 발행한 주식의 매매를 권유하여서는 아니 된다.

❸ 자본시장법 제55조의 손실보전 등의 금지 및 자본시장법 제71조의 불건전영업행위의 금지에 따른 금지 사항 또는 제한 사항을 회피할 목적으로 하는 행위로서 장외파생상품거래, 신탁계약 또는 연계거래 등을 이용하여서는 아니 된다.

❹ 신뢰할 만한 정보·이론 또는 논리적인 분석·추론 및 예측 등 적절하고 합리적인 근거를 가지고 있지 아니하고 특정 금융투자상품의 매매거래나 특정한 매매전략·기법 또는 특정한 재산운용배분의 전략·기법을 채택하도록 투자자에게 권유하여서는 아니 된다.

❺ 해당 영업에서 발생하는 통상적인 이해가 아닌 다른 특별한 사유(회사의 인수계약 체결, 지급보증의 제공, 대출채권의 보유, 계열회사 관계 또는 회사가 수행중인 기업인수 및 합병업무 대상, 발행주식 총수의 1% 이상 보유 등)로 그 금융투자상품의 가격이나 매매와 중대한 이해관계를 갖게 되는 경우에 그 내용을 사전에 투자자에게 알리지 아니하고 특정 금융투자상품의 매매를 권유하여서는 아니 되나, 아래에 해당하는 사유로 알리지 아니하는 경우에는 예외로 인정한다.

- 투자자가 매매권유 당시에 해당 이해관계를 알고 있었거나 알고 있었다고 볼 수 있는 합리적 근거가 있는 경우. 다만, 조사분석자료에 따른 매매권유의 경우는 제외
- 매매를 권유한 임직원이 그 이해관계를 알지 못한 경우. 다만, 회사가 그 이해관계를 알리지 아니 하고 임직원으로 하여금 해당 금융투자상품의 매매를 권유하도록 지시하거나 유도한 경우는 제외
- 해당 매매권유가 투자자에 대한 최선의 이익을 위한 것으로 인정되는 경우. 다만, 조사분석자료에 따른 매매권유의 경우는 제외

❻ 특정 금융투자상품의 매매를 권유하는 대가로 권유대상 금융투자상품의 발행인 및 그의 특수관계인 등 권유대상 금융투자상품과 이해관계가 있는 자로부터 재산적 이익을 제공받아서는 아니 된다.

❼ 집합투자증권의 판매와 관련하여 회사가 받는 판매보수 또는 판매수수료가 회사가 취급하는 유사한 다른 집합투자증권의 그것보다 높다는 이유로 투자자를 상대로 특정 집합투자증권의 판매에 차별적인 판매촉진노력을 하여서는 아니 된다. 다만, 투자자의 이익에 부합된다고 볼 수 있는 합리적 근거가 있어 판매대상을 단일집합투자업자의 집합투자증권으로 한정하거나 차별적인 판매촉진노력을 하는 경우는 제외된다.

❽ 신용공여를 통한 매매거래를 원하지 않는 투자자에게 이를 부추기거나 조장하는 행위를 하여서는 아니 되며, 신용공여를 통한 매매거래를 원하는 투자자에게는 그에 따르는 위험을 충분히 설명하여야 한다.

❾ 매매거래에 관한 경험부족 등으로 투자권유에 크게 의존하는 투자자에게 신용공여를 통한 매매거래나 과다하거나 투기적인 거래, 선물·옵션 등 위험성이 높은 금융투자상품의 매매거래를 권유하여서는 아니 된다.

6) 투자자문업자 및 투자일임업자에 대한 적용

(1) 준수사항

금융소비자와 투자자문계약 또는 투자일임계약을 체결하고자 하는 경우에는 다음의 사항을 기재한 서면자료를 미리 금융소비자에게 제공하고 확인받아야 한다.

❶ 투자자문의 범위 및 제공방법 또는 투자일임의 범위 및 투자대상 금융투자상품 등
❷ 투자자문업 또는 투자일임업의 수행에 관하여 회사가 정하고 있는 일반적인 기준 및 절차
❸ 투자자문업 또는 투자일임업을 실제로 수행하는 임직원의 성명 및 주요 경력(로보어드바이저의 경우, 투자자문 또는 투자일임이 로보어드바이저에 의해 이루어진다는 사실)
  * "로보어드바이저"란 컴퓨터 프로그램을 활용한 알고리즘 및 빅데이터 분석을 통해 투자자의 성향에 맞는 투자자문·운용서비스를 제공하는 온라인 자산관리서비스를 의미

❹ 투자자와의 이해상충 방지를 위하여 회사가 정한 기준 및 절차
❺ 투자자문계약 또는 투자일임계약과 관련하여 투자 결과가 투자자에게 귀속된다
는 사실 및 투자자가 부담하는 책임에 관한 사항
❻ 수수료에 관한 사항
❼ 투자실적의 평가 및 투자 결과를 투자자에게 통보하는 방법(투자일임계약에 한함)
❽ 투자자는 투자일임재산의 운용방법을 변경하거나 계약의 해지를 요구할 수 있다
는 사실
❾ 임원 및 대주주에 관한 사항
❿ 투자일임계약인 경우에는 투자자가 계약개시 시점에서 소유할 투자일임재산의
형태와 계약종료 시점에서 소유하게 되는 투자일임재산의 형태
⓫ 투자일임재산을 운용할 때 적용되는 투자방법에 관한 사항
⓬ 법 제99조 제1항에 따른 투자일임보고서의 작성대상 기간
⓭ 그 밖의 금융투자업규정 제4-73조 각 호의 사항

또한 투자자와 투자자문계약 또는 투자일임계약을 체결하는 경우, 금융소비자보호
법 제23조 제1항에 따라 투자자에게 교부하는 계약서류에 다음 사항을 기재하여야 하
며, 그 기재내용은 계약체결 시 교부한 서면자료에 기재된 내용과 달라서는 아니 된다.

❶ 상기 서면자료
❷ 계약 당사자에 관한 사항
❸ 계약기간 및 계약일자
❹ 계약변경 및 계약해지에 관한 사항
❺ 투자일임재산이 예탁된 투자매매업자·투자중개업자, 그 밖의 금융기관 명칭 및
영업소명

(2) 금지행위

임직원은 다음의 어느 하나에 해당하는 행위를 하여서는 아니된다. 다만, 회사가 다
른 금융투자업, 그 밖의 금융업을 겸영하는 경우라서 그 겸영과 관련된 해당 법령에서
❶ 및 ❷의 행위를 금지하지 아니한 경우에는 이를 할 수 있다.

❶ 투자자로부터 금전, 증권 그 밖의 재산의 보관·예탁을 받는 행위
❷ 투자자에게 금전, 증권 그 밖의 재산을 대여하거나 투자에 대한 제3자의 금전,

증권 그 밖의 대여를 중개·주선 또는 대리하는 행위

❸ 계약으로 정한 수수료 외의 대가를 추가로 받는 행위

7) 투자일임 및 금전신탁에 대한 적용

투자일임 및 금전신탁(투자자가 운용대상을 특정 종목과 비중 등 구체적으로 지정하는 특정금전신탁은 제외)의 경우 아래 사항을 추가 또는 우선하여 적용한다.

❶ 임직원 등은 면담·질문 등을 통하여 투자자의 투자목적, 재산상황, 투자경험, 투자연령, 투자위험 감수능력, 소득 수준 및 금융자산의 비중 등의 정보를 투자자 정보 확인서에 따라 파악하여 투자자를 유형화하고 투자자로부터 서명 등의 방법으로 확인을 받아 이를 유지·관리하여야 한다. 다만, 전문투자자가 투자자를 유형화하기 위한 조사를 원하지 아니할 경우에는 조사를 생략할 수 있으며, 이 경우 전문투자자가 자기의 투자 유형을 선택할 수 있다.

❷ 금융회사의 임직원 등은 위에서 확인한 투자자정보의 내용 및 투자자 유형분류표에 따라 분류된 투자자의 유형을 금융소비자에게 지체없이 제공해야 한다.

❸ 금융회사는 하나 이상의 자산배분유형군을 마련하여야 하며, 하나의 자산배분유형군은 둘 이상의 세부자산 배분유형으로 구분하여야 한다. 자산배분유형군은 "동일자산간" 또는 "이종자산간"으로 구성할 수 있으며, 세부자산배분유형은 유형간 변동성이나 종목의 특성 및 분산투자 효과 등에서 유의미한 차이가 있어야 한다. 다만, 금융소비자의 자산을 개별적으로 1:1로만 운영하는 경우는 자산배분유형군이나 세부자산유형을 마련하지 않아도 된다.

❹ 금융회사는 분류된 투자자 유형에 적합한 세부자산배분유형을 정하고 계약을 체결하여야 한다.

❺ 임직원 등은 투자일임·금전신탁계약 체결 전에 투자자에게 다음 사항을 설명하여야 한다.

- 세부 자산배분 유형 간 구분 기준, 차이점 및 예상 위험 수준에 관한 사항
- 분산투자규정이 없을 수 있어 수익률의 변동성이 집합투자기구 등에 비해 더 커질 수 있다는 사실
- 기준에 의해 분류된 투자자 유형 위험도를 초과하지 않는 범위 내에서 투자일임·금전신탁재산의 운용에 대해 투자자가 개입할 수 있다는 사실

- 성과보수를 수취하는 경우 성과보수 수취요건 및 성과보수로 인해 발생 가능한 잠재 위험에 관한 사항

기타 전문투자자 및 법인 금융소비자에 대한 절차는 금융투자협회의 '표준투자권유준칙'에서 정하는 바에 따른다.

8) 로보어드바이저에 대한 적용

투자자에게 로보어드바이저를 활용하는 투자자문·일임계약 체결을 권유하는 경우에는 로보어드바이저의 의미와 해당 로보어드바이저의 투자전략 및 위험요인 등을 충분히 설명하고 투자자의 이해 여부를 확인하여야 한다.

여기에서 설명의무 이행은 앞서 살펴본 "설명의무"에서 정한 양식 등을 활용하여 설명서 교부 및 설명내용을 이해하였다는 사실을 확인하 는 것으로 로보어드바이저 명칭을 사용하는 금융투자상품 등에 대한 투자를 권유하는 경우 로보어드바이저를 활용하는 상품이 로보어드바이저를 활용하지 않는 상품보다 더 나은 수익을 보장하지 않는다는 사실을 설명하는 것도 포함된다.

금융소비자가 온라인으로 로보어드바이저 자문계약 등을 체결하는 경우 회사는 로보어드바이저의 주요 특성 및 유의사항 등을 투자자가 쉽게 이해할 수 있도록 관련사항을 게시하여야 하고, 로보어드바이저 알고리즘의 중대한 변경 등 주요 사항 변경 시에는 금융소비자에게 미리 고지하여야 한다.

9) 판매 관련 자료의 보존 및 금융소비자 제공

금융투자회사는 판매 관련 자료를 그 종류별로 금융투자업규정 별표 12에서 정한 최소보존기간 이상 서면, 전산자료, 그 밖에 마이크로필름 등의 형태로 기록·유지하여야 하고, 금융소비자보호법 시행령 제26조에서 정하고 있는 금융상품판매업등의 업무와 관련한 자료를 10년(계약기간이 10년을 초과하는 경우 그 계약기간) 또는 5년 이내의 범위에서 유지·관리하여야 한다.

금융투자회사가 금융소비자로부터 판매 관련 자료를 서면으로 요청받은 경우 해당 자료를 6영업일 이내에 제공하여야 하며, 불가피한 사유 때문에 그 기간 안에 제공하지 못하는 경우에는 그 사유와 제공가능일자를 금융소비자에게 통지하여야 한다.

금융투자회사는 금융소비자로부터 분쟁조정 또는 소송의 수행 등 권리구제의 목적으로 자료의 열람(사본의 제공 또는 청취 포함)을 요구받은 날로부터 6영업일 이내에 해당 자료를 열람할 수 있도록 하여야 하는데 해당 기한 이내에 열람할 수 없는 정당한 사유가 있을 때에는 투자자에게 그 사유를 알리고 열람을 연기할 수 있으며, 그 사유가 소멸하면 지체없이 열람하게 하여야 한다.

section 02 고객관리(CRM)

고객관리란 현재의 고객과 잠재적인 고객에 대한 이해를 바탕으로 고객이 원하는 상품과 서비스를 지속적으로 제공할 수 있게 함으로써 회사나 브랜드에 대한 충실성이 높은 고객을 유지하고 확대하는 일련의 과정이라고 볼 수 있다.

1 고객관리의 중요성

(1) 시장 성장 둔화 및 성숙단계로의 진입

과거 고도 성장기에 시장의 성장규모는 년 10~15%대의 높은 성장률을 유지하였다. 이는 고객들의 가처분 소득이 매년 그만큼 증가한다는 것을 의미하며 따라서 금융기관은 특별한 노력 없이도 가처분 소득의 증가분만큼의 수탁자산 증대가 이어졌다. 그러나 점차 시장 성장이 둔화되면서 각 금융기관마다 치열한 고객 확보전이 벌어지고 있는 실정으로, 이러한 현상은 기존의 금융기관의 성장을 주도했던 신규 고객 확보를 위해 금융기관이 치러야 하는 비용의 증대와 수익성 악화를 초래하게 되었다.

(2) 고객의 욕구 개별화와 다양화

오늘날의 고객들은 과거에 금융기관이 직면한 고객들과 다음과 같은 측면에서 구분되어질 수 있다.

첫째, 선택할 수 있는 금융투자상품 및 서비스가 많아졌다는 점이다. 각 금융기관마다 경쟁적으로 상품 및 서비스를 출시함으로써 고객 측면에서는 이전에 누리지 못한 선택의 폭이 훨씬 다양해졌으며, 이는 기업의 측면에서 자사의 금융투자상품 선택 가능성이 더욱 낮아졌음을 의미하게 된다.

둘째, 고객의 구매의사 결정과정이 더욱 정교화되고 고도화되었다는 점이다. 스마트 기기 등의 사용에 고객들이 익숙해지고 핀테크 산업의 발달에 따라 현대의 고객들은 각 금융기관의 상품 및 서비스에 대한 정보의 접근 및 비교, 검토, 평가의 과정을 쉽게 할 수 있게 되었으며, 이는 결과적으로 고객들의 상품에 대한 지식수준 및 안목을 증대시킴으로써 고객의 금융투자상품 구매의사 결정과정이 훨씬 합리화되고 정교해졌다. 이는 기업 측면에서는 끊임없이 타 금융기관보다 나은 금융투자상품 및 서비스를 개발해야 하는 부담으로 다가오며, 기존의 고객까지도 이탈할 가능성이 높다는 것을 의미한다.

마지막으로 고객의 욕구가 다양화, 개성화되었다는 점이다. 이는 기존 금융기관의 매스마케팅(Mass Marketing)이나 타깃마케팅(Target Marketing)의 영업전략으로는 고객이 더 이상 움직이지 않는다는 것을 의미한다. 살아남기 위해서는 과거의 방식과는 다른 새로운 영업전략이 기업에 요구되고 있다.

(3) 경쟁의 과열

21세기에 한국 금융기관 및 금융 종사자들은 과거에 미처 경험하지 못했던 새로운 경쟁의 패러다임에 직면하게 되었다. 이를 정리해보면 다음과 같이 요약할 수 있다.

첫째, 점점 더 상품 및 서비스의 차별화가 어려워진다. 스마트 환경의 발달로 고객들의 상품인지 속도 및 비교대상 우위가 일반화됨에 따라 제한된 시장이나 공간에서의 경쟁이 아닌 전 방위 경쟁에 노출되게 되었다.

둘째, 고유의 업무영역이 더 이상 의미가 없어지게 되었다. 이전에는 최소한 은행과 제2금융권, 기타 금융기관으로 대표되는 영역으로 구분이 확연히 지어져 나름대로 각 금융기관이 속한 제한된 경쟁영역 속에서 금융영업을 해 온 것이 사실이다. 그러나 이미 방카슈랑스, 인터넷 전문은행 등의 제도적 변화에 따라 금융기관 간의 업무영역은 구분이 어려울 정도로 겹치고 있으며, 이는 근본적으로 금융영업전략의 판을 바꾸는 새로운 시대적 패러다임(Paradigm)의 시작을 의미한다고 할 수 있다. 이제는 제한된 금융영역의 산물이라 할 수 있는 "누가 더 좋은 상품 및 서비스를 개발해서 판매하느냐"보다는, "누가 더 고객의 종합적인 금융욕구를 만족시키고 관리, 운용할 수 있느냐"에 더욱더 핵심 역량을 부여해야 할 것이다. 금융투자상품 및 서비스 중심이 아닌 고객, 고객관리, 고객관계에 중심을 두어야 하는 시대가 도래한 것이다.

<table>
<tr><td>2</td><td>고객관리의 실행</td></tr>
</table>

고객관리, 즉 CRM(Customer Relationship Management)은 고객정보를 효과적으로 이용하여 고객과의 관계를 유지, 확대, 개선함으로써, 고객의 만족과 충성도를 제고하고, 기업 및 조직의 지속적인 운영, 확장, 발전을 추구하는 고객관련 제반 프로세스 및 활동이다.

CRM은 고객이 보다 편리하고 행복하게 생활할 수 있도록 하고, 고객만족을 통한 회사의 지속적인 매출과 장기적인 수익의 극대화를 목표로 한다.

1) CRM의 영역

CRM의 영역으로는 고객 유지, 고객 확보, 고객 개발을 들 수 있다.

첫 번째 고객 유지는 고객의 불만을 예방하고 불만 발생 시 효과적으로 대처하는 수동적인 노력과 고객에게 부가적인 혜택을 제공하는 능동적 노력이 효과적으로 실행될 때 좋은 결과를 기대할 수 있다. 두 번째 고객확보는 기존 고객 이외에 새로운 고객을 확보하는 것을 의미한다. 이를 보다 효율적으로 하기 위해 우량고객이 될 만한 잠재고객이 어디에 있는지, 어떤 요구(Needs)를 가지고 있는지 살펴보는 것이 효과적이다. 세 번째로 고객개발은 확보한 고객의 가치를 높이기 위한 전략으로, 고객의 가치를 높이기 위해서는 교체 판매나 추가 판매 등을 활용할 수 있다.

2) 성공적인 CRM의 전략

새로운 상품개발보다는 다양한 분류기준으로 고객을 세분화하는 작업이 선행되어야 하며, 신규 고객 확보를 위한 노력보다는 기존 고객 유지에 초점을 두어야 한다.

(1) 고객 획득(Customer getting)에서 고객유지(Customer keeping)로

CRM은 기존 고객과의 지속적인 관계 증진을 통해 만족을 극대화할 때만이 사업의 영속성 및 발전을 이룰 수 있다는 경영전략이라 할 수 있다. 이는 이전의 신규 고객 확보에 중점을 두던 매스마케팅이나 타깃마케팅의 한계점을 극복한 진일보한 개념이라 할 수 있다.

(2) 단기적 고객 유인, 판매(Transaction)중심에서 장기적 관계형성(Relationship)으로

기존의 금융영업은 신규 고객 확보를 위해 단발적인 거래(Transaction)나 교환에 집중하는 경향이 짙었다고 볼 수 있다. 상담창구에서나 금융섭외를 통해서도 가망고객을 신규 고객으로 만드는 데에는 모든 노력을 들이고도, 정작 어렵게 만든 고객을 잘 효과적으로 관리하여 지속적인 유지확장을 꾀하기보다는 또 다른 신규 고객의 확보에 주력해 왔다.

이 전략은 고객과의 평생에 걸친 긴밀한 유대관계를 통해 고객의 이탈 방지 및 예금고의 증대, 우량고객의 소개와 같은 구전효과 등을 꾀하는 전략으로 고객을 단발성의 거래대상이 아닌 평생고객가치의 개념에서 접근하는 고객중심의 장기적 경영전략이라 할 수 있다.

(3) 판매촉진(Promotion) 중심에서 고객 서비스(Service)중심으로

기존의 고객 서비스는 경품행사, 사은품, 특별금리, 한정 상품 등 신규 고객 확보를 위한 판촉행사에 막대한 자금을 투입하여 왔다. 반면 CRM은 기존 고객 지향의 서비스에 그 역량을 집중하고 있는데 대표적인 예로는 전담직원에 의한 가족 단위의 거래계좌 관리 및 만기 관리, 포트폴리오 구성, 현재의 투자 상황 및 미래의 투자 제안 등 핵심적인 금융서비스는 물론 대여금고이용, 생일, 가족기념일 축하, 행사초청 등 대고객 관계 제고를 위한 부대서비스 등이 있다. 고객 서비스의 기본원칙은 다음과 같다.

❶ 개별 서비스(Personal Approach) : 금융기관 직원들이 반드시 명심해야 할 것은 사회가 고도화될수록, 개인이라는 존재가 함몰될수록, 고객 자신은 자신을 알리고자 하는 또한 알아주기를 원하는, 그래서 다수로부터 분리된 개성화된 한 인간으로서 대접받고 싶어 하는 강한 욕구를 가지고 있다는 사실이다. 관계제고 서비스와 관련하여 주의해야 할 사항은 어떤 서비스를 제공할 것인가와 같은 서비스 종류의 문제가 중요한 것이 아니라, 어떻게 서비스를 제공할 것인가와 같은 운용 측면이 중요한 것이라는 점이다.

❷ 정기적인 서비스(Periodical Approach) : 자주 보이는 사람에게 일반적으로 인간은 심리적 호감을 갖는 경향이 높은데 그 이유는 심리학 이론을 빌려 설명하자면 "반복적인 노출 혹은 근접성"이 호감을 형성하는 데 일반적으로 도움이 된다는 것이다. 서비스 제공 시 문자메시지나 전화를 통해서라도 수시로 고객과 연락을 취하는 것이 매우 중요하다.

❸ 도움을 주는 서비스(Benefit and Informative Approach) : 인간은 자신에게 도움이 되는, 자신에게 도움을 주는 사람을 좋아하는 경향이 있다. 이를 흔히 심리학에서는 "보상성 원리"라고 한다. 게다가 인간은 자신에게 지속적으로 정신적, 물질적 도움을 주거나 관심을 표명하는 사람에게 일종의 "부채 감정"을 가지게 되는데, 부채 감정이라 함은 반드시 언젠가 자발적으로 부채를 갚고 싶어하는 심리적 동기를 유발하게 된다. 고객이 언젠가 만기가 돌아오는 금융상품이 있다면 아마도 이 고객은 평소 자신에게 도움과 관심을 보여주었던 호감이 가는 전담직원에게 자신이 할 수 있는 것(연장 혹은 교체매매)을 해주고 싶어 할 가능성이 매우 높다는 뜻이다.

(4) 시장점유율(Market share)에서 고객 점유율(Customer share)

기존에는 각 해당 금융기관이 차지하는 시장점유율이 매우 중요한 평가요소로 여겨져 왔기에 수익성보다는 한 명의 고객이라도 더 확보하려는 다점포전략을 구사하였다. 그러나 CRM은 금융기관에 기여도가 높은 우량고객중심의 고객 점유율 확대가 주요 전략으로써 이용된다. 고객 점유율이란 고객의 총 운용 가능한 가용자금 중 해당 금융기관이 보유하는 금액의 비율을 의미하는데, 이 비율이 높을수록 해당 금융기관과의 관계정도가 높다는 것을 의미하기 때문에 고객 점유율을 높이기 위해 각 금융기관마다 주거래은행 개념을 도입하여 회사별로 명칭은 다르지만 '마이 데이터(My Data) 사업'이라고 불리는 과정을 통해 고객으로부터 관련 정보를 수집하여 고객의 모든 금융거래를 집중하기 위한 노력을 하고 있다.

(5) 제품 차별화(Product differentiation)에서 고객 차별화(Customer differentiation)로

이전의 신규 고객 확보에 중점을 둔 매스마케팅이나 타깃마케팅 전략에서는 어느 금융기관이 얼마나 좋은 금융투자상품을 출시하느냐가 매우 중요한 요소로 작용하였으나 CRM전략을 사용하는 최근에는 금융기관에 가장 도움을 많이 줄 수 있는 우량고객을 초기에 얼마나 많이 확보할 수 있는가와 그러한 우량고객을 얼마나 잘 유지하고 발전시킬 수 있는가가 경영전략의 중요한 중심과제로 대두되고 있다. 고객 차별화 전략의 사용은 금융기관에 기여하는 기여도 및 수익성에 따라 철저하게 고객을 차별적으로 관리함으로써 금융기관의 차별성과 다양화된 고객의 금융수요를 충족시킬 수 있다.

(6) 자동화(Automation)에서 정보화(Infomatization)로

과거에는 빠른 시간 안에 동질적인 품질의 서비스를 제공하는 것이 가장 중요한 평가요소로 작용하였다고 볼 수 있으나 고객의 금융수요를 충족시키기에는 한계에 다다르게 되었다. 고객의 다양한 금융수요를 적절한 시기, 적절한 고객, 적절한 금융투자상품 및 서비스를 제안하기 위해서는 고객에 대한 정보수집능력 및 처리, 관리, 활용능력이 매우 중요한 요소가 되었다.

최근 마케팅의 주류를 형성하고 있는 다이렉트 마케팅, 데이터베이스 마케팅 전략이 중시되는 것도 각 금융기관의 정보처리 대처능력이 얼마나 중요한지를 보여주는 단적인 예라고 할 수 있다.

3) CRM의 효과

(1) 예탁자산의 증대

기존 고객과의 관계를 효과적으로 발전시킴으로써 고객의 조직에 대한 신뢰가 높아질 수 있다. 회사와 특정한 관계를 맺고 있는 고객들은 전년에 비해 그 다음 해에 더 많이 지출하는 경향이 있다고 한다. 즉 고객이 한 금융기관과 친밀한 관계를 통해 그 금융기관을 더 잘 이해하고 상대적으로 만족감을 느낄 때 그 금융기관과 더욱더 많은 거래를 하려고 할 것은 당연하다. 이는 추가 투자자금 여력이 있을 경우 우선적으로 관계가 깊은 금융투자회사에 예치할 것을 고려하게 된다는 것을 의미하며, 또한 여러 금융기관에 분산되어 있는 자금을 한 곳으로 통합하려는 효과도 가지고 온다고 볼 수 있다.

(2) 낮은 마케팅, 관리비용

현대사회처럼 경쟁이 치열하고 수많은 금융투자상품이 범람하는 시대에는 신규 고객 확보를 위한 초기비용이 많이 발생하므로 금융기관의 초기 고객 유인을 위한 판매

비용은 기하급수적으로 증가할 수밖에 없으며 결과적으로 수익성을 중요시하는 금융기관으로서는 비용 대비 효과 측면에서 바람직스럽지 않다고 볼 수 있다. 반면 기존 고객을 상대로 하는 마케팅 활동은 초기 비용투자와 지속적인 관계 증진을 통해 안정적인 유대관계를 형성한 상태이며, 기존 거래관계를 통해 축적한 대고객 정보를 토대로 불확실성을 상당부분 제거할 수 있기 때문에 결과적으로 고객과의 관계가 증진될수록 단위당 관리비용은 낮아지게 되는 효과가 있다.

(3) 고객 이탈률의 감소, 고객 유지율의 증대

기존 고객과의 만족스러운 관계형성을 통해 유대관계가 깊어질수록 타 금융기관으로의 이탈 가능성은 더욱 낮아지게 된다. 금융기관이 불안정할 시기에는 타 경쟁사에 비해 고객에게 좋은 서비스나 금리를 제공치 못할 경우가 발생할 수 있는데 그런 경우 관계(relationship)가 깊은 고객일수록 해당 고객의 이탈률은 그렇지 못한 고객에 비해 현저히 낮아지는 경향이 있다.

(4) 구전을 통한 무료광고

금융투자상품이나 서비스의 홍수로 인해 상품 가치를 평가하기가 매우 어려운 현대사회에서는 새로운 금융기관과의 거래에 대한 고객의 위험인식이 높아진다. 이런 상황에서는 주변에 있는 사람들과 특정 금융기관의 서비스나 상품에 대한 경험을 공유하게 되는데 이런 경우 만족스러운 관계를 형성하고 있는 우량고객의 특정 금융기관에 대한 긍정적인 평판은 지대한 영향을 미치게 된다. 또한 만족고객의 영향력을 활용하여 다양한 마케팅 활동 수행이 가능한데 기존 고객의 협조 아래 다양한 계층모임(예 : 동창회, 골프모임, 친목회 등)에 접근이 가능한 것이 대표적인 예이다.

마케팅 활동 수행 시에도 기존의 우량고객들은 우호적인 분위기 조성에 매우 적극적으로 협조하는 경향이 있으며 만족고객의 SNS를 통한 구전효과는 상당히 높은 것으로 파악되고 있다.

chapter 02

고객상담

section 01 고객상담(process)

1 상담활동의 중요성

상담활동은 영업활동을 수행하는 데 가장 핵심이 되는 것으로 가장 완벽하게 실시해야 하는 설득 활동이다. 따라서 판매하는 금융투자상품에 대한 정보를 숙지하고 자신만의 독특하고 효율적인 화법으로 고객의 이해도를 높일 수 있도록 부단히 노력해야 하며, 회사 역시 상품 또는 고객층에 따른 스크립트(Script) 개발에 적극 힘써야 한다.

2 상담활동의 목적

❶ 계약 성공률을 높이고, 상담시간을 효율적으로 활용

그림 2-1 고객상담 Process

4단계 상담 판매 과정

고객과의 관계형성
- 고개과의 신뢰구축
- 고객의 무관심 처리

Needs 탐구
- 고객의 현재와 미래 기대수준과의 갭 파악
- 고객의 높은 참여를 유도하는 질문 구사

설득 및 해법 제시
- 상품의 특성 및 이점 소개
- 고객의 반감 극복
- 투자 개념 설명

동의 확보 및 Closing
- Need 및 이점의 재확인
- 주문 확인 및 구매 결정 강화
- MGM* 및 Cross-selling

* MGM : Members get Members.

❷ 고객관리 능력을 증대시키고, 문제점(거절 등)을 도출해 해결의 기초로 활용
❸ 상담표준화를 통해 판매력을 향상시켜 업무 효율성을 제고
❹ 응용과 활용을 통하여 무관심과 반감을 자연스럽게 극복

3 효율적인 상담시간 증대의 요령

❶ 상담활동을 표준화, 정형화
❷ 잡담시간을 최소화
❸ 일별, 월별, 연별 등의 계획을 세워 실천하는 것을 습관화
❹ 불필요한 잡일을 제거하거나 최소화
❺ 고객 방문은 철저히 계획하에 진행
❻ 사전에 철저한 연습과 모델을 제시

4 상담활동 효율 증대의 요령

❶ 고객의 최적시간을 적극 활용

❷ 상담진척표를 고객별로 작성·관리

❸ 표준화된 상담화법 및 필요한 자료 등을 사전에 작성, 연습한 후 활용

❹ 자신만의 화법 및 테크닉을 발굴·개발하여 가슴에서 느껴지는 공감대를 형성

영업상담은 근본적으로 대화를 통해 시작되고 전개되며 동의를 얻게 된다. 그러나 영업직원이 고객을 설득하는 단계 또는 고객의 동의를 확보하는 과정에서 보면 말보다 말의 강약, 말의 단고, 그리고 더욱 큰 것은 바디랭귀지가 오히려 더욱 설득력 있고 큰 의미를 전달하게 된다.

참고로 Havard Business School에서 나온 자료를 보면, 서로의 의사전달 효과는 다음과 같은 비율로 나타난다고 한다.

Word	7%
Tone of Voice	38%
Body Language	55%

즉 서로 간에 의사소통 시 몸짓 하나하나가 얼마나 중요한가를 보여준다. 영업상담의 단계 중에서 고객의 말하는 시간과 영업직원이 말하는 시간 간의 구성비를 표로 그려보면 〈그림 2-2〉와 같다.

즉, 영업직원이 고객의 Needs를 탐구하는 단계에서 본인의 말보다 고객의 말을 잘 청취하여 Needs를 제대로 파악하고 고객의 정보를 많이 얻는 것이 좋은 방법이다.

그림 2-2 영업직원의 대화시간 구성비

1　상담요령

❶ 투자상담도 세일즈이다. 세일즈를 위한 만반의 준비를 갖추어 최대한 고객에게
편안한 분위기를 만들고, 세일즈의 목표를 정함
❷ Eye Contact : 미소를 지으며 고객에게 최대한의 관심을 표함
'웃는 얼굴에 침 못 뱉는다'는 속담이 있듯이 고객에게 미소는 가장 큰 환대일
것임. 특히 Eye Contact는 고객을 진실하게 대하고, 고객의 말을 경청하고 있다
는 것을 보여줌. Eye Contact는 자신감의 표현이며 고객을 설득하는 가장 강력한
무기가 됨
❸ 명함을 건네 자기소개를 정확히 하고, 고객이 명함을 줄 경우 정중하게 받아 자
기 책상 위에 가지런히 놓음
이때 오른손잡이는 왼쪽에 놓고 왼손잡이는 오른쪽에 두어 메모나 설명을 할
경우 쓸리지 않도록 함. 명함을 건넬 때는 고객이 이름을 정확히 볼 수 있도록 명
함의 방향이 고객을 향하게 한다. 명함을 받은 이후는 명함에 적힌 직책으로 호
칭함
❹ 첫인상의 중요성을 인식하고 매직워드 등을 사용하여 분위기를 부드럽게 하기
위한 최선의 방법을 강구
날씨, 의상, 헤어스타일, 운동, 뉴스 등 일반적이고 공통적인 주제를 예로 들어
표현을 하면 친근감을 더해주게 됨
❺ 영업직원은 기억력이 뛰어나야 함
한번 만난 사람은 이름, 직업, 직책 등의 최소한의 고객정보를 기억해내야 고
객은 더욱 친근감을 갖고 상담을 시작하게 됨

그림 2-3 영업사원의 매직워드

영업직원의 자격요건

지식

행동

기술 태도

매직워드의 예
• 날씨가 무척 덥죠?
• 시원한 음료수 한잔 드릴까요?
• 잠실 쪽에 차가 많이 막힌다는데 고생하셨죠?
• 사모님 입으신 옷 색깔이 오늘 날씨와 딱 어울리네요.
• 헤어스타일이 너무 멋있으세요! 어디서 하셨어요?

2 고객의 Needs 파악

고객의 Needs를 파악하여 고객에게 적합한 금융투자상품에 대해 특장점을 소개하고 이러한 과정을 통해 고객 만족을 높이는 과정이다.

(1) Needs란?

❶ 고객이 안고 있는 문제

❷ 고객이 난처해 하고 있는 일

❸ 고객이 원하고 있는 것과 바라고 있는 점

Needs란 일종의 갭(GAP)이라고 칭할 수 있다. 현재 고객이 처한 상태와 시간의 흐름 속에 바라는 상태와의 갭, 즉 그 차이가 Needs라고 할 수 있다.

예를 들면, 현재 1억 원의 유동자산을 갖고 있는 30대 초반의 샐러리맨이 3년

그림 2-4

현재 상태 갭(GAP) 원하는 상태

뒤에 결혼계획을 갖고 있다고 하자. 그는 결혼할 때 조그마한 아파트라도 마련해야겠다고 생각을 하고 있으나 구입비를 어떻게 준비할 것인가에 대한 마땅한 계획 및 확신이 없다. 이때, 그의 현재 1억 원을 갖고 있는 상태와 3년 뒤 결혼할 때 소형아파트를 구입할 약 5억 원의 필요자금이 갭, 즉 Needs라 할 수 있다.

고객들은 다양하고 막연한 Needs를 가지고 있다. 그러나 대부분의 Needs는 크게 상반된 두 가지로 분류할 수 있다.

첫째, 현 상태의 무엇인가를 증가시키는 것

둘째, 현 상태의 무엇인가를 감소시키는 것

(2) 갭의 확인 및 구체화

모든 고객이 자신이 처한 갭을 확실히 인식하고 여러분을 찾는다고는 할 수 없다. 금융투자상품을 권유하기에 앞서 가장 중요한 것은 고객이 스스로의 갭을 느끼고 인정하게끔 도와주는 일이다. 그것을 통해 고객은 새로운 무언가를 찾을 욕구를 느끼게 된다.

이를 위해서는 막연하게 표현된 고객의 문제를 적절한 문의와 정확한 경청을 통해 구체화된 Needs의 상태로 바꾸어 고객에게 인식시키는 작업이 필요하다. 표현이 보다 구체적이고 명확할수록 고객이 그 Needs를 확인하는 강도가 높아지고 확인된 Needs를 풀기 위한 행동으로 옮길 가능성이 높아진다.

Needs를 찾아가는 가장 바람직한 단계는

❶ 문의(Questioning)

❷ 촉진(Encouraging)

❸ 확인(Confirming)

이라고 하는 기본적인 기법을 적용하는 것이 매우 중요하다. 가장 중요한 문의의 단계에서는 몇 가지의 질문기법이 있는데 이를 적절하게 사용함으로써 고객의 Needs를 정

그림 2-5

막연한 문제 → 문의 및 경청 → 명확한 갭의 인식 및 구체화

확하게 파악할 수 있고, 고객도 이러한 질문에 답을 하는 과정에서 Needs를 구체적으로 느끼게 된다.

(3) 질문의 방법

❶ 폐쇄형 질문(Close-end Question) : 영업직원이 선택한 특정한 화제로 대화를 유도하기 위해 고객의 대답을 한정하고자 하는 질문으로서 '예' 또는 '아니오' 등의 간단한 대답을 유도하는 경우를 말함. 이 질문 수법은 대화의 각도를 제한하며, 상담원이 대화의 상황을 유도할 때 유용하게 사용

이 방법은 대화를 짧고 간결하게 이끌어 상담시간을 단축하여 대기 고객이 많을 경우 신속하게 여러 고객을 처리할 수 있다는 장점이 있으나, 고객의 동의 및 확신을 얻기가 힘들며, '예', '아니오'의 단답이 나올 경우 다음 단계로 대화를 이어가기가 힘든 단점이 있음

❷ 개방형 질문(Open-end Question) : 영업직원이 선택한 화제나 고객의 관심사에 대해 고객이 자유로이 이야기하도록 유도하는 질문으로써 좀 더 긴 대답을 유도하고자 하는 경우에 쓰임. '무엇을', '왜', '어떻게' 등의 질문을 통해 고객이 스스로의 상황에 대해 좀 더 광범위하게 이야기할 수 있는 효과를 거두는 방법

이 방법은 항상 개방형의 질문을 하여야만 하는 것은 아니고, 때에 따라서는 폐쇄형 질문을 적절히 배합함으로써 문의를 통한 Needs의 파악을 극대화할 수 있으나, 잘못하면 꼬치꼬치 캐묻는 느낌을 주어 불쾌하게 할 우려가 있음

❸ 확대형 질문(High-Gain Question) : 고객에게 질문을 통해 생각을 하게 함으로써 제한된 시간 내에 고객과 영업직원 상호 간에 Needs를 구체화하고 확신을 시켜주는 효과를 거둘 수 있는 질문기법. 이 질문은 고객으로 하여금 Needs를 분석하게 하고 궁리하게 하며 느끼게도 함

그러나, 이런 종류의 질문에 익숙하지 않은 고객에게는 심문을 당한다는 느낌이나 귀찮게 한다는 느낌을 줄 수도 있기 때문에 절제가 필요하고, 어렵고 전문적인 질문은 피해야 하며, 영업직원의 견해를 피력해 설득의 서두로 사용

❹ 폐쇄형 질문을 사용하는 타이밍

ㄱ. 확대형 및 개방형 질문을 해도 고객의 반응이 없거나 시큰둥할 때

ㄴ. 당신이 새로운 화제나 보다 다른 구체적인 화제로 바꾸어서 대화의 흐름을 자신이 생각하는 방향으로 리드하고 싶을 때

ㄷ. 영업직원 또는 고객의 시간적인 제약으로 빨리 결정을 유도해야 할 때

❺ 확대형 질문을 사용하는 타이밍 : 고객이 자기의 Needs에 대해서 잘 이야기하는 경우에는 확대형 질문을 통해 고객이 자신의 이야기를 많이 하도록 유도

(4) Needs 파악 시 Check Point

❶ 질문을 할 때 캐묻지 말고 손님이 심문을 받는다는 인상을 갖지 않도록 부드럽고 상황에 맞게 문의

　　고객에게 단도직입적으로 묻지 말고 질문을 드리는 이유 및 질문을 통한 고객 의 이득부터 납득시킴

❷ 고객이 원하는 것을 쉽게 거절하지 않으며 대안으로 제시할 수 있는 상품 및 서 비스를 찾도록 노력

　　질문 도중 대안을 제시한다든가 고객의 Needs를 현실에 맞게 수정할 수 있도 록 자연스럽게 유도

❸ 상담 중 중요한 사항은 메모해 두거나 기억해둠

　　한번 질문을 해서 고객의 답을 들었거나 고객이 말한 정보는 상담 과정 중 재 차 물어서는 안 됨. 상담 시에 메모지와 펜을 항시 준비하는 습관이 필요

❹ 다시 한 번 고객에게 바로 찾아 왔다는 확신을 줌

　　고객의 Needs를 파악한 후 바로 당신이 그 Needs를 풀어 줄 수 있는 '해결사' 라는 확신을 심어주어야만 고객이 믿음을 갖게 되고, 설득에 임할 수 있음

❺ 기본규칙

　　ㄱ. 70 − 30 RULE : 고객이 대화의 70%, 세일즈맨이 30%를 말할 수 있도록 함. 즉, 영업직원이 설명을 하는 것보다 고객이 스스로 말을 많이 하여 자신의 Needs 및 정보를 자연스럽게 말하도록 유도

　　ㄴ. 'NO'로 대답할 수 있는 폐쇄형 질문은 피할 것 : 만약 폐쇄형 질문을 했는데 고객이 'NO'란 대답을 할 경우 세일즈맨은 다음 대화를 이끌어 가기가 막막 해짐. "그렇죠?" 혹은 "그렇게 생각하지 않으십니까?" 등으로 끝나는 질문으 로 전환하는 것이 유리

❻ 문의하고, 경청하며, 공감하는 모습을 표현하라 : 고객의 말을 듣고 있으며 공감하 고 있다는 말 또는 바디랭귀지(Body language)를 보여주어야 고객이 신의를 갖고 이야기를 지속할 수 있음

❼ 대화 후 고객이 유쾌하고 흥미로웠다는 느낌을 갖게 한다 : 고객이 대화 후 괜히 말했다는 느낌이 든다면 고객은 입을 다물게 되고 다음 과정은 이끌기가 힘들어짐

상담 시에 듣고 메모한 고객의 다양한 욕구와 문제점에 대해 제안한 상품 및 서비스가 얼마나 적절하게 그 욕구와 문제점을 해결해 주는지에 대해 상품의 특성을 쟁점화시켜 구체적으로 설명한다.

고객의 필요사항을 충족할 수 있는 해결책을 제시해야 한다.

❶ 이 단계에서의 성공은 고객의 동의 확보를 결정한다. 영업직원의 답변과 설득 기술이 핵심 성공요인으로 작용
❷ 고객이 필요로 하는 상품 및 서비스에 대해 우선순위를 두어 중점적으로 설명
❸ 고객이 만족하지 않을 경우 고객에게 적합한 다른 상품 및 서비스를 단계적으로 설명하여 합의점을 도출
❹ 단계별로 고객이 이해하고 있는지를 점검하면서 설득

1 설득의 정의

어느 판매 활동에서든 그 최종 목표는 고객을 설득하여 상담을 성립시키는 것에 있다. 결국 질문을 통해서 고객의 Needs를 찾아내고 다음에 그 명확해진 Needs에 대해서 금융투자상품의 이점을 소개하는 것에 의해 설득한다.

그리고 고객이 안고 있는 문제점에 깊은 관심을 표하고 그 해결을 위한 노력을 아끼지 않는 자세로 일관하는 것이 중요하다.

설득 과정의 3가지 중요한 목표
① 고객의 관심을 끈다.
② 고객의 흥미를 북돋는다.
③ 프레젠테이션 속으로 고객을 끌어들인다.

2 고객의 Needs 충족

❶ 고객은 자신이 경험했거나 앞으로의 계획과 관련한 문제점을 Needs로 표출
❷ 영업직원은 고객에게 적합한 금융투자상품의 특성을 이점화시켜 고객의 Needs 를 충족
❸ 고객이 영업직원으로부터 제공받은 상품의 장점을 수용함으로써 설득의 과정이 완성

ㄱ. 고객의 Needs에 맞는 상품의 특성을 장점화시켜 고객에게 설명하고 관련자 료 등을 토대로 고객을 설득
ㄴ. 설득력 있는 대화를 이끌어 가기 위해서는 고객에게 질문을 하고, 자신있는 부분에 대해서는 단호하며, 상품의 내용은 필수사항을 최대한 이해하기 쉽게 하여 상호 신뢰를 구축하고, 고객의 의견을 경청하는 등 긍정적인 태도와 경 의를 갖고 신뢰할 수 있도록 대화를 구성해 나가야 함

3 고객의 반감

과거에 겪었던 나쁜 경험, 현재의 상황에 대한 불만족, 그리고 아직까지 영업직원의 설득에 동의할 마음의 준비가 안 된 경우에 그것은 반감의 형태로 표현된다. 반감은 또 하나의 고객의 관심의 표현이라고 할 수 있으며, 더 많은 정보에 대한 욕구이기도 하다.

또한 반감은 또 하나의 세일즈 찬스이다. 보통 판매의 80%는 고객의 반감을 해소한 후에 성사되는 현실이 그 반증이기도 하다.

그러므로, 반감은 빨리 발견하면 할수록 설득이 쉬워지고 사소한 반감이라도 간과해 서는 안 된다.

(1) 고객의 반감 직면 시 주의할 점

❶ 고객과 절대 논쟁하지 말고 침착하고 차분하게 응대
❷ 반감을 처리할 때 공격하지 말며 고객의 생각이 잘못된 것이라고 치부하지도 말아야 함
❸ 고객의 반감을 일단 인정하는 자세로 임하고, 고객의 니즈를 파악할 수 있도록 질문

(2) 고객의 반감 처리 방법

❶ 고객의 말을 끊거나 정면으로 대응하지 않는다. 정확히 경청함으로써 고객의 반감이 무엇인지를 파악
❷ 고객의 우려가 타당하다고 표현을 하되 면박을 주거나 반박하지 않고 고객의 반감을 인정
❸ 반감이 생겼다고 좌절하거나 실망하지 말고 오히려 자신의 상품이 그 반감을 보완할 수 있다는 자신감을 갖고 상품의 특성과 장점을 강조
❹ 영업직원의 편에서 고객의 반감을 처리했다고 자만하지 말고 고객의 느낌을 확인

그림 2-6   고객의 반감 처리 단계

(3) 고객의 반감 처리 화법

❶ Yes, But('맞습니다 맞고요'화법) : 고객의 주장을 받아들임으로써 고객의 마음을 부드럽게 한 다음 이쪽 주장을 내세우는 대응 방법

　ㄱ. 고객 : "주식형 상품은 위험해서 싫어요."

　ㄴ. 영업직원 : "맞습니다. 아무래도 주식은 리스크한 면이 있습니다. 그러나 지금처럼 과도하게 하락하여 저평가된 상태라면 리스크는 거의 없다시피한 반면 굉장히 큰 수익이 기대되고 있는 점이라고 할 수 있습니다."

❷ 부메랑법 : Yes, But법처럼 고객의 주장을 받아들이면서도 고객이 거절한 내용을 활용하여 반전을 노리는 화법

　ㄱ. 고객 : "지금 바쁘니 다음에 봅시다."

　ㄴ. 영업직원 : "네, 참 바쁘신 것 같습니다. 그럴수록 재테크 같은 문제는 전문가에게 맡기시고 보다 여유로워지실 필요가 있습니다."

❸ 보상법 : 사실을 사실대로 인정하면서 그 대신 다른 이점을 활용하여 보충하는 대응 화법

　ㄱ. 고객 : "수익률 차이도 별로 없는데 갈아 탈 이유가 뭐 있나요?"

　ㄴ. 영업직원 : "수익률만 따진다면 큰 차이가 없는 것은 사실입니다. 그러나 가입 후의 서비스를 비교해 보십시오."

❹ 질문법 : 고객의 거절을 질문으로 되돌려 보냄

　　고객이 다시 그 문제에 대해 생각을 정리해 보도록 하면서 긍정적 반응을 이끌어내는 대응 방법

그림 2-7　반감 여부에 따른 성공 확률

반감이 있는 경우 : 22%, 14%, 64%
반감이 없는 경우 : 25%, 21%, 54%

실패 / 진행중 / 성공

ㄱ. 고객 1 : "나는 노후 준비가 다 되어 있습니다."

ㄴ. 영업직원 : "물론 고객님 같으신 분이야 노후 준비를 철저히 하셨겠지요. 그
런데 요즘처럼 변화가 극심할 때에 자금 관리를 어떻게 하실 건가요? 그리고
고객님은 누구보다 바쁘신 분인데…."

ㄷ. 고객 2 : "아무래도 투자상품은 불안해서 싫어요."

ㄹ. 영업직원 : "고객님이 불안하다고 말씀하시는 부분이 구체적으로 어떤 것인
가요?"

4 상담 단계에서의 거절의 유형과 처리

금융투자상품 권유 시 고객이 거절하는 데에는 두 가지 유형이 있다. 하나는 방문 시
어프로치 단계에서 부딪치는 고객의 거절로 자신에 대한 경계심에서 나오는 거절이고,
또 하나는 영업을 제안하거나 제시하는 상품에 대한 설명을 듣는 과정이나 듣고 난 후
"나에게 도움이 되겠구나" 또는 "나에게 이익을 가져다주겠구나"라고 마음속으로는 수
락하면서도 거절하는 것이 있다.

❶ 권유하는 상품에 별 관심이 없다(필요성을 느끼지 못하고 있다).

ㄱ. 거절의 속뜻

a. 현재의 생활이나 일에 있어서 변화를 주고 싶지 않다.

b. 이 상품을 가입하면 괜찮기는 하겠지만 당장은 투자할 필요를 못느낀다.

c. 현재 투자하고 있는 금융상품으로도 충분하다.

ㄴ. 설득 포인트

a. 이 상품을 기간별 투자수익률로 설명

b. 고객이 보유하고 있는 금융투자상품과 유형을 세분화하여 설명

c. 팸플릿이나 기타 자료를 잘 준비하여 흥미를 느끼게 함

❷ 잘 알았다, 다음 기회에 보자.

ㄱ. 거절의 속뜻

a. 필요없다고 하는 거절이라 생각해도 좋다.

b. 아직 마음의 확신이 서지 않는다. 여러 가지를 더 알아봐야겠다는 생각이
있다.

ㄴ. 설득 포인트

    a. 지금까지의 설명 중에서 부족한 점, 의심나는 점 등이 있는가를 질문

    b. 다음 기회가 언제쯤 될 것인가를 물어본다. 그러면 어떤 말이든지 나올 것임. 이 말에서 본심을 파악해 사후 권유여부의 방향을 잡아가도록 함

❸ 언젠가는 가입해야 한다고 생각하지만 지금은 안 되겠다.

  ㄱ. 거절의 속뜻 : 이 거절은 영업직원의 마음을 상하지 않게 하려는 배려에서 나온 것이다. 실제로는 확실한 거절이다. "언젠가는…"이라고 하는 말만큼 믿을 수 없는 말은 없다. 신입 영업직원들은 대개 이 말을 신용하고 가능성이 있다고 판단하여 바로 돌아서는 경우가 있다. 그러나 얼마 후에 다시 방문해보면 전혀 딴사람 대하듯 한다.

  ㄴ. 설득 포인트

    a. 언제쯤 투자가 가능한지 계획을 질문

    b. 지금 가입할 수 없는 이유를 물어보아 이 말이 거절의 구실에 지나지 않는지 또는 진심인지를 파악

    c. 자금관계로 즉시 가입하지 못하는 경우라면 자금의 성향에 맞게 상담을 시작

❹ 사후관리가 좋지 않다.

  ㄱ. 거절의 속뜻 : 과거에 사후관리에 대한 불만 경험이 있기 때문이다.

  ㄴ. 설득 포인트

    a. 우선 사과를 하고 난 후 어떤 점이 좋지 않았던가를 질문. 이때 정면부정법(그럴 리가 없다는 등의 표현 방식)을 사용해서는 곤란

    b. 과거와는 많이 달라진 점이나 타사와 비교해서 CRM 서비스체제 등에 대해서 설명

❺ 남들이 안 좋다고 하니까 나도 좀 그렇다.

  ㄱ. 설득 포인트

    a. 주관이 별로 없는 형이므로 확실한 정보를 가지고 눈으로 확인시켜줌. 여기서 확실한 정보란 판매회사의 정보, 핵심 투자설명서, 승인된 광고물 등을 통한 상품안내서 등을 말함

    b. 습관이나 선입견에 대한 인식을 바꾸는 것이 쉽지 않음을 알려주고 판매회사의 이미지와 상품의 특징 등을 다시 한 번 진지하게 설명

❻ 돈이 없다(예산이 없다).

이것만큼 대처하기 어려운 거절도 드묾. 어떻게 해서든 가입하고 싶지만 예산이 없어서 어쩔 수 없다고 한다. 참으로 곤란한 거절임

ㄱ. 거절의 속뜻

    a. 돈이 없다고 말하지만 이는 대부분 거짓일 수 있음. 그러므로 그런 말에는 그다지 낙심을 하지 않아도 됨

    b. 돈이 없다는 말은 아주 없다는 의미가 아니고 예산이 부족하다는 의미도 숨어 있다는 것을 알아야 함

    c. 또는 예산이 있더라도 상품에 대해 확신이 아직 서지 않아 거절구실로 삼고 있을 수도 있음

ㄴ. 설득 포인트

    a. 언제쯤이면 예산을 만들 수 있는지 질문

    b. 예산이 부족하다면 예산에 맞는 상품을 권유

    c. 상품에 대해 어느 정도의 관심이 있는지 체크. 정말로 예산 문제인지 그렇지 않으면 투자할 마음이 없는지를 파악

❼ 거래하는 곳이 있어서 곤란하다.

ㄱ. 거절의 속뜻 : 우선 거절이 구실인지 정말인지 파악한다. "아, 그렇습니까? 요즘에는 펀드 판매하는 곳이 하도 많아서요. 어느 곳인지 여쭤 봐도 되겠습니까?"라는 식의 질문으로 슬쩍 떠보아 진의를 파악하는 것도 한 방법

ㄴ. 설득 포인트 : 잘 아는 사람과 거래하는 경우 마음에 들지 않아 거래를 중단하고 싶어도 할 수 없는 상황이 된다는 등 아는 사이이기 때문에 거래함에 있어서 불편한 점 등을 넌지시 언급

❽ 배우자와 상의해봐야 한다.

ㄱ. 거절의 속뜻

    a. 거절을 위한 구실일 수도 있으므로 잘 판단토록 함

    b. 또는 실제로 자신이 투자결정을 할 수 없어 진심으로 그렇게 이야기하는 경우도 많으므로 실제 투자결정권자가 누구인지를 파악하여 추후 설득대책을 마련하도록 함

ㄴ. 설득 포인트 : 추후 대책으로서는 지금 상담하고 있는 고객과 합동으로 투자결정권자를 설득할 방법을 모색한다든지, 영업직원 자신이 투자결정권자를

직접 만나서 이야기하면 어떻겠냐고 의향을 물어보아 반응을 보고 추후 설득 방법을 강구

⑨ 어느 회사 상품이든 모두 비슷하다.

ㄱ. 거절의 속뜻 : 영업직원이 어떻게 해서든지 판매하려고 자사 상품의 좋은 점만 잔뜩 나열할 때 이와 같은 말이 튀어나온다.

ㄴ. 설득 포인트

a. 상품의 특징을 아무리 강조하더라도 고객의 구매의욕을 부추기기는 곤란하다. 회사의 고객관리 서비스의 유리함 등에 대해서 어필

b. "타사에 비해 사후관리가 월등하다", "전통이 있다", "지점이 댁으로부터 멀지 않다" 등의 부가가치를 강조. "말씀하신 대로 동일한 펀드는 판매사만 다르고 우대 조건은 대개 비슷합니다. 그러므로 고객들은 요즘 어느 회사가 고객관리를 잘 해주는가를 중요하게 여기고 있습니다. 그 점에서 저희 회사에서는 다른 회사에는 없는 ○○○서비스 제도도 있듯이, 서비스는 최고라고 자신하고 있습니다" 같은 말로 응수

⑩ 거래 수수료가 비싸다.

ㄱ. 거절의 속뜻

a. 거절이 목적인 경우가 많다.

b. 가격이 비싸다고 하는 것은 타사 상품과 비교해서 수수료가 비싸다는 경우도 있다.

ㄴ. 설득 포인트

a. 상대방이 무엇과 비교해서 비싸다고 하는지 정확히 질문

b. 비싸다고 하는 기준이 무엇인지 질문

c. 상대방에게 물어보았던 사항 중에서 당사의 우수한 점을 강조

5 무반응 고객의 대응 및 처리 방법

❶ 가끔 영업활동을 하다 보면 스스로는 열심히 했다고 생각하는데 고객의 반응이 전혀 감이 잡히지 않은 경우가 있음. 긍정을 하는 것도 아닌데 그렇다고 반감을 갖고 있는 것도 아닌 경우가 종종 있음. 이런 경우를 고객의 무반응이라고 함

❷ 이런 무반응은 대체로 다음의 경우에 간혹 일어남

ㄱ. 대화의 테크닉이 부족한 경우 : 대화를 할 때 상대방에게 자신의 뜻을 강하게 전달하려면 말의 강약과 고저가 있어야 하며 속도, 템포가 있어야만 함. 그렇지 않으면 손님은 지루하거나 짜증이 날 수 있음. 또한 두서없는 대화는 손님을 어지럽게 하여 어떤 흥미도 끌지 못함

ㄴ. 영업직원의 예절 및 진실성의 결여 : 고객과 영업직원은 거울과도 같음. 영업직원의 진실성은 고객에게 진실로 비추어지고 무매너는 고객으로부터 반감으로 반사

ㄷ. 효과적인 질문의 결여 및 영업 상담과정의 미숙 : 고객의 흥미를 이끌 만한 질문 및 화제가 없다든가, 경험 미숙에서 오는 어설픈 상담과정은 고객에게서 관심과 신뢰를 끌어낼 수가 없음

ㄹ. 나열식의 설명 및 고객의 반응 절차 확인 누락 : 핵심을 찌르지 못하는 단순한 나열식의 설명은 고객을 지루하게 하고 고객의 반응을 사이사이 점검하지 않고 일방 통행적인 설득은 고객과 영업직원 간에 공감대를 형성하지 못함

ㅁ. 이런 무반응 고객을 다루는 방법으로는

  a. 사전 다양한 연습을 통해 영업상담 기법의 숙달

  b. 설득 내용과 관련된 보조 자료 및 증거를 함께 제시하며 알기 쉽게 설명

  c. 진실은 진실로 통한다는 말처럼 고객을 진심으로 대하고 고객의 말을 경청

  d. 중간 중간 또는 단계나 화제를 바꿀 시 고객에게 반응 점검 및 확인

---

section 04   고객의 동의 확보 및 CLOSING

고객의 동의는 끝이 아니다. 또 다른 판매의 시작이다. 이제부터 고객관리는 시작되며 철저한 고객관리를 통해 추가적인 상품판매의 기회를 엿볼 수 있을 뿐 아니라 자금의 인출을 막을 수 있다.

고객과의 관계 형성부터 고객의 Needs 탐구, 그리고 Needs에 맞는 설득까지 고객 Needs를 만족시키는 판매과정의 기본을 충실히 밟게 되면 자연스럽게 CLOSING까지 진행시킬 수 있다. CLOSING의 단계는 고객의 Needs 파악과 충분한 설득 여부를 분명히 확인하는 단계이다.

CLOSING을 할 때는 고객의 Needs와 고객이 이미 받아들인 상품의 이점을 상기하여 줌과 동시에 고객과의 계약을 성립시킨다.

CLOSING을 하는 타이밍을 잘 포착하는 일은 상담의 성패를 좌우하는 중요한 포인트가 된다. 그렇지만 CLOSING을 어느 시점에 할지를 미리 정하고 있어서는 안 된다. 굳이 말하자면 고객이 가입 의사(Buying signal)를 나타냈을 때가 모두 그 타이밍이 된다고 말할 수 있다. 때문에 상담 중에 고객이 나타내는 미세한 표정, 몸짓, 말투, 기미도 빠뜨리지 않도록 하는 것이 중요하다. 결국 고객이 내놓는 시그널에 대하여 곧바로 CLOSING을 걸어야 한다. 이 시그널을 바잉 시그널(Buying signal)이라고 한다. 그러나 이 바잉 시그널은 확실한 것도 있지만 분명치 않은 것도 있다. 능숙한 감지 및 판단은 경험에서 나온다고 할 수 있다.

때로는 고객이 CLOSING의 타이밍을 분명히 나타내는 수도 있다. 그럴 경우 그 고객의 시그널을 영업직원이 놓쳐 버려서는 안 된다. 그 순간을 놓치면 고객은 다른 결정을 내릴 수도 있다. 따라서 고객의 태도나 이야기하는 것을 항상 주의 깊게 관찰하고 경청하는 것이 필요하다. 그래서 고객이 나타내는 표정, 몸짓, 말투, 기색 등에서 바잉 시그널이 나오고 있는지 어떤지 당신의 감각을 훈련해 두어야 한다.

예를 들면 고객이 '음, 꽤 좋을 것 같네요'라든가 눈의 움직임에 생기가 있거나 확실히 흥미가 있는 듯한 표정을 나타냈을 때에는 즉각 CLOSING을 시도해 본다. 결국 고객이 내놓는 바잉 시그널을 놓치지 않도록 훈련할 필요가 있다.

프로 영업직원은 상담과정이 뛰어나기도 해야 하지만 마무리를 언제 어떻게 하느냐에 따라서 그 결과가 달라질 수 있다. 시기를 놓쳐 판매의 기회를 상실하는 세일즈맨을 종종 볼 수 있다.

❶ 추정 승낙법 : "괜찮긴 하구만.", "상품이 꽤 잘 만들어졌는데." 등 긍정적인 표현이 나올 경우, "고맙습니다. 선택해 주셔서 감사합니다. 가입에 따른 제반 서류를 준비토록 하겠습니다."

❷ 실행 촉진법 : 긍정적 답변은 하지 않으나 부정적이지 않을 때 "끝까지 경청해 주셔서 감사합니다. 제반사항을 다 살펴본 것 같습니다. 다른 질문사항이 없으시면 서류를 준비하겠습니다. 서류에 대한 내용은 충분히 확인하시고 서명, 날인은 여기다 하시면 됩니다."

그림 2-8

Closing의 실패

↓

확대질문으로 그 이유를 묻는다.

↓

중요한 새로운 고객의 Needs가 확실해진다.

↓

그 Needs를 만족시키는 이점을 소개한다.

↓

고객이 동의한다.

↓

재차 Closing한다.

❸ 양자 택일법 : 가입의사가 감지되고 있으나 고객이 결정을 늦추고 있을 때는 아래와 같이 A 아니면 B, 둘 중 하나를 선택하게 함으로써 구매를 기정사실화

"채권형 펀드로 하시겠습니까? CMA로 하시겠습니까?"
"1억 전부 채권형 펀드로 가입하시겠습니까? 아니면 절반만 펀드로 하시고 나머지는 CMA로 하시겠습니까?"

❹ '기회이익 상실은 손해' 화법 : 기회이익 상실의 요인은 금리, 주가, 환율 변동에 따른 수익률 차이로 나타날 수 있고 특판상품인 경우 $+\alpha$(메리트), 사은품 증정 등의 혜택을 들 수 있음.
❺ 가입조건 문의법 : 결정을 미루고 있다면 어떻게 하면 가입하겠는지 물어보면서 가입을 요청하는 방법, 한 번이라도 물어보고 거절당하는 편이 그냥 포기하는 것보다 낫지 않겠는가?

4 Cross-selling의 중요성

고객 중 한 명을 영업점으로 유인하기 위해서 광고, 신문 잡지, 선물 등 많은 영업활동 행위를 하게 된다. 또한, 한 번 고객으로 만들기 위해서 대부분의 영업인들은 수십 차례 오랜 기간 동안 방문을 해본 경험이 있을 것이다.

거래를 성사시키기 위하여 마케팅 활동에 따른 비용을 지출하고, 또다시 새로운 다른 종류의 상품을 권유하기 위하여 같은 행위를 반복한다면 이는 제한된 시간 내에 더 많은 성과를 얻어 내기 힘들 뿐만 아니라, 결과적으로 조직에까지 많은 기회비용의 손실을 입히게 될 것이다.

이런 맥락에서 장기상품을 가입한 고객은 입출금이 자유로운 상품이나, 단기 투자상품으로 영업성과를 높이는 것이 프로 영업직원의 길일 것이다.

5 고객 소개(MGM : Members Get Members)의 중요성

사람들은 자신의 목적 때문에 아니면 자신의 취향 때문에 또는 자신의 생활 영역 때

문에 자의든 타의든 비슷한 부류의 사람들끼리 삶을 영위하려는 본성이 있다. 돈이 있는 사람들은 돈이 있는 사람들끼리 어울리게 마련이다.

세일즈의 성공은 제한된 시간 내에 얼마만큼 성공률을 거두었느냐에 대한 차이 일 수도 있다. 이런 맥락에서 고객에게 잠재고객을 추천받는 것이야 말로 세일즈 성공률을 높일 수 있는 지름길이라 하지 않을 수 없다.

6 성공적인 고객 동의 확보방법

❶ 긍정적인 태도를 유지하라 : 긍정적인 마음 자세는 얼굴에 긍정의 모습과 확신에 찬 눈빛으로 내비춰짐
❷ 고객의 속도에 맞추어라 : 영업직원의 페이스에 고객을 맞추게 하지 말고 고객의 페이스에 영업직원이 맞추어 동의를 구해야 함
❸ 공격적이 아닌 모습으로 주장하라 : 고객에게 공격적인 모습으로 위압감을 주지 말고 편안한 분위기와 자세로 자연스러운 동의를 도출해 내야 함
❹ 적합한 상품을 권유하라 : 고객의 투자성향 결과에 따라 적합한 상품을 권유하고 그에 따른 동의를 구해야 함

7 효과적인 고객 동의 확보기술

❶ 직설동의 요구법 : 직설적으로 고객에게 동의를 요구하는 것이 가장 효과적인 방법일 수도 있음. 그러나 이러한 방법은 단순한 판매의 경우 또는 시간이 없고 결정이 쉬운 고객에게나 적합하지 자칫 잘못하면 동의를 그르칠 수도 있음
❷ 이점 요약법 : 프리젠테이션 과정을 통해 보여줬던 상품의 이점을 다시 한 번 요약하여 보여줌으로써 고객이 이점에 대해 확신을 갖게 하는 방법
❸ T-방법(대차대조표 방법/Franklin Approach) : 고객이 이 상품을 선택했을 때의 이점과 선택을 하지 않았을 때의 손해를 T막대 형태의 대차대조표를 사용하여 비교 설명
❹ 결과 탐구법 : 고객이 동의를 못하고 머뭇거릴 경우 혹은 고객이 아직 미심쩍은 점이 있을 경우, 이를 되물어서 동의할 수 있도록 설명하는 방법

8 　동의 확보 실패의 몇 가지 요인

❶ 잘못된 자세 및 태도 : 초보 영업직원은 고객이 동의의 기미를 보이면 흥분하여 서둘러 CLOSING을 해버리려고 함. 이는 자칫하면, 고객의 반감으로 다가오며 고객에게 영업직원은 동의를 통해 이기고 고객은 동의를 함으로써 진다는 뉘앙스를 풍길 수도 있음. 또한, 동의를 안 한다면 직접적인 손해가 있을 것처럼 고객을 위협하는 방법은 고객에게 상품의 가치보다 영업직원의 자질을 의심스럽게 하여 거부감을 느끼게 할 수도 있음

❷ 부족한 프레젠테이션 : 고객이 프레젠테이션을 통해 상품을 충분히 이해하지 못하고 이점을 스스로 찾지 못했다면 영업직원은 절대로 동의를 구할 수 없음. 부족한 프레젠테이션은 대개 준비의 부족이나 영업직원의 성급함에서 비롯됨. 성급한 의사전달보다 고객의 이해를 짚으면서 다가가는 프레젠테이션이 더 효과적

❸ 나쁜 습관 : 동의 확보의 단계에서는 적절한 영업직원의 기술이 필요. 그러나 전혀 검증되지도 않았고 영업직원의 오판에 따른 기술은 고객에게 거부반응을 일으킴. 고객에 맞는 기술, 즉 고객의 반응과 고객의 상황에 따른 기술의 연마가 필요

9 　CLOSING의 필수요건

❶ 당신이 말하는 것을 고객이 충분히 이해했는지 확인
❷ 각각의 고객 성향에 따라 CLOSING을 달리함
❸ 당신이 생각하고 말하는 모든 것은 고객의 입장에서 출발
❹ 바잉 시그널을 감지하는 법을 터득
❺ CLOSING을 하기 전에 시험 CLOSING(Trial Closing)를 함
❻ 고객의 최종 결정을 요청한 후 영업직원은 침묵을 통해 답을 기다리는 마음을 전달
❼ 긍정적이고 자신감 있으며 열정적인 태도로 CLOSING에 임함

> **Trial closing**
>
> 영업직원이 프레젠테이션을 하는 중 또는 한 직후에 고객이 구매 결정을 할 준비가 얼마나 되어 있는가를 측정하는 임시적인 동의 확보를 위한 CLOSING

section 05 고객응대와 기본 매너

영업과 세일즈의 첫 단계로서 기본적으로 교육되고 훈련되고 거의 반사적으로 체질화되어야 하는 것이 바로 고객응대와 기본 매너다. 그러한 자세를 갖출 수 있는 방법으로 고객응대에 대해 살펴보자.

1 고객응대 시 유의사항

❶ 매우 친절하고, 고객을 지원하는 자세가 느껴져야 함
❷ 매우 편안하고 편리하게 느껴져야 함
❸ 매우 프로페셔널하게 느껴져야 함
❹ 매우 정중하게 느껴져야 함
❺ 매우 긍정적이고 적극적으로 느껴져야 함
❻ 불만을 표시하는 고객은 더욱 정중하고 감사하는 마음으로 대해야 함
❼ 하찮은 약속이든 중요한 약속이든 고객과의 약속은 반드시 지켜져야 함
❽ 항시 고객 지향적인 사고와 행동을 해야 함

2 고객응대 시 기본 매너

❶ 예의 바른 인사법을 습득
　ㄱ. 환한 웃음과 정중한 자세

ㄴ. 간단한 인사는 15도, 보통 인사는 30도, 정중한 인사는 45도를 숙임

ㄷ. 인사말을 건넴

ㄹ. 고개와 등허리가 자연스러운 일직선을 유지하고 머리를 떨어뜨리지 말며, 양발의 각도는 약 15도 정도를 유지

ㅁ. 항상 회의 시간 전에 5~10분 동안 인사법을 연습

ㅂ. 거울을 보고 품위 있는 자세를 연습

❷ 정중한 전화 응대법을 습득

ㄱ. 전화를 받을 때

    a. 전화는 벨이 3번 이상 울리기 전에 받아야 함

    b. 소속 회사명과 이름을 먼저 말함

    c. 밝고 침착한 목소리로 정중하게 말함

    d. 상대방보다 수화기를 먼저 놓거나 소리 나게 끊지 않음

    e. 전화를 받을 사람이 자리에 없을 때에는 메모를 전달하여 업무에 차질이 없도록 함

ㄴ. 전화를 걸 때(4단계 전개)

    a. 전화를 걸 때는 통화 요령 4단계를 체계적으로 전개

    b. 전화 교환을 부탁할 때는 인사와 자신 소개를 먼저 하고 정중하게 부탁

    c. 전화를 걸기 전에 용무와 용건을 생각해 둠(필요시 메모)

    d. 반드시 자신의 소속과 이름을 먼저 말함

    e. 밝고 침착한 목소리로 대화를 시작

    f. 상대편보다 수화기를 먼저 놓거나 소리 나게 끊지 않음

    g. 당사자가 없을 때는 반드시 메모 전달을 부탁

표 2-1	전화 거는 요령 4단계
① 자신의 소개	"안녕하십니까, 저는 ○○금융투자회사의 ○○○입니다."
② 인사말	"그동안 잘 지내셨습니까? 날씨가 더운데 수고가 많으십니다."
③ 전화 목적	"제가 오늘 △△한 사항/문제 때문에 ○○○부장님/과장님께 전화를 드렸습니다."(본론 대화)
④ 전화 클로징	"오늘 여러 가지로 감사합니다. 안녕히 계십시오. 다음에 또 연락드리겠습니다."

ㄷ. 처음으로 전화를 거는 경우(5단계 전개)
- 상대방을 한 번도 만나지 못한 상황에서 전화로 처음 대화할 때는 아래 표의 5단계에 따라 통화

표 2-2　전화 거는 요령 5단계

① 초면 인사	"안녕하십니까? 우선 전화상으로 인사를 드립니다."
② 자신의 소개	"저는 ○○금융투자회사의 ○○○(직위/직책)이라고 합니다."
③ 전화 목적	"저희 금융투자회사의 탁월한 △△상품(솔루션·서비스 등)을 소개하여 드리고자 이렇게 전화를 드립니다."
④ 일정 약속	"그러면, ○일 △시쯤 시간을 내주시면 제가 직접 방문하여 상품 소개를 해드리겠습니다. 바쁘시겠지만 시간과 기회를 주시면 대단히 감사하겠습니다."
⑤ 전화 클로징	"오늘 여러 가지로 감사합니다. 안녕히 계십시오. 또 연락드리겠습니다."

❸ 올바른 인사법과 명함 교환법을 습득

ㄱ. "안녕하십니까, ○○금융투자회사 ○○○입니다"하고 인사(일반적으로 30도 정도 굽힘)와 인사말을 먼저 하고 나서 명함을 상대편 오른손으로 건네주고 악수를 하면서 "앞으로 잘 부탁드립니다"라고 정중히 말함

ㄴ. 상대방이 자신의 명함을 정면으로 볼 수 있도록 건넴

ㄷ. 명함은 우측 손에 들고 좌측 손은 우측 팔목 쪽으로 하여 두 손을 모아 정중히 건넴

ㄹ. 상대가 두 사람 이상일 때는 손윗사람에게 먼저 건넴

ㅁ. 손아랫사람이 손윗사람에게 먼저 건넴

ㅂ. 명함은 깨끗이 하여 반드시 명함집에 넣어둠

ㅅ. 항시 명함은 충분히 가지고 다닌다(지갑, 수첩, 차 내 등 여러 곳에 휴대).

❹ 고객응대 및 응접 서비스의 질과 품위를 몸에 배도록 습관화

ㄱ. 우선 고객을 존중하고 받드는 마음가짐을 가지도록 함

ㄴ. 응대와 응접 때는 항상 밝은 표정과 우아하게 웃는 얼굴로 대함

ㄷ. 고객에게 '우리는 당신을 환대하고 존경합니다'라는 마음이 전달될 수 있도록 함

ㄹ. 전문가적인 인사법으로 정중하고 예의 바르게 응대

ㅁ. 고객에 대한 불만이나 문제를 느끼더라도 우선 정중하고 기분 상하지 않게 맞이함

ㅂ. 무엇인가 잘 모르는 고객에게는 친절하게 대하고 성의껏 안내하고 배려

ㅅ. 고객이 진심으로 감명받도록 성의와 열의를 다함

ㅇ. 고객이 겉과 속이 다르다는 이중적인 감정을 절대 느끼지 않도록 친절한 마음을 전달

❺ 품위 있는 대화 및 언어 사용법을 습득

ㄱ. 대화 내용을 정리하고 요약하여 말하는 습관을 들임

ㄴ. 간략하고 명확한 의사 표현 방법을 익힘

ㄷ. 고객이나 상사에게는 반드시 '저', '제가', '저희가'라고 호칭

ㄹ. 가능하면 상대방의 직함을 호칭('○○○ 부장님').

ㅁ. 대화할 때나 전화할 때는 반드시 자신부터 소개하는 습관을 들임

ㅂ. 상대편이 잘 알아듣도록 명확하고 또렷하게 말함

ㅅ. 유머를 적절하게 사용하여 분위기를 살리고 긴장을 완화시킴

ㅇ. 눈과 얼굴을 부드럽게 주시하고 표정에 정성이 드러나도록 함

ㅈ. 표준어를 사용하도록 하고, 전문 용어나 외래어의 과도한 사용을 자제

ㅊ. 대화중에 호주머니에 손을 넣거나, 거만한 태도를 취하지 않도록 함

ㅋ. 요구나 요청을 거절해야 할 경우는 반감이나 감정이 상하지 않도록 부드럽게 설명하고 양해를 구함

ㅌ. 우선 잘 듣고 정확히 이해한 후에 해당 주제에 맞게 체계적이고 논리적으로 설명

❻ 고객 및 상사와 함께 걸어갈 때의 올바른 동행, 수행, 안내 예절을 습득

ㄱ. 고객 또는 직장 상사와 같이 보행할 때는 항시 좌측에서 안내 및 동행

ㄴ. 고위층 고객 또는 고위층 상사와 같이 보행할 때는 좌측 1보, 뒤로 1보의 위치에서 수행

ㄷ. 가이드 역할을 할 때는 우측 1보, 앞으로 1보에 위치하여 안내 및 수행

ㄹ. 사무실 입구나 문을 통과할 때는 3~4보 앞서서 문을 열어 안내 및 수행

ㅁ. 중요 고객인 경우는 현관 입구에 미리 나와서 응접 및 응대하고 현관 출구까지 배웅

❼ 차량 탑승, 동승, 하차할 때의 안내 예절을 정확히 습득

ㄱ. 중요 고객이나 고위층 상사일 경우 차량을 5~10분 전에 대기시키고 문을 열어 탑승을 안내

ㄴ. 배치된 좌석의 자리 위치를 정확히 하여 탑승하도록 함. 승용차의 경우 가장 상위자나 VIP 자리 위치는 우측 뒷자리, 중간 상위자 또는 여성의 자리 위치는 좌측 뒷자리, 안내 및 수행인은 앞자리 우측(조수석)에 탑승

ㄷ. 동승할 때 상위자나 모시는 분에게 동행 및 수행 목적과 주제에 맞는 상황을 설명하거나 대화를 나눔

ㄹ. 하차할 때는 먼저 내려서 상위자나 모시는 분의 차 문을 열어 안내

❽ 고객과의 통신 연락을 원활하게 유지

ㄱ. 고객의 직장, 자택 등의 주소 및 연락처 정보 변경 시 지체 없이 처리하여 정확하게 보유하도록 함

ㄴ. 사무실의 자리를 비울 때는 제2의 통신 및 연락수단을 제공(휴대전화, 이메일 등).

ㄷ. 근무 시간에 통신 및 연락이 되지 않아 고객이 답답해하지 않도록 각별히 배려

ㄹ. 필요시 근무 외 시간에도 연락이 가능하도록 연락 수단을 제시

ㅁ. 고객이 연락할 때는 어떤 경우에도 최소 5~30분(가급적 신속히) 이내에 반드시 응답 전화를 함

ㅂ. 고객의 전화를 피하거나 불성실하게 대하는 일이 절대 없도록 함

ㅅ. 고객에게는 항상 정중하고 반갑게 전화

ㅇ. 장기간의 출장이나 계획된 외근을 하게 될 때는 중요 고객에게 반드시 사전에 연락

ㅈ. 자주 왕래가 없는 고객이라도 수시로 전화하여 관심과 유대 관계를 유지

❾ 신속하고 정확하게 업무를 처리하여 고객의 만족과 신뢰감을 높이도록 함

ㄱ. 고객이 요청한 사항은 최대한으로 신속하게 답변

ㄴ. 가능하면 고객이 원하는 시간에 원하는 내용의 업무를 완결

ㄷ. 업무 처리 현황을 수시로 정확하게 전달하여 고객의 업무 계획에 차질이 없도록 함

ㄹ. 고객이 자신으로 인해 곤란하거나 업무 차질이 생기지 않도록 함

ㅁ. 원하는 사항을 정확히 파악하여 필요한 답변과 자료를 제시

ㅂ. 일이 많을 때는 급한 것과 중요한 것의 우선순위를 파악하여 우선적으로 처리

ㅅ. 업무는 정확하고 높은 품질로 처리하여 고객의 신뢰도를 높임

01 다음 중 옳지 않은 것을 고르시오.

① 투자권유는 금융소비자의 희망 여부에 상관없이 진행할 수 있다.

② 금융소비자가 합리적인 투자판단과 의사결정을 할 수 있도록 위험 및 거래의 특성과 주요 내용을 명확히 설명하여야 한다.

③ 투자권유 전 상대방이 전문 금융소비자인지 일반 금융소비자인지 확인하여야 한다.

④ 투자권유를 희망하지 않는 금융소비자는 '투자자 정보 확인서'를 작성할 필요가 없다.

02 다음 중 가장 적절한 것을 고르시오.

① 투자권유는 계약의 체결까지를 포함하는 개념이다.

② 금융소비자의 요청에 따라 객관적인 정보만을 제공하는 것도 투자권유로 보아야 한다.

③ 금융소비자가 투자권유없이 스스로 특정상품에 대한 투자를 하는 경우 원금손실 가능성 등에 설명하여야 한다.

④ 주권상장법인이 장외파생상품 거래를 하는 경우 원칙적으로 전문 금융소비자로 보아야 한다.

해설

01 ① 투자권유를 하기 전 투자권유를 희망하는지 여부를 확인해야 하며, 투자권유를 희망하지 않는 경우 투자권유를 하여서는 아니 된다.

02 ③ 투자권유는 계약체결을 포함하지 않으며, 금융소비자의 요청에 따라 객관적인 정보만을 제공하는 것은 투자권유로 보지 않는다. 주권상장법인의 장외파생상품거래는 별도로 신청하지 않는 한 일반 금융소비자의 거래로 취급되어야 한다.

03 다음 금융소비자보호법 상 금융상품판매업자등의 손해배상책임에 대한 설명 중 틀린 것은?

① 금융상품판매업자등은 고의 또는 과실로 금융소비자보호법을 위반하여 금융소비자에게 손해를 발생시킨 경우 그 손해를 배상할 책임이 있다.

② 금융상품판매업자등이 설명의무를 위반하여 금융소비자에게 손해를 발생시킨 경우에는 어떤 경우라도 손해배상책임을 진다.

③ 금융상품직접판매업자는 금융상품계약체결등의 업무를 대리·중개한 금융상품판매대리·중개업자가 대리·중개 업무를 할 때 금융소비자에게 손해를 발생시킨 경우 그 손해를 배상할 책임이 있다.

④ 금융상품직접판매업자의 손해배상책임은 금융상품판매대리·중개업자등에 대한 금융상품직접판매업자의 구상권 행사를 방해하지 아니한다.

04 다음 설명 중 틀린 것은?

① 금융소비자의 투자자 성향 분석 후 적합하지 않다고 인정되는 투자권유는 금지된다.

② 금융소비자가 보유 자산에 대한 위험회피 목적의 투자를 하는 경우 '투자자 성향별 적합한 금융투자상품표'의 위험도 분류기준보다 강화된 기준을 적용하여 투자권유할 수 있다.

③ 투자자 성향 및 금융투자상품의 특성을 고려하여 장기투자가 유리하다고 판단되는 경우 장기투자를 권유할 수 있다.

④ 만 65세 이상의 고령투자자를 대상으로 ELS를 투자권유하는 경우 '적합성 보고서'를 제공하여야 한다.

해설

03 ② 설명의무 위반에 대한 손해배상책임은 금융상품판매업자등이 고의 및 과실이 없음을 입증한 경우에는 예외로 한다.

04 ② 투자위험을 낮추거나 회피하는 경우이므로 금융투자상품표의 위험도 분류기준보다 완화된 기준을 적용하여 투자권유할 수 있다.

05 다음은 투자자 정보 파악에 대한 설명으로 적절하지 않은 것은?

① 대리인을 통한 투자자 정보를 얻는 경우 위임장 등으로 정당한 대리인 여부를 확인하고 대리인으로부터 투자자 본인의 정보를 파악할 수 있다.

② 온라인으로 펀드에 투자하는 경우 권유가 발생하지 않기 때문에 투자성향 및 투자하고자 하는 펀드의 위험도를 확인할 수 있는 절차를 온라인에 구축하지 않아도 된다.

③ 파생상품 등의 경우 적정성 원칙에 따라 투자자 정보를 파악하고 투자자가 적정하지 않은 상품 거래를 원할 경우 경고 등을 하여야 한다.

④ RP 등 위험이 높지 않는 금융투자상품만을 거래하는 투자자의 경우 간략한 투자자 정보 확인서를 사용할 수 있다.

06 다음 설명 중 틀린 것은?

① 금융회사의 임직원은 금융소비자를 대상으로 금융상품에 대한 설명을 한 이후 설명서를 제공하여야 한다.

② 조건부 자본증권에 대한 투자권유 시 일정 사유가 발생하면 원리금이 전액 상각되거나 보통주로 전환되는 특약이 있다는 사실을 설명하여야 한다.

③ 기본계약을 체결하고 그 계약 내용에 따라 계속적 · 반복적으로 거래를 하는 경우에는 설명서를 제공하지 않을 수 있다.

④ 해외자산에 투자하는 신탁계약을 투자권유하는 경우 투자대상 국가 또는 지역의 경제상황 등의 특징에 대하여 설명하여야 한다.

해설

05 ② 온라인으로 펀드에 투자하는 경우에도 투자자 본인의 투자성향 및 투자하고자 하는 펀드의 위험도를 확인할 수 있는 시스템을 구축하여야 한다.

06 ① 설명서는 설명을 이행하기 전에 금융소비자에게 제공되어야 한다.

07 다음 투자자 정보의 유효기간에 대한 설명 중 올바른 것은?

① 금융소비자가 별도의 변경요청이 없는 한 투자자 정보를 파악한 날로부터 24~36개월 동안 투자자 정보가 변경되지 않은 것으로 간주할 수 있다.

② 이미 투자자 정보를 알고 있는 금융소비자에게 투자권유를 할 때에는 투자자 정보 유효기간 경과여부를 확인할 필요가 없다.

③ 투자일임계약이 체결된 경우에는 금융회사는 투자자의 재무상태 및 투자목적 등 변경여부를 연 1회 이상 확인하여야 한다.

④ 불특정금전신탁계약이 체결된 경우 금융회사는 금융소비자의 재무상태가 변경되는 경우 회신하여 줄 것을 연 1회 이상 통지하여야 한다.

08 다음 중 투자권유 시 설명의무에 대한 내용으로 적절하지 않은 것은?

① 투자권유 시 금융투자상품의 복잡성 및 위험도 등 상품 측면만을 고려하여 설명한다.

② 동일 또는 유사 상품에 대한 투자 경험이 있거나 해당 상품에 대한 지식수준이 높은 투자자는 간단한 설명이 가능하다.

③ 계속적 거래가 발생하는 단순한 구조의 상장증권의 경우에는 최초 계좌 개설 시에만 설명의무를 이행한다.

④ 외화증권에 투자권유 시 환위험 헤지 여부, 환율 위험 및 대상 국가에 대한 위험 등 추가적인 설명을 하여야 한다.

해설

07　① 12~24개월로 24개월을 초과할 수 없다.
　　② 유효기간 경과 여부를 확인하고 경과한 후라면 투자자 정보를 다시 파악하여야 한다.
　　④ 분기 1회 통지하여야 한다.
08　① 상품 측면뿐만 아니라 투자자의 경험 및 인식능력 등을 고려하여 설명하여야 한다.

09 다음 설명 중 틀린 것은?

① 금융소비자가 금융회사 임직원 등의 투자권유 없이 본인의 투자자 성향에 적합하지 않은 상품을 스스로 청약하는 경우에는 '투자성향에 적합하지 않은 투자성 상품 거래확인서'를 제출해야 한다.

② 금융회사는 고령투자자에 대한 보호를 강화하기 위해 '투자권유 유의상품'을 지정하여야 한다.

③ 판매상품이 적합하지 않거나, 적정하지 않다고 판단되는 금융소비자를 대상으로 금융상품을 판매하는 경우 금융회사는 판매과정을 녹취하고 금융소비자가 요구하는 경우 해당 녹취 파일을 제공해야 한다.

④ '투자성향에 적합하지 않은 투자성 상품 거래확인서'를 금융소비자가 작성하는 경우 판매자는 금융소비자보호법상 적정성 원칙이 적용되지 않는다는 사실을 고지하여야 한다.

10 다음 청약철회에 대한 설명 중 맞는 것은?

① 투자성 상품의 경우 계약서류를 제공받은 날 또는 계약체결일로부터 7영업일 이내에 철회 의사를 표시할 수 있다.

② 청약의 철회가 가능한 투자성 상품에는 금전신탁계약이 포함된다.

③ 투자성 상품의 경우 금융소비자가 철회 의사를 서면 등으로 발송한 때 철회의 효력이 발생한다.

④ 대출성 상품의 경우 계약서류를 제공받은 날 또는 계약체결일로부터 14영업일 이내에 철회 의사를 표시할 수 있다.

해설

09　④ 적정성 원칙이 아닌 적합성 원칙의 적용 배제이다.

10　①, ④ 영업일이 아닌 일 기준이다. (7일, 14일)

　　② 금전신탁계약은 청약 철회 가능 투자성 상품이 아니다.

11 다음 위법계약의 해지에 관한 설명 중 틀린 것은?

① 금융회사가 금융상품의 계약 체결과 관련하여 적합성 원칙을 위반하였을 경우 적용된다.

② 계약기간 종료 전 금융소비자가 계약을 해지하는 경우 그로 인해 금융소비자의 재산에 불이익이 발생하는 계속적 계약 형태여야 한다.

③ 금융소비자는 금융상품 계약이 계약체결일로부터 5년이 경과하지 않고, 위법해지의 대상임을 안 날로부터 1년 이내에 계약의 해지를 요구할 수 있다.

④ 금융회사는 금융소비자의 위법계약해지를 요구받은 날로부터 10일 이내에 조건 없이 계약의 해지를 수락하여야 한다.

12 다음 투자권유를 희망하지 않는 투자자에 대한 금융상품 판매에 관한 설명 중 맞는 것은?

① 임직원 등은 해당 투자자에게 투자권유를 할 수 없음을 안내하여야 한다.

② 해당 투자자가 임직원 등에게 상품의 설명을 요청하는 경우 투자권유를 희망하지 않으므로 설명할 수 없다고 안내하여야 한다.

③ 해당 투자자가 구체적으로 운용대상을 지정하는 특정금전신탁 계약을 체결하는 경우 투자권유를 희망하지 않는다는 확인서를 수령하고 계약을 체결하는 것은 관련 규정 등의 위반에 해당할 수 있다.

④ 해당 투자자가 투자자문업자로부터 투자자문을 받고 금융상품의 구매를 요청하는 경우 판매회사는 별도의 제한없이 설명서 교부를 생략할 수 있다.

해설

11 ④ 금융회사는 요건을 갖춘 경우 금융소비자의 요구에 대해 거절할 수 있다.

12 ② 투자권유를 희망하지 않더라도 투자자이 요청하는 경우 설명의무는 존재한다.

　　③ 구체적으로 운용대상을 지정하는 특정금전신탁계약의 체결은 예외적으로 허용된다.

　　④ 투자자문업자로부터 관련 서류 등을 사전 교부받았다는 증빙을 제출하는 등 별도의 제한조건이 존재한다.

13 다음 중 적정성 원칙 적용대상 상품이 아닌 것은?

① 고난도 금전신탁계약

② 인덱스 펀드를 제외한 파생형 집합투자증권

③ 장내 파생상품

④ 금 적립 계좌

14 다음 설명 중 틀린 것은?

① 투자자 성향 분석은 투자권유를 할 때마다 실시하여야 한다.

② 투자자 정보는 금융소비자가 자필로 작성한 것만 인정된다.

③ 투자자 성향 분석 결과는 투자자에게 지체없이 제공해야 한다.

④ 투자자 성향 분석은 정당한 권한을 가진 임의대리인을 대상으로 수행할 수 있다.

15 다음 방문판매에 관한 설명 중 가장 옳은 것은?

① 영업점 외의 장소에서 계약체결을 권유한 후 투자자가 영업점에 내방하여 계약을 체결한 경우에는 방문판매 규제가 적용되지 않는다.

② 방문판매 모범규준은 전문투자자에게는 적용되지 않는다.

③ 방문판매를 수행하는 금융회사의 임직원 등은 연 1회 직무교육을 이수하여야 한다.

④ 투자자 대상 방문판매 사전 안내 시 개인정보에 대한 취득경로는 안내대상이 아니다.

해설

13 ④ 금 적립계좌는 적정성원칙 적용대상 상품이 아니다.

14 ② 투자자 정보의 작성은 판매직원이 컴퓨터 등에 입력하고 그 결과를 투자자에게 확인받는 방법도 가능하다.

15 ① 해당 사례는 방문판매로 보아 관련 규제를 적용한다.

　② 일부 절차가 간소화되었을 뿐 전문투자자에게도 적용된다.

　④ 사전 안내 시 개인정보에 대한 취득경로 역시 사전 안내 대상 중 하나이다.

16 다음 방문판매에 관한 설명 중 틀린 것은?

① 일반금융소비자 대상 사전안내 시 안내가 불가능한 상품에는 사모펀드가 포함된다.

② 전문금융소비자 대상 사전안내 시 안내가 불가능한 상품에는 장외파생상품이 포함된다.

③ 방문판매 요청 금융소비자가 사전안내 불가상품에 대한 권유나 계약체결을 요청하는 경우에는 사전안내를 할 수 없고 방문판매 역시 진행할 수 없다.

④ 금융소비자가 방문판매를 요청하는 경우 개인정보 취득경로를 안내하지 않아도 된다.

17 다음 방문판매에 관한 설명 중 틀린 것은?

① 투자자를 대리하여 계약을 체결하여서는 아니 된다.

② 투자자의 정보를 사후적으로 변조하여서는 아니 된다.

③ 투자성 상품의 계약 체결을 권유하는 중 투자자가 요청하는 경우 대출성 상품에 대한 안내를 할 수 있다.

④ 투자자가 요청하는 경우 투자자로부터 현금을 수취할 수 있다.

18 다음 중 부당권유행위에 해당하지 않는 것은?

① 금융소비자에게 대출을 실행하면서 대출금의 일정 부분을 적금으로 유치하는 행위

② 금융소비자에게 투자로 인한 손실발생 시 보전해주겠다는 약속을 하는 행위

③ 금융소비자에게 소속 회사가 발행한 주식의 매매를 권유하는 행위

④ 금융소비자에게 적절한 근거없이 특정 금융투자상품의 매매를 권유하는 행위

해설

16 ③ 해당 금융소비자에게 사전안내 불가상품임을 안내하고, '방문판매 확인요청서' 수령 등 회사가 정한 절차에 따라 확인받은 후 방문판매 실시가 가능하다.

17 ④ 판매 임직원 등은 투자자로부터 현금을 수취하여서는 아니 된다.

18 ① 부당권유행위가 아닌 불공정영업행위에 해당한다.

19 다음 설명 중 맞는 것은?

① 투자일임계약에 있어 전문투자자라도 투자자 성향분석을 반드시 실시하여야 한다.

② 투자일임계약에 있어 금융소비자의 자산을 1:1로만 운영하는 경우 별도의 자산배분유형군을 마련하지 않아도 된다.

③ 로보어드바이저 자문계약 등을 체결하는 경우 알고리즘의 중대한 변경이 있는 경우 해당 알고리즘의 변경 이후 즉시 금융소비자에게 고지하여야 한다.

④ 금융회사는 금융소비자로부터 판매관련자료를 서면으로 요청받은 경우 특별한 사유가 없는 한 해당 자료를 7영업일 이내에 제공해야 한다.

20 다음 CRM전략의 목표에 대한 설명 중 틀린 것은?

① 고객 점유율에서 시장점유율로 변경한다.

② 판매촉진 중심에서 고객 서비스 중심으로 변경한다.

③ 고객 획득에서 고객 유지로 변경한다.

④ 제품 차별화에서 고객 차별화로 변경한다.

해설

19 ① 투자일임계약의 경우 전문투자자는 원하지 않으면 투자자 성향분석을 하지 않아도 된다.
　③ 알고리즘의 변경이 되기 전에 미리 고지하여야 한다.
　④ 6영업일 이내에 제공해야 한다.
20 ① CRM전략의 목표는 기존의 시장점유율에서 고객점유율로 변경하는 것이다.

21 다음 중 투자권유 실행순서를 올바르게 나열한 것은?

> a. 투자목적, 재산상황, 투자경험 확인
> b. 일반투자자 여부 확인
> c. 확인받은 내용을 지체없이 투자자에게 제공
> d. 파악된 정보를 서명 등의 방법으로 투자자로부터 확인
> e. 투자권유를 희망하는지 확인

① a−b−c−d−e   ② b−a−d−e−c

③ a−b−e−d−c   ④ e−b−a−d−c

22 다음 중 상품판매단계에서 적용되는 설명의무로 적절하지 않은 것은?
① 금융투자상품의 내용, 투자위험 및 중요사항을 일반투자자가 이해할 수 있도록 설명해야 한다.
② 중요 사항이란 투자자의 투자여부 결정에 영향을 미칠 수 있는 사항을 말한다.
③ 발행어음의 경우 확정금리형 상품이므로 발행회사의 신용등급은 설명하지 않아도 된다.
④ 설명을 한 후에는 투자자로부터 설명들었음을 기명날인 등의 방법으로 확인받아야 한다.

해설

21 ④
22 ③ 발행어음의 경우 이자율, 만기, 상환방식, 중도상환 시 적용이자율 등 주요사항에 대한 설명이 필요하다.

정답 01 ① | 02 ③ | 03 ② | 04 ② | 05 ② | 06 ① | 07 ③ | 08 ① | 09 ④ | 10 ③ | 11 ④ | 12 ① | 13 ④ |
14 ② | 15 ③ | 16 ③ | 17 ④ | 18 ① | 19 ② | 20 ① | 21 ④ | 22 ③

part 04

직무윤리

chapter 01

직무윤리 일반

section 01 **직무윤리에 대한 이해**

1 **도덕적 딜레마(Ethical Dilemma)와 윤리기준**[1]

우리는 자라면서 어떤 행위에 대한 '옳고 그름의 판단기준'을 가지게 되고 이를 근거로 어떤 행위가 옳다거나 그르다고 판단하게 된다. 그러나 우리에게는 이렇게 하자니 이런 점에서 문제가 생기고, 저렇게 하자니 또 다른 점에서 문제가 생기는 혼란스러운 상황을 마주하게 된다. 각각으로 보면 모두가 그 나름대로 정당한 이유를 가지지만, 동시에 두 가지를 모두 할 수는 없기 때문에 이러지도 저러지도 못하게 되는 이러한 상황

---

1 논술포커스, 정남구 외.

을 우리는 '도덕적 딜레마(Ethical Dilemma)' 상황이라고 부른다.

도덕적 딜레마 상황에서 우리는 언제까지나 선택을 미룰 수는 없다. 어느 쪽이든 판단을 내려야 하며, 이 경우 판단의 근거가 바로 우리가 습득하게 된 '옳고 그름의 판단기준' 즉 도덕적인 규칙 또는 윤리기준인 것이다.

2 법과 윤리[2]

(1) 법의 개념

우리가 법이라는 말을 들을 때 가장 먼저 떠올리는 말은 '정의'다. 즉 법이란 '바른 것, 정당한 것을 지향하는 규범'이라 할 수 있다. 그리고 법은 우리가 반드시 지켜야 할 것이라고 생각한다. 즉 법은 '반드시 지켜야 하고, 어긴 사람에게는 책임을 묻는 규범'이라 할 수 있다.

또 법에는 헌법을 비롯하여 민법, 형법, 행정법, 상법, 소송법 등의 분야가 있고, 불문법으로는 관습법, 판례법 등이 있다. 이것은 결국 법이 사람들 간의 다양한 사회적 관계를 규정한다는 말이다. 즉 법이란 '다양한 사회 관계를 규정하는 규범'이라 하겠다.

이상을 근거로 정의를 내리자면, '법이란 정당한 사회관계를 규정하기 위하여 강제력을 갖는 여러 규범들의 종합'이라고 할 수 있겠다. 이것이 가장 일반적인 법에 대한 개념이다.

(2) '있는 그대로의 법'과 '있어야 할 법'

앞에서도 살펴보았듯이 도덕규칙, 즉 윤리는 그 사회 내에서 정해진 '인간이 인간으로서 마땅히 해야 할 도리 내지 규범'을 말한다. 윤리가 좀 더 개인적이고 내면적인 규범으로 되면 '도덕'이라 하고, 그것이 사회적인 범위로 확장되면 '정의'라 부른다. 윤리와 비윤리를 나누는 경계선은 없지만, 경계선이 없다고 해서 사람들이 윤리와 비윤리를 혼동하지는 않는다. 왜냐하면 윤리는 무수한 세월을 거치면서 내려왔고, 사람들이 사회생활을 하면서 저절로 체득하는 것이기 때문이다. 즉 윤리는 절대 다수의 합의를 전제로 하는 일종의 '문화 현상'이다.

우리는 법과 윤리가 충돌하는 경우를 종종 발견한다. 그 이유는 법의 목적과 윤리의

---

2 법적 강제와 도덕적 자율성, 황경식, 1996.

목적이 다르기 때문이다. '법은 정당한 사회관계를 규정하는 규범'이라 정의했듯이, 법이 지키고자 하는 정의는 '사회적'인 것이다. 즉 사회 질서의 수호를 전제로 한 윤리의 실현인 것이다. 반면에 윤리의 목적은 '개인적'이다. 즉 개인의 도덕심을 지키는 데 가장 큰 목적이 있는 것이다.

윤리에 합당한 법, 즉 정당한 법은 오랜 인류의 꿈이다. 법 철학자들은 이를 일컬어 '있어야 할 법'이라 한다. 한편 윤리적이든 비윤리적이든 모든 사회에는 법이 있다. 이를 '있는 그대로의 법'이라 한다. 인류의 오랜 법 생활은 '있는 그대로의 법'이 '있어야 할 법'으로 되기를 꿈꾸고 실현해 오는 과정이라 할 수 있다.

법과 윤리의 관계는 어떤 법 질서에서도 '본질적으로 불가분의 관계' 또는 '서로 업고 업히는 관계'다. 즉 법은 궁극적으로 윤리의 실현을 목적으로 한다.

(3) 법적 강제와 윤리적 자율성

법이건 윤리이건 두 가지 모두 인간이 공동생활을 함에 있어 필요한 규범이라는 점에 있어서는 동일하다. 법의 성격이나 방향이 윤리와 다름에도 불구하고 또 실제로는 윤리와는 상관없는 법률이 있기는 하나 법은 그 기초에 있어서 윤리원리에 입각하고 윤리에 합당한 내용을 갖지 않으면 안 된다.

법은 윤리와 그 영역을 달리 하면서도 윤리의 기본 원칙을 따르고 그 주요한 요구를 법규범의 내용으로 채택하는 것이다. 예를 들어 헌법 상의 범죄 유형으로서 살인, 상해, 사기, 횡령, 독직, 위증 등 대부분은 윤리적으로 시인될 수 없는 반윤리적인 행위이다. 이러한 관점에서 '법은 최소한의 윤리'라는 말이 의미를 갖게 된다. 윤리의 요구는 또한 사법상의 원칙으로서 인정되는 신의 성실이라든지 사회 질서와 같은 기본적인 일반 조항 속에서도 단적으로 나타나 있다.

이와 같이 법은 필요한 한도 내에서 윤리를 스스로의 영역 속에 채택하여 이를 강권으로 보장하는 동시에 일반적으로 윤리를 전제로 하면서 이 윤리와 더불어 사회 질서 유지에 임하는 것이다. 따라서 윤리나 인간애를 강조한 나머지 인위적이고 강권적인 법을 무조건 배척하거나 반대로 합법적이기만 하면 무조건 책임을 문제 삼지 않으려는 법 만능주의 모두가 그릇된 생각이라 하지 않을 수 없는 것이다.

법이란 우리가 공동생활을 영위하기 위해 서로 간에 행한 하나의 약속이고 계약이다. 그런데 이러한 계약은 대부분의 사람들이 충실히 이행하는 가운데 소수의 사람들이 이를 파기함으로써 이득을 볼 가능성을 언제나 남긴다. 따라서 이러한 무임편승자를 견제하기 위해 계약을 감독하고 그 불이행에 대해서는 처벌을 행하는 강권적 존재가 요청된다. 이것이 바로 사회 계약론자들이 내세우는 정부의 존재 근거인 것이다. 그런데 여기에 감독기관이나 감독자들 자신을 감독해야 하는 문제가 남게 되며 나아가서 그 감독자를 감시하는 사람을 또 감독해야 하는 등 무한소급의 문제가 생겨난다. 결국 약속을 이행하고 법을 준수하게 하는 행위가 외적 권위에 의해 강제될 경우에는 해결하기 어려운 문제를 야기하게 되는 것이다.

그런데 만일 사람들이 자신의 행위를 감독 할 수 있는 장치를 자기 안에 소유하고 있다면 이와 같은 문제는 해소될 수 있을 것이다. 다시 말하면 법을 준수하고 약속을 이행하는 행위가 자신의 양심이나 이성과 같이 내적인 권위에 의해 강제될 수 있다면, 즉 인간이 자율적인 도덕적 행위 주체가 될 수 있다면 타인에 의해 감독을 받음으로써 타율적으로 행동할 경우의 문제가 해결될 수 있을 것이다. 이러한 내적 강제를 가능하게 하는 장치가 효율적으로 작용만 할 수 있다면 이것은 손쉽게 범법 행위를 제거할 수 있는 방법이 될 것이다. 우리 인간에게 필요한 이와 같은 장치가 바로 자율적 도덕감으로서 우리 안에 내면화된 준법 정신, 즉 '윤리'인 것이다.

인간은 교육과 훈련을 통해서 자기 스스로의 행위를 제재할 수 있는 능력을 기를 수 있다. 준법정신은 어릴 때부터 교육을 통하여 길러져야 하고 그럼으로써 그것은 생활화, 습관화, 체질화되어야 할 도덕적인 인격의 한 요소이다. 그러나 인간은 기계와 달라서 그러한 장치를 고정시킬 수가 없는 까닭에 교육을 통하여 길러진 준법정신은 사회 환경적인 영향에 의해 지속적으로 강화되고 다져져야 한다. 다시 말하면 법을 존중하는 사회풍토를 조성하고 준법이 이익이 된다는 것을 느낄 수 있는 사회여건의 조성이 중요하다.

(4) 현대 사회에서의 법과 윤리

사회가 변함에 따라 윤리관도 급격하게 변한다. 그에 따라 그전까지는 당연하게 받아들이던 가치도 얼마 가지 않아 낡은 것으로 치부되기 일쑤다. 또 하나의 가치관이 다른 가치관으로 넘어가는 시기에는 신·구 세력 간에 엄청난 논란이 벌어지기도 한다.

법은 그 성격상 특히 '보수적'이다. 왜냐하면 법은 사회 구성원 대다수가 합의한 이후에 제정되는 것이 보통이고, 한번 제정된 법은 좀처럼 바뀌지 않기 때문이다. 법이 시류에 따라 금방 바뀐다면 그 사회 전체의 질서가 위험에 빠지기 쉽다. 이런 이유 때문에 현대 사회에서는 '낡은'법과 '새로운'윤리가 충돌하는 경우가 많다.

법과 윤리가 시대의 변화에 따라 함께 변해야 하는 것은 당연하지만, 그 절대적 기준에는 변함이 없다라는 점에 우리는 주목할 필요가 있다. 즉 법의 수단은 현실에 따라 얼마든지 변할 수 있지만, 법의 목적은 결코 변함이 없다는 것이다.

급속도로 변화하고 있는 현대 사회에서 법과 윤리도 전문화, 기술화되어야 하지만, 그것은 어디까지나 본질적 목적 – 인간 – 을 더욱 효율적으로 달성하기 위해서만 그렇다는 것을 잊지 말아야 할 것이다.

3 직무윤리와 윤리경영

우리가 앞서 살펴보았던 도덕적 딜레마 상황은 개인의 일상적인 생활에서 뿐만 아니라 경영환경에서도 나타난다. 앞에서 설명한 바와 마찬가지로 이 경우에도 매 사례마다 옳고 그름을 판단하는 기준이 필요한바, 이를 통칭하여 '기업윤리' 혹은 '직무윤리'라 한다. 그렇다면 기업윤리(Corporate Ethics) 혹은 직무윤리(Business Ethics)는 어떻게 정의내릴 수 있는가?

기업윤리는 경영환경에서 발생할 수 있는 모든 도덕적, 윤리적 문제들에 대한 판단 기준, 즉 경영전반에 걸쳐 조직의 모든 구성원들에게 요구되는 윤리적 행동을 강조하는 포괄적인 개념이다. 반면, 직무윤리는 조직 구성원 개개인들이 자신이 맡은 업무를 수행하면서 지켜야 하는 윤리적 행동과 태도를 구체화한 것으로 추상적인 선언에 그칠 수 있는 윤리의 개념을 업무와 직접적인 관련성을 높임으로써 실질적인 의미를 갖도록 만든 것으로 볼 수 있다. 즉 기업윤리가 거시적인 개념이라면 직무윤리는 미시적인 개념인 것이다.[3]

이에 따라 통상 국내에서 포괄적 개념인 기업윤리는 '윤리강령' 등의 형태를 지닌 추상적인 선언문 형태를 지니고 있는 반면, 직무와 연결된 구체적인 기준을 담고 있는 직무윤리는 '임직원 행동강령' 등으로 그 형태를 조금 달리하고 있다.[4]

윤리경영은 직무윤리를 기업의 경영방식에 도입하는 것으로 간단히 정의될 수 있다. 그러나 윤리경영의 문제는 기업의 경영활동에 있어 잠재적인 이해상충이 발생하는 상

---

3 기업윤리 브리프스 2015 – 07호, 유규창.
4 본 교재에서는 발간목적에 맞춰 기업의 전반적이고 추상적인 기업윤리보다는 조직 구성원에게 적용되는 구체적인 직무윤리를 주로 다루고 있기 때문에 독자의 혼란을 막기 위하여 향후에는 '직무윤리'라는 단어로 통일하여 사용한다.

황, 즉 기업의 지배구조, 내부자 거래, 뇌물수수 및 횡령, 직원 또는 고객에 대한 차별을 포함하여 기업의 사회적 책임(CSR : Corporate Social Responsibility)과 고객과의 신임관계(Fiduciary Duty)로부터 파생되는 문제들까지 모두 포괄하는 통합적 개념이라는 사실을 염두에 두어야 한다.

4 윤리경영과 직무윤리가 강조되는 이유

1) '윤리경쟁력'의 시대

직무윤리와 이를 반영한 경영방식의 도입 — 윤리경영 — 은 현대를 살고 있는 우리에게 매우 중요한 의미를 갖는다. 기업의 윤리경영 도입 여부와 해당 기업 조직구성원의 직무윤리 준수 여부 — 이를 '윤리경쟁력'이라고 하자 — 가 해당 기업을 평가하는 하나의 잣대가 되고 있으며 이는 곧 기업의 지속적인 생존 여부와 직결되고 있기 때문이다. 왜 새삼 윤리경영과 직무윤리를 강조하는가?

(1) 환경의 변화

현재와 다가올 미래의 세계는 고도의 정보와 기술에 의한 사회이며, 매우 복잡한 시스템에 의하여 운영되는 사회이다. 이러한 고도의 정보와 기술이나 시스템이 잘못 사용될 경우 사회적, 국가적으로 엄청난 파국과 재난을 불러올 가능성이 있기 때문에 이를 다루는 자들에게 고도의 직무윤리가 요구되고 있다.

(2) 위험과 거래비용

위험(Risk)은 예측하기 어렵고, 불안감을 낳지만 '직접적으로 감지되지 않는 위험'이다. 이러한 사회에서 개별 경제주체는 눈에 보이는 비용(예 : 거래수수료) 이외에 상대방이 자신의 이익에 반하는 행동을 할 경우에 발생하는 위험비용(예 : 부실한 자산관리에 따른 손해 위험)까지를 거래비용(transaction cost)에 포함시켜 그 거래비용이 가장 적은 쪽을 선택하게 되며, 이러한 사실은 미국의 법경제학(law & economics)의 분석방법에 의해서도 검증되고 있다. 즉 개인은 위험을 통제함으로써 가장 적은 거래비용이 발생할 수 있도록 거래와 관련된 자들에게 직무윤리를 요구하고 있는 것이다.

(3) 생산성 제고

기존에는 경제적 가치에 절대적 우위를 부여함으로써 정당하고 올바른 직무윤리를 상대적으로 소홀히 할 가능성이 많았던 상황이었으나, 직무윤리가 전통적인 윤리규범을 공공재로 만들게 되고, 이는 더 많은 경제적 효용의 산출을 위하여 필요한 투입이라는 인식이 기업을 중심으로 보편화되고 있다(Hirsch, F., Social Limits To Growth). 즉 생산성의 제고를 통한 장기적 생존의 목적으로 윤리경영의 중요성이 강조되고 있는 것이다.

비윤리적인 기업은 결국 시장으로부터 외면당하고 시장에서 퇴출될 가능성이 크다. 윤리경영은 단순히 '착하게 살자'는 것이 아니고 '가치 있는 장기생존'이 그 목적이다. 경영자가 윤리와 본분에 어긋나는 행동을 하거나, 고객과 직원을 무시하는 경영을 하거나, 기업 오너의 오만 또는 기업 자체에서 생산되는 비윤리적인 행위들을 묵인하거나, 내부에서 끊임없이 지적되는 위험에 대한 목소리 또는 경고를 무시하는 등 윤리경영을 하지 않는 것은 자기 파멸의 최대 원인이 될 수 있다.

윤리경영은 단순히 구호에 그치거나 다른 기업과 차별화하려는 홍보수단에 그치는 것이 아니라 기업의 생존조건이 되고 생산성을 제고시킴으로써 지속 가능한 성장의 원동력이 된다.

(4) 신종 자본

직무윤리는 오늘날 새로운 무형의 자본이 되고 있다. 산업혁명 직후에는 땅, 돈 등과 같은 유형의 자본이 중요시되었으나, 현재는 신용(credit) 또는 믿음이 새로운 무형의 자본으로 인정되기에 이르렀다(Francis Fukuyama). 고객들도 믿음, 신뢰, 신용이라는 무형의 가치에 대하여 돈을 지불할 자세가 충분히 갖추어져 있다. 특히, 금융산업은 서비스산업으로서 신용에 바탕을 두고 있으며 신용도가 그 기업의 가장 중요한 자산이다.

(5) 인프라 구축

윤리는 공정하고 자유로운 경쟁의 전제조건이 된다. 즉, 공정하고 자유로운 경쟁이 가능하려면 그 전제로 게임의 룰(rule of game)인 법제가 공정하여야 할 뿐만 아니라 윤리가 전제되어야 한다. 따라서 경쟁은 성장을 위한 원동력이 되고 윤리는 지속적인 성장을 위한 인프라의 하나로서 '윤리 인프라'가 된다.

(6) 사회적 비용의 감소

비윤리적인 행동은 더 큰 사회적 비용(social cost)을 가져오며, 이를 규제하기 위한 법적 규제와 같은 타율적인 규제가 증가하게 된다. 그렇게 되면 규제법령의 준수를 위한 기관과 조직의 운영비용이 증가하게 되어 결과적으로 사회 전체의 비용이 증가하게 된다. 또한 해당 기업이나 개인으로서도 비윤리적인 행동으로 신뢰(reliability)와 평판(reputation)이 실추되면 이를 만회하기 위해서는 더 큰 비용과 시간이 소요된다.

2) 금융투자업에서의 직무윤리

금융투자업에서는 윤리경영과 직무윤리의 중요성이 다른 분야에 비하여 더욱 강조된다. 그 이유는 다음과 같다.

(1) 산업의 고유 속성

금융투자업은 고객의 자산을 위탁받아 운영·관리하는 것을 주요 업무로 하므로 그 속성상 고객자산을 유용하거나 고객의 이익을 침해할 가능성(즉, 이해상충의 발생 가능성)이 다른 어느 산업보다 높다. 특히 자본시장에서의 정보 비대칭 문제를 감안할 때, 금융투자업에 종사하는 자들의 행위를 법규에 의하여 사후적으로 감독하는 것만으로는 수탁받은 금융재산의 안정성 유지와 금융거래자(금융소비자)의 보호라는 기본적인 역할을 수행하는 데에는 한계가 있다. 자본시장에서 금융소비자[5] 보호가 효과적으로 이루어지지 않으면 결국 투자가 위축되어 자본시장이 제대로 기능을 수행할 수 없게 된다. 그러므로 금융투자업에 종사하는 자들의 엄격한 직무윤리는 「자본시장과 금융투자업에 관한 법률」(이하 '자본시장법'이라 한다)', 금융소비자보호에 관한 법률(이하 '금융소비자보호법'이라 한다)과 「금융회사의 지배구조에 관한 법률」(이하 '지배구조법'이라 한다)'의 목적인 금융소비자보호와 금융투자업 유지·발전을 위하여 필요한 자본시장의 공정성·신뢰성 및 효율성을 확보하기 위한 필수적인 전제요건이 된다.

---

5 최근 투자자에 대한 보호가 강화되면서 관련 규정 등에서는 공식적으로 '금융소비자'라고 통칭하고 있고, 금융투자업계에서는 이를 위한 부서 신설 시 '금융소비자보호부' 등을 사용하고 있는바, 이하 법령 등의 조문을 인용하는 경우 이외에는 투자자, 고객 등을 모두 금융소비자라 표기함.

(2) 상품의 특성

자본시장에서는 취급하는 상품의 특성상 직무윤리가 더욱 중요시된다. 자본시장에서 취급하는 금융투자상품은 대부분 '투자성', 즉 '원본손실의 위험'을 내포하고 있다.[6] 또한 급속도로 발달하는 첨단기법으로 인해 일반적인 투자자가 쉽게 이해하기 어려운 복잡성을 지니고 있으며 매우 다양하기도 하다. 이 때문에 고객과의 분쟁 가능성이 상존하고, 더욱이 자본시장이 침체국면에 빠져있는 경우에는 집단적인 분쟁으로 확대될 소지가 있다. 그러므로 평소 관련 법령 및 이에 근거한 규정 등을 준수함은 물론이고 철저한 직무윤리의 준수를 통해 고객과 돈독한 신뢰관계를 구축해두어야 한다.

(3) 금융소비자의 질적 변화

자본시장에서 금융소비자의 성격이 질적으로 변화하고 있다. 전통적으로 금융투자업에 있어서 금융소비자는 정확하고 충분한 정보만 제공되면 투자 여부를 스스로 알아서 판단할 수 있는 합리적인 인간상을 전제로 한 것이었다. 그러나 오늘날은 전문가조차도 금융투자상품의 정확한 내용을 파악하기가 어려울 정도로 전문화·복잡화·다양화되고 있다. 그에 따라 금융소비자에게 제공하는 정보의 정확성이 담보되는 것만으로는 불충분하고, 보다 적극적으로 금융소비자보호를 위한 노력과 법이 요구하는 최소한의 수준 이상의 윤리적인 업무자세가 요구되고 있다.

(4) 안전장치

직무윤리를 준수하는 것은 금융투자업 종사자들을 보호하는 안전장치(safeguard)로서의 역할을 한다. 금융투자업 종사자들은 자신이 소속된 기업의 영업방침과 실적달성을 위하여 자기의 의사와는 어긋나게 불법·부당한 행위를 강요당하는 경우가 있을 수 있다. 직무윤리기준을 준수하도록 하는 것은 외부의 부당한 요구로부터 금융투자업 종사자 스스로를 지켜주는 안전판 내지 자위수단이 된다.

이러한 이유로 '금융투자회사의 표준윤리준칙' 제1조에서는 금융투자회사 및 임직원

6　자본시장법상 '금융투자상품'이란 이익을 얻거나 손실을 회피할 목적으로 현재 또는 장래의 특정 시점에 금전, 그 밖의 재산적 가치가 있는 것을 지급하기로 약정함으로써 취득하는 권리로서, 그 권리를 취득하기 위하여 지급하였거나 지급하여야 할 금전 등의 총액이 그 권리로부터 회수하였거나 회수할 수 있는 금전 등의 총액을 초과하게 될 위험이 있는 것을 뜻하는 것이 원칙이다(동법 3조 1항).

이 준수하여야 할 직무윤리의 수립 목적에 관해 '금융투자회사의 윤리경영 실천 및 금융투자회사 임직원의 올바른 윤리의식 함양을 통해 금융인으로서의 책임과 의무를 성실하게 수행하고, 투자자를 보호하여 자본시장의 건전한 발전 및 국가경제 발전에 기여함을 목적으로 한다'고 명시하고 있다.

자본시장법 및 지배구조법에서 직무윤리의 역할

① 자본시장법에서는 금융소비자보호에 관한 법제적 장치가 강화되었다. 이에 따라 자본시장법이 제정되기 전에는 단순히 금융소비자에 대한 배려차원에서 자발적으로 이루어지던 서비스 중 상당 부분이 금융소비자(특히 자본시장법에서 규정하고 있는 전문투자자가 아닌 일반투자자의 경우)에 대한 법적 의무로 제도화된 것들이 있다.

② 자본시장법은 유가증권의 개념과 범위에 관하여 한정적 열거주의를 취하였던 종전의 증권거래법과는 달리 금융투자상품의 기능적 속성을 기초로 포괄적으로 정의하는 포괄주의를 도입하였다. 이에 따라 그 적용대상과 범위가 확대되어 법의 사각지대를 메워주는 직무윤리의 중요성이 증대하였다.

③ 금융소비자보호를 위한 법적 규제의 수준이 높아짐에 따라 그에 상응하여 요구되는 윤리적 의무의 수준도 한층 높아졌다. 전문투자자의 경우는 규제관리의 효율성 제고와 규제완화의 관점에서 자본시장법에 의한 주된 보호의 대상에서 빠져 있지만, 이에 대한 금융투자회사의 윤리적 책임까지 완전히 면제되는 것은 아니다.

④ 자본시장법에서는 금융투자회사에 대한 종전의 업무영역과 취급 가능한 상품 등에 대한 규제를 대폭 완화함에 따라 경쟁상황이 더욱 치열해지게 되었다. 이에 따라 새로운 업무와 상품에 대한 전문적 지식의 습득은 물론이고 금융소비자에 대한 고도의 윤리의식을 가지고 이를 준수함으로써 금융소비자의 신뢰를 확보하는 것은 '평판위험(reputation risk)'을 관리하는 차원에서도 자본시장과 금융투자업에 종사하는 사람들에게 더욱 중요한 자질로 인식되고 있다.[7]

⑤ 지배구조법은 금융회사의 건전한 경영과 금융시장의 안정성을 기하고, 투자자 등 그 밖의 금융소비자를 보호하는 것을 목적으로 한다. 특히 기업의 윤리경영은 해당 기업의 지배구조와도 밀접한 관련이 있는바, 윤리경영의 영역에 있던 지배구조와 관련된 부분을 법제화시킴으로써 준수의 강제성을 추가했다는 점에서 의의를 찾을 수 있다.

⑥ 지배구조법은 주요 업무집행자와 임원에 대한 자격요건 및 겸직요건을 정하고 윤리경영의 실행을 포함한 내부통제제도를 강화하여 독립성을 보장함으로써 금융투자회사가 윤리경영을 실천

---

7 자본시장법에서는 위험 감수능력을 기준으로 투자자를 일반투자자와 전문투자자로 구분하여 차별화하고 있다(동법 9조 5항 참조). 또한 자본시장법에서는 투자권유대행인(introducing broker) 제도를 도입하고 있는데(동법 51조), 회사의 점포를 벗어나 감독이 이완된 환경에서 업무가 처리되는 만큼 관련 금융투자업무 종사자의 직무윤리의 준수가 더욱 요청된다.

할 수 있도록 법적인 강제성을 부여한다.

⑦ 아울러 금융소비자보호법은 금융투자회사의 임직원이 사전정보제공-금융상품판매-사후피해 구제에 이르는 금융소비의 전과정에서 금융소비자보호를 포괄하는 체계를 구축하고 있다.

section 02 직무윤리의 기초 사상 및 국내외 동향

1 직무윤리의 사상적 배경 및 역사

근대 자본주의 출현의 철학적 · 정신적 배경에 대한 대표적인 설명 중 하나는 칼뱅주의를 토대로 한 종교적 윤리의 부산물로 이해하는 베버(Max Weber)의 사상이다.

칼뱅(Jean Calvin, 1509~1564)의 금욕적 생활윤리는 초기 자본주의 발전의 정신적 토대가 된 직업윤리의 중요성을 강조하고 있다. 칼뱅은 모든 신앙인은 노동과 직업이 신성하다는 소명을 가져야 할 것을 역설하였으며, 근검 · 정직 · 절제를 통하여 부(富)를 얻는 행위는 신앙인의 정당하고 신성한 의무라는 점을 강조하였다. 이러한 칼뱅의 금욕적 생활윤리는 자본주의 발전의 정신적 원동력이자 지주로서의 역할을 하였을 뿐만 아니라 서구사회의 건전한 시민윤리의 토대를 이루었다.

칼뱅으로부터 영향을 받은 베버(Max Weber, 1864~1920)는 '프로테스탄티즘의 윤리와 자본주의정신'에서 서구의 문화적 속성으로 합리성 · 체계성 · 조직성 · 합법성을 들고, 이들은 세속적 금욕생활과 직업윤리에 의하여 형성되었다고 설명한다.

근현대사에서 직무윤리는 노예제도, 제국주의, 냉전시대 등 역사적인 시대상을 반영하면서 진화, 발전해왔으며, '직무윤리'(Business Ethics)라는 단어는 1970년대 초반 미국에서 널리 사용되기 시작했다. 1980년대 후반부터 1990년대 초반에 미국의 기업들은 직무윤리 준수 여부에 특히 관심을 기울였는데 이는 1980년대 말 발생한 미국 내 저축대부조합 부도사태(the savings and loan crisis, the S&L drift)를 겪고 나서 그 중요성을 인식했기 때문이다.

국내에서는 1997년 외환위기를 겪으면서 특히 중요성이 부각된 것으로 보는 것이 일반적인데 기존의 법률과 제도로 통제하지 못하는 위험의 발생을 사전에 예방하기 위한 하나의 방편으로 접근하다가 2000년대 이후 기업의 생존과 직결된다는 점이 더욱 강조되며, 직무윤리에 대한 관심은 학계, 언론 및 기업들의 주의를 이끌었다.

<h2>2 윤리경영의 국제적 환경</h2>

개방화와 국제화 시대를 살고 있는 기업에 있어서 기업윤리의 수준과 내용은 국제적으로 통용될 수 있는 것(소위 'global standard'에 부합될 수 있는 것)이어야 한다. 미국의 엔론(Enron) 사태에서 보는 바와 같이 비윤리적인 기업은 결국 시장으로부터 퇴출당할 수밖에 없는 것이 현실이다. 이에 따라 국제적으로 '강한 기업(strong business)'은 윤리적으로 '선한 기업(good company)'이라는 인식이 일반적으로 수용되고 있다.

OECD는 2000년에 '국제 공통의 기업윤리강령'을 발표하고, 각국의 기업으로 하여금 이에 준하는 윤리강령을 제정하도록 요구하였다. 국제 공통의 기업윤리강령은 강제규정은 아니지만 이에 따르지 않는 기업에 대해서는 불이익을 주도록 하고 있다. 여기서 말하는 비윤리적인 부패행위에는 탈세, 외화도피, 정경유착, 비자금 조성, 뇌물수수, 허위·과장 광고, 가격조작, 주가조작, 부당한 금융관행, 오염물질 배출, 환경파괴 등을 포함한다.

이를 측정·평가하는 지수 중 하나는 '부패인식지수'(CPI)이다.

국제투명성기구(TI : Transparency International)는 1995년 이래 매년 각 국가별 부패인식지수(CPI : Corruption Perceptions Index)를 발표하고 있다. 이는 전문가, 기업인, 애널리스트들의 견해를 반영하여 공무원들과 정치인들의 부패 수준이 어느 정도인지에 대한 인식의 정도를 지수로 나타낸 것이다. 우리나라는 아직도 경제규모에 비하여 윤리 수준이 낮게 평가됨으로써 국제신인도와 국제경쟁력에 부정적인 영향을 미치고 있는 실정이다.[8]

또한, 영국의 BITC(Business in the community)와 사회적 책임을 평가하는 CR Index(Corporate Responsibility Index) 역시 윤리경영을 평가하는 지수로 사용된다.

---

8 부패인식지수는 해당 국가 공공부문의 부패인식과 전문가 및 기업인 등의 견해를 반영해 사회 전반의 부패인식을 조사한 것으로, 점수가 낮을수록 부패정도가 심한 것이다. 2012년부터 조사 방법론이 바뀌었기 때문에 점수보다는 순위의 변동추이를 살펴보아야 한다(출처 : 국제투명성기구 (www.transparency.org)).

국내적으로도 기업의 비윤리적인 행위가 가져오는 경제적 손실과 기업 이미지 실추에 따른 타격이 매우 크다는 점에 대해서는 공감대가 형성되어 있다. 거액의 정치자금 제공 스캔들, 거액의 회계부정, 기업의 중요 영업비밀과 기술의 유출사건, 회사기회의 편취, 기업 내에서의 횡령사건 등은 자주 발생하는 대표적인 비윤리적 행위들이다. 이러한 행위가 발생한 기업은 결국 소비자들의 불매운동으로 인한 매출 저하, 주가의 폭락 등은 물론이고, 기업 이미지가 극도로 훼손됨으로써 퇴출의 위기를 맞는 경우가 비일비재하다.

이러한 시대적 변화에 따라 정부차원에서도 2003년 1월 부패방지법과 부패방지위원회를 출범시켰고, 같은 해 5월에 시행된 공직자윤리강령을 제정하여 공직자는 물론이고 정부와 거래하는 기업의 비리와 부정행위에 대해 처벌을 할 수 있도록 규제를 하였다.

또한, 2008년 2월 29일 부패방지와 국민의 권리보호 및 규제를 위하여 국민권익위원회를 출범시켰고, 국민권익위원회는 2016년 9월 28일 「부정청탁 및 금품 수수등의 금지에 관한 법률」(이하 '청탁금지법'이라 한다)을 시행하기에 이른다.

법안을 발의한 당시 국민권익위원회의 위원장이었던 김영란 전 대법관의 이름을 따 소위 '김영란법'이라고도 불리는 청탁금지법은 그동안 우리나라에서 관행, 관습이라는 이름하에 묵인되어 왔던 공직자 등에 대한 부정청탁 행위 및 부당한 금품 등을 제공하는 행위 등을 강력하게 금지하고 있다.

이 법은 우리 사회에 만연한 연고주의·온정주의로 인한 청탁이 부정부패의 시작임을 인지하고 부정청탁 행위의 금지를 통해 부정부패로 이어지는 연결고리를 차단하는 데 그 목적이 있으며, 공직자 등이 거액의 금품 등을 수수하더라도 대가성 등이 없다는 이유로 처벌받지 않아 국민들의 불신이 증가하고 있다는 데에 착안하여 공직자 등이 직무관련성, 대가성 등이 없더라도 금품 등의 수수를 하는 경우에는 제재가 가능하도록 함으로써 국민의 신뢰를 회복하고자 제정된 법이다.

청탁금지법은 단순히 공직자 등에게만 국한된 것이 아니라, 일반 국민 전체를 적용대상으로 하고 있다는 점에서 그 영향력은 매우 크며, 위반 시 제재조치 또한 강력하여 우리나라의 투명성 제고는 물론 국민들의 인식 변화에 큰 도움이 될 것으로 보이며 이에 따른 국가경쟁력이 강화될 것으로 예상된다.

이 같은 국내외의 환경변화에 적극적으로 대응하기 위하여 개별기업 또는 업종단체별로 기업윤리를 바탕으로 한 윤리경영 실천을 위한 노력을 기울이고 있다.

또한 국내적으로도 기업들의 윤리경영 실천노력을 평가하기 위한 척도들을 만들려는 노력이 지속되고 있다.

2003년 개발된 산업정책연구원의 KoBEX(Korea Business Ethics Index)가 대표적인 것으로 이 지표는 공통지표(CI)와 추가지표(SI)로 구성된다.

공통지표(CI : Common Index)는 공기업과 민간기업에 상관없이 모든 조직에 적용되는 지표로 크게 CEO, 작업장, 지배구조, 협력업체, 고객, 지역사회로 구성하여 평가하며, 총 52개 항목이 개발되어 있다. 추가지표(SI : Supplementary Index)는 공기업과 민간기업의 특성에 따라 추가로 개발된 지표를 말하며, 작업장, 지배구조, 협력업체, 고객, 자본시장, 지역사회로 구분하여 총 32개 항목이 개발되어 있다.[9]

전국경제인연합(전경련)에서는 2007년 '윤리경영자율진단지표(FKI-BEX : FKI-Business Ethics Index)'를 개발하였는데 자율진단영역은 윤리경영제도 및 시스템, 고객, 종업원, 주주 및 투자자, 경쟁업체, 협력업체 및 사업파트너, 지역 및 국제사회 등 7대 부문으로 구성된다. 이 지표는 각 기업의 윤리경영 수준 및 개선점을 파악하고, 기업별 수준에 맞는 윤리경영을 추진할 수 있는 방향을 제시하는 컨설팅 기능을 수행하는 등 종합적인 지침서 역할을 수행하기 위해 개발되었다. 기존 지표와는 다르게 기업이 공통적으로 적용할 수 있는 공통항목 외에 업종별로 각기 다른 사업환경과 특성을 감안해 생산재 제조업, 소비재 제조업, 금융업, 건설업, 유통서비스업 등 5대 업종별로 나누어 구체적인 차별화를 시도하였다.[10]

학계에서도 이에 대한 관심을 가지고 2010년 서강대 경영전문대학원 경영연구소가 서강대 윤리경영지표(Sobex)를 개발하였다.

4   기업의 사회적 책임이 강조되는 시대상

사회나 경제가 발달하면서 각 기업(혹은 조직의 구성원)은 새로운 사업을 하거나 기존의 경영활동을 지속적으로 유지하려고 하는 경우 기존에 접하지 못 했던 판단의 문제들이

---

9 산업정책연구원(www.ips.or.kr)
10 전국경제인연합회(www.FKI.co.kr)

발생할 수 있으며 이는 전형적인 윤리기준 — 정직, 일관성, 전문가적인 행동, 환경문제, 성희롱 문제 및 그 외 부패행위로 보는 것들 — 과 정면으로 부딪힐 수도 있다.

최근 자본주의 경제가 갖는 이러한 문제점과 폐단이 부각되면서 자본주의 체제가 갖추어야 할 윤리와 이로부터 필연적으로 파생되는 기업의 사회적 책임(CSR : corporate social responsibility)이 강조되고 있다. 기업은 한 사회의 구성원으로서 그 책임을 다하기 위해 영리활동을 통하여 얻은 이익의 일부를 수익의 원천이 되는 사회에 환원하여야 한다는 것이다.[11] 윤리성이 결여된 자본주의 경제는 결국 체제 몰락과 붕괴로 갈 수밖에 없음을 인식한 결과이다.

이러한 상황에서는 단순히 기업의 지배구조를 개선하는 차원에서 한 걸음 더 나아가 기업의 인적 구성원인 직무종사자들의 윤리무장이 더욱 강조될 수밖에 없다.

section 03 본 교재에서의 직무윤리

1 직무윤리의 적용대상

직무윤리 및 직무윤리기준은 금융투자업의 경우 '금융투자업 종사자 내지 금융투자전문인력의 직무행위' 전반에 대하여 적용된다. 이에 관하여는 '금융투자회사 표준내부통제기준' 제1조를 준용할 수 있는데, 해당 조항에서는 '지배구조법 제24조 내지 제30조에 따라 회사의 임직원(계약직원 및 임시직원 등을 포함한다. 이하 이 기준에서 같다)'이라고 적용대상을 규정하고 있다.

직무윤리는 투자 관련 직무에 종사하는 일체의 자를 그 적용대상으로 한다. 이에는 투자권유자문인력(펀드/증권/파생상품), 투자권유대행인(펀드/증권), 투자자산운용사, 금융

---

11 최근 기업의 사회적 책임을 법제화하는 경향 역시 늘어나고 있다. 사회적 기업 육성법 등이 그 일예이다. 그러나 기업의 사회적 책임이 강조된다고 해서 영리와 이익추구를 목적으로 하는 기업 본연의 모습이 달라지는 것은 아니다. 기업의 사회적 책임의 이행은 생산과 분배 전 과정에서 요구되지만 오늘날은 그 이익을 분배하는 과정에서 특히 강조되는 경향이 있다.

투자분석사, 재무위험관리사 등의 관련 전문자격증을 보유하고 있는 자(즉, '금융투자전문인력')뿐만 아니라, 이상의 자격을 갖기 이전에 관련 업무에 실질적으로 종사하는 자, 그리고 직접 또는 간접적으로 이와 관련되어 있는 자를 포함하고, 회사와의 위임계약관계 또는 고용계약관계 및 보수의 유무, 고객과의 법률적인 계약관계 및 보수의 존부를 불문한다. 따라서 회사와 정식 고용관계에 있지 않은 자나 무보수로 일하는 자도 직무윤리를 준수하여야 하며, 아직 아무런 계약관계를 맺지 않은 잠재적 고객에 대해서도 직무윤리를 준수하여야 한다. 이 교재에서는 이를 총칭하여 "금융투자업 종사자 내지 금융투자전문인력"이라 부르기로 한다.

여기에서 "직무행위"라 함은 자본시장과 금융투자업과 관련된 일체의 직무활동으로서 투자정보의 제공, 투자의 권유, 금융투자상품의 매매 또는 그 밖의 거래, 투자관리 등과 이에 직접 또는 간접으로 관련된 일체의 직무행위를 포함한다. 이에는 회사에 대한 직무행위뿐만 아니라 對고객관계, 나아가 對자본시장관계까지를 포함한다.

2	직무윤리의 성격

앞에서도 살펴본 바와 같이 법규는 때로 우리가 준수해야 할 직무윤리의 가이드라인이 되기도 하지만, 대부분의 경우는 윤리가 법규의 취지 또는 근본이 되거나 법조문에서 규정하고 있지 않는 부분을 보완하는 역할을 한다. 즉 법규와 윤리는 서로 보완해나가는 주체로서 떼려야 뗄 수 없는 불가분의 관계에 있다. 그러나 법규 또는 윤리기준을 위반하는 경우 그 제재의 정도에 따른 강제성의 측면에서는 그 성격이 달라진다.

법규는 사회구성원들이 보편적으로 옳다고 인식하는 도덕규칙(이나 윤리기준) 또는 경영활동의 평등성(이나 정당성)을 확보하기 위해 정당한 입법절차를 거쳐 문서화한 것이다. 따라서 법규를 위반하는 경우 벌금의 부과, 면허나 자격 등의 취소, 재산이나 권리의 제한 등을 포함하여 중대한 위반행위가 있는 경우 신체의 자유를 구속하는 투옥 등 그 위반행위에 대한 책임을 묻는 제재규정이 직접적으로 명확히 존재하는 반면, 직무윤리 및 직무윤리기준은 일종의 자율규제로서의 성격을 지니고 있어 위반 시 위반행위에 대한 명시적인 제재가 존재하지 않을 수도 있다.

지배구조법 제24조에서는 내부위험관리체계(Internal Risk Management)인 동시에 위법행위에 대한 사전예방 (Compliance)체계로서 금융투자업자로 하여금 직무윤리가 반영된 내부통제기준을 자율적으로 제정하여 시행하도록 규정하고 있다. 즉 법규로써 규정하지 못 하는 부분에 대해 보완적인 형태로 그 완전성을 도모하는 것이다.

반면 직무윤리는 자율적 준수라는 장점이 있지만 법규에 비하여 강제수단이 미흡하다는 취약점이 있다. 이 때문에 직무윤리의 준수가 단순한 구호에 그치기 쉬우므로, 자율적으로 직무윤리 위반행위에 대한 실효성 있는 제재 및 구제 수단을 확보하는 것이 요구된다.

직무윤리는 법규와 불가분의 관계를 가지고 있는 만큼 직무윤리를 위반한 경우 단순히 윤리적으로 잘못된 것이라는 비난에 그치지 않고, 동시에 실정법 위반행위로서 국가기관에 의한 행정제재·민사배상책임·형사책임 등의 타율적 규제와 제재의 대상이 되는 경우가 많음을 유의하여야 한다.

3 직무윤리의 핵심

금융투자업에서의 직무윤리는 취급하는 업종의 내용이나 고객 내지 거래처와의 접촉내용에 따라 다소의 차이는 있지만, 그 기본적 내용에 있어서는 대동소이하다. 그 핵심적 내용은 "자신과 상대방의 이해가 상충하는 상황(conflicts of interests)에서는 상대방 이익(You First)의 입장에서 자신에 대한 상대방의 신뢰를 저버리지 않는 행동(Fiduciary Duty)을 선택하라"는 것이다. 여기에서 우리는 '고객우선의 원칙'과 '신의성실의 원칙'이라는 핵심적이고 가장 근본이 되는 2가지 원칙, 즉 직무윤리의 핵심을 도출하게 된다.

chapter 02

금융투자업 직무윤리

기본원칙

    금융투자업 종사자와 금융소비자 사이에는 기본적으로 신임관계에 있으며, 이에 따라 금융투자업 종사자는 금융소비자에 대하여 신임의무(信任義務, Fiduciary Duty)가 발생한다. "신임의무"라 함은 위임자로부터 '신임'을 받은 수임자는 자신에게 신뢰를 부여한 위임자에 대하여 진실로 충실하고, 또한 직업적 전문가로서 충분한 주의를 가지고 업무를 처리하여야 할 의무를 진다는 뜻이다. 신임의무가 특히 문제되는 상황은 수임자와 신임자의 이익이 서로 충돌하는 경우이다. 이러한 경우 수임자는 자기(혹은 회사 또는 주주를 포함한 제3자)의 이익을 우선하는 것이 금지되고 신임자의 이익을 우선시 하여야 할 의무를 진다. 이때 수임자가 지켜야 할 신임의무를 선량한 관리자로서의 주의의무, 즉 '선관주의 의무'라고 표현할 수 있고 이는 금융소비자로부터 수임을 받게 되는 모든

금융투자업자에게 적용되는 공통적인 직무윤리이자 가장 높은 수준의 기준이며 금융
투자업에서 준수해야 할 가장 중요한 두 가지 직무윤리인 '고객우선의 원칙'과 '신의성
실의 원칙'의 기본적인 근거가 된다.

금융투자업에서 직무윤리의 준수가 갖는 중요성은 너무 크기에, 금융투자협회에서
는 금융투자회사가 준수해야 할 '금융투자회사의 표준윤리준칙'을 2015. 12. 4. 제정하
였고, 앞서 말한 두 가지 중요한 직무윤리 — 1) 책임과 의무를 성실히 수행하고, 2) 투
자자를 보호하여야 한다 — 를 동 준칙 제1조에서 다음과 같이 명시하고 있다.

> 이 준칙은 금융투자회사의 윤리경영 실천 및 임직원의 올바른 윤리의식 함양을 통해 금
> 융인으로서의 책임과 의무를 성실히 수행하고, 투자자를 보호하며 자본시장의 건전한 발
> 전 및 국가경제 발전에 기여함을 목적으로 한다.

1 고객 우선의 원칙

> **금융투자회사의 표준윤리준칙 제2조**
> 회사와 임직원은 항상 고객의 입장에서 생각하고 고객에게 보다 나은 금융서비스를 제공
> 하기 위해 노력하여야 한다.

금융소비자보호법 제2조 제1호에서는 금융소비자 보호의 대상이 되는 '금융상품'에
대해 다음과 같이 정의하고 있다.

가. 「은행법」에 따른 예금 및 대출

나. 「자본시장과 금융투자업에 관한 법률」에 따른 금융투자상품

다. 「보험업법」에 따른 보험상품

라. 「상호저축은행법」에 따른 예금 및 대출

마. 「여신전문금융업법」에 따른 신용카드, 시설대여, 연불판매, 할부금융

바. 그 밖에 가부터 마까지의 상품과 유사한 것으로서 대통령령으로 정하는 것

또한, 같은 법 제3조에서는 각 금융상품의 속성에 따라 예금성 상품/대출성 상품/투
자성 상품/보장성 상품으로 구분하고 있어 금융소비자 보호의 대상이 되는 상품의 범
위를 더욱 확대하였다.

고객우선의 원칙은 모든 금융상품에 적용되어야 하는 것이나 본 교재의 특성을 고려

하여 본 장에서는 금융투자업과 관련한 직무윤리를 다루기로 한다.

금융투자업은 주로 금융투자상품[1]을 다루는 산업으로 자본시장법 제3조 제1항에서는 '금융투자상품'에 대해 "이익을 얻거나 손실을 회피할 목적으로 현재 또는 장래의 특정 시점에 금전, 그 밖의 재산적 가치가 있는 것(이하 '금전 등'이라 한다)을 지급하기로 약정함으로써 취득하는 권리로서 그 권리를 취득하기 위하여 지급하였거나 지급하여야 할 금전 등의 총액(판매수수료 등 대통령령으로 정하는 금액을 제외한다)이 그 권리로부터 회수하였거나 회수할 수 있는 금전 등의 총액(해지수수료 등 대통령령으로 정하는 금액을 포함한다)을 초과하게 될 위험(이하 '투자성'이라 한다)이 있는 것을 말한다"라고 정의하고 있다.

금융투자업에 종사하는 자는 금융투자상품 가격의 평가에 공정을 기하고, 수익가능성과 위험을 예측하여 금융소비자에게 합리적인 투자판단의 기초자료를 제공하는 역할을 수행하며, 금융투자상품의 공급자와 금융소비자 사이에 발생하기 쉬운 정보의 격차를 줄임으로써 자본시장을 통한 자원의 효율적 배분에 기여하는 역할을 담당한다.

금융소비자의 금융투자상품 소비활동에는 금융투자업 종사자의 이러한 역할 수행으로 인해 발생하는 비용이 포함되어 있기 때문에 금융소비자는 이 비용을 최소화시킴으로써 투자수익률을 제고하고자 하는 욕구가 발생하는 반면, 금융투자업 종사자는 이 비용을 최대화시킴으로써 영업수익률을 제고하고자 하는 욕구가 발생하므로 양자 간에는 각자의 이익을 최대화시키려는 갈등 상황, 즉 서로의 이해가 상충되는 상황이 발생할 수 있다.

이러한 상황에서 금융투자업 종사자는 신임의무에 근거하여 자신(소속 회사, 소속 회사의 주주를 포함)의 이익보다 상대방인 금융소비자의 이익을 우선적으로 보호해야 한다는 것, 즉 고객의 입장에서 생각하라는 것이 표준윤리준칙 제1조에서 규정하고 있는 사항이다.

2 신의성실의 원칙

금융투자회사의 표준윤리준칙 제4조
회사와 임직원은 정직과 신뢰를 가장 중요한 가치관으로 삼고, 신의성실의 원칙에 입각하여 맡은 업무를 충실히 수행하여야 한다.

---

1 금융소비자보호법에서는 자본시장법상의 금융투자상품을 '투자성 상품'으로 정의하고 있으나, 본 교재에서는 구분의 실익이 낮으므로 두 단어를 혼용하기로 한다.

그림 2-1 신임의무와 직무윤리의 기본원칙

신임의무
(Fiduciary Duty)

2대 기본원칙
고객우선의 원칙
신의성실의 원칙

직무윤리의 법제화
이해상충 방지의무
금융소비자보호의무

본인, 회사, 사회에 대한 윤리

신의성실(信義誠實)은 모든 사람이 사회공동생활의 일원으로서 상대방의 신뢰에 반하지 않도록 성의있게 행동할 것을 요구하는 법칙이다. 즉, 금융투자업 종사자는 직무수행에 있어서 상대방의 정당한 이익을 배려하여 형평에 어긋나거나 신뢰를 저버리는 일이 없도록 성실하게 행동해야 한다.

금융투자업에서 신의성실은 단순히 윤리적 원칙에 그치지 않고 법적 의무로 승화되어 있다. 자본시장법 제37조 제1항에서는 "금융투자업자는 신의성실의 원칙에 따라 공정하게 금융투자업을 영위하여야 한다"고 명기하고 있다. 또한 금융소비자보호법 제14조 제1항에서는 "금융상품판매업자 등은 금융상품 또는 금융상품자문 등에 관한 계약의 체결, 권리의 행사 및 의무의 이행을 신의성실의 원칙에 따라 해야 한다"고 규정하고 있다. 이는 민법 제2조 제1항의 "권리의 행사와 의무의 이행은 신의에 좇아 성실히 하여야 한다"는 신의성실의 원칙을 금융투자업에 맞추어 적절하게 변형한 것이다.

따라서 신의성실의 원칙은 금융투자회사의 임직원이 준수해야 할 직무윤리이면서 동시에 강제력이 있는 법적 의무이므로 금융투자업 종사자가 선관주의의무 혹은 충실의무를 위반하는 경우 불법행위에 대한 손해배상책임을 부담하게 된다(대법원 1996. 8. 23. 선고 94다38199 판결; 대법원 1997. 10. 24. 선고 97다24603 판결).

지금까지 금융투자업 종사자로서 반드시 지켜야 할 두 가지의 기본적이고 핵심적인 '고객우선의 원칙'과 '신의성실의 원칙'을 이해하였고 이 직무윤리는 지배구조법, 자본시장법 및 금융소비자보호법 등에서 '이해상충 방지의무'와 '금융소비자보호의무'로 대표되는 법적 의무로 승화되어 있음을 확인하였다.

! 사례 1

ELS(Equity Linked Securities : 주가연계증권) 발행회사의 헤지 거래

(사건 개요)

투자자는 중간 평가일에 기초자산의 가격이 일정 수준 이상인 경우 조기 상환받을 수 있는 ELS상품에 가입을 하였다. 하지만 동 ELS상품의 중간 평가일 14시 50분까지 조기상환이 가능한 주가 이상이었던 기초자산의 주가는 해당 ELS의 발행회사가 동시호가 시간에 대량매도에 나서는 방식으로 델타 헤지(Delta Hedge : ELS 등 파생금융상품을 발행하는 금융투자회사가 주가 하락 시 매수, 주가 상승 시 매도로 기초자산의 수량을 적절히 보유하면서 손익을 상쇄하고 그 과정에서 생기는 운용수익을 ELS 상환자금으로 사용하는 기법)를 시도하여, 시장이 종료될 때 해당 기초자산의 주가는 조기상환을 할 수 없는 기준주가 밑으로 형성되었고 결국 해당 ELS는 조기상환을 하지 못하였다.

(판단 내용)

발행회사는 기초자산인 주식을 14시 40분까지는 기준 가격 이상으로 지속적인 매도 주문을 하였으나 대부분의 매도 주문이 체결되지 않았고, 동시호가 시간대인 14시 50분부터는 기준 가격보다 낮은 가격에 매도 주문을 실행하였다. 발행회사는 손실을 회피하기 위한 불가피한 델타 헤지 거래였음을 주장하나, 이는 금융소비자보호의무를 소홀히 한 것으로 신의성실의 원칙에 위배되는 행위이다(대법원 2015.5.14.선고 2013다 2757).

! **사례 2**

○○증권회사의 착오 배당 사고

(사건 개요)

○○증권회사의 업무담당자는 2018.4.5. 우리사주 조합원에 대한 현금배당업무를 하면서 착오로 전산시스템상의 주식배당 메뉴를 잘못 선택하여 주식을 입력하였고, 관리자인 팀장은 이를 인지하지 못한 채 승인하였다. 이에 2018.4.6 오전 9시 30분경 우리사주 조합원(2,018명) 계좌로 현금배당(주당 1천 원) 대신 동사 주식 총 28.1억 주(주당 1천 주)를 착오로 입고하였고, 입고 직후부터 강제 매도중단조치를 하기까지 31분간 동사 직원 22명은 총 1,208만 주를 주식시장에 매도 주문하여 이 중 16명이 총 501만 주를 체결시켰다. 이로 인해 당일 오전 동사 주가가 전일 종가 대비 최대 11.7% 하락하는 등 주식시장에 큰 충격을 미치게 되었다.

또한 착오입고 직후 동사는 사고를 인지하고도 조속히 매매주문 차단, 착오입고주식 일괄출고를 하지 못하여 직원의 대규모 주식매도 주문을 방지하는데 실패하였다.

(문제점)

1. 우리사주 배당 내부통제 부실

   ㄱ. 배당시스템이 현금배당과 주식배당을 동일한 화면에서 처리하도록 구성

   ㄴ. 정상적인 업무처리 순서(조합장 계좌 출고→조합원 계좌 입고)가 아닌 반대순서로 업무처리가 실행되도록 구성되어 있어 착오로 인한 입·출고를 사전에 통제 불가

   ㄷ. 발행주식 총수가 넘는 주식이 입고되어도 오류 검증 또는 입력거부 기능 부재

   ㄹ. 동사의 직무분류상 A부서가 수행해야 함에도 B부서가 실질적으로 수행하는 등 업무분장이 미흡하고, 관련 업무매뉴얼 부재

2. 사고대응 미흡

   ㄱ. 지배구조법에서 정하고 있는 '금융사고 등 우발상황에 대한 위험관리 비상계획' 부재

   ㄴ. 사내 방송시설, 비상연락망 등을 갖추고 있지 않아 신속한 사고내용 전파 및 매도금지 요청 불가

3. 일부 직원의 윤리의식 부재에 따른 주식 매도주문

   ㄱ. 총 22명의 1,208만 주 매도주문 중 총 16명의 501만 주가 체결

   ㄴ. 특히 최초 '주식매도금지'를 공지한 시각 이후에도 매도 주문된 수량은 총 14명의 946만 주로 전체의 78.3% 차지

4. 실물주식 입고시스템의 문제

   예탁결제원의 확인없이 매도되도록 시스템이 설계되어 위조 주식이 거래될 가능성 존재

5. 전산시스템 계약의 문제

   전체 전산시스템 위탁계약의 72%가 계열사와 체결한 것으로 그 중 수의계약 비중이 91%

를 차지하는 등 계열사 부당지원 문제도 존재

(제재 등 조치)
1. 금융위원회는 동 사고가 지배구조법 제24조에서 정하고 있는 '내부통제기준 마련' 및 제27조의 '위험관리 비상계획 마련'의무를 위반한 사항으로 판단하여 다음과 같이 제재하였다.
    ㄱ. ○○증권회사의 업무(신규 투자자에 대한 지분증권 투자중개업) 일부 정지 6월 및 과태료 1억 4천 4백만 원 부과
    ㄴ. 전(前) 대표이사 3명에 대해 해임요구 상당(2명) 및 직무정지 1월 상당(1명)
    ㄷ. 현(現) 대표이사 직무정지 3월
2. 증권선물위원회는 착오로 입고된 주식을 매도한 직원 중 동 주식의 시장 가격을 왜곡한 것으로 판단되는 13인에 대해 자본시장법 제178조의2(시장질서 교란행위 금지)위반을 이유로 각각 7명에 대해 2,250만 원 및 6명에 대해 3,000만 원의 과징금 부과를 결정하였다. 다만 이 중 8명은 자본시장법 위반으로 기소 중인 상황을 고려하여 법원의 확정판결 시까지 과징금 조치를 유예하였다.
3. 금융감독원은 주식을 매도한 직원 21명에 대해 정직(3월) 2명, 정직(2월) 1명, 감봉 3명, 견책 1명, 퇴직자 위법사실 통지 1명의 조치를 내렸다.

(시사점)
동 사고는 해당 업무를 담당한 직원 및 부서의 관리자가 본인의 업무를 수행함에 있어 '선량한 관리자로서의 주의의무'를 준수하지 않음에서 비롯된 것이라 볼 수 있다.
또한 착오입고된 주식을 매도(주문)한 직원은 '선관주의의무'를 준수하지 않아 시장에 충격을 줌으로써 다수의 금융소비자들이 피해를 입도록 하였고 다시 이를 회사가 보상하는 과정에서 회사에 손실을 입혔으며, 본인 역시 금전적 손실을 포함한 각종 제재를 받는 불이익을 받게 되었다.
회사 전체적으로도 '윤리경영'을 바탕으로 임직원에 대한 지속적 교육 및 각종 내부통제기준을 수립·실행하여 금융소비자를 보호하고, 금융시장의 안정성을 추구하여야 함에도 이를 준수하지 않아 금전적으로 막대한 손실은 물론, 금융회사에서 가장 중요한 자산으로 꼽히는 '고객의 신뢰'를 잃게 되었다.
윤리경영의 근간인 '선량한 관리자로서의 의무'가 더욱 중요시되는 이유다.

section 02 | 이해상충의 방지 의무

1 개요

> **자본시장법 제37조 제2항**
> 금융투자업자는 금융투자업을 영위함에 있어서 정당한 사유 없이 투자자의 이익을 해하면서 자기가 이익을 얻거나 제3자가 이익을 얻도록 하여서는 아니 된다.
>
> **금융소비자보호법 제14조 제2항**
> 금융상품판매업자 등은 금융상품판매업등을 영위할 때 업무의 내용과 절차를 공정히 하여야 하며, 정당한 사유없이 금융소비자의 이익을 해치면서 자기가 이익을 얻거나 제3자가 이익을 얻도록 해서는 아니 된다.

금융투자업 종사자는 신의성실의 원칙에 입각하여 투자자 즉 금융소비자의 이익을 최우선으로 하여 업무를 수행하여야 하며, 자본시장법에서는 이를 제37조(신의성실의 의무 등)를 포함하여 제44조(이해상충의 관리), 제45조(정보교류의 차단)에서 구체화시킴으로써 금융투자업 종사자가 이를 준수하도록 강제성을 부여하고 있다.

여기에서 금융소비자의 이익을 최우선으로 한다는 것은 '금융소비자의 입장에서 최선의 이익'을 구한다는 것으로, 이는 소극적으로 금융소비자 등의 희생 위에 자기 또는 회사나 주주 등을 포함한 제3자의 이익을 도모해서는 안 된다는 것에 그치는 것이 아니고, 적극적으로 금융소비자 등의 이익을 위하여 실현 가능한 최대한의 이익을 추구하여야 하는 것을 말한다(최선집행의무). 그러나 이것은 단순히 결과에 있어서 최대의 수익률을 얻어야 한다는 뜻은 아니다. '결과'와 '과정' 양자 모두에 있어서 최선의 결과를 얻도록 노력하여야 한다는 뜻이다.

2 이해상충의 발생원인

이해상충이 발생하는 원인은 크게 세 가지로 볼 수 있다.

첫째, 금융투자업자 내부의 문제로서 금융투자업을 영위하는 회사 내에서 공적 업무

영역(자산관리, 증권중개 등 공개된 정보에 의존하거나 이러한 정보를 이용하여 투자권유 혹은 거래를 하는 부서 및 소속 직원)에서 사적 업무영역(기업의 인수·합병·주선업무 등 미공개중요정보를 취득할 수 있는 부서 및 소속 직원)의 정보를 이용하는 경우에 이해상충이 발생하게 된다.

둘째, 금융투자업자와 금융소비자 간의 문제로서 이들 사이에는 정보의 비대칭이 존재 함에 따라 금융투자업자가 금융소비자의 이익을 희생하여 자신이나 제3자의 이익을 추구할 가능성이 높다.

셋째, 법률적 문제로서 자본시장법에서 발달하고 있는 금융투자업에 대해 복수의 금융투자업 간 겸영 업무의 허용범위를 넓혀주고 있어 이해상충이 발생할 위험성이 더욱 높아졌다.

금융소비자와 이해상충이 발생하는 사례

금융투자업자와 금융소비자 사이에 대표적으로 발생하는 이해상충의 사례 중 하나는 과당매매이다. 금융투자중개업자인 경우 금융소비자로부터 보다 많은 수수료 수입을 창출하여야 하는 반면, 금융소비자는 보다 저렴한 수수료를 부담하기 원하는 경우가 일반적이다. 이때, 금융투자중개업자에 속하는 임직원이 회사 또는 자신의 영업실적을 증대시키기 위해 금융소비자의 투자경험 등을 고려하지 않고 지나치게 자주 투자권유를 하여 매매가 발생하는 경우 이해상충이 발생하게 된다. 특정 거래가 빈번한 거래인지 또는 과도한 거래인지 여부는 a. 일반투자자가 부담하는 수수료의 총액, b. 일반투자자의 재산상태 및 투자목적에 적합한지 여부, c. 일반투자자의 투자지식이나 경험에 비추어 당해 거래에 수반되는 위험을 잘 이해하고 있는지 여부, d. 개별 매매거래 시 권유내용의 타당성 여부 등을 종합적으로 고려하여 판단한다(금융투자업규정 제4-20조 제1항 제5호, 금융투자회사의 표준내부통제기준 제39조 제1항).

! 사례

투자자가 일임한 투자원금 전액을 특정 주식 한 종목만을 과도하게 매매하여 손해를 입힌 경우 과당매매행위로 인한 불법행위책임을 인정한 사례

(사건 개요)
증권회사 직원은 코스닥 시장에 상장된 학습지 회사에 투자자가 일임한 자금 전액을 투자했다가 동 종목이 상장폐지되면서 투자자는 거의 전액을 손해보게 되었다. 그동안의 매매 결과를 확인한 결과 32개월의 투자기간 동안 동 종목 하나만을 대상으로 매매하였으며, 회전율은 2,046%로 과다한 거래를 하였으며, 이로 인해 발생한 수수료 등이 총 투자원금의 약 13%로

적지 않은 수준이었다.

(판단 내용)

투자자는 투자원금 전부를 특정한 종목에만 투자하는 등 투기적인 단기매매를 감수할 정도의 투기적 성향을 갖고 있다고 할 수 없음에도 불구하고 증권회사 직원은 한 종목에만 투기적인 단기매매를 반복하는 등 전문가로서 합리적인 선택이라 할 수 없다. 이는 충실의무를 위반해 고객의 이익을 등한시하고 무리하게 빈번한 회전매매를 함으로써 투자자에게 손해를 입힌 과당매매행위로 불법행위가 성립한다(대법원 2012.6.14.선고 2011다 65303).

3 이해상충의 방지체계

앞에서 설명한 바와 같은 이유로 인해 자본시장법 및 관련법령 등에서는 금융투자업자에게 인가·등록 시부터 아래와 같이 이해상충방지체계를 갖추도록 의무화하고 있다.

(1) 이해상충의 관리(자본시장법 제44조)

금융투자업자는 금융투자업의 영위와 관련하여 금융투자업자와 투자자 간, 특정 투자자와 다른 투자자 간의 이해상충을 방지하기 위하여 이해상충이 발생할 가능성을 파악·평가하고, 지배구조법 제24조에 따른 내부통제기준이 정하는 방법 및 절차에 따라 이를 적절히 관리하여야 한다.

금융투자업자는 이해상충이 발생할 가능성을 파악·평가한 결과 이해상충이 발생할 가능성이 있다고 인정되는 경우에는 그 사실을 미리 해당 투자자에게 알려야 하며, 그 이해상충이 발생할 가능성을 내부통제기준이 정하는 방법 및 절차에 따라 금융소비자보호에 문제가 없는 수준으로 낮춘 후 매매, 그 밖의 거래를 하여야 한다.

이러한 조치에도 불구하고 그 이해상충이 발생할 가능성을 낮추는 것이 곤란하다고 판단되는 경우 금융투자업자는 해당 매매, 그 밖의 거래를 하여서는 아니 된다.

(2) 정보교류의 차단(Chinese Wall 구축)의무(자본시장법 제45조)

금융투자업자는 금융투자업과 관련 법령 등에서 허용하는 부수업무 등을 영위하는 경우 미공개중요정보 등에 대한 회사 내부의 정보교류차단 뿐만이 아니라 계열회사를 포함한 제3자에게 정보를 제공하는 경우 등에 대해 내부통제기준을 마련하여 이해상충이 발생할 수 있는 정보를 적절히 차단해야 한다.

내부통제기준에는 정보교류 차단을 위해 필요한 기준 및 절차, 정보교류 차단의 대상이 되는 정보의 예외적 교류를 위한 요건 및 절차, 그 밖에 정보교류 차단의 대상이 되는 정보를 활용한 이해상충 발생을 방지하기 위하여 대통령령으로 정하는 사항이 포함된다.

이를 위해 금융투자업자는 정보교류 차단을 위한 내부통제기준의 적정성에 대한 정기 점검을 실시하고, 정보교류 차단과 관련되는 법령 및 내부통제기준에 대한 임직원 대상 교육을 해야 하며, 그 밖에 정보교류 차단을 위해 대통령령으로 정하는 사항을 준수하여야 한다.

이 부분은 뒤에서 다루게 될 '회사에 대한 윤리'에서도 연결하여 살펴보도록 한다.

(3) 조사분석자료의 작성 대상 및 제공의 제한

투자분석업무와 관련한 이해상충의 문제는 금융투자회사 및 금융투자분석업무 종사자와 이들에 의하여 생산된 정보를 이용하는 자(투자정보이용자) 사이에서 생길 가능성이 크기 때문에 금융투자협회의 '금융투자회사의 영업 및 업무에 관한 규정(이하 '협회 영업규정'이라 한다)' 제2-29조에서는 조사분석 대상법인의 제한을 통해 금융투자업자 자신이 발행하였거나 관련되어 있는 대상에 대한 조사분석자료의 공표와 제공을 원천적으로 금지하고 있다.

(4) 자기계약(자기거래)의 금지(자본시장법 제67조)

투자매매업자 또는 투자중개업자는 금융투자상품에 관한 같은 매매에 있어 자신이 본인이 됨과 동시에 상대방의 투자중개업자가 되어서는 아니 된다

금융투자업 종사자는 금융소비자가 동의한 경우를 제외하고는 금융소비자와의 거래 당사자가 되거나 자기 이해관계인의 대리인이 되어서는 아니 된다.

자기가 스스로 금융소비자에 대하여 거래의 당사자, 즉 거래상대방이 되는 경우 앞에서 설명한 바와 같이 금융투자업 종사자가 기본적으로 준수하여야 할 충실의무, 다시 말해 금융소비자를 위한 최선의 이익추구가 방해받을 가능성이 있다. 그래서 금융소비자의 동의가 있는 경우를 제외하고는 자기거래를 금지한 것이다.

같은 이유로 금융투자업 종사자가 직접 금융소비자의 거래당사자가 되는 것은 아니지만 '이해관계인'의 대리인이 되는 경우도 역시 금지된다. 여기서 '자기 이해관계인'에는 친족이나 소속 회사 등과 같이 경제적으로 일체성 내지 관련성을 갖는 자 등이 모두

포함되는데 법률적 이해관계에 국한하지 않고 사실상의 이해관계까지도 모두 포함하기 위한 것이다. 이를 위반한 경우 형사 처벌의 대상이 된다(자본시장법 제446조 제12호).

그러나 상대방이 우연히 결정되어 투자자의 이익을 해칠 가능성이 없는 다음의 경우에는 예외적으로 허용이 되고 있다.

❶ 투자중개업자가 투자자로부터 증권시장, 파생상품시장 또는 다자간매매체결회사에서의 매매의 위탁을 받아 증권시장, 파생상품시장 또는 다자간매매체결회사를 통하여 매매가 이루어지도록 한 경우

❷ 투자매매업자 또는 투자중개업자가 자기가 판매하는 집합투자증권을 매수하는 경우

❸ 종합금융투자사업자가 자본시장법 제360조에 따른 단기금융업무 등 동법 시행령 제77조의6 제1항 제1호에 따라 금융투자상품의 장외매매가 이루어지도록 한 경우

❹ 그 밖에 공정한 가격 형성과 거래의 안정성·효율성 도모 및 투자자 보호에 우려가 없는 경우로서 금융위원회가 정하여 고시하는 경우

⚠ 사례

투자자문업을 영위하는 A회사의 펀드매니저인 B는 투자일임계약을 맺고 있는 고객 중의 한 사람인 C로부터 주식투자에 의한 고수익(high return) 운용을 지시 받았기 때문에 가까운 장래에 공개가 예상되어 있는 장외주식도 편입하여 운용하고 있다. 하지만 사정이 있어서 C는 계좌를 해약하였다. C는 계좌에 편입되어 있는 주식은 환금하지 말고 해약을 신청한 날의 상태 그대로 반환받고 싶다는 의사를 표시하였다. C의 계좌에는 곧 공개가 예정되어 있는 D사의 주식이 포함되어 있다. D사의 주식은 공개가 되면 매우 높은 가격으로 거래될 것으로 예상되기 때문에 B는 해약신청 직후에 C의 허락을 얻지 아니하고 D사 주식을 장부가로 자기의 계좌에 넘겼다.

(평가)

B는 C로부터 투자일임계좌의 자산을 환금시키지 말고 해약 당일의 상태 그대로 반환하였으면 좋겠다는 요청을 받았음에도 불구하고 C의 허락 없이 D사 주식을 자기의 계좌로 넘겼다. 이러한 행위는 고객과 거래당사자가 되어서는 아니 된다는 윤리기준에 반한다. 더욱이 D사의 공개 후에 기대되는 주식매각의 이익을 얻을 수 있는 기회를 무단으로 C로부터 가로챈 것은 투자일임계좌의 수임자로서의 신임의무에도 반하는 것이므로 고객에 최선의 이익이 돌아갈 수 있도록 전념하고 고객의 이익보다 자신의 이익을 우선시해서는 아니 된다는 윤리기준에도 위반하였다. B의 행위는 자기계약을 금지하는 자본시장법 제67조에 위반될 가능성도 있다.

1 개요

1) 기본개념

금융소비자보호법 제2조 제8호에서는 '금융소비자'의 정의를 '금융상품에 관한 계약의 체결 또는 계약 체결의 권유를 하거나 청약을 받는 것(이하 '금융상품계약체결등'이라 한다)에 관한 금융상품판매업자의 거래상대방 또는 금융상품자문업자의 자문업무의 상대방인 전문금융소비자 또는 일반금융소비자를 말한다'라고 규정하고 있다.

이는 예금자, 투자자, 보험계약자, 신용카드 이용자 등 금융회사와 거래하고 있는 당사자뿐만 아니라 장래 금융회사의 상품이나 서비스를 이용하고자 하는 자를 포괄하는 개념이다.

금융소비자보호는 금융시장의 공급자인 금융상품의 개발자와 판매자에 비해 교섭력과 정보력이 부족한 수요자인 금융소비자의 입지를 보완하기 위하여 불공정하고 불평등한 제도와 관행을 바로잡는 일련의 업무이다.

금융소비자보호는 금융상품을 소비하는 금융소비자의 관점에서 금융시장에서의 불균형을 시정하여 소비자들이 금융기관과 공정하게 협상할 수 있는 기반을 확보하고, 금융소비자의 신뢰 제고를 통하여 장기적으로 금융서비스의 수요를 증가시키는 효과가 발생하게 되므로, 궁극적으로 우리나라의 자본시장을 발전시키는 역할을 수행한다.

금융소비자 등이 금융투자업 종사자에게 업무를 맡기는 이유는 금융투자업 종사자를 전문가로서 인정하고 이를 신뢰하기 때문이다. 따라서 금융투자업 종사자는 일반인(아마추어)에게 요구되는 것 이상의 '전문가로서의 주의'를 기울여 그 업무를 수행하여야 한다. 어떻게 행동하면 이 같은 주의의무를 다하는 것인가는 수행하는 업무의 구체적인 내용에 따라서 다르지만, 일반적으로는 '신중한 투자자의 원칙(Prudent Investor Rule)'이 그 기준이 될 수 있다.

신중한 투자자의 원칙이란 미국의 신탁법에서 수탁자의 행위기준으로서 널리 인정받은 바 있는 "Prudent Man Rule"(신중한 사람의 원칙)을 자산운용에 관한 이론 및 실무의 발전을 받아들여 수정한 것이다. 이에 의하면, 수탁자가 자산운용업계에서 받아들여지고 있는 포트폴리오(portfolio) 이론에 따라서 자산을 운용한다면 그것은 일반적으로 적법한 것으로서 인정된다. 이 원칙은 1992년에 간행된 미국의 「제3차 신탁법 Restatement」에 의하여 채택되었다. 신중한 투자자원칙의 구성원리인 신중성은 수탁자의 투자판단에 관한 의무이행뿐만 아니라 충실의무(duty of loyalty)와 공평의무(duty of impartiality)와 같이 투자관리자가 수익자의 이익을 위하여 행동하여야 하는 의무와 수익전념의무를 포함한다(의무의 포괄성). 우리나라 판례에서도 투자관리자와 투자자인 고객 사이의 관계는 본질적으로 신임관계에 기초하여 고객의 재산관리사무를 대행하는 지위에서 비롯된다고 하여 이를 확인하고 있다(대법원 1995. 11. 21. 선고 94도1538 판결).

이렇듯 '신중한 투자자의 원칙'을 고려하여 보면 '전문가(profession)로서의'라는 것은, 주의를 기울이는 정도와 수준에 있어서 일반인 내지 평균인(문외한) 이상의 당해 전문가 집단(예를 들어 증권투자권유자문인력이라면 그 집단)에 평균적으로 요구되는 수준의 주의가 요구된다는 뜻이다.

'주의(care)'라는 것은 업무를 수행하는 데에 있어서 관련된 모든 요소에 기울여야 하는 마음가짐과 태도를 말한다. 이 같은 주의의무는 적어도 업무수행이 신임관계에 의한 것인 한, 사무처리의 대가가 유상이건 무상이건을 묻지 않고 요구된다.

특히 금융투자업자는 금융기관의 공공성으로 인하여 일반적인 회사에 비하여 더욱 높은 수준의 주의의무를 요한다. 즉, 금융기관은 금융소비자의 재산을 보호하고 신용질서유지와 자금중개 기능의 효율성 유지를 위하여 금융시장의 안정성 및 국민경제의 발전에 이바지해야 하는 공공적 역할을 담당하는 위치에 있기 때문에 일반적인 선관의무 이외에 그 공공적 성격에 걸맞은 내용의 선관의무를 다할 것이 요구된다(대법원 2002. 3. 15. 선고 2000다9086 판결).

따라서 금융투자업 종사자가 고의 또는 과실로 인해 전문가로서의 주의의무를 다하여 업무를 집행하지 않은 경우, 위임인에 대한 의무 위반을 이유로 한 채무불이행책임(민법 390조)과 불법행위책임(민법 750조) 등과 같은 법적 책임을 지게 된다.

이러한 '전문가로서의 주의'의무는 금융회사가 금융소비자에게 판매할 상품을 개발하는 단계부터 판매 단계 및 판매 이후의 단계까지 적용된다.

A금융투자회사에서 B는 투자일임고객의 자금을 운용하는 펀드매니저이다. B는 담당하는 펀드의 주식매매 대부분을 C금융투자회사에 주문을 내고 있다. B는 펀드의 거래를 주문할 때에는 동시에 자기 개인의 계정에도 동일한 종목으로 동일한 주문을 C금융투자회사에 지시하는 경우가 많았다. C금융투자회사는 B의 개인거래의 가격을 투자자문계정 거래의 가격과 거의 동일하게 하거나 B개인거래 쪽이 유리하게 처리하여 왔다.

(평가)

B는 고객에 대한 것보다 자기의 개인거래 쪽을 보다 유리하게 업무를 처리하고 있으므로 두 가지의 핵심원칙(직무윤리)인 '고객우선의 원칙'과 '신의성실의 원칙'을 위반하고 있다. 또한 다른 금융투자회사에 보다 유리한 조건으로 주문을 낼 수 있음에도 불구하고 C금융투자회사에 대해서만 주문을 내는 것도 신임의무에 저촉될 가능성이 있다.

2) 금융소비자보호 관련 국내외 동향

(1) 국제 동향

연금자산 확대 등 개인의 금융자산이 증대되고 있는 가운데 개인들의 금융거래가 경제생활에서 차지하는 중요성이 날로 확대되고 있는 반면, 금융산업은 겸업화 및 글로벌화가 진행됨에 따라 금융상품이 복잡·다양해지고 있어 금융소비자들이 금융상품에 내재된 위험과 수익구조를 이해하기 어려워지고 있다.

또한 금융소비자는 금융기관에 비해 상대적으로 정보 면에서 열위에 있어 금융소비자의 불만이 증대되고, 이로 인하여 불필요한 사회적 비용이 발생되고 있다.

이러한 문제를 인식하고 대처하기 위한 노력은 비단 한 국가만의 문제가 아닌바, 국제적으로는 우리나라를 포함하여 2021년 5월 현재 38개국이 참여하는 OECD(Organization for Economic Coorperation and Development : 경제협력개발기구)가 주축이 되어 지금 현재도 'Covid-19 시대의 금융소비자 보호 방안', '노령인구에 대한 금융소비자 보호', 'Digital 세대를 위한 금융소비자 보호정책' 등에 관한 자료를 발간하며 금융소비자 보호를 위해 지속적인 노력을 기울이고 있다.

특히 OECD 국가 중 선진 20개국이 참여하는 G20는 2010년 서울에서 열린 'G20 정상회의'에서 '금융소비자보호 강화'를 향후 추진 이슈로 선정하였으며, 이에 따라 2011년 칸에서 열린 'G20 정상회의'에서 OECD가 제안한 '금융소비자보호에 관한 10대 원칙'

을 채택하였고, 이는 각국의 금융소비자보호 관련 법규 제정 등의 기초가 되고 있다.

이후 2014년 케언즈에서 열린 G20 정상회의에서도 '금융소비자보호 정책의 실행을 위한 효율적 접근 방안'등을 발표하는 등 국제사회의 금융소비자보호를 강화하기 위한 노력은 현재도 지속되고 있다.

금융소비자보호 10대 원칙

원칙 1. 법 규제 체계
- 금융소비자보호는 법률, 규제 및 감독체계의 한 부분으로 자리 잡아야 하고, 각국의 다양한 상황과 세계시장, 금융규제 발전 상황 등을 반영해야 한다.
- 규제는 금융상품 및 소비자의 특성과 다양성, 소비자들의 권리 및 책임에 맞도록 설정하고, 새로운 상품 구조 등에 대응해야 한다.
- 금융서비스 제공자와 중개대리인은 적절한 규제를 받도록 해야 한다.
- 정부 이외의 이해관계자는 금융소비자보호에 관한 정책, 교육 책정 시 의견을 구해야 한다.

원칙 2. 감독기관의 역할
- 금융소비자보호에 관한 명확한 책임을 갖고, 업무수행에 필요한 권한을 지닌 감독기관을 설치해야 하고, 당해 기관에 명확하고 객관적으로 정의된 책임과 적절한 권한을 주어야 한다.
- 감독기관은 소비자 정보 및 기밀정보에 관한 적절한 정보보호기준과 이해상충 해소 등 높은 직업윤리기준을 준수해야 한다.

원칙 3. 공평·공정한 소비자 대우
- 모든 금융소비자는 금융서비스 공급자와의 모든 관계에서 공평, 공정한 대우를 받아야 한다.
- 모든 금융서비스 공급자는 공정한 고객대응을 기업문화로 정착시켜야 한다.
- 약자인 금융소비자에게 특히 배려해야 한다.

원칙 4. 공시 및 투명성
- 금융서비스 공급자와 중개대리인은 소비자에게 상품의 편익, 리스크 및 모든 영업과정에서 적절한 정보를 제공해야 한다.

- 계약 전 단계에서 동일한 성격의 상품, 서비스 비교 등 표준화된 정보공시 관행을 정비해야 한다.
- 자문 제공은 가능한 한 객관적으로 하고, 일반적으로는 상품의 복잡성, 상품에 수반된 리스크, 소비자의 재무상태, 지식, 능력 및 경험 등 소비자 성향에 기반을 둬야 한다.

원칙 5. 금융교육과 인식

- 금융교육 및 계발은 전체 이해관계자에게 추진하고, 소비자가 소비자보호, 권리 및 책임에 관한 명확한 정보를 쉽게 입수할 수 있게 해야 한다.
- 현재 및 장래 소비자가 리스크를 적절하게 이해할 수 있게끔 지식, 기술 및 자신감을 향상할 수 있게 해 충분한 정보에 기초한 의사결정을 가능케 하고, 정보의 습득과 소비자 스스로 경제적 건전성을 높이기 위한 효과적 행동을 할 수 있는 체계를 적절히 구축해야 한다.
- 모든 이해관계자는 OECD의 금융교육에 관한 국제네트워크(INFE)가 책정한 금융교육에 관한 국제적 원칙과 가이드라인의 실시를 권고한다.

원칙 6. 금융회사의 책임영업행위 강화

- 금융회사는 소비자의 최선의 이익을 고려해 업무를 수행하고, 금융소비자보호를 실현할 책임을 지도록 해야 한다.
- 금융서비스 공급자는 중개대리인의 행위에 대해 책임을 지는 동시에 설명책임도 지게끔 한다.

원칙 7. 금융소비자 자산의 보호 강화

- 정보, 관리 및 보호에 관한 메커니즘에 따라 적절하고 확실하게 소비자의 예금, 저축 및 여타 유사 금융자산을 보호해야 한다. 여기에는 부정행위, 횡령, 기타 악용행위 등으로부터의 보호도 포함된다.

원칙 8. 금융소비자의 개인정보 보호 강화

- 소비자에 관한 재무 및 개인정보는 적절한 관리, 보호체계에 따라 보호되어야 한다.

원칙 9. 민원처리 및 시정절차 접근성 제고

- 관할 국가 또는 지역은 소비자가 적정한 민원 해결 및 구제제도를 이용할 수 있도록 해야 하고, 그 제도는 이용 가능성, 지급 가능성, 독립성, 공정성, 설명책임, 적시성 및 효율성을 갖추고 있어야 한다.

> **원칙 10. 경쟁환경 조성**
> • 소비자에 대한 금융서비스 선택의 폭 확대, 경쟁력 있는 상품 제공, 혁신 확대 및 서비스의 질 유지, 향상 등을 위해 국내외 시장 경쟁을 촉진하고 금융서비스 제공자들의 경쟁을 유도한다.

(2) 국내 동향

우리나라는 2000년대 들어서면서 금융소비자 보호에 대한 인식이 전면적으로 제고되었다.

금융감독원은 2006년 9월 '금융소비자보호 모범규준'을 제정하여 소비자 불만을 예방하고 금융피해를 신속히 구제하기 위한 노력을 시작했고, 2008년 글로벌 금융위기 이후 전 세계적으로 금융소비자보호를 강화하는 방향으로 금융의 패러다임이 변화함에 따라 여러 차례의 개정을 거쳐 금융소비자보호 총괄책임자 지정, 금융상품의 개발부터 사후관리까지 전 과정에서의 내부통제 강화 등을 추가하여 2021년 9월까지 시행하였다.

그러나, 모범규준은 법령 등에 비해 상대적으로 그 강제성이 제한되는바, 금융소비자보호를 더욱 강화하기 위하여 2020년 3월 24일, 금융소비자보호법을 제정하여 2021년 3월 25일(일부 9.25일)부터 시행 중이다.

금융소비자보호법은 G20 정상회의에서 채택한 '금융소비자보호 10대 원칙'의 내용을 포함하고 있으며, 제1조에서 명확히 하고 있듯이 '금융소비자의 권익 증진'과 '금융상품판매업 및 금융상품자문업에 대한 건전한 시장질서를 구축'하는 것을 목적으로 한다. 동 법 및 시행령과 이에 근거한 금융감독규정(금융소비자보호 감독규정)이 제정·시행됨에 따라, 기존의 금융소비자보호 모범규준에서 정한 사항들이 법적인 의무사항으로 강화되었고, 자본시장법에서 제한적으로 적용되던 금융소비자 보호에 관한 사항이 금융상품 전체로 확대되었으며, 금융소비자 보호를 위한 신설제도 등이 도입되는 등 금융소비자를 위한 보호정책은 점차 강화되고 있는 추세이다.

3) 금융소비자보호 내부통제체계

금융소비자보호법은 금융소비자 보호 업무를 준법감시 업무와 마찬가지로 '내부통제'업무로 본다. 이에 따라 금융소비자보호법의 적용을 받는 모든 금융회사는 회사 내부에 금융소비자보호에 관한 내부통제체계를 구축해야 하고, 이에 관한 규정은 각 업권별로 표준내부통제기준을 통해 반영(예를 들어 은행연합회 등에서 정하고 있는 표준내부통제기준)하고 있는바, 이 교재에서는 금융투자협회의 '금융투자회사의 금융소비자보호 표준내부통제기준(이하 '금융소비자보호 표준내부통제기준'이라 한다)'을 중심으로 살펴본다.

금융소비자보호 표준내부통제기준 제5조 제1항에서는 "회사는 금융소비자보호 업무에 관한 임직원의 역할과 책임을 명확히 하고, 업무의 종류 및 성격, 이해상충의 정도 등을 감안하여 업무의 효율성 및 직무 간 상호 견제와 균형이 이루어질 수 있도록 업무 분장 및 조직구조를 수립하여야 한다"고 규정함으로써 각 금융회사의 금융소비자보호 내부통제체계를 구축하여야 할 것으로 의무화하였다.

또한 같은 조 제3항에서는 "회사의 금융소비자보호에 관한 내부통제조직은 이사회, 대표이사, 금융소비자보호 내부통제위원회, 금융소비자보호 총괄기관 등으로 구성된다"고 명시하여 기존의 금융소비자보호 모범규준과는 달리 금융소비자보호에 관한 내부통제업무의 승인 권한을 회사의 최고의사결정기구인 이사회까지 확대시킴으로써 금융소비자보호의 중요성을 여실히 보여주고 있다.

이제 금융소비자보호에 관한 각 조직별 권한과 의무를 살펴보도록 하자.

(1) 이사회

금융소비자보호 표준내부통제기준 제6조에 따라 이사회는 최고 의사결정기구로서 회사의 금융소비자보호에 관한 내부통제체계의 구축 및 운영에 관한 기본방침을 정한다. 또한 내부통제에 영향을 미치는 경영전략 및 정책을 승인하고 금융소비자보호의 내부통제와 관련된 주요사항을 심의·의결한다.

(2) 대표이사

금융소비자보호 표준내부통제기준 제7조에 따라 대표이사는 이사회가 정한 내부통제체계의 구축 및 운영에 관한 기본방침에 따라 금융소비자보호와 관련한 내부통제체계를 구축·운영하여야 한다.

대표이사는 회사의 금융소비자보호 내부통제체계가 적절히 구축·운영되도록 내부통제환경을 조성하고, 관련법규의 변경, 영업환경 변화 등에도 금융소비자보호 내부통제체계의 유효성이 유지될 수 있도록 관리하여야 한다.

한편, 대표이사는 다음의 사항에 대한 권한 및 의무가 있다.

❶ 금융소비자보호 내부통제기준 위반 방지를 위한 예방대책 마련
❷ 금융소비자보호 내부통제기준 준수 여부에 대한 점검
❸ 금융소비자보호 내부통제기준 위반내용에 상응하는 조치방안 및 기준 마련
❹ 위의 ❶ 및 ❷를 위해 필요한 인적, 물적 자원의 지원
❺ 준법감시인과 금융소비자보호 총괄책임자의 업무 분장 및 조정

다만, 대표이사는 ❶, ❷ 및 ❸에 해당하는 업무를 금융소비자보호 총괄책임자에게 위임할 수 있으며, 업무를 위임하는 경우 위임하는 업무의 범위를 구체적으로 명시해야 하고, 위임의 절차를 명확히 해야 한다. 대표이사가 해당 업무를 금융소비자보호 총괄책임자에게 위임하는 경우 금융소비자보호 총괄책임자는 매년 1회 이상 위임업무의 이행사항을 금융소비자보호 내부통제위원회(내부통제위원회가 없는 경우 대표이사)에 보고하여야 한다.

(3) 금융소비자보호 내부통제위원회

금융소비자보호 표준내부통제기준 제9조 제1항에서는 금융소비자보호 관련법령 등에 따라 내부통제위원회 설치를 예외로 적용하는 경우를 제외하고는 각 금융회사별로 금융소비자보호에 관한 내부통제를 수행하기 위하여 필요한 의사결정기구로서 대표이사를 의장으로 하는 '금융소비자보호 내부통제위원회'를 설치하도록 의무화하고 있다.

금융소비자보호 내부통제위원회는 매 반기마다 1회 이상 의무적으로 개최해야 하며, 개최결과를 이사회에 보고하는 것은 물론 최소 5년 이상 관련 기록을 유지해야 한다.

금융소비자보호 내부통제위원회의 의결 및 심의사항은 다음과 같다.

❶ 금융소비자보호에 관한 경영방향
❷ 금융소비자보호 관련 주요 제도 변경사항
❸ 임직원의 성과보상체계에 대한 금융소비자보호 측면에서의 평가
❹ 금융상품의 개발, 영업방식 및 관련 정보공시에 관한 사항
❺ 금융소비자보호 내부통제기준 및 법 제32조 제3항에 따른 금융소비자보호기준의 적정성·준수실태에 대한 점검·조치 결과
❻ 법 제32조 제2항에 따른 평가(이하 '금융소비자보호 실태평가'라 함), 감독(법 제48조 제1항 에 따른 '감독'을 말함) 및 검사(법 제50조에 따른 '검사'를 말함) 결과의 후속조치에 관한

사항

❼ 중요 민원·분쟁에 대한 대응 결과

❽ 광고물 제작 및 광고물 내부 심의에 대한 내부규정(단, 준법감시인이 별도로 내부규정 마련 시 제외 가능)

❾ 금융소비자보호 총괄기관과 금융상품 개발·판매·사후관리 등 관련부서 간 협의 필요사항

❿ 기타 금융소비자보호 총괄기관 또는 기타 관련부서가 내부통제위원회에 보고한 사항의 처리에 관한 사항

(4) 금융소비자보호 총괄기관

금융소비자보호 표준내부통제기준 제10조에 따라 각 회사는 책임과 권한을 가지고 금융소비자보호에 관한 내부통제 업무를 수행하기 위하여 필요한 조직으로서 금융소비자보호 총괄기관을 설치하여야 한다. 금융소비자보호 총괄기관은 소비자보호와 영업부서 업무 간의 이해상충 방지 및 회사의 소비자보호 업무역량 제고를 위하여 금융상품 개발·판매 업무로부터 독립하여 업무를 수행해야 하고, 대표이사 직속 기관으로 두어야 한다.

금융회사는 금융소비자보호업무를 원활하게 수행할 수 있도록 고객 수, 민원건수, 상품개발 및 판매 등 관련 타부서와의 사전협의 수요 등을 고려하여 업무수행에 필요한 인력을 갖춰야 하며, 금융소비자보호 업무를 원활하게 수행할 수 있는 직원을 업무담당자로 선발하여 운영하여야 한다.

금융소비자보호 총괄기관의 권한은 다음과 같다.

❶ 금융소비자보호에 관한 경영방향 수립

❷ 금융소비자보호 관련 교육의 기획 및 운영

❸ 금융소비자보호 관련 제도 개선

❹ 금융상품의 개발, 판매 및 사후관리에 관한 금융소비자보호 측면에서의 점검 및 조치

❺ 민원, 분쟁의 현황 및 조치 결과에 대한 관리

❻ 임직원의 성과보상체계에 대한 금융소비자보호 측면에서의 평가

❼ 금융상품의 개발, 변경, 판매 중단 및 관련 약관의 제·개정 등을 포함하여 판매

촉진, 영업점 성과평가 기준 마련 등에 대한 사전 협의

❽ 금융소비자보호 내부통제위원회의 운영(❶부터 ❺까지의 사항을 내부통제위원회에 보고하는 업무를 포함한다)

❾ 금융소비자보호 내부통제 관련 규정 등 수립에 관한 협의

금융소비자보호 총괄기관은 금융소비자보호 및 민원예방 등을 위해 아래의 사항을 포함하는 제도개선을 관련부서에 요구할 수 있으며, 제도개선 요구를 받은 부서는 제도개선 업무를 조속히 수행하여야 한다. 다만, 해당 부서가 부득이한 사유로 제도개선 업무의 수행이 불가능할 경우 그 사유를 내부통제위원회(내부통제위원회가 없는 경우 대표이사)에 소명해야 한다.

❶ 업무개선 제도운영 및 방법의 명확화
❷ 개선(안) 및 결과 내역관리
❸ 제도개선 운영성과의 평가
❹ 민원분석 및 소비자만족도 분석 결과 등을 토대로 현장 영업절차 실태 분석 및 개선안 도출

금융소비자보호 총괄기관은 금융소비자의 권리를 존중하고 민원을 예방하기 위하여 아래의 사항을 포함한 절차를 개발 및 운영하여야 한다.

❶ 금융소비자보호를 위한 민원예방
❷ 금융소비자보호와 관련된 임직원 교육 및 평가, 대내외 홍보
❸ 유사민원의 재발방지를 위한 교육 프로그램 및 제도개선 방안

또한, 금융소비자보호 총괄기관은 금융소비자보호 제도와 관련하여 임직원 등에 대한 교육 및 특정한 조치가 필요하다고 판단되는 경우 관련부서에 협조를 요청할 수 있으며, 협조 요청을 받은 관련부서는 특별한 사정이 없는 한 이에 협조하여야 한다.

(5) 금융소비자보호 총괄책임자(CCO)

금융회사는 금융소비자보호 표준내부통제기준 제12조에 따라 금융소비자보호 총괄기관의 장으로서 금융소비자보호 업무를 총괄하는 임원을 '금융소비자보호 총괄책임자(CCO : Chief Consumer Officer)로 지정하여야 하며, CCO는 대표이사 직속으로 준법감시인에 준하는 독립적 지위를 보장받으며, 적법한 직무수행과 관련하여 부당한 인사상

불이익을 받지 않는다.

금융소비자보호 총괄책임자가 수행하는 직무는 다음과 같다.

❶ 금융소비자보호 총괄기관의 업무 통할
❷ 상품설명서, 금융상품 계약서류 등 사전 심의(단, 준법감시인 수행 시 제외)
❸ 금융소비자보호 관련 제도 기획 및 개선, 기타 필요한 절차 및 기준의 수립
❹ 금융상품 각 단계별(개발, 판매, 사후관리) 소비자보호 체계에 관한 관리·감독 및 검토
❺ 민원접수 및 처리에 관한 관리·감독 업무
❻ 금융소비자보호 관련부서 간 업무협조 및 업무조정 등 업무 총괄
❼ 대내외 금융소비자보호 관련 교육 프로그램 개발 및 운영 업무 총괄
❽ 민원발생과 연계한 관련부서·직원 평가 기준의 수립 및 평가 총괄
❾ 금융소비자보호 표준내부통제기준 준수 여부에 대한 점검·조치·평가 업무 총괄
❿ 대표이사로부터 위임 받은 업무
⓫ 금융소비자보호 관련 이사회, 대표이사, 내부통제위원회로부터 이행을 지시·요청받은 업무
⓬ 기타 금융소비자의 권익증진을 위해 필요하다고 판단되는 업무

이와는 별도로 금융소비자보호 총괄책임자는 금융소비자의 권익이 침해되거나 침해될 현저한 우려가 발생한 경우 지체없이 대표이사에게 보고하여야 하며, 대표이사는 보고받은 사항을 확인하여 신속히 필요한 제반사항을 수행·지원하여야 한다.

4) 금융소비자보호 관련 평가

금융소비자보호 관련 평가는 내부 평가와 외부 평가로 구분할 수 있다.

내부적으로 금융회사는 금융소비자보호법 및 관련 규정 등에 따라 회사 및 임직원이 업무를 수행함에 있어 금융소비자보호에 충실하였는지를 조직과 개인의 성과평가에 반영할 수 있는 평가도구를 마련하여 정기적으로 실행하여야 한다. 금융소비자보호 표준내부통제기준에서는 이를 금융소비자보호 내부통제위원회 및 금융소비자보호 총괄기관의 직무로 명시하고 있다.

외부적으로 금융회사는 외부 감독기구 등으로부터 금융소비자보호법 제32조 제2항에 따라 정기적인 금융소비자보호 실태평가를 받으며, 같은 법 제48조 제1항에 따른 감

독 및 같은 법 제50조에 따른 검사를 받아야 한다.

특히 외부 감독기구의 금융소비자보호 실태평가 결과는 언론보도 등을 통해 공개되고 있어 그 평가 결과가 좋지 않을 경우, 금융소비자들의 해당 금융회사에 대한 신뢰도 등이 저하되므로 금융소비자의 신뢰가 가장 중요한 금융회사로서는 적극 대응할 필요가 있어, 향후 각 회사는 경영전략 수립 시 우선적으로 금융소비자보호를 고려하여야 한다.

2 상품개발 단계의 금융소비자보호

금융회사는 신상품 개발 및 마케팅 정책을 수립하는 경우 금융소비자를 보호할 수 있도록 다음의 절차를 수립하여 운영하여야 한다.

(1) 사전협의절차

사전협의는 통상 금융상품을 개발하는 부서와 해당 금융상품에 대한 마케팅을 수립하는 부서 및 금융소비자보호 총괄기관 간에 이루어지며, 금융소비자보호 총괄기관은 금융소비자보호 측면에서 금융소비자보호법령 및 회사의 내부통제기준에 부합하는지 여부를 점검하여야 한다. 만일 점검 결과 문제점이 발견되는 경우 해당 문제를 해결할 수 있도록 부서 간 사전협의 절차와 정보공유체계를 구축하고 운영하여야 한다.

이때 사전협의를 하는 대상은 금융업종마다 다르기는 하지만 통상 아래와 같다.

❶ 신상품(또는 금융서비스) 등의 개발 혹은 변경에 대한 검토
❷ 신상품 등의 개발 중단 또는 판매 중단에 대한 검토
❸ 신상품 등의 안내장(설명서), 약관, 가입신청서(설계서) 등 관련서류에 대한 검토
❹ 상품 등 판매절차의 개발 또는 변경에 대한 검토
❺ 고객 관련 판매촉진(이벤트, 프로모션 등) 전략의 적정성 검토
❻ 상품판매와 관련한 평가기준의 수립 및 변경 시 금융소비자 보호 측면에서의 적정성 여부 검토

사전협의절차를 진행하는 경우 금융소비자보호 총괄기관은 금융소비자보호 표준내부통제기준 제18조 제3항에 따라 금융상품의 위험도·복잡성, 금융소비자의 특성 및

금융상품 발행인의 재무적 건전성, 금융상품 운용 및 리스크 관리능력을 고려하여야 하며, 사전협의 대상에 금융소비자보호 측면에서 문제가 있다고 판단되는 경우 관련 부서에 금융상품 출시 및 마케팅 중단, 개선방안 제출 등을 요구할 수 있다.

이와 관련하여 금융소비자보호 총괄기관은 상품개발 또는 마케팅 정책수립 부서 등이 정해진 사전협의절차를 충실히 이행하고 있는지 여부를 정기적으로 점검하여야 한다.

사전협의절차는 판매 단계 및 판매 이후의 단계까지 영향을 미치게 되므로 만일 점검 중 사전협의가 누락된 경우 금융소비자보호 총괄기관은 금융소비자보호 표준내부통제기준 제18조 제5항에 따라 동 사실을 해당 부서의 성과 평가 또는 민원 평가에 반영하여야 한다.

(2) 금융상품 개발 관련 점검 절차

금융소비자보호 총괄기관은 금융소비자보호 표준내부통제기준 제19조에 따라 금융상품을 개발하는 경우 금융소비자에게 불리한 점은 없는지 등을 진단하기 위한 점검항목을 마련해야 하며, 상품개발부서에게 이를 제공해야 한다.

상품개발부서는 새로운 상품을 출시하거나 상품의 중요내용을 변경하는 경우, 금융소비자보호 총괄기관에서 제공한 점검항목에 따라 해당 상품이 금융소비자보호 측면에서 적정한지 여부를 자체적으로 점검하여야 하며, 금융소비자보호 총괄기관과 사전협의 시 이를 제공함으로써 적정성 여부를 판단 받을 수 있다.

또한 회사는 금융관련 법규 등에서 정한 바에 따라 금융상품 개발과정에서 다음의 사항을 포함한 내부규정을 수립하여 운영하여야 한다.

❶ 금융상품 개발부서명 및 연락처를 상품설명 자료에 명기하는 등 책임성 강화
❷ 금융상품 개발부서의 금융상품 판매자에 대한 충분한 정보 공유 책임 강화(판매회사, 부서, 담당직원뿐 아니라 판매회사가 금융상품 판매를 재위탁한 경우 위탁회사의 직원까지 포함)

(3) 외부 의견 청취

회사는 금융소비자보호 표준내부통제기준 제20조 제1항 및 제2항에 따라 금융상품 개발 초기 단계부터 금융소비자의 불만 예방 및 피해의 신속한 구제를 위해 이전에 발생된 민원, 소비자만족도 등 금융소비자 의견이 적극 반영될 수 있도록 업무절차를 마련해 운영하여야 한다.

여기에는 금융상품의 기획·개발 단계에서 외부전문가의 의견이나 금융소비자들의 요구를 회사경영에 반영할 수 있는 고객참여제도 등의 채널을 마련하고 이를 적극 활용하는 것이 포함되며, 회사는 이렇게 수집된 금융소비자의 제안이 상품개발 담당 부서 등에서 적절하게 반영되고 있는지 주기적으로 활용실적 분석 등을 실시해야 한다.

그림 2-2 ○○금융투자회사의 외부 의견 청취 및 상품개발 등 반영 절차 흐름도

3 금융상품 판매절차 구축

금융소비자보호 표준내부통제기준 제21조에서는 금융회사가 금융상품 판매과정에서 불완전판매가 발생하지 않도록 판매 전 절차와 판매 후 절차로 구분하여 판매절차를 구축하도록 다음과 같이 규정하고 있다.

1) 금융상품 판매 전 절차

(1) 교육체계의 마련

영위하는 업종에 따라 다르지만 통상 금융회사는 수시 또는 정기적으로 전 임직원을 대상으로 하여 집합교육 또는 온라인을 통한 개별교육을 실시하여 왔다.

그러나 금융소비자보호법이 시행된 이후 이 교육에 대한 해석은 보다 구체화되어, 금융소비자보호 표준내부통제기준 제32조 제3항에서는 각 회사가 판매임직원 등을 대상으로 금융소비자에게 제공되는 '개별상품'별 교육을 실시하도록 규정하고 있다.

예를 들어 펀드의 경우 과거에는 주식형 펀드 전체 혹은 펀드라는 특정 금융상품 유형 전체에 대해 교육을 진행했다면 현재는 실제 금융소비자에게 제공되는 개별 펀드별로 교육을 실시하여 각 상품별 특성과 위험 등에 대해 판매하는 임직원 등이 명확히 이해하고 판매에 임할 수 있도록 하여야 하는 것이다.

이와 더불어 같은 조 제1항에서는 회사가 판매임직원 등을 대상으로 해당 회사의 금융소비자보호 내부통제기준 및 금융소비자보호관련법령 등의 준수에 관한 교육을 의무적으로 실시하도록 명시하고, 이 교육을 받지 않은 임직원의 경우 금융상품을 판매할 수 없도록 하는 등 금융상품의 판매 전 교육을 통해 불완전판매가 발생하지 않도록 하고 있다.

(2) 판매자격의 관리

금융소비자보호 표준내부통제기준 제33조에서는 회사의 임직원 등이 금융상품을 판매하기 위한 자격요건을 규정하고 있는데, 여기에는 기존에 관련 법규 등에서 정하고 있는 자격증 취득 여부 및 교육 이수 여부 등을 기본으로 하여 추가적으로 회사가 취급하는 금융상품에 대하여 회사가 정한 기준에 따른 평가 결과, 전문성과 숙련도가 낮은 판매임직원 등일 경우 및 기타 불완전판매 관련 민원이 회사가 정한 기준 이상으로 발생하여 회사가 개별적으로 판매를 제한하는 판매임직원 등일 경우에는 금융상품의 판매를 제한하는 내용이 포함되어 있다.

현재 거의 모든 금융회사는 각 임직원이 회사가 취급하고 있는 금융상품을 판매할 수 있는 특정 자격증을 보유하고 있는지, 자격 유지를 위한 보수교육은 이수하고 있는지 상시 또는 주기적으로 관리하고 있다.

예를 들어 ○○금융투자회사의 상품별 판매자격기준은 다음과 같다.

취급상품명	판매자격기준
집합투자증권(펀드)	펀드투자권유자문인력
주식, ELB/DLB	증권투자권유자문인력
채권, CP, RP, CMA	증권투자권유자문인력
선물, 옵션, ELW, ELS/DLS	파생상품투자권유자문인력
Wrap Account	운용대상자산별 자격증
방카슈랑스	생명보험, 손해보험, 변액보험, 제3보험 대리점
신탁	(파생상품이 포함된 금전신탁의 경우) 파생상품투자권유자문인력

무자격 투자상담사(現, 투자권유대행인)의 대체출고 후 편취행위는 회사업무와 연관성이 있으므로 회사의 사용자 책임을 인정한 사례

(사건 개요)

증권회사 지점장은 A가 투자상담사 자격이 없음을 인지하였음에도 불구하고 본인이 근무하는 지점에 채용하였고, A의 고객은 A에 의해 큰 수익이 발생하자, 추가로 투자금액을 증액하였다. 이후 A는 해당 고객에게 특정 종목을 너무 많이 거래하면 감독당국으로부터 지적을 당하는 등 문제가 발생할 소지가 있으니 다른 사람 명의의 계좌로 해당 주식을 분산하고 향후 돌려주겠다고 제의하여 고객의 동의를 받았으며, 분산시켜 놓은 해당 주식을 고객에게 반환하지 않고 잠적하였다.

(판단 내용)

무자격 투자상담사의 불법행위는 외관상 업무연관성이 있으므로 증권회사는 사용자로서 불법행위의 책임이 인정된다. 또한 지점장 역시 A의 불법행위를 방조한 것으로 공동 불법행위를 구성하므로 증권회사는 지점의 사용자로서도 불법행위의 책임이 인정된다. 다만, 고객에게도 대체출고를 동의한 점 등 잘못이 있어 이를 손해액 산정에 감안한다(대법원 2006.9.14. 선고 2004다 53203).

(3) 판매과정별 관리절차 및 확인 절차 마련

금융회사는 판매임직원 등이 금융소비자보호법 등 관련법령을 준수하고 불완전판매가 발생하지 않도록 문자메시지, 전자우편 등을 활용하여 금융상품을 판매하는 경우 각 판매과정별 관리절차를 마련하여 운영하여야 한다.

여기에는 반드시 판매임직원 등이 지켜야 할 사항에 대한 점검항목을 제공하고 실제 이를 준수하고 있는지 점검하는 내용이 포함된다.

또한 금융소비자가 금융상품을 선택하는 과정에서 반드시 알아야 할 사항 및 금융상품의 주요 위험요인 등에 대해 이해하고 있는지 확인하는 등의 절차를 마련하여야 한다.

2) 금융상품 판매 후 절차

금융회사의 상품 판매 및 마케팅 담당부서는 상품 판매 개시 이전에 상품 판매 이후 준수해야 할 절차를 마련하여야 한다.

첫째, 금융소비자가 본인의 금융상품 구매내용 및 금융거래에 대한 이해의 정확성 등 불완전판매 여부를 확인할 수 있는 절차가 마련되어 있어야 한다.

둘째, 금융회사는 불완전판매 및 불완전판매 개연성이 높은 상품에 대해서는 해당 금융상품의 유형을 고려하여 재설명 및 청약철회, 위법계약해지 등의 금융소비자보호 절차를 마련해야 한다. 이는 상품의 판매 단계에서 판매임직원 등이 금융소비자에게 설명의무를 이행할 시 반드시 설명해야 할 사항들로 금융회사는 자체 교육 및 대내외 미스터리 쇼핑 실시 등을 통해 점검하게 된다.

셋째, 문자메시지, 전자우편 등을 활용한 투자성 상품 매매내역 통지, 신탁 또는 일임의 운용내역 통지 등 금융소비자에 대한 통지 체계를 마련하고 운영하여야 한다. 금융회사는 문자메시지나 전자우편 등을 이용한 통지 체계의 적정성 여부를 수시 또는 정기로 점검하여 개선사항 등이 필요한지를 확인하여야 한다.

4 상품 판매 단계의 금융소비자보호

금융소비자보호법은 제13조부터 제16조를 통해 금융회사의 영업행위 일반원칙을 다음과 같이 법적인 의무로 규정하고 있다.

제13조(영업행위 준수사항 해석의 기준)
누구든지 이 장의 영업행위 준수사항에 관한 규정을 해석·적용하려는 경우 금융소비자의 권익을 우선적으로 고려하여야 하며, 금융상품 또는 계약관계의 특성 등에 따라 금융상품 유형별 또는 금융상품판매업자 등의 업종별로 형평에 맞게 해석·적용되도록 하여야 한다.

제14조(신의성실의무 등)
① 금융상품판매업자 등은 금융상품 또는 금융상품자문에 관한 계약의 체결, 권리의 행사 및 의무의 이행을 신의성실의 원칙에 따라 하여야 한다.
② 금융상품판매업자 등은 금융상품판매업 등을 영위할 때 업무의 내용과 절차를 공정히 하여야 하며, 정당한 사유 없이 금융소비자의 이익을 해치면서 자기가 이익을 얻거나 제3자가 이익을 얻도록 해서는 아니 된다.

제15조(차별금지)

금융상품판매업자 등은 금융상품 또는 금융상품자문에 관한 계약을 체결하는 경우 정당한 사유 없이 성별·학력·장애·사회적 신분 등을 이유로 계약조건에 관하여 금융소비자를 부당하게 차별해서는 아니 된다.

제16조(금융상품판매업자 등의 관리책임)

① 금융상품판매업자 등은 임직원 및 금융상품판매대리·중개업자(「보험업법」 제2조 제11호에 따른 보험중개사는 제외. 이하 이 조에서 같음)가 업무를 수행할 때 법령을 준수하고 건전한 거래질서를 해치는 일이 없도록 성실히 관리하여야 한다.

② 법인인 금융상품판매업자 등으로서 대통령령으로 정하는 자는 제1항에 따른 관리업무를 이행하기 위하여 그 임직원 및 금융상품판매대리·중개업자가 직무를 수행할 때 준수하여야 할 기준 및 절차(이하 "내부통제기준"이라 함)를 대통령령으로 정하는 바에 따라 마련하여야 한다.

앞에서도 설명한 바와 같이 금융투자업 종사자가 준수하여야 할 2가지 핵심직무윤리는 '신의성실의 원칙'과 '고객우선의 원칙'으로 이 핵심직무윤리는 단순히 준수해야 할 윤리기준을 넘어서 법적으로 의무화되어 있다.

금융투자업 종사자는 그 업무를 수행함에 있어서 개인적인 관계 등에 의하여 금융소비자를 차별해서는 아니 되고 모든 금융소비자를 공평하게 취급함으로써 금융투자업 종사자에 대한 사회적 신뢰를 유지하여야 한다.

"공평하게"라고 하는 것은 반드시 "동일하게"라는 의미라기보다는 "공정하게"라는 의미가 더 강하다. 예를 들면 어떤 투자정보를 금융소비자에게 제공하거나, 또는 이것을 수정하거나, 추가 정보를 제공함에 있어서, 모든 금융소비자에 대하여 완전히 동일한 조건이어야 하는 것은 아니고 금융소비자의 투자목적, 지식·경험, 정보제공에 대한 대가 등에 따라서 필요한 정보를 적절하게 차별하여 제공하는 것은 허용된다. 즉, 동일한 성격을 가진 금융소비자 내지 금융소비자군(群)에 대하여 제공되는 서비스의 질과 양 및 시기 등이 동일하다면 공정성을 유지하고 있는 것으로 볼 수 있다.

금융소비자보호법 제15조의 차별금지에 관한 예를 들어보면 다음과 같다.

금융투자회사의 표준내부통제기준 제40조의5 제1항에서는 "회사는 거래소로부터 받은 시세정보를 투자자에게 제공하는 경우 시세정보의 제공형태나 제공방식 등에 대해서 투자자가 선택할 수 있도록 고지하지 않고 특정 위탁자에게만 매매주문 관련 자료나 정보를 차별적으로 제공하는 행위를 하여서는 아니 된다"라고 규정하고 있다. 만일 A와 B가 동일한 서비스 제공군에 속하는 일반투자자인 경우 A에게 제공되는 시세 정보가 B보다 빠르다면 A는 항상 B보다 앞서서 투자결정을 내릴 수 있을 것이며 이는 결국 A와 B의 투자손익에 막대한 차이가 발생하는 원인이 될 수 있다. 이는 모두에게 공정성을 유지하는 것이 아니므로 윤리기준뿐만 아니라 금융소비자보호법을 위반하는 것이 된다.

> ## 사례
>
> A는 주식형 펀드를 담당하는 펀드매니저이다. A는 최근 매출된 주식형 펀드를 포함하여 5개의 펀드를 운용하고 있지만 시간과 노력의 대부분은 최근 매출한 2개의 신규 펀드에 기울이고 있다. 나머지 3개의 펀드는 비교적 오래 전의 펀드에 대해서는 잔고가 적다는 것과, 이미 일정한 이율이 확보되었기에 그 내용을 변경하지 않고 있다. 신규 펀드에 대해서는 새롭게 입수한 투자정보에 기하여 적극적으로 포트폴리오의 내용을 교체하고 있지만 오래 전의 펀드에 대해서는 그렇게 하고 있지 않다.
>
> (평가)
> A는 모든 금융소비자를 공정하게 취급하여야 한다는 윤리기준을 위반하고 있다. 운용전략이 동일한 성격의 펀드에 대해서는 동등하게 운용하여야 한다.

또한 금융소비자보호법 제16조에서는 금융회사가 임직원 및 위탁계약을 체결한 대리인 등을 관리하여야 할 책임을 명확히 규정하고 이를 위해 직무 수행 시 준수해야 할 기준 및 절차가 담긴 내부통제기준을 반드시 마련하도록 의무화함으로써 사용자 책임을 강화하고 있다.

이제 금융상품의 판매 단계에서 적용되는 가장 중요한 '6대 판매원칙'에 대해 세부적으로 알아보도록 한다.

1) 적합성 원칙(Principle of Suitability)

> **금융소비자보호법 제17조(적합성원칙) (발췌)**
> ① 금융상품판매업자등은 금융상품계약체결등을 하거나 자문업무를 하는 경우에는 상대방인 금융소비자가 일반금융소비자인지 전문금융소비자인지를 확인하여야 한다.

② 금융상품판매업자등은 일반금융소비자에게 다음 각 호의 금융상품 계약 체결을 권유(금융상품자문업자가 자문에 응하는 경우를 포함. 이하 이 조에서 같다)하는 경우에는 면담·질문 등을 통하여 다음 각 호의 구분에 따른 정보를 파악하고, 일반금융소비자로부터 서명(전자서명법 제2조 제2호에 따른 전자서명을 포함. 이하 같다), 기명날인, 녹취 또는 그 밖에 대통령령으로 정하는 방법으로 확인을 받아 이를 유지·관리하여야 하며, 확인받은 내용을 일반금융소비자에게 지체 없이 제공하여야 한다.

  2. 투자성 상품(자본시장법 제9조 제27항에 따른 온라인소액투자중개의 대상이 되는 증권 등 대통령령으로 정하는 투자성 상품은 제외. 이하 이 조에서 같다) 및 운용 실적에 따라 수익률 등의 변동 가능성이 있는 금융상품으로서 대통령령으로 정하는 예금성 상품
     가. 일반금융소비자의 해당 금융상품 취득 또는 처분 목적
     나. 재산상황
     다. 취득 또는 처분 경험
  3. 대출성 상품
     가. 일반금융소비자의 재산상황
     나. 신용 및 변제계획
  4. 그 밖에 일반금융소비자에게 적합한 금융상품 계약의 체결을 권유하기 위하여 필요한 정보로서 대통령령으로 정하는 사항
③ 금융상품판매업자등은 제2항 각 호의 구분에 따른 정보를 고려하여 그 일반금융소비자에게 적합하지 아니하다고 인정되는 계약 체결을 권유해서는 아니 된다. 이 경우 적합성 판단 기준은 제2항 각 호의 구분에 따라 대통령령으로 정한다.
④ 제2항에 따라 금융상품판매업자등이 금융상품의 유형별로 파악하여야 하는 정보의 세부적인 내용은 대통령령으로 정한다.
⑤ 금융상품판매업자등이 자본시장법 제249조의2에 따른 전문투자형 사모집합투자기구의 집합투자증권을 판매하는 경우에는 제1항부터 제3항까지의 규정을 적용하지 아니한다. 다만, 같은 법 제249조의2에 따른 적격투자자 중 일반금융소비자 등 대통령령으로 정하는 자가 대통령령으로 정하는 바에 따라 요청하는 경우에는 그러하지 아니하다.
⑥ 제5항에 따른 금융상품판매업자등은 같은 항 단서에 따라 대통령령으로 정하는 자에게 제1항부터 제3항까지의 규정의 적용을 별도로 요청할 수 있음을 대통령령으로 정하는 바에 따라 미리 알려야 한다.

금융투자업 종사자는 금융소비자에게 금융투자상품의 투자권유 등을 함에 있어 신

의성실의 원칙에 따라 선량한 관리자로서의 주의의무를 지기 때문에 금융소비자에게 투자를 권유하는 경우, 투자목적, 투자경험, 자금력, 위험에 대한 태도 등에 비추어 가장 적합한 투자를 권유하여야 한다.

이때 응대하는 금융소비자가 가지고 있는 투자에 관한 개별적인 요소 또는 상황이 모두 다를 수 있기 때문에 그에 맞는 적합한 투자권유나 투자상담을 하기 위해서는 우선 금융소비자에 관한 정보파악이 필요하고 이를 상황 변화에 따라 적절히 수정하여야 한다.

통상 개별 금융소비자에 대한 투자 권유 전 실행해야 하는 절차는 다음과 같은 순서로 실행된다.

❶ 투자권유를 하기에 앞서 먼저 해당 금융소비자가 투자권유를 원하는지 아니면 원하지 않는지를 확인
  • 투자권유를 희망하지 않는 경우 판매자의 투자권유 불가 사실 안내
❷ 해당 금융소비자가 일반금융소비자인지 전문금융소비자인지 확인
  • 전문 금융소비자인 경우 별도의 등록절차 진행
❸ 일반금융소비자인 경우 금융소비자보호법 제17조 제2항에서 정하고 있는 바에 따라 계약체결을 권유하는 금융상품별 항목에 대하여 면담·질문 등을 통하여 해당 금융소비자의 정보를 파악
  • 금융소비자가 본인의 정보를 미제공하는 경우 관계 법령 등에 따라 일부 금융 상품(파생형 펀드 등 적정성 원칙 적용대상 상품)의 가입제한 사실 안내
❹ 파악된 금융소비자의 정보를 바탕으로 금융소비자의 투자성향 분석결과 설명 및 확인서 제공
  • 서명(전자서명을 포함), 기명날인, 녹취, 또는 이와 비슷한 전자통신, 우편, 전화자 동응답시스템의 방법으로 금융소비자로부터 확인
  • 투자성향 분석결과 및 확인서의 제공은 1회성에 그치는 것이 아니라 금융소비 자가 금융상품을 가입할 때마다 실행
❺ 투자자금의 성향 파악
  • 원금보존을 추구하는지 확인하고, 원금보존을 추구하는 경우에는 상품 가입에 제한이 있음을 안내

이러한 절차를 거쳐 얻게 된 금융소비자의 정보를 토대로 하여, 금융투자업 종사자

는 개별 금융소비자에게 가장 적합한 금융상품을 권유하여야 하며, 해당 금융상품이 적합하지 않다고 판단되는 경우에는 계약체결을 권유할 수 없다. 다만, 금융소비자보호법에서 정하고 있는 바에 따라 예금성 상품은 제외된다.

만일 금융소비자가 투자권유를 희망하지 않고, 본인의 정보를 제공하지 않는 경우 판매임직원은 해당 금융소비자에게 적합성 원칙 및 설명의무가 적용되지 않는다는 사실을 안내하여야 한다.

> **! 사례**
>
> A는 금융투자회사의 창구에서 투자상담을 하고 있다. A는 동 지점의 주된 고객을 예탁된 자산규모에 따라서 1억 원, 5천만 원~1억 원, 5천만 원 이하로 구분하여 오직 자산규모가 큰 고객에 대해서만 환율 위험이 있는 외화표시상품과 파생투자상품을 혼합한 복잡한 금융상품을 권장하고 있다. 자산규모가 큰 고객은 일반적으로 고위험 고수익(high risk high return) 형의 상품에 관심이 높고, 또한 약간 손실이 발생하여도 다른 운용자산의 이익과 상쇄할 수 있는 경우가 많기 때문이라는 생각에서이다.
>
> (평가)
> 예탁된 자산규모가 크다고 해서 반드시 위험 허용도가 큰 것은 아니므로 A는 금융소비자보호법 상의 적합성 원칙을 위반하고 있다. A는 고객의 재무상황, 투자경험과 투자목적도 고려하여 개별적으로 고객의 투자성향에 적합한 투자를 권유하여야 한다.

2) 적정성 원칙(Principle of Adequacy)

> **금융소비자보호법 제18조(적정성원칙) (발췌)**
> ① 금융상품판매업자는 대통령령으로 각각 정하는 보장성 상품, 투자성 상품 및 대출성 상품에 대하여 일반금융소비자에게 계약 체결을 권유하지 아니하고 금융상품 판매 계약을 체결하려는 경우에는 미리 면담·질문 등을 통하여 다음 각 호의 구분에 따른 정보를 파악하여야 한다.
>   2. 투자성 상품: 제17조 제2항 제2호 각 목의 정보
>   3. 대출성 상품: 제17조 제2항 t제3호 각 목의 정보
>   4. 금융상품판매업자가 금융상품 판매 계약이 일반금융소비자에게 적정한지를 판단하는 데 필요하다고 인정되는 정보로서 대통령령으로 정하는 사항
> ② 금융상품판매업자는 제1항 각 호의 구분에 따라 확인한 사항을 고려하여 해당 금융

상품이 그 일반금융소비자에게 적정하지 아니하다고 판단되는 경우에는 대통령령으로 정하는 바에 따라 그 사실을 알리고, 그 일반금융소비자로부터 서명, 기명날인, 녹취, 그 밖에 대통령령으로 정하는 방법으로 확인을 받아야 한다. 이 경우 적정성 판단 기준은 제1항 각 호의 구분에 따라 대통령령으로 정한다.

③ 제1항에 따라 금융상품판매업자가 금융상품의 유형별로 파악하여야 하는 정보의 세부적인 내용은 대통령령으로 정한다.

④ 금융상품판매업자가 자본시장법 제249조의2에 따른 일반 사모집합투자기구의 집합투자증권을 판매하는 경우에는 제1항과 제2항을 적용하지 아니한다. 다만, 같은 법 제249조의2에 따른 적격투자자 중 일반금융소비자 등 대통령령으로 정하는 자가 대통령령으로 정하는 바에 따라 요청하는 경우에는 그러하지 아니하다.

⑤ 제4항에 따른 금융상품판매업자는 같은 항 단서에 따라 대통령령으로 정하는 자에게 제1항과 제2항의 적용을 별도로 요청할 수 있음을 대통령령으로 정하는 바에 따라 미리 알려야 한다.

적정성 원칙은 앞서 설명한 적합성 원칙과 유사하나 금융소비자에 대한 계약체결의 권유 여부에 따라 달리 적용되는 원칙이다.

즉 적합성 원칙은 금융투자업 종사자가 일반금융소비자에게 금융상품의 계약체결을 권유할 때 적용되는 반면, 적정성 원칙은 금융투자업 종사자가 일반금융소비자에게 금융상품의 계약체결을 권유하지 않고, 해당 일반금융소비자가 투자성 상품 등에 대해 계약체결을 원하는 경우 적용된다.

금융상품을 판매하는 금융회사는 투자권유를 하지 않더라도 각 금융상품별로 해당 일반금융소비자에 대한 정보를 면담 또는 질문을 통해 파악하여야 하며, 수집된 정보를 바탕으로 해당 금융상품이 금융소비자에게 적정하지 않다고 판단되는 경우에는 즉시 해당 금융소비자에게 그 사실을 알리고, 금융소비자보호법에서 정한 서명 등의 방법을 통해 해당 금융소비자로부터 동 사실을 알렸다는 내용을 확인받아야 한다.

3) 설명의무

금융소비자보호법 제19조(설명의무) (발췌)

① 금융상품판매업자등은 일반금융소비자에게 계약 체결을 권유(금융상품자문업자가 자문에 응하는 것을 포함)하는 경우 및 일반금융소비자가 설명을 요청하는 경우에는 다음 각 호

의 금융상품에 관한 중요한 사항(일반금융소비자가 특정 사항에 대한 설명만을 원하는 경우 해당 사항으로 한정)을 일반금융소비자가 이해할 수 있도록 설명하여야 한다.

1. 다음 각 목의 구분에 따른 사항

　나. 투자성 상품

　　1) 투자성 상품의 내용

　　2) 투자에 따른 위험

　　3) 대통령령으로 정하는 투자성 상품의 경우 대통령령으로 정하는 기준에 따라 금융상품직접판매업자가 정하는 위험등급

　　4) 그 밖에 금융소비자가 부담해야 하는 수수료 등 투자성 상품에 관한 중요한 사항으로서 대통령령으로 정하는 사항

　라. 대출성 상품

　　1) 금리 및 변동 여부, 중도상환수수료(금융소비자가 대출만기일이 도래하기 전 대출금의 전부 또는 일부를 상환하는 경우에 부과하는 수수료를 의미. 이하 같다) 부과 여부·기간 및 수수료율 등 대출성 상품의 내용

　　2) 상환방법에 따른 상환금액·이자율·시기

　　3) 저당권 등 담보권 설정에 관한 사항, 담보권 실행사유 및 담보권 실행에 따른 담보목적물의 소유권 상실 등 권리변동에 관한 사항

　　4) 대출원리금, 수수료 등 금융소비자가 대출계약을 체결하는 경우 부담하여야 하는 금액의 총액

　　5) 그 밖에 대출계약의 해지에 관한 사항 등 대출성 상품에 관한 중요한 사항으로서 대통령령으로 정하는 사항

2. 제1호 각 목의 금융상품과 연계되거나 제휴된 금융상품 또는 서비스 등(이하 "연계·제휴서비스등"이라 한다)이 있는 경우 다음 각 목의 사항

　가. 연계·제휴서비스등의 내용

　나. 연계·제휴서비스등의 이행책임에 관한 사항

　다. 그 밖에 연계·제휴서비스등의 제공기간 등 연계·제휴서비스등에 관한 중요한 사항으로서 대통령령으로 정하는 사항

3. 제46조에 따른 청약 철회의 기한·행사방법·효과에 관한 사항

4. 그 밖에 금융소비자 보호를 위하여 대통령령으로 정하는 사항

② 금융상품판매업자등은 제1항에 따른 설명에 필요한 설명서를 일반금융소비자에게 제공하여야 하며, 설명한 내용을 일반금융소비자가 이해하였음을 서명, 기명날인, 녹취 또는 그 밖에 대통령령으로 정하는 방법으로 확인을 받아야 한다. 다만, 금융소비자 보호 및 건전한 거래질서를 해칠 우려가 없는 경우로서 대통령령으로 정하는 경

우에는 설명서를 제공하지 아니할 수 있다.

③ 금융상품판매업자등은 제1항에 따른 설명을 할 때 일반금융소비자의 합리적인 판단 또는 금융상품의 가치에 중대한 영향을 미칠 수 있는 사항으로서 대통령령으로 정하는 사항을 거짓으로 또는 왜곡(불확실한 사항에 대하여 단정적 판단을 제공하거나 확실하다고 오인하게 할 소지가 있는 내용을 알리는 행위를 말한다)하여 설명하거나 대통령령으로 정하는 중요한 사항을 빠뜨려서는 아니 된다.

④ 제2항에 따른 설명서의 내용 및 제공 방법·절차에 관한 세부내용은 대통령령으로 정한다.

(1) 개요

설명의무는 6대 판매원칙 중 적합성 원칙, 적정성 원칙과 더불어 중요한 위치를 차지하고 있는바, 몇 가지 유의할 사항에 대해 세부적으로 살펴보도록 한다. 특히 설명의무의 위반과 관련하여 금융소비자보호법 제57조 및 제69조에서는 중요한 사항을 설명하지 않거나, 설명서를 사전에 제공하지 않거나, 설명하였음을 금융소비자로부터 확인받지 아니한 경우 금융회사에 대해 해당 금융상품의 계약으로부터 얻는 수입(수수료, 보수 등의 금액이 아니라 매출액 등 금융소비자로부터 받는 총금액으로 해석함이 일반적)의 최대 50% 이내에서 과징금을 부과할 수 있으며, 별도로 종전의 자본시장법에서 정하였던 최대 과

그림 2-3 설명의무 관련 업무 흐름도

태료 금액 5천만원의 2배인 최대 1억원 이내에서 과태료를 부과할 수 있도록 함으로써 설명의무 준수의 중요성을 강조하고 있다.

❶ 적용대상의 확대

기존 자본시장법에서는 설명의무를 투자성 상품에 대해서만 규정하고 있었으나, 금융소비자보호법에서는 그 대상이 예금성 상품, 대출성 상품, 보장성 상품, 투자성 상품으로 구분되어 확대되었기 때문에, 금융회사는 각 금융상품별로 금융소비자에게 계약의 체결을 권유하는 경우 및 계약체결의 권유가 없더라도 일반금융소비자가 요청하는 경우 각 금융상품별 중요사항에 대해 금융소비자에게 고지하고 이해할 수 있도록 설명하여야 한다.

이때 '중요한 사항'이란 사회통념상 금융상품 계약 여부의 결정에 영향을 미칠 수 있는 사항으로, 금융소비자의 합리적인 판단 또는 해당 금융상품의 가치에 중대한 영향을 미칠 수 있는 사항을 말하는 것으로 금융소비자보호법 제19조의 내용을 상품유형별로 요약하면 다음과 같다.

- 투자성 상품 : 상품의 주요 내용, 투자에 따른 위험(최대손실액 및 근거 등), 위험등급, 수수료, 계약의 해지 및 해제에 관한 사항 등
- 대출성 상품 : 금리 및 변동여부, 기간 및 수수료율, 중도상환수수료 부과여부, 상환방법, 담보권 설정 등
- 보장성 상품 : 위험보장의 주요 내용, 보험료, 해약 및 만기 시 환급금, 보험금 지급제한 사유 등
- 예금성 상품 : 상품의 주요 내용, 이자율 및 해지 시 적용이자율과 산출근거, 계약 해지 시 불이익 등

금융소비자보호법에서 정하고 있는 4가지 상품유형에 대해 각 상품과 연계하거나 제휴하는 서비스가 있는 경우에도 금융상품과 마찬가지로 설명의무의 적용 대상으로 확대되었다는 점에 유의하여야 한다.

아울러, 설명의 대상에는 민원 및 분쟁조정 절차, 청약철회권, 위법계약해지권, 자료열람요구권 등이 포함되므로 금융상품 판매를 담당하는 종사자는 이러한 권리를 금융소비자가 충분히 이해할 수 있도록 안내하여야 한다. 각 금융소비자의 권리에 대한 세부내용은 투자권유의 업무절차를 고려하여 관련 항목에서 별도로 살펴보도록 한다.

❷ 설명서의 제공 및 확인 의무

금융회사는 금융상품에 관한 계약의 체결을 권유하는 경우 금융소비자보호법 시행령 제14조 제3항에 따라 서면, 우편 또는 전자우편, 휴대전화 문자메시지 또는 이와 유사한 방법 등을 통해 반드시 사전에 금융소비자에게 해당 금융상품의 설명서를 제공해야 한다. 다만, 동법 시행령 제14조 제4항에서 열거하고 있는 예외적인 경우(예를 들어, 기존 계약과 동일한 내용으로 계약을 갱신하는 경우 또는 법인인 전문 금융소비자가 설명서 제공을 원하지 않는 경우 등)에는 설명서의 제공의무가 면제된다.

또한 금융회사는 일반금융소비자에게 설명의무를 이행한 경우, 설명한 내용을 일반금융소비자가 이해하였음을 서명, 기명날인, 녹취 또는 그 밖에 대통령령으로 정하는 방법으로 확인을 받고 해당 기록을 유지, 보관할 의무가 있다. 이와 관련하여 감독기구에서는 금융소비자가 충분한 이해 없이 금융회사가 설명의무를 이행했다고 확인하는 경우 향후 관련된 소송이나 분쟁 등이 발생하였을 때 금융소비자 본인에게 불리하게 작용할 수도 있다는 점을 금융회사가 안내하도록 권고하고 있다.

(2) 설명 시 유의사항

금융회사는 금융상품 및 해당 상품과 연계된 제휴 서비스의 주요 사항을 설명할 때 거짓으로 설명하거나, 불확실한 사항에 대한 단정적 판단을 제공하거나, 확실하다고 오인하게 할 소지가 있는 내용을 알리는 행위를 하여서는 안 된다.

이에 따라 금융회사는 금융소비자에게 설명을 할 때 사용하는 정보 및 이를 보여주는 상품안내장, 약관, 광고, 홈페이지 등도 그 적정성을 갖추고 있는지 아래와 같이 확인하여야 한다.

❶ 금융소비자에게 제공하는 정보는 다음의 요건을 갖추어야 한다.
  • 금융소비자가 알기 쉽도록 간단·명료하게 작성
  • 객관적인 사실에 근거해서 작성하고, 금융소비자가 오해할 우려가 있는 정보는 작성 금지
  • 금융회사 상호 간 공정경쟁을 해치거나 사실을 왜곡하는 내용 포함 금지
  • 공시내용에 대한 담당부서, 담당자 지정 및 명확한 표시
❷ 금융소비자에 대한 정보제공은 그 제공시기 및 내용을 금융소비자의 관점에서

고려하여 적절한 시기에 이루어져야 하며, 공시자료의 내용이 변경된 경우 특별한 사유가 없는 한 지체 없이 해당 정보를 수정하여 금융소비자에게 정확한 정보가 제공되도록 하여야 한다.

❸ 금융소비자에게 제공하는 정보는 알아보기 쉽도록 글자 크기가 크고, 읽기 쉽게 제작하여야 하며, 가급적 전문적인 용어의 사용은 피해 일상적인 어휘를 사용하고, 이해도를 높이기 위해 그림, 기호 등 시각적인 요소를 적극 활용하여야 한다.

❹ 금융소비자에게 제공하는 정보는 금융소비자의 권익을 침해하는 다음과 같은 표시를 하여서는 안 된다.

- 이자, 기타 수익성에 대하여 표시 시점에 확정되어 있는 것보다 현저히 우량 또는 유리한 것으로 오인시킬 우려가 있는 표시, 기타 예저금(預貯金)의 수익성에 관하여 오인될 우려가 있는 표시

- 실제로는 원본 보전이 되지 않음에도 불구하고 마치 원본 보전이 되는 것처럼 오인될 우려가 있는 표시, 기타 예저금 등의 안정성에 관해 오인될 우려가 있는 표시

- 실제로는 예입 또는 지불에 관한 제한이 있음에도 불구하고 마치 이것이 없는 것처럼 오인될 우려가 있는 표시, 기타 예저금의 유동성에 관하여 오인될 우려가 있는 표시

- 실제로는 스스로 행하지 않는 업무를 마치 행하고 있는 것처럼 오인될 우려가 있는 표시, 또는 실제로 업무제휴를 행하고 있지 않음에도 불구하고 마치 행하고 있는 것처럼 오인될 우려가 있는 표시

- 자기가 제공하는 서비스(다른 사람과 제휴에 의해 제공하는 것도 포함)에 대해 실제로는 수수료를 징수함에도 불구하고 무료로 이용할 수 있는 것처럼 오인될 우려가 있는 표시

- 실제로는 적용되지 않는 금리 또는 수수료(표시 직전 상당기간 실제로 적용되고 있었던 금리 또는 수수료를 제외)를 비교 가격으로 함으로써 실제의 것보다도 현저히 유리한 것으로 오인될 우려가 있는 표시

- 실제로 거래할 의사가 없는 것으로 인정되는 금융상품 또는 서비스에 대해 거래할 수 있는 것으로 오인될 우려가 있는 표시

- 금융상품 등에 관한 구체적인 정보를 제공하기 위한 것도 아니며 단지 다른 사람 또는 기타 금융상품 등의 단점을 지적하려는 비방 또는 중상하려는 목적의

표시 등

(3) 청약철회권

금융소비자보호법의 시행으로 인해 금융회사가 금융소비자에게 새롭게 설명해야 하는 사항 중 하나는 바로 '청약철회권'이다. 새로 도입된 청약철회권 제도에 대해 금융소비자보호법 제46조는 이렇게 설명하고 있다.

금융소비자보호법 제46조(청약의 철회) (발췌)

① 금융상품판매업자등과 대통령령으로 각각 정하는 보장성 상품, 투자성 상품, 대출성 상품 또는 금융상품자문에 관한 계약의 청약을 한 일반금융소비자는 다음 각 호의 구분에 따른 기간(거래 당사자 사이에 다음 각 호의 기간보다 긴 기간으로 약정한 경우에는 그 기간) 내에 청약을 철회할 수 있다.

2. 투자성 상품, 금융상품자문 : 다음 각 목의 어느 하나에 해당하는 날부터 7일

　　가. 제23조 제1항 본문에 따라 계약서류를 제공받은 날

　　나. 제23조 제1항 단서에 따른 경우 계약체결일

3. 대출성 상품 : 다음 각 목의 어느 하나에 해당하는 날[다음 각 목의 어느 하나에 해당하는 날보다 계약에 따른 금전·재화·용역(이하 이 조에서 '금전·재화등'이라 한다)의 지급이 늦게 이루어진 경우에는 그 지급일]부터 14일

　　가. 제23조 제1항 본문에 따라 계약서류를 제공받은 날

　　나. 제23조 제1항 단서에 따른 경우 계약체결일

② 제1항에 따른 청약의 철회는 다음 각 호에서 정한 시기에 효력이 발생한다.

1. 보장성 상품, 투자성 상품, 금융상품자문 : 일반금융소비자가 청약의 철회의사를 표시하기 위하여 서면(대통령령으로 정하는 방법에 따른 경우를 포함. 이하 이 절에서 '서면등'이라 한다)을 발송한 때

2. 대출성 상품 : 일반금융소비자가 청약의 철회의사를 표시하기 위하여 서면등을 발송하고, 다음 각 목의 금전·재화등(이미 제공된 용역은 제외하며, 일정한 시설을 이용하거나 용역을 제공받을 수 있는 권리를 포함. 이하 이 항에서 같다)을 반환한 때

　　가. 이미 공급받은 금전·재화등

　　나. 이미 공급받은 금전과 관련하여 대통령령으로 정하는 이자

　　다. 해당 계약과 관련하여 금융상품판매업자등이 제3자에게 이미 지급한 수수료 등 대통령령으로 정하는 비용

③ 제1항에 따라 청약이 철회된 경우 금융상품판매업자등이 일반금융소비자로부터 받

은 금전·재화등의 반환은 다음 각 호의 어느 하나에 해당하는 방법으로 한다.

2. 투자성 상품, 금융상품자문 : 금융상품판매업자등은 청약의 철회를 접수한 날부터 3영업일 이내에 이미 받은 금전·재화등을 반환하고, 금전·재화등의 반환이 늦어진 기간에 대해서는 대통령령으로 정하는 바에 따라 계산한 금액을 더하여 지급할 것. 다만, 대통령령으로 정하는 금액 이내인 경우에는 반환하지 아니할 수 있다.

3. 대출성 상품 : 금융상품판매업자등은 일반금융소비자로부터 제2항 제2호에 따른 금전·재화등, 이자 및 수수료를 반환받은 날부터 3영업일 이내에 일반금융소비자에게 대통령령으로 정하는 바에 따라 해당 대출과 관련하여 일반금융소비자로부터 받은 수수료를 포함하여 이미 받은 금전·재화등을 반환하고, 금전·재화등의 반환이 늦어진 기간에 대해서는 대통령령으로 정하는 바에 따라 계산한 금액을 더하여 지급할 것

④ 제1항에 따라 청약이 철회된 경우 금융상품판매업자등은 일반금융소비자에 대하여 청약의 철회에 따른 손해배상 또는 위약금 등 금전의 지급을 청구할 수 없다.

⑥ 제1항부터 제5항까지의 규정에 반하는 특약으로서 일반금융소비자에게 불리한 것은 무효로 한다.

⑦ 제1항부터 제3항까지의 규정에 따른 청약 철회권의 행사 및 그에 따른 효과 등에 관하여 필요한 사항은 대통령령으로 정한다.

일반금융소비자는 예금성 상품을 제외한 3가지 유형의 금융상품 계약의 청약 이후 각 상품유형별로 금융소비자보호법 제46조 제1항에서 정하고 있는 기간 내에 '청약철회요청서' 등 서면을 이용하여 계약 청약의 철회를 금융회사에 요구할 수 있다. 청약철회권은 금융회사의 고의 또는 과실 사유 여부 등 귀책사유가 없더라도 일반금융소비자가 행사할 수 있는 법적 권리로 금융소비자의 권익이 크게 강화된 제도라고 할 수 있다. 다만, 3가지 유형의 모든 상품이 해당되는 것은 아니며 금융소비자보호법 시행령 제37조에서 각 유형별 상품을 정하고 있는바, 금융투자업을 중심으로 볼 때 청약철회권의 대상이 되는 상품은 다음과 같다.

❶ 투자성 상품 : 다음의 금융상품. 다만, 일반금융소비자가 법 제46조 제1항 제2호에 따른 청약 철회의 기간 이내에 예탁한 금전 등을 운용하는 데 동의한 경우는 제외

－자본시장법 시행령에 따른 고난도금융투자상품(일정 기간에만 금융소비자를 모집하고 그 기간이 종료된 후에 금융소비자가 지급한 금전등으로 자본시장법에 따른 집합투자를 실시

하는 것만 해당)
- 자본시장법 시행령에 따른 고난도투자일임계약
- 신탁계약(자본시장법에 따른 금전신탁은 제외)
- 자본시장법 시행령에 따른 고난도금전신탁계약
❷ 대출성 상품 : 다음의 것을 제외한 금융상품
- 자본시장법 제72조 제1항에 따른 신용의 공여(법 제46조 제1항 제3호에 따른 청약 철회의 기간 이내에 담보로 제공된 증권을 처분한 경우만 해당)
- 그 밖에 청약의 철회가 건전한 시장질서를 해칠 우려가 높은 것으로서 금융위원회가 정하여 고시하는 대출성 상품(예시 : 주식 담보대출)

금융소비자의 청약 철회를 받은 금융회사는 청약이 철회가 접수된 날(대출성 상품은 금전, 재화, 이자 등의 반환을 받은 날)로부터 3영업일 이내에 이미 받은 금전, 재화 등을 반환해야 하며, 반환이 지체되는 경우에는 반환대상에 지연이자를 가산하여 지급하여야 한다. 이 때 투자성 상품은 원금을 반환하며, 대출성 상품은 대출금, 약정이자율에 의한 이자, 제3자에게 지급한 수수료 등이 포함된다.

4) 불공정영업행위의 금지

금융소비자보호법 제20조(불공정영업행위의 금지)
① 금융상품판매업자등은 우월적 지위를 이용하여 금융소비자의 권익을 침해하는 다음 각 호의 어느 하나에 해당하는 행위(이하 "불공정영업행위"라 한다)를 해서는 아니 된다.
1. 대출성 상품, 그 밖에 대통령령으로 정하는 금융상품에 관한 계약체결과 관련하여 금융소비자의 의사에 반하여 다른 금융상품의 계약체결을 강요하는 행위
2. 대출성 상품, 그 밖에 대통령령으로 정하는 금융상품에 관한 계약체결과 관련하여 부당하게 담보를 요구하거나 보증을 요구하는 행위
3. 금융상품판매업자등 또는 그 임직원이 업무와 관련하여 편익을 요구하거나 제공받는 행위
4. 대출성 상품의 경우 다음 각 목의 어느 하나에 해당하는 행위
   가. 자기 또는 제3자의 이익을 위하여 금융소비자에게 특정 대출 상환방식을 강요하는 행위
   나. 1)부터 3)까지의 경우를 제외하고 수수료, 위약금 또는 그 밖에 어떤 명목이든 중도상환수수료를 부과하는 행위

불공정영업행위는 금융회사가 자신의 우월적 지위를 이용하여 금융상품의 계약 체결에 있어 금융소비자에게 불리한 행위를 요구하는 것을 말한다. 소위 '갑질'이라고 표현될 수도 있는 이 불공정영업행위는 다른 금융상품에 비해 상대적으로 대출성 상품의 계약 체결에서 발생할 가능성이 높고 그 발생가능성도 빈번하기 때문에 금융소비자보호법도 대출성 금융상품에 대한 규제가 강한 편이다.

불공정영업행위는 현재 우리가 살펴보고 있는 핵심적인 직무윤리이자 법적 의무인 '신의성실의 원칙'과 '고객우선의 원칙'을 정면으로 위반하는 행위이므로 금융소비자보호법에서는 설명의무의 위반과 동일하게 이를 위반하는 금융회사에 대해 해당 금융상품의 계약으로부터 얻는 수입의 최대 50% 이내에서 과징금을 부과할 수 있으며, 별도로 최대 1억원 이내에서 과태료를 부과할 수 있도록 하고 있다.

5) 부당권유 행위 금지

다. 다만, 금융소비자 보호 및 건전한 거래질서를 해칠 우려가 없는 행위로서 대통령령으로 정하는 행위는 제외한다.

1. 불확실한 사항에 대하여 단정적 판단을 제공하거나 확실하다고 오인하게 할 소지가 있는 내용을 알리는 행위
2. 금융상품의 내용을 사실과 다르게 알리는 행위
3. 금융상품의 가치에 중대한 영향을 미치는 사항을 미리 알고 있으면서 금융소비자에게 알리지 아니하는 행위
4. 금융상품 내용의 일부에 대하여 비교대상 및 기준을 밝히지 아니하거나 객관적인 근거 없이 다른 금융상품과 비교하여 해당 금융상품이 우수하거나 유리하다고 알리는 행위
6. 투자성 상품의 경우 다음 각 목의 어느 하나에 해당하는 행위
   가. 금융소비자로부터 계약의 체결권유를 해줄 것을 요청받지 아니하고 방문·전화 등 실시간 대화의 방법을 이용하는 행위
   나. 계약의 체결권유를 받은 금융소비자가 이를 거부하는 취지의 의사를 표시하였는데도 계약의 체결권유를 계속하는 행위
7. 그 밖에 금융소비자 보호 또는 건전한 거래질서를 해칠 우려가 있는 행위로서 대통령령으로 정하는 행위

금융소비자보호법에서는 부당권유행위를 크게 7가지로 구분하고 있는데, 이는 기존의 자본시장법 제49조에서 정하고 있던 부당권유행위보다 구체적이고 적용대상을 확대한 것이다.

부당권유행위가 발생한 경우 금융소비자보호법에서는 앞서 말한 설명의무 위반, 불공정영업행위의 발생과 마찬가지로 위반하는 금융회사에 대해 해당 금융상품의 계약으로부터 얻는 수입의 최대 50% 이내에서 과징금을 부과할 수 있으며, 별도로 최대 1억원 이내에서 과태료를 부과할 수 있다.

(1) 합리적 근거 제공 등

금융투자업 종사자의 금융소비자에 대한 금융상품의 계약 체결 또는 권유는 합리적이고 충분한 근거에 기초하여야 하고, 여러 관련 요소 중에서 선택하여야 할 사항이 있는 경우 그 취사 여부는 합리적인 판단에 기초하여야 한다. 여기에서 '합리적 판단'이란 유사한 상황에서 유사한 지식을 보유한 자가 대부분 선택할 수 있어야 함을 의미하

며 이는 선량한 관리자로서의 주의의무와 연결된다. 이와 관련하여 금융투자업규정 제 4-20조 제1항에서는 "신뢰할 만한 정보·이론 또는 논리적인 분석·추론 및 예측 등 적절하고 합리적인 근거를 가지고 있지 아니하고 특정 금융투자상품의 매매거래나 특 정한 매매전략·기법 또는 특정한 재산운용배분의 전략·기법을 채택하도록 투자자에 게 권유하는 행위"를 불건전 영업행위 중 하나로 규정함으로써 부당권유행위의 발생을 방지하고 있다.

합리적 근거의 제공은 다른 금융상품과 비교하여 우위를 가릴 때에도 적용된다.

금융소비자보호법에서는 계약의 체결을 권유하는 금융상품과 다른 금융상품을 비교 할 때 반드시 명확한 비교대상 및 기준을 밝히도록 의무화하였으며, 우수성 및 금융소 비자에 대한 유리 여부에 대한 판단을 할 때 그 사유를 명확히 하도록 요구하고 있다. 따라서 금융소비자의 의사결정에 중대한 영향을 미칠 수 있는 정보를 제공할 때에는 당해 사실 또는 정보의 출처(또는 정보제공자)를 밝힐 수 있어야 한다.

또한 금융상품의 가치에 중대한 영향을 미치는 사항에 대해 금융회사가 알고 있는 경우 해당 사항은 반드시 금융소비자에게 설명하여야 하는바, 종전의 자본시장법에서 는 이를 설명의무의 위반으로 보았으나, 금융소비자보호법에서는 설명의무 위반과 동 시에 부당권유행위 금지 위반에 해당한다고 볼 수 있으므로 각별한 주의가 필요하다.

> **! 사례**
>
> 투자권유자문인력 A는 보다 중립적이고 객관적인 자료에 근거하여 금융소비자의 투자성향에 따라 소극적인 투자를 권유하고 있다. 반면에 투자권유자문인력 B는 비관적인 자료보다는 가 능한 '장밋빛' 전망을 내는 자료에 기초하여 투자를 권유하고 있다.
>
> (평가)
> B의 행위는 객관적인 판단에 입각하기보다는 시류에 영합함으로써 신임의무에 기초한 '신의 성실의 원칙'을 위배하고 있다. B는 '전문가로서 독립적으로 그 직무를 수행하여야 한다'는 직무윤리를 위반하고 있고, 동시에 투자정보 등을 제공함에 있어서 정밀한 조사분석에 입각 하여 합리적인 근거에 의하여야 한다는 자본시장법에 따른 규정을 위반하고 있다.

(2) 적정한 표시 의무

가. 중요 사실에 대한 정확한 표시

'중요한 사실'이라 함은 금융소비자의 금융상품 계약 체결 판단에 중요한 영향을 미친다고 생각되는 사실로서 금융상품 자체에 관한 중요한 정보뿐만 아니라, 수익에 영향을 줄 수 있는 거시경제·자본시장과 금융시장에 관한 정보, 국내에 영향을 미칠 수 있는 외국의 정보 등이 모두 포함한다.

'정확한 표시'라 함은 금융상품 계약 체결 판단에 필요한 중요한 사항은 빠짐없이 모두 포함시켜야 하고, 그 내용이 충분하고 명료할 것을 의미하는데, 이때 고려해야 할 사항은 정보를 제공받는 대상의 지식 및 이해 수준, 전체적 맥락에서 당해 정보가 불필요한 오해를 유발할 소지가 있는지 여부, 내용의 복잡성이나 전문성에 비추어 정보의 전달방법이 상대방에게 정확하게 정보가 전달될 수 있는지 여부 등이다. 표시의 방법은 조사분석자료 등과 같은 문서에 의하건 구두 또는 그 밖의 다른 방법(예 : e-mail 전송 등)에 의하건 방법을 불문한다.

> **! 사례**

증권회사 직원이 무상증자 신주배정기준일을 잘못 이해하고 알려준 경우 배상책임을 인정한 사례

(사건 개요)
증권회사 직원이 고객에게 무상증자가 예정된 종목에 대한 매수를 권유하면서 신주배정기준일을 잘못 이해하고 알려주어서 고객은 권리락 이후 주식매수를 하게 되었고 이로 인해 무상증자를 받지 못 하였다.

(판단 내용)
증권회사 직원은 주식거래에 관한 정확한 정보를 제공해야 할 '신의성실의 원칙'상 의무가 있음에도 불구하고 신주배정기준일의 개념을 잘못 알고서 안내를 해 고객에게 손해를 입혔으므로 직원 및 사용자 책임이 있는 증권회사에서는 연대하여 배상할 책임이 있다. 다만 고객도 잘못된 설명을 확인하지 않은 점, 권리락 후 해당 종목을 저렴하게 매수한 점, 권리락 이전이라면 매수할 수 있는 주식의 수량도 줄었고 이에 따라 무상증자분도 적었을 것이라는 점 등을 참작해 직원 및 증권회사의 책임을 30%만 인정하였다(서울북부지법 2009.5.15.선고 2008가단 66235).

나. 투자성과보장 등에 관한 표현의 금지

금융상품 중 투자성 상품이라고 하는 가격 변동이 큰 위험상품에 대한 투자는 반드시 예상한 대로 투자성과가 이루어진다는 것을 그 누구도 보장할 수 없다. 이러한 '위험성'이 존재함에도 불구하고 금융소비자에게 투자권유를 하면서 일정한 투자성과를 확실하게 보장하는 듯한 표현을 하면, 거시적인 관점에서는 자본시장의 가격 형성 기능을 왜곡시키고 금융투자업계 전반의 신뢰도를 하락시킬 수 있으며, 개별 금융투자업자의 관점에서는 그러한 단정적 표현과는 다른 상황이 전개되었을 경우 필연적으로 금융소비자와 분쟁이 발생하게 되어 해당 금융투자업 종사자는 물론 소속된 금융투자업자의 신뢰를 손상시키게 됨으로써 금융투자업자의 재무건전성에도 영향을 미치게 된다.

'투자성과를 보장'하는 경우에 해당하는 것인지에 대한 판단은 개별적인 사안에서 구체적으로 판단하여야 하는데 예를 들어 증권투자상담을 하면서 특정 종목을 매수하여 특정 기간 내에 일정한 기대성과를 확약하는 것은 투자성과를 보장하는 표현에 해당된다고 볼 수 있다.

> **！ 사례**
>
> 금융투자회사의 영업사원인 A는 X회사가 자금조달을 위하여 발행하는 신주의 모집을 추진하기 위하여 고객 B에게 청약하여 줄 것을 권유하면서 "이번 청약을 통해 원금의 손실이 발생하더라도 향후 준비되어 있는 신규 공모주로 보충하기 때문에 B에게는 절대 손실이 없다"라고 했다.
>
> **(평가)**
>
> A는 "절대 손실이 없다"라고 함으로써 투자성과를 보장하는 듯한 표현을 하였고, 이에 대한 합리적인 근거도 제시하지 않았다. 또한 신주 청약으로 인해 발생할 수 있는 손실 등 위험에 대해 고지하지도 않음으로써 '신의성실의 원칙'이라는 직무윤리를 위반하였을 뿐만 아니라 자본시장법에서 금지하고 있는 부당권유행위를 하였다.

다. 허위·과장·부실표시의 금지

금융투자업 종사자는 소속 회사 또는 자신의 실적을 좋게 보이기 위하여 자의적으로 부풀려진 실적을 제시하는 것은 금지되어 있다. 이는 비단 집합투자기구의 운용역(펀드매니저)뿐만 아니라 투자중개업이나 투자자문업에 종사하는 자에게도 적용되는데 예를 들어 펀드매니저가 자신이 운용하고 있는 펀드의 운용실적을 산출하는 과정에서 명확하게 허위의 것을 제시하는 것이 허용되지 않은 것은 물론이지만, 운용실적 산출과정에서 여러 가지 선택 가능한 방법 중 운용실적 등을 좋게 보이도록 자의적으로 취사선택을 한다면 이는 정확하지 않은 방법으로 측정되어 해당 펀드의 운용실적이 부풀려지게 되고 운용실적이라는 정보에 기초하여 투자권유를 하는 투자중개업자 등 해당 펀드 판매회사의 종사자 및 의사결정을 하는 금융소비자로 하여금 오인시킬 소지가 있으므로 허용되지 않는다.

그 밖에도 수탁된 자산규모를 부풀린다든지, 운용실적이 좋은 펀드매니저를 대표 펀드매니저로 제시한다든지, 운용실적을 제시한 기간을 조작함으로써 운용실적을 실제 이상으로 과장하는 행위도 허용되지 않는다.

> ⚠️ **사례**
>
> 유사투자자문업자가 허위정보를 제공해 투자자가 손해를 본 경우 민법상 불법행위책임을 인정한 사례
>
> (사건 개요)
> 인터넷 증권방송업체가 특정 회사에 대해 대형계약을 체결하고 M&A에 관한 양해각서도 곧 발표할 것이라는 취지의 확인되지 않은 내용을 방송하였다. 이 내용을 믿고 해당 주식에 투자를 하여 피해를 입은 고객은 해당 증권방송업체를 사기혐의로 고소했으나 무혐의 처분이 내려지자 민사소송을 제기하였다.
>
> (판단 내용)
> 유사투자자문업자가 자본시장법상의 금융소비자보호의무를 지는 대상은 아니더라도 허위정보를 제공하여 손해를 입혔다면 민법 제750조(불법행위의 내용)에 따라 불법행위책임을 물을 수 있다고 판단하였다. 유사투자자문업자가 허위정보를 제공해 손해를 끼쳤어도 기존에는 자본시장법상 책임을 물을 수 없어 고객의 피해를 보전할 방법이 없었으나, 이 판결로 인해 민법상 불법행위책임을 물을 수 있게 되었다(대법원 2015.7.9.선고 2013다 13849).

(3) 요청하지 않은 투자권유 금지

투자성 금융상품의 경우 금융소비자로부터 아무런 요청이 없음에도 불구하고 해당 금융소비자의 자택 또는 직장을 방문하거나, 길거리에서의 호객행위, 또는 무작위적인 전화통화를 통하여 투자를 권유하면 개인의 평온한 사생활을 침해할 우려가 있고 충동구매와 불필요한 투자를 유발할 가능성이 있으므로 투자권유는 금융소비자가 원하는

경우에만 하여야 한다. 특히 고위험 금융투자상품인 장외파생상품의 경우는 원본손실의 가능성이 매우 크고 그에 따른 분쟁의 가능성이 상대적으로 크기 때문에 요청하지 않은 투자권유를 하여서는 아니 된다.

그러나, 금융소비자 보호 및 건전한 거래질서를 해칠 우려가 없는 행위로 투자권유 전에 금융소비자의 개인정보 취득경로, 권유하려는 금융상품의 종류·내용 등을 금융소비자에게 미리 안내하고, 해당 금융소비자가 투자권유를 받을 의사를 표시한 경우에는 투자권유를 할 수 있다. 다만, 금융투자상품의 위험정도와 금융소비자의 유형을 감안하여 제외되는 상품은 아래와 같다(금융소비자보호법 시행령 제16조 제1항 제1호).

❶ 일반금융소비자의 경우 : 고난도금융투자상품, 고난도투자일임계약, 고난도금전신탁계약, 사모펀드, 장내파생상품, 장외파생상품
❷ 전문금융소비자의 경우 : 장외파생상품

또한 투자권유를 받은 금융소비자가 이를 거부하는 취지의 의사를 표시한 경우에는 투자권유를 계속하여서는 안 되며, 다음의 경우에만 예외적으로 허용된다(금융소비자보호법 시행령 제16조 제1항 제2호 및 제3호).

❶ 권유를 받은 투자자가 이를 거부하는 취지의 의사를 표시한 후 금융위원회가 정하여 고시하는 기간(1개월)이 지난 후에 다시 권유를 하는 행위
❷ 다른 종류의 금융(투자)상품에 대하여 권유를 하는 행위

이와 관련하여 2022년 12월 8일부터 시행된 개정 '방문판매에 관한 법률'에 따라 금융소비자를 방문(유선 연락 등 실시간 대화의 방법을 포함)하여 금융상품을 판매하는 경우에는 금융소비자에 대한 사전안내, 자격증명, 판매과정 녹취 등 관련 법령 등에서 정하고 있는 절차를 준수하여야 함에 유의하여야 한다.

(4) 기타 부당권유행위

금융소비자보호법에서 규정하고 있는 부당권유행위 중 하나는 제21조 제7호의 '금융소비자 보호 또는 건전한 거래질서를 해칠 우려가 있는 행위로서 대통령령으로 정하는 행위'이다. 이에 대해 금융소비자보호법 시행령 제16조 제3항에서는 이러한 부당권유행위를 다음과 같이 정하고 있다.

❶ 내부통제기준에 따른 직무수행 교육을 받지 않은 자로 하여금 계약체결 권유와

관련된 업무를 하게 하는 행위
- 대표적인 사례는 개별 금융상품에 대한 교육을 받지 않는 등의 사유로 인해 금융상품 계약체결의 자격이 없는 투자권유대행인 또는 모집인 등이 금융상품 계약을 체결하는 행위 등

❷ 법 제17조 제2항(적합성 원칙)에 따른 일반금융소비자의 정보를 조작하여 권유하는 행위
- 대표적인 사례는 금융상품 판매 시 적합성 원칙의 적용을 회피할 목적으로 금융소비자로 하여금 투자권유를 희망하지 않도록 요구하는 행위 또는 금융소비자의 투자성향에 맞지 않는 부적합한 상품을 권유하면서 '투자성향에 적합하지 않은 투자성 상품거래 확인서' 등의 서면을 작성하게 하는 행위 등

❸ 투자성 상품에 관한 계약의 체결을 권유하면서 일반금융소비자가 요청하지 않은 다른 대출성 상품을 안내하거나 관련 정보를 제공하는 행위
- 대표적인 사례는 일명 '꺾기'라고 알려진 행위로 금융소비자에게 대출을 해주면서 대출금의 일부는 특정 상품에 가입하게 하는 행위 또는 특정 상품에 가입하는 경우 대출금을 증액하는 행위 등

최근 일부 사모 펀드 등 투자성 상품에서 발생하는 막대한 손실발생 등과 관련하여 해당 금융상품을 판매한 금융회사에서 관련 법령 등을 위반하는 사례가 나타나고 있음을 보게 된다.

예를 들어 높은 연령대의 금융소비자에게 내부적으로 캠페인을 하고 있는 파생상품을 이자율이 높은 예금이라고 사실과 다른 내용을 알리고, 이와 관련한 상품에 대한 설명의무도 충실히 이행하지 않은 채 적합성 원칙에 맞지 않는 금융소비자의 정보를 조작하여 판매하는 사례 등이 대표적인 것으로 금융소비자보호법에서는 이러한 사례가 재발하지 않도록 구체화시켜 명시하고 있으며 위반 시 제재를 강화하고 있음을 알 수 있다.

6) 광고 관련 준수사항

6대 판매원칙 중 하나는 '금융상품 등에 대한 광고 관련 사항의 준수'이다.
금융소비자보호법 제22조에서 동 사항을 다루고 있는바, 주요 내용은 다음과 같다.

(1) 광고의 주체

금융소비자보호법 상 관련 법령 등에 따라 등록된 금융상품판매업자 등만이 금융상품 또는 업무에 관한 광고가 가능하다. 다만 예외적으로 각 업권별로 법에서 정하고 있는 협회(금융투자협회 등)와 금융회사를 자회사나 손자회사로 두고 있는 지주회사 중 대통령령으로 정하는 경우 등은 광고가 가능하다.

(2) 광고의 내용 등

광고는 금융소비자가 금융상품의 내용을 오해하지 않도록 명확하고 공정하게 전달해야 하며, 다음의 내용이 포함되어야 한다.

❶ 금융상품 계약 체결 전 설명서 및 약관을 읽어볼 것을 권유하는 내용
❷ 금융회사의 명칭 및 금융상품의 내용
❸ 보장성, 투자성, 예금성 상품의 위험, 조건 등 법에서 정하고 있는 주요 사항 등

(3) 준수 및 금지사항

금융회사가 광고를 실행하는 경우 각 금융상품별로 금융소비자를 오인하게 할 소지가 있는 내용 등 법에서 금지하고 있는 내용을 포함해서는 안 되며, 「표시·광고의 공정화에 관한 법률」 제4조 제1항에 따른 표시·광고사항이 있는 경우에는 같은 법에서 정하는 바에 따라 관련 내용을 준수하여야 한다. 기타 광고에 관한 세부적인 사항은 금융소비자보호법 시행령 제17조부터 제21조에서 다루고 있다.

7) 계약서류의 제공 의무

금융소비자보호법 제23조(계약서류의 제공의무)
① 금융상품직접판매업자 및 금융상품자문업자는 금융소비자와 금융상품 또는 금융상품자문에 관한 계약을 체결하는 경우 금융상품의 유형별로 대통령령으로 정하는 계약서류를 금융소비자에게 지체 없이 제공하여야 한다. 다만, 계약내용 등이 금융소비자 보호를 해칠 우려가 없는 경우로서 대통령령으로 정하는 경우에는 계약서류를 제공하지 아니할 수 있다.
② 제1항에 따른 계약서류의 제공 사실에 관하여 금융소비자와 다툼이 있는 경우에는

금융소비자보호법에서는 금융회사가 금융소비자와 금융상품의 계약을 체결하는 경우 해당 금융소비자에게 금융소비자보호법 시행령 제22조 제1항에 따라 금융상품 계약서 및 금융상품의 약관을 포함하여, 투자성 상품인 경우에는 금융상품 설명서를 계약서류로 제공하도록 의무화하고 있다. 이때 금융소비자는 일반/전문 여부를 불문하고 '지체없이' 제공하도록 규정하고 있는데, 여기에서 '지체없이'는 '즉시 제공하지 못 하는 합리적인 사유가 있는 경우 그 사유를 해소한 후 신속하게'로 해석할 수 있다. 이와 관련하여 법제처 법령해석례 11-0134에서는 '몇 시간 또는 몇 일과 같이 물리적인 시간 또는 기간을 의미한다기보다는 사정이 허락하는 한 가장 신속하게 처리해야 하는 기간을 의미한다'고 기술하고 있다. 다만, 법인 전문투자자 등 예외적으로 법령 등에서 정하고 있는 경우에는 해당 금융소비자가 원하지 않으면 설명서를 제공하지 않을 수 있다.

유의해야 할 점은 종전의 자본시장법에서도 계약서류의 제공의무가 규정되어 있었으나, 그 입증책임에 대해서는 규정하고 있지 않았다. 그러나 금융소비자보호법의 시행으로 인해 계약서류의 제공의무에 대한 입증책임은 명백히 금융회사로 전환되었기 때문에 금융투자업에 종사하는 임직원은 법령 등에 따라 계약서류를 제공하고 그 증빙을 갖추어야 하며, 이 부분은 다음의 판매 후 단계에서 기록 및 유지·관리 의무와 연결되므로 반드시 준수하여야 함에 유의하여야 한다.

5 　상품 판매 이후 단계의 금융소비자보호

1) 보고 및 기록의무

(1) 처리결과의 보고의무

금융투자업 종사자는 금융소비자로부터 위임받은 업무를 처리한 경우 그 결과를 금융소비자에게 지체 없이 보고하고 그에 따라 필요한 조치를 취하여야 한다.

이는 금융소비자로 하여금 본인의 거래상황을 신속하게 파악하여 적기에 필요한 조치를 취할 수 있도록 하고, 금융소비자의 업무처리에 편의를 제공하기 위함이다. 또한 이렇게 함으로써 거래상황을 투명하게 하고 위법·부당한 거래를 억지(抑止)하는 기능을 기대할 수 있다. 금융소비자는 이러한 통지와 자신의 거래기록을 대조함으로써 임의매매 등 위법한 주식거래가 발생할 소지를 미연에 방지할 수 있다.

'보고'란 단순히 위임받은 업무를 처리하였다는 사실을 통지하는 것만이 아니라 금융소비자가 업무처리내용을 구체적으로 알 수 있고, 그에 따라 금융소비자가 적절한 지시를 할 수 있도록 필요한 사항을 알리는 것을 말한다. 예를 들어 증권위탁매매를 실행한 경우라면, 매매의 시기, 목적물의 종류·수량·가격 등 업무의 처리 결과를 보고하여야 한다.

보고의 방법은 합리적인 것이라면 제한이 없으므로, 구두·문서·전화·모사전송(팩스) 기타 e-mail 등의 전자통신의 방법으로도 가능하지만, 보고의 내용에 대하여 객관적 증빙을 남겨둘 수 있는 것이 바람직하다.

매매명세의 통지

자본시장법 제73조에서는 "매매명세의 통지"에 관하여 "투자매매업자 또는 투자중개업자는 금융투자상품의 매매가 체결된 경우에는 그 명세를 대통령령으로 정하는 방법에 따라 투자자에게 통지하여야 한다"고 규정하고 있으며, 그 구체적 방법은 동법 시행령 제70조 제1항 및 제2항에서 아래와 같이 설명하고 있다.

① 매매가 체결된 후 지체 없이 매매의 유형, 종목·품목, 수량, 가격, 수수료 등 모든 비용, 그 밖의 거래내용을 통지하고, 집합투자증권 외의 금융투자상품의 매매가 체결된 경우 체결된 날의 다음 달 20일까지 월간 매매내역·손익내역, 월말 현재 잔액현황·미결제약정현황 등을 통지할 것

② 집합투자증권의 매매가 체결된 경우 집합투자기구에서 발생한 모든 비용을 반영한 실질 투자수익률, 투자원금 및 환매예상 금액, 그 밖에 금융위원회가 고시하는 사항은 매월 마지막 날까지 통지할 것

③ 다음 어느 하나에 해당하는 방법 중 투자매매업자 또는 투자중개업자와 투자자 간에 미리 합의된 방법(계좌부 등에 의하여 관리·기록되지 아니하는 매매거래에 대하여는 ㉠만 해당한다)으로 통지할 것. 다만, 투자자가 보유한 집합투자증권이 상장지수집합투자기구, 단기금융집합투자기구, 사모집합투자기구의 집합투자증권이거나, 평가기준일의 평가금액이 10만원 이하인 경우(집합투자증권의 매매가 체결된 경우에 한한다) 또는 투자자가 통지를 받기를 원하지 아니하는 경우에는 지점, 그 밖의 영업소에 비치하거나 인터넷 홈페이지에 접속하여 수시로 조회가 가능하게 함으로써 통지를 갈음할 수 있다.
㉠ 서면 교부

ⓒ 전화, 전신 또는 모사전송
　　ⓒ 전자우편, 그 밖에 이와 비슷한 전자통신
　　ⓔ 예탁결제원 또는 전자등록기관의 기관결제참가자인 투자자 또는 투자일임업자에 대하여 예탁결제원 또는 전자등록기관의 전산망을 통해 매매확인서 등을 교부하는 방법
　　ⓜ 인터넷 또는 모바일시스템을 통해 수시로 조회할 수 있도록 하는 방법
　　ⓗ 투자매매업자 또는 투자중개업자 모바일시스템을 통해 문자메시지 또는 이와 비슷한 방법으로 통지하는 방법

(2) 기록 및 유지 · 관리 의무

금융소비자보호법 제28조(자료의 기록 및 유지 · 관리 등)
① 금융상품판매업자등은 금융상품판매업등의 업무와 관련한 자료로서 대통령령으로 정하는 자료를 기록하여야 하며, 자료의 종류별로 대통령령으로 정하는 기간 동안 유지 · 관리하여야 한다.
② 금융상품판매업자등은 제1항에 따라 기록 및 유지 · 관리하여야 하는 자료가 멸실 또는 위조되거나 변조되지 아니하도록 적절한 대책을 수립 · 시행하여야 한다.

　금융투자업 종사자는 업무를 처리함에 있어서 필요한 기록 및 증거물을 금융소비자보호법에서 정하고 있는 절차에 따라 보관하여야 한다.

　이는 업무집행의 적정성을 담보하고 후일 분쟁이 발생할 경우를 대비하기 위한 것으로 금융소비자와 금융투자업 종사자 모두를 동시에 보호하는 역할을 한다.

　'기록'은 업무수행과 관련된 문서 · 자료 등의 근거가 되는 입증자료 일체를 말하며, 문서(전자문서 포함)로 작성하는 경우에는 문서로서의 법적 효력을 유지하도록 하되, 문서작성자의 동일성을 확인할 수 있도록 기명날인 또는 서명이 있어야 한다.

　'문서'의 보관은 법령과 회사의 규정 등에서 정하는 보존기간 이상의 기간 동안 적법한 방법으로 보관하여야 하며, 그러한 정함이 없는 경우에는 시효기간 등을 고려하여 자율적으로 정하여야 한다.

　금융회사가 의무적으로 보관해야 하는 자료의 종류 및 의무적인 보관기간에 관하여는 금융소비자보호법 시행령 제26조 제1항 및 제2항에서 아래와 같이 규정하고 있다.

금융소비자보호법 시행령 제26조(자료의 기록 및 유지·관리 등)

① 법 제28조 제1항에서 "대통령령으로 정하는 자료"란 다음 각 호의 자료를 말한다.

  1. 계약체결에 관한 자료

  2. 계약의 이행에 관한 자료

  3. 금융상품등에 관한 광고 자료

  4. 금융소비자의 권리행사에 관한 다음 각 목의 자료

     가. 법 제28조 제4항 후단 및 제5항에 따른 금융소비자의 자료 열람 연기·제한 및 거절에 관한 자료

     나. 법 제46조에 따른 청약의 철회에 관한 자료

     다. 법 제47조에 따른 위법계약의 해지에 관한 자료

  5. 내부통제기준의 제정 및 운영 등에 관한 자료

  6. 업무 위탁에 관한 자료

  7. 제1호부터 제6호까지의 자료에 준하는 것으로서 금융위원회가 정하여 고시하는 자료

② 법 제28조 제1항에서 "대통령령으로 정하는 기간"이란 10년을 말한다. 다만, 다음 각 호의 자료는 해당 각 호의 구분에 따른 기간으로 한다.

  1. 제1항 제1호 및 제2호의 자료(보장기간이 10년을 초과하는 보장성 상품만 해당) : 해당 보장성 상품의 보장기간

  2. 제1항 제5호의 자료 : 5년 이내의 범위에서 금융위원회가 정하여 고시하는 기간

  3. 제1항 제7호의 자료 : 10년 이내의 범위에서 금융위원회가 정하여 고시하는 기간

(3) 자료열람요구권

금융소비자보호법 제28조(자료의 기록 및 유지·관리 등)

③ 금융소비자는 제36조에 따른 분쟁조정 또는 소송의 수행 등 권리구제를 위한 목적으로 제1항에 따라 금융상품판매업자등이 기록 및 유지·관리하는 자료의 열람(사본의 제공 또는 청취를 포함. 이하 이 조에서 같다)을 요구할 수 있다.

④ 금융상품판매업자등은 제3항에 따른 열람을 요구받았을 때에는 해당 자료의 유형에 따라 요구받은 날부터 10일 이내의 범위에서 대통령령으로 정하는 기간 내에 금융소비자가 해당 자료를 열람할 수 있도록 하여야 한다. 이 경우 해당 기간 내에 열람할 수 없는 정당한 사유가 있을 때에는 금융소비자에게 그 사유를 알리고 열람을 연기할 수 있으며, 그 사유가 소멸하면 지체 없이 열람하게 하여야 한다.

⑤ 금융상품판매업자등은 다음 각 호의 어느 하나에 해당하는 경우에는 금융소비자에게

그 사유를 알리고 열람을 제한하거나 거절할 수 있다.

1. 법령에 따라 열람을 제한하거나 거절할 수 있는 경우
2. 다른 사람의 생명·신체를 해칠 우려가 있거나 다른 사람의 재산과 그 밖의 이익을 부당하게 침해할 우려가 있는 경우
3. 그 밖에 열람으로 인하여 해당 금융회사의 영업비밀(「부정경쟁방지 및 영업비밀보호에 관한 법률」 제2조 제2호에 따른 영업비밀을 말한다)이 현저히 침해되는 등 열람하기 부적절한 경우로서 대통령령으로 정하는 경우

⑥ 금융상품판매업자등은 금융소비자가 열람을 요구하는 경우 대통령령으로 정하는 바에 따라 수수료와 우송료(사본의 우송을 청구하는 경우만 해당)를 청구할 수 있다.

⑦ 제3항부터 제5항까지의 규정에 따른 열람의 요구·제한, 통지 등의 방법 및 절차에 관하여 필요한 사항은 대통령령으로 정한다.

❶ 개요

금융소비자보호법에서 금융소비자의 권익을 증진하기 위해 신설된 제도 중 하나는 '자료열람요구권'제도이다.

자료열람요구권은 금융소비자에게 부여된 권리이며, 분쟁조정 또는 소송의 수행 등 권리구제를 위한 목적으로 앞서 살펴본 바와 같이 금융회사가 기록 및 유지·관리하는 자료에 대해 열람, 제공, (녹취인 경우) 청취를 요구할 수 있다. 이 제도는 분쟁조정, 소송 등에서 금융소비자의 권리를 구제하는 것이 목적이므로 기존 자본시장법에 근거하여 금융소비자의 요청에 따라 제공하는 '금융정보열람신청(업권별, 회사별로 명칭이 다를 수 있다)'과는 성격이 약간 다르다고 볼 수 있다.

❷ 열람의 승인 및 연기

금융소비자는 금융소비자보호법 시행령 제26조 제3항에 따라 열람 목적, 범위, 방법 등이 포함된 열람요구서를 금융회사에 제출하여 자료 열람 등을 요구할 수 있으며, 해당 금융회사는 금융소비자보호법 시행령 제26조 제4항에 따라 금융소비자로부터 자료 열람 등을 요구받은 날로부터 6영업일 이내에 해당 자료를 열람할 수 있게 하여야 한다. 이때 열람의 승인, 열람 가능일시, 열람 장소 등에 대해 금융소비자에게 통지할 때에는 금융소비자보호법 시행령 제26조 제5항에 따라 문서로 하는 것이 원칙이나, 열람을 승인하는 경우에는 예외적으로 전화, 팩스, 전자우편, 휴대전화 메시지 등을 통해 통지할 수 있다.

만일 금융소비자가 열람을 요구하는 자료가 6영업일 이내에 열람이 불가능한

것으로 판단되는 정당한 사유가 있는 경우(예, 장기간의 공휴일 등)에는 해당 기간 내에 금융소비자에게 문서로 열람의 연기와 사유를 알리고, 연기의 사유가 된 요인이 해소된 경우에는 지체없이 자료를 열람할 수 있게 하여야 한다. 이때 열람의 연기 통지는 열람의 승인과 다르게 연기사유 등이 명기된 문서로 금융소비자에게 통지하여야 한다.

❸ 열람의 제한 및 거절

금융소비자의 자료열람요구에 대해 금융회사가 무조건 승인을 해야 하는 것은 아니고, 금융소비자보호법 제28조 제5항 및 동법 시행령 제26조 제6항에 따라 다음의 경우에는 자료 열람이 제한되거나 거절될 수 있다.

- 「부정경쟁방지 및 영업비밀보호에 관한 법률」 제2조 제2호에 따른 영업비밀을 현저히 침해할 우려가 있는 경우
- 다른 사람의 생명, 신체를 해칠 우려가 있거나 다른 사람의 재산과 그 밖의 이익을 부당하게 침해할 우려가 있는 경우
- 개인정보의 공개로 인해 사생활의 비밀 또는 자유를 부당하게 침해할 우려가 있는 경우
- 열람하려는 자료가 열람목적과 관련이 없다는 사실이 명백한 경우

금융소비자로부터 자료열람 등을 요구받은 금융회사는 위의 사유 등에 해당되어 자료 열람 등의 제한 또는 거절로 판단되는 경우에는 열람의 연기 통지와 마찬가지로 열람의 제한 또는 거절에 대한 사유를 포함한 문서를 통해 금융소비자에게 통지하여야 한다.

❹ 비용의 청구

금융소비자가 금융회사에 대해 자료 열람 등을 요청할 때 사용하는 자료열람요구서는 앞서 설명한 바와 같이 자료열람의 방법 등이 포함되어 있는바, 금융소비자가 우편 등을 통해 해당 자료열람을 요청한 경우 금융회사는 우송료 등을 금융소비자에게 청구할 수 있으며 열람 승인을 한 자료의 생성 등에 추가 비용 등이 발생하는 경우에는 해당 수수료도 금융소비자에게 청구할 수 있다.

2) 정보의 누설 및 부당이용 금지

자본시장법 제54조(직무 관련 정보의 이용 금지)
금융투자업자는 직무상 알게 된 정보로서 외부에 공개되지 아니한 정보를 정당한 사유 없이 자기 또는 제3자의 이익을 위하여 이용하여서는 아니 된다.

금융소비자보호 표준내부통제기준 제27조(금융소비자 신용정보, 개인정보 관리)
① 회사는 금융소비자의 개인(신용)정보의 관리·보호 정책을 수립하고 실행할 수 있는 내부규정을 마련하는 등 신용정보 및 개인정보의 관리 및 보호에 필요한 체계를 구축·운영하여야 한다.
② 회사는 금융상품 판매와 관련하여 금융소비자의 개인(신용)정보의 수집 및 활용이 필요할 경우 명확한 동의절차를 밟아서 그 목적에 부합하는 최소한의 정보만 수집·활용하여야 하고, 당해 정보를 선량한 관리자의 주의로써 관리하며, 당해 목적 이외에는 사용하지 아니하여야 한다.
③ 회사는 수집된 개인정보를 관리하는 개인정보 관리책임자를 선임하여야 한다.

금융투자업 종사자는 앞에서 설명한 바와 같이 이해상충 방지 및 금융소비자보호를 위해 준수하여야 할 절차를 수행하면서 부득이하게 금융소비자의 재산, 수입상태, 지출상태, 개인의 성향이나 프라이버시, 그 밖의 여러 가지 금융소비자의 개인정보를 포함하여 관련 업무의 수행을 위해 해당 금융소비자의 매매내역 등 신용정보를 취득·이용할 수 있다. 금융소비자에 관한 개인정보 및 신용정보는 당연히 해당 금융소비자에게 귀속하고, 금융투자업 종사자는 업무수행상 불가피하게 이를 보관·관리하는 관리자의 지위에 있을 뿐, 이를 임의로 누설하거나 이용할 수 있는 처분권한은 없다.

금융소비자가 금융투자업 종사자에 대하여 자기의 재산과 수입의 상세한 것을 밝히고 조언을 요청하거나 투자운용을 위임하는 것은 자신 및 자신의 개인정보와 신용정보에 관한 비밀을 유지할 것이라는 당연한 신뢰가 전제되어 있다. 이러한 금융소비자의 신뢰를 저버리는 비밀누설이나 이를 부당하게 이용하는 행위는 금융소비자의 권익을 해칠 뿐만 아니라 당해 업무종사자의 신용을 실추시키게 된다. 즉, 윤리적인 관점에서 보았을 때 이는 이제까지 설명했던 금융투자업 종사자가 준수하여야 할 가장 기본적인 원칙인 신의성실의 원칙에서 벗어나는 것으로 이를 위반하는 경우 금융소비자에 대한 충실의무 및 주의의무를 모두 위반하는 것이 된다. 따라서, 직무윤리의 준수는 이러한 위험을 방지하는 역할을 한다.

또한, 이 원칙은 법률로써 강제화되어 엄격히 통제되는데, 자본시장법 제54조에서 명기하고 있는 "직무상 알게 된 정보"에는 금융투자업 종사자가 취득하게 된 금융소비자에 관한 포괄적인 정보가 포함되며 이의 누설 금지 및 정당한 사유없는 자기 또는 제3자의 이익을 위한 사용을 금지하고 있다.

이와 관련하여 정부차원에서도 2009년 4월 '신용정보의 이용 및 보호에 관한 법률(신용정보법)'을 제정하여 금융소비자의 신용 정보를 철저히 보호하고 있으며, 2011년 3월에는 '개인정보보호법'을 제정하여 정보보호의 범위를 개인 정보로까지 확대하였고, 이를 위반한 자에 대해서는 엄중한 조치를 취하고 있다.

따라서 금융소비자에 대한 정보를 누설하거나 부당하게 이용하는 경우 이는 단순히 윤리기준 뿐만 아니라 강행법규를 위반하게 되는 결과를 낳게 된다.

이 절에서는 금융소비자의 정보 보호에 관한 얘기만을 다루었지만, 금융투자업 종사자가 자기의 직무를 수행하면서 취득하게 되는 정보는 비단 금융소비자에 관한 정보보다 훨씬 더 넓은 범위의 정보이므로 이에 대한 사항 역시 다음 절에서 다루기로 한다.

3) 기타 관련 제도

금융소비자보호 표준내부통제기준

제20조(금융소비자의 의견청취 등)

③ 회사는 금융소비자보호를 실천하고 금융소비자 불만 및 불편사항 해결을 위하여 금융상품 판매 및 마케팅 이후 소비자 만족도 및 민원사항을 분석하고 금융소비자의 의견이나 요청을 듣는 등 점검 과정을 실시하며, 점검 결과는 금융상품 개발, 업무개선 및 민원감축 등에 활용하여야 한다.

④ 회사는 제3항에 따른 점검 결과, 제도 개선이 필요한 사안은 즉시 관련부서에 통보하여 적시에 반영될 수 있도록 하여야 한다.

제22조(금융상품의 개발, 판매 및 사후관리에 관한 정책 수립)

② 회사는 신의성실의 원칙에 따라 금융상품 판매 이후에도 상품내용 변경(거래조건, 권리행사, 상품만기, 원금손실조건 충족, 위험성 등) 또는 금융소비자의 대규모 분쟁발생 우려 시 관련사항을 신속하게 안내하여야 한다.

④ 금융소비자보호 총괄기관은 상품 및 서비스와 관련한 금융소비자의 불만이 빈발하는

경우 금융소비자의 불만내용과 피해에 대한 면밀한 분석을 통하여 금융소비자불만의 주요원인을 파악하고 이를 관련부서와 협의하여 개선되도록 하여야 한다.

(1) 판매 후 모니터링 제도(해피콜 서비스)

앞서 살펴본 바와 같이 금융회사는 금융소비자보호 표준내부통제기준 제21조에 따라 상품을 판매하기 전에 소속 금융투자업 종사자가 금융소비자에게 금융상품을 판매하는 과정에서 금융소비자보호의무를 준수하였는지 여부를 확인하는 절차를 마련하여 운영하여야 한다. 이에 따라 금융소비자와 판매계약을 맺은 날로부터 7영업일 이내에 판매직원이 아닌 제3자가 해당 금융소비자와 통화하여 해당 판매직원이 설명의무 등을 적절히 이행하였는지 여부를 확인하는 절차로서 해당 금융소비자와 연결이 되지 않은 경우 추가 문의에 대한 문자메시지를 발송하여 금융소비자를 보호하려는 노력을 하게 된다.

(2) 고객의 소리(VOC : Voice of Consumer) 등

업권마다 회사마다 조금씩 다를 수 있으나, 통상적으로 각 금융회사는 금융소비자의 의견을 청취하기 위한 제도를 마련하고 있다.

금융투자회사는 금융소비자보호 표준내부통제기준에 따라 관련 제도를 운영하고 있는데, 일반적으로 '고객의 소리'제도로 불린다. 이 제도는 금융소비자의 불만, 제안, 칭찬 등 금융회사 및 소속 임직원에 대한 의견과 금융회사에서 제공하는 서비스 등에 대한 의견을 금융회사가 확인하고 주된 불만 사항 등을 파악하여 개선함으로써 금융소비자의 만족도를 제고하기 위한 목적으로 운영된다.

또한 이 제도의 운영과 별도로 금융소비자를 대상으로 한 정기적인 만족도 조사를 실시하여 금융상품 판매 후 금융소비자의 만족도를 점검하는 절차를 운영함으로써 그 결과를 파악하고 소속 임직원의 성과평가에 반영하는 금융회사도 있고, 별도로 '고객 패널제도' 등의 명칭으로 금융소비자 중 일부를 선정하여 금융소비자가 필요로 하는 상품이나 서비스를 사전 조사하거나, 출시가 예정된 신상품에 대한 반응을 확인하여 개선의견을 반영하는 절차를 가지고 있는 금융회사도 있어 금융소비자에 대한 보호 및 만족도 제고 노력은 더욱 강화되고 있는 추세이다.

(3) 미스터리 쇼핑(Mystery Shopping)

금융투자회사 자체적으로 혹은 외주전문업체를 통해서 불완전판매행위 발생여부를 확인하기 위한 제도로 '미스터리 쇼퍼(Mystery Shopper)'라고 불리는 사람들이 금융소비자임을 가장하여 해당 회사 소속 영업점을 방문해서 판매과정에서 금융투자업 종사자의 관련 규정 준수 여부 등을 확인하는 것이다. 개별 회사 자체적으로 실시하거나, 금융감독원 등의 외부기관에서 실시하는데, 외부기관에서 실시하는 경우 통상 미스터리 쇼핑 실시 결과를 공표하여 개별 회사와 금융소비자에게 유용한 정보를 제공하고 있다.

(4) 위법계약해지권

금융소비자보호법 제47조(위법계약의 해지)

① 금융소비자는 금융상품판매업자등이 제17조 제3항, 제18조 제2항, 제19조 제1항·제3항, 제20조 제1항 또는 제21조를 위반하여 대통령령으로 정하는 금융상품에 관한 계약을 체결한 경우 5년 이내의 대통령령으로 정하는 기간 내에 서면등으로 해당 계약의 해지를 요구할 수 있다. 이 경우 금융상품판매업자등은 해지를 요구받은 날부터 10일 이내에 금융소비자에게 수락여부를 통지하여야 하며, 거절할 때에는 거절사유를 함께 통지하여야 한다.
② 금융소비자는 금융상품판매업자등이 정당한 사유 없이 제1항의 요구를 따르지 않는 경우 해당 계약을 해지할 수 있다.
③ 제1항 및 제2항에 따라 계약이 해지된 경우 금융상품판매업자등은 수수료, 위약금 등 계약의 해지와 관련된 비용을 요구할 수 없다.
④ 제1항부터 제3항까지의 규정에 따른 계약의 해지요구권의 행사요건, 행사범위 및 정당한 사유 등과 관련하여 필요한 사항은 대통령령으로 정한다.

❶ 개요

금융소비자보호법에 신설된 금융소비자의 권리 중 하나는 '위법계약해지권'이다. 앞서 설명의무와 관련하여 살펴보았던 '청약철회권'과 유사한 듯 보이지만, 권리행사의 조건과 성격 등이 다르다는 점에 유의해야 한다.

청약철회권은 금융회사에 별도의 귀책사유가 없음에도 금융소비자보호법 제46조에서 정하고 있는 바에 따라 금융소비자가 각 상품별로 정하여진 해당 기간 내에 계약의 청약을 철회할 수 있는 권리. 즉 금융소비자가 금융상품의 계약을 최종적으로 체결하기 전 계약의 청약을 진행하고 있는 단계에서 행사할 수 있는 것이다.

반면, 위법계약해지권은 금융소비자보호법 제47조 제1항에서 명기하고 있는 바와 같이 금융회사의 귀책사유가 있고, 계약이 최종적으로 체결된 이후라는 전제조건이 있다.

다시 말해, 위법계약해지권은 금융상품의 계약 체결에 있어 금융투자업 종사자가 반드시 준수해야 할 적합성 원칙(제17조 제3항), 적정성 원칙(제18조 제2항), 설명의무(제19조 제1항 및 제3항), 불공정 영업행위 금지(제20조 제1항) 및 부당권유행위 금지(제21조) 조항을 위반하여 금융소비자와 최종적으로 금융상품의 계약을 체결한 이후 행사할 수 있는 것이다.

금융소비자는 금융상품의 계약 체결 과정에서 상기 주요 사항 중 하나라도 금융회사가 준수하지 않았을 경우 동 계약의 체결이 위법계약임을 주장하며 계약의 해지를 요구할 수 있다.

❷ 대상 및 절차

위법계약해지권 행사의 대상이 되는 금융상품은 '금융소비자보호 감독규정' 제31조 제1항에 따라 금융소비자와 금융회사 간 계속적 거래가 이루어지고 금융소비자가 해지 시 재산상 불이익이 발생하는 금융상품(다만, 온라인투자연계금융업자와 체결한 계약, 원화 표시 양도성 예금증서, 표지어음 및 이와 유사한 금융상품은 위법계약해지권의 대상이 될 수 없다)이다.

금융소비자는 금융소비자보호법 시행령 제38조 제2항에 따라 금융상품의 계약 체결일로부터 5년 이내이고, 위법계약 사실을 안 날로부터 1년 이내인 경우에만 위법계약의 해지 요구가 가능하며 만일 금융소비자가 위법계약 사실을 안 날이 계약 체결일로부터 5년이 경과한 이후에는 동 금융상품의 계약 체결에 대한 위법계약해지를 요구할 수 없다. 위의 시기 조건은 각각 충족되는 것이 아니라 두 가지 조건을 모두 만족해야 한다는 점에 특히 유의하여야 한다.

위의 전제조건을 충족하여 금융소비자가 금융회사에 대해 위법계약의 해지를 요구하려는 경우에는 금융소비자보호법 시행령 제38조 제3항에 따라 계약 해지를 요구하는 금융상품의 명칭 및 법 위반사실이 명기된 '계약해지요구서'를 작성하여 해당 금융회사에 제출해야 하며, 이때 법 위반 사실을 증명할 수 있는 서류를 같이 제출해야 한다.

❸ 해지 요구의 수락 및 거절

　　금융회사는 금융소비자의 위법계약 해지 요구가 있는 경우 해당일로부터 10일 이내에 계약 해지 요구의 수락 여부를 결정하여 금융소비자에게 통지하여야 하는데, 금융소비자의 해지 요구를 거절하는 경우에는 그 거절사유를 같이 알려야 한다.

　　만일 금융회사가 금융소비자의 위법계약해지 요구를 '정당한 사유'없이 거절하는 경우 금융소비자는 해당 계약을 해지할 수 있는데, 금융소비자보호법 시행령 제38조 및 금융소비자보호에 관한 감독규정 제31조 제4항에서는 '정당한 사유'를 다음과 같이 정하고 있다.

- 위반사실에 대한 근거를 제시하지 않거나 거짓으로 제시한 경우
- 계약 체결 당시에는 위반사항이 없었으나 금융소비자가 계약 체결 이후의 사정변경에 따라 위반사항을 주장하는 경우
- 금융소비자의 동의를 받아 위반사항을 시정한 경우
- 금융상품판매업자등이 계약의 해지 요구를 받은 날부터 10일 이내에 법 위반사실이 없음을 확인하는 데 필요한 객관적·합리적인 근거자료를 금융소비자에 제시한 경우(단, 금융소비자의 연락처나 소재지를 확인할 수 없거나 이와 유사한 사유로 통지기간 내 연락이 곤란한 경우에 는 해당 사유가 해소된 후 지체없이 알려야 한다.)
- 법 위반사실 관련 자료 확인을 이유로 금융소비자의 동의를 받아 통지기한을 연장한 경우
- 금융소비자가 금융상품판매업자등의 행위에 법 위반사실이 있다는 사실을 계약을 체결하기 전에 알았다고 볼 수 있는 명백한 사유가 있는 경우

　　금융회사가 금융소비자의 위법계약 해지 요구를 수락하여 계약이 해지되는 경우에는 별도의 수수료, 위약금 등 계약의 해지에 따라 발생하는 비용을 부과할 수 없다.

4) 기타 금융소비자의 사후구제를 위한 기타 법적 제도

(1) 법원의 소송 중지

> **금융소비자보호법 제41조(소송과의 관계)**
> ① 조정이 신청된 사건에 대하여 신청 전 또는 신청 후 소가 제기되어 소송이 진행 중일 때에는 수소법원(受訴法院)은 조정이 있을 때까지 소송절차를 중지할 수 있다.
> ② 조정위원회는 제1항에 따라 소송절차가 중지되지 아니하는 경우에는 해당 사건의 조정절차를 중지하여야 한다.
> ③ 조정위원회는 조정이 신청된 사건과 동일한 원인으로 다수인이 관련되는 동종·유사 사건에 대한 소송이 진행 중인 경우에는 조정위원회의 결정으로 조정절차를 중지할 수 있다.

　금융소비자와 금융회사 간 분쟁이 발생하여 금융감독원 등의 분쟁조정이 진행 중인 경우 분쟁조정에서 유리한 지위를 차지하기 위하여 금융회사에서 소송을 동시에 진행하는 경우가 있다. 이때 상대적으로 소송의 제기 등에서 불리한 지위를 차지할 가능성이 높은 금융소비자를 강도높게 보호하기 위하여 해당 법원은 분쟁조정이 진행 중인 소송 사건의 경우 소송 신청 전이든 신청 후든 시기를 불문하고 분쟁조정이 먼저 진행될 수 있도록 소송 절차를 중지할 수 있는 권리를 가진다. 여기에서 주의할 점은 이는 소송을 진행하고 있는 법원(수소법원 : 受訴法院)의 권리이므로 반드시 소송을 중지해야 하는 의무를 갖는 것은 아니라는 점 그리고 2천만원 이하의 소액분쟁사건은 해당되지 않는다는 점에서 아래에 설명할 '소액분쟁사건의 분쟁조정 이탈금지'와는 다르다.

(2) 소액분쟁사건의 분쟁조정 이탈금지

> **금융소비자보호법 제42조(소액분쟁사건에 관한 특례)**
> 조정대상기관은 다음 각 호의 요건 모두를 충족하는 분쟁사건(이하 "소액분쟁사건"이라 한다)에 대하여 조정절차가 개시된 경우에는 제36조 제6항에 따라 조정안을 제시받기 전에는 소를 제기할 수 없다. 다만, 제36조 제3항에 따라 서면통지를 받거나 제36조 제5항에서 정한 기간 내에 조정안을 제시받지 못한 경우에는 그러하지 아니하다.
> 1. 일반금융소비자가 신청한 사건일 것
> 2. 조정을 통하여 주장하는 권리나 이익의 가액이 2천만원 이내에서 대통령령으로 정하는 금액 이하일 것

금융감독원 등의 분쟁조정 기구에서 분쟁조정을 진행하고 있는 경우 해당 사건이 일반금융소비자가 신청하고, 그 가액이 2천만원 이내의 소액분쟁사건인 때에는 금융소비자보호법에서 해당 분쟁조정사건과 관련하여 금융회사가 관련 소송을 제기할 수 없게 함으로써 금융소비자를 보호하는 것으로 이는 위에서 살펴본 수소법원의 소송 중지 권리와는 다르게 반드시 지켜야 할 의무사항으로 금융소비자의 권익을 보다 강화한 것으로 해석된다.

(3) 손해배상책임

> **금융소비자보호법 제44조(금융상품판매업자등의 손해배상책임)**
> ① 금융상품판매업자등이 고의 또는 과실로 이 법을 위반하여 금융소비자에게 손해를 발생시킨 경우에는 그 손해를 배상할 책임이 있다.
> ② 금융상품판매업자등이 제19조를 위반하여 금융소비자에게 손해를 발생시킨 경우에는 그 손해를 배상할 책임을 진다. 다만, 그 금융상품판매업자등이 고의 및 과실이 없음을 입증한 경우에는 그러하지 아니하다.

금융회사가 금융소비자보호법을 위반하여 금융소비자와 금융상품 계약체결을 하고, 그로 인해 금융소비자에게 손해가 발생했다면 그 위반의 정도 등을 감안하여 금융회사가 손해배상책임을 진다. 이때 우리가 유의해야 할 점은 앞서 여러 번 강조한 바와 같이 금융소비자보호법 제19조에서 규정하고 있는 설명의무를 금융회사가 위반한 경우에는 해당 손해배상의 입증책임이 금융소비자가 아닌 금융회사에게 있다는 점이다.

즉, 금융소비자와 금융회사 양자 간 분쟁조정, 소송 등이 진행될 때, 손해의 발생 원인을 규명하여야 하는바, 손해배상의 원인이 되는 사실을 각자 주장할 것이나, 금융회사가 설명의무를 위반한 경우에는 금융소비자보호법에서는 금융회사가 고의 또는 과실이 없음을 입증하도록 규정함으로써 금융소비자의 손해배상에 관한 입증책임을 금융회사로 전환하여 금융소비자를 보다 두텁게 보호하고자 하는 것이다.

본인, 회사 및 사회에 대한 윤리

1 본인에 대한 윤리

1) 법규준수

> **금융투자회사의 표준윤리준칙 제3조(법규준수)**
> 회사와 임직원은 업무를 수행함에 있어 관련 법령 및 제 규정을 이해하고 준수하여야 한다.

금융투자업무 종사자는 직무와 관련된 윤리기준, 그리고 이와 관련된 모든 법률과 그 하부규정, 정부·공공기관 또는 당해 직무활동을 규제하는 자율단체의 각종 규정(이하 '관계법규 등'이라 한다)을 숙지하고 그 준수를 위하여 노력하여야 한다.

"법에 대한 무지(無知)는 변명되지 아니한다"는 법격언이 있다. 이는 법규는 알고 모르고를 묻지 않고 관련 당사자에 대하여 구속력을 갖고, 그 존재 여부와 내용을 알지 못하여 위반한 경우에도 그에 대한 법적 제재가 가해진다는 뜻이다. 또한 직무와 관련된 법규에 대한 지식을 습득하고 있는 것은 전문가에게 요구되는 전문능력의 당연한 요소가 된다. 운동선수가 해당 운동의 규칙(rule of game)을 알지 못하여 반칙하면 퇴장당하는 것과 같은 이치이다.

여기에서의 법규는 자본시장법 및 금융소비자보호법과 같이 직무와 직접적으로 관련 있는 법령뿐만 아니라, 은행법, 보험업법 등 직무와 관련하여 적용되는 인접 분야의 법령을 포함한다. 또한 국가가 입법권에 기하여 만든 제정법뿐만 아니라, 금융위원회와 같은 금융감독기관이 만든 각종 규정과 한국거래소나 한국금융투자협회 등과 같은 자율규제기관이 만든 각종 규정, 그리고 회사가 자율적으로 만든 사규(社規) 등을 모두 포함한다(금융투자회사의 표준내부통제기준 제3조 제2항 참조). 해외에서 직무를 수행하는 경우에는 당해 관할구역(jurisdiction)에 적용되는 법규(예 : 미국법, 중국법 등)를 숙지하고 이를 준수하여야 한다. 이때의 법규는 법조문으로 되어 있는 것은 물론이고, 그 법정신과 취지에 해당하는 것도 포함한다.

2) 자기혁신

금융투자산업은 고도의 전문성을 요하는 금융상품을 취급하고 관련 지식이 양산되며 전 세계의 금융시장이 서로 영향을 주고 받는 분야로서 다른 어느 산업보다 그 변화속도가 매우 빠르고 사회 전체에 미치는 영향이 매우 높은 편에 속한다. 따라서 금융투자업 종사자와 회사는 끊임없이 변화하고 있는 경영환경에 유연하게 적응할 수 있는 능력을 배양하여야 한다. 지속적인 변화가 발생하고 있는 경영환경 아래에서는 기존에는 겪어보지 못했던 새로운 문제가 발생하므로 이러한 문제를 해결하기 위해 창의적인 사고를 바탕으로 자기 혁신이 지속적으로 이루어져야 한다.

자기혁신의 방법 중 하나는 금융투자업 종사자 본인이 담당하고 있는 직무 및 관련 업무에 관한 이론과 실무를 숙지하고 그 직무에 요구되는 전문능력을 유지하고 향상시키는 등 전문지식을 배양하는 것이다.

전문지식은 이론과 실무 양 부분 모두에 걸쳐 요구되고, 이는 부단한 학습과 공부에 의해서만 향상될 수 있다. 각종 세미나, 연구모임 등과 같은 자율적인 학습, 각종 자격증제도와 연수 및 교육 프로그램은 일정 수준의 학습과 경험을 통하여 해당 분야에 기본적으로 요구되는 전문능력을 확보하기 위한 부단한 노력이 필요하다.

이러한 자기혁신은 앞에서 살펴본 금융투자업 종사자가 기본적으로 준수하여야 할 신의성실의 원칙에도 해당되는데, 창의적 사고를 바탕으로 한 자기혁신이 이루어지지 않아 급변하는 환경에 제대로 대처하지 못하는 경우 금융소비자의 이익이 의도하지 않게 침해당하는 등 금융소비자에 대한 보호가 충분히 이루어지지 않는 상황이 발생할 수 있다.

또 다른 자기혁신의 방법 중 하나는 금융투자업 종사자(및 회사)가 윤리경영 실천에 대한 의지를 스스로 제고하기 위해 노력하는 것이다. 앞에서도 살펴본 바와 같이 금융투자업 종사자들은 기본적으로 준수하여야 할 직무윤리가 있는데 이는 법률로써 강제화되는 각종 준수의무와 중첩되는 부분이 많다. 이는 금융투자업 종사자가 직무윤리를 위반하는 경우 단순히 사람들의 지탄을 받는 것으로 끝나는 것이 아니라 관련 법률을 위반하게 되는 경우가 많다는 의미이고 이는 본인뿐만 아니라 본인이 소속된 회사 및 금융투자업계 전체의 신뢰도 하락에 큰 영향을 미치게 된다. 이에 따라 개별 금융투자업자 (회사)는 협회의 '표준윤리준칙' 등을 포함하여 각 회사별로 규정하고 있는 윤리기준을 제정하고 이를 위반하는 경우 징계 등의 조치를 취함으로써 보다 큰 법규 위반행위가 발생하지 않도록 통제하고 있다.

> **!** **사례**

A는 B금융투자회사의 지점에서 영업을 맡고 있는 직원이다. 어느 날 객장에 C가 방문하여 파생상품을 거래하고 싶은데 어떤 것인지 쉽게 설명해줄 것을 요청하였다. A는 파생상품에 관한 설명회에 참가한 적은 있지만 실은 그 개념을 잘 파악하지 못하고 있다. 하지만 모른다고 하면 체면이 서지 않을 것 같아 설명한다고 해주었지만 그 고객이 어느 정도 이해하고 돌아갔을지 자신이 없다.

(평가)

A는 영업담당 직원으로서 직무를 수행함에 있어서 필요한 최소한의 전문지식을 갖추어야 한다. A는 회사에 요청하여 관련 강의에 참석하든지, 그 이전이라도 관련 서적을 구입하든가 하여 스스로 부족한 실력을 보충하도록 하여야 한다. 특히, 자본시장법에서는 취득한 투자권유자문인력의 종류에 따라 취급할 수 있는 상품이 제한되어 있기 때문에 이러한 윤리기준을 엄격하게 지켜야 한다.

3) 품위유지

> **금융투자회사의 표준윤리준칙 제13조(품위유지)**
> 임직원은 회사의 품위나 사회적 신뢰를 훼손할 수 있는 일체의 행위를 하여서는 아니 된다.

품위유지의 일반적 정의는, "일정한 직업 또는 직책을 담당하는 자가 그 직업이나 직책에 합당한 체면과 위신을 손상하는 데 직접적인 영향이 있는 행위를 하지 아니하여야 할 것"을 말한다.

이는 앞에서 살펴본 금융투자업 종사자의 핵심원칙인 '신의성실의 원칙'과도 연결되는 직무윤리로 금융투자업 종사자가 윤리기준을 포함하여 법률 등을 위반한 경우, 본인의 품위뿐만 아니라 본인이 소속된 회사의 품위와 사회적 신뢰를 훼손하는 것이 될 수 있다.

4) 공정성 및 독립성 유지

> **금융소비자보호법 제14조(신의성실의무 등)**
> ① 금융상품판매업자등은 금융상품 또는 금융상품자문에 관한 계약의 체결, 권리의 행사 및 의무의 이행을 신의성실의 원칙에 따라 하여야 한다.
> ② 금융상품판매업자등은 금융상품판매업등을 영위할 때 업무의 내용과 절차를 공정히 하여야 하며, 정당한 사유 없이 금융소비자의 이익을 해치면서 자기가 이익을 얻거나 제3자가 이익을 얻도록 해서는 아니 된다.

금융투자업 종사자는 해당 직무를 수행함에 있어서 공정한 입장에 서야 하고 독립적이고 객관적인 판단을 하도록 하여야 한다. 공정성과 독립성 유지는 신의성실의 원칙을 바탕으로 법적의무로 승화되어 있다.

앞에서도 살펴본 바와 같이 금융투자업 종사자는 소속 회사, 금융소비자, 증권의 발행자, 인수업자, 중개인, 그리고 자신의 이해관계가 복잡하게 얽혀 있는 가운데에서 업무를 수행하여야 할 경우가 많다. 이때 금융투자업 종사자는 다양한 이해관계의 상충 속에서 어느 한쪽으로 치우치지 아니하고 특히 금융소비자보호를 위하여 항상 공정한 판단을 내릴 수 있도록 하여야 한다.

또한, 금융투자업 종사자는 독립성을 유지해야 한다. 상급자는 본인의 직위를 이용하여 하급자에게 부당한 명령이나 지시를 하지 않아야 하며, 부당한 명령이나 지시를 받은 직원은 이를 거절하여야 한다.

당연히 직무수행상 협조관계를 유지하거나 상사의 지시에 복종하여야 할 경우도 있지만, 직무수행의 공정성을 기하기 위해서는 금융투자업 종사자 스스로가 독립적으로 판단하고 업무를 수행하여야 한다. 여기서 '독립성'이란 자기 또는 제3자의 이해관계에 의하여 영향을 받는 업무를 수행하여서는 아니 되며, 객관성을 유지하기 위해 합리적 주의를 기울여야 한다는 것을 뜻한다.

사례

A는 금융투자회사에서 투자상담업무를 맡고 있다. A의 절친한 친구 B는 C통신회사의 홍보담당 이사이다. A는 동창회 등의 모임 외에도 수시로 B를 만나고 있으며, B의 알선으로 무료 골프를 수차례 치기도 하였다. B가 특별히 명시적으로 요구한 것은 아니지만 A는 친구 B가 처해 있는 회사에서의 입장을 생각하여 투자상담을 받으려고 객장을 찾아온 고객에게 "좋은 것

이 좋은 것이다"라는 생각으로 B회사의 종목에 투자할 것을 권유하였다. 그렇다고 해서 B회사에 특별히 문제가 있는 것은 아니다.

(평가)

인간관계와 의리를 중시하는 한국문화 속에서 A의 위와 같은 행동은 크게 문제되지 않는다고 생각하기 쉽다. 그러나 A는 수임자로서 해당 직무를 수행함에 있어서 항시 공정한 입장에서 독립적이고 객관적인 판단을 하여야 한다는 윤리기준을 위반하였다.

5) 사적 이익 추구 금지

금융투자회사의 표준윤리준칙 제14조(사적이익 추구금지)
임직원은 회사의 재산을 부당하게 사용하거나 자신의 지위를 이용하여 사적 이익을 추구하여서는 아니 된다.

(1) 부당한 금품 등의 제공 및 수령 금지

금융투자업 종사자는 업무수행의 대가로 이해관계자로부터 부당한 재산적 이득을 제공받아서는 아니 되며, 금융소비자로부터 직무수행의 대가로 또는 직무수행과 관련하여 사회상규에 벗어나는 향응, 선물 그 밖의 금품 등을 수수하여서는 아니 된다.

업무수행과 관련한 부당한 금품수수는 업무의 공정성을 저해할 우려가 있거나 적어도 업무의 공정성에 대한 의구심을 갖도록 할 가능성이 있다. 이 때문에 금융투자업 종사자는 적법하게 받을 수 있는 보수나 수수료 이외는 그 주고받는 행위가 엄격하게 금지된다.

'향응'이란 음식물·골프 등의 접대 또는 교통·숙박 등의 편의를 제공받는 것을 말하며, '선물'이란 대가 없이(대가가 시장 가격 또는 거래의 관행과 비교하여 현저히 낮은 경우를 포함한다) 제공하는 물품 또는 증권·숙박권·회원권·입장권 기타 이에 준하는 것으로 사회상규에 벗어나는 일체의 것을 모두 포함한다.

부당한 금품의 제공 및 수령에 관한 직무윤리는 그 파급력으로 인해 자본시장법을 비롯하여 규정으로 의무화되어 있다.

자본시장법 시행령 제68조 제5항 제3호에서는 '투자자 또는 거래상대방에게 업무와 관련하여 금융위원회가 정하여 고시하는 기준을 위반하여 직접 또는 간접으로 재산상의 이익을 제공하거나 이들로부터 재산상의 이익을 제공받는 행위'를 불건전한 영업행위의 하나로 금지하고 있다. 또한 금융소비자보호법 제25조에서도 금융소비자, 금융상품 판매대리·중개업자, 금융상품직업판매업자 등에 대해 재산상 이익을 주고 받는 것을 엄격히 금지하고 있다. 이를 근거로 금융위원회의 '금융투자업규정' 및 금융투자협회의 '금융투자회사의 영업 및 업무에 관한 규정'에서는 재산상 이익의 제공 및 수령에 관한 사항들을 규정하고 있다.

해당 규정들에서는 원칙적으로 금융투자업 종사자와 거래상대방(금융소비자를 포함하여 직무와 관련이 있는 자) 사이에서 금품 등의 수수 및 제공 등을 금지하고 있으나, 사회적으로 허용되는 범위 내에서는 예외적으로 인정하되, 해당 제공(수령) 내역의 준법감시인 승인 및 기록의 유지 관리 등을 의무화하여 통제를 엄격히 하고 있다.

금융투자협회의 '금융투자회사의 영업 및 업무에 관한 규정'에서는 부당한 재산상 이익의 제공 및 수령을 아래와 같이 정의하고 강력히 금지하고 있다.

제2-68조(부당한 재산상 이익의 제공 및 수령금지)

① 금융투자회사는 다음 각 호의 어느 하나에 해당하는 경우 재산상 이익을 제공하거나 제공받아서는 아니 된다.

1. 경제적 가치의 크기가 일반인이 통상적으로 이해하는 수준을 초과하는 경우

2. 재산상 이익의 내용이 사회적 상규에 반하거나 거래상대방의 공정한 업무수행을 저해하는 경우

3. 재산상 이익의 제공 또는 수령이 비정상적인 조건의 금융투자상품 매매거래, 투자자문계약, 투자일임계약 또는 신탁계약의 체결 등의 방법으로 이루어지는 경우

4. 다음 각 목의 어느 하나에 해당하는 경우로서 거래상대방에게 금전, 상품권, 금융투자상품을 제공하는 경우. 다만, 사용범위가 공연·운동경기 관람, 도서·음반 구입 등 문화활동으로 한정된 상품권을 제공하는 경우는 제외한다.

   가. 집합투자회사, 투자일임회사 또는 신탁회사 등 타인의 재산을 일임받아 이를 금융투자회사가 취급하는 금융투자상품 등에 운용하는 것을 업무로 영위하는 자(그 임원 및 재산의 운용에 관하여 의사결정을 하는 자를 포함한다)에게 제공하는 경우

   나. 법인 기타 단체의 고유재산관리업무를 수행하는 자에게 제공하는 경우

   다. 집합투자회사가 자신이 운용하는 집합투자기구의 집합투자증권을 판매하는 투자매매회사(투자매매업을 영위하는 금융투자회사를 말한다. 이하 같다), 투자중개회사(투자중개업을 영위하는 금융투자회사를 말한다. 이하 같다) 및 그 임직원과 투자권유대행인에게 제공하는 경우

---

5. 재산상 이익의 제공 또는 수령이 위법·부당행위의 은닉 또는 그 대가를 목적으로 하는 경우
6. 거래상대방만 참석한 여가 및 오락활동 등에 수반되는 비용을 제공하는 경우
7. 금융투자상품 및 경제정보 등과 관련된 전산기기의 구입이나 통신서비스 이용에 소요되는 비용을 제공하거나 제공받는 경우. 다만, 제2−63조 제2항 제1호에 해당하는 경우는 제외한다.
8. 집합투자회사가 자신이 운용하는 집합투자기구의 집합투자증권의 판매실적에 연동하여 이를 판매하는 투자매매회사·투자중개회사(그 임직원 및 투자권유대행인을 포함한다)에게 재산상 이익을 제공하는 경우
9. 투자매매회사 또는 투자중개회사가 판매회사의 변경 또는 변경에 따른 이동액을 조건으로 하여 재산상 이익을 제공하는 경우
② 금융투자회사는 재산상 이익의 제공과 관련하여 거래상대방에게 비정상적인 조건의 금융투자상품의 매매거래나 투자자문계약, 투자일임계약 또는 신탁계약의 체결 등을 요구하여서는 아니 된다.
③ 금융투자회사는 임직원 및 투자권유대행인이 이 장의 규정을 위반하여 제공한 재산상 이익을 보전하여 주어서는 아니 된다.

다만, 그동안 관련 규제가 금융권역 간 차이가 있어온바, 금융투자협회에서는 동 규정을 일부 개정(시행일 : 2017.5.22.)하여 그동안 금융투자업에서만 존재하던 재산상 이익의 제공 및 수령 등에 관한 한도규제를 폐지하는 대신 아래와 같이 내부통제절차를 강화하였다.

❶ 공시의무 신설
  금융감독기구는 '금융투자업규정'의 개정을 통해 금융투자회사(및 그 종사자)가 거래상대방에게 제공하거나 거래상대방으로부터 수령한 재산상 이익의 가액이 10억 원을 초과하는 즉시 인터넷 홈페이지를 통해 공시하도록 의무화하였다.
  최초 기산시점은 2012.5.23.부터 2017.5.22.로 해당 기간 중 동일한 특정 거래상대방에게 10억 원을 초과하여 재산상 이익을 제공하였거나, 수령한 경우 즉시 공시하여야 하며, 이후에는 10억 원을 초과할 때마다 해당 시점에 즉시 공시하여야 한다.
  이때 공시하여야 할 항목은 제공(수령)기간, 제공받은 자(수령의 경우 제공한 자)가 속하는 업종(한국표준산업분류표상 업종별 세세분류에 따른 업종을 말한다), 제공(수령)목적 및

금액이다.

❷ 재산상 이익의 제공에 대한 적정성 평가 및 점검

재산상 이익을 거래상대방에게 제공하는 경우 금융투자회사가 자율적으로 정한 일정 금액을 초과하거나 금액과 무관하게 전체 건수에 대해 금융투자회사는 그 제공에 대한 적정성을 평가하고 점검하여야 한다. 통상 적정성을 평가하는 항목으로는 제공하려는 금액의 합리성, 기존 거래상대방과의 형평성, 관련 절차의 준수 여부, 법령 등의 위반 여부 등이 포함된다. 관련 업무를 주관하는 내부통제부서는 금융투자회사(및 임직원)의 재산상 이익의 제공 현황 및 적정성 점검 결과 등을 매년 이사회에 보고하여야 하며, 이러한 사항들은 금융투자회사의 내부통제기준에 포함·운영되어야 한다.

❸ 이사회의 사전승인

금융투자회사는 이사회가 정한 금액 이상을 초과하여 동일한 거래상대방과 재산상 이익을 제공하거나 수령하려는 경우 이사회의 사전승인을 받아야 한다. 따라서 각 회사별로 자신의 기준에 맞는 금액을 이사회에서 사전에 결의하도록 하여야 하고, 내부통제부서는 정해진 기준 금액을 초과하여 제공하거나 수령하는 경우가 있는지 여부에 대한 점검을 실시함으로써 관련 규정이 준수될 수 있도록 하여야 한다.

❹ 제공(수령) 내역 요청 시 임직원의 동의 의무

금융투자회사(및 임직원)는 재산상 이익을 제공 및 수령하는 경우 해당 사항을 기록하고 5년 이상의 기간 동안 관리·유지하여야 할 의무가 있다. 이때 거래상대방 역시 금융투자회사(및 임직원)인 경우에는 제공과 수령에 대한 상호 교차점검을 할 필요가 있는 바, 거래상대방에게 해당 내역의 제공을 요청하려는 경우에는 소속 임직원의 동의를 반드시 받은 후 대표이사 명의의 서면으로 요청하여야 한다.

또한, 2016년 9월 28일부터 시행된 '부정청탁 및 금품 등 수수의 금지에 관한 법률' 역시 윤리기준을 법제화한 것으로 적용대상이 공직자 등뿐만 아니라 금품 등을 제공할 수 있는 전 국민이라는 점에서 부당한 금품 수수 및 제공에 관한 윤리기준은 보다 더 넓은 범위로 확대되며, 강화되고 있는 추세이다.

(2) 직무 관련 정보를 이용한 사적 거래 제한

금융투자업 종사자는 직무수행 중 알게 된 (중요 미공개)정보를 이용하여 금융투자상품, 부동산 등과 관련된 재산상 거래 또는 투자를 하거나, 다른 사람에게 그러한 정보를 제공하여 재산상 거래 또는 투자를 도와주는 행위를 하여서는 아니 된다.

금융투자업 종사자는 금융투자업의 특성상 금융소비자를 포함한 보통의 일반인들보다 경제적 정보에 보다 쉽고 빠르게 접근할 수 있다. 또한 금융소비자와의 거래를 통해 (혹은 거래하는 그 당사자로부터) 일반인들에게는 노출되지 않은 정보를 취득할 수 있는 기회가 많은 편이다. 이는 모두 직무를 수행하면서 취득하게 되는 정보들로 경제시장에서 모두가 알 수 있도록 공표되기 전이라면 미공개 정보로 취급되어야 하며, 이를 자신 또는 제3자의 이익을 위해 사용해서는 안 된다.

자본시장법 및 관련 규정 역시 이러한 행위들을 '미공개중요정보의 이용 금지' 및 '시장질서 교란행위'로 규정하고 직무수행상 알게 되는 정보를 이용하거나 이를 다른 사람에게 알리는 유통행위를 엄격히 금지하고 있으며 위반하는 경우 엄중한 처벌을 하고 있는 만큼 특히 유의하여야 한다.

직무 관련 정보를 이용한 위법 사례

OO공제회 주식운용역 J씨는 지인들에게 내부정보를 알려 해당 종목을 먼저 사게 한 뒤, 자신이 운용하는 OO공제회의 자금 운용계좌에서 같은 종목을 매수하여 주가를 인위적으로 상승시킨 후, 지인들이 낮은 가격에 산 주식을 팔게 하여 단기매매로 차익을 얻게 하였다. 그는 위법 사실을 숨기기 위하여 자신의 명의로는 매매를 하지 않았고, 그와 공모한 지인들로부터 발생한 수익의 일정 부분을 되돌려 받는 방식으로 사적인 이익을 취하였다. 결국 그는 선행매매, 통정매매 등 불공정거래 및 배임 혐의로 20OO년 O월 OO일 검찰에 구속 기소되었다.

---

(3) 직위의 사적 이용 금지

금융투자업 종사자는 직무의 범위를 벗어나 사적 이익을 위하여 회사의 명칭이나 직위를 공표, 게시하는 등의 방법으로 자신의 직위를 이용하거나 이용하게 해서는 아니 된다.

회사가 임직원에게 부여한 지위도 그 지위를 부여받은 개인의 것이 아니고 '넓은 의미에서의 회사재산'이 된다. 이 직무윤리는 금융투자업 종사자 본인의 개인적인 이익 또는 제3자의 이익을 위하여 회사의 명칭, 본인의 직위 등을 이용하여 다른 사람들로 하여금 마치 회사의 공신력을 부여받은 것처럼 오해하게 할 수 있는 행위를 사전에 차단하고자 함이 목적이다.

반면, 일상적이고, 특정인의 이익을 위한 목적이 아닌 경우에는 직무윤리 위반행위로 볼 수 없는바, 대표적으로 경조사 봉투 및 화환 등에 회사명 및 직위를 기재하는 행위는 위반 행위에 해당하지 않는다.

또한, 직무와 관련하여 회사의 대표 자격으로 회사 명칭이나 직위를 사용하는 행위 – 예를 들면 지점 개업식 혹은 계열사의 창립기념일에 축하 화환 등을 보내면서 회사의 명칭 등을 기재하는 것 – 는 위반행위로 볼 수 없다.

⚠ 사례

○○증권회사의 A부장은 평소 알고 지내던 친구가 금융투자업 관련 자격증 취득반이 있는 학원을 개업하면서 ○○증권회사가 소속 임직원들에게 해당 학원에 대해 이용 등 협찬을 하고 있는 것처럼 해달라는 부탁을 받고 마치 ○○증권회사에서 해당 학원을 협찬하는 것처럼 현수막 등 광고물에 회사의 명칭 등을 사용토록 하여 많은 사람들이 해당 학원의 공신력을 믿고 수강하도록 유도하였다.

(평가)
A부장은 특정인의 이익을 얻도록 하기 위하여 본인이 부여받은 직무의 범위를 벗어나 ○○증권회사의 명칭 또는 자신의 직위를 이용하게 하였으므로 이와 같은 행위는 윤리기준 위반에 해당한다.

---

2 회사에 대한 윤리

1) 상호존중

> **금융투자회사의 표준윤리준칙 제8조(상호존중)**
> 회사는 임직원 개개인의 자율과 창의를 존중하고 삶의 질 향상을 위하여 노력하여야 하며, 임직원은 서로를 존중하고 원활한 의사소통과 적극적인 협조 자세를 견지하여야 한다.

상호존중은 크게 개인 간의 관계와 조직 – 개인 간의 관계로 나눠볼 수 있다.

먼저, 개인 간의 관계는 회사라는 조직을 구성하고 있는 임직원 상호 간의 관계를 의미한다. 같은 동료 직원 간 및 상사와 부하 간의 상호존중 문화는 사내의 업무 효율성과 밀접한 관련이 있다. 자주 언급되는 잘못된 우리나라 직장문화의 대표적인 예 중의 하나가 '상명하복(上命下服)' 문화로 상사의 부당한 지시에 대해 이를 거부하거나 해당 지시내용의 잘못된 점을 보고해야 하는 경우 부하직원들은 이를 실행하지 못하고 이런 일이 반복되는 경우 해당 상사에 대한 안 좋은 소문을 퍼뜨리거나 음해하게 될 수 있 다. 반면, 고의 혹은 실수로 잘못된 지시를 한 상사는 부하직원으로부터 지시의 거부나 잘못된 점을 지적받았을 경우 매우 강한 반감을 가질 가능성이 높다. 이러한 문제를 해 결하기 위해서는 상사와 부하 모두 서로를 존중하여야 한다는 사실을 유념하고 원활한 의사소통이 이루어질 수 있도록 적극적인 협조 자세를 보여야 한다.

조직 – 개인 간의 관계에 있어서도 유사하다. 금융투자업에서 중요한 것은 회사에 대 한 금융소비자의 신뢰도를 유지하는 것이며, 이는 결국 금융소비자와 직접 부딪히는 임직원들에 의해 좌우될 수밖에 없다. 이를 위해 회사는 임직원 개개인의 자율과 창의 를 존중함으로써 소속된 임직원이 자신의 삶의 질(Quality of Life)을 향상시킬 수 있도록 도와주어야 한다. 개인 간 및 조직 – 개인 간의 상호존중이 실현될 때 회사에 대한 금융 소비자의 신뢰도는 확보될 것이며 이는 앞에서 살펴보았듯이 회사 및 임직원의 생존과 도 직결된다.

상호존중에 포함되는 것 중 하나가 성희롱 방지(sexual harrassment)로 넓은 의미의 품위 유지의무에도 해당하나 그 이상의 것이 포함된다. 특히 직장 내에서는 물론이고 업무 수행과 관련하여 성적 굴욕감을 줄 수 있는 언어나 신체적 접촉 등 건전한 동료관계와 사회적 유대관계를 해치는 일체의 언어나 행동은 금지된다. 이와 관련하여 금융투자회 사는 정부의 권고에 따라 매년 1회 이상 성희롱 예방 등에 관한 교육을 정기적으로 실 시하고 있다.

2) 공용재산의 사적 사용 및 수익 금지

금융투자업 종사자는 회사의 업무용 차량, 부동산 등 회사 소유의 재산을 부당하게 사용하거나 정당한 사유없이 사적인 용도로 사용하여서는 아니 된다. 즉, 공사(公私)의 구분을 명확히 하여야 한다는 뜻이다.

'회사의 재산'은 매우 넓은 개념으로, 동산, 부동산, 무체재산권, 영업비밀과 정보, 고 객관계, 영업기회 등과 같은 유·무형의 것이 모두 포함된다. '회사의 영업기회(business opportunity)'를 가로채는 행위는 위의 직무윤리에 저촉될 뿐만 아니라 동시에 회사와의 이해상충을 금지하는 직무윤리에도 저촉된다. 2011년 개정 상법에서는 이사와 업무집행임원 등에 대하여 회사기회의 유용을 금지하는 규정을 두고 있다(상법 397조의2). 그러나 이는 비단 이사나 집행임원에 한정하는 취지는 아니고 회사의 업무에 종사하는 자에게 널리 적용된다.

이에 따라 회사의 비품이나 자재를 사적인 용도로 사용하는 행위, 회사의 정보를 무단으로 유출하는 행위, 회사의 업무와 무관한 인터넷사이트 접속, e-mail 사용, 게임을 하는 행위, 사적인 용도로 회사 전화를 장시간 사용하는 행위 등은 위 기준에 의하여 금지된다.

회사의 재산을 부당하게 유용하거나 유출하는 행위는 형사법상 처벌의 대상이 될 수 있다(예 : 횡령죄(형법 355조 · 356조), 배임죄(형법 355조 · 356조), 절도죄(형법 329조), 업무방해죄(형법 314조)).

공용재산의 사적 사용과 관련하여 최근에 부각되는 이슈는 금융투자업 종사자가 업무시간에 업무 이외의 활동을 하는 행위 및 회사 자산인 컴퓨터를 이용하여 업무 이외의 개인적인 일을 하는 행위에 대한 직무윤리 준수의 문제이다. 금융투자업 종사자는 업무시간 및 회사에서 제공한 PC 등의 공용재산의 사적 사용에 관하여 주의를 기울이지 않는 경우 자신도 모르는 사이에 직무윤리를 위반하는 행위가 될 수 있다는 점에 특히 유의하여야 할 것이다.

! 사례

금융투자회사의 창구에서 투자상담업무를 맡고 있는 A는 어느 날 객장에서 우연히 초등학교 동기동창을 만나게 되었다. 너무나 반가운 나머지 사무실 지하에 있는 매점으로 자리를 옮겨 지나간 여러 가지 이야기를 주고받다가 점심식사까지 같이 하게 되었다. 잠깐이겠거니 했는데 상사의 허가를 받지 않고 자리를 비운 시간이 2시간 정도가 되었다.

(평가)
A는 객장에서 투자상담업무를 맡고 있는 자이기 때문에 근무시간 중에 자리를 비워서는 안된다. 부득이 자리를 비워야 할 경우에는 사전에 상사의 허락을 받아야 했다. 또 A는 사사로운 개인적인 일로 직무에 전념하여야 한다는 윤리기준을 위반하였다.

3) 경영진의 책임

금융투자업 종사자가 소속된 회사 및 그 경영진은 당해 회사 소속 업무종사자가 관계법규 등에 위반되지 않고 직무윤리를 준수하도록 필요한 지도와 지원을 하여야 한다.

직무윤리의 준수에 있어서 소속 회사 및 직장 상사의 직무윤리에 대한 인식 수준은 매우 중요하다. 따라서 금융투자업 종사자가 속한 회사 및 그 경영진은 스스로 관련 법규와 각종 규정 및 직무윤리기준을 준수하여야 함은 물론, 소속 업무종사자가 이에 위반되지 않도록 감독자 내지 지원자의 입장에서 필요한 지도와 지원을 하여야 한다.

지도와 지원을 하여야 할 최종적인 책임은 당해 법인 또는 단체의 업무집행권한을 보유하는 대표자에게 있지만, 경영진을 포함한 중간책임자도 자신의 지위와 직제를 통하여 지도와 지원을 하게 된다. 지도 및 지원을 하여야 할 지위에 있는 자는 관계법령과 직무윤리기준을 통달하고 있어야 하고 그 감독 하에 있는 임직원의 상황을 정확하게 파악하고 있어야 한다.

필요한 지도의 부족으로 소속 업무담당자가 업무수행과 관련하여 직무윤리를 위반하고 타인에게 손해를 끼친 경우, 회사와 경영진은 사용자로서 피해자에게 배상책임(사용자책임)을 질 수도 있다.

금융업계에서 발생하는 사고는 여러 요인이 있을 수 있으나, 가장 근본적인 원인은 '임직원의 기본적인 윤리의식 부재'라고 할 수 있다. 이에 따라 사회적으로 금융투자업 종사자에 대한 윤리의식 강화를 주문하고 있는바, 2018.9.20. 금융투자협회는 '금융투자회사의 표준내부통제기준'을 다음과 같이 개정하여 회사가 임직원의 윤리의식 제고를 위한 교육을 반드시 실시하고 교육을 이수하지 않은 자들에 대한 관리방안을 의무적으로 마련하도록 강제화하였다.

법률상의 사용자 책임 및 관리감독 책임

① 사용자 책임 : 타인을 사용하여 어느 사무에 종사하게 한 자(사용자)와 그 중간감독자는 피용자
가 업무집행상 타인에게 불법행위(민법 제750조)를 한 경우, 피용자의 선임과 감독에 상당한
주의를 하였거나 상당한 주의를 하여도 손해가 발생하였을 것임을 입증하지 못하는 한, 피용자
의 불법행위에 대하여 피해자에게 손해배상책임을 진다(민법 제756조). 이를 사용자 책임이라
한다. 피용자 자신은 민법 제750조의 일반불법행위책임을 진다. 사용자에 갈음하여 그 사무를
감독하는 자(예 : 지점장, 본부장, 출장소장, 팀장 등)는 사용자와 동일한 책임을 진다(부진정
연대채무, 민법 제756조 제2항). 사용자(또는 중간감독자)가 배상을 한 때에는 불법행위를 한
피용자에 대하여 구상권을 행사할 수 있다(민법 제756조 제3항).
　참고로, 자본시장법에서는 투자권유대행인이 투자권유를 대행함에 있어 투자자에게 손해를 끼
친 경우 민법의 사용자 책임 규정(민법 제756조)을 준용하는 것으로 규정하고 있다(자본시장
법 제52조 제5항). 투자권유대행인은 개인사업자로서 회사의 피용자는 아니지만, 투자자를 두
텁게 보호하기 위하여 이러한 준용규정을 둔 것으로 이해된다.
② 자본시장법상 관리·감독책임 : 금융위원회는 자본시장법 제422조 제1항 또는 제2항에 따
라 금융투자업자의 임직원에 대하여 조치를 하거나 이를 요구하는 경우 그 임직원에 대하여 관
리·감독의 책임이 있는 임직원에 대한 조치를 함께 하거나 이를 요구할 수 있다. 다만, 관리·
감독의 책임이 있는 자가 그 임직원의 관리·감독에 상당한 주의를 다한 경우에는 조치를 감면
할 수 있다(동법 제422조 제3항). 이는 민법 756조에 의한 사용자책임과 동질적인 것이다.
③ 금융소비자보호법상 관리책임 : 금융소비자보호법 제16조 제1항에서는 "금융상품판매업자등
은 임직원 및 금융상품판매대리 중개업자(보험업법 제2조 제11호에 따른 보험중개사는 제외)
가 업무를 수행할 때 법령을 준수하고 건전한 거래질서를 해치는 일이 없도록 성실히 관리하여
야 한다."고 규정함으로써 사용자의 관리책임을 강조하고 있다.

> ! 사례

A금융투자회사의 법인사업부 총괄이사인 B는 종합전기 제조업체인 C사로부터 자기주식을
처분함에 따라 C사의 주식이 대량 매각될 예정이고 이와 관련하여 주가대책에 대한 상담을
요청받았다. 이러한 요청에 따라 B는 자신의 지휘하에 있는 조사부에서 증권분석업무를 맡고
있는 D와 상의를 한 후에 주가를 떠받치기 위하여 "C사가 획기적인 제품 개발에 성공했다"는
풍문을 유포시켰다. 이에 C사의 주가는 급등하였고 이를 이용하여 C사는 자기주식을 매각하
는 데 성공했다.

(평가)

B 및 D는 C사의 주가 상승을 위하여 사실무근의 풍문을 유포함으로써 자본시장법 제176조

(시세조종행위금지)에 위반하였을 가능성이 크다. 동시에 B는 관련 법규 등의 준수의무와 소속 업무종사자에 대한 지도의무를 위반하였다. B는 C사에 대하여 주가 형성은 공정한 시장기능에 맡겨져야 하고 인위적으로 주가를 조작하는 것은 금지되어 있다는 것을 설명하였어야 했다.

증권회사 지점장이 부담하는 직원들과 객장에 대한 관리감독의무
(대법원 2007. 5. 10. 선고 2005다55299 판결)

유가증권의 매매나 위탁매매, 그 중개 또는 대리와 관련한 업무를 주된 사업으로 수행하고 있는 증권회사의 경우 그 주된 업무가 객장을 방문한 고객들과 직원들 간의 상담에 의하여 이루어지는 만큼 그 지점장으로서는 직원들과 객장을 관리·감독할 의무가 있고, 거기에는 객장 내에서 그 지점의 영업으로 오인될 수 있는 부정한 증권거래에 의한 불법행위가 발생하지 않도록 방지하여야 할 주의의무도 포함된다. 증권회사의 지점장이 고객에 불과한 사람에게 사무실을 제공하면서 '실장' 직함으로 호칭되도록 방치한 행위와 그가 고객들에게 위 지점의 직원이라고 기망하여 투자금을 편취한 불법행위 사이에 상당 인과관계가 있으므로 증권회사 측에 과실에 의한 방조로 인한 사용자 책임을 인정할 수 있다.

4) 정보보호

금융투자회사의 표준윤리준칙 제6조(정보보호)
회사와 임직원은 업무수행 과정에서 알게 된 회사의 업무정보와 고객정보를 안전하게 보호하고 관리하여야 한다.

금융소비자보호의무에서도 살펴본 바와 같이 금융투자업 종사자는 맡은 업무를 수행함에 있어 금융소비자의 개인(신용)정보를 취득할 수 있으며, 이 외에도 소속된 금융투자회사의 정보 등 관련 정보를 취득하게 된다. 금융투자회사에서 취득하는 정보 중에서도 일부는 관련 규정 등에 따라 비밀정보로 분류되는데, 이에 대해서는 보다 특별한 관리가 필요하다. 표준윤리준칙에서는 이를 포괄하여 정의하고 있으며, 이는 '신의성실의 원칙'이라는 직무윤리를 준수하는 차원을 넘어 그 효력을 확보하기 위하여 세부 사항에 대해서는 자본시장법에 근거한 '금융투자회사의 표준내부통제기준'에서 규정하고 있다.

(1) 비밀정보의 범위

금융투자회사의 표준내부통제기준 제53조에서는 다음에 해당하는 미공개 정보는 기록 형태나 기록 유무와 관계없이 비밀정보로 본다.

❶ 회사의 재무건전성이나 경영 등에 중대한 영향을 미칠 수 있는 정보
❷ 고객 또는 거래상대방(거래상대방이 법인, 그 밖의 단체인 경우 그 임직원을 포함)에 관한 신상정보, 매매거래내역, 계좌번호, 비밀번호 등에 관한 정보
❸ 회사의 경영전략이나 새로운 상품 및 비즈니스 등에 관한 정보
❹ 기타 ❶~❸에 준하는 미공개 정보

(2) 비밀정보의 관리

비밀정보로 분류되면 해당 정보에 대한 철저한 관리가 필수적이므로 표준내부통제기준 제54조에서는 해당 비밀정보에 대해 관계법령 등을 준수할 것을 특별히 요구하고 있으며, 이에 더해 다음과 같이 관리하도록 규정하고 있다.

❶ 정보차단벽이 설치된 사업부서 또는 사업기능 내에서 발생한 정보는 우선적으로 비밀이 요구되는 비밀정보로 간주되어야 함
❷ 비밀정보는 회사에서 정한 기준에 따라 정당한 권한을 보유하고 있거나 권한을 위임받은 자만이 열람할 수 있음
❸ 임직원은 비밀정보 열람권이 없는 자에게 비밀정보를 제공하거나 보안유지가 곤란한 장소에서 이를 공개하여서는 아니 됨
❹ 비밀정보가 포함된 서류는 필요 이상의 복사본을 만들거나 안전이 보장되지 않는 장소에 보관하여서는 아니 됨
❺ 비밀정보가 보관되는 장소는 책임있는 자에 의해 효과적으로 통제가능하고, 권한없는 자의 접근을 차단할 수 있는 곳이어야 함
❻ 회사가 외부의 이해관계자와 비밀유지 협약 등을 맺는 경우 관련 임직원은 비밀유지 의무를 성실히 이행하여야 함
❼ 임직원은 회사가 요구하는 업무를 수행하기 위한 목적 이외에 어떠한 경우라도 자신 또는 제3자를 위하여 비밀정보를 이용하여서는 아니 됨
❽ 임직원은 근무지를 이탈하는 경우 비밀정보 열람권이 있는 상급 책임자의 승인 없이 비밀정보를 문서, 복사본 및 파일 등의 형태로 지참하거나 이를 외부에 유

출하여서는 아니 됨

⑨ 임직원은 회사에서 부여한 업무의 수행과 관련 없는 비밀정보를 다른 임직원에게 요구하여서는 아니 됨

⑩ 임직원이 회사를 퇴직하는 경우 퇴직 이전에 회사의 경영 관련 서류, 기록, 데이터 및 고객 관련 정보 등 일체의 비밀정보를 회사에 반납하여야 함

⑪ 비밀정보가 다루어지는 회의는 다른 임직원의 업무장소와 분리되어 정보노출이 차단된 장소에서 이루어져야 함

⑫ 비밀정보는 회사로부터 정당한 권한을 부여받은 자만이 접근할 수 있으며, 회사는 권한이 없는 자가 접근하지 못하도록 엄격한 통제 및 보안시스템을 구축·운영하여야 함

또한 특정한 정보가 비밀정보인지 불명확한 경우 그 정보를 이용하기 전에 준법감시인의 사전 확인을 받아야 하며, 준법감시인의 사전 확인을 받기 전까지 당해 정보는 표준내부통제기준이 정하는 바에 따라 비밀정보로 분류·관리되어야 한다.

(3) 비밀정보의 제공절차

비밀정보에 해당되더라도 업무의 수행을 위해 해당 정보를 공유하거나 제공해야 할 경우가 생긴다. 이때 금융투자업 종사자는 표준내부통제기준 제55조에서 정한 바와 같이 아래의 절차를 준수하여야 한다.

❶ 비밀정보의 제공은 그 필요성이 인정되는 경우에 한하여 회사가 정하는 사전승인 절차에 따라 이루어져야 함

❷ ❶의 사전승인 절차에는 다음 사항이 포함되어야 함

ㄱ. 비밀정보 제공의 승인을 요청한 자 및 비밀정보를 제공받을 자의 소속 부서 (외부인인 경우 소속 기관명) 및 성명

ㄴ. 비밀정보의 제공 필요성 또는 사유

ㄷ. 비밀정보의 제공 방법 및 절차, 제공 일시 등

❸ 비밀정보를 제공하는 자는 제공 과정 중 비밀정보가 권한 없는 자에게 전달되지 아니하도록 성실한 주의의무를 다하여야 함

❹ 비밀정보를 제공받은 자는 이 기준에서 정하는 비밀유지의무를 성실히 준수하여야 하며, 제공받은 목적 이외의 목적으로 사용하거나 타인으로 하여금 사용하도

록 하여서는 아니 됨

(4) 정보교류의 차단

금융투자회사는 금융투자업 종사자가 업무의 수행을 위해 필요한 최소한의 정보에만 접근할 수 있도록 영위하는 업무의 특성 및 규모, 이해상충의 정도 등을 감안하여 정보교류를 차단할 수 있는 장치(이를 정보교류차단벽(Chinese Wall)이라 한다)를 마련하여야 한다. 여기에는 물리적 분리뿐만 아니라 비밀정보에 대한 접근권한을 통제하는 등의 절차가 필요한바, 표준내부통제기준에서는 제56조부터 제73조에 걸쳐 다음과 같이 정보교류의 차단에 대해 규정하고 있다.

- 정보교류 차단 대상 정보의 식별 및 설정
- 정보교류 차단 대상 부문의 설정
- 정보교류 차단 대상 정보의 활용에 대한 책임소재(지정)
- 정보교류 통제 담당 조직의 설치 및 운영
- 상시 정보교류 허용 임원(지정)
- 상시적 정보교류 차단벽(설치)
- 예외적 교류의 방법(지정)
- 후선 업무 목적의 예외적 교류 방법
- 거래주의, 거래제한 상품 목록(설정)
- 이해상충 우려가 있는 거래(방법)
- 계열회사 등 제3자와의 정보교류(방법)
- 복합점포의 설치·운영(방법)
- 개인신용정보의 제공·전송요구(처리)
- 임직원의 겸직(금지)
- 정보교류차단의 기록·유지 및 정기적 점검(실행)
- 임직원 교육(실행)
- 정보교류차단 내역의 공개(방법)

5) 위반행위의 보고

> **금융투자회사의 표준윤리준칙 제12조(위반행위의 보고)**
> 임직원은 업무와 관련하여 법규 또는 윤리강령의 위반 사실을 발견하거나 그 가능성을 인지한 경우 회사가 정하는 절차에 따라 즉시 보고하여야 한다.

금융투자업은 환경의 변화 속도가 매우 빠르고 그 영향력 역시 매우 크다. 이에 따라 금융투자업 종사자가 법규를 포함하여 직무윤리를 위반하는 경우 회사를 포함하여 수많은 사람들이 피해를 입을 수 있는 가능성 역시 매우 높다. 따라서 금융투자업 종사자는 업무와 관련하여 법규 또는 윤리기준의 위반 사실을 발견하거나 위반할 가능성이 있는 것을 알게 되면 즉시 정해진 절차에 따라 회사에 보고하여야 한다. 그러나 현실적으로 단계를 밟아서 위반행위를 보고하는 것은 쉬운 일이 아니다. 이를 위해 권장되고 있는 것이 내부제보(Whistle Blower)제도이다.

내부제보제도는 임직원이 직무와 관련한 법규 위반, 부조리 및 부당행위 등의 윤리기준 위반 행위가 있거나 있을 가능성이 있는 경우 신분 노출의 위험 없이 해당 행위를 제보할 수 있게 만든 제도이다.

제보자가 제보를 할 때에는 육하원칙에 따른 정확한 사실만을 제보하여야 하며, 회사는 제보자의 신분 및 제보사실을 철저히 비밀로 보장하고, 어떠한 신분상의 불이익 또는 근무조건상의 차별을 받지 않도록 해야 한다. 만일 제보자가 신분상의 불이익을 당한 경우 준법감시인에 대하여 당해 불이익처분에 대한 원상회복, 전직 등 신분보장 조치를 요구할 수 있고, 준법감시인은 제보의 내용이 회사의 재산상의 손실 발생 혹은 확대의 방지에 기여한 경우 포상을 추천할 수 있다.

다만, 제보자가 다른 임직원 등에 대한 무고, 음해, 비방 등 악의적인 목적으로 제보한 경우 또는 사실과 다른 내용을 의도적으로 제보하여 임직원 간 위화감 및 불안감을 조성하는 경우에는 비밀보장 및 근무조건 차별금지 등을 보호받을 수 없다.

제보자의 신분보장 등을 위해 많은 회사에서는 우편, 팩스, 이메일 및 회사 내부의 전산망과 홈페이지 등을 통해 제보할 수 있는 창구를 만들거나, 철저한 익명이 보장되는 외부의 제보접수 전문업체를 이용하도록 하는 등 윤리경영 실천을 위한 노력을 지속하고 있다.

6) 대외활동

> **금융투자회사의 표준윤리준칙 제16조(대외활동)**
> 임직원이 외부강연이나 기고, 언론매체 접촉, Social Network Service(SNS) 등 전자통신수
> 단을 이용한 대외활동을 하는 경우 다음 각 호의 사항을 준수하여야 한다.
> 1. 회사의 공식의견이 아닌 경우 사견임을 명백히 표현하여야 한다.
> 2. 대외활동으로 인하여 회사의 주된 업무 수행에 지장을 주어서는 아니 된다.
> 3. 대외활동으로 인하여 금전적인 보상을 받게 되는 경우 회사에 신고하여야 한다.
> 4. 공정한 시장질서를 유지하고 건전한 투자문화 조성을 위해 최대한 노력하여야 한다.
> 5. 불확실한 사항을 단정적으로 표현하거나 다른 금융투자회사를 비방하여서는 아니 된다.

금융투자업 종사자는 회사의 수임자로서 맡은 직무를 성실하게 수행하여야 할 신임관계에 있으므로 회사에서 맡긴 자신의 직무를 신의로서 성실하게 수행하여야 한다.

따라서, 금융투자업 종사자는 소속 회사의 직무수행에 영향을 줄 수 있는 지위를 겸하거나 업무를 수행할 때에는 사전에 회사의 승인을 얻어야 하고 부득이한 경우에는 사후에 즉시 보고하여야 한다.

'소속 회사의 직무에 영향을 줄 수 있는 것'이면 회사와 경쟁관계에 있거나 이해상충 관계에 있는지의 여부를 불문하며, 계속성 여부도 불문하고 금지된다. 이러한 사유가 발생하였거나 발생할 것으로 예상되는 경우에는 회사로부터 사전 승인을 얻어야 함이 원칙이고, 부득이한 경우에는 사후에 회사에 지체 없이 보고하여 그 승인(추인)을 얻어야 한다. 만일, 승인을 받지 못한 경우에는 그러한 행위를 즉각적으로 중지하여야 한다.

이 같은 신임관계 및 신임의무의 존부를 판단함에 있어서는 정식의 고용계약관계의 유무, 보수 지급의 유무, 계약기간의 장단은 문제되지 않는 것이 원칙이다.

금융투자업 종사자가 이런 활동을 함에 있어서는 회사, 주주 또는 금융소비자와 이해상충이 발생하지 않도록 하기 위해 금융투자협회는 금융투자회사의 표준윤리준칙을 통해 필요한 사항들을 정하고 있다.

(1) 대외활동의 범위

대외활동이란 회사의 임직원이 금융투자 업무와 관련된 내용으로 회사 외부의 기관 또는 정보전달 수단(매체) 등과 접촉함으로써 다수인에게 영향을 미칠 수 있는 다음의 활동을 말한다.

❶ 외부 강연, 연설, 교육, 기고 등의 활동

❷ 신문, 방송 등 언론매체 접촉활동(자본시장법 제57조에 따른 투자광고를 위한 활동은 적용 제외)

❸ 회사가 운영하지 않는 온라인 커뮤니티(블로그, 인터넷 카페 등), 소셜 네트워크 서비스(social network service, SNS), 웹사이트 등(이하 "전자통신수단")을 이용한 대외 접촉활동(회사 내규에 따라 동 활동이 금지되는 경우는 적용 제외)

❹ 기타 이에 준하는 사항으로 회사에서 대외활동으로 정한 사항

(2) 허가 등의 절차 및 준수사항

금융투자업 종사자가 대외활동을 하기 위해서는 해당 활동의 성격, 목적, 기대효과, 회사 또는 금융소비자와의 이해상충의 정도 등에 따라 소속 부점장, 준법감시인 또는 대표이사의 사전승인을 받아야 한다. 예외적으로 부득이한 경우에는 사전승인 대신 사후보고를 할 수 있으나 직무윤리의 2대 핵심원칙 – 신의성실의 원칙 및 고객우선의 원칙 – 을 고려해보면 실제로 대외활동을 하기 전에 승인을 받음이 타당할 것이다.

소속 부점장, 준법감시인 또는 대표이사는 임직원의 대외활동을 승인함에 있어 다음 사항을 고려하여야 한다.

❶ 표준 내부통제기준 및 관계법령 등의 위반 여부

❷ 회사에 미치는 영향

❸ 회사, 주주 및 고객 등과의 이해상충의 여부 및 정도

❹ 대외활동의 대가로 지급받는 보수 또는 보상의 적절성

❺ 임직원이 대외활동을 하고자 하는 회사 등 접촉기관의 공신력, 사업내용, 사회적 평판 등

(3) 금지사항 및 중단

금융투자업 종사자가 대외활동을 하는 경우 다음의 행위는 금지된다.

❶ 회사가 승인하지 않은 중요자료나 홍보물 등을 배포하거나 사용하는 행위

❷ 불확실한 사항을 단정적으로 표현하는 행위 또는 오해를 유발할 수 있는 주장이나 예측이 담긴 내용을 제공하는 행위

❸ 합리적인 논거 없이 시장이나 특정 금융투자상품의 가격 또는 증권발행기업 등

에 영향을 미칠 수 있는 내용을 언급하는 행위

❹ 자신이 책임질 수 없는 사안에 대해 언급하는 행위

❺ 주가조작 등 불공정거래나 부당권유 소지가 있는 내용을 제공하는 행위

❻ 경쟁업체의 금융투자상품, 인력 및 정책 등에 대하여 사실과 다르거나 명확한 근거 없이 부정적으로 언급하는 행위

❼ 업무상 취득한 미공개중요정보 등을 외부에 전송하거나 제공하는 행위

❽ 관계법규등에 따라 제공되는 경우를 제외하고 고객의 인적사항, 매매거래 정보, 신용정보를 제공하는 행위

만일 대외활동을 하는 임직원이 그 활동으로 인하여 회사로부터 부여받은 주된 업무를 충실히 이행하지 못하거나 고객, 주주 및 회사 등과의 이해상충이 확대되는 경우 금융투자회사는 그 대외활동의 중단을 요구할 수 있으며 이 경우 해당 임직원은 회사의 요구에 즉시 따라야 한다.

금융투자회사는 이와 같은 필수적인 사항 외에 영위하는 업무의 특성을 반영하여 소속 임직원의 대외활동의 종류, 허용범위, 준수사항 등에 관한 세부기준을 별도로 정할 수 있다. 특히 임직원 등이 언론 인터뷰 등의 대외활동을 수행하는 경우 금융투자상품 및 서비스에 대하여 위험도 또는 수익률 등을 사실과 다르게 안내하거나, 오해를 유발하는 일이 발생하지 않도록 해당 내용을 윤리준칙 등 회사의 내부통제기준에 반영하고 임직원에 대한 교육 등의 조치를 취하여야 한다.

(4) 언론기관과의 접촉

금융투자업 종사자가 수행하는 대외활동 중 상당부분은 언론기관과의 접촉이며 이를 통해 시장 상황 또는 금융투자상품 투자에 관한 정보를 대외적으로 제공하는 경우가 많다. 여기서의 '언론기관'은 '언론중재 및 피해구제 등에 관한 법률 제2조'를 적용하여 방송사업자, 신문사업자, 잡지 등 정기간행물업자, 뉴스통신사업자, 인터넷신문사업자, 언론사를 포함한다.

언론기관 등을 통한 이러한 정보의 제공은 그 영향력이 매우 크므로 금융투자업 종사자는 당연히 기본 직무윤리인 '신의성실의 원칙'과 '고객우선의 원칙'을 준수하여야 할 것이나, 그 효력을 강제하기 위하여 금융투자협회는 표준내부통제기준을 통해 관련 사항들을 규정화하고 있다.

표준내부통제기준 제90조에서는 금융투자업 종사자가 언론기관 등에 대하여 업무와 관련된 정보를 제공하고자 하는 경우 사전에 언론기관과의 접촉업무를 담당하는 관계부서(홍보부 등)와 사전에 충분히 협의하여야 한다고 규정하고 있다.

언론기관과의 접촉은 당연히 대외활동에도 해당되므로 앞에서 살펴본 관련 절차를 준수하는 것은 물론이고, 언론기관과의 접촉에서 혹시 발생할지 모르는 부정적 영향이 존재하는지 확인하기 위하여 별도로 해당 업무를 담당하고 있는 부서에서도 관련 사항을 사전협의하도록 의무화한 것이다.

이때 언론기관 접촉예정을 보고받은 관계부서의 장 또는 임원은 다음 사항을 충분히 검토하여야 한다.

❶ 제공하는 정보가 거짓의 사실 또는 근거가 희박하거나, 일반인의 오해를 유발할 수 있는 주장이나 예측을 담고 있는지의 여부
❷ 전체적 맥락에서 당해 정보가 불필요한 오해를 유발할 소지가 있는지의 여부
❸ 정보제공자가 언급하고자 하는 주제에 대하여 충분한 지식과 자격을 갖추고 있는지의 여부
❹ 내용의 복잡성이나 전문성에 비추어 언론기관 등을 통한 정보 전달이 적합한지의 여부 등

만일 여러 사정으로 인해 관계부서와 사전 협의가 불가능한 경우 임직원 등은 언론매체 접촉 후 지체없이 관계 부서에 해당 사항을 보고하여야 하며, 관계부서는 언론 매체 보도내용을 모니터링하여 보고내용의 적정성을 점검하여야 한다.

(5) 전자통신수단의 사용

정보화 시대의 도래에 따라 정보통신수단은 다양하게 지속적으로 발달하고 있으며 그 영향력은 언론기관의 그것에 못지않게 되었다. 한편, 금융투자업 종사자의 언론기관에 대한 접촉은 명시적으로 드러나지만 개인이 쉽게 접할 수 있는 SNS 등 다양한 정보통신수단은 익명성의 보장으로 인해 본인이 스스로 드러내지 않는 한 쉽게 알 수 없다. 따라서 표준내부통제기준 제91조에서는 금융투자업 종사자가 이메일, 대화방, 게시판 및 웹사이트 등의 전자통신수단을 사용하는 경우 다음 사항을 숙지하고 준수하도록 규정함으로써 금융투자업 종사자가 정보통신수단을 사용함에 있어 직무윤리를 준수할 수 있도록 강제하고 있다.

❶ 임직원과 고객 간의 이메일은 사용장소에 관계없이 표준내부통제기준 및 관계법령 등의 적용을 받는다.

❷ 임직원의 사외 대화방 참여는 공중포럼으로 간주되어 언론기관과 접촉할 때와 동일한 윤리기준을 준수하여야 한다.

❸ 임직원이 인터넷 게시판이나 웹사이트 등에 특정 금융투자상품에 대한 분석이나 권유와 관련된 내용을 게시하고자 하는 경우 사전에 준법감시인이 정하는 절차와 방법에 따라야 함. 다만, 자료의 출처를 명시하고 그 내용을 인용하거나 기술적 분석에 따른 투자권유의 경우에는 그러하지 아니하다.

사례

A는 B금융투자회사의 직원으로 회사에서 고객을 상대로 투자조언 및 투자일임에 관한 업무를 맡고 있다. 최근에 B는 일반 무료회원에 대해서는 일반적인 투자정보와 투자조언을 제공하고 회원제 유료회원에 대해서는 보다 상세한 투자정보와 투자조언을 제공하는 컴퓨터 사이트를 개설하여 익명으로 운영하고 있다.

(평가)
A의 위와 같은 행위는 회사와 이해상충관계에 있다. 더욱이 A는 B회사의 직원으로 상업사용인이기 때문에 경업금지의무(상법 17조 1항)를 위반하고 있다. 이는 해임 및 손해배상의 사유가 된다(상법 17조 3항).

7) 고용계약 종료 후의 의무

금융투자회사의 표준윤리준칙 제15조(고용계약 종료 후의 의무)
임직원은 회사를 퇴직하는 경우 업무 관련 자료의 반납 등 적절한 후속조치를 취하여야 하며, 퇴직 이후에도 회사와 고객의 이익을 해하는 행위를 하여서는 아니 된다.

금융투자업 종사자의 회사에 대한 선관주의의무는 재직 중에는 물론이고 퇴직 등의 사유로 회사와의 고용 내지 위임계약관계가 종료된 이후에도 합리적인 기간 동안 지속된다.

따라서, 금융투자업 종사자는 퇴직하는 경우 업무인수인계 등 적절한 후속조치를 취하여야 하는데 이에 해당하는 행위의 예로는 다음과 같은 것들이 있다.

❶ 고용기간이 종료된 이후에도 회사로부터 명시적으로 서면에 의해 권한을 부여받지 않으면 비밀정보를 출간, 공개 또는 제3자가 이용하도록 하여서는 아니 된다.

❷ 고용기간의 종료와 동시에 또는 회사의 요구가 있을 경우에는 보유하고 있거나 자신의 통제 하에 있는 기밀정보를 포함한 모든 자료를 회사에 반납하여야 한다.

❸ 고용기간이 종료되면 어떠한 경우나 이유로도 회사명, 상표, 로고 등을 사용하여서는 아니 되고, 고용기간 동안 본인이 생산한 지적재산물은 회사의 재산으로 반환하여야 하며, 고용기간이 종료한 후라도 지적재산물의 이용이나 처분권한은 회사가 가지는 것이 원칙이다.

3 사회 등에 대한 윤리

(1) 시장질서 존중

> **금융투자회사의 표준윤리준칙 제5조(시장질서 존중)**
> 회사와 임직원은 공정하고 자유로운 시장경제 질서를 존중하고, 이를 유지하기 위하여 노력하여야 한다.

금융투자업 종사자는 금융시장의 건전성을 훼손하거나 시장질서를 교란하는 행위가 발생하지 않도록 각별히 노력하여야 한다.

이러한 행위들은 기존에 자본시장법 및 한국거래소 규정에서 정하고 있는 불공정거래행위로 통상 정의되어 왔으나, 금융시장 및 금융(투자)상품의 발달로 인해 신종 사례들이 발견되면서 기존의 불공정거래행위 구성요건에 해당되지 않는 경우가 많아, 자본시장법의 개정을 통해 2015년 7월 1일부터 '시장질서 교란행위'에 대한 규제를 시작하게 되었다.

시장질서 교란행위는 기존의 불공정거래행위와 비교하여 볼 때 두 가지 큰 차이점을 갖는데 하나는 그 대상자의 범위가 확대되었다는 것이고 또 다른 하나는 목적성의 여부이다.

먼저 대상자의 범위를 살펴보면 기존의 불공정거래행위는 회사의 주요 주주, 임원 등 내부자와 준내부자, 해당 정보의 1차 수령자만을 대상으로 하여 회사의 내부정보 등 미공개중요정보를 이용하는 행위를 금지하였다. 그러나 개정 자본시장법에서는 내부자, 준내부자 등으로부터 나온 미공개중요정보 또는 미공개정보인 것을 알면서도 이를 받거나 다른 사람들에게 전달하는 자로 그 범위를 확대하였다. 즉 과거에는 미공개 중요정보의 내부자, 준내부자, 1차 수령자만이 제재의 대상이었던 것과는 달리 1차 수령자뿐만 아니라 이를 전달한 자 모두를 제재의 대상으로 확대 적용한 것이다. 또한 자신의 직무와 관련하여 정보를 생산하거나 알게 된 자, 해킹·절취·기망·협박 및 그 밖의 부정한 방법으로 정보를 알게 된 자, 앞에서 말한 자들로부터 나온 정보인 점을 알면서 이를 받거나 전달받은 자 등으로 그 적용대상을 확대함으로써 시장질서를 교란하는 행위를 사전에 방지하고자 하였다.

두 번째로 기존의 불공정거래행위는 '목적성'을 가지고 금융투자상품의 시세에 영향을 주는 행위들로 정의되었다. 즉 목적성 여부가 가장 중요한 변수로서 타인이 거래상황을 오인하게 할 목적이거나, 타인을 거래에 끌어들일 목적, 시세를 고정할 목적, 부당한 이익을 얻을 목적 등으로 불공정거래행위를 규정하였다. 그러나 개정 자본시장법에서는 시장질서 교란행위를 '목적성이 없어도 시세에 부당한 영향을 주는 행위'로 포괄적으로 정의함으로써 프로그램 오류 등으로 대량의 매매거래가 체결되어 시세의 급변을 초래한 경우라 할지라도 시장질서 교란행위로 판단하여 제재할 수 있게 되었다.

시장질서 교란행위의 대상이 되는 정보는 다음의 두 가지 조건을 모두 충족해야 한다.

❶ 상장증권, 장내파생상품 및 이를 기초자산으로 하는 파생상품의 매매 등 여부 또는 매매 등의 조건에 중대한 영향을 줄 가능성이 있을 것
❷ 금융소비자들이 알지 못하는 사실에 관한 정보로서 불특정 다수인이 알 수 있도록 공개되기 전일 것

금융투자업 종사자는 시장질서를 교란하고 자본시장의 건전성을 훼손하는 행위에 직접 관여하거나, 금융소비자 등으로부터 요청을 받더라도 이에 관여하지 않아야 한다.

따라서 본인의 직무 수행 중 발생할 수 있는 다음의 사항에 특히 유의하여야 한다.

❶ 지수 또는 주가에 영향을 미칠 수 있는 정보의 '유통'행위에 신중을 기하여야 함
❷ 시장질서 교란행위에 해당하는 주문의 수탁을 거부
❸ ETF의 유동성 지원업무, 파생상품의 Hedge업무 등 본인의 업무수행으로 인한 매매의 경우 목적성이 없더라도 시세에 부당한 영향을 주는지 사전에 반드시 확인

만일 금융투자업 종사자가 시장질서 교란행위를 한 것으로 판단되는 경우에는 자본
시장법 제429조의2에 따라 금융위원회는 5억 원 이하의 과징금을 부과할 수 있다. 이
때 그 위반행위와 관련된 거래로 얻은 이익(미실현이익 포함)이나 회피한 손실액의 1.5배
에 해당하는 금액이 5억 원을 초과하는 경우에는 그에 상당하는 금액 이하로 과징금을
부과할 수 있다. 이를 다시 정리해보자면 다음과 같다.

> **시장질서 교란행위에 대한 과징금 계산**
> ① 시장질서 교란행위에 따른 이익 또는 손실회피액×1.5 ≤ 5억 원 : 5억 원 이하
> ② 시장질서 교란행위에 따른 이익 또는 손실회피액×1.5 > 5억 원 : 이익 또는 손실회피액

(2) 주주가치 극대화

> **금융투자회사의 표준윤리준칙 제9조(주주가치 극대화)**
> 회사와 임직원은 합리적인 의사결정과 투명한 경영활동을 통하여 주주와 기타 이해관계
> 자의 가치를 극대화하기 위하여 최선을 다하여야 한다.

주주가치의 극대화를 위해서 금융투자업 종사자가 준수하여야 할 사항은 다음과 같
은 것들이 있다.

❶ 주주의 이익보호를 위하여 탁월한 성과창출로 회사의 가치를 제고
❷ 투명하고 합리적인 의사결정과정과 절차를 마련하고 준수
❸ 회계자료의 정확성과 신뢰성을 유지
❹ 주주와 금융소비자에게 필요한 정보를 관련 법규 등에 따라 적시에 공정하게
   제공
❺ 효과적인 리스크 관리체계 및 내부통제시스템을 운영하여 금융사고 등 제반 위
   험을 미연에 방지하고 경영환경에 능동적으로 대처
❻ 주주와 금융소비자의 정당한 요구와 제안을 존중하여 상호 신뢰관계를 구축

(3) 사회적 책임

> **금융투자회사의 표준윤리준칙 제10조(사회적 책임)**
> 회사와 임직원 모두 시민사회의 일원임을 인식하고, 사회적 책임과 역할을 다하여야 한다.

금융투자업을 영위하는 회사 및 그 소속 임직원으로서 금융투자업 종사자는 합리적이고 책임있는 경영을 통해 국가와 사회의 발전 및 시민들의 삶의 질을 향상시키도록 노력하여야 한다. 이에 따라 사회 각 계층과 지역주민의 정당한 요구를 겸허히 수용하며, 이를 해결하는 데 최선을 다해야 하고, 더불어 회사는 임직원의 사회활동 참여를 적극 지원하고 사회의 문화적·경제적 발전을 위해 최선을 다하여야 한다.

chapter 03

직무윤리의 준수절차 및 위반 시의 제재

직무윤리의 준수절차

1 내부통제

1) 배경 및 현황

이제까지 살펴본 바와 같이 우리나라는 금융투자업의 직무윤리에 대해 자본시장법 제37조에서 "금융투자업자는 신의성실의 원칙에 따라 공정하게 금융투자업을 영위하여야 한다"고 명기함으로써 금융투자업 종사자에 대한 '신의성실의 원칙'을 준수하도록 규정하여 이를 기반으로 하는 윤리의무를 준수하도록 정하고 있다. 그러나 우리나라는 미국이나 일본과 비교하여 보면 직무윤리의 준수를 위한 유인구조 또는 직무윤리의 미준수로 인한 제재가 상대적으로 미흡한 것으로 보인다.

미국의 금융투자업에 대한 직무윤리 규제는 우리나라 금융기관의 내부통제제도의 성립에도 막대한 영향을 끼친 SOX법[1]의 제정에 의해 도입되었다. 이 법은 엔론, 타이코 인터내셔널, 아델피아, 페레그린 시스템즈, 월드컴과 같은 거대 기업들의 잇달은 회계부정 사건들로 인해 관련 회사들의 주가가 폭락하여 투자자들에게 수백만 달러의 손실을 안겨 주었고, 미국 주식시장의 신용도를 뒤흔들어놓는 등 막대한 피해가 발생하자 회계제도 개혁의 필요성에 대한 반응으로 발효되었다. 이 법에 따라 상장회사 회계심사위원회의 회계법인 검사 시 체크항목에 "Ethics Standards(윤리기준)"을 명시하고 있으며 미국의 증권거래법에 따라 대상이 되는 상장회사는 반드시 회사의 윤리강령을 공시하여야 한다. 또한 증권회계에 관한 사기 등에 적용되는 '연방양형가이드라인(Federal Sentencing Guideline)'을 개선하도록 규정하고 있어 상장회사는 직무윤리 강화와 범죄행위의 방지 및 조기발견을 목적으로 내부제보제도 합리화에 투자를 할 의무가 있다.

또한 금융투자산업규제기구(FINRA : Financial Industry Regulatory Authority)에서는 금융투자회사(및 임직원)의 행위에 관한 직무윤리에 대해 복수의 규칙을 제공하고 있는데, FINRA Rule 2010조는 금융투자회사의 업무수행에 따른 '상업상의 윤리기준과 거래원칙(Standards of Commercial Honor and Principles of Trade)'을 규정하고 있다. 이 규정은 단순한 주의규정이 아니라 이를 위반하는 경우 실질적인 제재를 부과하게 된다.

한편, 일본의 금융상품거래법은 모든 규제대상자에게 적용되는 근본적인 의무로서 '성실공정의 의무'를 명기하고 이를 바탕으로 하여 재무건전성이나 영업행위기준 등을 제정하는 등 보다 구체적인 규정을 두고 있다. 금융상품거래법은 기존의 증권거래법 총칙에 규정되어 있던 성실공정의 의무를 업무부분으로 이전하는 등 금융투자업자의 자율적인 대책방안을 마련하도록 요구하고 있다. 이에 따라 일본 증권업협회는 동 법의 취지와 정신을 구현하고 금융투자업계의 신뢰성을 제고하기 위해 다양한 시책을 강구하고 있다.

미국의 실증분석 결과는 직무윤리의 효과적인 보급을 위해서는 자기규율과 외부규율의 두 가지 체계가 상호보완적인 관계로 존재하며, 효율적인 타율적 매커니즘이 외부규율의 매개로서 작용하는 형태가 가장 효과적인 것임을 보여주고 있다. 또한 직무

---

1 사베인스-옥슬리 법(Sarbanes-Oxley Act, SOx, 2002년 7월 30일 발효)은 "상장회사 회계 개선과 투자자 보호법"(상원) 또는 "법인과 회계 감사 책임 법"(하원) 또는 Sarbox or SOX로도 불리는 미국의 회계 개혁에 관한 연방법률로서, 2002년 7월 30일 법안의 발의자인 상원의원 폴 사베인스(민주당, 메릴랜드)와 하원의원 마이클 옥슬리(공화당, 오하이오)의 이름을 따서 제정되었다.

윤리를 바탕으로 한 윤리경영을 기업문화로 정착하고 있는 기업은 장기적으로도 기업의 가치를 높이고 있다. 따라서 금융투자업에서의 직무윤리는 금융투자회사(및 임직원)의 자율적인 노력에 의한 직무윤리 준수를 중심으로 하여 법령 등에 의한 타율적인 준수를 보완적으로 하는 제도가 가장 이상적인 것으로 보여진다.[2]

이에 따라 우리나라에서는 직무윤리를 금융투자회사의 내부통제활동의 하나로 인식하여 준수하도록 '표준내부통제기준'에 규정하여 자율적으로 준수하게 하되, 내부통제기준의 설정에 대해서는 의무화하는 등 특정 사항에 대해서는 관련 법령 등에 규정하여 직무윤리 준수의 효율성을 높이기 위해 노력하고 있다.

2) 개요

'내부통제'는 회사의 임직원이 업무수행 시 법규를 준수하고 조직운영의 효율성 제고 및 재무보고의 신뢰성을 확보하기 위하여 회사 내부에서 수행하는 모든 절차와 과정을 말한다. 금융투자업자는 효과적인 내부통제 활동을 수행하기 위한 조직구조, 위험평가, 업무분장 및 승인절차, 의사소통·모니터링·정보시스템 등의 종합적 체제로서 '내부통제체제'를 구축하여야 한다(표준내부통제기준 제3조 제1항 제1호 및 제2호).

앞에서도 여러 차례 설명한 바와 같이 금융투자업 종사자가 기본적으로 준수하여야 할 윤리기준은 상당 부분 법률 등과 중첩되어 강제되고 있는바, 개별 회사들은 이를 반영하기 위해 윤리기준을 사규로 제정하는 등의 노력을 하고 있다. 따라서 금융투자업 종사자가 윤리기준을 위반하는 것은 사규 및 관련 법규 등을 위반하는 것으로 다른 사규들의 위반행위와 동일하게 제재의 대상이 된다.

금융투자업에 있어서 내부통제(internal control)의 하나로 두고 있는 준법감시(compliance)제도는 회사의 임직원 모두가 '신의성실의 원칙'과 '고객우선의 원칙'을 바탕으로 금융소비자에 대해 선량한 관리자로서 의무에 입각하여 금융소비자의 이익을 위해 최선을 다했는지, 업무를 수행함에 있어 직무윤리를 포함한 제반 법규를 엄격히 준수하고 있는지에 대하여 사전적으로 또는 상시적으로 통제·감독하는 장치를 말한다.

준법감시제도는 '감사'로 대표되는 관련 법규에 의한 사후적 감독만으로는 자산운용의 안정성 유지와 금융소비자보호라는 기본적인 역할을 수행하는 데에 한계가 있다는 점에 착안하여 감사와는 달리 사전적, 상시적 사고예방 등의 목적을 위해 도입된 내

---

2 금융투자업의 직무윤리에 관한 연구, 서강대학교 지속가능기업 윤리연구소, 2015.2.4

부통제시스템으로서 국내에서는 2000년에 도입되었다. 이에 따라 회사는 효율적인 내부통제를 위하여 회사의 업무절차 및 전산시스템을 적절한 단계로 구분하여 집행될 수 있도록 설계하여야 하고, 준법감시업무가 효율적으로 수행될 수 있도록 충분한 경험과 능력을 갖춘 적절한 수의 인력으로 구성된 지원조직('준법감시부서')을 갖추어 준법감시인의 직무수행을 지원하여야 한다.

지배구조법에서는 금융투자업자에 대하여 내부통제기준을 마련하여 운영할 것을 법적 의무로 요구하고 있다(지배구조법 제24조 제1항, 협회 영업규정 제8-1조). 여기서 '내부통제기준'은 금융투자업자가 법령을 준수하고, 자산을 건전하게 운용하며, 이해상충방지 등 금융소비자를 보호하기 위하여 그 금융투자업자의 임직원이 직무를 수행함에 있어서 준수하여야 할 적절한 기준 및 절차를 정한 것을 말하며, 내부통제기준을 제정하거나 변경하려는 경우 이사회의 결의 등 공식적인 절차를 거쳐야 한다.

또한 준법감시인은 내부통제기준을 기초로 내부통제의 구체적인 지침, 컴플라이언스 매뉴얼(법규 준수 프로그램 포함 가능), 임직원 윤리강령 등을 제정·시행할 수 있다.[3]

이에 더하여 2021년 시행된 금융소비자보호법에서는 기존의 준법감시제도 안에 통합되어 있던 금융소비자보호의 영역을 별도의 '금융소비자보호 내부통제활동'으로 명확하게 분리하고 있다. 금융소비자보호 내부통제활동은 앞서 '금융소비자 보호 의무'에서 기본적인 체계와 각 주체별 역할 등에 대해 다루었으므로 이 장에서 별도로 다루지는 않는다.

3) 내부통제의 주체별 역할

(1) 이사회

회사의 내부통제의 근간이 되는 내부통제체제 구축 및 운영에 관한 기준을 정한다.

(2) 대표이사

내부통제체제의 구축 및 운영에 필요한 제반사항을 수행·지원하고 적절한 내부통제 정책을 수립하여야 하며, 다음 각 사항에 대한 책임 및 의무가 있다.

❶ 위법·부당행위의 사전예방에 필요한 내부통제체제의 구축·유지·운영 및 감독

---

3 표준내부통제기준 제12조

❷ 내부통제체제의 구축·유지·운영에 필요한 인적·물적 자원을 지원
❸ 조직 내 각 업무분야에서 내부통제와 관련된 제반 정책 및 절차가 지켜질 수 있도록 각 부서 등 조직 단위별로 적절한 임무와 책임 부여
❹ 매년 1회 이상 내부통제 체제·운영실태의 정기점검 및 점검 결과의 이사회 보고. 이 경우 대표이사는 내부통제 체계·운영에 대한 실태점검 및 이사회 보고 업무를 준법감시인에게 위임할 수 있다.

(3) 준법감시인

❶ 임면 등
준법감시인은 이사회 및 대표이사의 지휘를 받아 금융투자회사 전반의 내부통제 업무를 수행한다. 표준내부통제기준 제14조 제1항에서는 금융투자회사(외국금융투자회사의 국내지점은 제외한다)가 준법감시인을 임면하려는 경우에는 이사회의 의결을 거쳐야 하며, 해임할 경우에는 이사 총수의 3분의 2 이상의 찬성으로 의결하도록 규정하고 있는데 이는 내부통제활동을 수행하는 준법감시인의 독립성을 강화하기 위한 강제규정이다. 또한 같은 조 제2항에서는 "회사는 사내이사 또는 업무집행책임자 중에서 준법감시인을 선임"할 것, 즉 통상의 회사에서 임원급 이상으로 준법감시인 선임을 요구하고 있는데 이는 내부통제활동의 특성상 상대적으로 낮은 직책의 준법감시인은 효율적으로 그 업무를 수행할 가능성이 높지 않을 수 있기 때문이다. 아울러 임기는 '2년 이상'으로 할 것으로 요구하고 있어 전반적으로 준법감시인의 지위와 독립성을 보장하고 있다. 한편 금융투자회사가 준법감시인을 임면한 때에는 지배구조법 시행령 제25조 제1항에 따라 임면일로부터 7영업일 이내에 금융위원회에 보고해야 한다.

또한 지배구조법 제25조 제6항에 따라 금융투자회사는 준법감시인에 대하여 회사의 재무적 경영성과와 연동하지 아니하는 별도의 보수지급 및 평가 기준을 마련·운영하여야 하며, 이 또한 준법감시인의 역할 수행에 대한 독립성을 강화하기 위한 조치 중 하나이다.

❷ 권한 및 의무
준법감시인은 내부통제활동을 수행함에 있어 아래의 권한 및 의무를 가진다.
ㄱ. 내부통제기준 준수 여부 등에 대한 정기 또는 수시 점검
ㄴ. 업무전반에 대한 접근 및 임직원에 대한 각종 자료나 정보의 제출 요구권

ㄷ. 임직원의 위법·부당행위 등과 관련하여 이사회, 대표이사, 감사(위원회)에 대한 보고 및 시정 요구

ㄹ. 이사회, 감사위원회, 기타 주요 회의에 대한 참석 및 의견진술

ㅁ. 준법감시 업무의 전문성 제고를 위한 연수프로그램의 이수

ㅂ. 기타 이사회가 필요하다고 인정하는 사항

❸ 위임

준법감시인은 위임의 범위와 책임의 한계 등이 명확히 구분된 경우 준법감시업무 중 일부를 준법감시업무를 담당하는 임직원에게 위임할 수 있다. 이때, 준법감시업무의 효율적 수행을 위하여 부점별 또는 수개의 부점을 하나의 단위로 하여 준법감시인의 업무의 일부를 위임받아 직원의 관계법령 등 및 표준내부통제기준의 준수 여부를 감독할 관리자를 지명할 수 있다.

(4) 지점장

지점장(회사가 정하는 영업부문의 장을 포함한다)은 소관 영업에 대한 내부통제업무의 적정성을 정기적으로 점검하여 그 결과를 대표이사에 보고하고, 관계법령 등의 위반 행위가 발생한 경우 재발방지 대책을 마련·시행하여야 한다. 이 경우 대표이사는 지점장의 점검결과를 보고받는 업무를 준법감시인에게 위임할 수 있다.

(5) 임직원

임직원은 직무를 수행할 때 자신의 역할을 이해하고 관련 법령 등, 내부통제기준 및 윤리강령 등을 숙지하고 이를 충실히 준수하여야 한다. 또한, 관계법령 등 및 내부통제기준, 윤리강령 등의 위반(가능성을 포함)을 인지하는 경우 등 다음의 사항에 대해서는 상위 결재권자와 준법감시인에게 그 사실을 지체 없이 보고하여야 한다.

❶ 자신 또는 다른 임직원이 관계법령 등과 내부통제기준 및 회사의 정책 등을 위반하였거나 위반한 것으로 의심되는 경우

❷ 정부·금융위원회 및 금융감독원(이하 '감독당국'이라 한다), 협회 등이 회사의 주요 내부정보를 요구하는 경우

❸ 위법·부당행위 또는 그러한 것으로 의심이 가는 행위와 연루되었거나 다른 임직원이 연루된 것을 인지한 경우

❹ 임직원이 체포, 기소, 유죄 판결이 난 경우

만일 업무를 수행할 때 관계법령 등, 내부통제기준 및 회사의 정책에 위배되는지의 여부가 의심스럽거나 통상적으로 수행하던 절차 및 기준과 상이한 경우 준법감시인의 확인을 받아야 한다.

(6) 내부통제위원회

❶ 개요

지배구조법 시행령 제19조(내부통제기준 등) 제2항에서 정하고 있는 금융회사(제6조 제3항 각 호의 어느 하나에 해당하는 금융회사는 제외한다)는 내부통제기준의 운영과 관련하여 대표이사를 위원장으로 하는 내부통제위원회를 두어야 한다.

지배구조법 제24조 제3항 및 같은 법 시행령 제19조 제3항에 근거하여 금융투자협회의 표준내부통제기준 제11조에서는 금융투자회사의 경우 대표이사를 위원장으로 하여 준법감시인, 위험관리책임자 및 그 밖에 내부통제 관련 업무 담당 임원을 위원으로 하는 내부통제위원회를 두도록 규정하고 있다. 내부통제위원회는 매 반기별 1회 이상 회의를 개최하여야 하며, 다음의 역할을 수행한다.

ㄱ. 내부통제 점검결과의 공유 및 임직원 평가 반영 등 개선방안 검토
ㄴ. 금융사고 등 내부통제 취약부분에 대한 점검 및 대응방안 마련
ㄷ. 내부통제 관련 주요 사항 협의
ㄹ. 임직원의 윤리의식·준법의식 제고 노력

또한 내부통제위원회는 출석위원, 논의안건 및 회의결과 등 회의 내용을 기재한 의사록을 작성·보관하여야 한다.

❷ 예외

지배구조법 시행령 제6조 제3항에서 정하는 아래의 금융투자회사는 예외적으로 내부통제위원회를 두지 않을 수 있다.

ㄱ. 최근 사업연도말 현재 자산총액이 7천억 원 미만인 상호저축은행
ㄴ. 최근 사업연도말 현재 자산총액이 5조 원 미만인 금융투자업자 또는 자본시장법에 따른 종합금융회사(이하 '종합금융회사'라 한다). 다만, 최근 사업연도말 현재 그 금융투자업자가 운용하는 자본시장법 제9조 제20항에 따른 집합투자재산(이하 '집합투자재산'이라 한다), 같은 법 제85조 제5호에 따른 투자일임재산(이하 '투자일임재산'이라 한다) 및 신탁재산(자본시장법 제3조 제1항 제2호에 따른 관리형신탁의

재산은 제외한다. 이하 같다)의 전체 합계액이 20조 원 이상인 경우는 제외한다.

ㄷ. 최근 사업연도말 현재 자산총액이 5조 원 미만인 「보험업법」에 따른 보험회사(이하 '보험회사'라 한다)

ㄹ. 최근 사업연도말 현재 자산총액이 5조 원 미만인 「여신전문금융업법」에 따른 여신전문금융회사(이하 '여신전문금융회사'라 한다)

ㅁ. 그 밖에 자산규모, 영위하는 금융업무 등을 고려하여 금융위원회가 정하여 고시하는 자

(7) 준법감시부서

❶ 구성

지배구조법 시행령 제19조 제4항에 따라 금융회사는 준법감시업무가 효율적으로 수행될 수 있도록 충분한 경험과 능력을 갖춘 적절한 수의 인력으로 구성된 내부통제전담조직(이하 '준법감시부서'라 한다)을 갖추어 준법감시인의 직무수행을 지원하여야 함. 또한 IT부문의 효율적인 통제를 위하여 필요하다고 인정되는 경우 준법감시부서 내에 IT분야의 전문지식이 있는 전산요원을 1인 이상 배치하여야 한다. 이와는 별도로 준법감시업무에 대한 자문기능의 수행을 위하여 준법감시인, 준법감시부서장, 인사담당부서장 및 변호사 등으로 구성된 준법감시위원회를 설치·운영할 수 있으며, 기타 준법감시조직과 관련한 회사의 조직 및 업무분장은 사규에서 정하는 바에 따른다.

❷ 준법감시업무의 독립성 확보

지배구조법 제30조에 따라 금융회사는 준법감시인 및 준법감시부서의 직원이 자신의 직무를 공정하게 수행할 수 있도록 업무의 독립성을 보장하여야 하며, 그 직무수행과 관련된 사유로 부당한 인사상의 불이익을 주어서는 아니 된다. 한편, 준법감시인 및 준법감시부서 직원은 선량한 관리자로서의 주의의무를 다하여 직무를 수행하여야 하며, 다음의 업무를 수행하여서는 아니 된다.

ㄱ. 자산 운용에 관한 업무

ㄴ. 회사의 본질적 업무(법 시행령 제47조 제1항에 따른 업무를 말한다) 및 그 부수업무

ㄷ. 회사의 겸영업무(법 제40조에 따른 업무를 말한다)

ㄹ. 위험관리 업무

다만, 지배구조법 시행령 제20조 제2항에 해당하는 아래 회사의 준법감시부서는

예외적으로 위험관리업무를 같이 수행할 수 있음

ㄱ. 최근 사업연도말 현재 자산총액이 7천억 원 미만인 상호저축은행

ㄴ. 최근 사업연도말 현재 자산총액이 5조 원 미만인 금융투자업자. 다만, 최근 사업연도말 현재 운용하는 집합투자재산, 투자일임재산 및 신탁재산의 전체 합계액이 20조 원 이상인 금융투자업자는 제외

ㄷ. 최근 사업연도말 현재 자산총액이 5조 원 미만인 보험회사

ㄹ. 최근 사업연도말 현재 자산총액이 5조 원 미만인 여신전문금융회사

ㅁ. 그 밖에 자산규모, 영위하는 금융업무 등을 고려하여 금융위원회가 정하여 고시하는 자

하지만 예외대상에 해당하는 금융회사라 할지라도 해당 회사가 주권상장법인으로서 최근 사업연도말 현재 자산총액이 2조 원 이상인 경우는 준법감시인이 위험관리 업무를 같이 수행할 수 없다는 점에 유의하여야 한다.

4) 준법감시체제의 운영

(1) 체제의 구축

회사는 임직원의 업무수행의 공정성 제고 및 위법·부당행위의 사전 예방 등에 필요한 효율적인 준법감시체제를 구축·운영하여야 하며, 그 체제는 다음의 사항을 수행할 수 있어야 한다.

❶ 관계법령 등의 준수 프로그램의 입안 및 관리
❷ 임직원의 관계법령 등의 준수 실태 모니터링 및 시정조치
❸ 이사회, 이사회 산하 각종 위원회 부의사항에 대한 관계법령 등의 준수 여부의 사전 검토 및 정정 요구
❹ 정관·사규 등의 제정 및 개폐, 신상품개발 등 새로운 업무 개발시 관계법령 등의 준수 여부 사전 검토 및 정정 요구
❺ 임직원에 대한 준법 관련 교육 및 자문
❻ 금융위원회, 금융감독원, 금융투자협회, 한국거래소, 감사위원회와의 협조 및 지원
❼ 이사회, 경영진 및 유관부서에 대한 지원
❽ 기타 상기 사항에 부수되는 업무

(2) 준법감시 프로그램의 운영

준법감시인은 임직원의 관계법령 등 및 내부통제기준의 준수 여부를 점검하기 위하여 회사의 경영 및 영업활동 등 업무 전반에 대한 준법감시 프로그램을 구축·운영하여야 한다. 준법감시 프로그램은 관계법령 등 및 내부통제기준에서 정하는 내용을 포함하여 구축·운영되어야 하며, 적시적으로 보완이 이루어져야 하고, 준법감시인은 이 프로그램에 따라 임직원의 관계법령 등 및 내부통제기준의 준수 여부를 점검하고, 그 결과를 기록·유지하여야 한다.

또한, 준법감시인은 준법감시 프로그램에 따른 점검결과 및 개선계획 등을 주요 내용으로 하는 내부통제보고서를 대표이사에게 정기적으로 보고하여야 하며, 특별한 사유가 발생한 경우에는 지체 없이 보고하여야 한다. 한편, 이러한 점검의 결과 준법감시 업무 관련 우수자가 있는 경우 준법감시인은 인사상 또는 금전적 혜택을 부여하도록 회사에 요청할 수 있다.

5) 관련 제도

(1) 준법서약 등

금융투자업 종사자는 회사가 정하는 준법서약서를 작성하여 준법감시인에게 제출하여야 한다. 회사마다 다르기는 하겠지만 보통은 신규(경력)직원을 채용할 때와 기존 근무직원을 대상으로 연 1회 정기적으로 받는 경우가 많다. 실제로 외부감독기구의 감사 등에 있어 임직원의 준법서약서 제출 여부가 중요한 이슈로 부각되기도 한다.

회사는 임직원이 관계법령 등과 내부통제기준에서 정하는 금지사항 및 의무사항의 이해에 필요한 교육과정을 수립하고, 정기·비정기적으로 필요한 교육을 실시하여야 한다. 각종 사고의 발생 등을 사전에 예방하기 위한 교육과정 운영의 중요성은 금융투자협회의 '표준내부통제기준' 제20조에서 찾아볼 수 있는데, 여기에서는 필수적으로 운영하여야 하는 내부통제 관련 교육과정에 반드시 직무윤리 등을 포함해야 할 것을 명시하고 있으며, 교육 미이수자에 대한 관리방안 마련을 의무화하는 등 임직원의 교육에 대한 강제성을 더욱 강화하는 내용을 담고 있다.

또한 준법감시인은 업무수행 과정 중 발생하는 각종 법규 관련 의문사항에 대하여 임직원이 상시 필요한 지원 및 자문을 받을 수 있도록 적절한 절차를 마련·운영하여야 한다.

(2) 윤리강령의 제정 및 운영

회사는 임직원이 금융투자업무를 수행하는 데 필요한 직무윤리와 관련된 윤리강령을 제정·운영하여야 하며, 윤리위반 신고처 운영, 위반 시 제재조치 등과 같은 윤리강령의 실효성 확보를 위한 사내 체계를 구축·운영하여야 한다.

(3) 임직원 겸직에 대한 평가·관리

준법감시 담당부서는 해당 회사의 임직원이 지배구조법 제10조 제2항부터 제4항까지의 규정에 따라 다른 회사의 임직원을 겸직하려는 경우 겸직 개시 전에 겸직의 내용이 다음의 사항에 해당하는지를 검토하고, 주기적으로 겸직 현황을 관리하여야 한다.

❶ 회사의 경영건전성을 저해하는지 여부
❷ 고객과의 이해상충을 초래하는지 여부
❸ 금융시장의 안정성을 저해하는지 여부
❹ 금융거래질서를 문란하게 하는지 여부

만일 준법감시 담당부서에서 임직원의 겸직에 대한 검토·관리 결과 및 겸직 수행과정에서 상기의 사항에 해당하는 위험이 발생하거나 발생 가능성이 있다고 판단하는 경우에는 위험 방지를 위한 적절한 조치를 취하고 준법감시인에게 그 사실을 보고하여야하며, 준법감시인은 보고를 받아 검토한 결과 필요하다고 인정하는 경우 겸직내용의 시정 및 겸직 중단 등의 조치를 취할 것을 요구할 수 있다.

(4) 내부제보(고발)제도

회사는 내부통제의 효율적 운영을 위하여 임직원이 회사 또는 다른 임직원의 위법·부당한 행위 등을 회사에 신고할 수 있는 내부제보제도를 운영하여야 하며, 이에 필요한 세부운영지침을 정할 수 있다. 내부제보제도에는 내부제보자에 대한 비밀보장, 불이익 금지 등 내부제보자 보호와 회사에 중대한 영향을 미칠 수 있는 위법·부당한 행위를 인지하고도 회사에 제보하지 않는 미제보자에 대한 불이익 부과 등에 관한 사항이 반드시 포함되어야 한다.

만일 내부제보자가 제보행위를 이유로 인사상 불이익을 받은 것으로 인정되는 경우 준법감시인은 회사에 대해 시정을 요구할 수 있으며, 회사는 정당한 사유가 없는 한 이에 응하여야 한다. 또한 준법감시인(또는 감사)은 내부제보 우수자를 선정하여 인사상 또는 금전적 혜택을 부여하도록 회사에 요청할 수 있으나, 내부제보자가 원하지 아니하는 경우에는 요청하지 않을 수 있다.

회사마다 약간씩 다를 수 있으나 통상 내부제보의 대상은 아래와 같다.

❶ 업무수행과 관련한 관계법령 등 또는 회사의 윤리강령, 규정, 준칙 등의 사규 위반행위

❷ 부패행위 및 기타 위법·부당한 행위 또는 이런 행위의 지시

❸ 횡령, 배임, 공갈, 절도, 직권남용, 관계법령 및 사규 등에서 정하고 있는 범위를 초과하는 금품 또는 향응의 수수 등 기타 범죄 혐의

❹ 성희롱 등 부정한 행위

❺ 현행 제도 시행에 따른 위험, 통제시스템의 허점

❻ 사회적 물의를 야기하거나 회사의 명예를 훼손시킬 수 있는 대내외 문제

❼ 기타 사고의 방지 및 내부통제를 위해 필요한 사항 등

일부 금융투자회사는 이러한 내부제보제도에 더하여 계약관계에 있는 상대방, 금융소비자를 포함한 거래상대방 등으로부터 제보를 받을 수 있는 '외부제보제도'도 같이 운영하고 있다.

(5) 명령휴가제도

회사는 임직원의 위법·부당한 행위를 사전에 방지하기 위하여 명령휴가제도를 운영하여야 한다. 명령휴가제도란, 금융사고 발생 우려가 높은 업무를 수행하고 있는 임직원을 대상으로 일정 기간 휴가를 명령하고, 동 기간 중 해당 임직원의 업무수행 적정성을 점검하는 제도를 말한다. 그 적용대상, 실시주기, 명령휴가 기간, 적용 예외 등 명령휴가제도 시행에 필요한 사항은 회사의 규모 및 인력 현황 등을 고려하여 별도로 정할 수 있다.

최근 금융회사는 물론 다양한 분야에서 임직원 등 내부자의 거액 횡령 등 사고가 급증하고 있어 각 금융회사에서는 명령휴가제도의 도입 및 실행 여부가 더욱 중요한 이슈가 되고 있으며 향후에도 명령휴가제도를 실행하는 금융회사는 더욱 많아질 것으로 전망된다.

(6) 직무분리기준 및 신상품 도입 관련 업무절차

회사는 입·출금 등 금융사고 발생 우려가 높은 단일거래(단일거래의 범위는 회사가 정한다)에 대해 복수의 인력(또는 부서)이 참여하도록 하거나, 해당 업무를 일선, 후선 통제절차 등으로 분리하여 운영토록 하는 직무분리기준을 마련·운영하여야 한다. 또한, 앞에서 다룬 바와 같이 금융소비자보호법의 시행으로 인해 새로운 금융상품 개발 및 금융상품 판매 과정에서 금융소비자보호 및 시장질서 유지 등을 위하여 준수하여야 할 업무절차를 마련·운영하여야 한다.

6) 영업점에 대한 내부통제

(1) 영업점별 영업관리자

금융투자회사의 표준내부통제기준에서는 영업점에 관한 내부통제를 별도로 다루고 있는데 이는 영업점이 금융소비자와 가장 가까운 접점이기 때문이다. 이에 따라 준법감시인이 영업점에 대한 내부통제를 위하여 권한을 위임하는 영업점별 영업관리자에 대해서는 그 자격을 엄격히 규정하고 있는바, 그 요건은 다음과 같다.

❶ 영업점에서 1년 이상 근무한 경력이 있거나 준법감시·감사업무를 1년 이상 수행한 경력이 있는 자로서 당해 영업점에 상근하고 있을 것
❷ 본인이 수행하는 업무가 과다하거나 수행하는 업무의 성격으로 인하여 준법감시 업무에 곤란을 받지 아니할 것
❸ 영업점장이 아닌 책임자급일 것. 다만, 당해 영업점의 직원 수가 적어 영업점장을 제외한 책임자급이 없는 경우에는 그러하지 아니하다.
❹ 준법감시업무를 효과적으로 수행할 수 있는 충분한 경험과 능력, 윤리성을 갖추고 있을 것

다만, 다음 각 요건을 모두 충족하는 경우 예외적으로 1명의 영업관리자가 2 이상의 영업점을 묶어 영업관리자의 업무를 수행할 수 있다.

❶ 감독대상 영업직원 수, 영업규모와 내용 및 점포의 지역적 분포가 단일 영업관리자만으로 감시·감독하는 데 특별한 어려움이 없을 것
❷ 해당 영업관리자가 대상 영업점 중 1개의 영업점에 상근하고 있을 것

❸ 해당 영업관리자가 수행할 업무의 양과 질이 감독업무 수행에 지장을 주지 아니할 것

영업관리자는 해당 영업점에서 금융투자상품의 거래에 관한 지식과 경험이 부족하여 투자중개업자의 투자권유에 사실상 의존하는 금융소비자의 계좌를 별도로 구분하여 이들 계좌의 매매거래상황 등을 주기적으로 점검하고, 직원의 투자권유 등 업무수행을 할 때 관련 법규 및 내부통제기준을 준수하고 있는지 여부를 감독하여야 한다. 한편, 준법감시인은 영업점별 영업관리자에 대하여 연간 1회 이상 법규 및 윤리 관련 교육을 실시하여야 한다. 회사는 영업점별 영업관리자의 임기를 1년 이상으로 하여야 하고, 영업점별 영업관리자가 준법감시업무로 인하여 인사·급여 등에서 불이익을 받지 아니하도록 하여야 하며, 영업점별 영업관리자에게 업무수행 결과에 따라 적절한 보상을 지급할 수 있다.

(2) 내부통제활동

회사는 영업점에 대한 실질적인 통제가 가능하도록 다음 각 사항을 포함한 세부기준을 제정·운영하여야 한다.

❶ 영업점의 영업 및 업무에 대한 본사의 통제 방식과 내용
❷ 영업점 근무 직원의 인사채용 및 관리의 독립성
❸ 영업점 소속 임직원의 성과 및 보수체계의 내용과 그 독립성
❹ 본사와 해당 영업직원 간의 계약 내용

만일 회사가 특정 금융소비자를 위하여 전용공간을 제공하는 경우에는 다음 각 사항을 준수하여야 한다.

❶ 당해 공간은 직원과 분리되어야 하며, 영업점장 및 영업점 영업관리자의 통제가 용이한 장소에 위치
❷ 사이버룸의 경우 반드시 "사이버룸"임을 명기(문패 부착)하고 외부에서 내부를 관찰할 수 있도록 개방형 형태로 설치
❸ 회사는 다른 고객이 사이버룸 사용 고객을 직원으로 오인하지 아니 하도록 사이버룸 사용 고객에게 명패, 명칭, 개별 직통전화 등을 사용하도록 하거나 제공하여서는 아니 됨

❹ 영업점장 및 영업관리자는 사이버룸 등 고객전용공간에서 이루어지는 매매거래의 적정성을 모니터링하고 이상매매가 발견되는 경우 지체 없이 준법감시인에게 보고

영업점은 영업점의 업무가 관계법령 등에서 정하는 기준에 부합하는 방식으로 처리되었는지 자체점검을 실시하여야 하며, 회사는 이에 필요한 영업점의 자체점검 방법, 확인사항, 실시주기 등에 관한 기준을 마련·운영하여야 한다. 이를 위해 대부분의 회사는 명칭은 다를 수 있으나 '내부통제 자체 체크리스트' 등의 이름으로 영업점의 내부통제활동 수행에 대한 점검을 정기적으로 실행하고 있다.

2 내부통제기준 위반 시 회사의 조치 및 제재

1) 개인에 대한 조치

회사는 내부통제기준 위반자에 대한 처리기준을 사전에 규정하고, 위반자에 대해서는 엄정하고 공정하게 조치하여야 한다. 내부통제 위반자의 범위에는 내부통제기준을 직접 위반한 자뿐만 아니라, 지시·묵인·은폐 등에 관여한 자, 다른 사람의 위반사실을 고의로 보고하지 않은 자, 기타 내부통제기준의 운영을 저해한 자를 포함한다.

회사 및 준법감시인은 관계법령 등의 준수 여부에 대한 점검결과 임직원의 위법·부당행위를 발견한 경우 유사 행위가 재발하지 아니하도록 해당 임직원에 대한 제재, 내부통제제도의 개선 등 필요한 조치를 신속히 취하여야 한다. 위반자에 대한 제재는 관계법령 등에 규정된 사항을 먼저 적용하며, 사규 등에서 정한 사항을 위반한 경우는 통상 회사별로 마련된 징계규정이 정하는 절차와 제재수위가 적용된다.

이에 따른 회사의 조치에 대하여 관련 임직원은 회사가 정한 절차에 따라 회사에 이의를 신청할 수 있으며, 당해 임직원은 그 사유를 명확히 하고 필요한 증빙자료를 첨부하여야 한다.

2) 회사에 대한 조치

(1) 1억 원 이하의 과태료 부과(지배구조법 제43조 제1항)

아래의 경우 금융투자회사에 대해 1억 원 이하의 과태료를 부과한다.

❶ 내부통제기준을 마련하지 아니한 경우
❷ 준법감시인을 두지 아니한 경우
❸ (적용대상 회사인 경우) 사내이사 또는 업무집행책임자 중에서 준법감시인을 선임하지 않은 경우
❹ 이사회 결의를 거치지 아니하고 준법감시인을 임면한 경우
❺ 금융위원회가 위법·부당한 행위를 한 회사 또는 임직원에게 내리는 제재조치를 이행하지 않은 경우

(2) 3천만 원 이하의 과태료 부과(지배구조법 제43조 제2항)

아래의 경우에는 3천만 원 이하의 과태료를 부과한다.

❶ 준법감시인에 대한 별도의 보수지급 및 평가기준을 마련·운영하지 않은 경우
❷ 준법감시인이 아래의 업무를 겸직하거나 이를 겸직하게 한 경우
  ㄱ. 자산 운용에 관한 업무
  ㄴ. 해당 금융회사의 본질적 업무(해당 금융회사가 인가를 받거나 등록을 한 업무와 직접적으로 관련된 필수업무로서 대통령령으로 정하는 업무를 말한다) 및 그 부수업무
  ㄷ. 해당 금융회사의 겸영(兼營)업무
  ㄹ. (금융지주회사의 경우) 자회사 등의 업무(금융지주회사의 위험관리책임자가 그 소속 자회사 등의 위험관리업무를 담당하는 경우는 제외한다)
  ㅁ. 그 밖에 이해가 상충할 우려가 있거나 내부통제 및 위험관리업무에 전념하기 어려운 경우로서 대통령령으로 정하는 업무

(3) 2천만 원 이하의 과태료 부과(지배구조법 제43조 제3항)

금융회사가 지배구조법 제30조 제2항 및 동법 시행령에 따른 준법감시인의 임면 사실을 금융위원회에 보고하지 않은 경우 등에는 2천만 원 이하의 과태료 부과대상이 된다.

직무윤리 위반행위에 대한 제재

앞에서 설명한 바와 같이 우리나라는 직무윤리의 위반행위에 대한 제재 수준이 미국이나 일본에 비해 상대적으로 크지 않은 것으로 보여지나, 이를 개선하기 위한 노력이 계속되고 있다. 현재는 자본시장법이나 지배구조법 등의 관계법령에서 조항으로 명문화시킨 직무윤리는 위반 시 그에 따른 제재가 명확히 규정되어 있다. 금융투자협회가 제정한 '표준내부통제기준'을 바탕으로 회사가 자율적으로 제정한 회사별 내부통제기준, 윤리강령 등의 윤리기준을 위반하는 경우는 해당 회사가 정한 사규 등에 따라 그 제재 수위가 정해진다.

사규에 따른 제재는 회사별로 다를 수 있으므로 이 절에서는 금융투자회사에 공통적으로 적용되는 제재를 중심으로 살펴보기로 한다.

1 자율규제

금융투자협회는 회원 간의 건전한 영업질서 유지 및 투자자 보호를 위한 자율규제업무를 담당한다(자본시장법 제286조 제1항 제1호). 그 일환으로 협회는 회원인 금융투자업자와 그 소속 임직원이 관련 법령과 직무윤리를 준수하도록 하며, 그 위반행위에 대해서는 주요 직무 종사자의 등록 및 관리권과 회원의 제명 또는 그 밖의 제재권(회원의 임직원에 대한 제재의 권고를 포함)을 발동할 수 있다.[4]

2 행정제재

행정제재는 금융감독기구인 금융위원회, 증권선물위원회 등에 의한 제재가 중심이 된다.

---

4 그 구체적인 내용은 금융투자협회의 「자율규제위원회 운영 및 제재에 관한 규정」에 규정되어 있다.

1) 금융투자업자에 대한 제재권

(1) 금융위원회의 조치명령권

자본시장법 제415조에 따르면 금융위원회는 투자자를 보호하고 건전한 거래질서를 유지하기 위하여 금융투자업자가 관계법령 등을 적절히 준수하는지 여부를 감독하여야 할 의무가 있다. 이에 따라 다음의 사항에 대해서는 금융투자회사에 대해 필요한 조치를 명할 수 있다.

❶ 금융투자업자의 고유재산 운용에 관한 사항
❷ 투자자 재산의 보관·관리에 관한 사항
❸ 금융투자업자의 경영 및 업무개선에 관한 사항
❹ 각종 공시에 관한 사항
❺ 영업의 질서유지에 관한 사항
❻ 영업방법에 관한 사항
❼ 장내파생상품 및 장외파생상품의 거래규모의 제한에 관한 사항
❽ 그 밖에 투자자 보호 또는 건전한 거래질서를 위하여 필요한 사항으로서 대통령령으로 정하는 사항

특히 ❼의 장내파생상품의 거래규모의 제한에 관한 사항은 금융투자업자가 아닌 위탁자(금융소비자)에게도 필요한 조치를 명할 수 있다.

(2) 금융투자업 인가 또는 금융투자업 등록의 취소권

금융위원회는 다음의 어느 하나에 해당하는 경우 금융투자업 인가 취소 또는 금융투자업 등록 취소의 권한을 가진다.

❶ 거짓, 그 밖의 부정한 방법으로 금융투자업의 인가를 받거나 등록한 경우
❷ 인가조건을 위반한 경우
❸ 인가요건 또는 등록요건의 유지의무를 위반한 경우
❹ 업무의 정지기간 중에 업무를 한 경우
❺ 금융위원회의 시정명령 또는 중지명령을 이행하지 아니한 경우
❻ 자본시장법 별표 1 각 호의 어느 하나에 해당하는 경우로서 대통령령으로 정하

는 경우

❼ 대통령령으로 정하는 금융 관련 법령 등을 위반한 경우로서 대통령령으로 정하는 경우

❽ 그 밖에 투자자의 이익을 현저히 해할 우려가 있거나 해당 금융투자업을 영위하기 곤란하다고 인정되는 경우로서 대통령령으로 정하는 경우

만일 이를 위반하는 경우 금융위원회는 다음의 조치가 가능하다.

❶ 6개월 이내의 업무의 전부 또는 일부의 정지
❷ 신탁계약, 그 밖의 계약의 인계명령
❸ 위법행위의 시정명령 또는 중지명령
❹ 위법행위로 인한 조치를 받았다는 사실의 공표명령 또는 게시명령
❺ 기관경고
❻ 기관주의
❼ 그 밖에 위법행위를 시정하거나 방지하기 위하여 필요한 조치로서 대통령령으로 정하는 조치

2) 금융투자업자의 임직원에 대한 조치권

자본시장법 제422조 제1항 및 지배구조법 제35조 제1항에 따라 금융위원회는 금융투자업자의 임원에 대해서는 해임요구, 6개월 이내의 직무정지(또는 임원의 직무를 대행하는 관리인의 선임), 문책경고, 주의적 경고, 주의, 그 밖에 위법행위를 시정하거나 방지하기 위하여 필요한 조치로서 자본시장법 및 지배구조법의 각 시행령으로 정하는 조치 등을 할 수 있다.

금융투자업자의 직원에 대해서는 자본시장법 제422조 제2항 및 지배구조법 제35조 제2항에 따라 면직, 6개월 이내의 정직, 감봉, 견책, 경고(참고로 지배구조법에서는 자본시장법과는 달리 직원에 대한 조치로서 '경고'조치를 명시하고 있지 않다), 주의, 그 밖에 위법행위를 시정하거나 방지하기 위하여 필요한 조치로서 자본시장법 시행령으로 정하는 조치 등을 취할 수 있다.

3) 청문 및 이의신청

금융위원회가 다음 사항의 처분 또는 조치를 하고자 하는 경우에는 자본시장법 제 423조에 따라 반드시 청문을 실시하여야 한다.

❶ 종합금융투자사업자에 대한 지정의 취소
❷ 금융투자상품거래청산회사에 대한 인가의 취소
❸ 금융투자상품거래청산회사 임직원에 대한 해임요구 또는 면직 요구
❹ 신용평가회사에 대한 인가의 취소
❺ 신용평가회사 임직원에 대한 해임요구 또는 면직 요구
❻ 거래소 허가의 취소
❼ 거래소 임직원에 대한 해임요구 또는 면직 요구
❽ 금융투자업에 대한 인가·등록의 취소
❾ 금융투자업자 임직원에 대한 해임요구 또는 면직 요구

만일 금융위원회의 처분 또는 조치에 대해 불복하는 자는 해당 처분 또는 조치의 고 지를 받는 날로부터 30일 이내에 그 사유를 갖추어 금융위원회에 이의신청을 할 수 있 다. 이때, 금융위원회는 해당 이의신청에 대해 60일 이내에 결정을 하여야 하며, 부득 이한 사정으로 그 기간 내에 결정을 할 수 없을 경우에는 30일의 범위에서 그 기간을 연장할 수 있다.

3 　민사책임

직무윤리의 위반이 동시에 법 위반으로 되는 경우에는 이에 대한 법적 제재가 따르 게 된다. 법 위반에 대한 사법적 제재로는 당해 행위의 실효(失效)와 손해배상책임을 묻 는 방법 등이 있다.

(1) 법률행위의 실효(失效)

법률행위에 하자가 있는 경우, 그 하자의 경중에 따라 중대한 하자가 있는 경우에는 '무효'로 하고, 이보다 가벼운 하자가 있는 경우에는 '취소'할 수 있는 행위가 된다.

또한, 계약당사자 일방의 채무불이행으로 계약의 목적을 달성할 수 없는 경우, 그것

이 일시적 거래인 경우에는 계약을 '해제'할 수 있고, 그것이 계속적인 거래인 경우에는 계약을 '해지'할 수 있다. 계약을 해제하면 계약이 소급적으로 실효되어 원상회복의무가 발생하고, 계약을 해지하면 해지시점부터 계약이 실효된다.

(2) 손해배상

채무불이행(계약책임) 또는 불법행위에 의하여 손해를 입은 자는 배상을 청구할 수 있다. 계약책임은 계약관계(privity of contract)에 있는 당사자(주로 채권자와 채무자) 사이에 계약위반을 이유로 한다. 이때, 불법행위책임은 계약관계의 존부를 불문하고, '고의 또는 과실'의 '위법행위'로 타인에게 '손해'를 가한 경우를 말하고, 가해자는 피해자에게 발생한 손해를 배상하여야 한다(민법 750조).

4 형사책임

자본시장의 질서유지를 위하여 법 위반행위에 대하여는 형법과 자본시장법 등의 각종 관련법에서 형벌조항을 두고 있다(자본시장법 제443~제448조 등). 형사처벌은 법에서 명시적으로 규정하고 있는 것에 한정하며(죄형법정주의), 그 절차는 형사소송법에 의한다. 또 행위자와 법인 양자 모두를 처벌하는 양벌규정을 두는 경우가 많다.

5 시장의 통제

직무윤리강령 및 직무윤리기준을 위반한 행위에 대하여 아무런 법적 제재를 받지 않을 수도 있다. 그러나 이에 대한 금융소비자를 비롯하여 시장으로부터의 신뢰상실과 명예실추, 관계의 단절은 직업인으로서 당해 업무에 종사하는 자에게 가해지는 가장 무섭고 만회하기 어려운 제재와 타격이 된다.

> **사례**
>
> 금융기관 종사자의 고객자금 횡령 및 제재
> ○○증권회사 영업점에서 근무하는 업무팀장 A는 2012.2.10.~5.25 기간 중 고객 5명의 6개 계좌에서 무단으로 발급처리한 증권카드와 고객으로부터 매매주문 수탁 시 취득한 비밀번호

를 이용하여 업무용 단말기로 고객의 자금을 남자친구인 B 명의의 계좌로 이체하는 방법으로 총 16회에 걸쳐 15억 6천만 원을 횡령하였다.

직원의 남자친구 명의 계좌는 직원의 계산으로 2010.6.14. 개설된 것으로서 내부통제기준상 증권회사 직원의 매매가 금지된 코스피200 선물·옵션을 매매하였으며, 준법감시인에게 계좌 개설사실을 신고하지 않고 분기별로 매매명세를 통지하지도 않았다.

또한 위의 횡령계좌들 중 3명의 명의로 된 3개 계좌에서 위탁자로부터의 매매주문 수탁없이 21개 종목, 13억 4천 1백만 원 상당을 임의로 매매하였다.

위와 같은 사실은 타인의 재물을 보관하는 자는 업무상의 업무에 위배하여 그 재물을 횡령하여서는 아니 되며, 투자매매업자 또는 투자중개업자는 투자자나 그 대리인으로부터 금융투자상품의 매매주문을 받지 아니하고 투자자로부터 예탁받은 재산으로 금융투자상품 매매를 하여서는 아니 된다는 형법 제355조 제1항 및 제356조, 특정 경제범죄 가중처벌 등에 관한 법률 제3조 제1항 제2호, 자본시장법 제70조를 위반하는 행위이다.

이로 인해 해당 증권회사는 관리책임을 물어 '기관주의' 조치를 받았고, 해당 직원은 형사처벌과는 별도로 면직처리되었다. (제재조치일 : 2013.5.10. / 출처 : 금융감독원 홈페이지)

01 다음 중 직무윤리에 대한 설명으로 적절하지 않은 것은?

① 기업윤리는 조직 구성원 개개인들이 지켜야 하는 윤리적 행동과 태도를 구체화한 것이다.

② 기업윤리와 직무윤리는 흔히 혼용되어 사용되기도 한다.

③ 직무윤리는 미시적인 개념이며, 기업윤리는 거시적인 개념으로 보기도 한다.

④ 윤리경영은 직무윤리를 기업의 경영방식에 도입하는 것으로 간단히 정의될 수 있다.

02 다음 중 신의성실의 원칙에 관한 설명으로 옳지 않은 것은?

① 상대방의 정당한 이익을 배려하여 형평에 어긋나거나 신뢰를 저버리는 일이 없도록 성실하게 행동해야 한다는 것을 말한다.

② 윤리적 원칙이면서 동시에 법적 의무이다.

③ 이해상충의 방지 및 금융소비자보호와 관련된 기본원칙이다.

④ 상품 판매 이전 단계에만 적용되는 원칙이다.

03 다음 중 이해상충 방지에 대한 설명으로 적절하지 않은 것은?

① 금융투자업자는 이해상충 발생 가능성을 파악 평가하고 적절히 관리하여야 한다.

② 금융투자업자는 이해상충 발생 가능성이 있는 경우 그 사실을 해당 투자자에게 미리 알렸다면 별도의 조치 없이 매매 등 그 밖의 거래를 할 수 있다.

③ 금융투자업자는 영위하는 금융투자업 간 또는 계열회사 및 다른 회사와의 이해상충의 발생을 방지하기 위해 정보교류 차단벽(Chinese Wall)을 구축할 의무가 있다.

④ 이해상충 발생을 방지하기 위해 금융소비자가 동의한 경우를 제외하고는 금융투자업자가 거래당사자가 되거나 자기 이해관계인의 대리인이 되어서는 안 된다.

해설

01 ① 직무윤리에 대한 설명이다.

02 ④ 상품 판매 전의 개발단계부터 모든 단계에서 적용된다.

03 ② 이해상충 발생 가능성을 금융소비자에게 미리 알리고 이해상충 발생 가능성을 충분히 낮춘 후에만 거래할 수 있다.

04 다음 중 금융소비자보호의무와 관련한 설명으로 적절하지 않은 것은?

① 상품의 개발단계에서부터 판매 이후의 단계까지 전 단계에 걸쳐 적용된다.

② 금융투자업 종사자의 '전문가로서의 주의의무'와 관련된다.

③ 우리나라는 현재 금융소비자보호법에 따라 관련 절차 등이 규정되어 있다.

④ CCO는 상근감사 직속의 독립적 지위를 갖는다.

05 다음 설명 중 틀린 것은?

① 금융투자업 직무윤리의 기본적인 핵심은 '고객우선의 원칙'과 '신의성실의 원칙'이다.

② 직무윤리가 법제화된 대표적인 사례는 '금융소비자보호의무'와 '이해상충방지의무'이다.

③ 금융소비자를 두텁게 보호하기 위해 대표이사는 법령에 규정된 의무를 모두 본인이 수행하여야 하며, 다른 임원 등에게 위임할 수 없다.

④ 금융소비자 보호에 관한 인식은 국내외를 막론하고 점차 강해지고 있다.

06 다음 중 상품 판매 이전단계에서의 금융소비자보호의무와 가장 거리가 먼 것은?

① 상품 판매 개시 이후 적정한 판매절차를 거쳤는지 점검하는 절차를 마련한다.

② 판매임직원 등의 판매자격 관리절차를 마련한다.

③ 판매임직원 등 대상 교육체계를 마련한다.

④ 해당 상품에 대한 미스터리쇼핑을 자체적으로 실시한다.

해설

04 ④ CCO는 대표이사 직속이다.

05 ③ 금융소비자보호법에서는 대표이사의 고유 권한 중 일부를 금융소비자보호 총괄책임자에게 위임할 수 있도록 허용하고 있다.

06 ④ 미스터리쇼핑은 상품 판매 이후 단계에서 실행하는 절차이다.

07 금융투자회사의 표준윤리준칙 제4조에서는 '회사와 임직원은 (   )과 (와) (   )를(을)
    가장 중요한 가치관으로 삼고, ( )에 입각하여 맡은 업무를 충실히 수행하여야 한다'
    라고 규정하고 있다. ( ) 안에 들어갈 말을 올바르게 나열한 것은?
    ① 정직 − 신뢰 − 신의성실의 원칙
    ② 수익 − 비용 − 효율성의 원칙
    ③ 공정 − 공평 − 기회균등의 원칙
    ④ 합리 − 이성 − 독립성의 원칙

08 다음 중 금융투자업 종사자가 고객에게 투자를 권유하거나 이와 관련된 직무를 수행
    함에 있어 따라야 할 기준으로 적절하지 않은 것은?
    ① 투자권유 전 고객의 재무상황, 투자경험, 투자 목적에 관하여 적절한 조사를
       해야 한다.
    ② 투자권유 시 환경 및 사정변화가 발생하더라도 일관성 있는 투자권유를 위해
       당해 정보를 변경하여서는 안 된다.
    ③ 고객을 위하여 각 포트폴리오 또는 각 고객별로 투자권유의 타당성과 적합성
       을 검토하여야 한다.
    ④ 파생상품등과 같이 투자위험성이 큰 경우 일반 금융투자상품에 요구되는 수준
       이상의 각별한 주의를 기울여야 한다.

09 다음 금융투자업 종사자의 대외활동에 관한 설명으로 옳은 것은?
    ① 회사의 주된 업무수행에 지장을 주어서는 아니 된다.
    ② 금전적인 보상은 수고에 대한 대가이므로 반드시 신고할 필요는 없다.
    ③ 회사의 공식의견이 아닌 사견은 대외활동 시 발표할 수 없다.
    ④ 경쟁회사에 대한 부정적인 언급은 정도가 심하지 않는 경우 허용된다.

해설

07 ①
08 ② 투자권유가 환경 및 사정의 변화를 반영할 수 있도록 당해 정보를 변경하여야 한다.
09 ① 대외활동 시 금전적 보상은 반드시 신고해야 하며, 사견임을 명백히 한 경우는 발표할 수 있다. 또
    한 경쟁회사에 대한 비방은 금지된다.

10 다음 임의매매와 일임매매에 관한 설명으로 적절하지 않은 것은?

① 자본시장법에서는 임의매매와 일임매매를 엄격히 금지하고 있다.

② 임의매매는 금융소비자의 매매거래에 대한 위임이 없었음에도 금융투자업 종사자가 자의적으로 매매를 한 경우이다.

③ 일임매매는 금융소비자가 매매거래와 관련한 전부 또는 일부의 권한을 금융투자업 종사자에게 위임한 상태에서 매매가 발생한 경우이다.

④ 임의매매와 일임매매는 손해배상책임에 있어 차이가 있다.

11 다음은 상품 판매 이후의 단계에서 실행되는 제도이다. ( )에 들어갈 말을 올바르게 짝지어진 것은?

> ㉠ 해피콜제도는 금융소비자가 상품 가입 후 ( ) 이내에 판매직원이 아닌 제3자가 전화를 통해 불완전판매 여부를 확인하는 제도이다.
> ㉡ 불완전판매보상제도는 금융소비자가 상품 가입 후 ( ) 이내에 불완전판매 행위를 인지한 경우 금융투자회사에서 배상을 신청할 수 있는 제도이다.

① 7일, 15일   ② 7영업일, 15영업일

③ 7일, 15영업일   ④ 7영업일, 15일

12 다음 중 '금융투자회사의 영업 및 업무에 관한 규정'에서 정하고 있는 부당한 재산상 이익의 제공에 해당되지 않는 것은?

① 거래상대방만 참석한 여가 및 오락활동 등에 수반되는 비용을 제공하는 경우

② 제조업체의 고유재산관리를 담당하는 직원에게 문화상품권을 제공하는 경우

③ 자산운용사 직원이 펀드판매 증권사 직원에게 백화점상품권을 제공하는 경우

④ 증권사 직원이 금융소비자에게 펀드 판매사 변경을 이유로 현금을 제공하는 경우

해설

10 ① 일임매매는 일정 조건하에서는 제한적으로 허용되고 있다.

11 ④

12 ② 문화활동을 할 수 있는 용도로만 정해진 문화상품권의 제공은 부당한 재산상 이익의 제공에서 제외된다.

13 다음 설명 중 맞는 것은?

① 상품설명서는 금융상품에 대한 설명을 한 이후 금융소비자에게 제공하여야 한다.

② 계약서류는 계약을 체결하고 지체없이 금융소비자에게 제공하여야 한다.

③ 계약서류의 제공 사실과 관련하여 금융소비자는 본인이 금융상품판매업자가 제공하지 않았음을 증명하여야 한다.

④ 법상 '지체없이'는 회사에서 별도로 정하는 특정한 기간 이내를 말한다.

14 다음 위반행위 중 지배구조법에 따른 제재조치가 가장 큰 것은?

① 이사회 결의없이 준법감시인을 임면한 경우

② 준법감시인이 자산운용업무를 겸직하게 하는 경우

③ 준법감시인의 임면 사실을 금융위원회에 보고하지 않은 경우

④ 준법감시인에 대한 별도의 보수지급기준 등을 마련하지 않은 경우

15 다음 재산상 이익의 제공에 관한 설명 중 틀린 것은?

① 영업직원이 거래상대방으로부터 10만원 상당의 백화점상품권을 수령한 경우 이를 즉시 준법감시인에게 신고하여야 한다.

② 금융투자회사는 거래상대방에게 제공하거나 수령한 재산상 이익의 가액이 10억원을 초과하는 즉시 홈페이지 등을 통해 공시하여야 한다.

③ 금융투자회사는 재산상 이익 제공 현황 및 적정성 점검 결과 등을 매년 대표이사에게 보고하여야 한다.

④ 거래상대방이 금융투자회사인 경우 상호 교차점검을 위해 임직원의 동의를 받은 후 대표이사 명의의 서면으로 관련 자료를 요청하여야 한다.

해설

13 ① 설명서는 설명을 하기 전 금융소비자에게 제공하여야 한다.

③ 계약서류의 제공에 대한 입증책임은 금융상품판매업자에게 있다.

④ 지체없이'는 몇 시간, 며칠과 같이 특정되는 것이 아니라 사정이 허락하는 한 가장 신속하게 처리해야 하는 기한을 의미한다.

14 ① 1억원 이하 과태료 대상

②, ④ 3천만원 이하 과태료 대상

③ 2천만원 이하 과태료 대상

15 ③ 대표이사가 아니라 이사회에 보고하여야 한다.

16 다음 비밀정보의 관리에 관한 사항 중 맞는 것은?

① 회사의 경영전략이나 새로운 상품 등에 관한 정보는 인쇄된 경우에 한하여 비밀정보로 본다.

② 정보차단벽이 설치된 부서에서 발생한 정보는 비밀정보로 간주되어야 한다.

③ 임직원이 회사를 퇴직하는 경우 본인이 관리하던 고객정보는 향후 관계 유지를 위해 반출할 수 있다.

④ 특정한 정보가 비밀정보인지 불명확할 경우 부서장이 판단하여야 한다.

17 다음 대외활동에 관한 설명 중 틀린 것은?

① 언론기관 접촉이 예정된 경우 예외없이 관계부서와 반드시 사전협의하여야 한다.

② 회사가 최종 승인하지 않은 홍보물을 사전에 사용하는 행위는 금지된다.

③ 개인이 운영하는 블로그 등에 회사의 상품을 홍보하는 행위는 금지된다.

④ 사전승인절차에서는 대가로 지급받는 보수의 적절성도 같이 검토되어야 한다.

18 다음 사회 등에 대한 윤리에 관한 설명 중 가장 옳은 것은?

① 시장질서 교란행위는 불공정거래행위의 다른 표현으로 그 의미는 같다.

② 미공개정보의 이용에 대한 불공정거래행위의 적용은 내부자, 준내부자 및 미공개정보의 1차 수령자까지만을 대상으로 한다.

③ 특정한 목적성없이 금융투자상품의 시세에 영향을 미쳤다면 불공정거래행위로 구분되어 관련 법령의 적용을 받는다.

④ 프로그램 오류로 인한 시세의 급격한 변동은 단순 실수이므로 과징금 등의 벌칙조항의 적용을 받지 않는다.

해설

16 ① 기록여부, 매체여부에 관계없이 비밀정보로 본다.

③ 퇴직예정 임직원 등은 회사 업무와 관련한 정보는 고객정보를 포함하여 모두 회사에 반납하여야 한다.

④ 비밀정보의 판단여부는 준법감시인의 역할이다.

17 ① 예고없는 언론 인터뷰 등 불가피한 경우 언론기관 접촉 후 즉시 보고하는 등 예외적으로 추인받으면 된다.

18 ① 불공정거래행위와 시장질서교란행위는 대상과 목적성 여부에 따라 적용되는 범위가 다르다.

③ 목적성이 없다면 시장질서 교란행위에 해당한다.

④ 자본시장법 제429조의2에 따라 5억원 이하의 과징금이 부과될 수 있다.

정답 01 ① | 02 ④ | 03 ② | 04 ③ | 05 ③ | 06 ④ | 07 ① | 08 ② | 09 ① | 10 ① | 11 ④ | 12 ② | 13 ② | 14 ① | 15 ③ | 16 ② | 17 ① | 18 ②

part 05

투자자분쟁예방

securities investment solicitor

chapter 01

분쟁예방 시스템

1 개요

분쟁의 사전적 개념은 "어떤 말썽 때문에 서로 시끄럽게 다투는 일, 또는 그 다툼"이다. 금융투자업자는 금융투자업을 영위하는 과정에서 투자자 혹은 고객과 다양한 거래관계를 형성하게 되며, 거래관계가 수반되는 권리·의무에 대한 상반된 주장을 분쟁이라는 형태로 표출한다.

통상 "금융분쟁"이라 함은 예금자 등 금융소비자 및 기타 이해관계인이 금융 관련 기관의 금융업무 등과 관련하여 권리의무 또는 이해관계가 발생함에 따라 금융 관련

기관을 상대로 제기하는 분쟁을 말한다.

2021년부터 시행된 금융소비자보호법은 제1조에서 천명하고 있듯이 '금융소비자의 권익 증진'과 '금융소비자 보호의 실효성을 높이'는 것이 목적이므로 분쟁의 예방을 위해 금융상품 판매업자 등의 영업행위에 대한 준수사항 및 금지사항을 규정하고 있으며, 이후 분쟁이 발생하는 경우 취할 수 있는 조치 및 손해배상책임 등에 관한 사항을 포함하고 있다.

이에 따라 금융상품을 판매하는 회사는 의무적으로 분쟁 발생 예방을 위한 시스템을 구축하여야 하고, 분쟁이 발생한 경우 이를 처리할 수 있는 시스템을 갖추어야 한다. 또한, 금융소비자보호법 제32조 제3항의 '금융소비자 불만 예방 및 신속한 사후구제를 통하여 그 임직원이 직무를 수행할 때 준수하여야 할 기본적인 절차와 기준'을 정하여야 할 의무가 있으므로 분쟁의 예방 및 조정을 위한 절차 등의 내용이 포함된 내부적인 기준을 제정하여야 한다.

2 분쟁의 유형

1) 부당권유 등 불완전판매 관련 분쟁

금융회사에서 가장 많이 발생하는 분쟁 유형은 금융상품 판매와 관련하여 부당권유를 포함한 금융소비자보호법상 6대 판매원칙과 관련된 분쟁이다.

불완전판매는 말 그대로 관련 법규 등에서 정하고 있는 '완전판매절차'를 준수하지 않아 발생하는 것으로서 투자경험이나 지식수준이 낮은 일반 금융소비자를 대상으로 거래 행위의 위험성에 관한 올바른 인식 형성을 방해하는 행위는 물론, 투자경험 등이 있더라도 해당 고객의 투자성향에 비추어 과도한 위험성을 수반하는 거래를 적극적으로 권유하는 행위 등이 포함된다.

불완전판매행위는 우리가 앞에서 살펴본 바와 같이 직무윤리의 측면에서 고객에 대한 '고객우선의 원칙'과 '신의성실의 원칙'이라는 양대 윤리를 위반한 것임과 더불어 법제화되어 있는 '금융소비자 보호의무'(경우에 따라서는 '이해상충 방지의무'까지)를 위반하는 명백한 위법행위이다.

2) 주문 관련 분쟁

금융투자업을 영위하는 회사의 경우 고객으로부터 상장증권 등을 비롯한 금융투자상품의 주문을 접수하고 실행하는 과정에서 발생하는 일들이 분쟁의 원인이 되기도 한다.

금융투자회사에서 주문을 수탁하는 업무를 수행하는 임직원 등은 자본시장법 제68조 및 관련 법령 등에 따라 정당한 권한을 가진 금융소비자(투자자)로부터 수탁받은 주문을 최선을 다해 집행하고 관련 기록을 보관 및 유지하여야 하는 '최선집행의무'가 존재한다.

여기에서 중요한 점은 해당 주문을 요청하는 자가 정당한 권한을 가진 고객인가 하는 점이다. 즉 금융투자회사의 임직원 등은 해당 주문의 수탁 및 집행을 실행하기 전 해당 주문의 요청자가 투자자 본인인지, 혹은 정당한 위임을 받은 임의대리인인지, 혹은 미성년자녀 계좌에 대한 관리 권한을 가진 부모처럼 법적으로 대리권을 인정받는 법정 대리인인지 등을 명확하게 확인하여야 한다.

금융투자회사의 임직원 등은 주문을 요청하는 자가 정당한 권한을 가졌음을 확인하였다면, 해당 주문의 집행에 있어 최선의 집행 의무를 이행하기 위하여 주문 실행 전 고객에게 정확한 주문내용을 확인하여야 한다.

만일 임직원 등의 단순 주문실수(예를 들어 고객이 요청하는 상장증권의 매수 주문을 매도 주문으로 착각하여 처리하는 경우 등)가 발생한 경우인지 즉시 해당 주문으로 인해 발생한 손익을 확정하고 손실에 대한 차액을 배상하겠다는 의사표시를 고객에게 제안하는 등 분쟁으로 발생하지 않도록 처리하여야 한다.

3) 일임매매 관련 분쟁

자본시장법 제71조 제6호 및 관련 법령 등에 따라 금융회사의 임직원 등이 금융소비자로부터 투자판단의 전부 또는 일부를 일임받아 금융투자상품을 취득, 처분 및 그 밖의 방법으로 운용하는 일체의 행위는 원칙적으로 금지되어 있다.

다만, 예외적으로 투자일임업자로서 금융소비자와 일임계약을 체결하고 진행하는 경우 및 자본시장법 제7조 제4항에 따라 투자중개업자가 금융소비자의 매매주문을 받아 이를 처리하는 과정에서 금융투자상품에 대한 투자판단의 전부 또는 일부를 일임받을 필요가 있는 경우로서 자본시장법 제7조 제3항에서 정하는 아래의 경우에는 허용된다.

❶ 투자자가 금융투자상품의 매매거래일(하루에 한정한다)과 그 매매거래일의 총매매수량이나 총매매금액을 지정한 경우로서 투자자로부터 그 지정 범위에서 금융투자상품의 수량·가격 및 시기에 대한 투자판단을 일임받은 경우

❷ 투자자가 여행·질병 등으로 일시적으로 부재하는 중에 금융투자상품의 가격 폭락 등 불가피한 사유가 있는 경우로서 투자자로부터 약관 등에 따라 미리 금융투자상품의 매도권한을 일임받은 경우

❸ 투자자가 금융투자상품의 매매, 그 밖의 거래에 따른 결제나 증거금의 추가 예탁 또는 자본시장법 제72조에 따른 신용공여와 관련한 담보비율 유지의무나 상환의무를 이행하지 아니한 경우로서 투자자로부터 약관 등에 따라 금융투자상품의 매도권한(파생상품인 경우에는 이미 매도한 파생상품의 매수권한을 포함한다)을 일임받은 경우

❹ 투자자가 투자중개업자가 개설한 계좌에 금전을 입금하거나 해당 계좌에서 금전을 출금하는 경우에는 따로 의사표시가 없어도 자동으로 자본시장법 제229조제5호에 따른 단기금융집합투자기구(이하 "단기금융집합투자기구"라 한다)의 집합투자증권 등을 매수 또는 매도하거나 증권을 환매를 조건으로 매수 또는 매도하기로 하는 약정을 미리 해당 투자중개업자와 체결한 경우로서 투자자로부터 그 약정에 따라 해당 집합투자증권 등을 매수 또는 매도하는 권한을 일임받거나 증권을 환매를 조건으로 매수 또는 매도하는 권한을 일임받은 경우

❺ 그 밖에 투자자 보호 및 건전한 금융거래질서를 해칠 염려가 없는 경우로서 금융위원회가 정하여 고시하는 경우

불법적인 일임매매는 법령의 위반행위로 인한 제재뿐만 아니라 금융소비자에 대한 손해배상책임이 부가될 수 있으므로 금융투자회사의 임직원 등은 특히 유의할 필요가 있다.

4) 임의매매 관련 분쟁

자본시장법 제70조에 따라 금융투자회사의 임직원 등은 정당한 권한을 가진 금융소비자의 주문이 없이 예탁받은 재산으로 금융투자상품을 매매하여서는 아니 된다.

앞서 살펴본 일임매매와 임의매매의 가장 큰 차이점은 일임매매는 정당한 권한을 가진 금융소비자와 일임계약을 맺거나 관련 법령 등에서 정하고 있는 경우 일부 허용되는 경우가 있는 반면, 임의매매는 법으로 금지되어 있고, 이에 대한 예외적 허용의 경

우는 없다는 점이다.

5) 전산장애 관련 분쟁

전자금융거래법 제9조 제1항에 따라 금융회사의 전산에 다음과 같은 사고가 생겨 금융소비자에게 손해가 발생한 경우 금융회사는 그 손해를 배상할 책임을 진다.

❶ 접근매체의 위조나 변조로 발생한 사고
❷ 계약체결 또는 거래지시의 전자적 전송이나 처리 과정에서 발생한 사고
❸ 전자금융거래를 위한 전자적 장치 또는 「정보통신망 이용촉진 및 정보보호 등에 관한 법률」 제2조 제1항 제1호에 따른 정보통신망에 침입하여 거짓이나 그 밖의 부정한 방법으로 획득한 접근매체의 이용으로 발생한 사고

　　다만, 전자금융거래법 제9조 제2항에 따라 다음의 경우에는 그 책임의 전부 또는 일부를 금융소비자가 부담하게 할 수 있다.
　　ㄱ. 사고 발생에 있어서 이용자의 고의나 중대한 과실이 있는 경우로서 그 책임의 전부 또는 일부를 이용자의 부담으로 할 수 있다는 취지의 약정을 미리 이용자와 체결한 경우(고의나 중대한 과실은 대통령령이 정하는 범위 안에서 전자금융거래에 대한 약관에 기재된 것에 한함)
　　ㄴ. 법인(「중소기업기본법」제2조제2항에 의한 소기업을 제외한다)인 이용자에게 손해가 발생한 경우로 금융회사 또는 전자금융업자가 사고를 방지하기 위하여 보안절차를 수립하고 이를 철저히 준수하는 등 합리적으로 요구되는 충분한 주의의무를 다한 경우

전자금융거래법 제9조 제4항에 따라 금융회사는 전산장애에 대한 책임을 이행하기 위하여 금융위원회가 정하는 기준에 따라 보험 또는 공제에 가입하거나 준비금을 적립하는 등 필요한 조치를 취하여야 한다.

6) 기타 분쟁

금융민원 외에도 불친절하거나 업무지식이 낮은 임직원 등에 대한 불만, 업무를 위한 영업점 내 장시간 대기 불만 등이 분쟁발생의 요인이 되기도 한다.

금융회사의 입장에서 고객(자연인, 법인, 단체 등 포함)과의 분쟁은 통상 민원의 형태로 나타나는데, 민원은 고객이 회사에 대하여 이의신청, 진정, 건의, 질의 및 기타 금융회사의 특정한 행위를 요구하는 의사표시를 문서, 전화, 이메일 등의 방법으로 표현하는 것을 통칭한다.

1) 분쟁 처리 절차

금융소비자가 금융회사를 상대로 민원을 제기하는 경우 [민원 접수 → 민원인에 대한 접수사실 통지 → 사실관계 조사 → 검토 및 판단 → 답변서 작성 → 처리 결과 회신]의 순서를 거친다.

2) 분쟁 처리 방법

(1) 접수단계

금융회사의 담당자는 원활한 상담을 위해 접수된 민원 내용을 상세히 파악한 후 민원인에게 연락하여 신청한 민원이 접수되었다는 사실 통지와 함께 사전에 파악한 민원 내용의 정확성을 확인한다.

담당자는 민원인 입장을 고려하여 의견을 적극적으로 청취하는 등 공감하는 자세를 유지하되, 본인이 곧 회사를 대표하고 있다는 사실을 인식하고 접수된 민원을 객관적이고 공정하게 처리할 것이라는 신뢰를 줄 수 있는 응대태도를 유지해야 한다.

민원인의 불만사항을 경청하여 불만요인 및 요구사항 등을 명확히 파악하고 중도에 섣부른 결론이나 반대의견을 표명하는 것에 유의하여야 하며, 민원인의 주장에 대한 사실관계가 확인되지 않은 상황에서 확답을 하거나 주관적인 판단을 하지 않도록 하여야 한다.

(2) 사실조사 단계

민원 접수 내용 및 민원인과 상담을 통해 확인한 내용을 바탕으로 객관적인 시각에서 민원인의 주장이 사실인지 단순 오해인지 등 여부를 확인하여야 한다.

확인된 사실을 바탕으로 담당자는 민원인의 주장을 수용할지, 수용한다면 배상의 대상이 되는지, 배상은 어느 수준으로 해야 하는지 결정할 수 있으며 반대로 민원인의 주장을 수용할 수 없다면 수용할 수 없는 명확한 근거를 제시할 수 있는지 확인하여야 한다.

(3) 결과 안내 단계

담당자는 사실 조사를 통해 확인된 사항에 대해 민원인의 주장에 대한 수용 여부를 민원인에게 안내하여야 한다.

담당자는 객관성을 유지하며 민원을 공정하게 해결하기 위하여 최선을 다했음을 전달하고 민원인의 눈높이와 민원 내용을 고려하여 민원인이 충분히 이해할 수 있도록 안내하여야 한다.

민원인이 금융회사의 결과를 수용하지 않는 경우, 민원인의 추가적인 조치로 금융감독원 등 분쟁조정기관에 분쟁조정을 신청할 수 있다는 것을 반드시 안내하여야 한다.

section 02 분쟁 예방을 위한 방법

1 직무윤리의 준수

우리는 앞서 직무윤리 편에서 금융회사 종사자의 가장 기본적인 두 가지 직무윤리를 살펴보았다. 금융투자협회의 표준윤리준칙에서 천명하고 있듯이 '고객 우선의 원칙'과 '신의 성실의 원칙'이 바로 그것이다.

분쟁을 예방하기 위한 가장 기본적인 방법은 바로 금융회사 종사자 개개인이 이 기본적인 두 가지 직무윤리를 인지하고 업무를 수행함에 있어 철저히 준수하는 것이다. 업무를 수행할 때 '과연 이렇게 처리하는 것이 고객을 우선으로 하고, 신의성실의 원칙에 어긋남이 없이 맞는 것인가?'를 스스로 확인해볼 필요가 있다.

금융투자업의 경우 거래상대방인 금융소비자와 특별한 신뢰 또는 신임관계에 기초하여 거래가 이루어지는 만큼 고객의 이익을 최우선으로 실현하는 일이 매우 중요하다. 이러한 의무는 소극적으로 고객의 희생 위에 자기 또는 제3자의 이익을 취하는 것을 금지하는 것에 그치는 것이 아니라, 신의 성실의 원칙에 따라 적극적으로 고객이 실현 가능한 최대한의 이익을 취득할 수 있도록 업무를 수행하여야 할 의무를 진다는 것으로 이해하여야 한다.

만일 금융소비자와 이해상충이 발생할 경우 다음의 순서대로 우선순위를 정하여야 한다. 첫째, 어떠한 경우에도 고객의 이익은 회사와 회사의 주주 및 임직원의 이익에 우선한다. 둘째, 회사의 이익은 임직원의 이익에 우선한다. 셋째, 모든 고객의 이익은 상호 동등하게 취급한다.

위에 언급한 바와 같이 분쟁은 각자 상대방의 이해와 권리·의무가 상충할 때 발생하는 것이므로 두 가지 기본적인 직무윤리를 준수하는 것이야말로 분쟁을 예방할 수 있는 가장 근본적인 시스템이며, 금융업계 및 각 회사가 직무윤리를 중시하는 것도 바로 이런 이유 때문이다.

이미 살펴본 바와 같이 두 가지 기본적인 직무윤리는 자본시장법, 지배구조법 및 금융소비자보호법에서 '이해상충의 방지의무'와 '금융소비자보호의무'로 법적 의무로 승화되어있으며, 이는 '본인에 대한 윤리' 중 법규준수와도 연계되어 있다.

2 | 6대 판매원칙의 준수

직무윤리 편에서 다루었던 '금융소비자보호의무' 중 상품 판매단계의 금융소비자보호에서 우리는 금융상품을 판매하는 경우 준수해야 할 6대 판매 원칙을 확인했다.

금융소비자보호법 제17조부터 제22조에서 규정하고 있는 6대 판매원칙은 금융회사의 임직원이 금융상품을 판매하는 경우 반드시 준수해야 할 원칙이자 법령이므로 이를 철저히 숙지하고 실행해야만 분쟁 발생을 사전에 예방할 수 있고, 만일 금융소비자와 분쟁이 발생하더라도 금융회사와 임직원이 불리한 상황에 놓이지 않게 하는 강력한 수단이 된다.

6대 판매원칙의 개별 항목에 대해서는 해당 편에서 세부적으로 다루었으므로 이번 장에서는 6대 판매원칙을 다시 한 번 상기하고 이를 위반했을 때 받을 수 있는 제재사항을 요약해서 살펴본다.

6대 판매원칙	내용	위반 시 책임
적합성 원칙	'일반' 금융소비자의 재산상황, 계약체결의 목적 및 경험정보를 면담, 질문 등을 통해 파악하고 적합하지 않은 경우 상품을 '권유' 할 수 없음	− 위법계약해지권 행사 대상 − 3천만원 이하의 과태료 부과대상 − 고의 또는 과실로 인한 손해배상책임 부담 − 6개월 이내의 업무정지, 기관 및 임직원 제재 대상
적정성 원칙	'일반' 금융소비자가 계약 체결을 '권유받지 않고' 금융투자상품 등의 계약체결을 하려는 경우, 해당 금융상품이 일반 금융소비자에게 적정한지 여부를 면담, 질문 등을 통하여 파악하고 부적정한 경우 금융소비자에게 알리고 확인을 받아야 함	− 위법계약해지권 행사 대상 − 3천만원 이하의 과태료 부과대상 − 고의 또는 과실로 인한 손해배상책임 부담 − 6개월 이내의 업무정지, 기관 및 임직원 제재 대상
설명 의무	'일반' 금융소비자에게 계약 체결을 권유하는 경우 및 일반 금융소비자가 설명을 요청하는 경우, 중요사항을 일반 금융소비자가 이해할 수 있도록 설명하고 설명서를 제공하여야 하며 일반 금융소비자가 이해하였음을 확인받아야 함	− 위법계약해지권 행사 대상 − 관련 계약으로 얻은 수입(거래금액)의 50% 이내 과징금 부과대상 − 1억원 이하의 과태료 부과대상 − 고의 또는 과실로 인한 손해배상책임 부담(회사의 입증책임) − 6개월 이내의 업무정지, 기관 및 임직원 제재대상
불공정 영업 행위 금지	'모든' 금융소비자에게 우월적 지위를 이용하여 금융소비자의 권익을 침해하는 행위 금지	− 위법계약해지권 행사 대상 − 관련 계약으로 얻은 수입(거래금액)의 50% 이내 과징금 부과 대상 − 1억원 이하의 과태료 부과대상 − 고의 또는 과실로 인한 손해배상책임 부담(회사의 입증책임) − 6개월 이내의 업무정지, 기관 및 임직원 제재대상
부당 권유 행위 금지	'모든' 금융소비자에게 아래와 같이 부당한 계약체결을 '권유'하는 경우 ① 단정적 판단의 제공 ② 사실과 다르게 알리는 행위 ③ 투자판단에 중대한 영향을 미치는 사항 미고지 ④ 객관적 근거없이 상품의 우수성 알림 ⑤ 고객 요청없이 실시간 대화(방문, 유선 등)의 방법으로 투자권유 ⑥ 고객의 거절에도 지속적인 체결권유 ⑦ 적합성원칙 적용을 회피할 목적의 투자권유불원 작성 등	− 위법계약해지권 행사 대상 − 관련 계약으로 얻은 수입(거래금액)의 50% 이내 과징금 부과 대상 − 1억원 이하의 과태료 부과대상 − 고의 또는 과실로 인한 손해배상책임 부담(회사의 입증책임) − 6개월 이내의 업무정지, 기관 및 임직원 제재대상

6대 판매원칙	내용	위반 시 책임
허위, 부당 광고 금지	업무 또는 금융상품에 관한 광고 시 금융소 비자를 오인하게 할 수 있는 행위 금지	−관련 계약으로 얻은 수입(거래금액)의 　50% 이내 과징금 부과 대상 −1억원 이하의 과태료 부과대상 −고의 또는 과실로 인한 손해배상책임 부 　담(회사의 입증책임) −6개월 이내의 업무정지, 기관 및 임직원 　제재대상

3 분쟁 예방 요령

분쟁은 일단 발생하게 되면 당사자 간 해결이 쉽지 않기 때문에 무엇보다도 사전에 분쟁이 발생하지 않도록 철저히 예방하는 것이 최선이다. 이와 관련하여 실제 업무를 수행함에 있어 분쟁을 예방할 수 있는 몇 가지 요령을 살펴보도록 한다.

금융상품을 판매하는 임직원 등의 입장에서 분쟁을 예방하는 요령은 다음과 같이 정리할 수 있다.

첫 번째, 임직원 개인계좌로 고객자산 등의 입금을 받아서는 안 된다.

근래에는 발생하는 사례가 많지 않으나, 종종 발생하는 사고사례 중 하나로 고객자산을 임직원의 개인계좌로 수령하는 경우이다. 이는 임직원 개인의 사적 사기 및 횡령 등으로 진행될 가능성이 매우 높기 때문에 각 금융회사는 고객자산의 입금 등에는 반드시 고객 본인 명의의 계좌를 사용하도록 강력히 안내하고 있으며, 사규 등으로 임직원 개인계좌를 고객 자산의 수령 목적으로 사용하지 못하도록 규정하고 있다.

그럼에도 불구하고 거래상대방과 일정 기간 거래관계를 통해 신뢰를 쌓은 뒤 개인계좌를 이용하여 입금 등을 받는 금융회사 임직원 등이 있으므로 이를 철저히 방지하는 것이 필요하며, 만일 이러한 경우가 발생하여 고객과 분쟁에 휘말리는 경우 해당 임직원은 '개인의 일탈행위'로 분류되어 회사로부터 보호를 받지 못할 가능성이 매우 높다.

두 번째, 금융투자업에서 일정 범위 내에서 허용되는 일임매매의 경우 그 범위 및 취지에 맞게 업무를 수행하여야 한다.

관련 법령에 따라 거래상대방의 승인 등을 통해 일임매매를 하게 되는 경우 미수, 신용거래 및 투자유의종목 등 위험한 거래는 가급적 피하도록 한다. 특히 일임매매의 경우 거래결과를 반드시 고객에게 안내하되, 고객 요청에 따라 유선 등으로 보고하지 말도록 요청을 한 경우에는 메일이나 메신저 등을 통해 보고를 함으로써 향후 분쟁이 발생하는 경우 증빙자료로서 활용하도록 대비하여야 한다.

세 번째, 금융회사의 임직원은 금융상품거래의 조력자 역할임을 잊지 말도록 한다.

고객이 원하는 거래와 임직원의 의견이 다른 경우 반드시 고객의 진정한 매매의사를 확인하고 이에 따른 처리를 진행하여야 한다. 특히 주식 매매에 있어서 임직원의 반대로 고객이 원하는 매매를 못하였다는 분쟁이 빈번히 발생하고 있는데, 임직원은 고객의 조력자로서 고객이 이익을 얻을 수 있도록 최선을 다하되, 단순한 의견을 제시하는 역할이며, 해당 거래에 대한 결과는 고객에게 귀속된다는 점을 잊어서는 안 된다.

네 번째, 어떠한 형태로든 손실보전 약정은 하지 말아야 한다.

> **자본시장법 제55조(손실보전 등의 금지)**
>
> 금융투자업자는 금융투자상품의 매매, 그 밖의 거래와 관련하여 제103조 제3항에 따라 손실의 보전 또는 이익의 보장을 하는 경우, 그 밖에 건전한 거래질서를 해할 우려가 없는 경우로서 정당한 사유가 있는 경우를 제외하고는 다음 각 호의 어느 하나에 해당하는 행위를 하여서는 아니 된다. 금융투자업자의 임직원이 자기의 계산으로 하는 경우에도 또한 같다.
>
> 1. 투자자가 입을 손실의 전부 또는 일부를 보전하여 줄 것을 사전에 약속하는 행위
> 2. 투자자가 입은 손실의 전부 또는 일부를 사후에 보전하여 주는 행위
> 3. 투자자에게 일정한 이익을 보장할 것을 사전에 약속하는 행위
> 4. 투자자에게 일정한 이익을 사후에 제공하는 행위

투자성 상품에 대해 금융투자업 종사자가 계약의 체결을 권유하면서 금융소비자에게 투자성과를 보장하였으나 보장한 투자실적을 거두지 못하는 경우 손실보전약정에 따라 증권투자의 자기책임의 원칙에 반하여 투자손실을 보전해 주는 것은 자본시장법을 위반하는 행위이다. 만일 금융투자업 종사자가 금융소비자에게 손실부담 혹은 이익의 보장을 약속하여 투자권유가 이루어진 경우 금융소비자가 그 권유에 따라 위탁을 하지 않더라도 위의 금지규정을 위반한 것으로 본다. 다만 사전에 준법감시인(준법감시인이 없는 경우에는 감사 등 이에 준하는 자)에게 보고한 경우에는 예외적으로 다음에 해당하는 행위가 허용된다.

❶ 회사가 자신의 위법(과실로 인한 위법을 포함) 행위 여부가 불명확한 경우 사적 화해의 수단으로 손실을 보상하는 행위. 다만, 증권투자의 자기책임원칙에 반하는 경우에는 그러하지 아니함
❷ 회사의 위법행위로 인하여 회사가 손해를 배상하는 행위
❸ 분쟁조정 또는 재판상의 화해절차에 따라 손실을 보상하거나 손해를 배상하는 행위

다섯 번째, 지나친 단정적 판단을 제공하지 않도록 한다.

단정적 판단의 제공은 위에서 살펴본 바와 같이 금융소비자보호법에서 강력히 규제하고 있는 부당영업행위 중 하나로 주식매매를 포함한 금융상품에 대한 권유 등을 하는 경우 시장 루머 및 미공개정보 등 불확실한 사항을 단정적으로 표현하지 말아야 한다. 설사 해당 사항에 대한 확신이 있더라도 정보의 불확실성과 투자위험성을 항상 같이 언급함으로써 투자거래의 판단은 거래상대방인 금융소비자가 결정할 수 있도록 해야 한다.

여섯 번째, 업무수행 중 취득하게 된 정보의 취급에 신중을 기하여야 한다.

금융투자회사 임직원은 투자상담 등 직무수행과정에서 고객의 인적사항, 재산, 수입 등에 관한 정보를 알 수 있게 되는데, 이러한 고객정보를 누설하거나 고객 아닌 자의 이익을 위하여 부당하게 이용하는 행위를 하여서는 아니 된다.

특히 고객의 금융거래와 관련하여서는 「금융실명거래 및 비밀보장에 관한 법률」이 적용되어 동법 제4조에서 정하고 있는 법관이 발부한 영장에 의한 경우 등의 예외적인 경우를 제외하고는 금융기관 임직원이 고객의 금융거래정보를 타인에게 제공하거나 누설하는 것이 원천적으로 금지되어 있고, 자본시장법 제54조에서도 직무상 알게 된 정보를 정당한 사유없이 자기 또는 제3자의 이익을 위하여 이용하는 것을 금지하고 있다. 고객 정보의 취급과 관련한 사항은 별도로 살펴보도록 한다.

한편, 임직원이 직무수행 중 알게 된 회사의 정보로서 외부에 공개되지 아니한 정보는 회사의 재산에 속하는 것이고 오로지 회사의 이익을 위해서만 사용되어야 하므로 이를 고객 등 제3자에게 알려주는 행위는 매우 중요한 법 위반행위가 된다는 점 역시 숙지하고 해당 정보의 취급 시 유의하여야 한다.

개인정보보호법 관련 고객정보 처리

1 배경

최근 보이스피싱, 스미싱 등으로 대표되는 고객의 개인정보를 이용한 금융범죄행위가 증가함에 따라 고객의 정보를 보관하고 관리하는 금융회사와 고객 간에 분쟁이 발생하는 사례가 있다. 이러한 분쟁 발생을 예방하기 위하여 개인정보보호법을 중심으로 고객정보와 관련한 법규 등 세부내용을 확인해보고자 한다.

개인정보보호법은 개인정보의 처리 및 보호에 관한 사항을 정함으로써 개인의 자유와 권리를 보호하고, 나아가 개인의 존엄과 가치를 구현함을 목적으로 하여 2011년 9월 30일 시행되었다. 개인정보보호법의 시행에 따라 공공부문과 민간부문 구별없이 개인정보를 처리하는 기관·단체·개인 등은 국제 수준에 부합하는 개인정보 처리원칙을 마련하여 개인정보 침해를 방지하고 사생활의 비밀을 보호하도록 하여야 한다.

개인정보보호법은 일반법으로서 관련 특별법이 있을 경우는 해당 법의 적용이 우선되나 관련 규정이 특별법에 없을 경우에는 개인정보보호법에 따라 처리해야 한다. 즉 금융회사에서는 「신용정보의 이용 및 보호에 관한 법률」(이하 '신용정보법'이라 한다) 또는 「금융실명거래 및 비밀보장에 관한 법률」(이하 '금융실명법'이라 한다), 전자금융거래법 등의 특별법에 의거하여 고객의 개인정보를 처리하고 특별법에 정함이 없으면 개인정보보호법을 적용하여 처리하여야 한다.

2 개인정보의 개념 및 처리 기본원칙

법률상 "개인정보"란 살아 있는 개인에 관한 정보로서 성명, 주민등록번호 및 영상 등을 통하여 개인을 알아볼 수 있는 정보(해당 정보만으로는 특정 개인을 알아볼 수 없더라도 다른 정보와 쉽게 결합하여 알아볼 수 있는 것을 포함한다)를 말하며, 고유식별정보(주민등록번호, 여권번호 등), 민감정보(건강상태, 진료기록, 병력, 정당의 가입 등) 등이 이에 해당한다. 개인정보보호란 개인정보처리자가 정보주체의 개인정보를 정당하게 수집 및 이용하고 개인정보를 보관, 관리하는 과정에서 내부자의 고의나 관리 부주의 및 외부의 공격으로부터 유출 및 변조·훼손되지 않도록 하며, 정보주체의 개인정보 자기결정권이 제대로 행사되도록 보장하는 일련의 행위를 말한다. 이와 관련한 기본 개념은 다음과 같다.

❶ 정보주체 : 처리되는 정보에 의하여 알아볼 수 있는 사람으로서 그 정보의 주체가 되는 사람
❷ 개인정보파일 : 개인정보를 쉽게 검색할 수 있도록 일정한 규칙에 따라 체계적으로 배열하거나 구성한 개인정보의 집합물(集合物)
❸ 개인정보처리자 : 업무를 목적으로 개인정보파일을 운용하기 위하여 스스로 또는 다른 사람을 통하여 개인정보를 처리하는 공공기관, 법인, 단체 및 개인 등

또한 개인정보의 처리과정에서는 개인정보 보호원칙과 권리가 훼손되지 않도록 다음의 개인정보보호원칙과 정보주체의 권리가 유지되도록 유의하여야 한다.

(1) 개인정보처리자의 개인정보 보호 원칙

❶ 개인정보처리자는 개인정보의 처리 목적을 명확하게 하여야 하고 그 목적에 필요한 범위에서 최소한의 개인정보만을 적법하고 정당하게 수집
❷ 개인정보의 처리 목적에 필요한 범위에서 적합하게 개인정보를 처리하여야 하며, 그 목적 외의 용도로 활용하여서는 아니 됨
❸ 개인정보의 처리 목적에 필요한 범위에서 개인정보의 정확성, 완전성 및 최신성이 보장되도록 하여야 함
❹ 개인정보의 처리 방법 및 종류 등에 따라 정보주체의 권리가 침해받을 가능성과 그 위험 정도를 고려하여 개인정보를 안전하게 관리
❺ 개인정보 처리방침 등 개인정보의 처리에 관한 사항을 공개하여야 하며, 열람청구권 등 정보주체의 권리를 보장
❻ 정보주체의 사생활 침해를 최소화하는 방법으로 개인정보를 처리
❼ 개인정보를 익명 또는 가명으로 처리하여도 개인정보 수집목적을 달성할 수 있는 경우 익명처리가 가능한 경우에는 익명으로 처리하되, 익명처리로 목적을 달성할 수 없는 경우에는 가명으로 처리
❽ 개인정보보호법 및 관계법령에서 규정하고 있는 책임과 의무를 준수하고 실천함으로써 정보주체의 신뢰를 얻기 위하여 노력

(2) 정보주체의 권리

❶ 개인정보의 처리에 관한 정보를 제공받을 권리
❷ 개인정보의 처리에 관한 동의 여부, 동의 범위 등을 선택하고 결정할 권리
❸ 개인정보의 처리 여부를 확인하고 개인정보에 대하여 열람(사본의 발급을 포함한다) 및 전송을 요구할 권리
❹ 개인정보의 처리 정지, 정정·삭제 및 파기를 요구할 권리
❺ 개인정보의 처리로 인하여 발생한 피해를 신속하고 공정한 절차에 따라 구제받을 권리
❻ 완전히 자동화된 개인정보 처리에 따른 결정을 거부하거나 그에 대한 설명 등을 요구할 권리

| 3 | 개인정보의 처리 및 관리 |

(1) 개인정보의 수집·이용

개인정보처리자는 다음의 어느 하나에 해당하는 경우에는 개인정보를 수집할 수 있으며 그 수집 목적의 범위에서 이용할 수 있다.

❶ 정보주체의 동의를 받은 경우
❷ 법률에 특별한 규정이 있거나 법령상 의무를 준수하기 위하여 불가피한 경우
❸ 공공기관이 법령 등에서 정하는 소관 업무의 수행을 위하여 불가피한 경우
❹ 정보주체와 체결한 계약을 이행하거나 계약을 체결하는 과정에서 정보주체의 요청에 따른 조치를 이행하기 위하여 필요한 경우
❺ 명백히 정보주체 또는 제3자의 급박한 생명, 신체, 재산의 이익을 위하여 필요하다고 인정되는 경우
❻ 개인정보처리자의 정당한 이익을 달성하기 위하여 필요한 경우로서 명백하게 정보주체의 권리보다 우선하는 경우. 이 경우 개인정보처리자의 정당한 이익과 상당한 관련이 있고 합리적인 범위를 초과하지 아니하는 경우에 한함
❼ 공중위생 등 공공의 안전과 안녕을 위하여 긴급히 필요한 경우

또한, 개인정보처리자는 정보주체의 동의를 받을 때에는 개인정보의 수집·이용 목

적, 수집하려는 개인정보의 항목, 개인정보의 보유 및 이용 기간, 동의를 거부할 권리가 있다는 사실 및 동의 거부에 따른 불이익이 있는 경우에는 그 불이익 내용의 4가지 사항을 정보주체에게 알려야 하고 어느 하나의 사항을 변경하는 경우에도 이를 알리고 동의를 받아야 한다.

개인정보처리자가 그 목적에 필요한 최소한의 개인정보를 수집하는 경우 최소한의 개인정보 수집이라는 입증책임은 개인정보처리자가 부담한다. 또한 정보주체의 동의를 받아 개인정보를 수집하는 경우 필요한 최소한의 정보 외의 개인정보 수집에는 동의하지 아니할 수 있다는 사실을 구체적으로 알리고 개인정보를 수집하여야 한다. 아울러 개인정보처리자는 정보주체가 필요한 최소한의 정보 외의 개인정보 수집에 동의하지 아니한다는 이유로 정보주체에게 재화 또는 서비스의 제공을 거부하여서는 아니 된다.

(2) 개인정보의 제공

개인정보처리자는 정보주체의 동의를 받거나 법률에 특별한 규정에 있는 경우 등에 해당하는 경우에는 정보주체의 개인정보를 제3자에게 제공(공유를 포함)할 수 있다.

수집된 개인정보를 제3자에게 제공하기 위해 정보주체의 동의를 받을 때에는 다음의 사항을 정보주체에게 알려야 하고 어느 하나의 사항을 변경하는 경우에도 이를 알리고 동의를 받아야 한다.

❶ 개인정보를 제공받는 자
❷ 개인정보를 제공받는 자의 개인정보 이용 목적
❸ 제공하는 개인정보의 항목
❹ 개인정보를 제공받는 자의 개인정보 보유 및 이용 기간
❺ 동의를 거부할 권리가 있다는 사실 및 동의 거부에 따른 불이익이 있는 경우에는 그 불이익의 내용

개인정보처리자는 개인정보보호법에서 정한 수집·이용 범위를 초과하여 이용하거나 정보주체의 동의 범위를 초과하여 개인정보를 제3자 제공하여서는 아니 된다.

(3) 개인정보의 관리

개인정보처리자는 보유기간이 경과하거나 처리목적이 달성되는 등 그 개인정보가 불필요하게 된 경우에는 다른 법령에 따른 보존의무가 있는 경우를 제외하고 지체 없

이 그 개인정보를 파기하여야 하며, 개인정보를 파기할 때에는 복구 또는 재생되지 아니하도록 조치하여야 한다.

또한 개인정보를 파기하지 아니하고 보존하여야 하는 경우에는 해당 개인정보 또는 개인정보파일을 다른 개인정보와 분리하여서 저장 관리하여야 하며, 개인정보의 처리를 위탁할 경우는 수탁자가 안전하게 개인정보를 관리하도록 문서를 작성하고, 해당 업무를 초과한 이용이나 제3자 제공은 금지하여야 한다.

개인정보보호법 제23조에 따른 사상·신념 등 정보주체의 사생활을 현저히 침해할 우려가 있는 '민감정보' 및 개인정보보호법 제24조에서 정하고 있는 '고유식별정보'는 정보주체에게 법에서 정하고 있는 사항을 안내하고 별도의 동의를 얻거나, 법령에서 구체적으로 허용된 경우에 한하여 예외적으로 처리를 허용하도록 엄격하게 제한하고 있다.

특히 고유식별번호 중 주민등록번호는 외부의 노출 시 심각한 위험이 존재하므로 개인정보보호법 제24조의2에 따라 아래의 경우를 제외하고는 처리할 수 없도록 규정하였다.

❶ 법률 대통령령 국회규칙 대법원규칙 헌법재판소규칙 중앙선거관리위원회규칙 및 감사원규칙에서 구체적으로 주민등록번호의 처리를 요구하거나 허용한 경우
❷ 정보주체 또는 제3자의 급박한 생명, 신체, 재산의 이익을 위하여 명백히 필요하다고 인정되는 경우
❸ 위의 항목에 준하여 주민등록번호 처리가 불가피한 경우로서 개인정보보호법상의 개인정보보호위원회가 고시로 정하는 경우

개인정보처리자는 주민등록번호가 분실, 도난, 유출, 위조, 변조 또는 훼손되지 아니하도록 암호화 조치를 통하여 안전하게 보관하여야 하며, 암호화 적용대상 및 대상별 적용 시기 등에 관하여 규정하고 있는 개인정보보호법 시행령에 따른 의무사항을 이행하여야 한다.

개인정보보호법은 개인정보유출 등에 대한 징벌적 손해배상제도를 도입하여, 금융회사의 고의·중과실로 개인정보유출 등이 발생하여 손해가 발생한 때에는 법원은 그 손해액의 5배를 넘지 않은 범위에서 손해배상액을 정할 수 있다(개인정보보호법 제39조).

chapter 02

준수절차 및 위반 시 제재

내부통제기준

금융산업에 있어서 내부적 통제(internal control)로서의 준법감시(compliance)제도는 임직원이 고객재산의 선량한 관리자로서 고객이익을 위해 선관주의의무를 다하였는지, 업무처리과정에서 제반 법규 등을 잘 준수하였는지에 대하여 사전적 또는 사후적으로 통제·감독하기 위한 것이다.

특히 금융투자업은 타인의 재산을 위탁받아 운용, 관리하므로 엄격한 도덕성과 신뢰성이 필수요소이다.

물론 투자자 보호를 위해 관련 법규에 의한 사후적 감독이 가능하지만 준법감시제도와 같은 상시적인 내부통제시스템을 통한 사전적인 예방장치가 필요한 까닭이 여기에 있다.

금융소비자보호법 제16조 제2항에서는 금융상품 판매업자 등의 관리책임 중 하나로 '임직원 등이 직무를 수행할 때 준수하여야 할 기준 및 절차(이하 내부통제기준)를 마련'하도록 규정하고 있는데, 여기에는 이제까지 살펴보았던 바와 같이 금융회사의 임직원이 준수하여야 할 기본적인 두 가지 직무윤리에 기반하여 법제화되어 있는 이해상충 방지의무와 금융소비자 보호의무 및 이를 실천하기 위한 6대 판매원칙을 포함하고 있다. 즉 내부통제기준은 기본적인 직무윤리에서 비롯된 법규들을 준수하기 위한 세부적인 절차로 이를 위반하는 경우 가장 상위에 존재하는 법률 위반은 물론 회사 자체적으로 정한 사규를 위반하는 것이며, 이를 위반하는 경우 제재가 발생하게 된다. 특히 의무적으로 준수해야 할 사항들을 준수하지 않아 금융소비자와 분쟁이 발생하는 경우에는 이에 대한 책임이 임직원 본인에게 돌아가게 된다는 점에 유의할 필요가 있다.

금융소비자와 분쟁이 발생하는 경우 처리방법에 대하여는 금융소비자보호법 제33조부터 제43조에서 금융감독원의 금융분쟁조정위원회 설치를 비롯하여 금융분쟁의 조정을 위한 내용을 담고 있으므로, 이에 관한 사항은 분쟁조정제도에서 별도로 다루기로 한다.

section 02 위반에 대한 제재

2021년 금융소비자보호법이 시행되면서 기존의 지배구조법이나 자본시장법에서 금융소비자보호 관련 법조항들이 이관되었고, 분쟁 관련 사항은 금융소비자보호법 제16조 제2항에서 규정하고 있는 '내부통제기준'에 포함되므로 이번 장에서는 금융소비자보호법의 위반 시 제재 사항을 살펴보도록 한다.

1 벌칙

1) 벌금

벌금은 형법 상의 제재조치로 재산형 가운데 가장 무거운 것으로써 대상자에게 일정한 금액의 지불의무를 강제적으로 부담하게 하는 것이다. 벌금의 집행은 검사의 명령에 의하며, 납무의무자가 납부기간까지 납부하지 아니한 때에는 벌금납부독촉서를 검찰청 집행과장 명의로 발부하여 독촉한다.

금융소비자보호법 제67조에서는 아래와 같은 경우 5년 이하의 징역 또는 2억원 이하의 벌금에 처하도록 규정하고 있다.

❶ 금융상품판매업자 등의 등록을 하지 아니하고, 금융상품판매업 등을 영위한 자
❷ 거짓이나 그 밖의 부정한 방법으로 금융상품판매업 등의 등록을 한 자
❸ 금융상품 판매대리·중개업자가 아닌 자에게 금융상품 계약체결 등을 대리하거나 중개하게 한 자

아울러 같은 법 제68조에서는 위의 조항을 위반한 법인의 대표자 법인 또는 개인의 대리인, 사용인 등이 제67조를 위반하는 경우 그 행위자를 벌하는 것 외에 그 법인 또는 개인 등에게도 벌금형을 부과할 수 있다고 규정하고 있다.

2) 과징금

과징금이란 일정한 행정법상 의무를 위반하거나 이행하지 않았을 때 행정의 실효성을 확보하기 위한 수단으로 의무자에게 부과하여 징수하는 금전적 제재로 재정수입의 확보보다는 위반행위에 대한 제재라는 성격이 강하다고 볼 수 있다.

벌금이 형법상의 벌칙이라면 과징금은 행정법상의 벌칙으로 금액의 상한이 정해져 있는 과태료보다 더욱 강화된 제재의 형태라고 할 수 있다. 금융소비자보호법 제57조에서는 다음과 같은 위반행위가 발생하는 경우 '그 위반행위와 관련된 계약으로 얻은 수입 또는 이에 준하는 금액의 100분의 50이내에서 과징금을 부과'할 수 있도록 규정하고 있다.

(1) 설명의무 위반

❶ (금융소비자에게) 중요한 사항을 설명하지 않는 행위
❷ 설명서를 제공하지 않는 행위
❸ (금융소비자로부터 설명의무 이행을) 확인받지 않는 행위

(2) 불공정 영업행위 금지 위반

❶ 금융소비자의 의사에 반하여 다른 금융상품의 계약체결을 강요하는 행위

❷ 대출성 상품의 경우 부당하게 담보를 요구하거나, 보증을 요구하는 행위

❸ 업무와 관련하여 (금융소비자에게) 편익을 요구하거나 제공받는 행위

❹ (대출성 상품의 경우) 특정 대출 상환방식을 강요하거나, 법령에서 정한 경우를 제외
하고 중도상환수수료를 부과하거나, 제3자의 연대보증을 요구하는 행위

❺ 연계, 제휴 서비스 등을 부당하게 축소하거나 변경하는 행위 등

❻ 그 밖에 우월적 지위를 이용하여 금융소비자의 권익을 침해하는 행위 등

(3) 부당권유행위 금지 위반

❶ 불확실한 사항에 대한 단정적 판단의 제공 또는 확실하다고 오인하게 할 소지가
있는 내용을 알리는 행위

❷ 금융상품의 내용을 사실과 다르게 알리는 행위

❸ 금융상품의 가치에 중대한 영향을 미치는 사항을 금융소비자에게 알리지 아니하
는 행위

❹ 금융상품 내용의 일부에 대하여 비교대상 및 기준을 밝히지 않거나, 객관적인 근
거 없이 다른 금융상품과 비교하여 해당 금융상품이 우수하거나 유리하다고 알
리는 행위

❺ (보장성 상품의 경우) 금융소비자가 보장성 상품 계약의 중요한 사항을 금융상품 직
접판매업자에게 알리는 것을 방해하거나 알리지 아니할 것을 권유하는 행위 및
상품 계약의 중요사항을 부실하게 알릴 것을 권유하는 행위

❻ (투자성 상품의 경우) 금융소비자의 요청없이 방문, 전화 등 실시간 대화의 방법을
이용하여 계약체결을 권유하는 행위 및 금융소비자의 계약체결 거절 의사표시에
도 불구하고 계약의 체결권유를 계속하는 행위

(4) 광고 관련 규정 위반

❶ 금융상품 등에 관한 광고를 하는 경우 불명확하거나 불공정한 전달을 통해 금융
소비자가 금융상품의 내용을 오해할 수 있도록 하는 행위

❷ 기타 금융상품유형별로 금융소비자보호법 제22조 제3항 또는 제4항을 위반하는
행위

(5) 양벌규정

금융상품판매대리·중개업자 또는 금융상품 직접판매업자 소속 임직원이 위의 (1)부터 (4)까지의 위반행위를 하는 경우 금융상품직접판매업자에게도 그 위반행위와 관련된 계약으로부터 얻은 수입 등의 100분의 50이내에서 과징금을 부과할 수 있다.

3) 과태료

과징금과 유사하게 형법상 제재가 아닌 행정법상 제재수단의 하나로 일정한 의무를 이행하지 않는 자에게 부과하며, 불이행시 강제징수철자에 따른 집행이 가능하다.

금융소비자보호법 제69조에서는 과태료를 부과할 수 있는 행위에 대해 다음과 같이 규정하고 있다.

(1) 1억원 이하의 과태료 부과대상

❶ (금융상품판매업자가) 내부통제기준을 마련하지 아니하는 경우

❷ (금융소비자에게) 중요한 사항을 설명하지 아니하거나, 설명서를 제공하지 아니하거나, 확인을 받지 아니하는 경우

❸ (제20조의) 불공정영업행위를 하는 경우

❹ (제21조의) 부당권유행위를 하는 경우

❺ (제22조의) 광고 관련 규정을 위반하는 경우

❻ 금융상품계약체결 등의 업무를 대리하거나 중개하게 한 금융상품판매대리·중개업자가 위의 ❷부터 ❺까지의 행위를 하는 경우

❼ (제23조를 위반하여) 금융소비자에게 계약관련 서류를 제공하지 아니하는 경우

❽ 금융상품판매대리·중개업자가 대리·중개하는 업무를 제3자에게 하게 하거나 그러한 행위에 관하여 수수료·보수나 그 밖의 대가를 지급하는 경우

❾ 기타 금융상품판매업 등의 업무와 관련한 자료로서 대통령령으로 정하는 자료를 기록, 관리하지 아니하는 경우 등 금융소비자보호법 제69조 제1항 제9호부터 제13호에 해당하는 경우

(2) 3천만원 이하의 과태료 부과대상

❶ (제17조제2항을 위반하여) 정보를 파악하지 아니하거나 확인을 받지 아니하거나 이를 유지·관리하지 아니하거나 확인받은 내용을 지체 없이 제공하지 아니한 경우

❷ (제17조제3항을 위반하여) 계약 체결을 권유한 경우

❸ (제18조제1항을 위반하여) 정보를 파악하지 아니한 경우

❹ (제18조제2항을 위반하여) 해당 금융상품이 적정하지 아니하다는 사실을 알리지 아니하거나 확인을 받지 아니한 경우

❺ 제25조제1항 각 호의 어느 하나에 해당하는 행위를 한 경우

❻ 제25조제2항을 위반하여 수수료 외의 금품, 그 밖의 재산상 이익을 요구하거나 받은 경우

❼ 제26조제1항을 위반하여 같은 항 각 호의 어느 하나에 해당하는 사항을 미리 금융소비자에게 알리지 아니한 자 또는 같은 조 제2항을 위반하여 표지를 게시하지 아니하거나 증표를 보여 주지 아니한 경우

(3) 1천만원 이하의 과태료 부과대상

법령에 따라 등록한 금융상품판매업자 등이 등록요건 중 대통령령으로 정하는 사항이 변동된 경우 1개월 이내에 그 변동사항을 금융위원회에 보고하여야 하는데, 이를 준수하지 아니하는 경우 1천만원 이하의 과태료 부과대상이 된다.

2 행정제재

1) 금융상품판매업자 등에 대한 처분 등

금융소비자보호법 제51조에서는 금융상품판매업자등에 대한 처분을 규정하고 있는데, 해당 조항이 금융소비자와의 분쟁에 직접적인 영향을 미치는 경우는 매우 제한적일 것이지만, 전체적인 흐름을 이해하고 이어지는 조치들과의 연계성을 고려하여 간단하게 살펴보도록 한다.

금융소비자보호법 제12조 제1항에서는 '금융상품판매업등을 영위하려는 자는 금융상품직접판매업자, 금융상품판매대리·중개업자 또는 금융상품자문업자별로 예금성

상품, 대출성 상품, 투자성 상품 및 보장성 상품 중 취급할 상품의 범위를 정하여 금융위원회에 등록하여야 한다'고 규정하고 있다.

금융상품판매업자등에 대한 처분조치 중 하나는 바로 이 등록에 관한 규정 준수 여부이며 이를 위반하는 경우에 있어 제재사항을 다루고 있다.

(1) 등록의 취소

❶ (금융소비자보호법 제12조를 위반하여) 거짓이나 그 밖의 부정한 방법으로 등록한 경우 그 등록을 반드시 취소하여야 함
❷ 아래의 경우 금융위원회는 그 등록을 취소할 수 있음
 − (금융소비자보호법 제12조 제2항 및 제3항을 위반하여) 등록요건을 유지하지 아니하는 경우
 − 업무의 정지기간 중에 업무를 한 경우
 − 금융위원회의 시정명령 또는 중지명령을 받고 금융위원회가 정한 기간 내에 시정하거나 중지하지 아니한 경우
 − 그 밖에 금융소비자의 이익을 현저히 해칠 우려가 있거나 해당 금융상품판매업등을 영위하기 곤란하다고 인정되는 경우로서 대통령령으로 정하는 경우

(2) 기타 처분 조치

금융소비자보호법 제51조 제2항에 따라 금융위원회는 금융상품판매업자등에 대해 반드시 그 등록을 취소하여야 하는 경우를 제외하고, 위의 등록취소 가능사유에 해당하거나 금융소비자보호법 및 같은 법에 따른 명령을 위반하여 건전한 금융상품판매업등을 영위하지 못할 우려가 있다고 인정되는 경우로서 대통령령으로 정하는 경우 아래의 조치들을 취할 수 있다.

❶ 6개월 이내의 업무의 전부 또는 일부의 정지
❷ 위법행위에 대한 시정명령
❸ 위법행위에 대한 중지명령
❹ 위법행위로 인하여 조치를 받았다는 사실의 공표명령 또는 게시명령
❺ 기관경고
❻ 기관주의

❼ 그 밖에 위법행위를 시정하거나 방지하기 위하여 필요한 조치로서 대통령령으로
정하는 조치

(3) 업태에 따른 별도조치

❶ 은행에 해당하는 경우
　　－금융위원회가 금융감독원장의 건의에 따라 위법행위 시정명령, 위법행위로 인
　　　하여 조치를 받았다는 사실의 공표명령 또는 게시명령, 그 밖에 필요한 조치
　　　가능
　　－금융감독원장이 위법행위 중지명령, 기관경고, 기관주의 조치 가능
❷ 보험업자(대리인 등 포함), 여신전문금융회사인 경우
　　－금융위원회가 금융감독원장의 건의에 따라 위의 (2)에 해당하는 조치 가능
　　－금융감독원장이 기관경고, 기관주의 조치 가능

2) 금융상품판매업자등의 임직원에 대한 조치

(1) 임원에 대한 조치

❶ 해임요구
❷ 6개월 이내의 직무정지
❸ 문책경고
❹ 주의적 경고
❺ 주의

(2) 직원에 대한 조치

❶ 면직
❷ 6개월 이내의 정직
❸ 감봉
❹ 견책
❺ 주의

(3) 관리 · 감독 책임

금융위원회는 금융소비자보호법 제52조 제3항부터 제4항에 따라 직접적인 조치 이외에 해당 금융상품판매업자등에 대해 조치를 요구할 수 있는데, 이 때 그 임직원에 대한 관리 · 감독의 책임이 있는 임직원에 대한 조치를 함께 하거나 이를 요구할 수 있다.

3	자율규제기관에 의한 제재

금융투자협회는 '금융투자회사의 금융소비자보호 표준내부통제기준'을 제정하는 등 금융소비자보호와 관련하여 자율규제기관으로서 역할을 수행하고 있으며, 원활한 운영을 위하여 자율규제위원회를 두고 있다.

금융투자협회의 '자율규제위원회 운영 및 제재에 관한 규정'에 따라 자율규제위원회는 위원장 1인과 위원 6인으로 구성되어 있는데 위원은 금융전문가 2인, 법률전문가 1인, 회계 또는 재무전문가 1인, 회원이사가 아닌 정회원의 대표이사 2인으로 되어 있다.

자율규제위원회는 회원의 위법 · 부당 행위에 대한 제재를 부과할 수 있으며, 제재조치는 다음과 같다.

(1) 회원 대상 조치

❶ 총회에 대한 회원 제명요구
❷ 회원자격 정지
❸ 협회가 회원에게 제공하는 업무의 일부 정지 또는 전부 정지
❹ 제재금의 부과
❺ 경고
❻ 주의

(2) 회원의 임원 대상 조치

❶ 해임(주주총회에서 해당 임원의 해임여부 결정 시까지 업무집행정지 권고 포함)
❷ 6개월 이내의 업무집행정지
❸ 경고

❹ 주의

(3) 회원의 직원 대상 조치

❶ 징계면직
❷ 정직
❸ 감봉
❹ 견책
❺ 주의

(4) 기타

자율규제위원회는 회원에 대한 제재를 부과하거나, 회원의 임직원에 대한 제재를 권고하는 경우 '자율규제위원회 운영 및 제재에 관한 규정'에 따라 동 사실을 공표할 수 있으며, 회원에 대한 개선요구, 시정요구 등도 조치가능하다.

또한, 회원의 위법·부당한 행위에 대하여 부과되는 제재 조치는 투자자보호에 미치는 영향 등을 고려하여 가중되거나 감면될 수 있다.

4 회사 자체의 제재조치

금융투자회사는 내부통제기준 위반자에 대한 처리기준을 사전에 규정화하고, 위반자에 대하여 그 위반의 정도에 따라 견책, 경고, 감봉, 정직, 해고 등의 조치를 취할 수 있다.

앞서 설명한 바와 같이 준법감시부서 및 금융소비자보호를 위한 내부통제기준은 지배구조법, 자본시장법, 금융소비자보호법 등 각 관련법령과 하위 규정 등을 통해 정해지는 것이므로 위반행위가 발생하는 경우 대외적으로는 위에서 설명한 각 법령 등의 제재조치는 물론 대내적으로는 각 회사별 사규에서 정하고 있는 사규 위반 시의 제재조치도 부과된다.

5 민사책임

금융소비자보호법 제44조 제1항에서는 '금융상품판매업자등이 고의 또는 과실로 금융소비자보호법을 위반하여 금융소비자에게 손해를 발생시킨 경우에는 그 손해를 배상할 책임이 있다'는 일반원칙을 규정하고 있다.

한편, 같은 조 제2항에서는 같은 법 제19조의 설명의무를 위반한 경우 역시 손해배상책임을 금융상품판매업자등에 부과하고 있으나, 해당 금융상품판매업자등이 고의 및 과실이 없음을 입증하는 경우에는 예외적으로 손해배상책임의 부과를 면제하고 있다.

다시 말해 금융상품판매업자등은 금융소비자보호법 전반의 위반행위로 인한 금융소비자의 손해가 발생한 경우 손해배상책임을 부담한다는 것을 원칙으로 하되, 6대 판매원칙 중 설명의무와 관련한 손해배상책임에 있어서는 금융소비자의 손해에 대해 고의나 과실이 없음에 대한 입증책임을 금융상품판매업자등에게 부담시킴으로써. 금융소비자보호를 더욱 강화한 것으로 볼 수 있다.

또한, 금융소비자보호법 제45조에서는 금융상품계약체결등의 업무를 대리·중개한 금융상품판매대리·중개업자가 금융상품의 대리·중개 업무를 수행할 때 금융소비자에게 손해를 발생시킨 경우에는 해당 금융소비자에게 손해를 배상할 책임이 있음을 규정하고 있다.

즉 금융상품판매업자등이 직접 계약체결등의 업무를 수행한 부분뿐만 아니라, 해당 업무를 위탁한 대리·중개업자를 통한 계약체결등에 있어서도 손해배상의 책임을 폭넓게 부과하여 금융소비자를 보호하고 있는 것이다.

다만, 금융상품직접판매업자가 금융상품판매대리·중개업자 등에 대한 선임과 그 업무의 감독에 대해 적절한 주의를 하고 손해방지를 위한 노력을 한 경우에는 예외로 할 수 있고, 금융소비자의 손해가 발생하여 배상을 하였다면 해당 금융상품판매대리·중개업자에 대한 구상권 청구를 행사할 수 있다.

section 03 분쟁조정제도

1 개요

분쟁조정이란 분쟁 당사자의 신청에 기초하여 주장내용과 사실관계를 확인하고 이에 대한 합리적인 분쟁 해결 방안이나 의견을 제시하여 당사자 간의 합의에 따른 원만한 분쟁해결을 도모하는 제도이다. 분쟁조정신청이 접수되면 양당사자의 제출자료 검토와 대면 문답절차 등을 거쳐 분쟁 조정기관이 중립적인 조정안을 제시하는데, 분쟁조정기관은 이러한 중립적인 조정안을 제시하기 위해 통상적으로 법조계, 학계, 소비자단체, 업계 전문가로 구성된 분쟁조정위원회를 구성·운영한다.

금융소비자보호법 제33조에서는 이러한 분쟁조정기구로 '금융위원회의 설치 등에 관한 법률' 제38조 각 호의 기관, 금융소비자 및 그 밖의 이해관계인 사이에 발생하는 금융관련 분쟁의 조정에 관한 사항을 심의·의결하기 위하여 금융감독원에 금융분쟁조정위원회를 둔다고 규정하고 있다.

금융소비자보호법 제34조에 따라 조정위원회는 위원장 1명을 포함하여 총 35명 이내의 위원으로 구성된다.

위원장은 금융감독원장이 소속 부원장 중에서 지명하며 위원은 금융감독원장이 지명하는 소속 부원장보 및 다음과 같은 자격을 갖춘 자 중 금융감독원장이 위촉한다.

❶ 판사·검사 또는 변호사 자격이 있는 사람
❷ 소비자기본법에 따른 한국소비자원 및 같은 법에 따라 등록한 소비자단체의 임원, 임원으로 재직하였던 사람 또는 15년 이상 근무한 경력이 있는 사람
❸ 조정 대상기관 또는 금융 관계기관·단체에서 15년 이상 근무한 경력이 있는 사람
❹ 금융 또는 소비자 분야에 관한 학식과 경험이 있는 사람
❺ 전문의 자격이 있는 의사
❻ 그 밖에 분쟁조정과 관련하여 금융감독원장이 필요하다고 인정하는 사람

조정위원회의 위원 임기는 2년이며 공무원이 아닌 위원은 형법 제129조부터 제132조까지의 규정을 적용할 때에는 공무원으로 본다.

금융관련 분쟁이 발생한 경우 이해관계인은 금융감독원장에게 분쟁조정을 신청할 수 있으며 금융감독원장은 금융소비자보호법 제36조 제2항에 따라 합의를 권고할 수 있다. 다만, 분쟁조정의 신청내용이 분쟁조정대상으로서 적합하지 아니하다고 금융감독원장이 인정하는 경우, 신청한 내용이 관련 법령 또는 객관적인 증명자료 등에 따라 합의권고절차 또는 조정절차를 진행할 실익이 없는 경우 및 이에 준하는 사유로서 대통령령이 정하는 경우에는 합의를 권고하지 아니하거나, 조정위원회의 회부를 하지 않을 수 있으며 이 경우 동 사실을 관계 당사자에게 서면으로 통지하여야 한다.

한편, 분쟁조정의 대상이 되는 경우 금융감독원장은 분쟁조정 신청을 받은 날로부터 30일 이내에 합의가 이루어지지 않은 때에는 지체없이 분쟁조정위원회에 회부하여야 하고, 조정위원회는 조정안을 60일 이내에 작성하며, 금융감독원장은 분쟁조정 신청인과 관계 당사자에게 조정안을 제시하고 수락을 권고할 수 있다.

분쟁조정의 신청인과 관계 당사자가 조정안을 제시받은 날로부터 20일 이내에 조정안을 수락하지 않을 때에는 해당 조정안을 수락하지 않은 것으로 본다.

2 분쟁조정의 효력

조정은 법원의 판결과는 달리 그 자체로서는 구속력이 없고 당사자가 이를 수락하는 경우에 한하여 효력을 갖는다. 금융감독원에 설치된 조정위원회의 조정안을 당사자가 수락하면 당해 조정안은 금융소비자보호법 제39조에 따라 재판상 화해와 동일한 효력을 갖는다. 그러나 그 밖의 기관(한국거래소 시장감시위원회의 분쟁조정심의위원회, 금융투자협회의 분쟁조정위원회 등)에 의한 조정은 민법상 화해계약으로서의 효력을 갖는다.

3 분쟁조정제도의 장단점

장점	단점
• 소송수행으로 인한 추가적인 비용부담 없이 최소한의 시간 내에 합리적으로 분쟁 처리 가능 • 복잡한 금융 관련 분쟁에 대한 전문가의 조언 및 도움을 받을 수 있음 • 개인투자자가 확인하기 어려운 금융투자회사	• 양당사자의 합의가 도출되지 아니하면 분쟁처리가 지연될 수 있음 • 판단기관에 따른 결과의 차이가 있을 수 있음. 분쟁조정기관은 기존의 판례 및 선례, 법이론을 바탕으로 가장 보편타당한 결과를 도출하기

의 보유자료 등을 조정기관을 통해 간접적으로 확인 가능 | 위해 노력하지만, 실제 소송 수행 결과와 반드시 같은 결과가 나올 것으로 단정할 수 없으므로, 조정안에 대한 최종 수용 여부는 당사자가 신중히 판단하여야 함

| 4 | 주요 분쟁조정기구 |

기관명	금융투자협회	금융감독원	한국거래소
담당조직	자율규제본부 소비자보호부	금융소비자보호처 금융민원총괄국	시장감시위원회
분쟁조정 대상	• 회원의 영업행위와 관련한 분쟁조정 • 회원 간의 착오매매와 관련한 분쟁조정	금융감독원의 검사를 받는 금융회사와 금융소비자 사이에 발생하는 금융관련 분쟁	유가증권시장, 코스닥시장, 파생상품시장에서의 매매거래와 관련하여 발생한 권리의무 또는 이해관계에 관한 분쟁
분쟁조정 효력	당사자가 분쟁조정위원회의 조정안을 수락한 경우 민법상 화해계약의 효력을 갖게 됨. 다만, 금융감독원은 재판상 화해와 동일한 효력을 갖게 됨		
장점	• 소송에 따른 비용 부담없이 최소한의 시간 내에 합리적으로 분쟁을 처리 가능 • 복잡한 금융 관련 분쟁에 대해 전문가의 도움을 받을 수 있음 • 개인투자자 측면에서 확인하기 어려운 금융투자회사의 보유자료 등을 분쟁조정기관을 통해 간접적으로 확인 가능		
소송지원 제도	금융기관이 우월적 지위를 이용하여 조정결과를 부당하게 회피하는 것을 방지하기 위하여 금융투자회사가 정당한 사유 없이 분쟁조정위원회의 조정결정을 수락하지 않고, 신청인이 소송지원을 요청하는 사건 중 투자자 보호 및 공정거래질서 확립을 위하여 필요하다고 인정되는 경우 협회장이 위촉하는 변호사를 소송대리인으로 위촉하여 소송지원 (확정판결 시까지)	조정위원회의 조정결정에 대하여 당사자 일방이 이를 거부하여 조정이 불성립된 경우 법원의 소송절차를 통해 해결이 가능하며, 신청인의 청구를 인용하는 것으로 조정결정된 사건이거나 조정결정이 있기 전 사건으로서 조정선례 또는 법원의 판례 등에 비추어 신청인의 청구를 인용하는 것으로 조정결정될 것이 명백한 사건으로서 피신청인인 금융회사의 조치가 현저히 부당하다고 위원회가 인정하는 경우 소송지원 가능	증권·선물회사가 분쟁조정 심의위원회의 결정을 정당한 이유없이 수락을 거부하거나, 위원회의 조정결정이 있기 전 증권·선물회사가 소 등을 제기하여 조정절차가 종료하였지만 조정선례 또는 법원의 판례 등에 비추어 증권·선물회사에 대한 책임인정이 명백한 경우 ※ 소송지원의 실익이 없거나 공익목적에 부적절한 경우에는 소송지원 대상에서 제외

금융투자협회의 분쟁조정제도

1. 분쟁조정제도
- 협회 분쟁조정제도는 협회 회원의 영업행위와 관련한 분쟁에 대하여 소송에 따른 비용과 시간의 문제점을 해결하고 당사자 간의 원만하고 신속한 분쟁 해결을 유도함으로써 시장 참가자들의 편의를 제공하기 위한 제도임
- 분쟁 당사자는 금융투자상품에 대한 전문적 지식과 경험을 갖춘 인사들로 구성된 분쟁조정위원회의 분쟁조정을 이용함으로써 신속, 공정하게 분쟁을 해결할 수 있음

2. 분쟁조정위원회 취급 업무
- 회원의 영업행위와 관련한 분쟁조정
- 회원 간의 착오매매와 관련한 분쟁조정

3. 분쟁조정 대상 금융투자상품

금융투자회사	분쟁조정 대상 금융투자상품
증권회사	주식, 파생결합증권(ELS, ELW), 수익증권, 장내파생상품(KOSPI 200선물·옵션, 개별 주식옵션), 장외파생상품 등
선물회사	장내파생상품(KOSPI 200선물·옵션, 미국 달러선물·옵션, 국고채선물, FX마진거래, 해외선물)
자산운용회사	자산운용회사가 직접 판매한 수익증권
신탁회사	금전신탁계약, 부동산 신탁계약 등
투자자문·일임회사 (금융위원회에 등록된 업체)	투자자문·일임계약
은행	수익증권, 장외파생상품 등
보험사	수익증권, 변액보험 등

4. 분쟁조정의 효력
- 당사자가 협회 분쟁조정위원회의 조정안을 수락한 경우 민법상 화해계약의 효력을 갖게 됨(민법 제732조)

5. 분쟁조정절차
- 분쟁조정절차는 신청인이 협회에 신청서를 제출함으로써 시작됨

① 분쟁조정신청 접수/통지

신청방법	신청서류
신청인 본인이 직접 신청함이 원칙이나 원하는 경우 대리인도 신청이 가능하며 협회로 직접방문 또는 우편으로 신청이 가능합니다.	분쟁조정신청서, 관련 증거서류 또는 자료, 신청인 신분증 대리인이 신청하는 경우 위임장(신청인의 인감도장 날인), 신청인 인감증명서 및 대리인의 신분증이 추가됩니다.

② 사실조사
 - 양당사자가 제출한 자료의 검토 뿐 아니라 필요한 경우 당사자 간 대면질의 등의 방법으로 투자 당시의 구체적인 사실관계를 확인하기 위한 조사가 이루어짐

③ 합의권고
 - 분쟁의 원만한 해결을 위하여 당사자가 합의하도록 함이 상당하다고 인정되는 경우 구두 또는 서면으로 합의를 권고함

④ 분쟁조정위원회 회부 전 처리
 - 일방 당사자 주장내용의 전부 또는 일부가 이유 있다고 판단되는 경우 위원회 회부 전 양당사자에게 합의권고안을 제시할 수 있고, 분쟁조정신청 취하서가 접수되거나 수사기관의 수사진행, 법원에의 제소, 신청내용의 허위사실 등 일정한 사유에 해당하는 경우 위원회에 회부하지 않고 종결처리 할 수 있음

⑤ 분쟁조정위원회 회부
 - 당사자 간에 합의가 성립하지 않은 경우 협회는 조정신청서 접수일로부터 30일 이내에 분쟁조정위원회에 사건을 회부하며, 위원회는 회부된 날로부터 30일 이내에 심의하여 조정 또는 각하 결정함을 원칙으로 하나 부득이한 경우 15일 이내에서 기한을 연장 할 수 있음
 - 분쟁조정위원회에 회부되면 회의 안건과 각종 제출자료 등이 분쟁조정위원에게 송부되고, 검토와 토론을 통해 최종적인 분쟁조정위원회의 조정안이 제시됨
 - 위원이 당사자의 대리인이거나 친족관계 등 이해관계가 있는 경우 위원회에서 제척되며 신청인은 위원명단을 통지 받은 후 7일 이내에 특정 위원에 대한 기피신청서를 협회에 제출할 수 있음

⑥ 조정의 성립
 - 당사자가 조정결정수락서에 기명 날인한 후 이를 조정결정의 통지를 받은 날로부터 20일 이내에 협회에 제출함으로써 성립하며 민법상 화해계약(민법 제732조)의 효력을 갖게 됨
 - 회원인 당사자는 조정이 성립한 날로부터 20일 이내에 조정에 따른 후속조치를 취하고 그 처리결과를 지체 없이 협회에 제출하여야 함

⑦ 재조정 신청
 - 분쟁조정신청의 당사자는 조정의 결과에 중대한 영향을 미치는 새로운 사실이 나타난 경우(결정의 기초가 되는 자료나 증언이 위조 또는 변조되거나, 법령 또는 판결이 변경되는 등 조정의 결과에 중대한 영향을 미치는 새로운 사실이 나타나는 경우 등) 조정결정 또는 각하 결정을 통지 받은 날로부터 30일 이내에 재조정 신청이 가능

chapter 03

주요 분쟁사례 분석

금융투자상품 관련 분쟁

1 금융투자상품 관련 분쟁의 특징

금융투자회사를 통한 금융투자상품은 그 특성상 높은 수익을 기대할 수 있는 반면에 높은 가격 변동성으로 인한 고위험에 노출되어 있고 투자과정에서 고도의 전문성이 요구되기 때문에 거래과정에서 분쟁이 발생할 소지가 있다.

아울러, 투자중개업을 영위하는 금융투자회사의 일반적인 업무행태는 민법상 위임계약 및 상법상 위탁매매업을 수행하는 것이므로, 수임인 또는 위탁매매업자로서 마땅히 이행하여야 할 선관주의의무를 다하지 못하였다면, 이로 인한 민사상 불법행위책임 또는 채무불이행책임이 발생할 수 있다.

❶ 증권거래 또는 선물거래는 은행거래, 보험거래 등 다른 금융거래와는 달리 투자
   대상의 높은 가격 변동에 따른 고투자위험, 투자과정에서의 전문성 필요 등과 같
   은 내재적인 특성을 가지고 있음
❷ 고객과 금융투자회사 간의 법률관계에서도 거래과정에서 고객의 증권회사 직원
   에 대한 높은 의존성, 위임과정 중 금융투자회사 직원의 폭넓은 개입 기회, 불공
   정거래 가능성 등 일반적인 위임의 법률관계와는 다른 특성이 존재
❸ 계좌개설부터 결제 등 거래종료까지의 거래과정 중에 고객과 금융투자회사 임직
   원 간에 예기치 못한 분쟁이 발생할 개연성이 높은 특징을 가지고 있으며, 또한 분
   쟁발생 시에도 당사자 간에 분쟁해결이 쉽지 않은 경향을 보이는 것이 특징

2 분쟁 관련 금융투자상품의 내재적 특성

금융투자상품의 법률적 정의[1]에 따르면, 투자손실 발생이 가능한(원본손실 가능성이 있
는) 모든 금융상품을 의미한다.

❶ 원금손실 가능성
   금융투자상품은 투자실적에 따라 큰 수익이 발생할 수도 있지만, 반대로 투자원
   금 뿐 아니라 투자원금을 초과하여 손실이 날 수도 있음
❷ 투자결과에 대한 본인 책임
   금융투자상품에 대한 투자결과는 본인 귀속이 원칙이므로, 금융상품에 대하여
   충분히 이해한 후 '자신의 판단과 책임 하에 투자'하여야 함
❸ 투자상품에 대한 지속적인 관리 요구
   금융투자상품은 금융시장 환경의 대·내외적 요인, 투자상품의 고유특성에 따라
   손익내역이 지속적으로 변하기 때문에, 금융투자상품의 손익상황 및 금융기관의
   관리상황 등에 대한 주기적인 확인이 필요

---

1 법률상 정의(자본시장법 §3①) 이익을 얻거나 손실을 회피할 목적으로 현재 또는 장래의 특정(特
   定) 시점에 금전, 재산적 가치가 있는 것을 지급하기로 약정함으로써 취득하는 권리로서, 그 권리
   를 취득하기 위하여 지급하였거나 지급하여야 할 금전 등의 총액이 그 권리로부터 회수하였거나
   회수할 수 있는 금전 등의 총액을 초과하게 될 위험("투자성")이 있는 것

3 금융투자상품 관련 분쟁의 유형

금융투자상품 관련 분쟁은 거래대상이 되는 금융투자상품의 종류와 어떠한 거래단계에서 발생되었는지 여부 등에 따라 여러 가지 유형으로 구분될 수 있다.

임의매매	고객이 증권회사 또는 선물회사 직원에게 금융투자상품의 관리를 맡기지 아니하였고 그 금융투자회사 직원이 매매주문을 받지 않았음에도 고객의 예탁자산으로 마음대로 매매한 경우에는 민사상 손해배상책임이 발생하며 해당 직원에게 처벌까지 가해질 수 있음
일임매매	투자일임업자가 고객과 투자일임계약을 체결한 상태에서 당초의 일임계약 취지를 위반하여 수수료 수입목적 등의 사유로 인하여 과도한 매매를 일삼은 경우 등 고객충실의무 위반이 인정될 수 있는 경우에는 민사상 손해배상책임이 발생할 수 있음
부당권유	증권회사 또는 선물회사 등의 금융투자회사 또는 은행, 보험 등의 겸영 금융투자회사 직원이 고객에게 투자권유를 하면서 금융투자상품에 대한 설명의무를 충실히 이행하지 않아 위험성에 대한 투자자의 인식형성을 방해하거나, 과대한 위험성이 있는 투자를 부당하게 권유한 경우에는 사안에 따라 민사상 손해배상책임이 발생할 수 있음
펀드 등 금융투자상품 불완전판매	최근 수익증권 등과 같은 집합투자증권(펀드)이 증권회사, 은행, 보험사 등 거의 모든 금융기관을 통하여 판매되는 등 그 수요가 급증함에 따라 관련 민원·분쟁도 빈번히 발생하는 추세임. 금융투자상품의 불완전판매도 부당권유의 한 유형으로 분류되는 것이 보통이므로 적합성의 원칙, 적정성의 원칙, 설명의무, 손실보전약정 금지 등을 종합적으로 고려하여 민법상의 불법행위 여부를 판단하게 됨
주문 관련	고객이 낸 주문을 증권회사, 선물회사 등 투자중개업자인 금융투자회사가 다르게 처리하거나, 주문권한이 없는 자로부터의 매매주문을 제출받아 처리한 경우 민사상 손해배상책임이 발생할 수 있음
기타 분쟁	전산장애가 발생하여 매매가 불가능함으로 인해 발생된 손해, 금융투자회사의 부적절한 반대매매처리로 인한 분쟁, 기타 무자격상담사로 인한 분쟁 사례 등이 있음

1 임의매매 관련 사례분석

(1) 사례 1

[대판 2002.7.23. 선고 2002다41503]

고객이 직원의 임의매매 사실을 알고도 즉시 임의매매에 대한 배상요구를 하지 않았다는 사실만으로 임의매매를 추인한 것으로 보기 어렵다는 사례

1. 사건 개요

① '99.12.23. 증권회사 직원인 B는 고객 A계좌를 통해 ☆ 종목을 임의매수하였고, 매수당일 저녁 A와의 저녁식사 중 임의매매 및 주가 하락 사실을 고지하였음

② 또한, 임의매수일 다음날인 '99.12.24.에는 전화 통화 중 A가 '애길 들어보면 그럼 가능성은 있어 보이네요', '뭐 재료만 좋다면 장이 불안해도 그건 가지', '관망을 해보겠다 이거야?'등으로 B에게 말한 사실이 있음

2. 판단 내용

① 비록, A가 임의매수 다음날 전화통화에서 B의 임의매수를 관망하는 듯 한 표현을 한 적이 있다 하더라도, 이는 말미('99.12.27.)를 구하면서 주식전망을 낙관할 수 있다는 취지로 관련 직원 B가 한 변명에 A가 수긍할 점이 있다고 대답한 것에 지나지 않고,

② 오히려 '99.12.27.에는 B가 임의매매에 관하여 함구하고 이후 어떠한 조치를 취하였다는 기별도 하지 않자 '00.1.4. 전화통화 시 B의 임의매수를 강력히 질책하였고,

③ '00.1.11. 전화통화에서는 기한날짜를 구체적으로 요구하고 피고회사에 대한 책임을 분명히 하였음

④ 더군다나, 고객 A는 임의매수 이후 하등의 처분행위를 한 적도 없음

⑤ 결국, 고객 A가 직원의 부탁에 따라 관망할 수 있는 다소 상당한 유예기간을 허락하였다거나 주가 상승의 개연성이 수긍된다는 취지의 말을 하였다고 하여 이러한 임의매수를 추인한 것으로 볼 수는 없다 할 것임

⑥ 한편, 고객 A가 과거 몇 차례 임의매매를 추인하였던 적이 있고, ☆종목 임의매수에 따른 손해에도 불구하고 전체적으로는 원금의 잠식에 이르지 않았던 점, 임의매수 이후 즉시 예탁금 반환을 요구한 적이 없다고 하여 임의매매에 대한 묵시적인 추인을 인정할 수는 없음

(2) 사례 ②

[대구고법 2008.4.18. 선고 2007나4487]

> 고객이 증권회사 직원에게 주식매매를 포괄일임하였다고 하더라도 직원이 고객의 특정종목에 대한 매수금지 지시에 불응하여 동 종목을 매수한 행위는 임의매매에 해당한다는 사례

1. 사건 개요

① 고객 A는 '00.12.5. 증권회사 직원 B에게 주식매매를 포괄적으로 위임하고 매매결과를 주1회 보고받는 형태로 거래 하였음
② 그러던 도중 직원 B는 '02.5.9.~5.24. △△카드 주식 9,000주 가량을 매수하였는데 '02.5.25. 직원 B가 △△카드주식을 매수했다고 보고하자 A는 이를 질책하면서 앞으로 동 종목을 매수하지 말 것을 지시하였으나 직원 B는 이를 어기고 동 종목을 매수하였고 그 사실을 보고하지도 않았음

2. 판단 내용

① 고객 A는 매주 주말마다 주식의 거래사실을 보고받아 임의매매를 알고 있으면서도 즉시 동 종목 매도를 지시하거나, 그 매수행위가 자신의 지시를 위반한 것이라고 하며 무효를 주장한 사실이 없었던 점, 이후에도 계속하여 직원 B에게 계좌운용을 일임하였던 점 등을 종합해 보면, 원칙적으로 A는 직원 B에게 계좌의 운용을 포괄적으로 일임하였거나, 적어도 묵시적으로 사후 승인한 것으로 보아야 할 것임
② 그러나 A가 '02.5.25. 직원 B에게 △△카드 주식을 매수하지 말 것을 명확하게 지시함으로써 포괄적 대리권을 제한하였음에도 불구하고 동 주식을 매수하였고, 또한 주말 보고 시에도 매수사실을 보고하지 아니하였으므로, 임의매매에 해당함
③ △△카드 임의매매에 따른 손해금액은 4천만 원 {△△카드 주식 매입금액(약 1억 3천만 원) - 2002.11.9. △△카드 주식의 시가(약 9천만 원)}과 기타 제비용(약 3백만 원)

을 합한 4천 3백만 원임

④ 당시, 전반적인 주가 하락 추세였으므로 △△카드 주식 이외에 다른 주식을 매수하였더라도 어느 정도의 손실을 피할 수 없었으리라는 사정을 참작하여야 하고, 주말 보고 시 △△카드 주식의 임의매수 사실 및 이로 인한 △△카드주식 증가량의 보고를 누락하였다고 하더라도 A가 주식거래 내역에 대해 우편통보를 받아 알 수 있었다는 점 그리고 언제든지 지점을 방문하여 거래내역을 확인할 수 있었던 점 등으로 보아 손해발생이나 확대에 A의 과실도 인정되므로 직원 B의 책임을 70%로 제한함

2 일임매매 관련 사례분석

(1) 사례 Ⅰ

[매매거래를 일임하였으나 과도한 매매거래로 손해를 본 경우, 감독원 분쟁조정위원회(1999.7.20. 조정번호 제1999-27호)]

[일부 인용] 일임매매는 원칙적으로 손해배상책임이 발생하지 아니하나 위임의 내용, 투자목적, 투자자금의 성격 및 매매거래양태 등을 종합적으로 고려할 때 일임의 본지를 일탈하여 과도하게 매매 거래하여 선량한 권리자로서의 주의의무를 다하지 아니하는 경우에는 부분적으로 손해배상책임을 인정하고 있음. 그러나 손해배상금액은 고객의 과실비율을 반영하여 산정한 금액과 증권회사 수탁수수료 중 작은 금액으로 한정함.

1. 사실관계

신청인은 1998.1.8. ○○증권사(이하 "피신청인"이라 함)의 영업부에 위탁계좌를 개설하면서 직원에게 주식매매를 일임하였고, 단기간에 550백만 원의 매매수익이 발생하였음. 같은 해 3.23. 신청인은 550백만 원을 출금하여 이 중 100백만 원을 직원에게 수고비로 교부하였고, 그 후 주가 하락으로 손실을 보게 되자 같은 해 11.30. 위탁계좌 잔고를 출금하고 거래를 종결함.

2. 당사자의 주장

① 신청인의 주장

직원에게 매매를 일임하였으나 직원은 고객이익을 무시하고 회사의 수수료수입 증

대만을 위해 비정상적으로 거래하여 8억 원 이상의 손해가 발생하였으므로 동 결과로 인하여 발생된 회사의 수수료수입 및 거래세 등 거래비용 금 497,976,169원을 반환하여야 함.

② 피신청인의 주장

직원이 고객의 일임에 따라 매매거래를 체결하여 단기간에 550백만 원의 매매수익을 실현하고 신청인에게 출금을 권유하였고, 이에 따라 신청인은 1998.3.23. 동 금액을 출금하였음. 그 후 주가가 장기간 조정을 받으면서 매매 시마다 큰 손실이 발생하자 동 매매손실을 줄이기 위하여 직원은 단기매매에 치중하게 되었고, 신청인은 수시로 유선 등을 통하여 주식상황 및 잔고를 직접 확인하였으며 매월 거래내역도 이상 없이 통보되었음.

또한 신청인은 매매이익이 실현되었을 때에는 모든 거래내역을 전면 수용하였으면서도 매매손실이 발생되었을 때에는 회사가 영업실적을 올리기 위하여 의도적으로 신청인에게 손실을 발생시키는 비정상적인 매매주문을 하였다고 주장하나 신청인의 이와 같은 주장은 논리적 타당성이 없음.

3. 위원회의 판단

본건의 쟁점은 신청인 계좌의 거래가 과다한 일임매매에 해당하는지 여부 및 그에 해당할 경우의 피신청인의 손해배상 범위라 할 것임

① 과다한 일임매매로 볼 수 있는지 여부

일임매매는 원칙적으로 손해배상책임이 발생하지 아니하나 위임의 내용, 투자목적, 투자자금의 성격 및 매매거래양태 등을 종합적으로 고려할 때 일임의 본지를 일탈하여 과도하게 매매 거래하여 선량한 관리자로서의 주의의무를 다하지 아니하는 경우에는 부분적으로 손해배상책임을 인정하고 있음.[2]

신청인과 직원에 대한 문답조사, 신청인 계좌의 거래내역서 조사 등을 실시한 결과 신청인계좌에서의 매매거래는 신청인으로부터 매매권한을 수여받은 직원의 일임매매로 판단되며, 일임으로 인한 투자수익의 결과는 신청인에게 귀속하는 것이 타당한 것으로 보여짐. 또한 신청인계좌에서의 매매거래내역을 보면 일임매매 기간 중(1998.1월~11월)의 월평균 매매회전율이 12.1회에 달하고 손해금액 대비 거래비용비율도 439%에

---

2 서울고등법원 1997.8.28. 선고 96나5911 판결.

이르는 등 과도한 일임매매로 인정되며 이로 인하여 발생한 손해에 대하여는 피신청인에게 배상책임이 있다고 판단됨.

② 손해배상금액의 산정기준

신청인은 800백만 원 이상의 매매손실을 보았다고 주장하나 아래 방법으로 산정한 실제 손해금액은 신청인이 계좌 개설 후 투자한 금액 1,025,878,243원에서 출금된 909,128,142원을 차감한 116,750,101원임. 과도한 일임매매로 인한 손해배상금액을 산정함에 있어서는 투자기간 동안의 전반적인 주가 수준을 감안하고 피신청인이 획득한 수탁수수료 수입을 초과하지 않는 범위 내에서 결정되는 것이 합리적이므로 손해배상금액은 58,375,051[3]원으로 하는 것이 타당함.

4. 결론

직원이 위임의 본지를 일탈하여 수수료 수입을 증대시킬 목적으로 과도하게 주식을 매매한 점이 인정되므로 피신청인은 이로 인하여 발생한 손해액 중 58,375,051원을 신청인에게 지급하여야 함.

(2) 사례 ②

[협회 분쟁조정위 2012.5.24 조정결정/제2012-01호]

> 고객이 증권사 직원에게 주식 매매를 일임한 기간의 일부 기간에 월 매매회전율이 약 1400%에 달하였고 단기매매를 하였어야 할 특별한 사정이 없었던 점 등을 고려컨대 과다매매가 인정되고, 고객의 당일 "전부 처분 지시"에 불구하고 직원의 지정가 주문으로 일부 수량만 매도되었다면 선관주의의무를 해태한 것으로 봄

1. 사건 개요

① 고객은 증권사 직원에게 포괄일임한 기간(약 한달간) 중 월 매매회전율이 약 1,400%, 손실 대비 수수료율이 45%에 달하였고, 특별히 단기매매가 많았어야 할 사유도 없었음

---

3 • 실제 손해금액(A) : 116,750,101원
 • 종합주가지수 하락률(B) : 0%(기간 중 종합주가지수는 414p에서 447p로 상승)
 • 지수하락률감안 손해금액(C) : 116,750,101원
 • 과실상계 50%(D) : 58,375,051원
 • 수탁수수료(E) : 392,159,080원
 • 손해배상금액 : D와 E 중 작은 금액(58,375,051원)

② '12.1.10 고객이 □□종목을 "당일 전부 매도"를 지시하였는데, 담당 직원은 14:59 에 지정가 주문*을 하여 약 43,000주 중 일부(약 27,000주)만 체결되었음

 * 당시 거래소의 매수호가 잔량은 약 320,000주였음

③ '11.10.12 증권사 직원이 ☆☆종목을 매도 후 문자메세지로, 익일에는 전화로 고객 에게 보고하였으나 고객이 이의제기를 하지 않았고, 오히려 매도자금으로 타 종목 매수승인 사실이 확인되었음

2. 판단 내용

① 거래기간 전체('10.10월~'12.1월)로 보면 과다매매로 보기 어려우나 일부 기간에서는 매매판단과 거래행위가 전적으로 증권사 직원의 지배하에 이루어졌고 그 기간 동안 매매회전율이 약 1,400%, 손실 대비 수수료율이 45%에 이루는 등 전문가로서 합리 적인 선택으로 보기 어려운 매매였고, 고객의 요청 등 단기매매를 했어야 할 특별한 사정이 없었으므로 과다매매가 인정됨

② □□종목 매도 관련, '12.1.10. 정규장 마감시각 직전의 거래소의 매수호가 잔량은 약 32만 주에 달하여 직원이 주문을 지정가주문이 아닌 시장가주문으로 하였더라 면 전량 매도가 가능한 상황이었음. 지정가주문으로 고객의 '당일 전부 처분'지시를 따르지 못한 것은 전문가로서 선관주의의무에 충실했다고 보기는 무리가 있음

③ ☆☆종목을 매도 관련, 문자메세지 및 전화통화로 사후보고를 하였으나 이에 고객 의 이의제기 등이 없었던 점, 매도자금으로 타종목 매수를 승인한 사실 등을 고려컨 대, 증권사 직원의 임의매도로 보기는 어렵고, 설령 임의매도라 하더라도 고객이 묵 시적 추인을 하였다고 판단 함.

| **3** | 부당권유 관련 사례분석 |

(1) 사례 Ⅰ

[대판 2003.1.24 선고 2001다2129]

직원이 '혼자만 알고 있는 호재인데 소문이 날까봐 이를 밝힐 수 없다. 지금 당장 투 자하지 않으면 시기를 놓친다'는 등의 말로 매매를 권유한 것을 부당권유로 인정한 사례

1. 사건 개요

① 고객 A는 '94.10.17. 증권거래계좌 개설 이후 손실이 발생되자 '96.10월경 더 이상 주식거래를 하지 않으려 하다가 직원 B가 확실히 주가가 상승할 종목만 추천하고 A의 허락 없이 임의매매 하지 않겠다는 말을 듣고 B에게 계좌관리를 위임하였음

② 이후, 직원 B는 '96.10.18.~'96.12.28. 사이에 임의매매한 사실이 있음

③ 또한, '96.10월초에는'☆의 주가가 상승하는 것은 100% 확실하다. 혼자만 알고 있는 호재인데 소문이 날까봐 이를 밝힐 수 없다. 지금 당장 투자하지 않으면 시기를 놓친다'는 등의 말을 하면서 A에게 ☆의 매수를 적극 권유하였고, 이에 A는 10억 원을 입금하여 ☆종목 4만 주를 매수하였음

④ 하지만, ☆의 주가는 3, 4일 정도 상승하다가 이후 지속적으로 하락하였고, 이에 A는 직원 B에게 매도를 요청하였으나 주가 상승이 확실하므로 매도를 거부함

⑤ 그럼에도 불구하고 ☆의 주가가 하락하자 고객 A는 '96.11.13. 직원에게 손실보전각서라도 써 줄 것을 요구하였고, 직원 B가 각서를 작성해 줌에 따라 매도는 보류되었음

⑥ 결국, '96.12.16.에야 직원 B는 2만 주를 매도하였고, 고객 A도 '97.1.31.~'97.2.1. 사이에 나머지 2만 주를 매도함

2. 판단 내용

① 직원 B의 임의매매로 인한 불법행위를 인정함

② 직원 B가 자신만이 알고 있으나 이를 밝힐 수 없는 확실한 투자정보가 있다면서 ☆주식을 대량매수토록 유도하고, 고객 A의 거듭된 매도 요청에도 불구하고 손실을 보전해주겠다는 각서까지 써 주면서 매도를 거부한 것은 고객에게 과대한 위험을 수반하는 거래를 적극적으로 권유하면서 그에 수반되는 위험성에 대한 인식을 방해한 행위로서 불법 행위를 구성함

③ 다만, 고객 A의 경우에도 상당한 투자경험이 있음에도 불구하고 잔고확인 소홀 등으로 직원 B에게 임의매수 할 수 있는 기회를 제공하였고, B의 말에 현혹되어 구체적인 내용도 모르면서 경솔하게 ☆주식을 매수하였고, 손실을 보전해 주겠다는 B의 약속만 믿고 이를 처분하지 않은 잘못이 있어 이러한 고객 A의 과실을 40%로 산정함(손해금액의 60%만 증권회사 책임으로 인정)

(2) 사례 ②

[서울중앙지방법원 2011. 6. 3 선고 2010가합26870]

증권사 직원의 주식투자 권유 시 고객이 투자성향을 보수적이라고 기재하였더라도 과거 파생상품 및 주식 투자경험이 있었기에 부당권유로 보기 곤란함

1. 사건 개요

① 고객이 증권사 직원에게 주식매매를 일임하였으며, 2004년 9월 다른 계좌를 개설하면서 작성한 설문지에 투자성향이 보수적이라고 기재하였고

② 동 일임거래와 관련하여 직원은 4년 5개월 동안 약 200회의 매매를 반복하였고 수수료 총액(약 2,800만 원)은 원고 예탁금액(약 1.5억 원)의 약 38% 수준

2. 판단 내용

① '04.9월 고객은 증권사 직원에게 다른 계좌를 개설하면서 작성한 설문지에 투자성향은 '이자소득 중시', 투자위험 수용도는 '원금손실을 절대 허용하지 않음', 투자선호는 '은행예금·은행신탁 상품'으로 기재하였더라도, 고객이 이전부터 다수의 파생상품 및 주식투자경험이 있는 점을 고려할 때 피고 직원이 원고의 투자성향이 보수적이라는 사실을 알 수 있었음에도 증권거래행위에 수반되는 위험성에 관한 올바른 인식형성을 방해하고, 나아가 고객의 투자 상황에 비추어 과대한 위험성을 수반하는 거래를 적극적으로 권유하여 고객에 대한 보호의무를 위반하였다고 인정하기 부족함

② 고객이 당초부터 주식매매를 위임한 점, 우편으로 잔고통보를 받고도(2007.9월~10월) 아무런 이의를 제기하지 않은 점, 이후에도 2차례에 걸쳐 증권사에 추가로 자산을 위탁한 점 등을 종합하여 볼 때, 임의매매로 볼 수 없음

③ 약 4년 5개월 동안 약 200회 매도·매수 반복은 그 횟수가 많다고 볼 수 없는 점, 동 기간 중 발생한 수수료 비중이 원고가 예치한 금액의 약 38%로 과도하다고 볼 수 없는 점, 월별 매매회전율이 높을 때에는 수익을 낸 경우도 많았던 점 등을 종합하여 보면, 고객에 대한 충실의무를 위반하여 고객 이익을 무시하고 회사의 영업실적만을 증대시키기 위하여 무리하게 과다매매를 하였다고 인정하기에 부족하므로 고객의 주장은 이유 없음

(1) 사례 ①

[협회 합의권고에 당사자 수용, 제2007-10호]

> 직원은 계좌명의인을 잘 알지 못함에도 불구하고 계좌명의인의 대리권 수여 의사를
> 확인하지 않은 채 그의 처로부터 주문을 수탁받아 처리한 결과 손실을 발생시킨 경
> 우에는 비록 부부관계에 있는 자로부터 주문을 받아 처리한 행위라 할지라도 일부
> 손해배상책임이 인정될 수 있다는 취지의 사례

1. 사건 개요

① '01.2.15. 고객 A는 타증권회사 계좌를 통해 보유 중이던 자신의 주식을 집근처 C증
　권회사로 옮겨 장기투자하기로 마음을 먹고 처인 A′를 대리인으로 하여 계좌를 개
　설하여 주식을 이관하였음

② 하지만, 평소 A′와 거래가 있던 직원 B는 남편 A의 계좌가 자신이 근무하는 지점
　을 통해 개설된 사실을 알고 A′에게 남편 보유주식을 교체할 것을 종용하였고, 이에
　'03.8.19.부터 관련 직원과 A′의 협의하에 A보유계좌 내에서 매매가 시작됨

③ 결국, A는 자신이 보유하고 있던 종목의 주가가 최근 상승한 사실을 알고 계좌를 확
　인한 결과 자신 모르게 진행되어온 매매에 대하여 이의를 제기함

2. 판단 내용

① 직원 B는 고객 A′가 당초 계좌 개설도 대리인 자격으로 직접하였고, 매매협의 중에
　도 마치 남편 A의 동의를 얻어 매매하는 듯한 표현을 사용한 점을 근거로 실질적인
　매매와 관련한 대리권이 있다는 취지의 주장을 함

② 이에 대해, 부부관계에 있는 자라 할지라도 주식거래는 일상가사대리권이 인정되는
　범위에 속하지 아니하고, 직원 B가 고객 A를 잘 알지 못하여 A의 대리권 수여의사
　를 쉽게 판단할 수 없는 자인 점, 전화통화 등으로 쉽게 대리권 수여 사실을 확인할
　수 있었던 점 등을 고려할 때 불법행위책임을 인정(다만, 신청인의 투자경험 및 관리소홀
　등을 감안하여 일부 과실상계함)하였으며, 또한 계좌 개설 행위의 대리권이 매매거래 대
　리까지 가능한 것은 아님.

　※ 하지만, 고객 A의 처인 A′도 결국 공동불법행위자이기 때문에 증권회사 또는 직

원 B가 남편 A에게 손해배상을 하게 될 경우, 증권회사 또는 직원 B는 A′에게 구상권을 행사할 수 있음. 결국, 분쟁조정에서는 상기와 같이 산정된 손해배상 금액을 재조정한 금액으로 당사자 간 최종 합의가 성사됨

(2) 사례 ②

[주문이행 실수로 인한 손해배상의 범위, 금감원 분정조정위원회(2006.2.14, 조정번호 2005-101호)]

1. 사실관계

① 신청인은 2005.9.12. 피신청인의 D지점에서 신청인 명의의 위탁계좌를 개설하여 선물옵션 거래를 하고 있었음

② 신청인은 2005.9.16. 금 500만 원을 위 계좌에 추가 입금하면서 위 지점의 직원 S차장(이하 "담당 직원"이라 함)에게 행사 가격이 145.0인 10월물 풋옵션의 매수주문을 하였으나, 담당 직원은 행사 가격이 142.5인 풋옵션 66계약을 옵션가격 0.76에 매수하였음*

* 담당 직원은 매수 후 신청인과 전화통화시 142.5 풋옵션을 매수하였다고 보고하였으나, 신청인은 아무런 이의를 제기하지 않음

** 당시 행사 가격이 145.0인 풋옵션은 옵션 가격이 1.18이였으며, 금 500만 원으로는 약 42계약을 매수할 수 있었음

③ 다음 영업일인 2005.9.20. 07:54 신청인은 담당 직원에게 전화를 하여 본인이 주문한 내용과 다른 내용으로 계약이 체결되었음을 항의하였고, 담당 직원은 09:22 신청인에게 전화하여 본인의 주문이행 실수를 인정하고 최초의 주문대로 원상회복을 한 후 차액을 변상하겠다고 하였으나, 신청인은 당일 가격의 변화를 지켜본 후 나중에 결정하겠다며 원상회복을 거절하였고,

④ 이후 담당 직원은 같은 날 10:47 신청인에게 다시 전화하여 142.5 풋옵션 66계약을 매도하고 최초 주문 당시 매수 가능했던 145.0 풋옵션 42계약을 매수해 놓겠다고 하였으나 신청인은 이를 다시 거절함

⑤ 담당 직원은 SMS 문자서비스를 통해 신청인에게 2005.9.20. 11:11:51에 "옵션매수착오로 인한 손실은 현시점에서 확정시켜 주시기 바랍니다"라고 통보하였고(12:00:37 신청인 수신), 이후 11:13:06 "풋145와 풋142.5의 차이는 11:11분 현재 138,000원으로 계산됩니다. S차장"이라고 통보하였음(12:00:45 신청인 수신)

2. 당사자의 주장

① 신청인 주장

담당 직원의 주문이행 실수로 인하여 손해가 발생하였고, 이에 대해 위 직원이 300만 원을 지급하기로 하였으므로 금 300만 원을 손해배상해야 함

② 피신청인 주장

담당 직원이 주문을 이행함에 있어 실수를 한 것은 분명하나, 담당 직원은 2005.9.20. 주문실수 인지 후 바로 신청인에게 정정매매 후 차액에 대하여 보상하겠다고 하였을 뿐 300만 원을 배상하겠다고 한 사실은 없는바, 담당 직원이 주문실수를 확인한 시점에서 산정한 배상액 이외의 추가금을 지급할 의무가 없음

3. 위원회의 판단

본건은 담당 직원의 주문이행 실수에 따른 피신청인의 손해배상책임 인정 범위가 쟁점이라 할 것임

(1) 손해배상책임 인정 여부

① 고객과 계속적인 거래관계에 적용될 기본계약인 위탁매매거래계좌의 설정계약을 체결하여 고객으로부터 자금이나 주식의 예탁을 받고 구체적인 매매주문을 통해 매매거래의 위탁을 받은 증권회사는 위탁계약의 본지에 따라 선량한 관리자의 주의를 가지고 행동할 의무를 부담한다고 할 것인바,

② 본건은 피신청인의 담당 직원도 인정하는 바와 같이 신청인의 주문을 담당 직원이 잘못 이행한 것이 분명하므로, 담당 직원의 선관주의의무 위반에 따라 피신청인의 사용자배상책임이 인정된다 할 것임

(2) 손해배상의 범위

① 신청인은 2005.9.20. 장마감시 본인의 옵션거래에서 발생한 약 1,100만 원의 손실은 모두 담당 직원의 주문이행 실수로 인하여 발생된 것일 뿐만 아니라 담당 직원이 주문이행 실수 인정 후 300만 원을 배상하겠다고 제안하였으므로 피신청인은 300만 원을 배상하여야 한다고 주장하나,

② 신청인과 담당 직원 간의 녹취기록에 따르면, 주문이행 실수를 확인한 후 담당 직원이 바로 최초 주문내용에 따른 원상회복 및 그에 따른 비용을 지급할 것을 제안하였음에도 신청인이 당일 종가 때까지 시장의 변화를 지켜보겠다며 이를 거절하였

는바, 피신청인의 손해배상책임은 주문실수의 인지시점까지 발생한 손해에 대하여 인정된다 할 것이고, 원상회복 거절 이후 주가의 변동에 따라 발생된 손익은 신청인의 투자판단에 따른 것으로 신청인의 책임이라 할 것이며,

③ 담당 직원이 손해배상금으로 300만 원을 지급하겠다고 제안하였다는 신청인의 주장은 달리 이를 인정할 증거가 없으며, 오히려 위 녹취기록 및 SMS 문자발송·수신기록을 보면 담당 직원은 손해배상금으로 138,000원 정도를 산정하고 있음을 확인할 수 있음

(3) 피신청인의 손해배상액 산정

신청인의 손해금액은 담당 직원이 주문이행 실수를 인정하면서 손해배상을 제안하는 내용의 통화가 종료된 시점인 2005.9.20. 09:24을 기준으로 원주문에 따른 매수 시 당해 계좌의 평가금액에서 담당 직원의 주문실수에 따라 발생된 당해 계좌의 평가금액을 차감한 금 168,570원이라 할 것임

시간	종목	가격	수량	체결금액	수수료	매매비용
2005.9.16. 11:51:44	3015A142	0.76	54	4,104,000	49,240	4,153,240
	3015A142	0.75	12	900,000	10,800	910,800
2005.9.16. 11:51:44	3015A145	1.18	42	4,956,000	59,470	5,015,470
2005.9.20 09:24:00	3015A142	0.51	66	3,366,000	40,390	3,406,390
2005.9.20. 09:24:00	3015A145	0.83	42	3,486,000	41,830	3,527,830

① 원주문대로 145.0 풋옵션 매수 시 2005.9.20. 09:24 잔고

: $(5,064,040 - 5,015,470) + 145.0$ 풋옵션 42계약 $= 48,570 + 3,486,000 =$ 3,534,570

② 142.5 풋옵션 2005.9.20. 09:24 보유잔고

: 142.5 풋옵션 66계약 $= 3,366,000$

③ 손해금액 : ① $-$ ② $= 168,570$원

(4) 결론

그렇다면 피신청인은 신청인에게 손해금액 168,570원을 배상할 책임이 있어 이를 인용하고, 신청인의 나머지 청구는 이유없어 기각함.

다음 중 금융분쟁조정절차에 대한 설명으로 ( )에 들어갈 숫자를 순서대로 올바르게 고른 것은?

> 금융감독원장은 분쟁조정의 신청을 받은 날로부터 (   )일 이내에 당사자 간의 합의가 이루어지지 않은 경우에는 지체 없이 이를 금융분쟁조정위원회에 회부하여야 하고, 금융분쟁조정위원회가 조정의 회부를 받은 때에는 (   )일 이내에 이를 심의하여 조정안을 작성하여야 한다.

① 7, 30
② 14, 30
③ 30, 60
④ 90, 180

02 다음 금융소비자보호법 위반에 대한 제재조치 중 가장 가벼운 것은?
① 금융소비자에게 투자대상의 상품설명서를 제공하지 않았다.
② 금융소비자의 투자요청 상품이 투자자 성향에 적정하지 않다는 사실을 알리지 않았다.
③ 금융소비자에게 계약관련서류를 제공하지 않았다.
④ 회사가 금융상품 판매관련 업무자료를 기록, 관리하지 않았다.

해설

01 ③ 금융감독원장은 분쟁조정의 신청을 받은 날로부터 30일 이내에 조정위원회에 회부하고, 조정위원회가 60일 이내에 조정안을 작성하여야 함.

02 ② 3천만원 이하의 과태료 부과 대상
①,③,④ 는 1억원 이하의 과태료 부과 대상이다.

03 다음 중 금융 분쟁에 관한 설명으로 틀린 것은?

① 금융투자 관련 금융 분쟁은 주로 자본시장법령 등에서 부여하는 금융투자업자에게 부여하는 의무 이행 여부가 쟁점이 된다.

② 금융투자업 영위과정에서 거래관계가 수반되는 권리의무에 대한 상반된 주장이 분쟁이라는 형태로 도출된다.

③ 비록 금융업무 관련이라도 금융 관련 기관이 금융 관련 기관을 상대로 제기하는 분쟁은 금융 분쟁에 해당하지 않는다.

④ 금융소비자 등이 금융업무 등과 관련하여 이해관계 등이 발생함에 따라 금융 관련 기관을 상대로 제기하는 분쟁이 금융 분쟁이다.

04 다음 중 개인정보처리자의 개인정보 보호 원칙에 대한 설명으로 적절하지 않은 것은?

① 개인정보의 처리목적에 필요한 범위에서 적합하게 개인정보를 처리하여야 하며, 그 목적 외의 용도로 활용해서는 안 된다.

② 정보주체의 사생활 침해를 최소화하는 방법으로 개인정보를 처리하여야 한다.

③ 개인정보는 정확한 정보를 필요로 하므로, 익명처리를 하여서는 안 된다.

④ 개인정보의 처리방침 등 개인정보의 처리에 관한 사항을 공개하여야 한다.

해설

03 ③ 금융 관련 기관이 금융업무와 관련하여 금융 관련 기관을 상대로 제기하는 분쟁도 금융 분쟁에 해당된다.

04 ③ 개인정보의 익명처리가 가능한 경우에는 익명에 의해 처리될 수 있어야 한다.

05 다음 중 분정조정제도에 관한 설명으로 적절하지 않은 것은?

① 분쟁조정기관은 중립적인 조정안을 제시하기 위해 통상적으로 분쟁의 양당사자와 법조계, 학계, 소비자단체, 업계 전문가로 구성된 분쟁조정 위원회를 구성하고 운영한다.

② 조정은 법원의 판결과는 달리 그 자체로서는 구속력이 없고 당사자가 이를 수락하는 경우에 한하여 효력을 갖는다.

③ 금융감독원에 설치된 금융분쟁조정위원회의 조정안을 당사자가 수락하면 당해 조정안은 재판상 화해와 동일한 효력을 갖는다.

④ 금융감독원 이외의 기관(한국거래소 분쟁조정심의위원회, 금융투자협회 분쟁조정위원회 등)에 의한 조정은 민법상 화해계약으로 효력을 갖는다.

06 다음 중 금융투자상품의 내재적 특성에 대한 설명으로 적절하지 않은 것은?

① 원금손실 가능성

② 투자결과에 대한 본인책임 원칙

③ 투자상품에 대한 지속적인 관리요구

④ 금융투자회사 직원에 대한 높은 의존성

해설

05 ① 분쟁의 양당사자는 제외된다.

06 ④ 모든 금융투자상품이 금융투자회사 직원에 대한 높은 의존성을 수반하는 것은 아니다.

07 다음 분쟁 예방을 위한 요령 중 틀린 것은?

① 임직원 개인계좌로 고객자산 등의 입금을 받지 않는다.

② 어떠한 형태로든 손실보전 약정은 하지 말아야 한다.

③ 금융소비자는 전문성이 낮으므로 금융상품거래 시 임직원이 주도하는 편이 좋다.

④ 단정적 판단을 제공하는 것은 금지된다.

08 다음 중 금융상품판매업자등에 대한 조치 중 반드시 등록이 취소가 되는 경우는?

① 거짓이나 부정한 방법으로 등록한 경우

② 정지기간 중 업무를 한 경우

③ 금융위원회의 시정 또는 중지명령을 받고 정한 기간 내에 시정 또는 중지하지 아니한 경우

④ 등록 요건을 유지하지 못 하는 경우

09 다음 설명 중 가장 틀린 것은?

① 금융회사의 민원은 크게 금융업무와 관련된 금융 민원과 기타 민원으로 구분할 수 있다.

② 불완전판매는 통상 금융회사의 임직원 등이 금융상품을 판매할 때 금융소비자보호법상 규정하고 있는 완전판매절차를 준수하지 않아 발생하는 경우가 많다.

③ 임의매매는 일부 경우에 대해 정당한 권한을 가진 금융소비자와 계약을 맺는 경우 허용된다.

④ 계약체결의 전자적 전송이나 처리과정에서 발생한 사고로 인해 금융소비자에게 손해가 발생한 경우 금융회사는 그 손해를 배상할 책임을 진다.

해설

07 ③ 금융회사의 임직원 등은 어디까지나 금융상품거래의 조력자 역할을 수행하는 것이다.

08 ① 의무적으로 취소가 되는 사유이며, 나머지는 취소의 사유가 될 수 있으나 의무적으로 취소가 되는 것은 아니다.

09 ③ 일임매매는 자본시장법령 등에 따라 예외적으로 일부 허용되나, 임의매매는 예외 없이 금지하고 있다.

10 다음 개인정보보호에 대한 설명 중 가장 옳은 것은?

① 개인정보처리자는 정보주체와 체결한 계약을 이행하기 위해 필요한 경우 개인 정보를 수집, 이용할 수 있다.

② 개인정보처리자의 정당한 이익을 달성하기 위하여 필요한 경우에는 별도의 제한 없이 개인정보를 수집, 이용할 수 있다.

③ 개인정보처리자는 목적에 필요한 최소한의 개인정보를 수집해야 하고 그 입증 책임은 해당 개인정보의 수집에 동의한 정보주체가 진다.

④ 공공기관이 법령 등에서 정하는 소관업무의 수행을 위해서는 반드시 정보주체 로부터 개인정보 수집에 대한 동의를 받아야 한다.

11 다음 분쟁과 관련한 설명 중 가장 옳지 않은 것은?

① 투자자가 장기간 여행 등으로 일시적으로 부재하는 중 금융투자상품의 가격 폭락 등 불가피한 사유가 있는 경우로서 사전에 약관 등에 따라 미리 금융투자 상품의 매도권한을 일임받아 처리하는 경우는 허용된다.

② 투자자가 직원 등의 임의매매 결과를 인정하고 사후 추인하는 경우 손해배상 책임은 물론 불법행위에 대해서도 면책된다.

③ 불법적인 해킹에 의하여 투자자가 손해를 입었을 경우 금융회사는 손해배상책임을 진다.

④ 금융회사는 전산장애에 대한 책임을 이행하기 위하여 보험 또는 공제에 가입하는 등 필요한 조치를 하여야 한다.

해설

10 ② 명백하게 정보주체의 권리보다 우선하고 합리적인 범위를 초과하지 아니하는 경우에 한하여 개인 정보를 수집, 이용할 수 있다.

③ 최소한의 개인정보 수집의 입증책임은 개인정보처리자에게 있다.

④ 공공기관이 법령 등에 의한 소관업무 수행을 위해 불가피한 경우에는 별도의 동의절차 없이 개인정보 수집 및 이용이 가능하다.

11 ② 임의매매에 대해 투자자가 사후 추인하는 경우 임직원 등의 손해배상책임은 면책될 가능성은 있으나 불법행위에 대해서까지 면책되는 것은 아니다.

정답 01 ③ | 02 ② | 03 ③ | 04 ③ | 05 ① | 06 ④ | 07 ③ | 08 ① | 09 ③ | 10 ① | 11 ②

투자권유와
투자권유 사례분석

chapter 01

투자권유

section 01 **투자권유**

1 개요

특정 금융소비자를 상대로 금융투자상품의 매매 또는 투자자문계약·투자일임계약·신탁계약(관리형신탁계약 및 투자성 없는 신탁계약을 제외한다. 이하 같다)의 체결을 권유하는 것을 말한다.

금융회사의 임직원을 포함하여 금융상품판매업자 등과 계약을 체결하고 투자권유를 하는 투자권유대행인(이하 "임직원등"이라 한다)은 실질적인 투자권유 또는 판매를 하는 경우 다음의 기본적인 사항을 인지하고 준수하여야 한다.

❶ 임직원등은 관계법령등을 준수하고, 신의성실의 원칙에 따라 공정하게 업무를

수행하여야 한다.

❷ 임직원등은 금융소비자가 합리적인 투자판단과 의사결정을 할 수 있도록 투자에 따르는 위험 및 거래의 특성과 주요 내용을 명확히 설명하여야 한다.

❸ 임직원등은 금융소비자 자신의 판단과 책임에 따라 스스로 투자에 관한 의사결정을 하여야 하고, 그에 대한 결과가 금융소비자 본인에게 귀속됨을 금융소비자에게 알려야 한다.

❹ 임직원등은 정당한 사유 없이 금융소비자의 이익을 해하면서 자기가 이익을 얻거나 회사 또는 제삼자가 이익을 얻도록 하여서는 아니 된다.

위의 기본원칙을 숙지하고 이제 투자권유 단계에 따른 절차들을 알아보자.

| 2 | 투자권유 전 준수 절차 |

1) 투자권유 희망 여부 확인

투자권유대행인은 금융소비자가 투자권유를 희망하는지 확인하여야 한다. 금융소비자가 투자권유를 희망하지 않는 경우 투자권유대행인은 투자를 권유할 수 없다는 사실을 안내하여야 하고 투자권유에 해당하는 행위를 할 수 없다.

다만, 금융상품의 매매 또는 계약체결의 권유가 수반되지 않고, 금융소비자의 요청에 따라 객관적인 정보만을 제공하는 경우에는 투자권유로 보기 어렵다.

금융소비자가 투자권유를 희망하지 않고 투자하고자 하는 경우라도 투자권유대행인은 원금손실 가능성, 투자에 따른 손익은 모두 금융소비자에게 귀속된다는 사실 등 투자에 수반되는 주요 유의사항을 알려야 한다.

2) 금융소비자 유형의 확인

금융소비자의 투자권유 희망 여부를 확인했다면 금융소비자보호법 제17조 제1항에 따라 금융소비자가 일반 금융소비자인지 전문 금융소비자인지 여부를 확인해야 한다.

전문 금융소비자란 금융소비자보호법 제2조 제9호에서 '금융상품에 관한 전문성 또는 소유자산규모 등에 비추어 금융상품 계약에 따른 위험감수능력이 있는 금융소비자'로 정의하고 있으며 여기에는 국가, 한국은행, 대통령령으로 정하는 금융회사, 주권상장법인 등(자본시장법 제9조 제15항 제3항)이 포함된다. 또한 투자성 상품의 경우 상기 자 외에 '대부업 등의 등록 및 금융이용자 보호에 관한 법률'에 따른 대부업자, 투자권유대행인 등이 포함되며, 대출성 상품인 경우에는 상기 자 외에 상시근로자 5인 이상 법인, 겸영여신업자, 대출상품 금융상품판매대리·중개업자, 특정 자산의 취득 또는 자금의 조달 등 특정 목적을 위해 설립된 법인 등 금융위원회가 정하여 고시하는 자가 포함된다.

전문 금융소비자 중 대통령령으로 정하는 자 중 일반금융소비자로 전환할 수 있는 전문금융소비자가 일반금융소비자와 같은 대우를 받겠다는 의사를 금융상품 판매업자 등에게 서면으로 통지하는 경우 해당 금융상품 판매업자 등은 정당한 사유가 있는 경우를 제외하고는 이에 동의하여야 하며, 이 경우 해당 전문 금융소비자는 일반 금융소비자로 본다.

반면, 주권상장법인이 금융회사와 장외파생상품 거래를 하는 경우 원칙적으로 일반 금융소비자로 보되, 해당 법인이 전문 금융소비자와 같은 대우를 받겠다는 의사를 금융회사에 서면으로 통지하는 경우에는 전문 금융소비자로 본다.

금융소비자의 유형 확인 결과 전문 금융소비자인 경우에는 각 회사별로 정해진 절차에 따라 전문 금융소비자 등록 또는 투자권유 단계 등으로 진행하면 된다.

3) 고지의무 등

투자권유대행인은 투자권유 업무를 수행할 때 금융소비자보호법 제26조에 따라 본인이 금융상품직접판매업자로부터 정당하게 위임권한을 받은 투자권유대행인임을 나타내는 표지를 게시하거나 증표를 금융소비자에게 보여주어야 하며, 금융소비자에게 다음의 사항 모두를 반드시 알려야 한다.

❶ 투자권유대행계약을 체결한 금융상품직접판매업자의 명칭 및 업무내용
❷ 하나의 금융상품직접판매업자만을 대리하거나 중개하는지 여부
❸ 금융상품직접판매업자로부터 금융상품 계약체결권을 부여받지 아니한 경우 자신이 금융상품계약을 체결할 권한이 없다는 사실
❹ 금융소비자보호법 제44조 및 제45조에 따라 고의 또는 과실로 동 법을 위반하여 금융소비자에게 손해를 발생시킨 경우 손해배상책임이 있다는 사실
❺ 기타 금융소비자보호법 시행령 제24조에서 열거하고 있는 사항
ㄱ. 급부를 받을 수 있는지 여부

ㄴ. 금융소비자가 제공한 신용정보 또는 개인정보 등은 금융상품직접판매업자가 보유, 관리한다는 사실 등

4) 투자자 정보 파악

(1) 취약투자자 여부 확인

취약투자자란 고령자, 은퇴자, 미성년자, 주부, 투자경험이 없는 자 등 상대적으로 투자의 위험성에 대한 인지도가 낮다고 판단되는 금융소비자를 말하여, 이에 해당하는 경우 금융회사의 임직원 등은 금융소비자 본인이 '취약투자자'를 선택할 수 있음을 안내하고, '취약투자자 유의사항'을 설명한 후 금융소비자로부터 '취약투자자 유의사항 설명 확인서'를 수령하여야 한다.

(2) 투자자 성향 분석

❶ 투자자 정보 확인서 작성 및 투자자 성향 분류 : 금융회사의 임직원등은 투자권유를 희망하는 금융소비자를 대상으로 금융상품의 투자권유를 할 때마다 투자자 성향 분석을 실시해야 하는데, 면담·질문 등을 통하여 투자자 정보를 '투자자 정보 확인서'에 따라 파악하고, 투자자로부터 서명 등의 방법으로 확인을 받아 이를 유지·관리하여야 한다.

투자자 정보 확인서는 '표준투자권유준칙 별표'를 활용할 수 있는데, 여기에는 투자자의 투자에 대한 일반적인 태도를 나타내는 일반적인 투자자 성향 파악을 위한 항목과 현재 투자의 목적, 투자예정기간 등 투자자금의 성향을 확인하는 항목이 포함된다. 투자자 정보는 금융소비자가 자필로 작성하는 방법은 물론, 판매직원이 면담과정에서 파악한 정보를 컴퓨터 등에 입력하고 이를 출력하여 금융소비자에게 확인받는 방법도 가능하다.

온라인 펀드 거래 시

금융회사는 금융소비자가 본인의 투자성향 및 투자하고자 하는 상품의 위험도를 온라인상으로 확인할 수 있도록 시스템을 구축하여야 한다.

• 온라인 투자자들 중 투자성향이 확인된 투자자에 대해서는 자신의 투자성향에 적합한 펀드에 대해 우선적으로 투자여부를 판단할 수 있도록 해당 투자자의 투자성향에 부

합하는 펀드에 관한 정보를 먼저 제공하고, 투자자가 다른 펀드에 관한 정보를 희망하
는 경우 다른 펀드에 관한 정보를 제공하는 것이 바람직함

- 단, 투자권유를 희망하지 않는 경우 투자자가 회사의 투자권유 없이 투자한다는 사실
을 인지하고 투자할 수 있도록 온라인 화면을 구축하여야 함
- 파생상품 펀드의 경우 적정성의 원칙에 따라 투자자정보를 파악하고, 투자자가 적정
하지 않은 상품 거래를 원할 경우 경고 등을 하여야 함
- 회사는 온라인으로 판매하는 펀드가 멀티클래스 펀드인 경우, 클래스별 수수료 및 보
수의 차이점을 비교하여 표시하여야 함
- 온라인 펀드 판매를 위해 추천펀드를 제시하고자 하는 경우에는 추천펀드의 선정주
기·선정절차·선정기준 등을 구체적으로 명시하거나 추천펀드별로 정량적 또는 정성
적 근거를 기재할 필요가 있음
- 회사가 온라인, 오프라인 판매 중인 펀드를 인터넷 홈페이지, 모바일 시스템, 홈트레
이딩 시스템 등 온라인 매체를 통해 게시하는 경우 한글로 된 종류(클래스) 명칭을 표
시할 필요가 있음

투자권유대행인은 확인한 투자자정보의 내용 및 '표준투자권유준칙 별표'에
따라 분류된 투자자 성향을 금융소비자에게 지체없이 제공해야 한다. 투자자 성
향 파악을 위한 배점기준 등은 회사별로 자율적으로 정할 수 있으며, 그 유형 역
시 회사의 판단에 따라 분류할 수 있다. 표준투자권유준칙에서는 유형분류에 대
해 다음과 같이 예를 들고 있다.

제1방식	제2방식	제3방식	제4방식	제5방식
☐ 고위험 – 고수익형 ☐ 중위험 – 중수익형 ☐ 저위험 – 저수익형	☐ 파생상품형 ☐ 주식선호형 ☐ 성장형 ☐ 이자·배당형	☐ 위험선호형 ☐ 적극형 ☐ 성장형 ☐ 안정성장형 ☐ 위험회피형	☐ 매우 높은 위험 선호형 ☐ 높은 위험선호형 ☐ 다소 높은 위험 선호형 ☐ 보통위험선호형 ☐ 낮은위험선호형 ☐ 매우 낮은 위험 선호형	☐ 공격투자형 ☐ 주식선호형 ☐ 주식펀드선호형 ☐ 고수익채권형 ☐ 혼합투자형 ☐ 안정투자선호형 ☐ 이자소득형

❷ 대리인을 통한 투자자 성향 분석 : 투자권유대행인은 원칙적으로 금융소비자 본
인으로부터 투자자 정보를 파악하여야 하지만, 금융소비자의 대리인이 그 자신

과 금융소비자의 실명확인증표 및 위임장 등 대리권을 증빙할 수 있는 서류 등을 지참하는 경우 대리인으로부터 금융소비자 본인의 정보를 파악할 수 있다. 이때 회사는 위임의 범위에 투자자정보 작성 권한이 포함되어 있는지를 확인하여야 한다. 여기에서 대리인은 '임의대리인'을 의미하는 것으로 법정대리인인 경우 관련 법령 또는 법원 명령 등 법정대리권의 발생근거에 따라 대리권의 확인방법이 달라질 수 있다. 예를 들어 부모가 미성년 자녀의 법정대리인으로서 회사에서 투자권유를 받는 경우 자녀에 대한 친권이 존재한다는 사실을 증명할 수 있는 서류를 제출하여 법정대리권이 있음이 확인되면 별도로 자녀에 대한 투자자정보 작성권한이 있는지 여부를 확인할 필요는 없다.

❸ 투자자 정보의 파악 간소화 대상 : 단기금융투자기구의 집합투자증권(MMF), 국채증권, 지방채증권, 특수채증권 및 이에 준하는 것으로 위험이 높지 않은 금융투자상품만을 거래하는 금융소비자 및 환매조건부매매(RP)를 하는 금융소비자에 대해서는 투자목적, 재산상황, 투자경험의 투자자정보만을 간략하게 파악할 수 있도록 별도의 투자자정보 확인서를 활용할 수 있다. 만일 동일한 금융소비자에 대해 펀드와 같은 일반 금융상품을 투자권유하려고 하는 경우는 일반적인 투자자 정보 확인서를 수령하는 등 일반 절차를 준수하여야 한다.

❹ 장외파생상품의 거래 : 금융소비자가 장외파생상품을 거래하고자 하는 경우에는 투자권유 여부와 상관없이 '장외파생상품 투자자정보 확인서'를 이용하여 투자자 정보를 파악하여야 한다.

장외파생상품 투자자정보 확인서는 '법인 및 개인사업자용'과 '개인용' 등 두 가지 양식으로 구분하여 마련하되, 회사가 자체적으로 '투자자 정보 확인서'와 '장외파생상품 투자자 정보 확인서'를 하나의 양식으로 통합하여 사용도 가능하다.

❺ 투자자 정보의 유효기간 : 금융회사가 투자자 정보 유효기간을 설정하고 이에 대하여 금융소비자가 동의한 경우 금융소비자가 별도의 변경 요청이 없는 한 투자자 정보를 파악한 날로부터 12~24개월 동안 투자자 정보가 변경되지 않은 것으로 간주할 수 있다.

판매회사의 임직원등은 금융소비자에게 투자자 정보의 유효기간을 설명하고, 투자자 정보가 변경되면 회사에 변경내용을 통지하도록 안내하여야 하며, 회사가 이미 투자자 정보를 알고 있는 금융소비자에게 투자권유를 하는 때에는 투자자 정보 유효기간 경과 여부를 확인하고 유효기간이 경과한 경우에는 투자자 정보를 다시 파악하여야 한다.

　다만, 투자자 정보의 유효기간에도 예외 사항이 있는데 투자일임계약이 체결된 경우에는 금융소비자의 재무상태 및 투자목적 등 변경 여부를, 금전신탁계약(특정금전신탁 제외)이 체결된 경우에는 재무상태 등 변경 여부를 연 1회 이상 확인하여야 하며, 매 분기 1회 이상 금융소비자의 재무상태, 투자목적 등의 변경이 있는 경우 이를 회신하여 줄 것을 서면, 전자우편, 인터넷 또는 모바일 시스템, 그 밖에 이와 비슷한 전자통신의 방법 등으로 통지하여야 한다.

section 02 투자권유 주요 내용

　금융회사는 금융소비자의 투자자 성향을 특정 유형별로 분류한 경우 회사가 정한 투자자 성향분류와 금융투자상품 위험도 평가분류를 참조하여 투자권유의 적합성 여부를 판단할 수 있는 기준 즉 적합성 판단기준을 정해야 하는데, 각 회사들은 통상 이 두 가지 기준을 조합하여 '투자자 성향별 적합한 금융투자상품표'를 만들게 된다.

　투자권유대행인은 이 기준에 따라 금융소비자에게 적합하지 않다고 인정되는 투자권유를 해서는 안 되며, 이미 투자자 정보를 알고 있는 금융소비자를 대상으로 투자권유를 하는 경우에는 기존 투자자성향과 그 의미에 대해 설명하고 금융소비자의 이해를 돕기 위해 위에서 설명한 '투자자성향별 적합한 금융투자상품투자권유표'를 활용하는 것이 바람직하다.

　또한 금융소비자가 보유 자산에 대한 위험회피 목적의 투자 또는 적립식 투자 등 해당 투자를 통하여 투자에 수반되는 위험을 낮추거나 회피할 수 있다고 판단되는 경우에는 '투자자성향별 적합한 금융투자상품표'의 금융투자상품 위험도 분류기준보다 완화된 기준을 적용하여 투자권유를 할 수 있다.

(1) 투자성향에 적합하지 않은 상품의 투자권유

금융소비자보호법 제17조 제3항에 따라 투자권유대행인은 금융소비자가 본인에게 적합하지 않은 것으로 판단되는 금융투자상품에 투자하고자 하는 경우 해당 금융투자상품을 투자권유 하여서는 아니 되며, 이는 금융소비자가 원하는 경우라도 적용된다. 이를 우회하기 위하여 '투자권유 희망 및 투자자 정보 제공 여부 확인서' 또는 '투자성향에 적합하지 않은 투자성 상품 거래확인서' 등을 악용하는 것은 부당권유행위에 해당한다.

(2) 계약체결 전 적합성 보고서 제공

투자권유대행인이 신규 일반 금융소비자(개인, 법인 모두 포함)거나, 만 65세 이상의 고령투자자 및 만 80세 이상의 초고령투자자를 대상으로 공모와 사모 형태를 불문하고 E(D)LS, E(D)LF, E(D)LT를 투자권유하려는 경우 금융소비자가 올바른 투자판단을 할 수 있도록 추천사유 및 유의사항 등을 기재한 '적합성 보고서'를 계약체결 이전에 제공하여야 한다.

'적합성 보고서'의 주요 항목은 투자정보 확인서 조사결과, 고객의 투자성향 및 투자권유 상품, 투자권유 사유 및 핵심 유의사항으로 각 회사별로 표준투자권유준칙의 별표를 참조하여 만들 수 있다.

(3) 고령투자자에 대한 투자권유

금융회사는 회사별로 적정한 수준의 '고령투자자 보호기준'을 의무적으로 만들어야 하며, 여기에는 해당 기준을 적용할 고령투자자의 정의, 고령자에 대한 추가 보호방안에 관한 사항이 포함되어야 한다.

고령투자자 보호에 관한 일반적인 기준, 고령투자자 보호 관련 내부통제 강화 및 초고령자에 대한 추가 보호방안에 관한 사항이 포함되어야 한다. 투자권유대행인은 만 65세 이상의 고령투자자에게 금융투자상품(투자자 보호 및 건전한 거래질서를 해칠 우려가 없는 것으로서 금융위원회가 정하여 고시하는 금융상품은 제외)을 판매하려는 경우 앞서 설명한 일반적인 적합성 판단기준에 더하여 회사별로 설정한 '고령투자자에 대한 금융투자상품 판매 시 보호기준'을 준수하여야 하며, 판매과정을 녹취하고 금융소비자가 요청하는 경우 해당 녹취 파일을 제공해야 할 의무가 있고, 판매과정에서 2영업일 이상의 숙려기간을 부여함으로써 고령투자자에 대한 보호를 강화하여야 한다.

동 기준에서 정하는 고령투자자 보호에 관한 일반적인 기준에는 영업점의 전담창구 마련, 본사전담부서 및 전담인력의 지정, "투자권유 유의상품"의 지정 및 투자권유 시 사전확인, 상품의 개발·판매 시 고령 투자자 판매 위험 분석, 녹취제도 및 숙려제도 등을 마련하고 운용하는 것이 포함된다.

아울러 고령투자자 보호를 위한 내부통제활동에는 고령 투자자에 대한 판매절차를 내규로 마련하고, 임직원등을 대상으로 교육을 실시해야 하며, 내규 준수 여부 등에 대한 정기점검 실시, 가족 등 조력자의 연락처 확인, 고령투자자 대상 마케팅 활동에 대한 내부통제 강화 등의 조치를 실시하여야 한다.

한편 초고령자로 분류되는 만 80세 이상의 투자자에 대해서는 보다 강화된 조치가 필요하므로, 일반적인 고령투자자 보호기준을 준수하는 것은 물론 투자권유 유의상품 판매를 자제하여야 한다.

다만, 이 사항은 회사별로 달리 정할 수 있으므로 초고령투자자에게 투자권유 유의 상품의 판매가 허용되는 경우에는 가족 등의 조력을 받을 수 있도록 안내하여야 하고, '해피콜'을 통해 사후 모니터링을 실시하여야 한다.

2	투자권유 시 유의사항

투자권유대행인을 포함하여 금융회사의 임직원은 투자권유업무를 수행할 때 다음의 행위가 금지된다.

❶ 금융투자상품의 내용을 사실과 다르게 알리는 행위
❷ 불확실한 사항에 대하여 단정적 판단을 제공하거나 확실하다고 오인하게 할 소지가 있는 내용을 알리는 행위
❸ 투자자로부터 투자권유의 요청을 받지 아니하고 방문·전화 등 실시간 대화의 방법을 이용하는 행위. 다만, 아래의 경우를 제외하고 투자권유를 하기 전에 금융소비자의 개인정보 취득경로, 권유하려는 금융상품의 종류 및 내용 등을 금융소비자에게 미리 안내하고, 해당 금융소비자가 투자권유를 받을 의사를 표시한 경우에는 허용

- 일반금융소비자의 경우 : 고난도 금융투자상품, 고난도 투자일임계약, 고난도 금전신탁계약, 사모펀드, 장내파생상품, 장외파생상품
- 전문금융소비자의 경우 : 장외파생상품

❹ 투자권유를 받은 투자자가 이를 거부하는 취지의 의사를 표시하였음에도 불구하고 투자권유를 계속하는 행위. 다만, 다음의 각 행위는 제외된다.

- 투자권유를 받은 투자자가 이를 거부하는 취지의 의사표시를 한 후 1개월이 지난 후에 다시 투자권유를 하는 행위
- 다른 종류의 금융투자상품에 대하여 투자권유를 하는 행위. 이 경우 다음의 각 금융투자상품 및 계약의 종류별로 서로 다른 종류의 금융투자상품에 해당하는 것으로 봄
  ① 금융투자상품 : 채무증권, 지분증권, 집합투자증권, 투자계약증권, 파생결합증권, 증권예탁증권, 장내파생상품, 장외파생상품
  ② 투자자문계약 또는 투자일임계약
    − 증권에 대한 투자자문계약 또는 투자일임계약
    − 장내파생상품에 대한 투자자문계약 또는 투자일임계약
    − 장외파생상품에 대한 투자자문계약 또는 투자일임계약
  ③ 신탁계약
    − 자본시장법 제103조 제1항 제1호의 신탁재산에 대한 신탁계약
    − 자본시장법 제103조 제1항 제2호부터 제7호까지의 신탁재산에 대한 신탁계약
- 다음의 금융투자상품은 다른 유형의 금융투자상품으로 본다.
  ① 기초자산의 종류가 다른 장외파생상품
  ② 선도, 스왑, 옵션 등 금융투자상품의 구조가 다른 장외파생상품

❺ 투자성 상품에 관한 계약의 체결을 권유하면서 투자자가 요청하지 않은 다른 대출성 상품을 안내하거나 관련 정보를 제공하는 행위

❻ 금융상품의 가치에 중대한 영향을 미치는 사항을 미리 알고 있으면서 투자자에게 알리지 아니하는 행위 또는 투자성 상품의 가치에 중대한 영향을 미치는 사항을 알면서 그 사실을 투자자에 알리지 않고 그 금융상품의 매수 또는 매도를 권유하는 행위

❼ 금융상품 내용의 일부에 대하여 비교대상 및 기준을 밝히지 아니하거나 객관적

인 근거 없이 다른 금융상품과 비교하여 해당 금융상품이 우수하거나 유리하다고 알리는 행위

❽ 자기 또는 제3자가 소유한 투자성 상품의 가치를 높이기 위해 금융소비자에게 해당 투자성 상품의 취득을 권유하는 행위

❾ 투자자가 자본시장법상 미공개정보 이용행위 금지, 시세조정 행위 등의 금지, 부정거래행위 등의 금지에 위반되는 매매, 그 밖의 거래를 하고자 한다는 사실을 알고 그 매매, 그 밖의 거래를 권유하는 행위

❿ 투자자의 사전 동의없이 신용카드를 사용하도록 유도하거나 다른 대출성 상품을 권유하는 행위

⓫ 금융소비자보호법상 적합성원칙을 적용받지 않고 권유하기 위해 투자자로부터 계약 체결의 권유를 원하지 않는다는 의사를 서면 등으로 받는 행위

⓬ 관계법령 등 및 회사가 정한 절차에 따르지 아니 하고 금전·물품·편익 등의 재산상 이익을 제공하거나 제공받는 행위

여기에 더하여 투자권유대행인은 금융소비자보호법 제25조에 따라 다음의 행위가 추가로 금지된다.

❶ 금융소비자로부터 투자금, 보험료 등 계약의 이행으로서 급부를 받는 행위. 다만, 금융상품직접판매업자로부터 급부 수령에 관한 권한을 부여받은 경우로서 대통령령으로 정하는 행위는 제외

❷ 투자권유대행인이 그 업무를 제3자에게 하게 하거나 그러한 행위에 관하여 수수료·보수나 그 밖의 대가를 지급하는 행위. 다만, 금융상품직접판매업자의 이익과 상충되지 아니하고 금융소비자 보호를 해치지 아니하는 경우로서 대통령령으로 정하는 행위는 제외

❸ 그 밖에 금융소비자 보호 또는 건전한 거래질서를 해칠 우려가 있는 행위로서 대통령령으로 정하는 행위

아울러 금융상품판매대리·중개업자(투자권유대행인)는 금융상품판매 대리·중개 업무를 수행할 때 금융상품직접판매업자로부터 정해진 수수료 외의 금품, 그 밖의 재산상 이익을 요구하거나 받아서는 아니 된다.

임직원 등은 투자자 성향 및 금융투자상품의 특성을 고려하여 장기투자가 유리하다고 판단되는 경우 그 투자자에게 해당 금융투자상품에 대한 장기투자를 권유할 수 있

고, 금융소비자의 투자자산이 특정 종목의 금융투자상품에만 편중되지 아니 하도록 분산하여 투자할 것을 권유할 수 있다.

임직원 등이 투자자에게 포트폴리오 투자를 권유하는 경우에는 그 임직원 등이 금융투자협회에 등록된 금융투자전문인력(펀드투자권유자문인력, 증권투자권유자문인력, 파생상품투자권유자문인력)으로서의 업무범위에 해당하는 금융투자상품으로 구성된 포트폴리오만을 권유할 수 있다.

일반투자자에게 금융투자업규정 제4-20조에 따른 계열회사 또는 계열회사에 준하는 회사인 집합투자업자가 운용하는 펀드를 투자권유하는 경우, 집합투자업자가 회사와 계열회사 등에 해당한다는 사실을 고지하여야 하고, 계열회사 등이 아닌 집합투자업자가 운용하는 유사한 펀드를 함께 투자권유하여야 한다.

유사한 펀드란

① 일반투자자에게 투자권유한 계열회사 등의 펀드와 금융투자상품 위험도 분류 기준에 따른 위험수준이 같거나 낮을 것
② 일반투자자에게 투자권유한 계열회사 등의 펀드와 같은 종류의 펀드일 것. 다만, 증권집합투자기구 및 단기금융집합투자기구 이외의 종류일 경우 회사가 같은 종류의 펀드를 갖추지 못했을 때에는 다른 종류로 할 수 있음

금융회사의 임직원등은 위의 ① 및 ②의 조건을 충족하는 펀드 중에서 주된 투자대상 자산·투자지역(국내·해외) 등을 고려하여 투자권유하여야 하며 해당 펀드의 향후 전망, 운용 안정성, 판매전략 등을 감안하여 달리 투자권유할 수 있다. 투자권유가 없는 온라인 판매의 경우에도 투자자가 투자판단에 참고할 수 있도록 계열회사 펀드임을 표시하여야 한다.

3 설명 의무

1) 개요

투자권유대행인은 투자자에게 투자권유를 대행함에 있어 투자자에게 자신이 일반 임직원이 아닌 투자권유대행인이라는 사실을 나타내는 증표 등을 투자자에게 제시하고, 금융투자상품의 내용, 투자에 따르는 위험, 금융투자상품의 투자성에 관한 구조와

성격, 투자자가 부담하는 수수료에 관한 사항, 조기상환조건이 있는 경우 그에 관한 사항, 계약의 해제·해지에 관한 사항 등(이하 "투자설명사항"이라 한다)을 투자자가 이해할 수 있도록 설명하고, 설명한 내용을 투자자가 이해하였음을 서명 등의 방법으로 확인받아야 한다.

금융소비자에게 제공해야 하는 설명서에는 금융소비자에게 설명한 내용과 실제 설명서의 내용이 같다는 사실에 대해 설명한 사람의 서명이 있어야 하는 것이 원칙이지만, 대출성 상품에 관한 계약 및 전자금융거래법에 따른 전자적 장치를 이용한 자동화 방식을 통해서만 서비스가 제공되는 계약은 예외로 한다.

상품가입신청서상 설명내용 고객 확인란(예시)

1. 설명서를 교부 받았음(설명서 수령을 거부한 경우는 미교부)
2. 상품의 내용, 핵심 투자위험(신용위험, 시장위험, 환위험 등), 원금손실 가능성 (예금자 보호법상 보호상품 아님*), 수수료, 조기상환조건, 계약의 해제·해지, 취약 금융소비자 우선설명에 관한 사항에 대하여 설명을 듣고 이해하였음 〈밑줄 부분은 고객 자필기재〉

* 금융투자상품이 아닌 현금예수금(위탁자예수금·수익자예수금), 신용공여담보금 등 일부 담보금, 비과세종합저축 등 저축자예수금은 예금자보호법에 따른 예금자보호 대상임

---

2) 설명의 차등화

투자권유대행인이 설명의무를 이행하는 경우 해당 금융투자상품의 복잡성 및 위험도 등 상품 측면과 투자자의 투자경험 및 인식능력 등 투자자 측면을 고려하여 설명의 정도를 달리할 수 있다. 즉 모든 투자자에 대하여 동일한 수준으로 기계적으로 설명할 필요는 없다. 설명의 정도는 금융투자상품의 성격 및 투자자의 지식·경험에 따라 달라질 수 있다. 따라서, 신규 상품, 구조가 복잡한 상품이나 위험상품을 판매하는 경우 또는 금융지식이 부족한 투자자나 취약 투자자에 대하여는 일반적인 경우보다 설명이 좀 더 필요할 수 있으나, 동일 또는 유사 상품에 대한 투자 경험이 있거나 해당 상품에 대한 지식수준이 높은 투자자 등에게는 보다 간단한 설명이 가능할 것이다.

예를 들어, 해당 회사에 동일한 유형의 상품에 투자한 기록이 남아있거나 투자자가 다른 회사에서 동일한 유형의 상품에 투자한 경험 등을 이유로 간략한 설명 등을 희망

하는 경우에는 해당 상품의 구조와 위험성에 대한 간단한 질문을 통해 파악된 투자자의 이해 수준에 맞게 설명의 정도를 간략히 할 수 있다.

계속적 거래가 발생되는 단순한 구조의 상장증권(예 : 주식, 채권, ETF 등) 및 장내파생상품(예 : 선물옵션) 등을 거래소시장에서 거래하는 경우에는 실질적으로 매 투자권유 시마다 거래의 방법 및 위험성 등을 설명할 수 없으므로, 최초 계좌 개설 또는 투자권유 시 설명의무를 이행하는 것도 가능하며, 이미 절차에 따라 설명하였음에도 불구하고 투자자가 주요 손익구조 및 손실 위험을 이해하지 못하는 경우에는 투자권유를 계속하여서는 아니 된다.

3) 설명서의 제공

금융회사의 임직원등은 다음의 어느 하나에 해당하는 경우를 제외하고 금융소비자에게 설명하기 전에 설명서를 서면교부, 우편 또는 전자우편, 휴대전화 문자메시지 또는 이에 준하는 전자적 의사표시를 통해 교부하여야 할 의무가 있다. 다만, 집합투자증권의 발행인이 작성한 자본시장법 제123조 제1항에 따른 투자설명서 및 간이투자설명서를 제공한 경우에는 해당 내용을 제외할 수 있다.

❶ 증권신고의 효력이 발생한 증권을 취득하고자 하는 금융소비자가 서면, 전화·전신·모사전송, 전자우편 및 이와 비슷한 전자통신, 그 밖에 금융위원회가 정하여 고시하는 방법으로 설명서의 수령을 거부하는 경우
❷ 금융소비자가 이미 취득한 것과 같은 집합투자증권을 계속하여 추가로 취득하려는 때에 해당 집합투자증권의 투자설명서 내용이 직전에 교부한 투사설명서의 내용과 같은 경우
❸ 기본계약을 동일한 내용으로 갱신하는 경우 또는 기본계약을 체결하고 그 계약 내용에 따라 계속적·반복적으로 거래를 하는 경우

4) 외화증권 등 및 조건부자본증권에 대한 설명의무

투자권유대행인이 외화증권이나 해외상품에 투자를 권유할 경우에는 외화 증권이나 해외투자상품은 환율이나 해당 국가의 경제상황 등 추가적인 변수에 따라 투자 성과의 변동성이 높게 나타나기 때문에 더 세심한 설명을 해야 할 필요성이 있다. 또한, 투

자권유대행인이 조건부자본증권 투자를 권유하는 경우에는 일반적인 무보증 회사채와 다르기 때문에 더 세심한 설명을 할 필요성이 있다. 투자자가 이러한 사항에 대해 충분히 이해하고 투자할 수 있도록 다음과 같이 설명을 해야 한다.

외화증권 투자를 권유하는 경우에 추가적으로 설명을 해야 할 사항은 다음과 같다.

(1) 외화증권 투자를 권유하는 경우에 추가적으로 설명을 해야 할 사항

❶ 투자대상 국가 또는 지역의 경제·시장 상황 등의 특징
❷ 투자에 따른 일반적 위험 외에 환율 변동 위험, 해당 국가의 거래제도·세제 등 제도의 차이
❸ 금융소비자가 직접 환위험 헤지를 하는 경우 시장 상황에 따라 헤지 비율 미조정 시 손실이 발생할 수 있다는 사실

(2) 해외자산에 투자하는 집합투자기구의 집합투자증권을 투자권유하는 경우에 추가적으로 설명을 해야 할 사항

❶ 투자대상 국가 또는 지역의 경제여건 및 시장 현황에 따른 위험
❷ 집합투자기구 투자에 따른 일반적 위험 외에 환율 변동 위험, 해당 집합투자기구의 환위험 헤지 여부, 환헤지비율의 최대치가 설정된 목표 환헤지비율, 환헤지 대상 통화, 주된 환헤지 수단 및 방법
❸ 환위험 헤지가 모든 환율 변동 위험을 제거하지는 못하며, 투자자가 직접 환위험 헤지를 하는 경우 시장 상황에 따라 헤지비율 미조정 시 손실이 발생할 수 있다는 사실
❹ 모자형 집합투자기구의 경우 투자자의 요청에 따라 환위험 헤지를 하는 자펀드와 환위험 헤지를 하지 않는 자펀드 간의 판매비율 조절을 통하여 환위험 헤지 비율을 달리(예 : 20%, 40%, 60%)하여 판매할 수 있다는 사실

(3) 해외자산에 투자하는 신탁계약을 투자권유하는 경우에 추가적으로 설명을 해야 할 사항

❶ 투자대상 국가 또는 지역 및 투자대상 자산별 투자비율
❷ 투자대상 국가 또는 지역의 경제·시장 상황 등의 특징

❸ 신탁계약 체결에 따른 일반적 위험 외에 환율 변동 위험, 해당 신탁계약의 환위험 헤지 여부 및 헤지 정도

❹ 과거의 환율 변동 추이가 미래의 환율 변동을 전부 예측하지는 못하며, 통화 간 상관관계는 미래에 변동할 수 있다는 사실

❺ 환위험 헤지가 모든 환율 변동 위험을 제거하지는 못하며, 투자자가 직접 환위험 헤지를 하는 경우 시장 상황에 따라 헤지 비율 미조정 시 손실이 발생할 수 있다는 사실

(4) 조건부자본증권에 투자권유하는 경우에 추가적으로 설명을 해야 할 사항

❶ 일정한 사유가 발생하면 원리금이 전액 상각되거나 보통주로 전환되는 특약이 있다는 사실

❷ 상각·전환의 사유 및 초과

❸ 이자지급제한에 관한 특약이 있는 경우 : 특정한 사유 발생 시 또는 발행인의 재량에 따라 이자가 지급되지 않을 수 있다는 사실

❹ 만기가 장기이거나 발행인의 임의만기연장 특약이 있는 경우 : 장기간 현금화가 불가능하거나 유동성이 보장되지 않을 수 있다는 사실

❺ 중도상환 조건이 있는 경우 : 만기가 짧아질 수 있다는 사실

❻ 사채의 순위

4 금융투자상품의 위험도(위험등급) 분류

금융소비자보호법 제19조 제1항 제1호 나목 3)에서는 일반금융소비자에게 판매되는 투자성 상품의 경우 대통령령으로 정하는 기준에 따라 금융상품을 판매하는 회사가 정하는 위험등급을 금융소비자에게 설명하도록 의무화하고 있다.

금융소비자보호법 시행령 제13조 제2항에서는 해당 투자성 상품을 연계투자 및 자본시장법 제103조 제1항 제2호부터 제7호까지의 규정에 따른 신탁계약을 제외한 모든 투자성상품으로 명기함으로써 지분증권, 채무증권, 집합투자증권, 파생결합증권, 파생상품, 신탁계약, 일임계약 등을 포함하는 것으로 정의하고 있다.

이에 따라 금융투자상품을 판매하는 회사는 투자성 상품을 판매하기 전에 표준투자

권유준칙의 '투자성 상품 위험등급 산정 가이드라인'을 참고하여 금융상품별로 위험등급을 산정할 수 있으며, 이때에는 금융소비자보호법 감독규정 제12조에 따라 기초자산의 변동성, 신용등급, 상품구조의 복잡성, 최대 원금손실 가능액, 환매·매매의 용이성, 환율의 변동성 및 그 밖에 원금손실 위험에 영향을 미치는 사항을 고려하여야 한다.

만일 판매회사가 정한 위험등급과 금융상품 제조회사가 정한 위험등급이 다를 경우 판매회사는 금융상품 제조회사와 위험등급의 적정성에 대해 협의하여야 하고, 금융상품 제조회사의 위험등급을 사용하는 것이 보다 적절하다고 판단되는 경우 해당 위험등급을 사용할 수 있으나 이때에는 판매회사가 별도로 정한 자체적인 기준에 따라 금융상품 제조회사가 정한 위험등급의 적정성을 확인하는 절차 및 방식 등을 준수해야 한다.

판매회사가 금융상품 제조회사의 위험등급을 사용하는 경우 판매회사는 제조회사가 위험등급을 산정할 때 사용한 기초자료, 판단 근거 등을 금융상품 제조회사에 요구할 수 있고, 금융상품 제조회사는 불가피한 사유가 없는 한 이에 응하여야 한다.

판매회사는 금융상품 제조회사가 사용한 기초자료로부터 표준투자권유준칙에서 정하고 있는 기준대로 금융상품 제조회사가 위험등급을 적정하게 산정하였는지 여부를 검증하여야 한다.

또한 판매회사는 기존 상품에 대한 위험등급 산정의 적정성을 검증하려는 경우 기존 상품의 적정성 검증 시기, 표본 선정 방법, 검증결과 처리 등과 관련한 내용을 내부통제기준에 반영하고 이를 준수하여야 한다.

금융투자상품의 위험도는 투자자 성향 분류 단계 및 실제 투자자 성향 분포를 감안하여 최소 6단계 이상으로 분류하며, 1등급을 가장 높은 위험으로 하되 그 수가 커질수록 위험도가 낮아질 수 있도록 구성한다.

위험등급은 해당 금융상품을 판매하는 시점에 1회 산출하는 것을 원칙으로 하되, 수시 판매 및 환매가 가능한 상품의 경우 연 1회(예 : 개방형 펀드의 경우 결산시점) 등급을 재산정한다. 다만, 재산정 주기가 도래하지 않더라도 시장상황 급변 등으로 특정 위험요소가 현실화될 가능성이 높아지거나 기타 현재 사용 중인 위험등급이 시장상황의 변화를 제대로 반영하지 못한다고 판단되는 경우 위험등급을 재산정할 수 있다.

한편, 판매회사는 투자성 금융상품의 위험등급 분류를 할 때 외부기관이 작성한 위험도 평가기준 등을 고려할 수 있다.

회사는 금융소비자가 해당 금융투자상품의 위험도를 쉽게 이해할 수 있도록 당해 회사의 금융투자상품 위험도 분류표를 상담창구에 비치하고, 투자권유 시 이를 활용하여 다른 금융투자상품과의 비교 등의 방법을 통해 상대적인 위험 수준을 설명하여야 한다.

금융투자상품 위험도 분류표는 금융투자상품의 위험도에 따라 3가지 색상(적색, 황색, 녹색)으로 구분하여 금융투자상품의 위험도에 대한 투자자의 직관적인 이해도를 높여야 한다.

장외파생상품에 대한 위험도 분류는 일반금융소비자 대상으로는 헤지 목적 거래만 허용되는 점을 감안하여 별도의 산정기준을 적용할 수 있다.

장외파생상품 위험도 분류 예시

① 주의 : 금리스왑, 옵션매수(원금 초과 손실이 가능하나, 손실 범위가 제한적인 상품)
② 경고 : 통화스왑, 옵션매도, 선도거래(손실 범위가 무제한이나, 구조가 단순한 상품)
③ 위험 : ①과 ②를 제외한 그 밖의 장외파생상품(손실 범위가 무제한이고, 구조가 복잡한 상품)

포트폴리오 투자의 경우, 이를 구성하는 개별 금융투자상품의 위험도를 투자금액 비중으로 가중 평균한 포트폴리오 위험도를 사용할 수 있다. 다만, 포트폴리오의 구성, 운용전략 및 위험도 책정 등을 회사의 전문조직에서 결정하는 경우 이에 따르도록 한다. 포트폴리오 투자의 권유 시 투자자의 투자목적, 투자경험 및 지식수준 등에 비추어 과도하게 위험도가 높은 금융투자상품을 포트폴리오에 편입하지 않도록 주의할 필요가 있다. 예를 들어 투자자가 중간 정도의 위험 − 수익을 선호하는 투자자 성향으로 분석되었고, 선물·옵션에 대한 투자경험이나 지식수준이 없음에도 불구하고, 선물·옵션을 포트폴리오에 편입시켜 투자권유를 하는 경우에는 부적합한 투자권유가 될 수도 있다.

5 투자권유대행인의 금지행위

투자권유대행인은 다음 각 호의 어느 하나에 해당하는 행위를 하여서는 아니 된다(협회 투자권유대행기준 표준안 제9조).

❶ 회사를 대신하여 계약을 체결하는 행위

❷ 투자자로부터 투자금 등 계약의 이행으로서 급부를 받는 행위

❸ 투자권유대행업무를 제3자에게 하게 하거나 그러한 행위에 관하여 수수료·보수나 그 밖의 대가를 지급하는 행위

❹ 투자자를 대신하여 계약을 체결하는 행위

❺ 투자자로부터 금융투자상품을 매매할 수 있는 권한을 위임받는 행위

❻ 투자성 상품에 관한 계약의 체결과 관련하여 제3자가 투자자에게 금전을 대여하도록 권유하는 행위

❼ 법에 따른 투자일임재산이나 신탁재산을 각각의 투자자별 또는 재산별로 운용하지 않고 모아서 운용하는 것처럼 그 투자일임계약이나 신탁계약의 계약체결등(계약의 체결 또는 계약의 체결의 권유를 하거나 청약을 받는 것을 말한다)을 권유하거나 광고하는 행위

❽ 둘 이상의 회사와 투자권유 위탁계약을 체결하는 행위

❾ 법 시행령 제56조 제1호 다목에 따라 집합투자증권에 대한 투자권유를 대행하는 보험설계사가 소속 보험회사가 아닌 보험회사와 투자권유 위탁계약을 체결하는 행위

❿ 금융투자상품의 매매, 그 밖의 거래와 관련하여 투자자에게 협회 및 회사가 정하는 한도를 초과하여 직접 또는 간접적인 재산상의 이익을 제공하면서 투자권유하는 행위

⓫ 투자성 상품의 가치에 중대한 영향을 미치는 사항을 알면서 그 사실을 투자자에게 알리지 않고 그 금융상품의 매수 또는 매도를 권유하는 행위

⓬ 위탁계약을 체결한 회사가 발행한 주식의 매수 또는 매도를 권유하는 행위

⓭ 투자목적, 재산상황 및 투자경험 등을 감안하지 아니하고 투자자에게 지나치게 투자권유를 하는 행위

⓮ 자기 또는 제3자가 소유한 투자성 상품의 가치를 높이기 위해 투자자에게 해당 투자성 상품의 취득을 권유하는 행위

⓯ 투자자가 법 제174조(미공개중요정보 이용행위 금지)·제176조(시세조정 행위 등의 금지) 또는 제178조(부정거래행위 등의 금지)에 위반되는 매매, 그 밖의 거래를 하고자 함을 알고 그 매매, 그 밖의 거래를 권유하는 행위

⓰ 금융투자상품의 매매, 그 밖의 거래와 관련하여 투자자의 위법한 거래를 은폐하여 주기 위하여 부정한 방법을 사용하도록 권유하는 행위

⑰ 투자자를 대신하여 매매주문을 대리하거나 투자자 또는 그 대리인으로부터 매매 주문을 수탁하는 행위

⑱ 투자자의 서면 동의 없이 금융투자상품의 매매, 그 밖의 거래에 관한 정보를 열 람하는 행위

⑲ 회사로부터 위탁받은 업무 범위 이외에 다른 금융투자상품의 매매 또는 계약 체 결을 권유하는 행위

⑳ 투자권유와 관련하여 회사가 승인하지 않은 자료나 홍보물 등을 배포하거나 사 용하는 행위

㉑ 투자전문위원, 부장, 실장, 이사 또는 상무 등 투자자가 자신을 회사의 임직원으 로 오인케 할 수 있는 명칭이나 명함, 명패, 그 밖의 표시 등을 하는 행위

㉒ 보수의 일부를 투자자에게 부당하게 지급(리베이트)하는 행위

㉓ 높은 보수 수취 또는 그 밖의 위법·부당행위를 은닉할 목적으로 다른 투자권유 대행인의 관리계좌를 자산의 관리계좌로 변칙등록하거나 자신의 관리계좌를 다 른 투자권유대행인의 관리계좌로 변칙등록하는 행위

㉔ 다른 투자권유대행인의 명의를 사용하거나 다른 투자권유대행인이 자신의 명의 를 사용하도록 하는 행위

㉕ 투자자와의 이해상충이 발생할 수 있는 겸업행위

㉖ 회사로부터 정해진 수수료 외에 금품, 그 밖의 재산상 이익을 요구하거나 받는 행위

㉗ 투자자로 하여금 회사 또는 금융상품자문업자로 오인할 수 있는 상호를 광고나 영업에 사용하는 행위

㉘ 회사에게 자신에게만 투자권유대행업무를 위탁하거나 다른 투자권유대행인에게 위탁하지 않도록 강요하는 행위

㉙ 업무수행 과정에서 알게 된 투자자의 정보를 자기 또는 제3자의 이익을 위해 이 용하는 행위

㉚ 「보험업법 시행령」 별표3에 따른 보험설계사·보험대리점 또는 보험중개사의 등 록요건을 갖춘 개인으로서 보험모집에 종사하고 있는 자(집합투자증권의 투자권유를 대행하는 경우만 해당한다)가 위탁계약을 체결하지 않은 같은 법에 따른 보험회사의 투자성 상품에 관한 계약의 체결을 권유하는 행위

chapter 02

투자권유 사례분석

재무설계란 재정적인 자원의 적절한 관리를 통해 삶의 목표를 달성해 가는 과정으로, 현재의 재정상태를 파악하고 앞으로 무엇이 필요하며 목표를 충족시키기 위해 무엇을 해야 하는지를 알아내고 이를 실행함으로써 적절한 재정 정보를 모으고 설정한 목표를 달성할 수 있도록 전략과 계획을 마련하는 것이다.

투자권유 첫 단계에서 투자자의 모든 정보 파악과 상담이 이루어 질 수는 없지만, 재무설계라는 전략적 아이디어를 가지고 투자권유에 임해야 투자상담 성공률을 높일 수 있을 것이다.

오늘날 사회의 각 분야에서는 계획성이 강조되고 있다. 한 나라의 경제발전은 물론이고 정부의 예산, 기업의 생산, 판매, 투자활동 등은 모두 면밀한 계획 아래 이루어진다.

개인 재무관리도 모든 재무 관련 의사결정의 지침을 마련해 주는 재무설계로부터 시작하게 된다.

2 **재무설계는 일생 동안의 과정이다**

재무설계는 재무문제를 해결하기 위해 특정한 재무수단의 사용에 초점을 두기보다는, 개인이나 가계의 모든 재무목표에 기초한 전반적인 재무문제를 해결하기 위하여 통합적인 계획과 개발에 초점을 둔다. 재무설계는 일시적 혹은 단기에 걸쳐서만 세우는 계획이 아니라 우리가 살아가는 동안 지속적으로 이루어져야 한다.

3 **재무설계는 체계적인 접근과 전략을 필요로 한다**

단순히 소득이 증가한다고 하여 장기적 재무문제를 해결할 수 있는 것은 아니다. 소득 부족은 문제의 한 부분에 불과하고 중요한 것은 우리가 지금 현재 가지고 있는 재무자원을 가지고 무엇을 하는가이다. 장기적인 해결책은 소득이나 다른 재무자원의 적절한 관리에 있으며, 이것이 재무관리의 요체이다.

재무설계를 통해 얻을 수 있는 이점은 다음과 같다. 재무설계는 재무 관련 의사결정을 하는 데 있어 방향과 의미를 제공해 주는 것으로 재정적으로 어떠한 위치에 처해 있는가를 장기적인 안목에서 바라볼 수 있게 하고, 우리가 내린 각각의 의사결정이 다른 재정적인 면에 어떻게 영향을 미치는지를 이해할 수 있게 한다. 재무설계는 각각의 재정적인 의사결정을 전체의 한 부분으로 봄으로써 이들이 생활목표에 미치는 장단기 효과를 고려하여 재정적인 측면에서의 삶의 목표를 실현할 수 있게 해 준다.

section 02 개인 재무설계 및 재무설계 전문가의 필요성

1 우리가 바라는 생활양식의 달성

우리는 나름대로 멋있는 삶을 이루기 위해서 열심히 일하고 노력한다. 따라서 우리가 바라는 생활양식을 달성하도록 하려면 현재 소득이 작더라도 가계의 재무상황을 통제하여 현재와 미래의 소득, 자산, 재무자원을 증대시키고 보전할 필요가 있다.

2 생애 소비만족의 극대화

가계의 소득은 생애주기 전기간 동안 소비지출을 감당할 만큼 항상 충분하지 않다.

신혼기에서 중년기로 접어들면 직장에서의 근속연수, 승진 등의 이유로 소득이 차차 증가하여 대체로 중년기의 가계 소득이 생애주기에서 가장 높다. 그 후 직장에서 은퇴하는 노년기가 되면 근로소득이나 사업소득이 없어지고 소득이 감소한다.

만일 소득이 더 많은 중년기로부터 소득이 더 적은 신혼기 또는 노년기로 잉여소득을 이전시키면, 한계효용체감의 법칙에 의해 동일한 10만 원에 대한 한계효용을 증가시키는 효과를 가져온다. 따라서 전 생애주기에 걸친 소득의 이전을 고안하는 재무관리는 생애 소비만족을 극대화시키는데 꼭 필요한 방안이다.

3 미래의 불확실성에 대한 대비

우리는 재무자원의 손실을 가져오거나 재무자원의 필요를 증대시키는 위험 속에서 지낸다. 이러한 위험을 줄일 수 있는 적절한 투자방안을 찾기 위해서 재무관리의 원리와 기법을 배울 필요가 있다.

(1) 실질구매력 하락에 대한 대비

❶ 물가상승 : 물가가 오르면 우리는 실질구매력을 잃게 된다. 물가가 지속적으로

상승하여 화폐가치가 하락하는 인플레이션 시기에는 구매 시 더 많은 돈을 지불해야 한다.

❷ 이자율 변동 : 이자율의 변동은 돈을 빌리거나 저축을 할 경우에 서로 다른 영향을 미친다. 이자율 상승은 기업의 투자활동이 위축되고 개인도 소비보다는 저축을 많이 하는 등 전체적으로 상품을 사고자 하는 수요가 줄어들게 되므로 물가를 하락시키는 요인으로 작용한다.

(2) 재무자원의 손실 또는 필요 증대에 대한 대비

❶ 실업과 질병
❷ 화재와 도난
❸ 교통사고 등

4 사회경제적 환경의 변화

개인과 가계에서 재무설계가 필요하게 된 사회적 배경을 살펴보면 다음과 같다.

(1) 금융자산의 증대

금융소득종합과세제도가 도입되면서 자산관리에 대한 관심이 더욱 고조되었다. 이 제도의 실시 이후 각 금융기관의 비과세저축상품과 분리과세 저축상품에 대한 투자자의 선호가 더욱 증대되었으며 이로 인해 가계, 특히 금융자산이 많은 가계의 투자행동도 크게 변화하고 있다.

(2) 금융자유화에 따른 금융상품의 다양화

우리나라는 세계적인 금융개방에 대응하고 국내 금융산업의 경쟁력을 강화하기 위해 90년대 이후 금리를 자율화하였다.

이러한 자율화 조치로 인해 같은 상품이라도 은행에 따라 금리가 상이하고 대출이 쉬워지면서 은행 간의 고객 유치 경쟁으로 고수익 상품 개발이 활발해졌으며 특히 단기고수익 신상품이 대거 쏟아져 나오고 있다.

(3) 평균수명의 연장과 고령사회로의 진입

자녀수는 줄어들고 평균수명이 연장되면서 노년기가 길어졌지만 자녀교육과 양육기간은 오히려 늘어나 노후에 대한 장기적인 생활설계가 미리 마련되어야 할 필요성이 제기되어 전문적인 재무설계인력의 수요가 지속적으로 증가할 전망이다.

section 03 개인 재무설계의 목표

일반적으로 개인 또는 가계는 전 생애에 걸쳐서 소득과 부(富)의 극대화, 효율적 소비의 실천, 재무 측면에서의 생활 만족의 발견, 재무 안정감의 달성, 노후대비를 위한 부(富)의 축적과 같은 재무목표를 가지고 있다.

1 소득과 부(富)의 극대화

부(富)는 화폐, 자산, 투자자원 및 기타 자원의 풍요를 의미한다. 부의 극대화 목표를 달성하려면 우선 소득을 극대화시켜야 하며, 자산소득을 극대화시키려면 투자의 선택이 중요하다.

2 효율적 소비의 실천

우리는 소비와 저축의 두 가지 목적을 위해서 돈을 쓴다. 소비지출 즉, 재화와 용역의 구매를 위해서 소득의 많은 부분을 사용하므로 효율적 소비가 중요하다.

효율적인 소비를 실천하려면 효율적인 재무관리를 위한 기능과 기법을 개발할 필요가 있으며, 이를 통해 지출, 저축, 투자를 위한 돈이 더 많아지게 된다.

3 　재무 생활만족의 발견

대부분 사람들은 생활의 질과 만족을 추구한다. 사람들이 추구하는 생활만족을 달성하려면 직업경로(career)의 선택, 상품의 구매, 저축액, 투자방법, 주거의 선정 등 재무와 관련된 의사결정을 해야 한다. 재무적 성공은 더 높은 생활의 질의 수단이 된다.

4 　재무 안전감의 달성

재무 안전감이란 사람들의 모든 요구와 대부분의 욕망을 충족시킬 만큼 재무자원이 충분하다고 느끼는 편안한 상태이다. 재무 안전감이 있는 사람은 돈 문제에 자신감을 가지고 있고, 재무문제에 관한 걱정과 공포로부터 자유로워질 수 있다.

재무 안전감을 달성하려면, 장·단기목표를 세우고, 우선순위를 설정해야 한다. 이러한 목표들은 지출, 대출, 저축, 투자에 대한 지침을 줄 것이다.

5 　노후대비를 위한 부(富)의 축적

은퇴 후 일반적인 목표는 '편안한' 생활양식으로 생활하기에 충분한 노후소득을 갖는 것이다.

section 04 　개인 재무설계 목표 달성을 위한 주요 단계

1 　전 생애에 걸친 완벽한 재무설계

재무설계는 전 생애에 걸쳐서 가능한 한 완벽하게 하고, 그 계획이 적절히 수행될 수 있도록 하는 것이 중요하다.

2 효율적인 수입과 지출의 관리 – 개인신용관리

기능적으로 수립된 예산에 맞추어 재화와 용역의 구매를 효율적으로 하여 건전한 재무기록을 유지하도록 한다.

3 소득과 자산의 보호 – 개인위험관리

사람들은 보험에 가입하여 경제적 손실로부터 자기자신을 보호하고 위험을 관리하려고 하지만 구매하는 데 필요한 기술을 개발해야 한다.

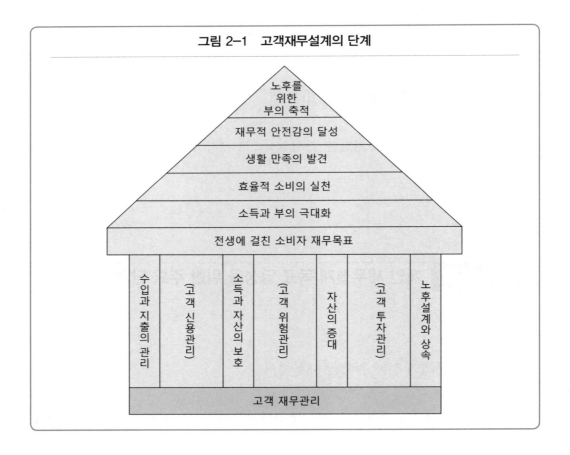

그림 2-1 고객재무설계의 단계

4 자산의 증대 – 개인투자관리

소득과 부(富)를 극대화시키려는 목표를 달성하기 위해서는 미래를 예측해야 하며, 그것을 위한 기술과 방법에 대한 실제적인 지식을 필요로 한다.

5 노후설계와 상속 – 은퇴설계 및 세금관리

노후설계는 사람들의 생애 전체에 걸쳐서 개발되는 과정이다. 이 중 부주의한 부동산 설계는 바로잡는 데 많은 어려움이 있으므로 신중하여야 한다.

section 05 개인 재무설계 과정

고객을 대상으로 하여 시행하는 재무설계활동에서 표준화된 과정이 있는 것은 아니다.

재무설계는 고객과 장기적인 안목에서 정교하고 전문적으로 형성되어야 한다. 지속적인 관계를 성공적으로 유지하기 위해서는 관계형성 초기의 면담이 매우 중요하며 이단계에서 객관적인 측면에서 잠재고객이 진정으로 열망하는 것이 무엇인지를 인식하고 발견해 내야 한다.

1 제1단계 : 고객 관련 자료수집 및 재정상태의 평가

(1) 자료수집

효과적인 재무설계를 위해서는 고객의 재정상태를 평가하고 고객의 성향이나 바라는 바와 두려워하는 것들을 파악하여 장·단기 목표를 정교화하고 이러한 목표를 달성하는 데 도움이 되도록 전략을 수립하는 데 필요한 모든 정보가 주어져야 한다. 이를

그림 2-2　고객 재무설계의 단계

Planner		Client
계획을 보여줌 고객을 선정함	— 고객선정 —	재정적인 문제에 대해 논의하기
계약서 작성하기 고객정보수집을 위한 서식 제공	— 계약체결 —	FP를 선정하여 계약체결하기
자료수집과 정선(精選) 목표설정 인터뷰	— 자료수집 —	설문지를 작성하고 목표설정 인터뷰에 응하기
고객의 재정적, 개인적 및 심리적 요인 분석하기 고객의 목표와 위험 감수 수준 평가하기	— 사전분석	
기초자료 정선(精選)하여 대안제시하기	— 자료와 목표의 정선 —	설계사에게 피드백을 제공하기
종합적인 분석에 기초하여 제안서 마련하기	— 제안서 작성	
추천안과 실행계획을 포함한 종합적인 제안서 제시하기	— 제안서 제시 —	설계안이나 추천안 그리고 실행안 받아들이기
고객이 실행할 수 있도록 도와주기	— 제안의 실행 —	추천안 실행하기
정기적으로 모니터하기	— 제안에 대한 정기적인 모니터링 —	설계사와 상담하기
계획의 수정과 새로운 안 모색하기	— 제안의 평가 —	변화사항 알려주기

위해서는 양적인 자료뿐만 아니라 질적인 자료도 수집하여야 한다.

❶ 양적인 자료

ㄱ. 인적사항

ㄴ. 저축예금이나 보통예금계정 관련 자료

ㄷ. 대출사항

ㄹ. 주식, 채권 및 뮤추얼펀드 관련 자료

ㅁ. 부동산 관련 자료

ㅂ. 소득자료

ㅅ. 보험의 보장범위 관련 자료

ㅇ. 교육자금

ㅈ. 세금자료

ㅊ. 유언·상속 관련 자료

❷ 질적 자료

ㄱ. 다양한 목적의 우선순위

ㄴ. 위험 인내 수준

ㄷ. 투자상품에 대한 과거 경험

ㄹ. 생명보험에 대한 태도

ㅁ. 금융지식 수준 이해도

ㅂ. 화폐에 대한 태도 등

(2) 재정상태의 평가

효과적인 고객재무관리를 위해서는 먼저 현재 고객의 재정상태를 파악하고 분석하는 것이 우선되어야 한다.

고객의 현재 재정상태나 가능한 자원을 알지 못하고서는 재정적인 목표 파악 및 전략 수립이 어렵다.

❶ 자산상태표

자산상태표란 개인의 재무상태를 나타내는 개인대차대조표이다. 고객의 자산 및 부채 포트폴리오가 적절한가, 부채나 자산을 보유한 목적은 무엇인지를 검토해 보고 재정상태의 건전성을 평가할 수 있다.

❷ 개인현금수지상태표

개인현금수지상태표란 고객의 현금 유입과 유출을 나타내는 것이다. 이를 통해 지출의 원천을 파악하고 지출의 건전성을 평가함으로써 잉여자금 마련에 도움을 줄 수 있다.

재무적 안전이란 재무적인 요구나 욕망을 충족시키기에 필요한 재무적 자원이 충분하다고 느끼는 편안한 상태로서 여기에 도달하기 위해서는 먼저 현재의 재무상태를 정확히 파악한 후에 각 가계의 특성에 맞는 재무관리 계획을 세우는 것이 필요하다. 가계의 재무상태를 파악하기 위해 최근 많이 사용하고 있는 방법으로 두 가지 이상의 재무변수를 조합한 재무비율이다.

2 제2단계 : 재무목표의 설정

재무목표의 설정은 성공적인 재무관리에서 가장 중요한 작업이다. 재무목표는 현재의 재정상태와 고객의 가족상황 및 가치관 혹은 시장경제상황 등에 따라 다양하다.

재무목표는 목표의 달성시기, 즉 언제까지 목표를 성취할 것인가 하는 시점에 따라 단기목표, 중기목표 및 장기목표로 나뉘게 된다.

재무목표를 보다 쉽게 달성하기 위해서는 재무목표 설정 시 다음과 같은 점을 유의해야 한다.

첫째, 재무목표는 현실적이어야 한다.

둘째, 재무목표는 구체적이고 측정 가능한 용어로 기술되어야 한다.

셋째, 다양한 재무목표가 있을 경우 우선순위가 정해져야 한다.

넷째, 재무목표 설정 시 취할 행동의 종류가 포함되어 있어야 한다.

3 제3단계 : 재무목표 달성을 위한 대안모색 및 평가

재무목표를 달성하기 위한 대안으로 ① 현재 재무행동을 지속하거나 ② 현재 상황을 더욱 확대시키거나 ③ 현재 상황을 수정하거나 혹은 ④ 완전히 새로운 행동을 취하는 것을 고려할 수 있다. 이와 더불어 인플레이션 위험, 이자율 위험, 소득 위험, 개인적인 위험 및 유동성 위험 등 위험에 대한 평가도 반드시 따라야 한다.

재무행동계획의 실행이란 재무목표의 달성을 위해 수립한 계획, 즉 선택된 대안을 실천에 옮기는 것이다. 이때 가장 중요한 점은 자기통제와 융통성이다. 적절한 자기통제가 요구되는 단계이다.

5   제5단계 : 재무행동계획의 재평가와 수정

재무관리는 역동적인 과정이다. 수립한 재무목표가 달성되었는가를 평가하고 달성되지 못했을 경우 문제점을 파악하여 이를 수정하는 지속적인 과정이 반복되어야 한다.

section 06   재무상태평가표 작성 및 분석의 실제

1   자산상태표의 작성

자산상태표는 가계의 자산상태를 일목요연하게 나타내주는 표이다. 자산은 부채와 순자산을 포함한 것으로, 부채로 구입한 재산도 포함되어 있기 때문에 진정한 의미의 자기소유는 순자산이 되는 것이다.

자산은 보통 금융자산과 실물자산으로 구분이 되며 금융자산은 안전자산 혹은 현금성자산과 투자자산으로 나뉘고, 실물자산 또한 부동산과 개인소유물로 나누어서 기록하기도 한다. 부채는 상환에 걸리는 기간을 토대로 단기부채와 중장기부채로 나는데 단기부채는 대부분 1년 이내에 갚아야 하는 부채를 말한다. 자산상태를 정확히 파악하기 위해서는 저축장부와 부채목록을 만들어 볼 필요가 있다.

2   가계수지상태표의 작성

가계수지상태표는 수입과 지출을 정리한 것으로 수입, 지출, 손익결산으로 구성된다. 일정기간 동안 현금이 어떤 형태로 들어와서 어디로 지출되는지를 보여준다. 지출은 수입이 어떻게 사용되었는지를 되도록 상세히 작성을 한다.

3   재무상태의 분석 및 평가

재무적 안정이란 재무적인 요구나 욕망을 충족시키기에 필요한 재무적 자원이 충분하다고 느끼는 편안한 상태로서 여기에 도달하기 위해서는 먼저 현재의 재무상태를 정확히 파악한 후에 각 가계의 특성에 맞는 재무관리 계획을 세우는 것이 필요하다.

가계소득, 소비지출, 가계수지, 자산, 부채 및 순자산 등을 통한 가계재무상태의 평가는 간단하게 가계경제의 기본적인 측면을 파악할 수 있으나, 가계재무의 비상사태나 장기적인 위험, 부채에 대한 대처 능력 등을 포함하는 가계의 안정성, 가계자산의 균형성이나 성장성 등 가계경제의 복합적인 측면을 평가하는 데는 한계가 있다. 이러한 문제점을 보완하여 최근 많이 사용하고 있는 방법이 두 가지 이상의 재무변수를 조합한 가계재무비율이다.

재무비율이란 원래 기업의 재무상태나 경영성과를 비교하는 데 사용되는 비율로서 재무제표상에 표시된 한 항목의 수치를 다른 항목의 수치로 나눈 것을 뜻한다. 기업체 등에서 사용되는 재무비율을 가계에 도입하게 된 것은 가계의 재무상태를 단순히 소득과 지출 등 한 측면만으로 측정하는 것보다 효과적이기 때문이다. 즉 재무비율은 재무상담과 계획 시에 진단과 정보의 도구가 되며, 재무상태의 분석과 논의의 시발점으로서 시간의 변화에 따라 재무적 능력의 평가에 대한 판단을 쉽게 하기 위해 구성된 객관적 척도로서 각 가계의 재무상태의 특성을 파악하는 데 매우 효과적이며 유용한 방법이라 할 수 있다. 나아가, 재무비율을 이용한 분석은 순자산에 대한 다양한 평가에 용이하며, 측정의 정밀성과 비교 가능성의 측면에서도 효과적이다.

(1) 안정성 지표

가계의 안정성 지표는 가계수지 지표, 비상자금 지표, 위험 대비 지표, 부채 부담 지표를 포함하였다. 가계수지 지표는 월평균 가계소득에 대한 월평균 생활비의 비율로 이때 계산된 수치는 월평균 소비성향을 보여준다.

비상자금 지표는 금융자산을 월평균 생활비로 나눈 값이다. 실직과 같은 갑작스러운 소득 중단 사태에 처했을 때 유동성이 비교적 큰 금융자산을 이용하여 생활을 영위하게 되므로, 이 지표를 통하여 보유하고 있는 금융자산으로 몇 개월 정도의 생활비를 감당할 수 있는지를 평가하는 것이다. 이 수치가 높을수록 비상사태에 대한 적응력이 높은 것을 의미한다.

위험 대비 지표는 월평균 보험료를 월평균 가계소득으로 나누어 계산된다. 보험료만을 가지고 위험 대비 정도를 정확하게 파악하는 데는 문제가 있으나 일반적으로 보험료가 높으면 보험금의 규모도 커지기 때문에 보험료를 통하여 위험 대비 정도를 가늠하여 볼 수 있을 것으로 기대된다. 또한 이 지표는 월평균 가계소득 대비 월평균 보험료로 계산되기 때문에 그 값이 클수록 위험 대비는 잘 되어있다고 평가될 수 있으나 소득수준에 비하여 지나치게 높은 보험료 지출은 다른 소비지출을 위축시킬 수 있기 때문에 지나치게 낮지도 높지도 않은 적정 수준을 유지하는 것이 바람직하다.

부채 부담 지표는 가계가 부채로 인해 가계운영상 느끼게 되는 부담과 부채상환능력을 측정하여주는 지표이다. 먼저 매월 지출하는 부채상환액이 가계소득에서 차지하는 비중을 계산하여 부채상환지출로 인한 가계의 부채 부담을 측정할 수 있다. 이 비율은 현금흐름의 관점에서 측정한 부채 부담 지표이기 때문에 부채로 인해 발생할 수 있는 소비지출에 대한 영향력도 파악할 수 있다. 이때 계산된 수치는 낮을수록 바람직하다.

총부채 부담 지표는 금융자산, 부동산자산, 기타실물자산 등 총자산에 대비하여 소비생활부채, 거주주택마련부채 등의 총부채가 얼마나 나타내는지 평가하는 지표로 장기적 관점에서 중요한 지표이다.

(2) 성장성지표

가계의 성장성지표는 가계자산의 축적 가능성을 보여주는 지표이며, 가계의 자산 포트폴리오에 대한 평가를 할 수 있는 데 이용될 수 있는 지표로 구성된다. 저축성향지표, 투자성향지표와 유동성지표가 여기에 포함된다.

저축성향지표는 연간 총저축액을 연간 가처분소득으로 나눈 값이다. 이는 유량적인 관점에서 가계소득 중 저축이 차지하는 비중이 어느 정도인지를 측정함으로써 가계의 저축성향을 알아보며 장기적인 자본의 성장성을 평가하는 데 이용할 수 있는 지표이다.

투자성향지표는 자산을 운영하면서 위험은 있지만 수익성이 상대적으로 높은 투자자산으로 포트폴리오를 구성하는 정도를 측정함으로써 가계경제의 성장성을 평가할 수 있는 지표이다. 이 수치가 높을수록 수익성은 높아질 것이나 위험성도 상대적으로 높아지기 때문에 투자자산은 어느 정도는 보유하는 것이 바람직하나 지나치게 비중이 높은 것은 바람직하지 않을 수 있다. 투자성향은 또한 총자산에서 실물자산이 차지하는 비중으로도 파악될 수 있다.

유동성지표는 총자산에서 금융자산이 차지하는 비중으로 측정한다. 유동성은 긴급사태에 대처해야 하거나 노년가계와 같이 자산소득에 의존하여 생활하는 경우에도 중요하지만, 자산의 증대를 극대화하기 위한 대기자금의 역할도 하여 수익성을 높이는 데 기여한다.

section 07 노인가계의 재무설계

노인가계는 계획적인 재무관리에 익숙하지 않고 또 빠르게 변하는 금융환경에 적응하기도 어렵다. 따라서 노인가계를 대상으로 바람직한 자금운용 방식을 제시하고 노인가계의 재무관리를 도와줄 수 있도록 여러 가지 방안이 마련되어야 할 것이다.

1 재무목표와 필요금액 산정

노후의 필요자금은 은퇴 후 기대하는 생활수준, 거주지역, 기타 생활목표에 따라 달라진다. 자산관리의 방법은 재무목표에 따라 달라지므로 먼저 생활목표를 세우고 우선순위를 정한 다음 그에 따라 적합한 자산관리 전략을 세워야 한다. 대부분의 가계에 공통적으로 적용될 재무목표는 다음과 같은 것들이 있다.

❶ 기본적인 생활자금 : 노부부 생활비＋남편 사망 후 부인 생활비

> 노부부 생활비 = 월 생활비 × 12개월 × 정년 후의 평균 기대여명
>
> 부인 생활비 = 월 생활비 × 12개월 × 남편 사망 후의 평균 기대여명

❷ 의료비 및 긴급예비자금 : 이는 본인의 건강유지 및 예방과 치료를 위한 비용과 가족, 친척의 질병, 사망에 따른 부대비용, 그리고 불의의 사고 시 불시의 지출자금을 포함한다.

❸ 자녀교육과 결혼을 위한 자금(미혼자녀가 있는 경우) : 통계청 자료에 따르면 65세 이상 노인가구주 가계의 1/5 정도는 자녀의 학업이나 결혼을 끝내지 못하고 있는 것으로 나타난다. 이 경우에는 자녀의 학업과 결혼을 위한 비용을 고려해야 한다.

❹ 특별활동 및 여가를 위한 자금 : 여유있는 노년을 위해서는 교제와 취미활동(여행 등)을 위한 비용도 필요하다.

본인의 건강상태에 따라 다르므로 언제, 얼마의 돈이 필요할지를 예상할 수 있는 표를 작성해 두는 것이 좋다. 아울러 순자산의 변동을 예측하기 위해 저축과 부채 목록표를 따로 작성하는 것도 필요하다.

2 필요자금 조달 및 평가

국민연금이 50세 이상 중고령자 4,531가구를 대상으로 방문면접으로 조사한 결과 노후에 필요로 하는 적정 생활비 수준은 부부가구와 독거가구 기준으로 각각 월 268만 원과 165만 원 정도인 것으로 조사됐다.

국민연금 수급자의 월평균 수령액이 약 57만 원(2022. 1월 말 기준)에 그치고 있어, 나이가 들어서도 근로소득에 의존할 수밖에 없는 실정이다.

아울러 노후가 시작되는 나이를 67세 이후로 인식하고 있으며 '기력이 떨어지기 시작하는 시기'를 노후의 시작으로 보는 경향이 두드러졌다. 현재 국내에서 주로 통용되는 노인연령기준은 65세 이상이다.

노년기에 가용할 수 있는 다음의 자금들로 노후생활비 등 재무목표 달성을 위해 필요액과 조달 가능금액을 구분하여 산출하고 부족한 경우 추가 소득을 올릴 수 있는 방안을 강구하는 것도 좋다.

표 2-1 최소 노후생활비 및 적정 생활비

구분	부부 기준(만 원)		개인 기준(만 원)	
	최소	적정	최소	적정
50대	215.4	296.1	129.7	182.3
60대	199.3	275.4	118.4	167.3
70대	172.4	235.5	104.2	146.8
80대 이상	155.2	213.5	91.3	130.3
전체	194.7	267.8	116.6	164.5

자료 : 국민연금공단

❶ 저축 및 이자소득
❷ 연금 및 퇴직금 : 국민연금, 개인연금, 기타 연금, 보험, 퇴직금
❸ 각종 부동산 임대료 : 주택과 토지, 상가 등
❹ 자녀들의 보조
❺ 근로소득(재취업)
❻ 사회보조, 기타

3 노인가계를 위한 포트폴리오 작성

노년기 자산관리의 원칙은 필요한 재무목표와 자금조달방안을 고려한 후 가지고 있는 자산을 운용목적에 맞게 관리하는 것이다. 어느 정도의 여유자산이 있는 경우에는 자산보호와 증식을 위한 자산관리가 필요하나 생활비도 빠듯한 경우라면 자산관리보다 지출관리가 더 중요하다.

기존 자산을 어떤 재무목표에 할당할지 결정했으면 각각의 목표에 맞는 금융기관이나 금융상품을 정하도록 한다. 단, 다음과 같은 원칙은 꼭 명심해야 한다.

❶ 자산증식보다 안정적인 소득창출이 주목적이어야 한다.
❷ 인플레에서 자산가치를 보호할 장치를 마련해야 한다.
❸ 투자와 상속계획은 충분한 여유자금이 있을 때만 해야 한다.

4 퇴직 후 자산관리 운용지침

노인가계를 대상으로 자산관리 운용을 상담할 때 명심해야 할 항목들은 다음과 같이 다시 요약할 수 있다.

(1) 명확한 목표의식을 가지고 자산을 배분한다

현재의 자산상태표를 만들어보고 필요한 자금을 필요한 시기에 쓸 수 있도록 자산을 배분하여 관리하게 한다. 이때 이자수입으로만 생활할 것인지 퇴직금의 일부로 다른 사업을 시작할 것인지를 염두에 두어야 한다. 생활비가 빠듯하고 별다른 부수입이 없으면 앞으로 철저한 절약생활을 체득하도록 해야 한다. 그리고 가능하면 자녀에 대한 상속보다 먼저 자신의 경제적 독립을 확보해 두도록 한다.

(2) 안전성을 가장 먼저 고려한다

고정적인 추가 근로소득을 기대할 수 없으므로 원금을 지키는 것을 원칙으로 삼아야 한다. 고수익을 추구하다가 원금을 잃게 되면 장기간에 걸쳐 준비해 온 노후자금을 일시에 날릴 수 있고 회복도 어렵다. 만일 수익성을 위한 투자가 필요할 때라도 반드시 일정 금액은 안전한 곳에 분산투자하는 원칙을 지킨다.

(3) 유동성을 높인다

노후에는 질병, 사고 등 예기치 않은 위험에 노출될 가능성이 많다. 재산이 있어도 필요할 때 현금화할 수 없다면 도움이 안 된다. 따라서 자산의 유동성을 높이되 최소한 3~6개월분의 생활비에 해당하는 액수는 곧바로 현금화할 수 있는 형태로 보유한다.

(4) 월 이자지급식 상품을 이용한다

연금만으로 생활비가 부족할 경우 목돈을 월이자지급식 상품에 예치하고 매달 이자를 타서 생활비에 보탠다. 여유가 있으면 매달 이자를 수령하지 않고 3개월 또는 6개월 복리로 이자를 지급하는 상품을 선택한다.

(5) 보험을 활용한다

보험가입이 가능할 때(보통 60세 이전) 생명보험이나 건강보험 등 각종 보장성 보험에 종신형으로 가입한다. 나이 들어 질병과 사고가 발생했을 때 보험의 진가를 알 수 있다.

(6) 부채를 최소화한다

부채는 시장가치가 상승할 가능성이 있는 물건을 사거나 미래소득의 향상을 위해 써야 한다. 노인가정의 부채는 다른 어느 것보다 먼저 해결해야 할 항목이다.

(7) 절세상품을 활용한다

비과세저축, 세금우대저축 외에도 퇴직금이나 노인고객에게 세금혜택을 주는 상품들이 있다. 이자소득세율이 총이자소득의 1/5(16.7%)에 달하고 있는 상황이므로 이자소득으로 생활하는 노인가정의 경우 세금혜택을 받을 수 있는 상품을 선택하는 것은 대단히 중요하다.

(8) 상속계획을 미리 세우고 실행한다

상속세 과세 대상인 경우 미리 자녀에게 합법적으로 증여(5년에 3,000만 원씩 등)하거나 또는 상속세를 낮출 수 있는 형태로 자산을 배분한다.

section 08 투자권유 사례분석

투자자를 대상으로 금융투자상품의 권유행위를 행함에 있어서 유념해야 할 핵심 사항은 투자자의 성향에 적합한 투자상품을 권유해야 한다는 점이다.

투자자의 성향은 크게 공격투자형(위험선호형), 적극투자형(적극형), 위험중립형(성장형), 안정추구형(안정성장형), 안정형(위험회피형) 등 5단계로 구분할 수 있다.

이제는 투자자의 성향에 적합한 금융투자상품을 투자권유하는 사례에 대해서 살펴보기로 하자(사례는 예시를 위하여 작성한 것으로 실제 적용 시에는 투자자의 환경 및 성향 등에 따라 다를 수 있음).

1 사례 1 : 공격투자형(위험선호형)

서울 고덕동에 사는 오모(38)씨. 대기업 사원으로 부인과 두 자녀를 두고 있다. 부인도 같은 직장에서 근무하는 맞벌이다. 28세에 입사한 이후 적립식펀드를 시작으로 주식투자, 선물투자 등 적극적인 투자를 한 결과 모아놓은 자산은 거주 아파트를 비롯해 3억 원가량 된다. 부부 합산 월 소득은 800만 원이지만 200만 원을 생활비로 사용하고 두 자녀에게 들어가는 보육비와 교육비가 200만 원이나 된다. 나머지 자금은 적극적인 투자를 통하여 50세 전후 퇴직을 목표로 금융투자상품 투자상담을 요청하였다.

(1) 투자성향 판단 상담

투자자와 상담을 통해서 투자자의 일반적인 태도를 나타내는 일반적 투자성향과 현재투자하려고 하는 투자목적과 투자자금 성향 파악을 위한 상담을 해야 한다. 금융상품에 대한 수준과 이해도는 높은 수준에 있는 것으로 보인다. 일차적인 정보를 토대로 볼 때 공격투자형에 해당되는 유형의 투자자이다.

(2) 투자성향에 적합한 금융투자상품 권유

투자자에게 공격투자형임을 알리고 금융투자상품을 권유해야 한다. 공격투자형 투자자에게 권유할 수 있는 금융상품은 초저위험 상품부터 초고위험 상품까지 권유가 가능하다. 즉, 위험이 낮은 CMA, 국공채 등의 상품부터 위험이 높은 파생상품 등까지 권유할 수 있다.

2 사례 2 : 적극투자형(적극형)

서울 강남에 사는 30대 중반의 박모씨는 신혼 3년차 부부이다. 약사로 일하면서 한 달에 420만 원을 번다. 남편은 중소기업에 근무하며 월 250만 원의 소득이 있다. 재산은 7억 원의 전세보증금과 정기예금 1,000만 원, 주식 3,000만 원 등이다. 26세 이후 예금과 주식투자로 자금을 운용해 왔다. 5년 후에 내집 마련을 목표로 금융투자상품에 투자하고자 한다. 실세금리가 낮기 때문에 위험이 높지만 수익이 높은 금융투자상품에 대부분의 자산을 투자하기를 원한다. 금융투자상품에는 매달 250만 원을 투자하기를 원한다. 고수익을 위해서라면 10% 이내의 손실은 감내할 수 있다.

(1) 투자성향 판단 상담

금융상품에 대한 수준과 이해도는 중상의 수준에 있는 것으로 보인다. 일차적인 정보를 토대로 볼 때 적극투자형에 해당되는 유형의 투자자이다.

(2) 투자성향에 적합한 금융투자상품 권유

투자자에게 적극투자형임을 알리고 금융투자상품을 권유해야 한다. 적극투자형 투자자에게 권유할 수 있는 금융상품은 초저위험 상품부터 고위험 상품까지 권유가 가능하다. 즉, 위험이 낮은 CMA, 국공채 등의 상품부터 고위험 상품인 주식투자, 원금비보장 ELS 등까지 권유가 가능하다.

3   사례 3 : 위험 – 수익중립형(성장형)

국내 대기업 신입사원인 최모(25)씨. 2016년 1월부터 부서를 배치 받아 첫 월급 250만 원을 받았다. 미혼인데다 부모 집에서 거주해 생활비가 크게 들어가지 않는다. 하지만 10년 뒤엔 결혼도 해야 하고 유학도 꿈꾸고 있어 목돈 마련이 필요하다. 사회초년병으로 소득을 어떻게 관리해야 하는지, 저축 및 투자를 위한 금융상품은 어떤 게 있는지 등을 상담 요청해 왔다. 그동안 금융상품이라고는 예금밖에 없다. 이제 월급을 받기 시작했기 때문에 금융상품에 관심을 가지고 물가상승률보다는 높은 수익을 얻기를 원한다. 그러나 손실을 보는 상품에는 가입할 의사가 없다.

(1) 투자성향 판단 상담

투자경험은 예금밖에는 없고 금융상품에 대한 수준과 이해도는 초보자 수준에 있는 것으로 보인다. 일차적인 정보를 토대로 볼 때 중립형에 해당되는 유형의 투자자이다.

(2) 투자성향에 적합한 금융투자상품 권유

투자자에게 위험중립형 투자자임을 알리고 금융투자상품을 권유해야 한다. 중립형 투자자에게 적합한 위험 등급의 금융상품은 초저위험 상품부터 중위험 상품까지 권유가 가능하다. 즉, 위험이 낮은 CMA, 국공채 등의 상품부터 중위험 상품인 원금 부분보장형 ELS, 회사채 BBB+~BBB- 등까지 권유가 가능하다.

4 　사례 4 : 안정추구형(안정성장형)

경기도 분당에 사는 회사원 김모(55)씨. 대학생 아들 둘을 키우고 있다. 월소득은 600만 원, 32평 아파트를 보유하고 있으며, 빚을 제외한 순자산은 5억 원가량 된다. 지금 몸담고 있는 회사는 앞으로 5년 더 다닐 수 있다. 정년 이후 노후 대비에 관심이 많다.

(1) 투자성향 판단 상담

투자경험은 예금, 주식, 파생상품 등 다양한 금융상품에 해박한 지식을 가지고 있지만 은퇴를 5년 앞두고 있기 때문에 원금이 손실되는 상품 투자를 꺼리고 있다. 종합적으로 평가해 볼 때 안정추구형에 해당되는 유형의 투자자이다.

(2) 투자성향에 적합한 금융투자상품 권유

투자자에게 안정추구형 투자자임을 알리고 금융투자상품을 권유해야 한다. 안정추구형 투자자에게 적합한 위험 등급의 금융상품은 초저위험 상품부터 저위험 상품까지 권유가 가능하다. 즉, 위험이 낮은 CMA, 국공채 등의 상품부터 중위험 상품인 원금보장형 ELS, 채권형펀드 등까지 권유가 가능하다.

5 　사례 5 : 안정형(위험회피형)

경기도 수원에 사는 이모(60)씨. 고교 교사로 근무하다 올 2월 퇴직했다. 부부 사이에는 28세의 아들과 25세 딸이 있다. 반전세를 놓은 아파트와 금융상품 등 보유자산은 11억 정도. 사학연금 200만 원과 월세 25만 원이 가계 수입이다. 2~3년 후 아들에게 결혼

전세자금에 필요한 일부 자금(약 2억 원)을, 딸에게는 5,000만 원의 자금을 마련해 주고 싶다. 노후에는 지금보다 여유로운 생활을 원한다. 어떻게 하면 좋은지 투자상담을 요청해 왔다.

(1) 투자성향 판단 상담

투자경험은 예금, 주식에 경험은 가지고 있지만, 은퇴를 한 상태이고, 노후생활을 위하여 원금은 보장되어야 한는 상황 등 종합적 평가결과 안정형에 해당되는 유형의 투자자이다.

(2) 투자성향에 적합한 금융투자상품 권유

투자자에게 안정형 투자자임을 알리고 금융투자상품을 권유해야 한다. 안정형 투자자에게 적합한 위험 등급의 금융상품은 초저위험 상품만 투자권유가 가능하다. 즉, 위험이 낮은 CMA, 국공채, RP 등의 상품만 권유가 가능하다.

PART **6** 실전예상문제

01 다음 중 옳지 않은 것을 고르시오.
① 투자권유대행인은 금융소비자가 투자권유를 희망하는지 여부에 상관없이 진행
할 수 있다.
② 투자권유대행인은 금융소비자가 합리적인 투자판단과 의사결정을 할 수 있도
록 위험 및 거래의 특성과 주요 내용을 명확히 설명하여야 한다.
③ 투자권유대행인은 투자권유 전 상대방이 전문 금융소비자인지 일반 금융소비
자인지 확인하여야 한다.
④ 투자권유대행인은 본인이 투자권유대행인임을 나타내는 증표를 금융소비자에
게 제시하여야 한다.

02 다음 중 가장 적절한 것을 고르시오.
① 투자권유는 계약의 체결까지를 포함하는 개념이다.
② 금융소비자의 요청에 따라 객관적인 정보만을 제공하는 것도 투자권유로 보아
야 한다.
③ 금융소비자가 투자권유없이 스스로 특정상품에 대한 투자를 하는 경우 투자권
유대행인은 원금손실 가능성 등에 설명하여야 한다.
④ 주권상장법인이 장외파생상품 거래를 하는 경우 원칙적으로 전문 금융소비자
로 보아야 한다.

03 다음 투자권유대행인이 고지하여야 할 사항이 아닌 것은?
① 투자권유대행인과 계약을 체결한 금융상품직접판매업자의 명칭 및 업무내용
② 투자권유대행인이 하나의 금융상품직접판매업자를 대리 또는 중개하는지 여부
③ 금융소비자가 제공한 개인정보 등은 금융상품직접판매업자가 보유, 관리한다
는 사실
④ 투자권유대행인의 투자권유로 인한 과거 성과

해설

01 ① 투자권유를 하기 전 투자권유를 희망하는지 여부를 확인해야 한다.
02 ③ 투자권유는 계약체결을 포함하지 않으며, 금융소비자의 요청에 따라 객관적인 정보만을 제공하는
    것은 투자권유로 보지 않는다. 주권상장법인의 장외파생상품거래는 별도로 신청하지 않는 한 일반 금
    융소비자의 거래로 취급되어야 한다.
03 ④

04 다음 중 투자자 정보 파악에 대한 설명으로 적절하지 않은 것은?

① 대리인을 통해 투자자 정보를 얻는 경우 위임장 등으로 정당한 대리인 여부를 확인하고 대리인으로부터 투자자 본인의 정보를 파악할 수 있다.

② 온라인으로 펀드에 투자하는 경우 권유가 발생하지 않기 때문에 투자성향 및 투자하고자 하는 펀드의 위험도를 확인할 수 있는 절차를 온라인에 구축하지 않아도 된다.

③ 파생상품 등의 경우 적정성 원칙에 따라 투자자 정보를 파악하고 투자자가 적정하지 않은 상품 거래를 원할 경우 경고 등을 하여야 한다.

④ RP 등 위험이 높지 않는 금융투자상품만을 거래하는 투자자의 경우 간략한 투자자 정보 확인서를 사용할 수 있다.

05 다음 설명 중 틀린 것은?

① 금융소비자의 투자자 성향 분석 후 적합하지 않다고 인정되는 투자권유는 금지된다.

② 금융소비자가 보유 자산에 대한 위험회피 목적의 투자를 하는 경우 '투자자 성향별 적합한 금융투자상품표'의 위험도 분류기준보다 강화된 기준을 적용하여 투자권유할 수 있다.

③ 투자자 성향 및 금융투자상품의 특성을 고려하여 장기투자가 유리하다고 판단되는 경우 장기투자를 권유할 수 있다.

④ 만 65세 이상의 고령투자자를 대상으로 ELS를 투자권유하는 경우 '적합성 보고서'를 제공하여야 한다.

해설

04 ② 일반인으로 펀드에 투자하는 경우에도 투자자 본인의 투자성향 및 투자하고자 하는 펀드의 위험도를 확인할 수 있는 시스템을 구축하여야 한다.

05 ② 투자위험을 낮추거나 회피하는 경우이므로 금융투자상품표의 위험도 분류기준보다 완화된 기준을 적용하여 투자권유할 수 있다.

06 다음 중 투자권유대행인 금지사항에 해당하지 않는 것은?

① 투자자로부터 금전·증권, 그 밖의 재산을 수취하는 행위

② 투자목적, 재산상황 및 투자경험 등을 감안하지 아니하고 투자자에게 지나치게 투자권유를 하는 행위

③ 투자권유의 요청을 받고 실시간 대화의 방법을 이용하는 행위

④ 투자성 상품에 대한 투자권유 시 투자자가 요청하지 않은 대출성 상품에 관한 정보를 제공하는 행위

07 다음 중 투자권유 시 설명의무에 대한 내용으로 적정하지 않은 것은?

① 투자권유 시 금융투자상품의 복잡성 및 위험도 등 상품 측면만을 고려하여 설명한다.

② 동일 또는 유사 상품에 대한 투자 경험이 있거나 해당 상품에 대한 지식수준이 높은 투자자는 간단한 설명이 가능하다.

③ 계속적 거래가 발생하는 단순한 구조의 상장증권의 경우에는 최초 계좌 개설 시에만 설명의무를 이행할 수 있다.

④ 외화증권에 투자권유 시 환위험 헤지 여부, 환율 위험 및 대상 국가에 대한 위험 등 추가적인 설명을 하여야 한다.

08 다음 설명 중 틀린 것은?

① 투자권유대행인은 금융소비자를 대상으로 금융상품에 대한 설명을 한 이후 설명서를 제공하여야 한다.

② 조건부 자본증권에 대한 투자권유 시 일정 사유가 발생하면 원리금이 전액 상각되거나 보통주로 전환되는 특약이 있다는 사실을 설명하여야 한다.

③ 기본계약을 체결하고 그 계약 내용에 따라 계속적·반복적으로 거래를 하는 경우에는 설명서를 제공하지 않을 수 있다.

④ 해외자산에 투자하는 신탁계약을 투자권유하는 경우 투자대상 국가 또는 지역의 경제상황 등의 특징에 대하여 설명하여야 한다.

해설

06 ③

07 ① 상품 측면뿐만 아니라 투자자의 경험 및 인식능력 등을 고려하여 설명하여야 한다.

08 ① 설명서는 설명을 이행하기 전에 금융소비자에게 제공되어야 한다.

정답 01 ① | 02 ③ | 03 ④ | 04 ② | 05 ② | 06 ③ | 07 ① | 08 ①

증권투자권유대행인Ⅱ

금융투자전문인력 표준교재
증권투자권유대행인 2

2024년판 발행 2024년 1월 31일

편저   금융투자교육원
발행처 한국금융투자협회
       서울시 영등포구 의사당대로 143 전화(02)2003-9000 FAX(02)780-3483
발행인 서유석
제작 및 총판대행 ㈜**박영사**
       서울특별시 금천구 가산디지털2로 53, 210호(가산동, 한라시그마밸리) 전화(02)733-6771 FAX(02)736-4818
등록   1959. 3. 11. 제300-1959-1호(倫)
홈페이지 한국금융투자협회 자격시험접수센터(https://license.kofia.or.kr)

정가 27,000원

ISBN 978-89-6050-731-9 14320
     978-89-6050-729-6(세트)